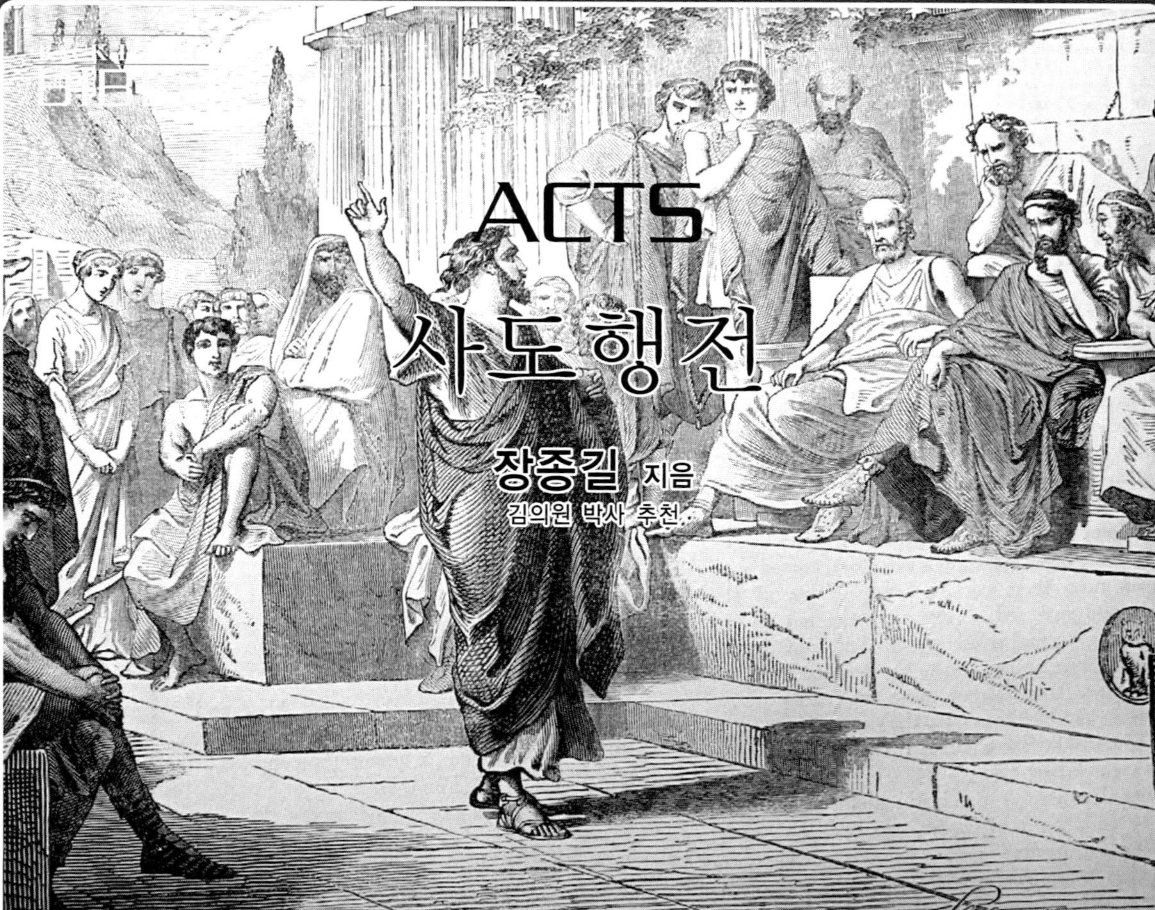

ACTS
사도행전

장종길 지음
김의원 박사 추천

Acts 1:8
ἀλλὰ λήμψεσθε δύναμιν ἐπελθόντος τοῦ ἁγίου πνεύματος ἐφ᾽ ὑμᾶς καὶ ἔσεσθέ μου μάρτυρες ἔν τε Ἰερουσαλὴμ καὶ [ἐν] πάσῃ τῇ Ἰουδαίᾳ καὶ Σαμαρείᾳ καὶ ἕως ἐσχάτου τῆς γῆς.

행 1:8
오직 성령이 너희에게 임하시면 너희가 권능을 받고 예루살렘과 온 유대와 사마리아와 땅 끝까지 이르러 내 증인이 되리라 하시니라

Back to the Bible

THE ACTS OF THE APOSTLES

by

JANG Jong-Gil

Grisim Publishing Co.
Seoul, Korea

Acts 1:8
but you shall receive power
when the Holy Spirit has come upon you;
and you shall be My witnesses both
in Jerusalem,
and in all Judea and Samaria,
and even to the remotest part of the earth.

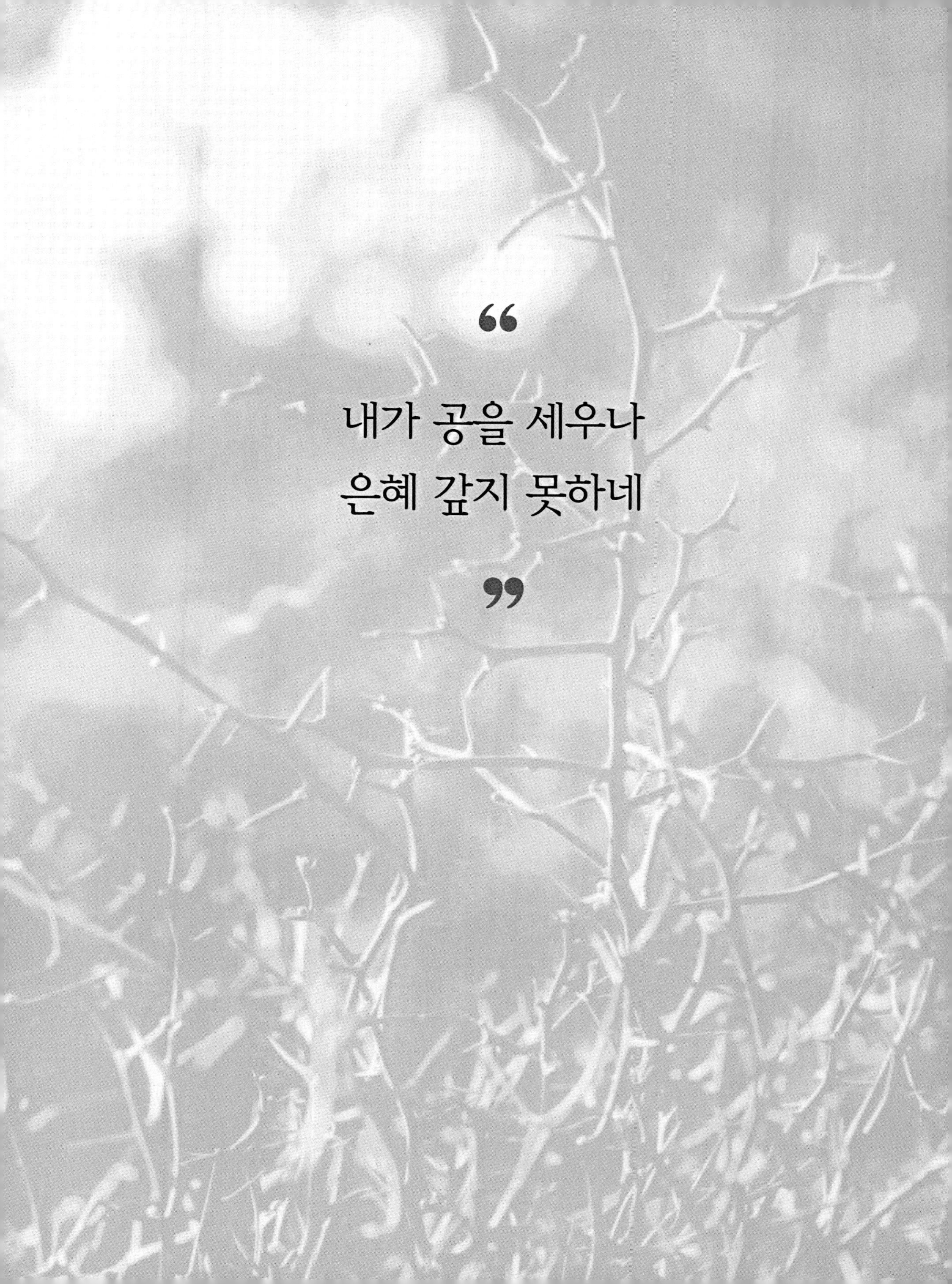

"

내가 공을 세우나
은혜 갚지 못하네

"

추천사

현재 우리는 범세계적인 정보 시대에 살고 있습니다. 정보의 부재 시대는 이미 갔습니다. 원하는 분야에 대해 조회만 하면 얼마든지 많은 정보를 확보할 수 있습니다. 그래서 정보 홍수라는 말에 우리는 익숙해져 있습니다. 그런데 막상 접수한 정보를 대하면 정보의 빈곤을 느끼지 않을 수 없습니다. 질적 수준에 문제가 있는 정보들 때문입니다. 사회가 이런 문제를 안고 속앓이를 하고 있음을 우리는 익히 알고 있습니다.

이른바 초고속 정보화 시대에 있는 교회도 풍부한 목회 자료와 이들 자료들의 질적 난해성 사이에서 많은 고민을 하고 있습니다. 현재 우리 한국 교회는 컴퓨터에 의한 자료보다는 출판물에 의한 자료 의존도가 아직은 높은 상태입니다. 그러므로 질적으로 우수한 자료의 출판이 시급하다 할 수 있습니다. 질적인 우수성의 기준 중 하나는 정보를 사용하는 현장 사역자들의 필요를 정확하게 이해하고 있는지의 여부입니다. 그 자료를 수집한 현장 사역자들이 친근성을 가지고 쉽게 사용할 수 있게 해야 합니다. 많은 번역서들이 이 문제를 안고 있음을 우리는 알아야 합니다. 단순한 소개 정도로 정보를 전달하는 것은 또 다른 문제, 즉 현장화라는 과정을 요구하기 때문입니다. 다른 하나는 자료의 신뢰성입니다. 정확한 정보를 적절하게 인용한 자료를 간직하는 것은 필수적인 도리입니다. 이것이 부족할 경우 선의의 피해자를 계속해서 낳을 수 있습니다.

추천자는 새로운 출판물, 새로운 정보를 접할 때마다 이런 염려로부터 해방될 수 있기를 늘 바라고 있는 사람 중의 한 사람입니다. 그런데 본서는 이런 점으로부터 필자를 안심시키는 책이라고 봅니다. 우리 한국의 목회자들은 굵게 잘라 놓은 정보보다는 잘게 정리된 정보에 익숙합니다. 한국적인 상황이 특수하기 때문입니다. 확신하건대 이 책을 접하는 분들은 이런 면에서 공감할 것입니다. 또한 본서의 필자는 많은 출판 경험을 통해 인용되는 정보를 어떻게 사용해야 한국의 사역자들이 잘 활용할 수 있는지를 잘 알고 있는 분이라고 봅니다. 다른 책들이 외국의 좋은 내용을 단순히 알려주고 있는 반면에, 본서의 필자는 내용을 잘 요리해서 일정한 분야의 독자들이 효과적으로 사용할 수 있게 배려했다는 점이 본서의 장점이라 할 수 있습니다. 앞으로 출판 매체를 통해 정보를 제공하려는 분들이 참고하여 따라야 할 모델이라 생각하여 자신 있게 추천합니다.

김 의 원 박사 (전 총신대학교 총장)

金義援

이 책의 주된 목적은

신학자들의 연구를 한 단계 낮추고,
일반 성도의 수준을 한 단계 끌어올려
누구나 쉽게 접근할 수 있도록
인도하려는 데 그 목적이 있습니다.

신앙생활을 오래하셨는데도
성경이 여전히 수학문제같이 어렵게만 느껴지는
분들에게 도움을 줄 것입니다.

특히 일반 성도들에게는
성경에 대한 지식이 풍부하더라도
성경 전체를 조망할 수 있는 훈련이 부족합니다.

따라서 이 교재는
성경 본문에 충실하면서도
성경의 통일성을 견지하고 구속사적 해석의 원리를
적용하여 설명하려고 노력하였습니다.
그것은 곧 하나님의 위대하신 섭리를 이해하는
빠른 길이기도 하기 때문입니다.

무엇보다도, 이 교재는
누구나 성경에 친근해질 수 있도록
쉽게 접근했다는 것입니다.
그러므로
아주 자세한 해설과 자료보다는
전체적인 흐름을 잡으려
강해식으로 설명했습니다.

지금, 곧 연필을 들고 시작하십시오.
여러분의 가장 친한 친구가
옆에서 설명해 주는 느낌을 받을 수 있을 것입니다.

저자 장 종 길

이 교재의 특징

본 교재는 무엇보다 성경 본문에 충실하려고 노력했습니다. 그러면서도 자칫 성경의 통일성을 놓치기가 쉬운 것을 감안, 언약 개념이 성경을 이해하는 데 중요한 요소라고 여겨, 성경 전체를 관통하는 언약의 흐름을 파악할 수 있도록 안내했습니다. 아래에 안내한 교재의 특징들을 잘 활용하면서 성경을 읽어나가면 성경을 보는 재미가 생겨날 것입니다. 이 교재의 최선의 목표는 성경을 혼자 공부할 수 있는 수준까지 끌어올리는 것입니다. 그것은 끊임없는 노력이 필요함은 두말할 나위가 없습니다. 너무

장별 제목

중심내용 : 본문의 내용이 무엇인가를 간단하게 숙지할 수 있도록 요약해 놓았습니다. 이 요약은 본 과에서 배울 내용을 한눈에 볼 수 있게 해줍니다.

애굽으로 당분간 피난했던 요셉은 꿈을 통해 헤롯의 죽음을 알게 되었고 주의 사자의 지시대로 다시 이스라엘 땅으로 돌아왔다(마 2:19).

도입 부분 : 본과에 들어가기 전에 지난 과에서 배운 내용을 간단히 이야기하고 이번 과에서 어떤 내용을 공부할 것인가를 안내했습니다. 이 부분은 음악에서 서곡(序曲)에 해당하는 부분으로 대단히 중요하므로 꼭 읽어야 합니다. 그래야 전체의 흐름을 이해할 수 있기 때문입니다.

본문개관 : 매장마다 본문의 내용을 간단하게 요약, 정리했습니다. 이 부분은 각 장을 정리하는데 도움을 줍니다. 필요에 따라 추가 설명도 했습니다. (Outline)

Close-up: 본문에서 신학적인 정리 및 자세한 설명이 필요할 때는 확대 설명해 놓았습니다. 내용이 그리 쉽지 않기 때문에 깊이 있게 공부하지 않을 분은 그냥 지나가도 됩니다. 만약 리더자가 있다면 안내를 받으십시오. 그러나 Close-up란은 본문의 이해를 위해 꼭 필요한 신학적 내용의 요약 정리입니다. 이 부분을 더욱 확대하여 교회에서 특강으로 해결하는 것도 좋은 방법입니다.

쉬운 것만 찾다 보면 우리의 믿음이 성장할 수 없습니다. 어려운 내용을 쉽게 설명하려고 노력했으나 한계가 있었습니다. 다만 성경(말씀) 동산에는 무궁무진한 보화가 있다는 사실을 알려주려고 애를 썼을 뿐입니다. 말할 수 없는 보화를 캐내는 작업은 여러분 스스로가 해야 합니다. 안내자는 안내자일 뿐입니다.

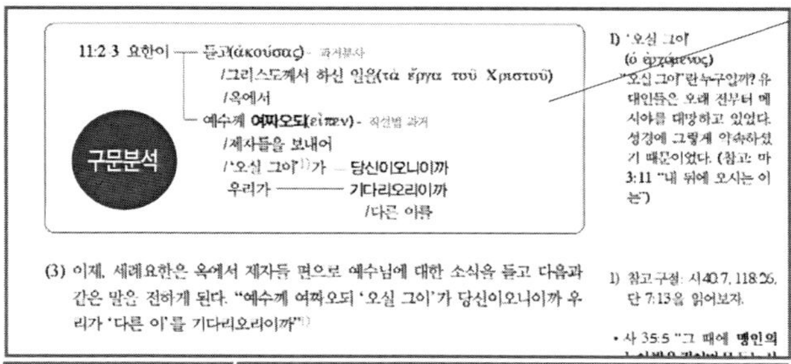

구문분석 : 본문에서 조금 자세히 설명이 필요한 경우에는 구문분석을 활용했으나 너무 많은 지면이 필요하고, 또 이 책의 목적이 분석보다는 쉬운 강해이기에 본문 이해의 차원에서 변형 적용했습니다. 구문분석은 「도서출판 그리심」에서 발간한 「문맥성경」을 사용했습니다. 문맥성경에 대한 더 깊은 이해를 원하시는 분은 서울성경연구원에 연락하시면 도움을 받을 수 있습니다.

(연락처 010-5495-3335) / 배동한 목사

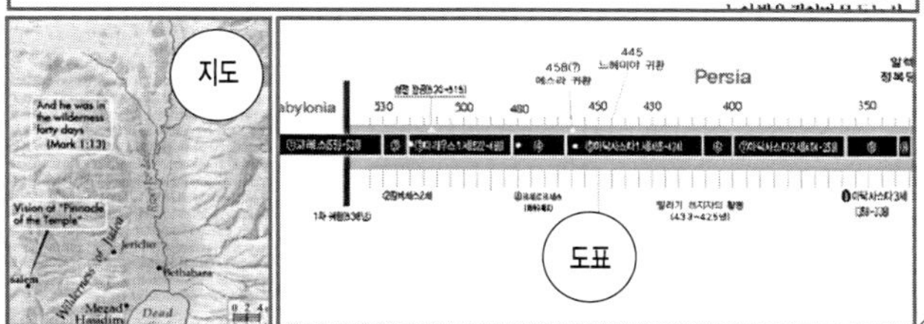

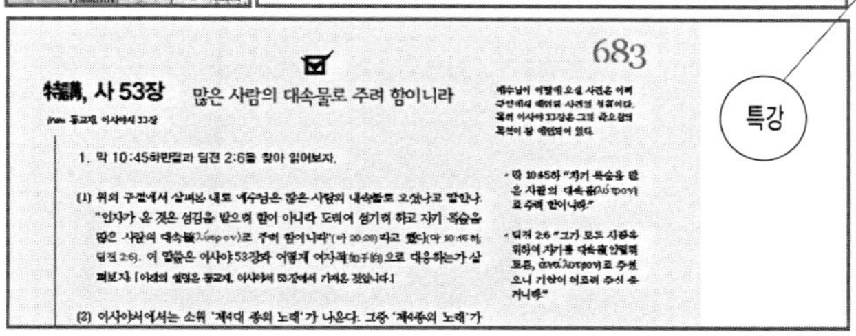

특강 : 조금 깊이 다루어야 할 주제는 '특강'으로 설명했습니다. 내용이 너무 전문적이기에 일반 성도는 그대로 넘어가도 됩니다. 주로 동교재(백투더바이블)에서 그대로 사용한 경우가 많습니다.

성경을 공부할 때 도움이 될 만한 책들을 소개했습니다.

적용을 위한 묵상

질문식 해설: 본 교재는 먼저 질문을 하고 그 질문에 해설을 하는 식으로 정리하되 전체의 흐름을 강해식으로 설명했습니다. 따라서 차례대로 탐구해 간다면 성경 본문의 내용을 아주 쉽게 이해할 수 있을 것입니다. 물론 (색)연필은 꼭 준비하세요. 다음에 읽을 때 쉽게 정리할 수 있으니까요.

적용 : 말씀이 우리의 삶에서 적용되지 못한다면 지식만을 자랑하는 공부가 되기 쉽습니다. 가끔 삶의 적용을 위한 묵상을 실었습니다. 그러나 그 적용은 개인에 따라 달라질 수 있습니다. 본문에 대한 정확한 이해가 먼저 선행되어야 하고, 또한 그 말씀이 우리 삶에 적용되어야 합니다. 각자가 더 추가적인 적용을 해보세요. 그렇다고 억지로(?) 적용을 이끌어내려고 하지 마십시오. 적용이 필요없는 곳도 많으니까요. 우리는 본문이 의미하는 정확한 내용보다는 대입식 적용에 익숙해져 있습니다.

이 교재를 사용하시는 분들을 위하여

혼자 공부하시는 분에게

첫 째 물론, 성경공부를 하기 전에 기도하셔야지요! 본문을 잘 이해하게 해달라고 성령님께 지혜를 부탁하세요.

둘 째 오늘 배울 본문을 정독하면서 여러 번 읽으십시오. 혹시 영어 성경을 보신다면 함께 읽으십시오. 그리고 필요한 부분에는 구문분석을 소개했습니다. 내용의 흐름을 이해하는 데 도움을 줄 것입니다.

셋 째 이 교재는 문제를 먼저 던지고, 그에 대한 해설을 소개했습니다. 그런데 그 해설을 먼저 읽어보려는 유혹에서 벗어나야 성공합니다. 반드시 본인의 말로 답을 쓰십시오. 그리고 설명을 참고하세요.

넷 째 이 교재의 설명이 부족하신 분은 간단한 주석 또는 강해서를 참고하십시오. 그러나 이 교재의 주 목적이 전체의 흐름을 잡는 것이고, 또 너무 자세한 주석은 진도에 방해를 가져오기 때문에 많이 생략했습니다.

다섯째 혼자 공부하시다 이해가 잘 안 가는 문제는 여백에다 기록했다가 나중에 교역자의 안내를 받으십시오.

여섯째 꼭 한 번에 한 과씩 진도를 나갈 필요는 없습니다. 맛있는 뷔페에 가서는 정량보다 더 많이 먹는 것처럼 여러 과를 하셔도 됩니다. 따라서 이 교재가 어떤 사람에게는 몇 주나 몇 달이 걸릴 수 있고 어떤 사람에게는 더 걸릴 수도 있습니다.

일곱째 그 날 배운 내용을 주위 사람들에게 교재를 보지 않고 설명해 보십시오. 물론 완전히 자기 것으로 소화해서 자신의 말로 전달하셔야 합니다. 정 그럴 상대가 없다면, 자녀나 친구에게, 그래도 없으면 이불 속에서라도 혼자 중얼거려보세요. 그 효과가 배로 나타날 것입니다.

여덟째 소개된 성경 구절을 다 찾아 적으신다면 그보다 더 좋은 효과는 없겠지요. 그렇지 못하더라도 소개된 성경 구절은 꼭 찾아보아야 합니다. 아주 반드시.

아홉째 Close up은 어떤 사람에게는 너무 어렵겠지만, 어떤 사람에게는 도움이 될 것입니다. 잘 활용하시면 이해에 큰 도움이 될 것입니다. 책 소개는 필요하신 분을 위해 안내했습니다.

열 째 분명한 것은 이 교재가 반드시 완전하다는 것은 아닙니다. 성경에서 보다 풍성한 꼴을 얻게 하기 위한 기초과정일 것입니다. 보다 깊은 연구는 자기 스스로 하셔야 합니다. 꼭 부탁드리는 것은 잘 성장하셔서 교회에서 성경을 지도하는 교사가 되기를 바랄 뿐입니다. 노력하십시오.

구역공부 교재로 사용하시는 분들께

첫 째 구역의 활성화가 교회부흥의 첩경임은 누구나 다 아는 사실입니다. 그러나 말씀 중심으로 모이는 모임이 아니면, 그 모임이 계속 불타오를 수 없습니다. 인위적인 열심은 곧 시들해지기 때문이니까요.

먼저, 교재를 나누어 주시고 집에서 숙제를 해오게 하십시오. 성경 구절을 적어오게 하되 바쁜 사람은 성경을 찾아보았다는 증거로 성경 페이지 숫자라도 적어오게 하세요. 물론 안 해 오는 분에게는 벌금을 물리세요. 집에서 이 교재를 사용하시는 방법은 앞의 내용을 참고하십시오.

둘 째 만약 당신이 인도자라면, 앞에서 '혼자서 공부하는 사람에게' 말했던 내용대로 하십시오. 철저히 준비하셔서 속이 후련하게 해주셔야 합니다. 자세한 설명보다는 그 본문이 의미하는 내용을 아주 간단하고 알기 쉽게 설명해 주셔야 합니다.

셋 째 구역 모임은 시간을 그리 길게 잡을 수는 없을 테니까, 짧은 시간 내에 그 내용을 소화할 수 있도록 지도자나 지도를 받는 분들이 미리 준비를 잘 해오셔야 합니다. 그래서 구역 모임에서는 중요 내용을 토론, 요약해 주는 방법이 나을 것입니다. 물론 잘 이해가 안 되는 부분은 지도자가 설명해 주셔야 합니다.

넷 째 나머지 재미나는 프로그램은 지도자가 안내하십시오. 이 교재에 나와 있는 삽화를 예쁘게 색칠해 오게 하는 방법도 그 하나일 것입니다. 또는 좋은 책을 선정, 그 내용을 서로 소개하는 방법도 있을 것입니다.

성경공부 모임의 교재로 사용하시는 분들께

첫 째 우선 앞의 내용을 참고하십시오. 성경공부 시간이 얼마나 되는지 잘 모르겠지만, 물론 집에서 각자 충분히 공부를 해오게 하시는 것이 효과적입니다. 주로 교역자나 전문 성경공부 지도자가 인도하게 되겠기에 보다 깊은 토론을 할 수 있을 것입니다.

둘 째 그러나 어느 한 주제를 가지고 너무 깊은 토론을 하는 것은 유익하지 못합니다. 더욱이 교역자가 없는 성경공부 모임에서는 너무 깊은 토론을 하지 않는 것이 좋습니다. 이런 문제는 교인 전체를 대상으로 강사를 모시거나 본 교회 교역자의 특강으로 해결하는 것이 좋습니다.

셋 째 그보다는 성경 전체의 맥을 잡아 가는 것이 효과적입니다. 우리의 논쟁거리는 신학자들 사이에서도 논쟁이 되는 것이 대부분입니다. 만약, 성경공부 모임에 처음 참석하는 분이 있다면 더더욱 비효과적입니다. 많은 지식의 습득보다 성경 본문이 전하려는 핵심 메시지가 무엇인지를 알려고 노력하십시오.

BACK TO THE BIBLE

Contents

THE ACTS OF THE APOSTLES

BACK TO THE BIBLE 서 론

Close-up 조금 자세하게 들여다보기

BACK TO THE BIBLE 본 문

ACTS 25–28장(요약) · 294

부록(Close-up) · 317

BACK TO THE BIBLE

A.D. 30년경, 예루살렘
예수의 제자들의 모임은 아주 보잘것 없었다.
그러나, 예수의 죽음 후 7주가 지난 오순절 날,
예루살렘에서는 각자 다른 배경을 가진 순례자들이
자신들이 전혀 이해할 수 있는 방언으로 말하는 것을 들었다.
놀라고 당황한 군중들
대체 무슨 일이 일어나고 있는 것인가?
혹시 이 사람들, 술에 취한 것이 아닌가?!

제자들은 "성령으로 충만"했다.
이들의 행동은 하나님의 능력으로 이루어진 것임을 알게 된다.

"너희가 십자가에 못 박은 이 예수를
하나님이 주와 그리스도가 되게 하셨느니라"(행 2:36).

메시야가 십자가에 죽으셨고 다시 살아났다는 이 메시지는
예루살렘에 엄청난 폭발력을 일으켰다.
그 날 하루에 생긴 개종자들의 수가 약 3천이나 되었다.
예수를 믿는 성도들의 공동체가 성장하기 시작한 것이다.
누가는 이러한 사건이 있고, 한 세대가 지난 후
예수에 관한 이야기를 직접 확인하며 기록해 나간다.
그는 매 발전 단계마다 성령의 역사가 가능했고
이에 따라 발전했다는 것을 변증적인 입장에서 묘사하고 있다.

스데반의 순교가 있었고, 그의 순교를 진두지휘했던
다소 출신 사울(바울)이 등장한다.
기독교 박멸 운동에 최전선에 섰던 바울은
다메섹 도상에서 예수님을 만난 이후 급속한 방향 전환을 한다.
핍박자 바울이 이방인의 사도가 된 것이다.
대단한 열정의 사람, 바울 때문에
복음은 당시 세계의 수도 로마까지 전파된다.

우리는, 지금 복음의 확산 과정을 살펴보려고 한다.
베드로를 비롯한 제자들의 사역과, 그리고
수천 km를 육로와 해로를 통해서
자기의 생명까지 내놓으면서 선교의 열정을 불태웠던
바울의 족적을 따라가 보자. '아주, 천천히, 그리고 자세하게~'

백투더바이블(신약)

THE ACTS OF THE APOSTLES

사도행전

16

사도행전 서론

著者

저자

1. 누가 썼을까? (저자: Λουκᾶς)

(1) 사도행전의 저자는 누가복음의 저자라는 것은 의문의 여지가 없다. 누가복음과 사도행전의 문체와 어휘가 많이 일치하기 때문이다. 따라서 누가복음의 결론이 곧 사도행전의 서문과 연결된다. 따라서 저자에 대해서는 동교재, 누가복음의 서론을 참고해 보기로 하자. 간단하게 재언급해 보자.

(2) 골 4:11-14을 읽어보면, 누가는 이방인이었음을 보여준다. 그렇다면, 누가는 헬라어 구약성경을 사용했을 것이고, 회당의 사고 방식을 알고 있었고, 히브리 시들에 대해서도 잘 알고 있었을 것이다(눅 1-3장). 이러한 사실에 비춰 볼 때, 누가는 유대교로 개종한 이방인이었을 것이다. 루카스(Λουκᾶς)라는 말은 '빛나다'를 의미하며, 신약성경에서 그 이름이 3회 언급된 바울의 동료이자 의사이다(골 4:14; 몬 1:24; 딤후 4:11).[1] 아래의 설명은 동교재, 누가복음에서 가져왔다.

(3) 본서의 저자는 바울을 잘 아는 제2세대 기독교인으로 제시된다. 그는 유명한 저자이면서 복음서에 기록된 어떠한 사건도 목격하지 못한 사람이다. 그러나 이 전승에 대한 가장 확실한 증거는 사도행전에 나타난다. 누가복음은 전통적으로 누가에 의하여 기록된 것으로 받아들여지고 있다. 물론 저자가 익명으로 되어 있으나 오랜 교회 전승에 의하면, 바울의 동역자인 '의사 누가'(골 4:4, "사랑 받는 의원" / 몬 1:24; 딤후 4:11)라고 한다. 이 전승을 최초로 전하고 있는 무리토리안 정경(주후 170-80, 누가복음의 저자를 의사이면서 바울선교 여행의 동행자로 소개하고 있다.)이 이 서신의 저자에 대해 밝히고 있다.[2]

(4) 누가는 드로아에서 바울의 두번째 전도 여행에 바울과 동행했다(행 16:11, "**우리가** 드로아에서 **배로 떠나**(ἀναχθέντες 과거분사, 수동) 사모드라게로 직행하여...") – 여기서 기사가 처음으로 1인칭 복수로 변한다. 저자는 본서에서 바울 일행의 이동에 관하여 언급하면서 "우리"(we)와 '우리를'(us)이라는 대명사를 사용한다.

사도행전에서는 '우리'(we)라는 인칭대명사가 여러번 사용됨을 볼 수 있는

1) 행 13:1에 나오는 루기오(루키오스, Λούκιος)는 구래내 출신이며 안디옥 교회의 선지자이자 교사였다. 롬 16:21에 언급된 루기오와 동일인이었을 것이다. 그러나 사도행전의 저자 누가는 구레네 사람 루기오와는 동일인은 아닐 것으로 본다. 어떤 학자는 누가가 헬라파 유대 그리스도인일 것이라고 주장하기도 하나 거의 지지를 받지 못하고 있다.

2) 이레니우스(185년경), 터틀리안(208년경), 알렉산드리아의 클레멘트, 오리겐, 유세비우스와 초대교부들이 누가를 저자로 인정하고 있다.

데 16: 10-17(9회), 20:5-15(12회), 21:1-18(25), 27:1-28:16 (34회) 이는 본저의 저자가 사도바울과 함께 있었음을 보여준다. 또한 누가복음의 저자는 성경의 저자들 가운데 누구보다도 풍부한 어휘력을 가지고 있다. 그는 교육을 많이 받은 기독교인으로 헬라문명에 익숙한 이방인이었을 것이다. 예수님을 본적이 없으나 바울을 알고 있었으며 구별된 신학적 견해를 가진 사람이었다.

(5) 누가복음과 사도행전이 같은 저자의 작품이다.
두 책의 서문이 모두 밝히고 있듯이 '데오빌로'(Theophilus, Θεόφιλος)라는 동일 인물에게 헌정되었다는 점을 밝히고 있기 때문이다(눅 1:3 // 행 1:1, "데오빌로여 내가 먼저 쓴 글에는..."). 이러한 증거가 아니더라도, 누가복음과 사도행전 사이에는 언어, 문체, 관심, 전망과 목적 등에서 발견되는 긴밀한 유사성을 보아 동일 저자의 기록임을 알 수 있다.

(6) 누가는 초기에 이방인 회심자였던 것 같다(행 11:19-21. "때에 스데반의 일로 일어난 환난을 인하여 흩어진 자들이 베니게와 구브로와 **안디옥까지** 이르러 도를 유대인에게만 전하는데..."). 그래서인지 시리아의 안디옥 교회에 대한 상세한 정보를 제공한다(행 11:19-20; 13:1-4, 14:26-28, 15:1-3, 13-40, 18:22-23).

바울의 선교여행에 동행했던 사람

누가복음의 저자는 바울과 선교여행에 동행했던(행 20:5 ; 세 번째 전도 여행시 바울과 다시 만나 예루살렘으로 함께 갔다.) 그리고 바울이 가이사랴에서 옥에 갇혀있던 2년 동안 있었을 때 그의 복음서를 집필할 자료를 모을 기회를 가졌던 것 같다.

어쨌든 누가는 바울에 대한 직간접적으로 많은 정보를 얻을 수 있었기에(몬 1:24; 딤후 4:11), 바울의 선교사역을 자세하게 소개할 수 있었을 것이다. 사도행전의 저자가 바울과 함께 로마에 있었다고도 밝히고 있다(행 28:16).

2. 어디서 기록했을까? (기록 장소)

기록 장소에서도 여러 의견이 있다. 안디옥, 가이아랴, 아가야, 소아아시아 등. 학자들은 누가가 팔레스타인의 지리에 밝지 못하다는 점을 들어(눅 17:11) 본서가 팔레스타인 밖에서 기록되었을 것이라고 추측한다.

3. 언제 기록되었을까? (기록 연대)

(1) 누가복음과 사도행전의 가능한 가장 빠른 시기는 누가가 행 28장에서 기록한 사건들이 발생한 주후 62년경이다.[1] 누가복음이 마가복음을 토대로 기록했다면 누가복음은 그 이후가 되고 사도행전은 약간 너 늦은 때일 것이다. 그러면 마가복음은 언제 기록되었을까? 마가복음은 마가가 주후 64년경 로마에서 큰 박해가 있을 때 로마의 기독교인들에게 썼다는 주장이 있다. 누가는 바울이 주후 62년경에 투옥되는 것으로 끝난다는 점을 든다. 이로 인해 많은 학자들은 사도행전은 이 시기를 전후로 기록되었다고 믿는다. (그렇다면 사도행전은 누가복음을 쓴 바로 직후 주후 63년경)[1]

1) 만일 누가가 바울의 순교(주후 64-67년경) 이후에 누가복음과 사도행전을 썼다면 바울의 재판과 죽음에 대한 내용이 빠져 있는 것은 이상하다고 주장해 왔다. 누가는 주후 65년에 있었던 네로 치하의 끔찍한 박해는 전혀 언급하지 않고 오히려 바울에 대해 로마에서 2년 동안 "담대하게 거침없이"(행 28:31) 복음을 증거했다고 긍정적으로 묘사한다. 이런 견해라면 누가복음의 저작 연대는 60년대 초반~후반이라고 할 수 있다. 그러나 후기 연대를 주장하는 학자들도 있다(70년대 말).

(2) 그러나 학자들 중에는 누가복음-사도행전도 주후 70년 이후의 쓰여진 것이라고 주장한다. 후기 연대를 주장하는 사람들은 눅 21:20 "군대들에게 에워싸인 것을 보거든"이라는 기록을 예루살렘 파괴를 전제로 한다. 또 행 1:8에는 사도행전의 시건을 기록한 목적이 나오는데, 누가는 어떻게 해서 교회가 당시의 세계에 복음이 확장되어 가서(예루살렘 - 유대 - 사마리아 -땅 끝으로) 결국 세계의 정치적 문화적 중심지인 로마에까지 이르게 되었는가를 보여주고자 했다는 것이다.[1)]

• 행 1:8 "오직 성령이 너희에게 임하시면 너희가 권능을 받고 예루살렘과 온 유대와 사마리아와 땅 끝까지 이르러 내 증인이 되리라 하시니라."

1) 물론 그렇다면 바울의 순교(67년경), 예루살렘 파괴(70년) 등의 사건을 왜 언급하고 있지 않는가 하는 점이 문제가 되나 이에 대한 언급은 본서의기록 목적(복음 확장의 경로)과는 무관했다고 주장한다. 따라서 이들은 70년대 말이나 80년대 초에 기록되었다고 주장한다.

사도행전의 기록목적

1. 역사적 기록 : 예수님의 승천부터 바울의 투옥에 이르기까지 초대교회의 설립과 성장을 기록하고 있다. 특별히 사도행전은 기독교의 기원에 관한 역사적 기록으로서 그 중요성이 결코 간과될 수 없다. 무엇보다 중요한 것은 기독교는 역사적 근거 위에 세워졌다는 것이다.

(1) "사도행전이 역사적 기록을 담고 있지만 그렇다고 사도행전을 역사서로만 볼 수 없다. 왜냐하면 최초의 예루살렘교회의 형편이나 구조, 생활에 대한 최소한의 정보마저도 담고 있지 않기 대문이다. 사도행전에서는 특수한 시각에 의해 취사선택된 사건들에 관한 기록들뿐이다. 즉 필요하다고 생각한 자료들만 수록해 놓았다."

(2) "그러니까 누가를 역사가로 부르기보다는 오히려 복음 전도자라고 부르는 것이 더 정확할 것이다. 복음을 전하고 이 복음이 흘러가는 경로를 알려 주기 위하여 필요한 자료들을 정리했는데, 그것을 구속사관을 중심으로 엮어 놓았다는 것이다. 그러므로 사도행전은 복음이 전파되는 역사, 즉 복음사이다. 저자는 복음이 어떻게 로마에까지 전파되었는가에 관심을 가지고 있었다."[2)]

2) 정훈택, 복음을 따라서, 한국로고스연구원. 서론.

2. 기독교를 변증하기 위함: 유대인과(행 4:8-12) 이방인들을(25:8-11) 상대로 예수님의 부활을 변론한다. 사도행전에는 이교도와 유대교 사상, 그리고 로마 정부와 헬라 사회에 대하여 교회가 어떻게 대처해 왔는가 하는 방법을 기록하고 있다(NIV성경 서론).

3. 사도행전은 기독교의 지침서이다. 사도행전에서 문제들과 박해에 처하는 특수한 상황에 적용될 수 있는 근본적인 원리들을 발견할 수 있다.

사도행전의 문제 :
사도행전은 역사적이고 서술적인 신학이다. 누가의 헬라어는 신약성경 저자들 중 가장 풍부하다. 그가 사용한 헬라어 단어 중 90%가 구약성경의 최초 헬라어 번역인 70인경에서 발견된다. 의시로서 누가는 세세한 것들을 보는 눈과 사람들에 대한 정이 있었다. 특별히 건물과 여성드르이 역할, 설교(설교는 전체의 삼분의 일을 차지한다), 기적들에 관한 일화, 특히 여행에 관한 이야기들이 흥미를 느낀다(Main Idea로 푸는 사도행전)

사도행전의 주제

1. 사도행전의 주제는 1:8에 잘 요약되어 있다.

```
1:7 [예수께서] — 이르시되
 8              /오직
                성령이 —— 너희에게 임하시면(when)
                너희가 ┬─ 권능을 받고
                       └─ 내 증인이 되리라 (하시니라.)
                           /예루살렘[에서]과 유대[에서]와
                             /온 사마리아와 땅 끝까지 이르러
```

• 누가는 사도행전을 시작하면서 1.1-3에서 먼저 쓴 글, 즉 누가복음의 내용을 간략하게 진술한다.

"1데오빌로여 내가 먼저 쓴 글에는 무릇 예수께서 행하시며 가르치시기를 시작하심부터 2그가 택하신 사도들에게 성령으로 명하시고 승천하신 날까지의 일을 기록하였노라 3그가 고난 받으신 후에 또한 그들에게 확실한 많은 증거로 친히 살아 계심을 나타내사 사십 일 동안 그들에게 보이시며 하나님 나라의 일을 말씀하시니라."

(1) 복음 전파는 하나님의 권능(능력)으로 그리스도의 구원 사역을 계속하며, 그리스도를 대표하는 사도들은 그리스도의 능력을 부여받았다. 예수님은 제자들을 보내실 때(눅 9:1), 능력(권능)으로 무장시키셨다. 이 능력만이 사탄의 세력을 이길 수 있다(눅 10:19 "내가 너희에게 뱀과 전갈을 밟으며 원수의 모든 능력을 제어할 권능을 주었으니 너희를 해칠 자가 결코 없으리라").

(2) 이 능력(δύναμις)을 어떻게 가질 수 있는가? 그것은 오직 믿음으로만 가능하다. 결국 이 능력은 성령에 의한 그리스도 자신의 임재의 능력이다(눅 24:48-49). 이런 특별한 능력을 받게 오순절에 일어났다(행 4:7, 4:33, 6:10).

• 권능(뒤나미스, δύναμις) - 힘, 능력, 새력, 역량.

2. 부활하신 주님은 재자들에게 이런 권능을 받고 땅 끝까지 증인이 되라고 명령하신다.

(1) '증인'(마르튀스, μάρτυις)이란 말은 어떤 사실을 증명하는 사람이란 뜻으로, 어떤 확신할 수 있는 사실에 대한 증인이란 의미와 진리, 즉 확신하여 고백하는 진리에 대한 증인이란 의미를 지닌다(행 6:13, 7:58*).

• 행 7:58 "성 밖으로 내치고 돌로 칠새 **증인들**이 옷을 벗어 사울이라 하는 청년의 발 앞에 두니라."

(2) 눅 24:48("너희는 이 모든 일에 **증인**이라.")과 행 1:8에서 예수님에 관한 사실들을 증언을 명하고 있다. 그런데 이 증언은 믿음의 형태, 즉 복음 전도자적 신앙고백의 형태를 취한다. 복음은 역사적 계시이므로 사실들의 증언과 진리의 증언은 동일하다.

(3) 이제 제자들은 성령을 받음으로써 이 모든 진리를 세계를 향한 증인으로서 나갈 수 있게 된다. 누가는 바울(행 22:15)이나, 스데반(행 22:20)을 주님을 위한 증인이라고 불렀다.[1] 베드로도 장로들에게 그리스도의 고난의 증인이요 나타날 영광에 참예할 자라고 했다(벧전 5:1).

1) 이들의 신앙고백 자체는 그리스도의 삶, 죽음 및 부활의 역사적 사실들을 포함하고 있다.

사도행전의 특징

1. 사도행전의 특징은 누가복음과의 연관성에서 찾을 수 있다. 누가복음과 사도행전이 같은 저자의 작품이기 때문이다. 누가는 초기에 이방인 회심자였던 로 2세대 그리스도인이다. 거기다가 그는 팔레스타인으로부터는 멀리 떨어진 곳에 살았고, 교회를 처음 접했으며, 그 교회로부터 예수님을 알게 되었다. 그가 언제 어떻게 회심하게 되었는지 언급하지 않는다(이하 설명: 동교재, 누가복음 서론에서).

(1) 따라서 예수에 대한 누가의 설명은 마태와 마가와 요한의 설명들과는 상당히 다르다. 일례로, 누가는 복음을 한 문화로부터 다른 문화에 맞게 재해석하여 옮겨 심었다.[1)]

- 마태는 구약으로부터 매우 자세한 예언들과 ('나사렛 사람이라 칭하리라', '애굽에서 내 아들을 불렀다'처럼) 유대교의 경전을 매우 잘 알고 있는 사람들만이 알 수 있는 단순한 구절들을 많이 인용한다.

- **누가는 자신의 이방인 독자들을 어리둥절하게 하지 않고 이야기의 역사적 정확성 유지에 꼭 필요한 정도로만 이런 언어를 사용한다.** '메시야', '메시야 왕국', '인자', 희생 제사, 유대 민족주의, 율법주의적 종교, 그리고 그 밖의 많은 것들이 누가의 이야기 속에 나타난다.

(2) 누가는 기독교를 가능한 한 멀리 이방인의 말과 이방 문화 속으로 옮겨 심었다. 그 뿐만 아니라 그는 기독교의 원천을 이스라엘 역사와 구약 종교, 그리고 유대교의 가정(假定)과 편견과 희망들로부터 분리시켰다. 그 결과 (데오빌로와 같은) 이방인들은 그리스도인이 되기 위해 유대인이 될 필요도 없었고, 유대교 내에서의 그리스도를 위한 긴 준비를 되풀이할 필요도 없었다.[2)]

(3) 이렇게 마태는 유대인을 대상으로 기록한 반면 누가는 그 대상이 로마-헬라 문화에 익숙한 사람들에게 쓴 편지이기 때문에 그는 영원한 진리를 변하는 언어로 옮기고 복음의 심장을 각각의 새로운 시대 사고와 문화 양태 속으로 이식해야 할 필요성을 느꼈다.

2. 누가는 하나님의 구원 사역에 초점을 맞추면서 복음의 발생과정을 기록했다. 누가는 당시의 역사적 배경을 비교적 자세히 소개한다(눅 2:1-2, 3:1-2). 누가복음은 주로 주님의 마지막 고난과 죽음에 대해 기록하고, 사도행전에서는 부활, 승천에 이어지는 성령과 교회의 사역으로 확대된다. 승천하신 예수님께서 성령과 구의 제자들을 통하여 계속 일하시는 구원 역사의 기록이다. 복음 전파의 주체가 성령이란 의미에서 '성령행전'이라고 할 수 있다.

1) 기독교는 유대교에서 연관을 갖는다. 마태는 우리에게 이 사실을 끊임없이 상기시킨다. 마태는 유대교의 언어를 많이 사용하며(예 '진설병', '경문'), 자신의 독자들이 이를 이해할 것이라고 생각할 수 있었다(동교재, 누가복음).

2) **누가는 기독교를 유대적 배경에서 끌어내어 자신이 속한 더 넓은 세계 속으로 옮겨 심는 일을 하기에 아주 꼭 맞는 탁월한 인물이었다.**

왜냐하면 기독교에 대한 누가 자신의 경험은 팔레스타인과는 거리가 먼 교회들에 뿌리를 두고 있었으며, 그 곳에서 형성되었기 때문이었다. 그리고 기독교의 중심은 역사적 전승이 아니라 그리스도 안에서 하나님을 경험하는 것이었다.

3. 사도들의 행전이라고 했지만, 전 사도의 행적을 기록한 것은 아니다. 주로 등장하는 사도는 베드로뿐이다. 후반부에서는 바울의 활동이 중심이지만 사도란 단어는 그에게 사용하지 않았다. 배드로와 바울의 행적도 일부만 수록되었다.

4. 기독교신앙은 구약신앙의 연장임이 강조되었다(눅 24:25-27, 44-47). 부활하신 예수님은 제자들에게 구약을 인용하시면서 고난과 부활의 의미를 설명하셨다.

(1) 제자들은 복음의 핵심인 그리스도의 부활을 증거하면서 이것도 유대신앙에서 나온 것으로 소개한다(행 23:6, 24:21, 26:8, 23). 그리스도인들이 믿는 것은 구약과 다른 무엇이 아니라 선지자들과 모세가 말해 왔던 것이라고 증거한다(행 24:14, 26:22, 28:23).

(2) 사도행전에 등장하는 구약 인용문도 모두 기독교신앙의 합법성을 확정하기 위한 것이었다(행 2:17-218:32이하, 15:16-18).

5. 구약시대와 신약시대는 하나님의 구원역사라는 면에서 서로 연결되었기에 이스라엘의 특원이 계속 유지되는 것으로 말해진다. 따라서 사도행전에서도 이스라엘의 구속사적 우선권이 강조된다. 유대인들이 항상 교회의 첫 구성원임을 보여준다(행 11:19이하, 13:5, 13:14, 42, 44, 14:1, 16:11, 17:1, 17:10, 17:16, 18:4, 19:8).

6. 사도들 전부의 사역이 소개되지 않았지만 사도들은 예수님게서 주신 전도의 사명을 수행하고 각 지역에 교회를 세우기 위해 예루살렘을 떠나 각처로 흩어졌다. 그러나 이들의 역할은 교회설립과 관계된(마 16:18-20 참고) 직무는 일단락되었다고 보는 것이 사도행전의 시야(視野)이다.

7. 사도행전은 성령의 사역이 주도적인 흐름이라는 것을 간과할 수 없다. 사도행전에 등장하는 복음에 긍정적인 사람들은 모든 사람들이 성령으로 충만해졌다. 이제 요엘의 예언대로 하나님께서 그의 영을 부어 주시는 성령의 시대가 된 것이다. 예수님께서는 승천하심으로 그의 모든 사역을 끝내신 것이 아니라 성령과 그의 제자들을 통하여 계속 사역하고 계신다. 예수님은 성령을 받으실뿐만 아니라 성령을 제자들과 교회에 보내시는 분이시다.

사도행전의 첫 시작은 다양한 방식을 통해 누가복음과 연결시킨다.

- 행 1:1-5 ⇔ 눅 24:49-53
- 행 1:1-2 ⇔ 누가복음 전체를 요약해 주며 성령의 사역을 다루고 있는 두 책을 연결시켜준다.
- 행 1:3-4 ⇔ 승천 이전 시기에 대한 정보를 추가한다. 승천하신 후 40일 동안 이 땅에 계셨고, 자신을 이어나갈 자들을 세우셨다.
- 행 1:4-5 ⇔ 누가복음의 마지막 구정은 '성전 안', '예루살렘 안'을 강조한다. 그러나 사드행전은 예루살렘에서 성령을 기다리라고 명하신다.

사도행전 간단하게 훑어보기

그리스도의 승천 · 오순절의 성령강림 · 방언 · 복음을 전파하는 베드로 · 예루살렘교회의 내적 성장(1–2장)

행 1:5 "요한은 물로 세례를 베풀었으나 너희는 몇 날이 못되어 **성령으로 세례를 받으리라** 하셨느니라."

- **부활 이후 40일 동안** (1:3-4)

  부활하신 후 승천하시기까지의 일들을 소개

- **예수님의 승천(6절)** - 하늘로 가심을 본 그대로 오시리라(행 1:9-11)

- 그들은 "성령이 말하게 하심을 따라(=성령이 시키시는 대로)" 방언으로(=다른 언어로) 말하기 시작했다.

요엘서 예언(2:28-32)의 성취

죽음의 결박을 깨뜨려 버리셨다.

베드로는 구약의 증언을 인용한다(시편 16:8-11).

사도행전에는 구약의 예언 구절이 50여개 정도 나타난다.

성령 강림 준비(1:4-11)

예수님은 성령을 통해 제자들을 선교사역과 긴밀하게 연관시키신다. 예수님은 십자가에 달리신 후 아버지께로 올라가신다. 그러나 예수님의 사역이 그의 죽음과 영화로써 단절되지 않는다. 제자들과의 교제는 예수님이 떠나신 후에도 끊어지지 않는다.

- **감람산에서 다락방으로(1:12-15)**
- **유다 대신에 맛디아를 세우다(행 1:15-26)**
- **오순절 성령강림(2:1-4)**

제자들은 청각적으로, 시각적으로 성령이 임하심을 체험했다. 예수님께서 그의 제자들에게 한 약속이 드디어 성취되었을 보여준다.

베드로의 설교(2:14-41)

"새 술에 취했다"는 조롱을 반박 - 이 일은 선지자 요엘에 의해 예언된 것이고, 그 예언이 지금 성취되었다는 것이다(16절). -요엘서 2:28-32

요엘의 예언이 마지막 날에(=말세에) 하나님께서 그의 영을 만민(모든 육체)에게 부어주실 것이라는 내용인데(욜 2:28), 베드로는 오순절이 바로 요엘이 예언한 그 마지막 날의 시작임을 명백히 했다.

예수님에 대한 베드로의 증언(행 2:22-23)

(1) 인간들이 예수님을 사형에 처했으나 하나님께서 그를 살리셨다. 그를 '사망의 고통'에서 풀어주셨다. 죽음의 결박을 깨뜨려 버리셨다. 베드로는 그의 주장을 확증하기 위하여 .

(2) 베드로는 예수님의 죽으심이 하나님이 정하신 길인 것처럼, 부활 역시 하나님의 직접적인 사역이었다는 것을 다윗의 시를 인용하여 논증했다.

- 예루살렘을 떠나지 말고 예수님께서 전에 일러준 약속을 기다려야 할 이유는 무엇인가? (5절)

- 제자들의 질문 - "주께서(주님!) 이스라엘 나라를 회복하심이 이 때니이까?"

聖靈降臨

성령강림

- 성령의 강림은 "누구든지 주의 이름을 부르는 자는 구원을 받는"(행2:21) 새시도의 도래를 의미한다.

그러면 우리가 어찌할꼬

예수 그리스도에 대해 잘못 가졌던 생각과 적대적 행동을 후회하고 죄를 **회개하라**. 그리고 예수 그리스도의 이름으로 '각각 **세례를 받으라**.'

그리하면 "[너희가] 성령을 (선물로) 받으리니"

초대 예루살렘교회 공동체 (행 2:42-47)

"그들이 사도의 가르침을 받아 서로 교제하고 떡을 떼며 오로지(전혀) 기도하기를 힘쓰니라"(2:42)

奇蹟기적

- 기적은 사도들의 능력으로 일어난 것이 아니다. 생명의 주 예수 그리스도의 이름으로 기적적인 치유가 일어난 것이다.
- 치유를 하고 구원을 제공해주는 것은 단지 그 이름이 아니라 이 이름을 믿는 믿음이다.
- 너희들이 생명의 주를 죽였다. 그러나 이는 그들이 알지 못해서 그리하였다는 것이다. 예수님의 죽음과 부활은 하나님의 계획 속에서 예언되었으며, 메시야로서의 길을 걸어가신 것이다.

앉은뱅이를 고침(행 3:1-10)

- "나면서 못 걷게 된 이"를 사람들이 메고 왔다. 사람들에게 구걸하기 위해서였다. 이 사람은 사십 년동안 한번도 자기 발로 걸어본 적이 없었다(행 4:22). 그는 베드로와 요한을 아주 간절한 마음으로 쳐다보았다.

솔로몬 행각에서 설교(행 3:11-26)

- 도대체 누가 이 앉은뱅이를 일으켰을까? 사람들은 결국 베드로와 요한이 고쳤다는 것을 알아냈다(11절). 그러자 "모든 백성이 크게 놀라며 달려 나아가 솔로몬의 행각이라 불리우는 곳에 모였다."(11절)

베드로와 요한이 공회 앞에 서다(행 4:1-22)

- 베드로는 구약성경을 인용함으로써 예수님이 메시야이심을 논증한다.

물건을 서로 통용하다(행 4:32-37)

- 예루살렘교회가 초기에 성장할 수 있었던 여러 요인 중 하나는 교회가 한마음 한 뜻이 되었다는 것이다. 믿는 무리가 한 마음(καρδία카르디아)과 한 뜻(ψυχή프쉬케)이 되었다.

- 베드로는 "내가 줄 수 있는 재물은 없오. 그러나 그보다 더 귀한 것, 내가 가진 것을 주겠소." 곧 **"나사렛 예수 그리스도의 이름으로 일어나 걸으시오."**
- 메시야 예언에 관한 구절은 사 42:1과 52:13에서 나타난다. 여기에서 언급된 '여호와의 종'의 임무는 무엇인가?
- 시 118:22에 나오는 로쉬 핀나(רֹאשׁ פִּנָּה 모퉁이의 머리) - 그리스도의 몸은 그 성전의 실체이며(요 2:21), 그리스도의 '몸'인 그리스도인들은 그 성전의 '산 돌들'이다(벧전 2:5).

通用통용

한마음 한뜻

5-6장

僞善위선

성령을 속임(5:1-11)

일꾼

일곱집사(6:1-7)

아나니아와 삽비라(행 5:1-11)

"사탄이 네 마음에 가득하여 네가 성령을 속이고"(3절). 베드로를 속인 것은 "성령을 속인 것"이었다. 교회는 하나님께서 다스리시는 하나님의 나라이다. 그래서 누구도 업신여겨서는 안 된다.

사도들이 표적을 일으킴(행 5:12-16)

워낙 많은 사람들이 교회로 몰려들었다. 사도들의 손을 통해 표적과 기사가 많이 일어났다.

공동체의 안정이 내부로부터 도전 받음(행 6:1-7)

예루살렘교회 공동체 내에 잡음이 일기 시작했다. 공동체의 안정을 개뜨리는 도전은 외부에서 일어난 것이 아니라 내부로부터 왔다. 히브리파, 헬라파라고 불렀던 사람들 사이에 긴장이 발생했다.

스데반의 순교(행 6:8-15)

일곱 집사 중에서 가장 두드러진 사람은 스데반이었다. 그는 믿음과 성령이 충만했다고 했다. 회당 출신들이 관원들에게 압력을 넣어 스데반의 가르침을 조사하게 했다. 결국 그는 율법과 성전을 거슬렸다는 죄목으로 기소되었다.

그들은 백성과 장로와 서기관들을 충동시켜 스데반을 잡아가지고 공회로 끌고 갔다. 그리고 거짓증인들을 세웠다(6:13-14) 스데반을 고소하는 것은 율법 수여자인 모세와 하나님을 모독하였다는 것이다(6:11).

스데반은 설교를 통해 변호했지만 결국은 돌에 맞아 순교를 당한다(행 7:54-60).

7장 • 스데반의 설교 **殉教**순교 **행 7:54-60)** 스데반의 변론을 듣고 공회원들의 반응 - 이 말을 듣고 마음에 찔려 이를 갈았다. 그리고 스데반을 성 밖으로 내치고 돌로 쳤다. 그리고 증인들이 옷을 벗어 사울이라 하는 청년의 발 앞에 두었다(58절).	**스데반이 설교하다(행 7:1-53)** • 스데반이 리버디노 회당에서 말씀 전파 - 유대인의 종교와 제도를 비판했다. 따라서 헬라파 유대인이 들고 일어나 공회에 고소했다. 이들은 바리새파 사람들이었다(행 6:9). • 성전은 유대인들에게 민족적 실존의 모든 측면의 중심이었다. 그런데 지금 스데반이 그 성전 제사 제도를 부정하고 있다는 것이다. **설교 (행 7:1-19)** • 하나님은 아브라함에게 그와 그의 후손에게 줄 가나안 땅을 약속하신다. • **할례의 언약**을 아브라함에게 주셨더니... • **요셉과 형제들(창37장 • 요셉이 애굽으로 팔리다 (창 37:36)** • **바벨론 포로로 끌려가기 전 우상 숭배의 모습** 성전예배가 한창일 때도 백성들은 여전히 우상을 섬기며 죄를 지었다. • **목이 곧고 마음과 귀에 할례를 받지 못한 사람** "너희도 너희 조상과 같이항상 성령을 거스르며 살고 있지 않느냐?"	**스데반의 설교(행 7:1-19)** • **우리 조상 아브라함이 하란에 있기 전** : 왜 아브라함을 강 저편에서 가나안으로 이끌어 내셨나? (수 24:3) • ① 땅에 대한 약속과 ② 열왕이 아브라함에게서 나오리는 것과 ③ 주께서 그의 백성의 하나님이 되시리라고 약속하셨다. **사울이 교회를 핍박(8:1-3)** • 사울은 스데반이 죽임 당함을 마땅히 여겼다(행 8:1). 왜 바울이 이렇게 그리스도인들을 공격적으로 박해하고 나왔을까? 왜냐하면 자신들의 메시야가 분명히 십자가 위에서 죽임을 당했는데, 다시 부활했다고 거짓 주장을 한다고 보았기 때문이다.
유대와 사마리아에서(8:4~12:45)		
8장 **기독교인들이 흩어짐**	• **사마리아에 복음을 전하다(행 8:4-25) -** 빌립이 하나님 나라와 및 예수 그리스도의 이름에 관하여 전하자 그들이 믿고 남녀가 다 세례를 받았다는 것이다. • **빌립이 내시에게 복음을 전하다(행 8:26-40)**	• 복음은 유대인만을 위한 것이 아니다. 예루살렘을 뛰어 넘어 이방 지역으로 확대된다.
9장 **悔心** 바울의 회심	**사울이 돌아서다(행 9:1-19)** • 다소 출신 사울, 다메섹 도상에서 부활 승천하신 예수님을 만난다. "주여 누구시니이까? "나는 네가 박해하는 예수라." 사울은 부활하신 예수님을 보자 즉시 굴복했다. **사울의 급진적인 변화** • 사울은 "즉시로 각 회당에서 예수가 하나님의 아들이심을 전파하기 시작했다"(20절). 사울이 전하는 메시지를 듣는 사람이 다 놀랐다.	**사울의 급진적인 변화** • 사울은 "즉시로 각 회당에서 예수가 하나님의 아들이심을 전파하기 시작했다"(20절). 사울이 전하는 메시지를 듣는 사람이 다 놀랐다. • 그는 갈라디아 1:16-18에서 언급된 것처럼, 약 3년여간 대부분을 아라비아에서 보냈을 것이다.

9-11장

베드로의 순회사역

안디옥교회를 세우다

"무슨 일로 나를 불렀느냐?" 바울이 이번 사건으로 참으로 깨달은 것은?

① 하나님은 외모를 보지 않으신다(이방이나 유대인이나 차별을 하지 않으신다)

② 하나님을 두려워하며 의를 행하는 사람은 (이방인이나 유대인이나) 다 받으신다는 점이었다.

베드로의 치유 기적(행 9:32-43)

- 침상에서 8년이나 비참한 상태로 누워있던 애니아가 즉시 치료를 받았다. 또 하나의 베드로의 치유 기적: 이번에는 욥바에서 다비다라는 여제자가 죽었는데, 그녀를 살린 기적의 내용이다.
- "또 소리가 있으되 베드로야 일어나 잡아 먹어라." 이런 일이 세 번 있었다"고 했다. 그후에야 그 그릇이 곧 하늘로 올려져 갔다. 베드로는 환상이 사라지고 난 후에도 도저히 이해할 수 없는 하나님의 말씀에 여전히 혼란해 했다.
- 베드로는 자신이 본 환상이 무슨 뜻인지 속으로 의아해 하고 있었는데, 고넬료가 보낸 사람들이 그를 찾아왔다.

베드로가 예루살렘교회에 보고하다(행 11:-18)

- 베드로는 믿는 할례자들의 비난에 그가 어떻게 가이사랴까지 가게 되었는가, 또 그들과 함께 식사자리까지 나아가게 되었는가를 설명한다. 베드로의 자초지종의 말을 듣고 모두가 잠잠했다(18절).

베드로가 고넬료를 만나다 (행 10:1-8)

- 고넬료는 지금 가이사랴에 주둔하고 있었다. 그는 많은 구제를 했고 또 하나님께 항상 기도하는 삶을 살았다.
- "네가 지금 사람들을 욥바에 보내어 베드로라 하는 시몬을 청하라".

안디옥에 교회를 세우다(행 11:19-26)

- 스데반의 순고사건으로(행8:1) 인해 예루살렘교회는 여러 곳으로 흩어졌다. 이들은 베니게와 구브로와 안디옥까지 이르러 유대인에게만 말씀을 전했다. 이들 중에는 헬라인에게까지도 复음을 전했다.

12-13장

제1차 전도여행한 곳

❶ 안디옥 ❷ 실루기아 • 바울이 바나바와 마가와 함께 구브로로 감 ❸ 살라미 ❹ 바보 • 엘루마가 장님이 되다 ❺ 앗달리아 ❻ 버가(Perge) • 마가가 예루살렘으로 돌아감 ❼ 안디옥 • 바울과 바나바가 안디옥으로 ❽ 이고니온 ❾ 루스드라 • 바울과 바나바가 신으로 오해받음 ❿ 더베

귀환 (사울과 바나바) 더베 ⇨ 루스드라 ⇨ 이고니온 ⇨ 안디옥 ⇨ 앗달리아 ⇨ 시리아 안디옥

헤롯 아그리파 1세의 등장(41-44년)

- 헤롯 대왕의 손자 헤롯 아그리파 1세가 로마 총독에 의해 유대인 왕 겸 총독으로 임명되었다. 요한의 형제 야고보 처형
- 베드로도 잡아 투옥시킨다. 때는 무교절 기간이라 이 절기가 끝난 후에 처형하려고 옥에 가두웠다. 먼저번에도 무사히 옥에서 탈출한 전력이 있었기에 철저히 지켰다.
- **헤롯이 벌레에게 먹혀 죽으니라(20-21절)**

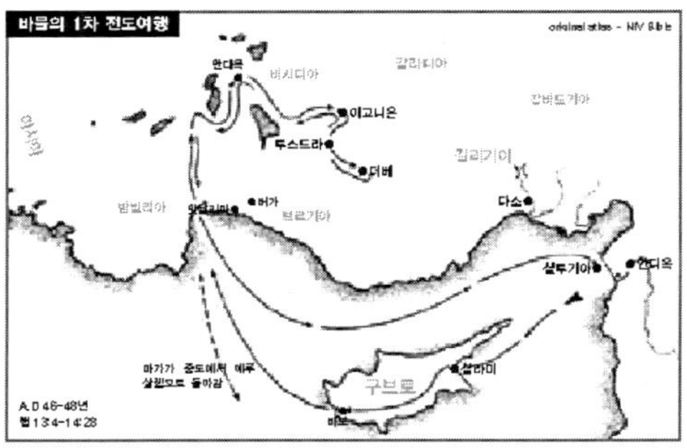

제1차 전도여행

이방인들에 대한 선교(행 13:1-3)

비시디아 안디옥 전도(행 13:13-52)

傳道旅行

전도여행

14-15장

• 이방인 기독교가 성장해 가는 과정에서 적지 않은 문제가 표면화되기 시작했다. 유대인 신자들과 이방인 개종자들 간의 관계 문제가 쉽게 사라지지 않았다.

이고니온 전도(행 14:1-7)

• 비시디아 안디옥에서의 복음 전도는 성공적이었다. 그러나 시기하는 유대인들도 있었다. 그래서 바울과 바나바는 이고니온으로 출발했다. 이고니온에서도 유대인 회당부터 찾았다. "유대와 헬라의 허다한 무리가 믿었다"고 했다(행 14:1).

루스드라 전도(행 14:8-20)

• 바울과 바나바는 이고니온에서 유대인들의 박해로 루스드라로 도망왔다. 그곳에 나면서부터 걷지 못하게 되어 걸어 본 적이 없는 사람이 있었다(8절).

예루살렘 회의(행 15:1-21)

• 어떤 사람들이 유대로부터 내려와서 모세의 법대로 할례를 받지 아니하면 능히 구원을 받지 못하리라(15:1)고 가르쳤다. 이런 가르침으로 인해 안디옥 교회가 혼란에 빠졌다. 믿음과 할례를 구원의 필수조건으로 갖춰야 한다는 것이기 때문이었다.

공의회 결정 사항

• 베드로가 일어나 토론을 정리한다. 하나님은 이방인들이 용납되어야 할 것을 경이롭게 보여주셨다는 것이다. 그래서 베드로는 이방인들이 진정으로 하나님의 은혜받은 자임을 증명하게 하기 위해 불합리한 짐을 부과한다는 것은 옳지 않다는 것이었다.

• 야고보가 결론을 제안한다(15:13-21)
야고보는 이방 개종자들이 믿음의 공동체에 속함을 인증하는 것이 어려워서는 안 된다고 결론지었다. 이방인 신자들은 할례를 받을 필요가 없게 되었다. 그러나 예루살렘 교회는 우상에 바쳐진 음식, 음행, 목매달아 죽인 짐승의 고기 그리고 피를 멀리하는 율법의 규정들을 지킬 것을 말하면서 그들에게 편지를 써야 했다. 그래서 이 결정사항을 기록해서 사람을 시켜 보내기로 한다.

더 먼 여행을 위한 계획(15:36-18:22)

16-18장

• 바울 일행은 이고니온을 지나 서쪽 지역 방향으로 나아가 아시아로 가고자 계획을 세웠다. 그런데 성령께서 아시아에서 말씀을 전하지 못하게 하셨다.

• "바나바는 마가를 데리고 구브로로 갔고,
바울은 실라를 택한 후에 수리아, 길리기아를 거쳐 제1차와는 역순(逆順)으로 여행했다.

• **바울이 환상을 보다(행 16:6-10)**

• **바울의 데살로니가 전도(행 17:1-9)**
• **바울의 베뢰아 전도(행 17:10-15)**
• **바울의 아덴(아테네) 전도(행 17:16-34)**
• **아덴 사람들아! (바울의 논쟁설교, 행 17:22-31)**
• **바울의 고린도 전도(행 18:1-17)**
• **갈리오가 아가야 총독 되었을 때의 일(행 18:12-17)**

제2차 전도여행

• 바울은 **드로아에서 환상을 본다.** 이리로 와서 우리를 도우라는 것이었다. 빌립보에 있는 마케도니아의 항구 도시인 네압볼리로 건너갔다. 그리고 거기에서 빌립보에 도착했다(16:12).

❶ 수리아 안디옥 ❷ 다소 • 바울의 고향 ❸ 더베 ❹ 루스두라 ❺ 이고니온 ❻ 비시디아 안디옥 ❼ 에베소 ❽ 드로아 - 사모드라게 거쳐서 ❾ 네압볼리 ❿ 빌립보 ⓫ 암비볼리 ⓬ 데살로니가 ⓭ 베뢰아 ⓮ 아덴(아테네) ⓯ 고린도

귀로(歸路)= (고린도에서) 겐그리아 ⇨ 에베소 ⇨ 가이사랴 ⇨ 시리아 안디옥

19-20장

바울의 에베소에서의 사역

3년 동안

제3차 전도여행

• 이번 여행은 제2차 전도여행 중에 방문했던 지역의 성도들을 다시 굳건하게 하기 위한 여행이었다. 바울은 에베소에 이르렀다.

• 브리스길라와 아굴라는 아볼로가 복음을 충분히 이해하도록 도와주었다.

바울의 에베소 전도(행 19:1-10)

제3차 전도여행

드로아에서 유두고를 살리다(행 20:7-12)

"사람들이 살아난(ζῶντα) 청년을 데리고 가서 적지 않게 위로를 받았더라".

출발 ❶ 수리아 안디옥 ❷ 다소 ❸ 갈라디아와 부르기아 ❹ 에베소(19:2) ❺ 드로아 ❻ 빌립보 ❼ 마케도니아(20:1) ❽ 헬라(20:2) [고린도 3개월]

돌아오는 길 - 고린도에서 ❾ 마케도니아, 빌립보(20:6) ❿ 드로아 ⓫ 앗소 ⓬ 미둘레네(20:14) ⓭ 기오/사모/밀레도(20:15) ⓮ 고스/로도(21:1) ⓯ 두로 ⓰ 돌레마이(21:7) ⓱ 가이사랴 ⓲ 예루살렘

21-24장

• **바울을 고발하다 (24:1-9)**

"백부장에게 명하여 바울을 지키되 자유를 주고 그의 친구들이 그를 돌보아 주는 것을 금하지 말라"고 명령했다. 바울은 2년을 가이사랴 감옥에서 보내게 된다.

바울이 예루살렘으로 향하다(21:1-16)

• 제3차 전도여행이 끝나고 있다. 바울 일행은 지금 예루살렘을 향하여 출항했다. 바울 일행은 두로에 상륙해서 제자들을 찾아 만났다.

• 이곳에서 머무는 동안 아가보(Agabus)라 하는 한 선지자가 유대로부터 내려왔다(10절). 이들 일행들도 "그 곳 사람들과 더불어 바울에게 예루살렘으로 올라가지 말라 권했다"(12절).

바울이 야고보를 방문하다(행 21:17-26)

바울이 잡히다(행 21:27-36)

바울의 변론(행 22:1-29)

고대의 욥바 항구

25장

• **베스도가 새로운 총독으로 부임**

裁判

재판

바울이 가이사에게 상소하다(25:1-12)

• 예루살렘을 처음 방문하는 총독에게 관심을 끌려고 높은 사람들이 바울을 고소했다(2절). 가이사랴에서 예루살렘으로 오는 길목에 사람들을 매복시켰다가 그를 죽일 생각이었다.

아그립바 왕과 베니게 앞에 서다(25:13-27)

• 베스도의 판결이 있은지 며칠 뒤에 아그립바 왕과 버니게가 베스도에게 문안하러 가이사랴에 와서 여러 날을 머물렀다. 총독 베스도는 아그립바 왕에게 현재 가이사랴에 구금되어 있는 바울에 대해 유대인들이 그를 어떻게 고소했는가에 대해 설명했다

• "내가 살피건대 **죽일 죄를 범한 일이 없습니다.**" "그렇지만 바울이 **황제에게 상소**했으므로 나는 그를 황제에게 보내기로 결정했습니다"(25절).

上訴

상소

바울을 로마로 압송(27장)

26장

• 나는 유대인으로서 우리 민족과 더불어 양육되었습니다. 즉 길리기아 다소에서 났고 예루살렘 와서 살았다.

• 엄격한 율법 학파에서 교육을 받았다. 즉 나는 아주 철저한 바리새인이었다.

바울의 변론(행 26:1-23)

• 베스도 총독은 바울에 대한 고소 내용을 조사해 보았지만 어떠한 증거도 없음을 확신했다. 아그립바 왕은 베스도의 설명을 듣고 바울에게 변론할 수 있는 기회를 허락했다. 이에 바울이 손을 들어 변명하되 비록 왕 앞에 있지만 결코 주눅들지 않았다.

아그립바 왕애개 전도(행 26:24-32)

• 왕과 총독과 버니게와 그 함께 앉은 사람들이 다 일어나서 31 물러가 서로 말하되 **이 사람은 사형이나 결박을 당할 만한 행위가 없다** 하더라 32 이에 아그립바가 베스도에게 이르되 이 사람이 만일 가이사에게 상소하지 아니하였더라면 석방될 수 있을 뻔하였다 하니라

아그립바 왕 앞에서 변론
"어쨌든 왕께서도 예수 믿으세요"

부활 증거

27장

유라굴로(Euraquilo) 광풍

배에 있는 우리의 수는 전부 이백칠십육 명이더라.

멜리데 섬

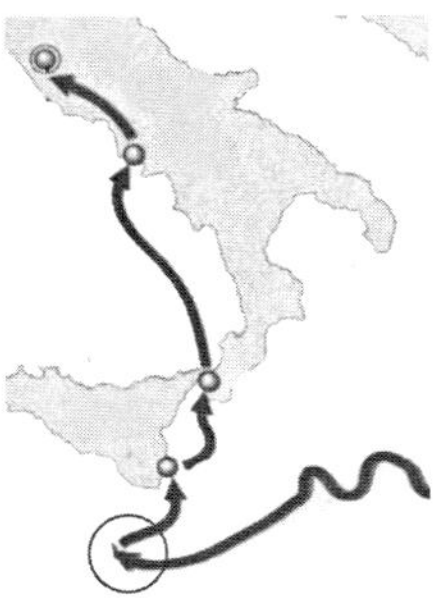

멜리데 섬 사람들은 이들을 매우 친절하게 대했다.

바울이 로마로 압송되다(행 27:1-26)

• 가이사랴에서 2년간의 감옥 생활을 끝내고, 바울은 죄수 몇 사람과 함께 백부장 율리오에게 넘겨진다. 가이사랴에서 출발, 길리기아와 밤빌리아 바다를 건너 루기아의 무라(Myra) 항구에 도착했다(5절). 그러나 날씨 때문에 배가 묶여 여러 날이 지체되었다. 바울은 그들에게 지금 출항하면 어려움을 있을 것이라고 그들에게 출항 연기를 권했다(10절). 그러나 "얼마 안 되어 섬 가운데로부터 유라굴로(Euraquilo)라는 광풍이 크게 일어났다.

풍랑으로 배가 깨어지다(행 27:27-44)

• 미항을 출발한지 열나흘째 되는 날 밤 배는 아드리아 바다에서 표류하고 있었다. 한밤중에 선원들은 어떤 육지에 가까이 온 줄로 생각했다. 그래서 고물(배 뒤편)에서 네 개의 닻을 내리고 날이 밝기만을 기다렸다(29절).

• 배에 있는 우리의 수는 전부 이백칠십육 명이더라."

멜리데 섬에 오르다(행 28:1-10)

• 결국 마침내 사람들이 다 육지로 올라와 구조되었다. 육지에 무사히 올라 알아보니 그 섬이 멜리데라는 섬인 것을 알았다.

• 멜리데 섬의 최고 행정장관의 부친이 열병과 이질에 걸려 누워 있었는데 바울의 기도하여 안수하여 낫게 했다(8절). 이 일로 인해 섬 가운데 다른 병든 사람들이 왔는데 그들도 모두 고쳐주었다(9절). 이 섬에서 3개월 동안 머물렀다.

• 때마침 비가 내리고 날씨가 추워졌기 때문에 불을 피워 영접했다. "바울이 나무 한 묶음을 거두어 불에 넣으니 뜨거움으로 말미암아 독사가 나와 그 손을 물고 있었다"(3절). "원주민들이 이 짐승이 그 손에 매달려 있음(물고 있음을)을 보고 진실로 이 사람은 살인한 자로다."

• 바울은 독사(θηρίον데리온)에게 물렸으나 전혀 이상이 없자 놀라 "이 사람은 신이다."라고 생각했다.

28장

로마의 셋집에서, 가택 연금 상태 2년

- 바울은 주후 60년 2월 초쯤 로마에 도착했을 것이다. "바울이 온 이태를 자기 셋집에 머물면서 자기에게 오는 사람을 다 영접하고 하나님의 나라를 전파하며"(행 28:30) 지냈다.
- 바울은 2년 후에 풀려났으나 로마의 대화재(64년) 후에 투옥된다. 이후 구금상태는 엄중했고 상당히 지연된 재판 끝에 바울은 사형을 언도받았고, 65-69년 사이에 형이 집행되었다.

바울이 로마로 가다(행 28:11-15)

- 로마로 가는 (또 다른 선박인) 알렉산드리아 배를 타고 떠났다. 이들은 "**수라구사**에 대고 사흘을 있다가(12절) 거기서 둘러가서 **레기온**에 이르러 하루를 지낸 후 남풍이 일어나므로 이틀날 **보디올**에 이르렀다.
- 로마에 있는 성도들이 바울 일행의 소식을 듣고 압비오 광장과 트레이스 타베르네라(세 여관, 三館)는 동내까지 맞으러 나왔다.

바울이 로마에서 전도하다(행 28:16-31)

- 로마에 들어가니 바울에게는 자기를 지키는 군인과 함께 따로 있게 허락했다(16절).
- 로마의 유대인들은 바울이 전하는 사상이 어떠한가 듣고자 한다는 것이었다(22절). 왜냐하면 바울의 전하는 내용에 대하여는 어디서든지 반대하는 소리가 높다는 것을 알고 있었기 때문이었다. 그래서 회집 날짜를 정하고 바울의 유숙하는 집에 많은 사람이 왔다. 바울은 아침부터 저녁까지 하나님의 나라를 증언하고 모세의 율법과 선지자의 말을 가지고 예수에 대하여 설득하려고 노력했다(23절).
- 어떤 반응이 있었을까? "그 말을 믿는 사람도 있고 믿지 아니하는 사람도 있었다"고 했다(24절).

로마의 아피안 가도(Appian Way)

주님은
제자들에게 예루살렘을 떠나지 말고
약속하신 성령을 기다리라고 하셨다.
그리고 마침내
약속하신 대로 성령께서 오셨다. 오순절에...
그곳에 모인 모든 사람들에게
성령의 충만함이 임하였고,
베드로의 설교를 통해 많은 사람들이 주님을 영접했다.

이제
"성령이 너희에게 임하시면
너희가 권능을 받고 예루살렘과 온 유대와
사마리아 땅 끝까지 이르러
내 증인이 되리라."(행 1:8)

삼천 여명의 새로운 신자들이
그 출발의 시작점이 된 것이다.

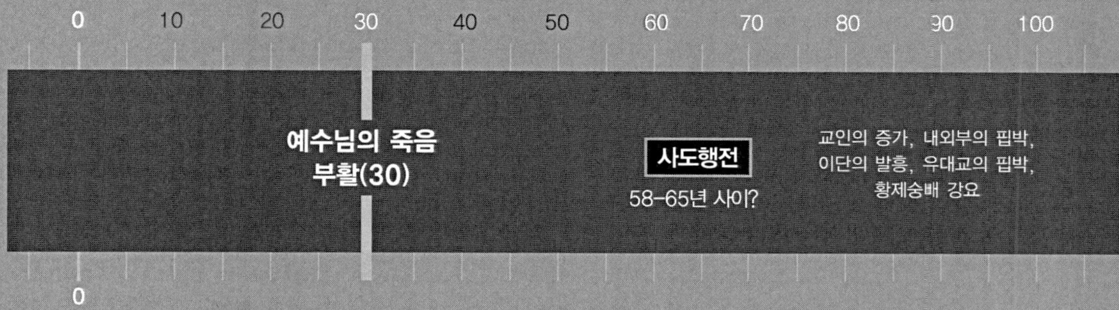
0
10
20
30
40
50
60
70
80
90
100
예수님의 죽음
부활(30)
사도행전
58–65년 사이?
교인의 증가, 내외부의 핍박,
이단의 발흥, 유대교의 핍박,
황제숭배 강요
0

사도행전 본문

Outline Outline은 본문 설명을 요약 정리한 것입니다. 간단하게 설명을 할 경우 이용하세요. 그렇지 않으면 본문으로 바로 들어가셔도 됩니다.

32 ACTS 1–2장

예수 그리스도의 승천 · 성령강림

십자가에 달리신 주님
이제 모든 것은 끝났다고 생각한 제자들은
갈릴리로 돌아와 예전의 직업에 충실했다.
부활하신 주님이 다시 제자들을 찾으셨다.

부활과 승천 사이 40여일,
주님은 제자들과 함께 하시며
확실한 많은 증거로 친히 살아 계심을 나타내시며
좀더 하늘나라의 일을 가르치셨다.

오순절이 이르고
약속하신 성령이 임하셨다.
요엘 선지자의 예언이 성취된 것이다.
성령의 강림은
누구든지 주의 이름을 부르는 자는
구원을 받는(행 2:21)
새시도의 도래를 의미한다.
베드로는
너희들이 십자가에 못 박은 예수는
"주님이시요 그리스도"라고 확정적으로 설교했다.
제자들은 초대교회를 이끌 기둥들이다.
초대교회를 이끌기 위해
이들에게 무엇이 필요할 것인가?

부활 이후 40일 동안(1:3-4)

부활하신 후 승천하시기까지의 일들을 소개 - 예수님은 부활하신 후 제자들과 40일 동안 머물러 계셨다(3절). 그렇다면, 이 기간 동안 주님은 어떤 일을 하셨을까? "하나님 나라"의 선포였다(the preaching of the K.G.).

성령 강림 준비(1:4-11)

(1) 예수님은 성령을 통해 제자들을 선교사역과 긴밀하게 연관시키신다. 부활하신 후에 나타나신 주님은 제자들에게 하나님께서 약속하신 선물을 상기시켜 주신다(행 1:4-5).

(2) 예루살렘을 떠나지 말고 예수님께서 전에 일러준 약속을 기다려야 할 이유는 무엇인가? 그 이유는? (5절, for) "너희는 몇 날이 못되어 성령으로 세례를 받으리라."

(3) 예수님은 십자가에 달리신 후 아버지께로 올라가신다. 그러나 예수님의 사역이 그의 죽음과 영화로써 단절되지 않는다. 제자들과의 교제는 예수님이 떠나신 후에도 끊어지지 않는다.

예수님의 승천(6절)

(1) 제자들의 질문 - "주께서(주님!) 이스라엘 나라를 회복하심이 이 때니이까?"

(2) 주님의 답변 : "때와 시기는 너희가 알 바 아니다." 왜요? "아버지께서 자기의 권한에 두셨기 때문이다." / 성령의 오심이 세상의 마지막이 아니다.

(3) 하늘로 가심을 본 그대로 오시리라(행 1:9-11) "올라가실 때에 제자들이 자세히 하늘을 쳐다보고 있는데". 갑자기 흰 옷 입은 두 사람이 그들 곁에 나타났다. "너희는 어찌하여..."

감람산에서 다락방으로(1:12-15)

(1) 예수님이 승천하신 후 제자들은 감람산에서 예루살렘으로 돌아왔다. 그리고 다락방으로 올라가서 거기에 머물렀다. 그들은 성령 강림을 고대하면서 매일 모임을 가졌다.

(2) 여기 모인 제자들의 이름이 언급되었다(13절). 그리고 여자들과 예수의 어머니 마리아와 예수의 아우들도 함께 있었다(14절).

유다 대신에 맛디아를 세우다(행 1:15-26)

(1) 사도의 자격을 제시했다(행 1:21-22). - 예수님의 "공생애의 시작부터 부활하시고 승천하신 때까지의 모든 일을 보고 듣고 경험한 사람"

(2) 보충 이유 : 다른 제자들과 "더불어 예수께서 부활하심을 증언할 사람"이 되게하려고.

오순절 성령강림(2:1-4)

(1) 유월절의 시작에 보릿단을 드리는 날로부터의 오십 번째 날이 오순절이다. 이 절기는 모맥을 거두는 때이므로 "맥추절"이라고도 부른다(출 23:16). 세 가지 주요 절기중 두 번째(유월절, **오순절,** 장막절)

(2) 제자들은 청각적으로, 시각적으로 성령이 임하심을 체험했다. 예수님께서 그의 제자들에게 한 약속이 드디어 성취되었을 보여준다.

(3) 거기 모였던 사람들이 모두 성령의 충만함을 얻었다. 그 결과는 다른 언어들(other tongues), 즉 사람이 습득한 적이 없는 언어를 할 수 있었다. 그리고 그들은 "성령이 말하게 하심을 따라(=성령이 시키시는 대로)" 방언으로(=다른 언어로) 말하기 시작했다.

(4) 그곳에 모였던 사람들은 입을 다물지 못했다. 왜냐하면 이 제자들은 '갈릴리 사람들'(Γαλιλαῖοι)이었기 때문이었다. 당시 사람들은 '갈릴리 사람'이라는 말을 비하의 의미로 사용했다(사 9:1; 마 4:15). "이 어찌 된 일이냐 하며" 웅성거렸다. 어떤 이들은 이들이 새 술에 취했다고 조롱했다(13절).

베드로의 설교(2:14-41)

(1) 베드로는 "새 술에 취했다"는 조롱을 반박하기 시작했다. 베드로는 이들 제자들이 결코 취한 것이 아니라고 했다. 왜냐하면 지금은 오전 9시밖에 안 되었기 때문이다. 더욱이 성전에서 술을 마시고 취하여 떠든다는 것은 상식밖의 일이다.

(2) 이 일은 선지자 요엘에 의해 예언된 것이고, 그 예언이 지금 성취되었다는 것이다(16절). "이는 곧 선지자 요엘을 통하여 말씀하신 것"(행 2:15, 16)이 성취되었다고 하면서 요엘서 2:28-32을 인용한다.

(3) 요엘의 예언이 마지막 날에(=말세에) 하나님께서 그의 영을 만민(모든 육체)에게 부어주실 것이라는 내용인데(욜 2:28), 베드로는 오순절이 바로 요엘이 예언한 그 마지막 날의 시작임을 명백히 했다.

(4) 성령의 강림은 "누구든지 주의 이름을 부르는 자는 구원을 받는"(행 2:21) 새시도의 도래를 의미한다. 이는 곧 하나님께서 예수를 주님이자 그리스도로 만든 그 시대였다.

예수님에 대한 베드로의 증언(행 2:22-23)

(1) 인간들이 예수님을 사형에 처했으나 하나님께서 그를 살리셨다. 그를 '사망의 고통'에서 풀어주셨다. 죽음의 결박을 깨뜨려 버리셨다. 베드로는 그의 주장을 확증하기 위하여 구약의 증언을 인용한다(시편 16:8-11).

(2) 베드로는 예수님의 죽으심이 하나님이 정하신 길인 것처럼, 부활 역시 하나님의 직접적인 사역이었다는 것을 다윗의 시를 인용하여 논증했다. 베드로는 지금까지 논증을 결론맺고 있다. "너희들이 십자가에 못 박은 예수는 주님이시요 그리스도"라고 확정적으로 설교했다.

그러면 우리가 어찌할꼬(행 2:37-40)

예수 그리스도에 대해 잘못 가졌던 생각과 적대적 행동을 후회하고 죄를 회개하라. 그리고 예수 그리스도의 이름으로 '각각 세례를 받으라.' 그리하면 "[너희가] 성령을 (선물로) 받으리니"

초대 예루살렘교회 공동체(행 2:42-47)

"그들이 사도의 가르침을 받아 서로 교제하고 떡을 떼며 오로지(전혀) 기도하기를 힘쓰니라"(2:42).

부활 이후 40일

• 눅 24:49 "볼지어다 내가 내
아버지께서 약속하신 것을
너희에게 보내리니 너희는
위로부터 능력으로 입혀질
때까지 이 성에 머물라 하시
니라 50예수께서 그들을 데
리고 베다니 앞까지 나가사
손을 들어 그들에게 축복하
시더니 51축복하실 때에 그
들을 떠나 [하늘로 올려지시
니] 52그들이 [그에게 경배
하고] 큰 기쁨으로 예루살렘에
돌아가 53늘 성전에서 하나
님을 찬송하니라."

누가는 사도행전을 시작하면서 누가복음과 연결한다. 누가복음 24:49-53*을 사도행전 1:1-5에서 반복 설명해 주고 있다. 행 1:1-2은 누가복음 전체를 요약 설명하고 있다. "데오빌로여 내가 **먼저 쓴 글**에는 무릇(all) 예수께서 행하시며 가르치시기를 시작하심부터 그가 택하신 사도들에게 성령으로 명하시고 승천하신 날까지의 일을 기록하였노라." 데오빌로는 이미 복음을 듣고 알고 있기는 했지만 아직은 개인적인 확신이나 결단에는 이르지 못했던 것 같다.

1. 누가는 복음서에서 예수님께서 "행하시며, 가르치시기" 시작하셨다고 소개한다.

(1) 누가는 복음서의 내용을 예수님의 ① 사역(=행하심)과 ② 교훈(=가르치심) 두 가지로 요약했다. 이 두 가지 중 하나만을 강조해서는 안 된다. 기독교는 한편으로는 예수님께서 하신 일을 지향하고 받아들이는 것이요(믿음), 다른 한편으로는 그의 교훈을 받아들이고 순종하는 것이어야 한다(행위). 이 점은 사도행전의 시기는 물론 우리의 시대에도 그대로 나타내야 한다.

(2) 행하시며[1], 가르치시기를(디다스코, διδάσκω) - 기독교의 가르침의 일차적 목적은 무엇일까? 그것은 예수님이 약속하신 메시야임을 증명하는데 있다. 즉 이 가르침은 ① "예수에 관한 것을 가르침"(행 18:25), 또는 "주 예수 그리스도께 관한 것을 가르침(행 28:31)이다. 따라서 예수님의 행하심과 그의 가르치심 둘 다를 강조해야 한다.

1) '행하시며'(포이에오, ποιέω) - 신약성경의 모든 문서들에서는 이웃을 위하여 혹은 이웃에 대하여 어떤 일을 행함에 대한 내용이 자주 등장한다(눅 3:11; 행 11:30; 고전 16:1). 이웃에 대해 바르게 행동하는 것이 중요하기 때문에 예수님과 사도들은 복음서 안에서 그 말씀을 실행할 것을 자주 권유한다 (마 7:24, 26; 눅 6:47, 49; 요 14:12; 몬 1:21), 요한일서에는 이 단어를 사용하여 기독교인들의 윤리를 형성하는데 규범적인 의미를 지닌다는 사실을 강조한다(요일 2:17, 29, 3:7, 8).

2. 누가복음은 주로 무엇을 기록하였는가?

1:2 그가(의) – 승천하신 날까지의 (일을)
/[그가] — 명하시고(엔텔로마이, ἐντέλλομαι) — 위임하다, 행하도록 명령하다, 지시하다(마 28:20)
/택하신 사도들에게
/성령으로(διὰ πνεύματος ἁγίου)

누가복음에서는 예수님께서 하신 것으로 단순하게 설명하고 있지만, 여기 본문에서는 성령'으로'(διά는 수단이나 방편을 나타내는 전치사이다.), 즉 성령을 통하여 하신 명령이라고 설명하고 있다. 누가복음 4:1에서 "예수께서 성령의 충만함을 입어"(Ἰησοῦς δὲ πλήρης πνεύματος ἁγίου)라고 한 말씀을 보면 사도행전의 사역도 예수님의 사역과 동일시 하고 있음을 알 수 있다.

3. 3-4절은 부활하신 후 승천하시기까지의 일들을 소개한다.

1:3 그가 —— **나타내사**
/고난 받으신 후에(μετὰ τὸ παθεῖν His suffering)
/또한 그들에게 확실한 많은 증거로 친히 살아 계심을
/보이시며(=보이시면서)
/사십 일 동안 그들에게
/말씀하시니라
/하나님 나라의 일을

(1) '고난 받다'(πάσχω 파스코)라는 말은 예수님의 수난과 관련하여 쓰였다. 여기서는 분명히 '죽는 것'을 의미한다. 그리스도의 수난은 우연적인 것이 아니라 신적인 필연성에 의한 것이다(눅 17:25, 24:26; 행 17:3). 즉 구약에서 예언된 고난이라는 말이다(눅 24:26; 행 3:18 "그러나 하나님이 **모든 선지자의 입을 통하여 자기의 그리스도께서 고난 받으실 일을 미리 알게 하신 것**을 이와 같이 이루셨느니라.").

(2) 예수님은 부활하신 후 제자들과 40일 동안 머물러 계셨다(3절). 부활하신 후에 얼마 동안 이 땅에 계셨는가를 쓴 부분은 이곳이 유일하다. 누가는 이 40일 동안의 행적을 구체적으로 언급하지 않는다.

4. 그렇다면, 이 기간 동안 주님은 어떤 일을 하셨을까? 주님의 지상 사역의 중심은 무엇이었는가?

- 눅 4:43 "예수께서 이르시되
  내가 다른 동네에서도 (하나님의 나라) 복음을 전하여야 하리니
  나는 이 일로 보내심을 입었노라 하시고"

(1) 주님 역시 주 사역 내용은 한마디로 "하나님 나라"의 선포였다(the preaching of the K.G.). 그러므로, 그가 전파한 하나님의 말씀은 '그 나라의 말씀'이라고 할 수 있다(눅 8:11). 네 복음서 모두가 예수 그리스도께서 "하나님의 나라"를 선포하기 위해 오셨다고 설명하고 있다.

하나님 나라
(τῆς βασιλείας τοῦ θεοῦ)

공관복음서의 핵심적인 주제는 무엇이라고 할 수 있을까?

(1) 하나님 나라의 임함
- 마태, 마가, 누가 - 천국의 임함
- 요한 - '영생'으로 표현했다.

(2) 예수님은 그의 사역의 시작을 어떤 말로 시작하고 계신가?
- 마 4:17, 23; 9:35
- 눅 9:11
- 막 1:14, 15

(3) 주님의 사역의 목적은 무엇이었는가?

- 눅 4:43 "예수께서 이르시되 내가 다른 동네들에서도 **하나님의 나라** 복음을 전하여야 하리니 나는 이 일을 위해 보내심을 받았노라 하시고"

- 눅 8:9 "제자들이 이 비유의 뜻을 물으니 10 이르시되 하**나님 나라의 비밀**을 아는 것이 너희에게는 허락되었으나 다른사람에게는 비유로 하나니 이는 그들로 보아도 보지 못하고 들어도 깨닫지 못하게 하려 함이라 11 이 비유는 이러하니라 씨는 하나님의 말씀이요."

1) 눅 8:1; 16:16을 보면 그의 제자들도 아직은 진정한 의미를 인식하지 못했지만 역시 같은주제(하나님 나라)를 가지고 사역했다.

(2) 누가는 사도행전에서도(행 1:3) 계속 이 사실을 언급하고 있다. 즉 주님은 죽음 이전의 중심적 메시지였던 '하나님의 나라'에 관해 부활 이후에도 계속 강조하셨음을 증언하고 있다.[1] 그러나 예수님의 부활 후 제자들의 태도는 어떠했는가? 제자들은 처음에는 하나님의 나라에 대한 정확한 이해가 부족했다. 유대인들은 이스라엘 국가의 정치적 회복을 얼마나 깊이 간직하고 있었는가를 볼 수 있다(행 1:1-6).

(3) 40일 동안 하나님 나라의 일을 말씀하셨다고 했는데, 그 구체적 사역은 언급하지 않고 있다. 그렇다고 예수님의 지상 사역과 구별되는 다른 사역을 언급하는 것은 아닐 것이다. 복음서에서는 하나님 나라(천국)가 주요주제였다. 천국은 예수님의 생애와 사역으로 실현된다. 사도행전 이후에도 예수님과 그의 구속사역이 중심이다.

성령 강림 준비(행 1:4-11)

1. 하나님 나라가 성령과 매우 밀접하게 연관되어 있기에 사도행전의 시작도(행 1:2), 끝에서도 성령을 언급하고 있다(행 28:25). 예수님은 성령을 통해 제자들을 선교사역과 긴밀하게 연관시키신다. 부활하신 후에 나타나신 주님은 제자들에게 하나님께서 약속하신 선물을 상기시켜 주신다(행 1:4-5).

- 어디를 떠나지 말고? (=예루살렘)
- 왜? (=예루살렘이 복음의 출발점이기에)
- 약속하신 것이란? (성령)
새로운 시작을 위하여는 성령의 오심이 필수적이기 때문에 기다려야 한다. 약속하신 성령은 언제 오실 것인가?

1:4 사도와 함께 모이사(while)
[예수께서] — 그들에게 **분부하여 이르시되**
/[너희는] ┬ 예루살렘을 떠나지 말고
└ 기다리라(but to wait for)
/내게서 들은 바[를]
/아버지께서 약속하신 것을
(what the Father had promised)

제자들은 아버지께서 약속하신 것이 무엇이라고 생각했을까? (6절)

예루살렘을 떠나지 말고 (계속) 기다려라

(1) 예수님의 부활 승천과 함께 교회는 탄생했다. 제자들은 부활하신 예수님과 40일을 함께 있었다. 곧 승천하실 주님께서 제자들에게 새로운 명령을 주신다. 곧 세계선교의 사명이 주어진다. 예루살렘은 그 시발점이다. 이 날을 위하여 주님은 지난 3년 동안 제자들과 함께 하셨다.

(2) 주님은 머지 않아 이 세상을 떠나 승천하실 것이다. 주님은 세상에 안 계시겠지만 아버지께서 약속하신 성령이 함께 하실 것이다. 누가는 예수님의 사역을 성령의 사역으로 해석하고 있다.

2. 새로운 시대, 그렇다면 어떤 역사적 변환이 일어날 것인가? 제자들은 설렘 반, 두려움 반으로 주님께 그때 벌어질 상황을 여쭙는다.

(1) 예루살렘을 떠나지 말고 예수님께서 전에 일러준 약속을 기다려야 할 이유는 무엇인가? (5절, for, ὅτι)

5 //(이유: for, ὅτι)
요한은 —— 물로 세례를 베풀었으나
너희는 —— 성령으로 세례를 받으리라
/몇 날이 못되어

• 이 구문이 요한이 베푼 물 세례와 성령으로 세례를 받을 사건을 비교하는 내용일까?
• 그러나 여기서는 두 세례 사이를 배타적이거나 제한적으로 보지 않는다.

(2) 세례 요한은 물로 세례(baptized with water, ἐβάπτισεν ὕδατι)를 주었다. 그러나 제자들은 '성령으로 세례 받을 것이다(shall be baptized with the Holy Spirit)' (수동적). 이 성령의 오심은 주님께서 이미 제자들에게 말씀하셨었다(요 14:16-21, 15:26-27, 16:7-15).

성령의 강림은 제자들의 획기적인 전환점이다. 주님이 이땅에 계시지 않게 되겠지만, 제자들은 천국을 확장하는 적극적인 삶으로 방향 전환을 할 것이다.

눅 24:47에서 복음이 예루살렘에서 시작하여 모든 족속에게 전파될 것이라고 예언하고 있다. 이제 성령의 세례는 이 죄사함의 회개를 전파하는데 요구되는 수단이다.

3. 예수님은 십자가에 달리신 후 아버지께로 올라가신다. 그러나 예수님의 사역이 그의 죽음과 영화로써 단절되지 않는다.

(1) 제자들과의 교제는 예수님이 떠나신 후에도 끊어지지 않는다. 왜냐하면 예수님은 하나님께서 보내신 성령을 통하여 제자들에게 다시 돌아오실 것이기 때문이다. "내가 너희를 고아와 같이 버려두지 아니하고 너희에게로 오리라"(요 14:18).

1) ἐρωτάω의 미래 능동태
간청하다, 원하다, 기도하다

보혜사 - 공동번역은 '협조자'라고 번역했다. '변호해주시는 분', 또는 '도와주시는 분'이라는 뜻이다.

요 14:16 내가 —— 아버지께 구하겠으니(ἐρωτήσω 미래)1)
그가 —— 너희에게 주사(δώσει 미래)
/또 '다른 보혜사를'(ἄλλον παράκλητον)
//(목적: ἵνα, that...may)
[그가] —— 있게 하리니(ᾖ 가정법 현재)
/영원토록(εἰς τὸν αἰῶνα)
너희와 함께

왜 다른 보혜사를 보내주시는가? / (영원토록 제자들과 동행하시려고)

다른 보혜사
예수님은 성령님을 '다른 보혜사'라고 부르셨다. **예수님은** 이미 그의 제자들과 함께 있는 '보혜사'이시며, **성령님은** 그를 대신하여 제자들과 함께 그의 사역을 계속하려고 오실 '*다른 보혜사*'이시다. 그런데 그 '다른 보혜사'를 하나님께서 보내실 것이다.

(2) 아들과 아버지는 신적인 존재로 묘사되는 것처럼, 성령님(파라클레토스)도 신적인 존재이심을 보여준다. 그런데 이 성령님은 아들과 아버지의 보내심을 받는다. 아버지께서, (우리에게 예수님의 이름으로) 성령님을 보낸다고 약

παράκλητος(파라클레토스)

• 요 14:26 "보혜사 곧 아버지께서 내 이름으로 보내실 성령 그가 너희에게 모든 것을 가르치고 내가 너희에게 말한 모든 것을 생각나게 하리라."

속하셨다(요 14:26, 15:26, 16:7). 성령님은 권위 있는 교사요(요 14:26*), 계시에 대한 증인이시다(요 15:26). 예수님은 짧은 기간밖에 함께 계시지 못하지만 파라클레토스는 그들과 함께 영원히 있기 위해 오실 것이다(16절). 이렇게 파라클레토스는 '돕는 자'라는 의미를 갖는다.

(3) 성령님은 예수님과 일치된 사역을 하신다. 왜냐하면 그는 예수님의 조력자이시기 때문이다. 파라클레토스는 아버지께로부터 나오며, 예수님도 아버지께로부터 오셨다(요 16:27-28). 예수님은 제자들에게 "고아와 같이 버려두지 아니하고 너희에게로 오리라"(18절)고 약속하셨는데, **이는 그가 다시 영으로서 오실 것을 의미한다.** 예수님은 성령님의 인격 속에서 그의 사역과 제자들과의 교제를 계속하실 것이다(요 14:28, "내가 갔다가 너희에게로 온다 하는 말을 너희가 들었나니 나를 사랑하였더라면 내가 아버지께로 감을 기뻐하였으리라 아버지는 나보다 크심이라").[1]

1) 여기 다시 오신다는 약속을 이 세대의 종말에 있을 그의 재림을 가리키는 것으로 보는 사람도 있으나 성령을 보내시기 전에 영광의 부활체로 오실 것을 강조한 것으로 본다(오순절 때). 성령님은 세상 끝날까지 우리와 함께 하실 것이다.

4. 다시 사도행전 본문을 보자(6절). 승천의 장면이 펼쳐진다. 누가복음에서는 '베다니'라고 승천하신 장소까지 밝혀주고 있다(눅 24:50).

(1) "저희가 모였을 때에" - 얼마나 지났을까? 드디어 승천하시기 전에 제자들은 베다니에 모였다. 곧 주님의 승천이 있을 것을 직감한 제자들은 다급히 질문을 했다. 어떤 질문?

1:6 그들이 모였을 때에(when)
[그들이] — 예수께 **여쭈어 이르되** (하니)
/주께서(주님!) 이스라엘 나라를 회복하심이 — **이 때니이까?**

(2) 지금, 제자들이 묻는 질문의 핵심은 무엇일까? 유대인들은 성령을 부어주신다는 것은 요엘의 예언대로(욜 2:28-32) 세상에 마지막에 있을 종말적인 사건으로 기대하고 있었다. 따라서 성령으로 세례를 받는다는 것은 (종말에 있을 것으로 기대했던) 이스라엘의 회복과 구원도 성취될 것인가를 궁금해 했다. 제자들도 성령의 오심이 이스라엘의 회복에 영향을 가져다 줄 것임을 믿었을 것이다.

(3) 부활하신 후에 40일을 계시면서 주님은 하나님 나라에 대해서 여러 차례 가르침을 주셨을 것이기에 제자들이 민족주의적 관점에서 질문하지는 아니했을 것이다.[2] 아마도 이스라엘의 회복의 방식과 그 시기를 궁금해 했을 것

2) 유대인들은 언젠가 하나님께서 역사에 개입하시어 선택된 민족인 자신들을 다른 민족들의 노예상태로부터 해방시켜 주실 것이라고 믿었다.

제자들은 예수님께서 몇 날이 못되어 성령이 오실 것이라는 말씀에 이스라엘의 회복을 생각나게 했다. 성령의 오심으로 새로운 세계질서 속에서 이스라엘이 중심적 위치를 차지하게 될 것이라고 믿었다. 당연히 로마인들에 대한 유대인들의 민족적 승리가 주어질 것이라고 확신했다. 그러면 자신들이 권위 있는 위치를 차지하게 될 것이라는 생각에 사로잡혀 있었다(눅 22:24-30). 이들은 하나님의 통치를 단순히 세상적 질서 개념으로 보았다.

이다. 어쨌든 제자들은 성령의 오심과 이스라엘의 회복을 연관 짓고 싶어했다.

5. 이와 같은 제자들의 질문에 주님은 어떻게 말씀하셨는가?

> 1:7 [예수께서] — [그들에게] **이르시되**
> /때와 시기는[1] —— 너희가 알 바 아니요
> /아버지께서 — 자기의 권한에 두셨으니(=두신)

(1) '때'로 번역된 크로노스(χρόνος)는 시간의 단위로 '년의 일부분'을 나타내며 '수명, 시간의 길이'에 대해 사용되었다. 즉 여기서는 종말의 기간을 가리킨다. 제자들은 '때와 시기'(둘 다 복수로 됨)를 알기 원했다.

(2) '시기'를 가리키는 카이로스(καιρός)는 시간(time), 시점(a point of time), 순간(moment)을 가리킨다. 시간적 의미에서 카이로스는 '적합한 시간(때), 좋은 기회의 순간'을 묘사한다. 카이로스는 '결정적인 순간(decisive moment)'이란 의미를 지니게 되었다. 아리스토텔레스는 '시기에 있어서 좋은 것을 카이로스라 일컫는다'라고 카이로스를 높이 평가했다. 카이로스는 '좋은 실행의 때(시간)'이다(Philo).

- 이런 사실을 확실하게 보여주는 고후 6:2을 보자. "이르시되 내가 은혜 베풀 때에 너에게 듣고 구원의 날에 너를 도왔다 하셨으니 보라 지금은 은혜 받을 만한 **때**요(ἰδοὺ νῦν **καιρὸς** εὐπρόσδεκτος[acceptable]) 보라 지금은 구원의 날이로다." 이 구절이 의미하고 있는 것은 결정적이고, 오랫동안 대망해 왔던 하나님의 오심이 종말적인 의미에서 성취되고 있는 구원의 날이 이미 시작되었다는 뜻이다. 바울은 이런 사실은 그리스도의 죽음과 부활로 말미암아 시작되고 있음을 보여준다.

(3) 이렇게 '몇 날이 못되어 성령의 강림이 있을 것이라'는 주님의 말씀이 있었으나, 제자들은 종말의 정확한 때를 알기를 원했다. 수백 년 대대로 대망하고 있던 온 '이스라엘의 회복이 지금 이루어지는 것입니까?'라고 묻고 있는 것이다. 그러나 주님은 성령의 임함은 세상적인 이스라엘의 회복이 아니라 하나님 나라와 관계된 것임을 분명히 하셨다.

(4) 그러나 제자들의 이러한 기대를 탓할 수 없다. 왜냐하면 구약에서 성령 세례를 왕국의 도래와 연결시키고 있기 때문이다(사 32:15-20; 겔 39:28-29).

때와 시기

(χρόνος : καιρός)

1) 헬라어는 시간을 가리키는 두 가지 단어가 있다.

- 물리적인 시간도 있고('크로노스', χρόνος),
- 의미 있는 시간을 '카이로스'(καιρός)라 한다.

즉 '크로노스'는 연대기적인 시간을 말한다(영어로 chronicle 드는 chronology). 이는 천문학적으로 해가 뜨고 지면서 결정되는 시간이며, 지구가 공전과 자전을 하면서 결정되는 시간이다. 매일 한 번씩 어김없이 낮과 밤이 찾아오고, 매년 한 번씩 봄여름 가을 겨울이 찾아오는 시간이다.

이사야32장

이사야 32:1-2
한 왕이 (유다의 배도한 지도자들과는 달리) 정의와 공의로 백성을 다스라실 것을 예견한다(사 7:14, 9:2-7, 11:1-10 참조). 그 왕은 마치 폭풍우를 피하는 대피소와 같겠고 메마른 땅의 시냇물과 같을 것이다. 사막의 큰 바위 그늘 같을 것이라고 했다(2절). 그 왕이 정의로 다스릴 때 세상은 어떻게 되는가? 선한 임금, 현명한 통치가 있을 것이다. 인재들도 공정하게 등용하게 될 것이다.

6. 구약에서 성령의 시대를 어떻게 예언하고 있나 살펴보자(이사야 32:15이하)

이사야 32:15

32:15 마침내 위에서부터 **영(רוּחַ)**을 우리에게 부어 주시리니
광야가 아름다운 밭이 되며
아름다운 밭을 숲으로 여기게 되리라
16 그 때에 정의가 광야에 거하며
공의가 아름다운 밭에 거하리니
17 공의의 열매는 화평이요
공의의 결과는 영원한 평안과 안전이라
18 내 백성이 화평한 집과 안전한 거처와
조용히 쉬는 곳에 있으려니와
19 그 숲은 우박에 상하고
성읍은 파괴되리라
20 모든 물 가에 씨를 뿌리고
소와 나귀를 그리로 모는 너희는 복이 있느니라

- 물론 여기의 말씀의 성취는 **오순절에 성취가 될 것이고**, 더 온전한 성취는 마지막 날을 바라보아야 할 것이다.

- 사 29:17 "오래지 아니하여 레바논이 기름진 밭으로 변하지 아니하겠으며 기름진 밭이 숲으로 여겨지지 아니하겠느냐."

- 공의의 사회가 된다면 당연히 평화는 찾아온다. 그 결과는 영원한 평안과 안전이다. 백성들은 평화스런 삶을 살게 될 것이고 조용한 분위기에서 안락을 누릴 것이다. 이것이 진정한 언약 공동체의 삶이다. 그런데 왜, 지금 사회가 혼란으로 몸살을 앓는 것일까? 인간의 근본 문제가 해결되지 않아서 일 것이다. 결코 인간의 노력만으로는 해결이 불가능하다. **마침내 위에서부터 영을 부어주셔야 할 것이다.**

- 유다에는 정의가 사라져버렸다. 왜 그랬을까? 백성들이 언약을 어기고 하나님을 저버렸기 때문이다. 자신들의 안일만을 위하여 하나님의 법을 버렸기 때문이다. 따라서 하나님과의 관계가 단절되었다. 자연히 자신들의 의지로 이 난국을 헤쳐나가겠다고 발버둥을 치고 있으나 오히려 상황만 더욱 악화될 뿐이다. 그러나 이제라도 여호와께로 돌아온다면 공의가 넘치는 사회가 다시 시작될 것이다.

- 19절의 내용이 앞뒤 구절과 조화가 안되는 것처럼 보인다. ① 앗수르의 멸망을 말하는 것인가, ② 이스라엘 백성의 교만에 대한 파괴를 의미하는가? ③ 20절과 연결된다면 결국은 복을 받으리라는 약속을 말하려는 것일 것이다.

(1) 이사야 32:15을 보면 언젠가 위에서부터 영(靈, 루아흐, רוּחַ)[1]을 부어주실 것이라고 약속하셨다. 그 때에는 어떻게 될 것인가? "[15]마침내 위에서부터(מִמָּרוֹם) 영을 우리에게 부어 주시리니 광야가 아름다운 밭이 되며 아름다운 밭을 숲으로 여기게 되리라..."

(2) 물론 이런 나라가 인간의 노력으로 되는 것이 아니다. 하나님께서 부어주시는 것이다. 이들이 진정으로 회개한다면 오히려 지난 날에 있었던 그 환란의 때는 지나가고 갑절의 갚음을 받는 복의 시대를 약속하신다(욜 2:25).

요엘서 2:28

(3) 요엘서에서는 ① 먼저는, 의(義)의 교사(教師)로 임하는 메시야의 탄생이요(2:23) ② 그 후에는, 만민에게 부어질 성령(聖靈)의 강림을 약속하셨다(욜 2:28).

1) 어떤 학자는 여기 '영'을 '활력' 또는 '생명'으로 보기도 한다. 영어성경의 번역을 보자.
- the Spirit - NASB, NIV, ASV, RSV
- the spirit - KJV

에스겔서 39:28-29

7. 에스겔도 소망의 메시지를 전하면서 이스라엘의 회복을 언급하고 있다.

- 겔 39:28 "전에는 내가 그들이 사로잡혀 여러 나라에 이르게 하였거니와 후에는 내가 그들을 모아 고국 땅으로 돌아오게 하고 그 한 사람도 이방에 남기지 아니하리니 그들이 내가 여호와 자기들의 하나님인 줄을 알리라
  29 내가 다시는 내 얼굴을 그들에게 가리지 아니하리니 이는 **내가 내 영을 이스라엘 족속에게 쏟았음이라** 주 여호와의 말씀이니라"[1)]

1) 이스라엘의 포로생활과 귀환, 그리고 회복에 대한 메시지이다.

- 이방 사람이 그동안 이스라엘 백성이 왜 고난을 받았는가를 알게 될 것이다(23절).
- 이스라엘이 포로로 끌려간 것은 여호와께서 능력이 없어서가 아니라 비록 자기 백성이라도 언약을 어기면 벌하신다는 것임을 깨닫게 하기 위해서이다.
- 이스라엘이 자신들의 죄 때문에 징계를 받았지만 그 후에는 반드시 회복시켜 주신다.

(1) 이스라엘이 회복됨으로써 다시 영광스러운 백성이 되고, 이로써 하나님도 영광을 받으실 것이다(겔 39:27). 이제 이들 백성에게 **새로운 영을 부어주실 것이고,** 백성들도 이전의 생활방식을 포기할 것이다. 이에 대한 성취는 일차적으로 ① 고레스 왕의 정책을 통해 이루어질 것이나 ② **성령님의 사역을 통한 성취는 메시야가 오심으로써 시작될 것이다.**

(2) 이와 같이 유대인들은 구약에서 성령의 시대의 약속을 대망하고 있었기에, 주님께서 약속하신 성령을 기다리라고 하시자 이스라엘의 회복이 바로 이때인가를 궁금해 했다. 이들은 하나님의 나라를 세상적 질서 개념으로 보았다.

때와 시기는 아버지께서 자기의 권한에 두셨으니

1. 주님은 제자들의 이 갑작스런 질문에 어떻게 대답하셨는가?

1:8 /오직 성령이 — 너희에게 임하시면(when)
너희가 ┬ 권능을 받고
　　　 └ 내 증인이 되리라 (하시니라)
　　　　　/예루살렘과
　　　　　온 유대와 사마리아와 땅 끝까지 이르러

- 성도들은 늘 종말에 대한 관심이 많다. 그래서 지나친(?) 관심이 부작용을 낳는 경우가 많다. 성도들은 종말이 지연되고 있다는 생각을 갖고 기다려야 한다(마 24:48, 25:5). 하나님께서 종말 이전에 사건들의 시간을 정해 놓으셨기 때문이다(행 1:7). 여기에 대한 정보는 얻을 수 없다(살전 5:1). 다만 성도들은 주님이 재림하실 때까지 전과는 다른 삶을 실천하며 살아야 한다(벧전 4:2-3).

(1) 하나님의 나라가 이스라엘과 아무 관련이 없다고 단정적으로 대답하지는 않으셨지만 성령의 오심은 곧 세상이 마지막이라는 생각을 하고 있던 제자들에게 그 세상 종말의 '때와 시기'는 아버지의 권한이라고 하셨다. 주님은 성령의 오심이 세상의 마지막이 아니라고 하신다. 종말은 아직 오지 않는다는 것이다. 주님은 더이상 종말에 대해서는 말씀하시지 않고, 이방으로

1) '땅 끝'이라는 문구는 모든 곳을 뜻하는 의미로 이방 세계를 뜻한다. 즉 복음은 유대인, 그 다음에 이방인에게로 전해질 것이다. 사도행전에서 증거는 이스라엘을 통해 시작되며(2-7장), 사마리아로 전개되며(8-11장), 그리고 로마에까지 확대된 것을 기록하고 있지만 복음은 더 먼곳까지 확대될 것임을 보여준다. 즉 복음이 시작된 곳에서 멀리 살고 있는 사람들이 땅 끝이다. 그러므로 복음은 모든 민족, 족속, 나라들에게 전해져야 한다.

복음의 확산에 대해 이야기 하신다. 유대인의 해방이나 독립(회복)이라는 민족적 개념보다는 인류의 구원이라는 개념이 깔려 있다. 이제 예루살렘으로 시작하여 온 유대(넓은 의미로 팔레스타인 전체)와 (유대인들이 이스라엘 사람으로 인정해 주지 않는) 사마리아는 물론 땅 끝까지[1] 복음을 전해야 하는 사명이 제자들에게 주어진 것이다.

(2) 전 세계를 향한 복음 전도의 필요성이 사도행전의 시작과 끝에 나타난다(행 1:8, 20:31). 이제 유대인들은 전 세계로 복음이 확장되는 과정에서 증인(witness, 마르튀스, μάρτυς)이 되는 것이다. 이 증인은 성령을 받을 때에야 그 준비가 갖추어질 것이다. 더욱이 부활을 목격한 자들은 복음 전도자 바울 및 바나바와 대조되는 자들로서(눅 24:32), 특별한 의미에서의 그의 증인들이다(행 13:31 "갈릴리로부터 예루살렘에 함께 올라간 사람들에게 여러 날 보이셨으니 그들이 이제 백성 앞에서 그의 **증인**이라.").

(3) 복음은 절로 확장되는 것이 아니다. 이러한 증인들(제자들)은 예수님을 통하여 오랫 동안(3년이나 따라 다녔던) 훈련을 받은 자들이다. 곧 성령이 임하실 것이고, 제자들은 능력을 받게 될 것이다. 그러면 제자들은 곧바로 증인이 되어 주님께서 명하신 임무(마 28:19-20)를 수행하게 될 것이다. 제자들은 예수님의 행하심과 가르침을 통해(행 1:1) 주님과 동행하면서 증인으로서의 자격을 이미 갖추었다. 제자들이 복음의 사역자들로 나아가기 위해 성령의 권능이 절대적으로 필요하다. 무엇보다 제자들은 예수님의 말씀을 **직접 듣고 보았던 목격자들**이라는 의미에서 증인들이다.

승천 : 하늘로 가심을 본 그대로 오시리라(행 1:9–11)

• 눅 22:29 "내 아버지께서 나라를 내게 맡기신 것 같이 나도 너희에게 맡겨 30 너희로 내 나라에 있어 내 상에서 먹고 마시며 또는 보좌에 앉아 이스라엘 열두 지파를 다스리게 하려 하노라."

1. 예수님은 죽음에서 부활하심으로 낙원의 문을 여시고(눅 23:43, "예수께서 이르시되 내가 진실로 네게 이르노니 오늘 네가 나와 함께 낙원에 있으리라 하시니라."), 천국의 확신을 주셨다(눅 22:29, 30*).

(1) 즉 주님은 전 복음 전파의 법적 기초를 놓으셨다. 그런데 복음 선포는 예수님의 죽으심과 부활 이후에야 비로소 완전히 진작될 수 있었다. 따라서 복음의 진정한 그리고 가장 심오한 기초는 그의 고난, 죽으심, 부활에 있다. 우리는 이 모든 것들 즉 그리스도의 고난, 죽으심, 부활의 증인이 되어야 한다.

(2) 주님은 십자가의 죽음으로부터 승천하실 때까지 40일 동안 이 땅에 계시면서 확실한 많은 증거로 제자들에게 나타내셨다(행 1:3).[1] 예수님께서 부활 승천하신 후에 제자들은 그리스도의 부활과 승천을 복음의 주요 요소로 전파했다. 그러면서도 이들은 그것에 그치지 않고, 계속해서 구원론적이며 종말론적인 일련의 사건들을 완성시킬 또 하나의 사건을 언급했다. 즉 "너희 가운데서 하늘로 올려지신 이 예수는 **하늘로 가심을 본 그대로 오시리라**"(행 1:11)는 것이다.

1) 그 40일 동안 주님은 어떤 일에 주력하셨을까? 사도행전에서는 어떻게 기록하고 있을까? "그가 고난 받으신 후에 또한 그들에게 확실한 많은 증거로 친히 살아 계심을 나타내사 사십 일 동안 그들에게 보이시며 **하나님 나라의 일**을 말씀하시니라"(행 1:3).

2. "그들이 보는데 올려져 가시니" – 이는 예수님의 승천이 육체적 승천이였음을 보여준다.

(1) 제자들은 주님께서 계속 하늘로 올라가시는 것을 육안으로 볼 수 있었다. 그리고 곧이어 구름이 가리워 더 이상 볼 수 없었다. 그렇다고 무한정 상승하시지는 않았을 것이다. 분명히 어느 지점에선가 영적 세계로, 또 신적 세계로 돌입하셨을 것이다. 시공간적 세계가 아닌 전혀 다른 세계로 이전되었을 것이다. 마가복음에서는 "주 예수께서 말씀을 마치신 후에 하늘로 올려지사 하나님 우편에 앉으시니라"고 표현하고 있다(막 16:19; 벧전 3:22*).

• 벧전 3:22 "그는 하늘에 오르사 하나님 우편에 계시니 천사들과 권세들과 능력들이 그에게 복종하느니라."

(2) 그래도 제자들은 이별의 아쉬움이 있었을 것이다(10절 "올라가실 때에 제자들이 자세히 하늘을 쳐다보고 있는데"). 그런데 갑자기 흰 옷 입은 두 사람이 그들 곁에 나타났다.

1:11 [흰 옷 입은 두 사람이] **이르되**
/갈릴리 사람들아!
/[너희는] ——— 어찌하여 서서
/하늘을 쳐다보느냐(=쳐다보면서)
이 예수는 ——— 오시리라 하였느니라
/하늘로 올려지신 /하늘로 가심을 본 그대로
/너희 가운데서

"주님!! 언제 다시 오셔요?"

(3) 천사들 : "예수는 하늘로 가심을 본 그대로 오시리라 하였느니라." 예수님의 재림도 올라가신 그 모양대로, 즉 사람들이 모두 알아볼 수 있도록 그렇게 다시 오실 것이라는 말씀이다. 그러므로 날짜와 시기에 관심을 두어서는 안 된다. 주어진 임무에 충실하면 된다. 언젠가, 하나님의 시간표에 맞추어 주님은 반드시 오실 것이다.

44

감람산에서 다락방으로(행 1:12–15)

1. 예수님이 승천하신 후 제자들은 감람산(감람원이라 불리는 산)에서 예루살렘으로 돌아왔다. 그런데 이 산은 예루살렘에서 가까워 안식일에 가기 알맞은 길이라고 했다.[1)]

(1) 제자들은 예수님이 부활하신 후에 갈릴리로 갔다고 했는데, 이들은 아무도 모르게 예루살렘으로 되돌아 왔던 것 같다. 예루살렘에서 그들은 (그들이 유하는) 다락방으로 올라가서 거기에 머물렀다. 그들은 주님께서 명령하신 대로 성령 강림을 고대하면서 매일 모임을 가졌다[눅 24:53, 저희가 (그에게 경배하고) 큰 기쁨으로 예루살렘에 돌아가 53**늘 성전에 있어** 하나님을 찬송하니라"]

(2) 여기 모인 제자들의 이름이 언급되었다(13절). 그리고 여자들과 예수의 어머니 마리아와 예수의 아우들도 함께 있었다(14절). 물론 가룟 유다의 이름은 빠져 있다. 명단에서 보는 바대로 베드로와 요한이 제일 먼저 언급된 것을 보면, 초기 기독교 공동체에서는 이들이 주도적 역할을 했을 것으로 보인다(행 3:1 참고). 예수님의 행적에서도 볼 수 있는 것처럼, 여자들도 남자들 못지 않게 적극적으로 공동체에 가입하여 활동하고 있었음을 알 수 있다. 누가복음에서도 여성의 역할을 많이 강조했다.

(3) 이들이 모인 다락방은 행 12:12*에 언급된 마가 요한의 다락방이었다고 전해져 왔다. 거기 모인 무리의 수가 약 120명 정도였다고 했다(15절). 이곳에서 이들은 "마음을 같이하여(ὁμοθυμαδόν 호모뒤마돈) 오로지 기도에 힘썼다"(14절). 행 2:1에서도 "오순절날이 이미 이르매 다 [같이] (ὁμοῦ 호무) 한 곳에 모였"다고 했다. (모임이나 집회에서 통일성을 나타낸다. '일심으로, 만장일치'라는 의미이다.)

(4) 이들은 오로지(전혀) 기도에 힘썼다(προσκαρτερέω 프로스카르테레오)."[2)] 이들은 오순절 직후에도 계속해서 사도의 가르침을 받아 전혀 기도에 힘썼다고 했다(행 2:42). 또 힘을 합하여 성전에 모이기를 힘썼다(행 2:46). 사도들의 주 임무는 오로지 기도하는 것과 말씀을 전하는 것임을 깨달았다(행 6:4).

1) 안식일에 허용된 여행길은 약 1km 정도라고 한다. 눅24:50에서는 승천장소를 베다니(= ἕως πρὸς Βηθανίαν, 베다니 앞까지)라고 했다. 베다니는 예루살렘 동편에서 3.2km 정도의 산길을 걸어야 한다. 그곳까지 가는 길이 감람산이다.

여기 "안식일에 가기 알맞은 길"이라고 한 것은 그 날이 안식일임을 말하는 것이라기 보다는 거기까지의 거리를 말하려고 한 것일 것이다.

• 행 12:12 "깨닫고 마가라 하는 요한의 어머니 마리아의 집에 가니 여러 사람이 거기에 모여 기도하고 있더라."

2) 이 말은 '머무르다, (어떤 것을) 굳게 계속하다. 계속 ~ 안에 있다'라는 의미로 약속된 성령의 충만을 받기 위해 계속하여 기도하였다는 것이다. 그렇다면 이들은 중단 없는 기도를 했을까? 120명 정도가 약 10일간을 함께 자고 기도했다고 보기는 어렵다. 당시 예루살렘에서 이만한 숫자가 함께 모이는 다락방은 쉽지 않았을 것이다. 아마 많은 사람들이 성전에 모여서도 기도했을 것이다(눅 24:53 참조).

가룟 유다 대신에 맛디아를 세우다(행 1:15–26)

1. 기도하기 위해 다락방에 모인 무리의 수가 120명이나 되었다. 물론 이 숫자에 여성들은 제외되었다고 볼 필요가 없다.[1] 이들 중에서 베드로가 수위에 있었던 것으로 보인다. 베드로가 제안한 설명은 무엇인가?

1) 여기 120명의 숫자가 어떤 특별한 의미가 있을까? 유대인의 전통적 기준에 따르면 120명은 새로운 회당을 조직할 수 있는 최소의 숫자라고 한다. 그렇다면 이 모임이 불법적인 집단이 아님을 보여주었을 것이다.

1:16 형제들아! (문자적으로는 '남자', '형제들', 혹은 '형제 남자들'이다.)

성경이 ——— **응하였으니 마땅하도다**(ἔδει πληρωθῆναι **had to be fulfilled**

/성령이 다윗의 입을 통하여
예수 잡는 자들의 길잡이가 된 유다를 가리켜
미리 말씀하신

17 //(이유, ὅτι, for)
이 사람은 ┬ 본래 우리 수 가운데 참여하여
배반자 유다 └ 이 직무의 한 부분을 맡았던 자라

데이(δεῖ) - 반드시 ~해야 한다. 묵시론적 용어로서의 '데이'는 장차 불가피하게 세상에 밀어닥칠 우주적 드라마를 가리킨다. 그것은 하나님의 뜻에 따라 결정된 필연성이다. 이는 마치 복음이 온 세상에 전해져야만 되는 것과 마찬가지로 다 일어나야만 한다(마 24:14; 막 13:10).

▲ 성령님은 다윗의 입(스토마, στόμα)을 통하여 말씀하셨다. 하나님의 말씀은 대개 그의 입(마 4:4)을 통하여 나오며, 하나님은 모든 '선지자들의 입'을 통해(행 3:18) 말씀하신다. 누가는 사도행전에서(1:20) 다윗의 예언을 성령에 의한 것으로 보고 말씀을 인용한다(시 69:25, 100:8). 17절에서 그 이유를 설명한다. 이 사람, 즉 배반자 유다는 '직무(디아코니아, διακονία)의 한 부분'을 맡았던 자라고 말한다. '맡았다'라는 말은 '제비를 뽑아 얻다'를 의미한다(눅 1:9, 요 19:24).

(1) 1:18을 보라.
(그런데, μὲν οὖν) 이 사람이(=은)
불의의 삯으로 밭을 사고
후에 몸이 곤두박질하여 배가 터져
창자가 다 흘러 나온지라(=나왔습니다)

◀ 누가는 16절의 내용을 설명한다. 유다는 불의의 삯으로, 즉 주님을 판 돈으로 밭을 샀다는 것이다(마 26:14-16, 27:3-8 참조). "그 때에 열둘 중의 하나인 가룟 유다라 하는 자가 대제사장들에게 가서 말하되 15 내가 예수를 너희에게 넘겨 주리니 얼마나 주려느냐 하니 그들이 **은 삼십**을 달아 주거늘"

(2) 그런데 얼마 후에 "몸이 곤두박질하여(땅에 거꾸라져) 배가 터져 창자가 쏟아졌다"는 것이다. 마 27장에서는 이 사건을 보다 자세하게 언급한다.

마 27:5 유다가 **은을 성소에 던져 넣고**[2] 물러가서 스스로 목매어 죽은지라
6 대제사장들이 그 은을 거두며 이르되 이것은 핏값이라 성전고에 넣어 둠이 옳지 않다 하고
7 의논한 후 이것으로 **토기장이의 밭을 사서 나그네의 묘지를 삼았으니**
8 그러므로 오늘날까지 그 밭을 피밭(The field of blood)이라 일컫느니라

2) 마 27:5 "(은을 성소에) **'던져 넣고'**(ῥίψας) - 립토(ῥίπτω)의 과거분사 능동태, '내던지다, 팽개치다'라는 뜻이다.

46 스가랴의 예언(슥 11:13)의 성취

• 마 27:9 "이에 **선지자 예레미야를 통하여 하신 말씀이 이루어졌나니** 일렀으되 그들이 그 가격 매겨진 자 곧 이스라엘 자손 중에서 가격 매긴 자의 가격 곧 은 삼십을 가지고 10 토기장이의 밭 값으로 주었으니 이는 주께서 내게 명하신 바와 같으니라 하였더라."

(3) 마태복음 27:9, 10에서는 스가랴 11:13의 말씀을 인용하면서 그 예언이 성취되었다고 소개한다.

• 가룟 유다는 예수님에게 더 이상 메시야에 대한 기대감이 없어보이자 예수님을 유대 지도자들에게 넘겨주기로 한다. 예수님이 별 저항 없이 사형선고를 받는 것을 보고 그는 후회하기 시작했고, 그가 예수를 넘겨 준 대가로 받은 **은 삼십 개**를 다시 돌려주려 하였다. 그러나 유대 지도부는 그런 유다의 제의를 거절한다. 유대 지도자들은 1차 목적을 달성했기에 더이상 유다의 말에 귀를 기울이지 않았다. 오히려 그 책임은 그에게 있다고 말한다. 이에 유다는 그 은을 성소에 **팽개쳐 버리고**[1] 어디론가 가서 목을 매어 자살하고 말았다.

1) 곧 무죄한 피를 배반한 데 대한 보상이었다. 예레미야가 이스라엘의 가증한 일들에 대하여 말씀했던 경고가 이제 여기서 완전히 발효된 것이다. 따라서 스가랴의 예언(슥 11:13)은 여자적(如字的)으로 응답되었다. 스가랴의 예언이 있은 후 550년 후의 일이다. 마태가 복음서를 기록할 당시 이 밭은 피밭(the Field of Blood)이라고 불렸다고 한다(마 27:8).

1) 스가랴 11:13에서 "여호와의 전에서 토기장이에게 <던지고, אַשְׁלִיךְ>"라는 동사는 상당히 강조된 샬라크(שָׁלַךְ)의 히필형(사역능동)이다.

(4) 가룟 유다는 예수를 판 돈을 먼저 '성소에 넣은 것'이 사실이나(마 27:5), 제사장과 장로들은 그 은을 거두며 이것은 핏값이라 성전고에 넣어 둠이 옳지 않다고 여겨(신 23:18 참조), 의논이 있은 후 이 돈으로 토기장이의 밭을 사서 나그네의 묘지로(순례 중에 죽은 주인 없는 주검을 처리할 무덤) 삼았다고 했다. 제사장들은 이 돈을 불결한 것으로 여겨 힌놈의 골짜기에 있는 아주 보잘것없는 밭을 산다. 이곳은 예레미야가 백성들이 내어버림을 당할 것을 예언한 바로 그곳이었다. 그곳에 핏값이 지불되었다.

2. 학자들은 마 27:5 "유다가 은을 성소에 던져 넣고 물러가서 스스로 목매어 죽은지라"라는 말씀과 본문의 "몸이 곤두박질하여 배가 터져 창자가 다 흘러 나온지라"는 말씀과의 조화를 설명한다.

아켈다마 (Hakeldama)

(1) 누가는 유다의 최후를 더 처참하게 그리고자 한 것으로 보인다. 18-19절은 누가가 독자들로 하여금 베드로가 한 말의 배경을 쉽게 이해하게끔 삽입구로 표시한 것이다. 이런 내용들은 A.D 57년에 예루살렘을 방문하였을 때 당시 그곳에서 유다의 죽음에 대한 이야기를 듣고 기록한 것으로 보인다.

(2) 어쨌든 "이 일이 예루살렘에 사는 모든 사람에게 알리어져" 있었다. "그들의 말로는 그 밭을 '아겔다마'(Hakeldama, Ἀκελδαμάχ)라 하니" 이는 '피밭'(Field of Blood)이라는 뜻이라고 설명을 붙인다.

(3) 그렇하면, 유다는 처음부터 배반이 예정되어 있었다는 말인가? 물론 아니다. 그는 예수님과 함께 동행하다가 끝에 가서 돌변했다. 누가는 "그에게 사탄이 들어갔다"(눅 22:3)고 기록했다. 어쨌든 그가 예수님을 팔지 않았어도 예수님의 죽음과 십자가는 얼마든지 원수들의 손에 이루어질 수 있었을 것이다.[1)]

1) 유다가 없었다해도 십자가는 세워질 수 있었다. 꼭 사도 중의 한 사람이 배반해야 하는 것도 아니었다. 결정적인 순간에 유다가 원수들 편에 가담했을 뿐이다.그러므로 책임은 전적으로 유다에게 있다.

3. 어쨌든, 어떻게 사도 중에 한 사람이 예수를 파는 자가 되었는가? 그는 이 의문을 구약과 연결시켜 설명하려 했다. 베드로는 이 사건이 예언의 성취라고 설명한다.

1:20 //(이유, γάρ, for) - '피밭'이라고(19절) 말하는 이유를 설명한다.
시편에 ㅡ 기록하였으되
/그의 거처를(=가) —— 황폐하게 하시며
/거기 거하는 자가 —— 없게 하소서 하였고 - 시 69:25
또 ——— 일렀으되
/그의 직분을 타인이 취하게 하소서 하였도다 - 시 109:8

• 다윗은 이 시편에서 원수들에게 예언적인 저주를 언급하고 있다. 원수들이 거하는 거처가 황폐하게 해 달라는 간구이다. 물론 시편의 원래 내용은 가룟 유다와 직접적인 연관성은 없다. 시편 69편은 마태복음과 요한복음에서 때때로 메시야적 구절로 인용한다.

(1) 베드로는 성령님께서 다윗에게 역사하셔서 그의 입을 통하여 미래의 사건을 말하게 하셨다는 것이다. 베드로는 시 69:25에서 예언하신 말씀을 예수님을 팔아넘긴 사람, 곧 가룟 유다에 관한 예언으로 취급하였다. 왜냐하면 다윗이 그리스도의 예표적 인물이요, 다윗의 원수가 그리스도의 원수의 예표적 인물일 수 있기 때문이다.

(2) 시편 109:8은 '원수가 제명을 다하지 못하고 일찍 죽어 그 원수가 맡았던 막중한 임무를 타인이 취하게 해달라'는 기도이다. 다윗은 악인의 무리 중에서 가장 악한 인물에 대하여 기도한다. 베드로는 이 두 구절을 인용하면서, 주님이 이스라엘의 12지파의 수에 맞게 12사도를 택하셨는데(눅 22:30; 마 19:28*), 한 사람의 결손으로 인하여 사도성의 전체성이 무너질 수 없다는, 즉 보선(補選)의 필요성을 언급한다. 이로써 단순히 사도를 보충한다는 의미에서가 아니라 새로운 백성들의 출범과 관계하여 필연적인 것으로 받아들였음을 의미한다.

• 마 19:28 "예수께서 이르시되 내가 진실로 너희에게 이르노니 세상이 새롭게 되어 인자가 자기 영광의 보좌에 앉을 때에 나를 따르는 너희도 열두 보좌에 앉아 이스라엘 열두 지파를 심판하리라."

4. 베드로의 설명을 들은 그곳에 모인 사람들이 공감대를 형성했다. 그렇다면 어떤 사람을 뽑을 것인가?

• 행 1:21 "이러하므로 요한의 세례로부터 우리 가운데서 올려져 가신 날까지 주 예수께서 우리 가운데 출입하실 때에 22 항상 우리와 함께 다니던 사람 중에 하나를 세워 우리와 더불어 예수께서 부활하심을 증언할 사람이 되게 하여야 하리라 하거늘"

(1) 베드로가 우선 사도의 자격을 제시했다(행 1:21-22).

즉 예수님의 "공생애의 시작부터 부활하시고 승천하신 때까지의 모든 일을 보고 듣고 경험한 사람"이야말로 사도가 되기에 충분하다는 것이다. 이런 자격은 다른 제자들이 갖고 있는 정도의 요구였다.

(2) 새로운 한 명을 보충하려는 이유는 다른 제자들과 "더불어 예수께서 부활하심을 증언할 사람"(a witness with us of His resurrection)이 되게"하려는 것이었다. 백성들은 아직까지도 예수님께서 부활하셨다는 사실을 인정하지 않으려 했다. 사람들에게 우선 증거할 내용은 예수님의 사역, 그리고 부활, 승천하셨다는 사실이다. 제자들은 새로 뽑힐 사도와 함께 오직 증인으로서의 사명이 있다.

5. 그래서 두 사람이 추천되었다. 누구누구인가? (1:23)

- 요셉 (바사바[1])라고도 하고 별명은 유스도[2])라)
- 맛디아(='여호와의 선물'이라는 뜻) / 맛디아에 대해서는 더이상 알려진 것이 없다.

(1) 두 사람이 추천을 받고나서 모인 사람들은 함께 기도를 드렸다.

> 24 그들이 **기도하여 이르되**
> 뭇 사람의 마음을 아시는 주여 **이 두 사람 중에 누가 주님께 택하신 바 되어** 25 봉사와 및 사도의 직무를 대신할 자인지를 보이시옵소서 유다는 이 직무를 버리고 제 곳으로 갔나이다 하고

(2) 이들은 지금 두 사람을 놓고 제비뽑기[3]) 도박을 하는 것이 아니다. 그래서 하나님의 뜻을 알기 위해 기도했다(민 26:55; 욘 1:7). 제비뽑기를 통해 맛디아가 선택되었다. 당시로서는 이 방법만이 하나님의 뜻을 아는 최선의 일이라고 생각했다. 물론 성령님이 오신 후에는 다시는 이 방법이 교회에서 사용되지 않았다. 주님께서 성령과 교회를 통해 자신의 뜻을 알려주신다고 믿었기 때문이다. 요한의 형제 야고보가 순교당했을 때(행 12:2) 그를 대신할 사도를 보선하지 않았음을 본다.

(3) 맛디아는 여기 본문 외에서는 언급된 바가 없다. 물론 그렇다고 그가 전혀 선교 활동을 하지 않았다는 것은 아니다. 그는 두각을 드러내는 성품은 아니지만 조용히, 묵묵하게 주의 일을 감당했을 것이다. 멋있는 사람이다.[4])

1) 바사바 - Barsabbas(바르사바스) - '사바의 아들'이라는 의미

2) 유스도(Justus) (이우스토스, Ἰοῦστος) - '올바른, 의로운'이라는 뜻이다.

소아시아에 있는 히에라폴리스의 감독인 파피아스는 그가 상처를 입히지 않고 치명적인 독을 마시게 하려는 이방인의 음모에서 살아남았다고 말한다(유세비우스, *Hist.*)

3) 제비(클레로스, κλῆρος) - '상속 재산, 제비, 제비뽑기 / 제비(히브리어 '고랄')는 하나님의 뜻을 발견하기 위해 구약에서 취해진 것이다. (우림과 둠밈, 출 28:30; 레 8:8 참조) 이들은 제비 수단을 통해 하나님의 뜻을 알아냈다(민 27:21; 스 2:63; 느 7:65).

4) 전승에 의하면 맛디아는 에디오피아에서 복음을 전하다가 마지막에는 나무에 달려 순교했다고 전해진다.

오순절 성령강림(행 2:1-4)

"오순절 날이 이미 이르매 그들이 다같이 한 곳에 모였더니." 주님께서 부활하신 후 40일을 제자들과 함께 하셨다. 그리고 승천하셨다. 주님은 제자들에게 예루살렘을 떠나지 말고 약속하신 성령을 기다리라고 하셨다. 제자들은 가룟 유다 대신 맛디아를 사도로 뽑아 12사도로서의 진용을 갖추었다. 그리고 며칠이 흘렀다. 마침내 오순절 날이 이르렀다. "이미 이르다"(συμπληρόω 쉼플레로오)라는 말은 '완전히 채우다, 완성하다'라는 의미로 단순히 사건에 이르기까지의 시간이 아니라 성령 강림을 통해 하나님의 구원의 뜻이 성취되었음을 의미한다.

1. "오순절 날(τὴν ἡμέραν τῆς πεντηκοστῆς)이 이미 이르렀다"고 했다. 유대인에게 오순절은 어떤 절기이며, 무엇을 어떻게 지키는 절기인가?

(1) 유월절의 시작에 보릿단을 드리는 날로부터의 오십 번째 날이 오순절이다. 이 절기는 모맥을 거두는 때이므로 "맥추절"이라고도 부른다(출 23:16). 보리 추수가 먼저 있고 그것이 끝날 무렵에 밀 추수가 시작된다. 그러므로 여기서 '곡물'은 보리를 가리킨다. 첫 수확이기에 초실절(Firstfruits, 初實節)이라고 부른다(출 34:22). 보리 수확이 시작된 후 7주에 해당하기 때문에 '칠칠절'이라고도 했다(출 34:22 신 16:10).[1]

1) 이것은 낫을 처음으로 곡식에 대는 때(신 16:9)와 안식일 이튿날 보릿단을 흔들 때(레 23:11) 시작했던 보리 수확의 완료를 표시한다. 따라서 이 절기는 '수확의 절기'인 "맥추절"(출 23:16) "처음 익은 열매를 드리는 날, 초실절(민 28:26)이라고 불리었다.
∴ 오순절=맥추절=초실절=칠칠절

(2) 유월절과 오순절은 매우 큰 절기였기에 많은 사람들이 예루살렘으로 모여 들었다. 예루살렘의 주민의 몇 배의 순례객들로 초만원이었다. 물론 이들이 거할 장소가 부족했다. 거처를 잡지 못한 순례객은 예루살렘과 떨어진 곳에서 지내야 했다. 가까운 회당은 물론 성전 주변에서 지내야 할 정도였다. 당연히 도둑들도 들끓었다. 그래서 무리지어 이동했고, 유숙도 함께 했다. 성령님이 강림하신 날도 성전은 발디딜 틈도 없었다.

(3) "저희가 다 같이 한곳에 모였더니"[2] - 제자들도 다른 사람들처럼 함께 오순절 성회를 준비했다. 갈릴리에서 온 사람들도 주변에 같이 있었을 것이다. 이들은 어디서 모였을까? 사도행전 1:13의 "다락"과 동일한 장소일까? 아니면 성전이나 그 주변 부속 건물 어디서 모였을 것이다. 어쨌든 예루살렘에서 일어났다는 것만은 분명하다.

2) 다 같이(άντες ὁμοῦ) they were all together 그렇다면, 몇 명이나 모였을까? 단순히 120명만을 말하지 않았을 것이다(행 1:15). 그후에 더 많은 제자들이 이들과 함께 했을 것이다.

2. 이들에게 약속하신 성령이 언제, 어떤 모습으로 임하셨는가? 제자들은 성령이 오실 것이라는 기대감과 긴장감으로 기다렸을 것이다.

바람 - 프노에(πνοή) - '숨, 호흡'을 말한다. '영'이나 '바람'을 뜻하는 '프뉴마'와는 구별되는 단어이다.

아프노(ἄφνω) - **갑자기**, 즉시, suddenly 순간을 예기치 못하는 가운데 아무 예고도 없이 성령이 오셨다는 것을 표현한다.

• 강한 바람이 세차게 부는 것 같은 소리가 났다. (a noise like a violent, rushing wind)

누가는 바람 소리가 온 집에 가득했다고 했다. 단순히 소리만 들린 것이 아니고 불꽃(불의 혀같이 갈라진 것들)이 널름거리며 각자의 머리 위로 갈라져 감을 눈으로 볼 수 있었다.

행 2:2 급하고 강한 바람 같은 소리가 — **있어** /하늘로부터 홀연히(=갑자기) — **가득하며** /그들이 앉은 온 집에

3 마치 불의 혀처럼 갈라지는 것들이 (tongues as of fire) — 그들에게 **보여** — 하나씩 **임하여 있더니** /각 사람 위에

4 그들이 — 다 성령의 **충만함을 받고** — 말하기를 **시작하니라** /성령이 말하게 하심을 따라 /다른 언어들로(=다른 방언으로) — ἑτέραις γλώσσαις other tongues

(1) 여기 모였던 제자들은 청각적으로, 시각적으로 체험함으로써 예수님께서 그의 제자들에게 하신 약속이 드디어 성취되었을 보여준다. 성령의 충만이 단순히 열 두 제자들에게만 일어난 것이 아니라 거기 모였던 모든 사람에게[1] 임하였다.

(2) "불의 혀처럼(γλῶσσαι^tongues ὡσεὶ^like as πυρὸς^of fire)"[2] - '갈라지는 것'(διαμεριζόμεναι^현재분사 중간태/수동태, distributing, cloven)이라는 단어를 중간태로 해석할 경우 '그것들 자체를 조각내어 짜르는' 또는 '그것들 자체를 나누어 분배하는'을 뜻한다. 본문이 뜻하는 바는 각 혀가 갈라졌다는 것이 아니라, 갈라진 각 혀가 불처럼 보였다는 것인데, 그것은 실제 불이 아니라 단지 불처럼(ὡσεὶ^like as) 보였다는 것이다.[3]

(3) 거기에 모였던 사람들이 모두 성령의 충만함을 받았다(성령으로 꽉 채워졌다. 즉 충만했다. '저희가~충만함을 받고, ἐπλήσθησαν^과거수동태). "성령의 오심, 성령으로 채워짐, 혹은 성령을 받음, 성령을 보냄"이라는 말은 같은 사실의 다른 표현이다. '성령으로 채워짐'은 사람들에게 미치는 결과에 역점을 둔 표현이다. 성령은 인간이 이용할 수 있는 물건이나 세력, 능력이 아니라 인격체이시다. 처음에 육체로 계시며, 제자들을 앞서 가시던 그 예수님 대신에 오신 예수의 영이시다(정훈택, 복음을 따라서, 그리심).

1) =각 사람 위에, ἐφ'^upon ἕνα^one ἕκαστον^each αὐτῶν^of them

2) tongues as of fire - NASB, cloven tongues like as of fire - KJV) / 한글성경은 이 부분(3절)을 다양하게 번역했다.

• 그러자 혀 같은 것들이 나타나 불길처럼 갈라지며 각 사람 위에 내렸다. (공동)

• 그리고 불길이 솟아오를 때 혓바닥처럼 갈라지는 것같은 혀들이 그들에게 나타나더니 각 사람 위에 내려 앉았다. (표준새번역)

• 또 불의 혀같이 갈라진 것들이 그들에게 나타나 그들 각 사람 위에 앉더라. (킹제임스흠정역)

3) A. T. Rovertson, 신약원어 대해설, 요단출판사.

3. 거기 모였던 사람들이 성령의 충만함을 얻었다고 했는데 그 결과는 무엇인가?

방언으로 증거(행 2:5–13) 51

(1) 그 결과는 다른 언어들(다른 방언, other tongues), 즉 사람이 습득한 적이 없는 언어를 할 수 있었다는 것이다. 그리고 그들은 "성령이 말하게 하심을 따라(=성령이 시키시는 대로)" 방언으로(=다른 언어로) 말하기 시작했다. 그러면서도 이 언어는 이해할 수 없는 난해한 언어가 아니라 그들에게 잘 알려진 언어였다는 것이다. 그곳에 있던 순례자들이 자신들의 말로 통역 없이 알아들을 수 있었다. 이제 성령님께서 친히 언어의 장벽을 허물어 뜨리셨다. 복음이 언어의 경계를 뛰어넘어 전 세계 모든 족속에게 증거되어야 하기 때문이다.[1)]

1) 그러므로 여기서 성령충만은 죄 사함의 증거가 아니라 복음을 증거할 수 있는 능력과 연계되어 있다. 여기서 다른(other)이라는 말 헤테로스(ἑτέρος)는 성령이 말하게 하는 방언을 가리킨다. 이 방언은 제자들이 알아들을 수 있고 이해할 수 있는 언어로 말한 것이다.

(2) 방언의 은사는 고넬료의 집에서(행 10:44-47), 에베소에서 요한의 제자들에게(행 19:6), 고린도에서 제자들에게(고전 14:1-33)도 임했다. 그 은사가 사마리아에게서도 나타났을 것이다(행 8:18). 그러나 그것은 영속적인 은사는 아니었다.[2)] 이때의 방언에 대해서는 아직도 많은 학자들의 견해가 다르나 확실한 것은 제자들이 사용했던 언어는 외국어 이외의 아무것도 아니었다는 점이다. 제자들이 배운 적도 없는 언어를 구사하는 이 기적은 일시적인 현상이었다. 어쨌든 이 이적은 앞으로 복음이 다른 언어로도 증거해야된다는 것을 보여준다.

2) 고전 14:22에서의 방언은 불신자들을 위한 표적이며, 바울은 그것을 이해하고 통역할 수 있는 사람이 함께 하지 않으면 방언을 말하지 말아야 한다고 했다.

4. 그때에 오순절 축제에 참여하기 위해 여러 지방에서 온 순례자들이 기거하고 있었다. 여기 '경건한 유대인들'이란 누구를 가리키는가?

2:5 그 때에(Now, δέ)
경건한 유대인들이 —— **머물러 있더니**
/예루살렘에
/천하 각국으로부터 와서

(εὐλαβεῖς 율라베이스)
디아스포라 유대인들 중에서 특별히 신앙에 많은 관심을 가지고 있었던 경건한 유대인들이 많이 있었다.

9 우리는 바대인과 메대인과 엘람인과 또 메소보다미아, 유대와 갑바도기아, 본도와 아시아,
10 브루기아와 밤빌리아, 애굽과 및 구레네에 가까운 리비야 여러 지방에 사는 사람들과 로마로브터 온 나그네 곧 유대인과 유대교에 들어온 사람들과
11 그레데인과 아라비아인들이라

(1) '머물러 있더니' : '머물다'(κατοικέω 카토이케오)라는 말은 '거주하다, 살다'라는 의미이다. 누가는 예루살렘에 이주해 살고 있는 경건한 사람들을 '천하 각국으로부터' 온 사람들이라고 소개한다. 당시 유대인들은 상당수가 각국에 흩어져 살고 있었다. "1세기에는 유대인들이 유대 경계 안에서보다 밖에서 더 많이 살았다. 팔레스타인 유대교의 인구는 백만이 넘지 않았고, 수백만의 유대인들이 그리스-로마 세계 도처에 흩어져 거주한 것으로 보인다. 유대인의 수는 로마 제국의 전(全) 인구의 7-8% 정도는 되었을 것이다"(아이보르 J. 대이빗슨, 교회의 탄생).

(2) "경건한 유대인들이 천하 각국으로부터 와서 예루살렘에 머물러 있더니"라고 했는데, 이들은 누구였을까? 이들 중에는 각국에 살았던 디아스포라 유대인들 중 여생을 고국에서 살아가기 위해 이미 오래 전부터 예루살렘에 머물러 있는 사람들일 수도 있고, 또 오순절을 지키기 위해 여러 지방에서 온 순례자들일 수도 있다.

1) 소동하다(슁케오, συγχέω) - '놀라거나 흥분하다'라는 의미로 쓰였다.

2) 디알렉토스(διάλεκτος) - 말, 언어, 방언 / 어떤 국민이나 지방의 고유한 언어.

2:6 이 소리가 나매(δέ, And when)
큰 무리가 —— **모여, 소동하여**(συνεχύθη과거수동태, were bewildered)[1)]
//(이유: ὅτι, because)
[그들이] —— 듣고
/각각 자기의 방언[2)]으로
제자들이 말하는 것을

(3) 거기 모였던 모든 사람들이 "다 놀라 신기하게 여겨" 이렇게 말하였다.

보라(Behold, Why, ἰδού)
이 말하는 사람들이 다 '갈릴리 사람들'(Γαλιλαῖοι)이 아니냐?

(4) 거기 모였던 유대인들은 당연히 히브리어(아람어)로 말할 것이라고 생각했는데, 제자들이 말하는 것을 각 나라 말로 들었기 때문에 놀라 흥분했다는 것이다. '놀라'(엑시스테미)라는 말의 의미는 입을 다물지 못하는 놀라움을 가리킨다. 여기서 방언을 했다는 의미는 제자들이 한 가지 방언을 했는데, 듣기는 각 나라의 말로 들었다는 말일까? 아니면 모든 제자가 여러 나라 말을 다양하게 구사했다는 것일까?

(5) 이들이 더 입을 다물지 못했던 것은 '갈릴리 사람들'(Γαλιλαῖοι)[3)]이었다는 데에 있었다. 당시 사람들은 '갈릴리 사람'이라는 말을 비하의 의미로 사용했다(사 9:1; 마 4:15).

3) 갈릴라이오스(Γαλιλαῖος) 라는 갈릴리 사람, 갈릴리 원주민을 의미한다 (Galilaeans).

4) 므깃도(이방의 갈릴리), 돌(해변 길), 길르앗(요단 저쪽 지역) / 이스라엘은 앗수르의 속국이 됨.

주전 734-732년, 앗수르 왕 디글랏빌레셀 3세는 아람을 역사에서 제거하고, 북이스라엘을 앗수르의 위성국으로 축소시켜버렸다. 앗수르는 스불론과 납달리 지파의 옛 지역을 세 개의 속주(屬州)로 개편했다.[4)] 스불론과 납달리 지역은 아람의 침공에서 가장 가까이 노출된 지역이었다. 갈릴리 사람들은 '사망의 그늘진' 땅에 거주하던 자들이었다(사 9:2). 국방이 취약했기에 변방에 있는 이 지역은 전쟁에 수없이 짓밟히곤 했다. 한 마디로 이 지역은 고통의 대명사였다. 따라서 이 지역은 메시야의 손길이 가장 먼저 닿은 지역이 되었다.

(6) 갈릴리 촌 사람들이 각국의 외국어를 자유롭게 구사할 수 있었다는 것은 정말로 입을 다물 수밖에 없는 사건이었다. 물론 이들은 정식 교육도 제대로 받지 못한 자들이 아닌가! 갈릴리 사람들은 거친 아람어(막 14:70 참조)와 미숙한 헬라어 방언을 말했을 것이다.

(7) "그런데 우리는(디아스포라 유대인) 각 사람이 자기가 태어난 지방의 말로 듣고 있다니!!" 행 2:9-11의 목록에 나와 있는 것처럼 유대인들은 광범위하게 흩어져 살았다(9-11절의 지방명은 언어적이 아니라 지리적인 구분이다). 이들은 "곧 유대인과 '유대교에 들어온 사람들'(=개종한 이방인들)"이었다고 했다(행 2:10).

(8) 예루살렘에 이미 오래 전부터 거주했던 사람이든, 순례객으로 오순절을 지키려 기거했던 유대인이든 이들은 예수님에 관해 이미 많은 것을 듣고 알고 있었던 사람들이다. 그중에는 예수님이 십자가에 달리셨던 것을 직접 본 사람들도 많았을 것이다. 그러나 주님이 십자가에 달리신 후, 벌써 50일이 지났다. 예수님의 부활과 승천에 대한 소식을 직간접적으로 들은 사람도 있었을 것이다.

• 행 2:9 "우리는 바대인과 메대인과 엘람인과 또 메소보다미아, 유대와 갑바도기아, 본도와 아시아, 10 브루기아와 밤빌리아, 애굽과 및 구레네에 가까운 리비야 여러 지방에 사는 사람들과 로마로부터 온 나그네 곧 **유대인과 유대교에 들어온 사람들**과 11 그레데인과 아라비아인들이라."

(이렇게 유대인들은 광범위하게 흩어져 살았다. 이들은 이방민족 중에 살던 유대인들이었다.)

5. 그때, 모인 사람들의 반응이 나타났다. 그들은 모두 놀랐다고 했다.

(1) 사람들은 모두 놀라 어쩔 줄 몰라 심히 당황했다(διηπόρουν[미완료 과거]). 계속해서 당황해 하며 "이 어찌 된 일이냐 하며" 웅성거렸다. 어떤 이들은 이들이 새술에 취했다고 조롱했다(13절). '새술'(γλεύκους[글류쿠스])이란 단맛이 나는 포도주이다. 일년을 저장한 단맛의 포도주는 매우 독한 술이 된다고 한다. 그들은 제자들의 행동을 비웃었고, 주위에 있던 많은 사람들이 웅성거리며 동조했을 것이다(15절 참조, "너희들 생각에는...").

(2) 이런 비웃음을 들은 베드로는 '열한 사도와 함께 서서' 그들의 주장을 반박하기 시작했다.[1] 그리고 소리를 높였다. "유대인들과 예루살렘에 사는 모든 사람들이여!" "내가 하는 말을 귀담아 들어보시오."

2:15 이 사람들이 — 취한 것이 아니라
/너희 생각과 같이
//(이유: γὰρ, for)
때가 제 삼 시니(ὥρα τρίτη[2] τῆς ἡμέρας)

제 3시는 우리 시간으로 오전 9시를 가리키는데 안식일이나 축제일에 유대인들은 이 시간 전에는 먹지도 않고 마시지도 않았다고 한다.

1) 베드로는 교회 초기에 지도자적인 위치에 있었다. 그래서 제자들 중에서 먼저 입을 열었다. 아마 12사도가 다같이 일어서서 설교를 했던 것 같다.

2) 트리토스(τρίτος): 제 삼의, 세 번째의(third).

여기서 제 삼시는 로마식 시간으로는 오전 9시를 가리킨다.

베드로의 설교(2:14-41)

베드로의 설교 ①

베드로는 "새 술에 취했다"는 조롱을 반박하기 시작했다. 베드로는 우리들이 결코 취한 것이 아니라고 했다. 왜냐하면 지금은 오전 9시밖에 안되었기 때문이다. 더욱이 성전에서 술을 마시고 취하여 떠든다는 것은 상식밖의 일이다.[1] 베드로는 "유대인들과 예루살렘에 사는 모든 사람들아 '이 일'을 너희로 알게 할 것이니"라고 하고 설명을 시작한다. '이 일'(τοῦτο)이란 지금 제자들에게 벌어진 일(방언 사건)을 말한다. 이제 이것(τοῦτο)을 알게 하겠다는 것이다(let this be known to you).

1) 유대인들은 하루에 세 번씩 기도했다. 그 첫 시간은 보통 해뜨기 전이었다. 그리고 아침 기도(제사) 시간 전에는 대개 음식을 들지 않았다고 한다.

1. 방금 우리에게 일어난 이 일은 선지자 요엘에 의해 예언된 것이고, 그 예언이 지금 성취되었다는 것이다(16절). 우선, 요엘서 2:28을 읽어보자.[2]

2) 요엘의 메시지가 선포될 당시 유대의 상황을 살펴보는 것이 오순절 성령 강림을 이해하는데 반드시 필요하나 여기에서 아주 자세하게 설명할 수 없다. 동교재, 요엘서의 설명을 가져와 이해해 보기로 하자.

(1) 성령의 감동하심으로 베드로는 오순절의 기적 속에서 요엘의 예언이, 이제 막 태동하기 시작하는 교회에서 일어날 것임을 발견했다(행 2:17-21). 베드로는 요엘과 스바냐 및 당시 선지자들이 전파한 메시야의 시대가 도래했음을 알았다. 베드로는 (제자들의 성령 충만함을 보고) 새 술에 취했다고 조롱하는 사람들에게(행 2:13) "이는 곧 선지자 요엘을 통하여 말씀하신 것"(행 2:15, 16)이 성취되었다고 하면서 요엘서 2:28-32을 인용한다.

(2) 요엘서 2:23은 ① 의의 교사에 대한 예언이요 약속이라면, 요엘서 2:28이하는 ② 성령의 충만함을 받은 하나님의 백성들이 어떻게 진리의 눈이 열려 이상을 보게 되고(욜 2:28, 29), 또 심판의 날, 즉 여호와의 날이 임하기 전에 그들이 어떻게 구원에 이르게 될 것인지를 보여준다(욜 2:32).

요엘서 2:28

"의의 교사"(=메시야)에 대한 약속을 주신 후, "그 후에" 성령 강림의 약속을 주셨다(욜 2:28).

2:28 "그 후에(וְהָיָה אַחֲרֵי־כֵן) [맛소라 사본; 3:1]
내가 ——— **부어 주리니**(אֶשְׁפּוֹךְ) 칼, 미완료(쏟아 붓다)
/내 영을(אֶת־רוּחִי)
/만민(=모든 육체)에게(עַל־כָּל־בָּשָׂר)
너희 자녀들이 — (장래 일을) **말할 것이며**(נִבְּאוּ) -니팔 동사 완료(예언하다)
너희 늙은이는 — 꿈을 **꾸며**(יַחֲלֹמוּן) - 칼, 미완료
너희 젊은이는 — 이상을 **볼 것이며**"(יִרְאוּ) - 칼, 미완료

사도행전 2:17

"그 후에"라는 말을 베드로는 "말세에"라는 말로 바꾸어 해석한다(행 2:17)

(3) "그 후에"(And it will come about after this - NASB)

언약을 어긴 백성에게 임박한 진노의 날이 올 것이었지만, 만약 백성들이

[베드로는 오순절이 바로 요엘이 예언한 그 마지막 날의 시작임을 명백히 했다]

회개한다면, 욜 2:19-27에 묘사된 복이 주어질 것이라고 약속하셨다. 그리고 회복된 어느 시점에("그 후에", 사도행전에서는 "말세에") 자신의 영(靈)을 언약 공동체 위에 부어주시겠다고 선언하셨다(욜 2:28-29).

(4) 누구에게 영을 부어주실 것인가? "만민에게"라는 말은 원문에서 "모든 육체에"(עַל־כָּל־בָּשָׂר)라는 말이다. 언약 공동체 안에 있는 모든 계층의 사람들, 곧 나이와 성별과 사회적인 지위 등을 초월할 것을 말한다.[1] 그러나 후일에는 언약을 받아들이는 모든 사람들, 국적과 종족과 계급과 남녀노소의 구별을 초월하여 주어질 것이다(겔 39:29*; 슥 12:10).

(5) "**부어주시리라(אֶשְׁפּוֹךְ)**"[2] – 풍성하고도 끊임없는 충만한 성령의 교통을 의미한다. 즉, 성령의 부으심을 받아 우리 인간들의 허물진 '육체'는 성령의 전이 되어 새로운 변화가 일어나고 새로운 피조물이 될 것을 보여준다. 구약의 다른 곳에서도 성령 강림과 연관해서 예언하고 있다(렘 31:31-34; 겔 36:24-28을 읽어보자).

▲ 요엘의 예언이 마지막 날에(=말세에) 하나님께서 그의 영을 만민(모든 육체)에게 부어주실 것이라는 내용인데(욜 2:28), 베드로는 오순절이 바로 요엘이 예언한 그 마지막 날의 시작임을 명백히 했다. 그는 요엘서를 인용하여 오순절 사건을 설명하면서 행 2:17-18과 2:19-20 사이에 "**그들이 예언할 것이요**'(they shall prophesy, προφητεύσουσιν)라는 말을 첨가한다.

2. "너희 자녀들이 (장래 일을) 말할 것이며"(וְנִבְּאוּ - 니팔 동사 완료)

(1) "저들이 예언하게 되리라"는 말이다. '나바'(נָבָא- 예언하다)라는 동사의 와우 계속법 니팔(수동) 완료형이다. 와우 계속형이므로 미래형으로 번역한다. 물론 이 말이 모든 사람이 다 선지자가 된다는 말은 아니다. 성령을 받음으로 또한 거기에 따르는 모든 은사를 같이 받게 될 것임을 의미한다.

(2) 오히려 특수한 선지자 시대와 사도 시대는 지나가고 누구나 다 은혜를 받아 '작은 자로부터 큰 자까지 다 나(=여호와)를 알게 되며"(렘 31:34), 또 직접 여호와의 말씀을 통하여 교훈을 받고(사 54:13) 하나님의 말씀을 대언할 수 있게 됨을 말하는 것이다.[3] "꿈을 꾸며" "이상을 볼 것이며" 하는 말도 다 같은 표현이다.

1) 구약시대에는 하나님의 영이 선택된 소수, 주로 예언자들에게만 주어졌다

출 28:3, 31:3, 35:31; 민 11:17,25,27:18; 신34:9; 삿 3:10, 6:34, 11:29, 13:24, 14:6 참조.

• 겔 39:29 "내가 다시는 내 얼굴을 그들에게 가리지 아니하리니 이는 **내가 내 영을 이스라엘 족속에게 쏟았음이라** 주 여호와의 말씀이니라."

2) 솨파크(שָׁפַךְ)의 칼, 미완료 - 쏟아 붓다, 엎지르다 - 하나님께서 인간의 마음과 삶과 환경 가운데 놀랄만한 변화를 가져올 그의 은혜의 영을 아낌없이 내려주겠다는 것이다 (욜 12:28-29; 슥 12:10; 겔 39:29).

3) 구속역사에 있어서 하나님의 계시의 방법이 전진된 것을 볼 수 있다.

• 神顯現 時代, Theophanic Age

• 특수한 靈感時代, Theopneustic Age

• 靈感된 말씀의 時代, Theologic Age

56

요엘 2:29~30

욜2:29 그 때에 내가 또 내 영을 [맛소라 사본; 3:2]
남종과 여종에게 ["남종과 여종에게'까지'(even, also)"][1)]
[내가] 부어 줄 것이며(אֶשְׁפּוֹךְ)"- 칼동사 미완료

2:30 내가 이적을 하늘과 땅에 베풀리니(וְנָתַתִּי) - 칼동사 완료
곧 피와 불과 연기 기둥이라

2:31 여호와의 크고 두려운 날이 이르기 전에
해가 어두워지고 달이 핏빛 같이 변하려니와

재림 전에 일월성신에는 징조(마 24:29; 막 13:24-25; 눅 21:25-26)

1) 여기에 '남종과 여종에게까지'라는 표현은 성령이 그 누구에게나 그 어떠한 차별도 없이 주어지리라는 말씀이다. 당시 남녀 종들은 이방인 출신들이었다.

- 마 24:29 "그 날 환난 후에 즉시 해가 어두워지며 달이 빛을 내지 아니하며 별들이 하늘에서 떨어지며 하늘의 권능들이 흔들리리라."

- 예수님은 앞에서 예루살렘의 파괴에 대한 여러 가지 상황을 말씀하시고, 이제는 자신의 다시 오심(재림)에 대해서 말씀하신다.

- 여기 "그 날 환난 후에"(= 그런 환난의 날들이 지난 뒤에 - 새번역) / 이때가 언제를 가리키느냐에 대한 해석이 다양하다. 예수님의 재림을 말하는 것인가, 아니면 예루살렘 파괴 후의 어떤 현상을 말하는 것인가?

그러나 성경의 예언이란 당시 유대인들이 생각한 것처럼 미래의 날짜 계산을 위한 언질을 주지 않는다. 다만 예수님께서는 우리로 하여금 재림이 확실하다는 점을 말해주신다. 그래서 먼 미래의 일도 마치 내일 일어날 일인 것처럼 긴박하게 말씀하신다. 그것이 예언의 특성이다. 따라서 예수님의 예언 속에서는 수백년, 또는 수천년이나 떨어져 있는 것처럼 보이는 일들도 때로는 현재와 동일한 시간과 공간의 틀로 표현된다는 것이다.

(1) 남종과 여종에게까지도 하나님의 영을 부어주신다는 것이다. 이 사건은 하나님의 백성의 새로운 출애굽을 의미하는 말이요, 신약교회의 새로운 출발을 의미하는 말이다.

(2) '**피와 불과 연기**'라는 표현은 출애굽 시에 나타난 징조들을 연상케 한다(출 24:4-8, 13:21-22, 19:16-18). 이처럼 성령을 부어주시는 것과 관련하여 하늘(별들이 어두워짐, 31절)과 땅(피, 불, 연기 등은 전쟁을 나타내거나 천재지변을 나타낸다)의 다양한 징조들은 심판의 날이 가까워오고 있음을 나타낸다. 하나님의 백성에게 약속된 이 특별한 은혜의 시대에 하나님의 심판도 분명한 징조를 통해 있을 것이다. 먼저 자연의 재해나 전쟁 등을 통해 나타난다.

(3) "내가 이적을 하늘과 땅에 베풀리니 곧 피와 불과 연기 기둥이라…"(욜 2:30)와 같은 불길한 사건들은 그리스도 재림 전에 발생할 종말론적인 징조들과 관련이 있는 듯이 보인다(마 24:29; 눅 21:25). 그러므로 오순절 성령 강림 당시(행 2장)만을 가리키는 것이 아니라 그리스도의 승천 이후 성령 시대, 즉 **부활 승천 이후부터 다시 오실 그때까지의 역사**를 가리킨다고 볼 수 있다(윤용진, "야웨의 날의 이중성").

(4) 이렇게 '여호와의 날'은 택한 자들에게는 구원의 날이지만, 원수들에게는 심판의 날이 될 것이다(욜 3:2이하). 그러므로 여호와의 날은 하나님께서 자신을 계시하시며 자기의 본체와 의를 선포하는 날이다. 요엘서 2:30-31의 예언은 성령 부으심 이전 오랜 세월 속에 일어날 수 있는 많은 사건들을 하나의 환상으로 바라본 요엘 선지자의 예언적 전망(prophetic perspective)으로 볼 수 있다.

요엘 2:32

욜 2:32 누구든지 여호와의 이름을 부르는 자는 **구원을 얻으리니**
//이는(이유, for)
나 여호와의 말대로 시온 산과 예루살렘에서
피할 자가 있을 것임이요
'남은 자'1) 중에 나 여호와의 부름을 받을 자가 있을 것임이니라

1) **'남은 자' 개념**
패전으로 인해 백성들이 추방되거나 끌려간 후 본토에 남아 있는 사람을 가리킨다. 후에 이 개념은 하나님께서 불러 모으시고 구원하시는 하나님의 백성을 의미하는 단어로 쓰였다(사 28:5, 37:32). 모든 이스라엘 백성이 남은자가 아니라 하나님의 은혜로 구원받은 소수의 사람들을 가리키는 말이 되었다(사 10:22).

3. 다양한 징조들은 심판의 날이 가까워오고 있음을 나타낸다. 그렇다고 하나님의 심판이 가져다줄 파멸은 무차별적인 것은 아니다.

(1) 성령의 강림은 "누구든지 주의 이름을 부르는 자는 구원을 받는"(행 2:21) 새 시도의 도래를 의미했다. 이는 곧 하나님께서 예수를 주님이자 그리스도로 만든 그 시대였다. 이는 종말의 시작이 오순절부터임을 증명할 뿐 아니라(행 2:17-18은 오순절 사건임이 분명하다) 그 종말이 주님과 재림을 잇는 시대를 가리키고 있음을(19-20절은 오순절 사건을 초월한 내용이다) 명백히 하고 있다.

행 2:19 또 내가 위로 하늘에서는 기사(표징, wonders)를
아래로 땅에서는 징조(기적, sign)를 베풀리니
곧 피와 불과 연기로다
20 주의 크고 영화로운 날이 이르기 전에
해가 변하여 어두워지고 달이 변하여 피가 되리라.

요엘서 2:30~31 → **사도행전 2:19-20**

(2) 즉, 사도행전 2:19-20은 아직도 미래인 주의 날로 그 끝을 보게 될 시대였다. 베드로는 아직도 미래인 주의 날의 측면을 마지막 최후와 동일시하였다. 바울 역시 주의 날을 그리스도의 재림과 동일시했다(살전 4:13-5:11; 롬 2:5-16; 고전 3:13-15; 고후 1:14; 빌 1:6-11 등) 베드로는 벧후 3:10에서 "그 날"(=주의 날)을 다음과 같이 언급한다.

- 벧후 3:10 "그러나 '주의 날(ἡμέρα κυρίου)'(**the** day of the Lord)이 도둑같이 오리니 그 날에는 하늘이 큰 소리로 떠나가고 물질이 뜨거운 불에 풀어지고 땅과 그 중에 있는 모든 일이 드러나리로다."

- 눅 21:25, 26 – 일월 성신의 징조와 민족들이 바다와 파도의 성난 소리로 인한 혼란이 있을 것이다.
- 눅 21:10 – 민족 간에 전쟁, 곳곳에 큰 지진과 기근 등 자연 재해, 무서운 일, 하늘로부터 큰 징조들이 있을 것이다.
- 계 6:12 – "내가 보니 여섯째 인을 떼실 때에 큰 지진이 나며 해가 검은 털로 짠 상복 같이 검어지고 달은 온통 피 같이 되며"

(3) 이렇게 **요엘이 말한 심판의 두려운 날은 벌써 성령 강림과 더불어 시작되었으나**(요 16:8, 그가 와서 죄에 대하여, 의에 대하여, 심판에 대하여 세상을 책망하시리라), **그 심판의 완성은 그리스도의 재림으로 완전히 이루어질 것이다.**

58

예수님에 대한 베드로의 증언(행 2:22–23)

• 너희는 '이 말'을 들어라. 어떤 말? 계속되는 설교를 들으라는 말이다.

• 하나님께서는 나사렛 예수를 통하여 초자연적인 이적들을 행하셨다. 그렇게 하심으로써 예수가 하늘로부터 온 분이심을 증거하셨다.

1) 분사 완료 수동태(ἀποδείκνυμι아포데이크니미) - 증명하다, 나타내다. / 여기서는 그 진가를 증명했다는 의미이다.

1. 제자들이 새 술에 취했다는 조롱에 베드로는 요엘의 예언을 들어 그것이 바로 오늘, 오순절에 성취되었음을 분명히 했다. 그는 이제 그 관심의 초점을 예수 그리스도에게로 돌린다.

2:22 이스라엘 사람들아 [너희는] 이 말을 **들으라**
너희도 아는 바와 같이
하나님께서 — **증언하셨느니라**(ἀποδεδειγμένον)[1)]
/나사렛 예수로(를)
/베푸사
/큰 권능과 기사와 표적을
/너희 가운데서
/너희 앞에서(in your midst)
/그를

누가 증언하셨는가? = 하나님께서.
누구 앞에서 증언하셨는가? = 백성 앞에서, 즉 너희에게

◀ 그렇다면 예수는 어떤 분이신가?

◀ 나사렛 예수는 하나님으로부터 오신 분이다. 하나님께서는 그를 통하여 권능과 기사와 표적을 행하셨다. 왜?

(1) 베드로는 오순절 사건은 요엘의 예언이 성취된 사건임을 설명하면서, 하나님께서 예수 그리스도를 통해 성취하셨음을 논증하고 있다. 나사렛 예수가 행하신 큰 권능과 이적과 기사를 너희들도 보지 않았느냐? ("너희 가운데서 행했다") 베드로는 예수님께서 기적을 행하시고 복음을 전파하셨던 일을 상기시키면서 이 모든 일들이 하나님에게서 나온 것임을 담대히 증거했다. 베드로, 그는 지금 아주 담대하다.

2) 에크도토스(ἔκδοτος)-내어준, 넘겨준 / 적에게, 혹은 어떤 사람의 권력에 - 예수님은 하나님의 정한 뜻과 전지(全智)에 따라 내어주게 된 것이다.

2:23 그가 — 내준 바 되었거늘(ἔκδοτον)[2)]
하나님께서
/하나님께서 정하신 뜻과 미리 아신 대로
너희가 — 못 박아 **죽였으나**
/법 없는 자들의 손을 빌려

법 없는 자: 무시무시한 십자가 처형을 집행했던 무리들은 '법 없는 자들의 손' 곧 로마인들의 손이었지만, 그러한 행위를 부추긴 것은 유대인이었다. 로마군인은 유대인의 계획과 의도를 실행했을 뿐이다.

베드로는 예수님께서 십자가에서 죽으신 것은 "하나님의 정하신 뜻"이라고 확실하게 언급한다. 눅 22:22에서도 예수님은 하나님에 의해 '작정된 대로' 길을 가셨다고 했다. 예수님께서 십자가 위에서 죽으신 것은 자기 백성을 대신해서 받는 하나님의 저주의 심판이었다(행 10:42). 예수님은 이 고난의 잔을 앞에 놓고 고뇌하고(to be grieved) 슬퍼하기도 하셨는데, 이는 그 죽음이 하나님께 버림을 받아야 하는 심판과 저주의 죽음이기 때문이다. "인자(=예수)는 이미 작정된 대로 가거니와 그를 파는 그 사람에게는 화가 있으리로다"(눅 22:22). 그렇다면 유대인은 예수님의 죽음에 어떤 책임도 없다는 말인가?

(2) 예수님은 하나님께서 정하신 뜻대로 십자가의 길을 가셨다. 그렇다고해서 유대인들의 죄가 없는 것이 아니다. 유대인들은 율법을 가지고 있었고 또 그것을 자랑했지만, 하나님께서 보내신 하나님의 아들을 죽이기까지 했다. 그렇다면 예수님은 죽음으로써 모든 것이 끝나버리는가?

2:24 하나님께서 —— 그를 풀어[1] 살리셨으니
/사망의 고통에서
//이는(이유: for, καθότι)
그가 —사망에 매여 있을 수 없었음이라

누가 사망의 고통에서 그를 살리셨나? = 하나님께서

예수님의 부활은 하나님의 직접적인 사역이었다는 것을 강조한다.

24 하지만 하나님께서는 그분을 일으키셔서,
사망의 고통을 풀어 주셨습니다.
그것이[/사망이] 할 수 없었던 까닭입니다.
자기 밑에[그에 의해] 그분을 억류하는 것을요.[2]

(3) 인간들이 예수님을 사형에 처했으나 하나님께서 그를 살리셨다. 그를 '사망의 고통'에서 풀어주셨다. 죽음의 결박을 깨뜨려 버리셨다는 것이다. 여기 '고통'(오딘, ὠδίν)이란 '해산의 고통'이란 의미이다. 해산의 고통을 사망(죽음, θάνατος다나토스)과 연관시켜 시편 18:5을 반영하고 있다.[3]

(4) 그러나 메시야가 사망의 지배 아래 남아 있다는 그러한 사고는 상상조차 할 수 없다("왜냐하면, 그가 죽음의 세력에 사로잡혀 있을 분이 아니기 때문이다"). 메시야의 (십자가의) 고난이 하나님의 뜻에 의한 것이라면 부활과 영광 역시 그러하다. 따라서 부활이 없는 기독교는 절대 불가능하다.

2. 그렇다면 베드로의 증언을 믿을 수 있을까? 베드로는 그의 주장을 확증하기 위하여 구약의 예언을 인용한다. 그는 시편 16:8-11을 인용했다.[4]

25 //이유(γάρ, for) - 24절에서 계속되는 이유
다윗이 그를(=주님을) 가리켜 이르되
/내가 —— 뵈었음이여
/내 앞에 계신 주를
/항상
//(이유: ὅτι, for)
그가 —— 내 우편에 계시도다
//(ἵνα) 나로 요동하지 않게 하기 위하여

내가? = 다윗이

그가? = 주님께서

• 내가(=다윗) 늘 내 앞에 계신 주님을 보았다. 왜냐하면~ 나를 흔들리지 않게 하시려고 주님께서 내 오른쪽에 계셨기 때문이다.

• 시편 16편은 다윗이 하나님의 보호와 자신의 안전을 노래한 시이다. 베드로는 시편의 '그'를 '그리스도'로 해석하고 예수님에게 적용했다.

1) 풀어(뤼오, λύω): 풀다, 해방하다, 석방하다. 사망으로부터 풀어진다거나 자유르와진다는 의미이다. / 여기서는 예수님의 부활에 대해 사용되었다.

2) 박형대, 사도행전 원문강독, (그리심, 2015)

3) 시 18:5 "The cords of Sheol surrounded me; The snares of death confronted me.

"스올(음부, 지옥)의 줄(헤벨, חֶבֶל - 특히 해산의 심한 고통)이 나를 두르고 사망의 올무(미끼, 함정, 덫)가 내게 이르렀도다."

4) 이 인용구는 70인경에서 온 것으로 맛소라 본문과는 조금 다르다.

1) 베드로는 '주의 거룩한 자'(τὸν ὅσιόν σου)를 메시야에게 적용한다(Thy Holy One)

• 형제 여러분, 나는 우리 조상 다윗에 대해 담대히 (자신 있게) 말할 수 있습니다. 다윗은 죽어서 땅에 묻혔고 그의 무덤이 오늘까지 우리 가운데 남아 있지 않습니까? (예루살렘 남쪽 실로암 근처에 있잖아요) 여러분도 이 사실을 잘 알고 있지 않습니까?

2) 다윗의 묘는 대부분의 왕들이 묻힌 시온산에 있었다. 그 무덤은 하드리안 황제 시대에 황폐하게 되었다고 전해진다. 요세푸스(「유대교회사」, *Ant.* xvi. 7,1)는 헤롯 가계의 대부분의 불행은 다윗의 무덤을 파헤쳐 약탈했었다는 사실 때문이었다고 설명한다.

▶ 예수님도 다윗이 그의 시를 통하여 그리스도와 연결하셨다고 말씀하셨다.(마 22:41-45을 읽어보자.) "너희는 그리스도에 대하여 어떻게 생각하느냐?, 그가 누구의 자손이냐?"(마 22:42)라고 질문하신다.

"다윗이 그리스도를 '주'라고 불렀다. 너희는 어떻게 생각하느냐?"라고 물으심으로써 다윗이 주라고 부르신 분이 그리스도라고 설명하신다.

25절 내용 때문에

시편 16:9-10

2:26 그러므로(이것 때문에)
내 마음이 —— 기뻐하였고(ηὐφράνθη과거 수동태),
내 혀도 —— 즐거워하였으며(ἠγαλλιάσατο과거 중간태)
육체도 —— 희망에 거하리니(also **will** abide in hope)

행 2:27

27 //이는(이유: ὅτι, for)
[당신은] ┬ 내 영혼을 음부(지옥)에 버리지 아니하시며
└ 썩음을 당하지 않게 하실 것임이로다
/주의 거룩한 자로(당신의 경건한 자를)[1]

Because Thou wilt not abandon my soul to Hades,
Nor allow **Thy Holy One** to undergo decay. - NASB

ὅτι οὐκ ἐγκαταλείψεις τὴν ψυχήν μου εἰς ᾅδην
οὐδὲ δώσεις τὸν ὅσιόνHoly One σου ἰδεῖν διαφθοράν.

(1) "형제들아 내가(나, 베드로는) 조상 다윗에 대하여 담대히 말할 수 있다"(29절). 이 구절이 무엇을 예언한 것인가? 이 구절이 다윗 자신에 대한 예언인가? 다윗이 썩음을 당하지 않는다는 말인가? 결코 그렇지 않다. 왜냐하면 "다윗은 죽어 장사되어 그 묘가 오늘까지 우리 중에 있지 않느냐?"[2]라고 반문한다.

/[그러므로, οὖν] - 30절과 31절은 도치되어 강조된 구문이다.
2:31 [그가] ┬ 미리 본 고로
=다윗이 └ 말하되
=선지자이기 때문에 예언했다는 것이다. 무엇을? 그리스도의 부활을...
/그리스도의 부활을
/그가 ——— 음부에 버림이 되지 않고
그의 육신이 — 썩음을 당하지 아니하시리라 하더니

30 //(이유; οὖν)
그는 ┬ 선지자라
=다윗은 └ 알고
∴다윗은 선지자였기에 그리스도를 알고 있었다는 것이다.
/하나님이 — 이미 맹세하사 ..하심을
/그 자손 중에서 한 사람을 그 위에 앉게 하리라

• 베드로는 아마도 시편 132:11이나 시편 89:4을 염두에 둔 것 같다.

"여호와께서 다윗에게 성실히 맹세하셨으니 변하지 아니하실지라 이르시기를 **네 몸의 소생을 네 왕위에 둘지라**."(시 132:11)

"내가 **네 자손을 영원히 견고히 하며 네 왕위를 대대에 세우리라** 하셨나이다"(시 89:4).

(2) 이렇게 예수님의 죽음이라는 주제는 자연히 부활이라는 주제와 연결된다. 예수님의 지상 사역은 유대인 모두에게 잘 알려진 일이었다. 그러나 예수님의 부활은 아직 제자들만 알고 있었다. 그들은 예수님의 부활을 목격한 산증인들이었다. 그러므로 베드로는 예수님의 부활은 그의 죽으심이 하나님이 정하신 길인 것처럼, 부활 역시 하나님의 직접적인 사역이었다는 것을 다윗의 시를 인용하여 논증했다.[1]

1) 즉 다윗은 그의 시에서 그리스도의 부활에 관하여 미리 알고 예언했다는 것이다. 그러므로 예수님의 죽음과 부활은 분리할 수 없는 사건들이다.

(3) "이 예수를", 즉 나사렛 사람이라고 불리운 예수(행 2:22), 시편 16편에서 메시야로서 예언되었고, 그가 메시야라는 증거로 "하나님이 그를 살리셨다"(ἀνέστησεν과거 능동 ὁ θεός)는 것이다. 그래서 다윗의 예언이 성취되었고, 우리는 '이 일에 증인'이라는 것이다(32절).[2] 유대인들은 나사렛 예수를 죽임으로써 모든 문제가 잠잠해 질 것이라고 생각했지만, 그러나 예수님은 육체적 죽음으로써 끝나는 것이 아니다. 오히려 죽음 이후에 제자들은 다시 모였고, 이들에게 약속하신 성령을 부어주신 것이다.

2) 갈릴리에서는 오백명 이상이 일시에 부활하신 그리스도를 보았으며(고전 15:6), 바울이 고린도전서를 쓸 당시에도 그들 중 대부분이 아직 살아 있었다고 증언한다.

3. 하나님께서 제자들에게 약속하신 성령을 부어주셨다.

(1) "하나님이 오른손으로(τῇ δεξιᾷ, to the right, by the right hand - KJV)[3] 예수를 높이시매"(예수를 높이 올려 당신의 오른 편에 앉히시고) "그가 약속하신 성령을(행 1:4) '아버지께 받아서'(from the Father, παρὰ τοῦ πατρός) 너희가 보고 듣는 '이것을'(=성령이 오심으로 나타난 현상들) 부어 주셨느니라."

3) '하나님의 오른편에'라고도 번역할 수 있다. "하나님의 오른 손으로" 하나님의 권능과 사역의 방편 혹은 기구로서의 오른 손을 의미한다(시 118:16 참조). "하나님의 오른손에 의하여"(by the right hand)로 번역하기도 한다.

(2) 아버지가 성령을 보내시지만 아들의 구함을 따라서 성령을 보내신다(요 14:16). 또 아버지가 성령을 보내셔도 아들의 이름으로 보내신다(요 14:26).[4] 본문에서는 예수님께서 성령을 보내시는 주체가 된다는 점을 강조한다.

4) 성령(聖靈)은 성부(聖父)와 성자(聖子)로부터 영원히 나오신다(process). 성령이 성부로부터 나온다는 사실은 요 15:26을 보아 논란의 여지가 없다. 그러나, 성령이 성자로부터 나온다는 것에 대해서는 동방교회와 서방교회의 견해가 크게 엇갈렸다.

(3) 예수님께서 부활하시고 승천하셨음을 논증하는 가운데, "다윗은 (결코) 하늘에 올라가지 못하였다"고 말한다(34절). 그러면서 그 증거로 시편 110:1을 인용한다.

2:34 다윗은 하늘에 올라가지 못하였으나 친히 말하여 이르되
/**주께서 내 주에게** 말씀하시기를
(εἶπεν [ὁ] κύριος τῷ κυρίῳ μου·)
35 /내가 네 원수로 네 발등상이 되게 하기까지
너는 내 우편에 앉아 있으라 하셨도다 하였으니

이 말씀은 시편 110:1에서 인용하신 말씀이다. 마태복음 22:44에서 동일한 인용을 설명하고 있다. 시편에서는 '야훼'(יְהוָה)와 '나의 주'(אֲדֹנִי)를 구분하고 있다.

• 시 110편은 다윗이 자신의 후손이 하나님의 아들이라는 신탁을 나단 선지자에게서 받은 후 묵상하는 가운데 계시를 받은 것이다.

• 다윗의 나라는 근동에서 초강대국은 아니었지만 그렇다고 다윗이 '나의 주'라고 부를 나라의 왕은 없었다. 그러므로 **여기서 다윗이 주라고 부른 분은 신적인 존재이다.**

행 2:34 **주께서 내 주께 말씀하시기를**(εἶπεν [ὁ] ① κύριος τῷ ② κυρίῳ μου·)
35 /내가 네 원수로 네 발등상이 되게 하기까지
너는 내 우편에 앉아 있으라 하셨도다 하였으니

• 여기서 원수는 다름 아닌 마귀를 뜻한다. 예수님이 구속사역으로 마귀를 무력화하고 하나님 우편에 앉으신다.

예수님은 유대 전통을 따라 "주께서 내 주께" 말씀하셨다고 인용하셨다. 그러나 시편 110:1을 보라.

시편 110:1
לַֽאדֹנִי to my Lord יְהוָה The LORD נְאֻם says (The LORD says to my Lord:)
(**여호와께서 내 주에게 말씀하시기를** = 야웨께서 아돈에게 말씀하시기를)

예수님도 시 110편을 인용하셨다. 두 구절을 자세히 비교해 보라.

베드로는 앞의 주님은(① κύριος) 여호와 하나님을, 그리고 두 번째 주님은(② κυρίῳ) 이스라엘에게 약속하셨던 메시야로 해석했다.

Sit at My right hand, Until I make Thine enemies a footstool for Thy feet.

• '네 발등상이 되게 한다'는 말은 원수를 그리스도에게 완전히 패배하고 굴복하게 만든다는 뜻이다.

• 엡 1:20 "그의 능력이 그리스도 안에서 역사하사 죽은 자들 가운데서 다시 살리시고 하늘에서 **자기의 오른편에 앉히사** [21]**모든 통치와 권세와 능력과 주권과 이 세상뿐 아니라 오는 세상에 일컫는 모든 이름 위에 뛰어나게 하시고** [22]또 만물을 **그의 발 아래에 복종하게 하시고** 그를 만물 위에 교회의 머리로 삼으셨느니라 [23]교회는 그의 몸이니 만물 안에서 만물을 충만하게 하시는 이의 충만함이니라."

위의 설명에서 보듯이 시편에서는(시 110:1) '야웨'(יְהוָה)와 '나의 주'(אֲדֹנִי)를 구분했다. 즉 **야웨**가 '다윗의 **아도나이**'에게(다윗이 아니라) 말씀하신 것이다. 그러므로 이 시편은 다윗을 가리킨 것이 아니라 부활 승천하신 메시야이신 예수님에 대한 예언이었음을 밝힌다. 하나님께서는 (오직 영원 전부터 계셨고, 지금도 계시며, 영원한 하나님이신 자신의 사람인) 그 분에게만 어울리는 탁월한 권능, 권위 그리고 엄위를 중보자에게 약속하고 계신다(엡 1:20-23*; 빌 2:5-11; 히 2:9; 계 5:1-10).

4. 베드로는 지금까지 논증을 결론맺고 있다. 너희들이 십자가에 못 박은 예수는 주님이요 그리스도라고 확정적으로 말했다. "그런즉 이스라엘 온 집은 확실히(정녕, assuredly) 알지니 '너희가'(ὑμεῖς, 바로 너희들이라고 강조) 십자가에 못 박은 이 예수를 하나님이 '주와 그리스도'(both Lord and Christ, καὶ κύριον καὶ χριστὸν)가 되게 하셨느니라"(36절).

그러면 우리가 어찌할꼬(행 2:37-40)

1. 베드로의 설교를 듣고 청중들은 마음이 찔렸다. 여기 '마음이 찔렸다'는 말은 '날카롭게 찌르다, 기절시키다, 세게 때리다'라는 의미가 있다.

(1) 이들이 설교를 듣고 '마음에 예리한 고통을 받았다'는 말이다. 단순한 후회

나 가책 정도를 말하는 것이 아니다. 베드로는 청중들을 향하여 '너희들이' 예수를 십자가에 못 박았다고 지적했었다(23, 36절). 예수를 십자가에 처형해야 된다고 소리질렀던 무리들도 이곳에 많이 있었을 것이다. 이제는 모든 것이 잠잠해지려니 생각했는데, 갈릴리 출신의 제자들이 다시금 나타난 것이다. 그리고 자신들이 저지른 죄를 날카롭게 지적하고 있지 아니한가!

(2) 성령에 충만하여 설교하는 베드로의 증언에 간담이 쪼그러들었을 것이다. "형제 여러분,[1] 그러면, 우리는 어떻게 하면 좋겠습니까?"(what shall we do?) 그들은 지금 자신들이 그렇게 오랫 동안 대망했던 메시야를 십자가에 못박히게 한 장본이었다는 사실에 전율한다. 이는 단순한 회개와 후회를 넘는 양심의 뉘우침이었다. 이 순간에 다른 어떤 방법을 구할 것인가?

2. 사색이 되어가는 저들에게 베드로는 어떤 요구를 하고 있는가?

2:38 베드로가 – **이르되**
/너희가 ——— 회개하여(μετανοήσατε 명령법 과거)
(너희가)각각 — 세례를 받고(βαπτισθήτω 명령법 과거)
/예수 그리스도의 이름으로
/죄 사함을 받으라(죄사함을 위해)
//그리하면(결과)
[너희가] — 성령을 (선물로) 받으리니

• 베드로는 어쩔 줄 몰라하는 청중들에게 두 가지를 요구하고 있다. 무엇과 무엇?

(1) 베드로의 설교를 듣고 어쩔줄 몰라하는 청중들에게 회개의 의미는 무엇일까? 이들에게 지금 회개할 내용은 예수 그리스도에 대해 잘못 가졌던 생각과 적대적 행동을 후회하고 반성하며 가슴 아퍼하고 잘못되었다고 고백하는 것이다. 그들은 지금까지 열심히 율법을 지키며 살아왔다고 생각했는데 오히려 하나님의 뜻에 거스르며 살아왔음을 고백해야 한다.

(2) 히브리어 동사 '슈브'(שׁוּב)는 '돌아오다'라는 뜻이 있다. 이 '돌이키라'는 요구에는 백성과 하나님, 그리고 개인과 하나님과의 관계가 반드시 인격적으로 이해되어야 한다.[2] 신약성경에서 메타노에어(μετανοέω)는 '돌아오다'라는 전인(全人)에 의한 결단이 강조되어 있다. 우리가 단순히 겉모양의 변모나 지적인 관념의 변화보다는 오히려 생각이나 사상, 의지의 개념을 강조하고 있다. 그래서 '회개'는 '마음을 바꾸다, 마음의 변화' 또는 '회심하다, 개종하다'라는 의미를 갖는다.[3]

1) 갈릴리 촌 사람이라고 빈정거리던 청중들은 베드로의 설교에 찔림을 받고, 제자들을 향해 '형제들'이라고 부르고 있다.

회개하다.
메타노에어(μετανοέω) - '마음(mind)을 바꾸다, 다른 견해를 채택하거나 받아들이다, 감정을 바꾸다.' '결의나 의사를 바꾸다, 다른 의견에 이르다, 의견을 바꾸다' / 회개는 마음 가짐, 인간의 의식, 지식, 감정, 태도에 변화가 나타나는 것이다. 그러니까 회개란 의식의 변화를 가리킨다.

과거에 옳다고 생각하고 좋아했던 일이나 행동에 대하여 잘못하였다고 판단-인정하고 그 일들에 대하여 안타까워하고 후회하고 반성하는 것이다. / 이 단어는 신약성경에서 34회 나온다.

2) 죄와 배교는 이러한 인격적 관계를 방해하고 파괴한다. 돌이킴은 전인(全人)으로서의 완전히 새로운 방향을 제시해 주는 것이며, 하나님께로 돌아가는 것이다. 이것은 악을 외면한다는 의미를 포함한다.

3) 회심은 세례 요한의 메시지에서 기본적인 특징이었다(막 1:4; 마 3:2, 3:8과 병행구절, 마 3:11, 참조. 행 13:24, 19:4; 눅 1:16).

1) 누가-행전에서는 생각과 마음의 변화를 의미하는 '메타노에오(μετανοέω)만으로 표현하지 않고 행동과 삶의 영역에서 하나님께로 방향 전환하는 돌이킴을 뜻하는 '에피스트레포'(ἐπιστρε,φω, 돌이키다, 방향을 바꾸다, 장소를 이동하다)와 함께 쓴다[(히브리어 동사 '슈브'(שׁוב)]

예수 그리스도의 이름으로 세례를 받으라

회심하지 않는자는 하나님의 심판 아래 떨어진다(마 11:20 이하, 병행구절; 눅 13:3, 눅 13:5 눅 19:40 이하; 눅 23:28 이하).

(3) 하나님은 인간에게 최후, 그리고 무조건적인 결단을 요구하신다. 그것은 근본적인 회심, 본성의 변화, 죄악으로부터의 완전한 돌아섬, 절대적인 복종으로 단호하게 하나님을 향하는 것이다(막 1:15, "이르시되 때가 찼고 하나님의 나라가 가까이 왔으니 **회개하고(μετανοέω)**[1] **복음을 믿으라**; 마 4:17, 18:3). 지금 베드로 앞에 있는 청중들에게 십자가와 예수님의 죽음은 가장 가슴 아픈 일이었다. 이제 이들은 예수님에게로 돌아서야 한다. 그렇지 않다면 이들에게 심판이 기다리고 있을 뿐이다.

3. 또 한 가지는 '각각 세례를 받으라'는 것이다, 누구의 이름으로?

(1) 예수님은 승천을 앞두고 제자들에게 무엇이라고 명령하셨는가? (마 28:19을 읽어보자)

2) 제자들은 이 예수님의 "모든 족속을 제자로 삼으라(μαθητεύσατε)"라는 명령을 잘 지킬 수 있을까? 할 수 있다. 왜냐하면 예수님께서 이러한 복음 전파의 사역을 위해 성부 하나님으로부터 하늘과 땅의 모든 능력과 권세를 받으셨기 때문이다(마 28:18).

그러므로(19절, therefore, οὖν)
너희는 ── 가서
└ 제자로 삼아(μαθητεύσατε)
/모든 족속을
/세례를 베풀고(현재분사, βαπτίζοντες)
/[그들을]
/이름으로(ὄνομα 단수)
/아버지와 아들과 성령의 (τοῦ πατρὸς καὶ τοῦ υἱοῦ καὶ τοῦ ἁγίου πνεύματος)

세례 요한은 왕국의 도래(到來)를 기대하면서 세례를 베풀었고, 요한복음은 예수님의 제자들이 이러한 관습을 계속했다(요 3:22; 4:1-2)고 기록하고 있다.

세례받는 자는 예수를 매시야라고 고백하거나 부르는 자들이다.

(2) 예수님은 제자들에게 이렇게 말씀하셨다(마 28:18). "하늘과 땅의 권세를 내게 주셨으니"[3] "그러므로 너희는 가서, 모든 족속을 제자로 삼으라." 제자 삼는 방법으로 세례를 베풂으로써 하라고 명하셨다. 누구의 이름으로? 예수님(과 하나님 아버지 그리고 성령, 즉 삼위 하나님의) 이름으로. 세례를 주라. 그리고 예수님이 분부한 모든 것(복음서에 기록된 말씀)을 지키도록 가르침으로써 하라는 것이다(마 28:19).

3) 저자가 강조하고 있는 것은 문장 맨 앞에 등장하는 이 단어에 있다(ἐδόθη). 주님은 죽은 자 가운데서 부활로 말미암아 아버지로부터 하늘과 땅의 모든 권세를 수여 받았다는 사실을 강조한다. 사탄이 예수님께 나와 무릎을 꿇고 경배하면 주겠다던 세상나라 통치의 권세이다(마 4:8 참조).

주셨으니(ἐδόθη) - 과거수동태
(주어졌다, 수여받았다
All authority **has been given** to Me

(3) 이 세례는 회개의 세례이며 "예수 그리스도의 이름으로" 즉 예수님과 관련하여 시행되는 것이기에 세례를 받은 사람들은 그리스도의 이름을 부르며(행 22:16, "주의 이름을 불러 세례를 받고 너의 죄를 씻으라") 자신이 그리스도에게 속했음을 나타내는 것이다. 그렇게 함으로써 '죄의 용서'와 성령의 은사를 얻게 된다. 바울은 세례를 그리스도와 합하는 것이라고 했다(갈 3:27; 롬 6:3-5).

4. 회개하고 죄 사함의 세례를 받은 자에게는 어떤 선물이 주어질 것인가?

2:38b //그리하면(결과)
[너희가] — 성령을 (선물로) 받으리니

(1) 성령의 선물(τὴν δωρεὰν τοῦ ἁγίου πνεύματος) - 이 말은 성령 곧 선물이라는 뜻이다(성령이라는 선물, 행 10:45 참조).[1] 아래 두 구절을 비교해 보자.

마 7:11 너희가 악한 자라도 좋은 것으로 자식에게 줄 줄 알거든
하물며[2] 하늘에 계신 너희 아버지께서
'좋은 것으로'(good things, ἀγαθα) 주시지 않겠느냐
/구하는 자에게

좋은 것 = 성령

눅 11:13 [만일, If, then, εἰ οὖν]
너희가 — 악할지라도(If)
/좋은 것을 자식에게 줄 줄 알거든
너희 하늘 아버지께서 — 하물며[2] 주시지 않겠느냐.
/ (πνεῦμα ἅγιον)[3]을
/구하는 자에게

(2) 왜 선물(δωρεά도레아)이라고 했을까? (행 8:20, 11:17) 성령을 부어주신다는 것은 회개와 믿음 그리고 세례에 따르는 하나님의 일반적 축복이요 하나님의 거저주시는 은혜이기 때문이다.[4] 인간에게 성령을 선물로 받는 것보다 더 큰 것은 없다. 성령을 가진 자는 하나님과의 관계가 회복되기 때문이다. 물론 의식적(儀式的)인 세례를 받으면 자동적으로 성령을 받는다는 것은 아니다. 영적 세례를 통해 예수 그리스도와 연합한 사람만이 성령의 선물을 받을 수 있다(롬 6:3-5).

(3) 그런데 '이 약속'(=성령의 선물)은 제자들에게 뿐만 아니라 "너희와 너희 자녀들에게", 그리고 "모든 먼 데 사람 곧 주 우리 하나님이 얼마든지 부르시는 자들에게도" 약속하신 것이다. 여기에 있지 아니한, 언젠가는 주님을 믿는 자녀들에게도 주실 것이다. 그리고 장소에도 구애받지 않는다(유대인 뿐 아니라 이방인까지도 포함된다). 이는 요엘의 예언에서 말씀하신 내용이다(욜 2:32; 사 57:19 참조).

1) 성령은 인간이 하나님께로부터 받을 수 있는 최고 최상의 선물이다(눅 11:13)

2) πόσῳ - 의문사
하물며 ~ 않겠느냐
πόσος - how much
μᾶλλον - more

3) πνεῦμα ἅγιον
다른 고대 사본 - '아버지께서야 구하는 사람에게 하늘에서부터 **성령**을 주시지 않겠느냐?"

문제는 '무엇이든지' 구하면 무조건 들어주신다는 생각을 갖는다는 것이다. 그러나 그것은 "너희가 내 안에 거하고 내 말이 너희 안에 거할 때" 그렇다는 말이다(요 15:7). 하나님의 뜻과는 상관없이 떼만 쓰면 된다는 말이 아니다.

4) 여기서 성령의 선물과 성령의 은사들은 구분해야 한다. 성령의 선물은 메시야를 통해 아버지께서 보내신 성령 자신이다. 그러나 성령의 은사는 "그의 뜻대로 각 사람에게 나누어주시는 것"(고전12:11)이라고 말씀하신 대로 성령께서 나눠주신 영적인 기능들이다.

1) 확증하다 (διαμαρτύρομαι) 증거하다, 고소하다, 확인하다

주님의 제자들은 하나님의 메시지와 뜻을 깨닫게 해야 할 의무가 있다. 딤전 5:21; 딤후 2:14, 4:1에서 볼 수 있는 것처럼("내가 하나님 전에서 증거하노니" - 내가 하나님 앞에서 엄히 명하노니) 사도들은 하나님을 위하여, 하나님 앞에서, 그의 대변자로 행동해야 한다.

5. 베드로는 위의 언급된 말씀말고도 "또 여러 말로 확증했다"고 했다. 누가는 베드로가 말한 것 전부를 기록하지는 않았다는 말이다.

2:40 또 [베드로가] ㅡ 여러 말로 **확증하며 권하여 이르되**
/너희가 ㅡ 구원을 받으라 하니
/이 패역한 세대에서

(1) 베드로는 이 밖에도 여러 가지(더 많은) 증거를 들면서(διαμαρτύρομαι)[1] 그리스도이신 예수님을 증명해 보였다. '확증하다'라는 말은 예수님을 증언하거나(행 185), 하나님의 은총에 대한 선포(행 20:24), 절박하게 호소하는 그리스도 복음의 전파에 대해 사용되었다(행 8:25, 28:29). 베드로가 얼마나 예수가 그리스도이심을 절박하게 선포했는가를 볼 수 있다.

(2) "이 패역한 세대(this perverse generation)" - '패역한'(σκολιός) : '굽은, 구부러진, 부정직한'(빌 2:15 참조)이라는 뜻이다. 진리에서 돌아선 '배교'를 의미한다. 예수님은 자주 이 시대를 패역한 세대라고 말씀하셨다(막 9:19; 마 17:17; 눅 9:41). 여기서 일차적으로는 유대인에게 적용되었다. 베드로는 이런 패역한 세대에서 구원을 받으라고 선포한다. 전도의 말씀을 듣고 받아들이는 자는 구원을 얻는다(갈 1:4 참조).[2]

2) 성령님은 제자들의 설교의 말씀을 통해 ① 예수 그리스도가 하나님의 아들 곧 하나님의 성육신 하신 분이라는 것과, ② 그리고 그가 피 흘려 죄값을 지불하므로 믿는 자들을 죄와 죽음에서 구원하여 영생에 이르게 하셨다는 사실을 증언하셨다.

성령님의 인도로 제자들은 이후 담대하게 복음을 전한다. 훗날 제자들은 유대인이나 이방인 앞에 서서 담대하게(=공공연하게, 확신있게, 밝히 드러냄) 하나님의 역사를 선포한다 (행 2:29, 4:13, 29, 31, 28:31).

6. 베드로의 설교를 듣고 결과가 나타났다. 어떤 결과?

2:41 (So then, μὲν οὖν)
그 말을 받은 사람들은 ㅡ 세례를 받으매(ἐβαπτίσθησαν 과거수동태)
신도의 수가 ———— 삼천이나 더하더라
/이 날에

(1) 많은 사람들이 베드로와 다른 사도들의 증언과 권고함을 받아들였다. 그 숫자가 기존의 제자들 수백 명에다 삼천 여명이나 더하여졌다. 물론 교회는 오순절 이전에 이미 탄생하였지만, 오순절에 새로운 신자들이 더하여졌다는 것이다.

(2) 베드로를 비롯한 제자들의 말 자체는 단순한 인간의 말에 지나지 않았지만 성령에 의해 힘입을 때 그것은 죄를 깨닫는 능력을 갖게 된다. 가장 큰 죄, 예수님을 십자가에 못박게 한 불신앙의 죄가 성령의 역사로 말미암아 그 죄를 깨닫게 되었고, 주님을 영접하는 대 역사가 일어났다.

초대 예루살렘교회 공동체(행 2:42-47)

예루살렘 교회

1. 주님은 제자들에게 예루살렘을 떠나지 말고 약속하신 성령을 기다리라고 하셨다. 오순절에 약속하신 대로 성령께서 오셨다. 그곳에 모인 모든 사람들에게 성령의 충만함이 임하였고, 베드로의 설교를 통해 많은 사람들이 주님을 영접했다. 이제 "성령이 너희에게 임하시면 너희가 권능을 받고 예루살렘과 온 유대와 사마리아 땅 끝까지 이르러 내 증인이 되리라."(행 1:8) 이제 삼천 여명의 새로운 신자들이 그 출발의 시작점이 된 것이다.

2. **오순절 이후 예루살렘교회의 상황이 크게 바뀌었다. 많은 신자들이 모여들었기 때문이다. 교회 지도자들이었던 제자들은 어떻게 이들을 인도했을까?**

2:42 그들이 — **오로지(전혀) 기도하기를 힘쓰니라**
/사도의 가르침[1]을 받아
/서로 교제하고
/떡을 떼며

전념하다, 몰두하다, 굳게 계속하다(προσκαρτερέω) - 46절의 '모이기를 힘쓰고'라는 단어와 같다. '어떤 일을 굳게 계속하다'라는 의미로 사용했다.

- **가르침**(디다케, διδαχή) : 제자들은 주님과 동행하면서 3년이나 교육을 받았다. 그러나 새로 들어온 신자들은 나사렛 예수에 대해 대충 알고 있었을 뿐이다. 이들은 세례를 받고 주님을 영접했으나 신앙은 어린 아이였다. 따라서 제자들을 통해 그리스도에 대한 복음을 계속 듣도 배워야만 했다. 새로운 신자들에게 우선 급한 것은 복음에 대해 가르치고 배우는 일이었다. 이 많은 새신자들에게 복음의 이해를 자신들의 수준까지 끌어올려야 했다. 복음 전파는 단순히 사람들을 모이게 하는 것에서 끝나지 않는다. 새로 들어온 신자들에게는 무엇보다 먼저 가르침이 필요하다. 처음에는 예수님에 관한 것(기독론)을 가르쳤을 것이다.[2]
- **서로 교제하며**(fellowship, 코이노니아, κοινωνία) : '함께 나누는 것(고전 10:16이하), - 여기서 '나누어줌, 친교'라는 의미에서 보면 '그리스도의 피'(빌 2:1)와 복음 사역에서의 협동(빌 1:5), 가난한 자들을 위한 헌금(고후 8:4, 9:13) 등에 참여하는 것을 의미한다.
- **떡(빵)을 떼며**(the breaking of bread) - 주의 성만찬을 가졌을 것이다. 이들은 일상적인 식사를 같이하며(눅 24:35), 이후에 주의 성만찬을 겸한 애찬을 가졌을 것이다. 이들은 회당이나 가정집에서 자주 모여서 이런 예식을 집행했다(46절).
- **기도하는 일에 전념**: 이들은 행 1:14에서와 같이 성전에서도(행 3:1), 또한 가정에서도(4:23) 기도에 전념했다.

1) 가르침, 교훈 - 초대교회에서 디다케는 그리스도의 메시지(회개와 믿음에의 요청도 포함)와 설교를 의미한다. 예수님에 관하여 배우고 가르치는 것은 교회의 본질에 속하는 일이다.

2) 이들을 가르칠 수 있는 사람은 아직 제자들밖에 없었다(행 2:14, 37). 상당한 기간 제자들은 가르치는 일에 전념했을 것이다. 주로 성전에서 많이 모였던 것 같다(행 3:1).

2. 공동체 안에서는 사람마다 두려움이 생겼다. 어떤 두려움이었을까?

(1) 예루살렘교회는 눈에 드러나게 큰 변화가 나타나기 시작했다. 이는 교회밖에 사람들에게 두려운 마음(a sense of awe)을 일으키게 했다. 두려움이라는 단어 포보스(φόβος)는 '공포심, 놀람, 경악'이라는 뜻과 함께 '공경, 존경, 경외'라는 뜻이 있다. 교회 밖의 사람들에게는 두려움을 일으켰지만,[1] 다른 한편으로는 칭송(카리스, χάρις)을 받았다(47절. "하나님을 찬미하며 또 온 백성에게 칭송을 받으니"). 확실히 유대 사회에서는 교회가 다른 사람들보다는 차별된 생활을 하고 있다는 변화를 가져왔다.

1) 이런 두려움은 "사도들로 말미암아 기사와 표적이 많이 나타났기" 때문이었다. 어떤 이적이 일어났는지는 언급하지 않는다. 여기서 '두려워하다'는 계속해서 두려워했다(everyone kept feeling)는 뜻을 가지고 있다(미완료 과거 중간태, ἐγίνετο).

(2) 교회는 점점 부흥을 가져왔고(47절), 활기찼고, 또 모든 사람들이 경건의 삶을 살아갔다. 교회는 사람들의 비난이나 혐오의 대상이 아니었다. 이는 성령의 오심과 충만으로 일어난 일이었다. 많은 유대인들이 교회의 모임에 주목했고, 두려워하기도 했다. 이는 무엇보다 제자들을 통해 많은 기사와 이적이 나타났기 때문이다.

(3) 기존 제자들과 새로 들어온 신자들간의 차별은 없었다. 이들은 같이 모여서 가르치고 배웠다. 그리고 함께 전심으로 기도했다. 이들은 점차 모든 것을 공유할 수 있었다. "모든 물건을 서로 통용하고 또 재산과 소유를 팔아 각 사람의 필요를 따라 나눠 주는" 일이 일어났다(44절).[2] 물론 이러한 성장이 얼마나 계속되었는지 누가는 침묵한다.

2) 이들 공동체는 자신의 모든 재산을 공동의 유익을 위하여 사용할 준비가 되어 있었다(행 4:32). 물론 이런 일은 예루살렘을 제외한 다른 곳에서는 일어나지 않았으며, 또한 영구적으로 계속되지도 아니했다. 이는 예루살렘의 특수한 환경에서 일어난 일이었다. 훗날 바울은 예루살렘에 있는 가난한 성도들을 위해 특별 모금을 하기도 했다.

예루살렘교회는 지금까지의 유대교의 모습과 완전히 차별되는 모습으로 성장하기 시작했다.

3. 아직은 유대인들과 그리스도인들 사이에 큰 마찰은 일어나지 않았다. 그래서 교인들은 여전히 예루살렘 성전에 모임을 가질 수 있었다.

(1) 이들은 "날마다 마음을 같이하여 성전에 모이기를 힘쓰고 집에서 떡을 떼며(집에서 규칙적인 식사가 있었다) 기쁨과 순전한 마음으로 음식을 먹었다" 고 했다(46절).

2:47 [그들이] 하나님을 찬미하며(분사) 또 온 백성에게 칭송을 받으니(분사)
주께서 —— **더하게 하시니라**
/구원 받는 사람을(σῳζομένους, 현재 수동태 분사)
/날마다

- 오순절 성령강림(2:1-4) 이는 구약예언의 성취이다. 사도행전에도 구약의 특정 부분을 인용하여 하나님의 계시와 역사 속에 반영된 구원에 대한 증거를 해석한다.
- 오순절 성령은 요엘 선지자의 예언이 성취되었다고 증언한다. 요엘서 2:28--29의 의미를 점더 깊이 연구하여 보자.

- 예수님이 십자가에 달리시던 날
  제자들의 모습은 보이지 않았다.
  지금까지 예수님과 동행했던 시간들이 다 소용없단 말인가?
  제자들은 다시 갈릴리 바다의 어부로 돌아가 있었다.
  실의에 빠졌던 어부들에게 부활하신 주님이 나타나셨다.
  내가 너희로 사람의 어부가 되게 하리라.
- 그래서, 제자들은 다시 예루살렘으로 돌아왔다.
  부활하신 후 40일간
  하나님의 나라의 일을 강론하셨다(2, 3절).
  예루살렘을 떠나지 말고
  하나님께서 약속하신 성령을 받기 위해 기다리라(4, 5절).
  약속하신 성령이 오시면 땅끝까지 이르러 내 증인이 되라.
- 하나님의 구속사역은 중단되지 않는다.
  지금 한계단 더 높은 차원으로 옮겨가고 있을 뿐이다.
  120명이 모여 한마음으로 전혀 기도에 힘쓴다.
  그리고 오순절 날, 약속하신 그 성령이 임하셨다.
  모인 모든 사람이 다른 방언으로 말하기 시작했다.
- 경건한 유대인들이 천하 각국으로부터 와서 예루살렘에 모였다.
  베드로가 설교를 시작한다.
  저 갈릴리 사람들이 술에 취한 것이 아니냐?
  아침 아홉시에 술취한 사람들을 보았느냐?
  요엘 선지자의 예언이 지금 성취되었다(욜 2:28-29).
  인간들이 예수님을 사형에 처했으나
  하나님께서 그를 살리셨다. 죽음의 결박을 깨뜨려 버리셨다.
  베드로는 그의 주장을 확증하기 위하여
  구약의 증언을 인용한다(시편 16:8-11).
- 그러면 우리가 어찌할꼬(2:37-40)
  예수 그리스도에 대해 잘못 가졌던 생각과 적대적 행동을
  후회하고 죄를 회개하라.
  그리고 예수 그리스도의 이름으로 '각각 세례를 받으라.'
  그리하면 "[너희가] 성령을 (선물로) 받으리니"
- 조롱하고 비웃던 3천 명이 회개하고 예수님께로 돌아왔다.
  왜 하나님은 교회를 세우셨을까?
  주 예수 그리스도의 죽음과 부활을 땅끝까지 증언하는 것이다.
  나는(우리는), 지금, 그 증인의 역할을 잘 감당하고 있는가?

Outline Outline은 본문 설명을 요약 정리한 것입니다. 간단하게 설명을 할 경우 이용하세요. 그렇지 않으면 본문으로 바로 들어가셔도 됩니다.

70

ACTS 3-4장

예루살렘교회의 초기 모습 · 공회원들의 심문

교회는 예수 그리스도를 통해서 이 세상에 들어온
하나님 나라의 결과라고 말한다.
이스라엘 전체가 예수를 거절했지만
그러나 복음을 받아들이는 자들이 있었다.
12명의 초라한 숫자,
그리고 120여명의 성도들,
이들에게 성령이 임하셨다.
이후 예루살렘교회의 숫자가 폭발적으로 늘어났다.
하나님의 나라를 증거하는 것은 교회의 사명이다.

베드로와 요한, 두 사도는
앉은뱅이를 일으키는 기적을 일으킨다.
많은 사람들이 이들을 주목하지만
베드로와 요한: "어찌하여 우리를 주목하느냐?"
이 기적은 '예수를 믿는 믿음 안에서'
일어난 일임을 분명히 했다.

이런 소동으로 결국 종교당국자들의 심문을 받게 된다.
공회원들 앞에 선 베드로와 요한;
이들은 이 모든 일들이 구약에 예언된
말씀의 성취였음을 증거한다.
예루살렘교회는 더욱 기도했고, 더욱 성령이 충만했다.
이들은 하나님의 복음을 더 담대하게 전할 수 있었다.

앉은뱅이를 고침(행 3:1-10)

(1) "나면서 못 걷게 된 이"를 사람들이 메고 왔다. 사람들에게 구걸하기 위해서였다. 이 사람은 사십 년동안 한번도 자기 발로 걸어본 적이 없었다(행 4:22). 그래서 날마다 사람들이 그를 들어다 미문(the Beautiful Gate)이라는 성전 문 곁에 앉혀놓았다. 그는 그곳에 앉아서 성전으로 들어가는 사람들에게 구걸을 했다.

(2) 그는 베드로와 요한을 아주 간절한 마음으로 쳐다보았다. 베드로는 "내가 줄 수 있는 재물은 없오. 그러나 그보다 더 귀한 것, 내가 가진 것을 주겠소." 곧 "나사렛 예수 그리스도의 이름으로 일어나 걸으시오."

(3) 그는 걷기도 하고 뛰기도 하면서, 이내 하나님을 찬양했다. 그리고 제자들과 함께 성전 안으로 들어갔다. 모든 백성이 앉은뱅이의 이런 행동을 보고, 그에게 일어난 일로 인하여 '심히 놀랍게 여겼다' 고 했다.

솔로몬 행각에서 설교(행 3:11-26)

(1) 도대체 누가 이 앉은뱅이를 일으켰을까? 사람들은 결국 베드로와 요한이 고쳤다는 것을 알아냈다(11절). 고침을 받은 걸인은 그 기쁨을 이기지 못해 자신을 고쳐준 베드로와 요한 곁을 떠나지 않았다. 그러자 "모든 백성이 크게 놀라며 달려 나아가 솔로몬의 행각이라 불리우는 곳에 모였다."(11절)

(2) 베드로는 기적을 보고 놀라는 백성들에게 우리 제자들에게 어떤 특별한 권능이 있는 것처럼 경이롭게 바라보지 말라고 했다. 그는 이 기적은 하나님께서 행하신 일이었음을 분명하게 밝혔다.

(3) 어떻게 하여 태어날 때부터 걷지 못했던 앉은뱅이가 고침을 받게 되었는지를 설명하기 위해 최근에 일어났던 예수님의 행적과 연관시킨다.

(4) 메시야 예언에 관한 구절은 사 42:1과 52:13에서 나타난다. 여기에서 언급된 '여호와의 종'의 임무는 무엇인가?

나면서부터 못 걷던 이를 고침 · 솔로몬 행각에서 설교 · 공회원 앞에서 심문받음

(5) 이사야 42장 이하에서 하나님의 영으로 충만한 '종' (에베드,עֶבֶד)이 온 땅에 정의를 실현할 것이라고 약속하셨다(사 42:1-4). 베드로는 이사야서에서 예언되었던 그 종이 바로 예수라고 증거했다.

(6) 그 종이 오셔서 이방에 정의를 베플 것이라고 약속하셨는데, "너희가 그를(=예수님을) 넘겨 주고 빌라도가 놓아 주기로 결의한 것을 너희가 그 앞에서 거부하고 그를 십자가에 못박으신 것이 아니냐"고 따져묻듯 증거했다.

(7) 이사야서에서 예언되었던 그 종이 바로 예수이심을 백성들이 알았더라면 주님을 못 박는 일은 하지 않았을 것이라는 것이다(17절). 그리스도께서 고난 당하신 것은 구약 선지자들의 입을 통하여 그리스도께서 고난 받으실 일을 미리 (충분히) 알게 하신 것, 즉 구약의 예언의 성취였다는 것이다.

(8) 베드로는 계속해서 모세와 사무엘을 비롯한 모든 선지자의 예언을 들어 경성할 것을 촉구했다(행 3:22-24).

베드로와 요한이 공회 앞에 서다(행 4:1-22)

(1) 베드로와 요한이 사람들 앞에서 설교하고 있을 때에 제사장들과 성전 맡은 자와 사두개인들이 나타났다. 이들은 왜 설교현장에 나타났는가? 이들이 싫어하는 구체적인 이유가 무엇일까? 그것은 ① 사람들을 가르치며 ② 예수께서 부활하신 사실을 들어 죽은 사람들의 부활을 선포했다는 것이었다. 더욱이 사두개인들은 부활이 없다고 주장하는 사람들이었다(마 22:23).

(2) 날이 밝고 이튿날 관리들과 장로들과 서기관들, 즉 산헤드린 공회원들이 심판하기 위해 예루살렘에 모였다(5절).

심문: "너희가 무슨 권세와 누구의 이름으로 이 일을 행하였느냐?"

베드로 : 담대하게 "당신들이 예수님을 죽음에 넘긴 장본인들이 아니요?"라고 산헤드린을 공박했다.

(3) 베드로는 구약성경을 인용함으로써 예수님이 메시아이심을 논증한다. 시 118:22에 나오는 רֹאשׁ פִּנָּה(로쉬 핀나)는 '모퉁이의 머리'라는 의미로 그리스도의 몸은 그 성전의 실체이며(요 2:21), 그리스도의 '몸'인 그리스도인들은 그 성전의 '산 돌들'이다(벧전 2:5).

(4) 하나님의 참 성전은 "손으로 만든 것이 아니고" 물질로 만든 성전보다 훨씬 뛰어난 것이다. 이 참 성전은 그리스도께서 그 건축가이시며(막 14:58; 마 16:18), 또 친히 모퉁잇돌이 되시며, 대제사장이신(히 9:1) 영적인 집이다. 베드로는 결국 우리가 구원받을 수 있는 유일한 길은 그리스도 밖에 없다는 사실을 확증한다.

(7) 베드로와 요한의 설교를 듣고 있던 산헤드린 회원들은 할 말을 잊어버렸다. 더 이상 아무 트집을 잡을 수 없게 되자 공회들원은 서로 의논하고 "공회에서 나가라"고 명령했다(15절).

(8) 공회원들의 "예수의 이름으로 말하지도 말고 가르치지도 말라"는 강력한 경고에도 불구하고 베드로와 요한은 "우리는 (보고 들은 것을) 말할 수밖에 없다"고 담대하게 대답했다.

한마음으로 하나님께 기도하다(행 4:23-31)

(1) 기도가 끝나자 모인 곳이 진동했다(was shaken). 이 진동은 하나님의 임재와 권능의 표시였다(출 19:18; 사 6:4 참조). 성령충만으로 이들은 하나님의 복음을 담대하게 전할 수 있었다.

(2) 누가는 초기 예루살렘교회가 이렇게 성장을 이끈 것은 다름아닌 성령의 역사라는 점을 강조한다. 성령의 임재야말로 교회를 여는 핵심이었다. "무리가 다 성령이 충만하여 담대히 하나님의 말씀을 전하니라"고 했다(행 4:31).

물건을 서로 통용하다(행 4:32-37)

예루살렘교회가 초기에 성장할 수 있었던 여러 요인 중 하나는 교회가 한 마음(καρδία카르디아)과 한 뜻(ψυχή프쉬케)이 되었다는 것이다.

앉은뱅이를 고침(행 3:1-10)

2장 43에서 "사도들로 말미암아 기사와 표적이 많이 나타났다"고 기록하고 있다. 구체적인 기사와 표적에 대해서는 언급하지 않았으나 3장에서 구체적인 예를 소개한다. 오순절 이후에 얼마나 시간 차이가 있었는가는 확실치 않다. 앉은뱅이를 고친 사건으로 인해 많은 사람들이 사도들 주변에 몰려들었다. 그래서 베드로는 솔로몬 행각에서 두 번째 설교를 하게 된다. 그러나 유대 지도자들에게 체포 당한다.

1. 오순절 이후에도 사도들은 여전히 예루살렘 성전 예배에 참석하고 있었다.

• 행 10:30 "고넬료가 이르되 내가 나흘 전 이맘때까지 내 집에서 **제 구 시 기도를 하는데** 갑자기 한 사람이 빛난 옷을 입고 내 앞에 서서."

(1) "제 구시 기도 시간에" - '제 구시(the ninth hour)는 기도시간이다(행 10:30*). 지금 시간으로 오후 3시경이다. 기도시간에 참석하기 위해 제자들 중 두 사람, 베드로와 요한이 성전으로 올라가고 있었다. 베드로와 요한은 성전 안뜰로 행하는 계단을 오르고 있었다.

미문(the Beautiful Gate)
여인의 뜰로 들어가는 동편 입구에 청동으로 된 고린도식 문으로 알려졌다. 사진에서는 문이 닫혀 있다. 기드론 골짜기를 바라보는 동편에 자리잡은 문이다.

(2) 그런데 "나면서부터 못 걷게 된 이"를 사람들이 메고 왔다. 이는 성전(ἱερός 히에로스)에 들어가는 사람들에게 구걸하기 위해서였다. 이 사람은 사십 년동안(행 4:22) 한번도 자기 발로 걸어본 적이 없었다. 그래서 날마다 사람들이 그를 들어다 미문(the Beautiful Gate)이라는 성전 문 곁에 앉혀 놓았다. 그는 그곳에 앉아서 성전으로 들어가는 사람들에게 구걸했다.

(3) 마침 그때 성전에 들어가려는 베드로와 요한을 보고 구걸하였다(ἠρώτα, 미완료과거 - 구걸하기 시작했다는 의미). 어떻게 했을까?

4 베드로가 ┬ 요한과 더불어 **주목하여** (~를 응시하다(gaze on), 열중하여 보다)
└ **이르되**
/우리를 보라 하니[1] - "우리를 똑바로 보라"
5 그가 —— **바라보거늘**(ἐπεῖχεν, he began to give them his attention)
/그들에게서 무엇을 얻을까 하여

1) 걸인은 이때까지는 사도들을 대수롭지 않게 여겼던 것 같다. 어쨌든 걸인은 누구에게나 그렇게 했듯이 제자들에게도 같은 기대를 했을 뿐이다. 그런데 우리를 똑바로 쳐다보라는 말에 빤히 쳐다보았다.

(4) 바라보거를(빤히 쳐다보았다 - 새번역) : 에페코(ἐπέχω)라는 말은 '굳게 잡다, 주목하다'라는 의미이다. 그는 베드로와 요한을 아주 간절한 마음으로 쳐다보았다(expecting). ['이 양반들, 돈도 없어보이는구만...그래두...']

6 베드로가 — **이르되**
/은과 금은— 내게 없거니와
/[내가]—— 네게 주노니
/내게 있는 이것을
/(곧)
[너는] —— 일어나 걸으라
/나사렛 예수 그리스도의 이름으로

지금 걸인의 입장에서는 은이나 금을 원한 것은 아니다. 동전 한푼만 주어도 감사할 일이다. 그런데 금이나 은보다 더 귀한 것을 준다는 말에 걸인은 순간적으로 그것이 무엇일까 기대하고 관심을 가졌을 것이다.

(ἐν τῷ ὀνόματι) - 그리스도의 이름 안에서 / 즉 '예수 그리스도의 권위로'라는 말이다.

(5) 금이나 은보다 더 귀한 것은 무엇일까? 베드로는 '내가 줄 수 있는 재물은 없오. 그러나 그보다 더 귀한 것, 내가 가진 것을 주겠소.' 곧 "나사렛 예수 그리스도의 이름으로(In the name of Jesus Christ the Nazarene)[1] 일어나 걸으시오([ἔγειρε καὶ] περιπάτει현재 명령법)." 예수님의 이름은 부활 이후에 계속하여 능력(또는 권위)을 나타내었다(행 3:6, 14:10). 이름과 '능력'은 서로 병행되어 사용된다(행 4:7, 16:18). '걸으라', 곧 걷기 시작하라는 말이다. 그리고 계속해서 걸으라(현재 명령법)는 의미이다. 그러나 평생 걸어보지 못했던 이 걸인에게는 이런 명령이 와 닿지 않았을 것이다. 그러나 그가 주저할 사이도 없이 베드로는 그를 잡아 일으켰다.

1) 예수 그리스도의 '이름으로'(ἐν τῷ ὀνόματι) - 그리스도의 충만한 구원 사역이 그의 이름에 내포되어 있다(여호와의 구원 사역이 그의 이름에 있는 것 같이). 그의 이름을 부른 자는 누구든지 교회에 속한 자들이며(행 9:14; 고전 1:2) 구원을 받는다(행 2:17-21; 롬 10:13). 그리스도인으로 불리우는 것은 그 이름 때문이다(행 11:26).

7 그리고(And, καὶ)
베드로는(가) —— 오른손을 **잡아 일으키니**
//(결과: 의미상)
발과 발목이— 곧 힘을 얻고
8 [그가] —— 뛰어[2] 서서 걸으며[3]
들어가면서
/그들과 함께 성전으로
/걷기도 하고 뛰기도 하며(=하면서)
하나님을 찬송하니(=찬송하면서)

베드로는 걸인이 걸으려고 시도하기 전에 서서 그를 잡아당겼다.

40여년 동안 한번도 걸어보지 못했던 그가 건강한 모습으로 걸을 수 있게 되었다. 누가는 그의 기뻐하는 모습을 이렇게 표현했다. '걷기도 하고 뛰기도 하고' / 그 기쁨을 주체할 수 없었기 때문이다.

(6) 그는 걷기도 하고('돌아다니다'란 의미) 뛰기도 하면서('뛰어오르다'란 의미, 행 14:10), 이내 하나님을 찬양했다. 그리고 제자들과 함께 성전 안으로 들어갔다.

2) 뛰어(ἐξαλλόμενος) - 현재 분사 중간태. 반복하여 껑충껑충 뛰었다는 의미이다.

2. 모든 백성이 앉은뱅이의 이런 행동을 보고, 그에게 일어난 일로 인하여 '심히 놀랍게 여겼다'고 했다.

3) 걸으며(περιεπάτει) - 미완료 능동. 계속해서 걸었다는 의미이다.

(1) 놀랐다는 말 '담보스'(θάμβος)는 '경악(驚愕)'했다는 의미가 있다. 놀란 이

베드로의 설교 ②

유가 있기도 하지만 신현현(神顯現)의 요소가 놀라움과 두려움을 야기시켰다. "그가 본래 성전 미문에 앉아 구걸하던 사람인 줄 알고 그에게 일어난 일로 인하여 '심히 놀랍게 여기며 놀라니라'(they were filled with wonder and amazement)."(10절)

솔로몬 행각에서 설교(행 3:11-26)

1. 도대체 누가 이 앉은뱅이를 일으켰을까? 사람들은 결국 베드로와 요한이 고쳤다는 것을 알아내고("나은 사람이 베드로와 요한을 붙잡으니", 11절)

(1) 고침을 받은 걸인은 그 기쁨을 이기지 못해 자신을 고쳐준 베드로와 요한 곁을 떠나지 않았다. 그러자 "모든 백성이 크게 놀라며 달려 나아가 솔로몬의 행각[1]이라 불리우는 행각에 모였다."(11절) 그러니까 이날 모인 청중들은 호기심으로 가득찬 평범한 무리들(백성, 라오스, λαός)이었다. 베드로와 요한은 그저 평범한 갈릴리 출신들이 아닌가! 그런데 어떻게 이런 기적을 일으킬 수 있단 말인가!

1) 행각(스토아, στοά) - 주랑(portico) - 성전 동쪽에 솔로몬에 의해 지어진 주랑이다. 바벨론에 의한 성전 파괴시에도 이곳은 손상을 받지 않았다고 한다. 아그립바 왕의 시대에까지 존속하였다. 황제 글라우디우스에 의해 성전 관리가 아그립바에게 위탁되었다. 예수님은 이 행각에서 한 차례 가르치셨다(요 10:23).

3:12 베드로가 이것을 **보고** 백성에게 **말하되**
/이스라엘 사람들아!
[너희는] —— 이 일을 왜 놀랍게 여기느냐
[너희는] —— 왜 우리를 주목하느냐
/우리 — 이 사람을 걷게 한 것처럼
/개인의 권능과 경건으로

베드로는 이런 기적이 일어난 것은 자신의 신비한 능력이나 경건에 의한 사건이 아님을 분명히 했다.

(2) 베드로는 기적을 보고 놀라는 백성들에게 우리 제자들에게 어떤 특별한 권능이 있는 것처럼 경이롭게 바라보지 말라고 했다. 그는 이 기적은 하나님께서 행하신 일이었음을 분명하게 밝혔다. "우리 자신이 무슨 능력이 있거나 경건하기에 일어난 일인 줄 아십니까?"

2. 어떻게 하여 태어날 때부터 걷지 못했던 앉은뱅이가 고침을 받게 되었는지를 설명하기 위해 최근에 일어났던 예수님의 행적과 연관시킨다.

아브라함과 이삭과 야곱의 하나님

하나님께서 인정하시는 세 명의 족장들이다. 이스라엘은 아브라함의 가족이다(행 13:26). 아브라함에 대한 언약과 축복의 약속은 그리스도께서 나타날 때 성취되었다(행 3:25, 25 "너희는 선지자들의 자손이요 또 하나님이 너희 조상과 더불어 세우신 언약의 자손이라.").

3:13 우리 조상의 하나님이 — **영화롭게 하셨느니라**
/그의 종 예수를

"내가 붙드는 나의 종"을 보내겠다(이사야 42:1) - 여기서 '종'은 예수님을 가리킨다.

너희는 왜 우리를 주목하느냐? (3:12)

예수로 말미암아 난 믿음이 너희 모든 사람 앞에서
이같이 완전히 낫게 하였느니라

3:19 그러므로(therefore, οὖν)
너희가 ——— **회개하고 돌이켜**(repent and return)
//(목적: εἰς+목적격, in order that)
너희 죄 없이 함을 받으라(=받기 위하여)
//이같이 하면(ὅπως호포스, 결과)
새롭게 되는 날이 — 주 앞으로부터 이를 것이요

행 3:19

그러면 어찌할고?

① 회개하라(μετανοέω)
그리고
② 돌이키라(ἐπιστρέφω)

▶ 여기서 회개하라(μετανοήσατε명령법과거)는 말은 '마음(생각)을 바꾸다, 회심하다'라는 의미이다. 물론 여기서 회개는 인간 자신의 공로로 충족시킬 수 없다. 회개는 우리에게 참회하는 행위의 고통이나 절망으로 몰아넣지 않는다. 그것은 하나님의 뜻을 따라 사는 삶을 위한 기쁨의 복종을 불러 일으키는 회심이다. 그렇다고 단순히 생각과 마음의 변화만을 요구하지 않는다. 그래서 행동과 삶의 영역에서 하나님께서 방향을 전환하는 돌이킴(ἐπιστρέψατε명령법과거)을 요구한다. 즉 삶의 모든 영역에서 방향 전환이 따라와야 한다는 것이다. **메타노에오**와 **에피스트레포**(행 3:19, 26:18-20)의 병치(倂置)는 옛날의 신앙관을 바꾼 사람은(=회개한 사람은) 누구든지 예수 그리스도로 말미암아 구원을 가져오시는 하나님께로(믿음의 행동으로, 행 11:21) 방향 전환(=돌이키는)을 해야만 하는 이중적(repent and return) 방법으로 언급하고 있다.

76

1) 파이스 - 유아나 젊은이와 구별되는 나이의 어린이(7~14세의 소년이나 소녀를 가리킨다). 파이스는 하나님의 종 이스라엘에 대해서도 사용되었다(눅 1:54), 그리고 다윗의 경우에도 사용되었다(눅 1:69; 행 4:25).

(1) 베드로는 본문에서 "예수"를 첨가한다. 다른 사람이 아니라 하나님께서 "그의 종 **예수를**(τὸν παῖδα αὐτοῦ Ἰησοῦν)" 영화롭게 하셨다고 확실하게 증언한다. 여기서 '종'이란 말 '**파이스**'(παίς)는 아들로서의 아이를 가리킨다.[1] 이 단어는 하나님의 아들 예수님에 대하여 사용되었다(마 12:18; 행 3:13, 26, 4:27, 30).

(2) '여호와의 종'은 메시야의 칭호로 쓰였다. 본문에서 메시야에 관한 구절인 사 42:1과 52:13에서 나타난다. 여기에서 언급된 여호와의 종의 임무는 무엇인가? 사 42:1을 조금 자세하게 들여다 보자(동교재, 이사야서).

• 누구를 보라는 말일까? 하나님은 이스라엘을 '나의 종'이라고 불렀지만, 이제는 여호와께서 자신의 종으로 지명하신 또다른 사람에게 주의를 기울이라는 말이다.

2) 이 종 역시 여호와께서 붙드신다. אֶתְמָךְ־בּוֹ(에트마크-보) 그를 선택하신 분은 이사야 41장에서 언급된 전능하신 하나님이시다(사 41:9-10).

42:1 보라! (Behold, הֵן)
내가 붙드는(אֶתְמָךְ־בּוֹ 에트마크-보)[2] 나의 종(עַבְדִּי My Servant)[3]
/[곧] 내가 택한 사람을(בְּחִירִי My chosen one)
/내 마음에 기뻐하는 자(נַפְשִׁי in whom My soul רָצְתָה delights)

내가 —— **주었은즉(נָתַתִּי)**
• 누가? (=여호와께서)
/나의 영을(רוּחִי)
/그에게(עָלָיו)

• 여호와께서는 그의 영을 주실 것이다. 누구에게? 여호와께서 택하신 그분에게(the One). 무엇을? '나의 영'을

그가 —— **베풀리라(יוֹצִיא)**
/이방에(לַגּוֹיִם) 정의를(מִשְׁפָּט 미쉬파트)

• 누구? 여호와께서 택한 종이다. 그 종의 임무는 무엇인가? 세상에 하나님의 정의(미쉬파트, מִשְׁפָּט)를 베푸는 일이다. 사 42:4에 미쉬파트가 토라(교훈)와 동의어이다. 시편 82편을 읽어보라. 정의(공의)를 베풀라고 했다(시 82:3).

• 여호와의 영은 사 11:3에서도 언급되었다. 여호와의 종으로 언급된 다윗의 후손(삼하 7:8)은 여호와 경외하기를 기뻐했다(사 11:3). 왕이나 선지자들과 같이 섬김을 위해 부르심을 받은 자들이 부여받게 되는 하나님의 능력이고 지혜이다(사 11:2).

3) 70인역에서는 "나의 종" 이란 말 위에 "야곱"과 "이스라엘"을 첨가함으로써 여호와의 종을 이스라엘의 민족을 가리키는 것으로 해석했다.

(3) 이사야 42장 이하에서 하나님의 영으로 충만한 '종'(에베드, עֶבֶד)이 온 땅에 정의(공의, מִשְׁפָּט)를 실현할 것이라고 약속하신다(사 42:1-4). 하나님은 그 종에게 말씀하시고 언약 중재자와 구원자의 직무를 부여하신다(사 42:5-7). 그가 "눈먼 자들의 눈을 밝히며 갇힌 자를 감옥에서 이끌어 내며 흑암에 앉은 자를 감방에서 나오게" 하실 것이다. 사도행전 본문에서 보는 것처럼, 베드로는 이사야서에서 예언되었던 그 종이 바로 예수임을 증거한다.

4) 정의와 교훈이 동의어이다. (미쉬파트, מִשְׁפָּט), 결국 이 종의 사명은 무엇인가? 그는 이방의 빛으로 이 세상에 정의(공의)를 베푸는 일이다. 여기서 핵심 용어는 '정의'이다.

(4) 그 종이 오셔서 이방에 정의(מִשְׁפָּט 미쉬파트)[4]를 베플 것이라고 약속하셨는데, "너희가 그를(=예수님을) 넘겨 주고 빌라도가 놓아 주기로 결의한 것을 너희가 그 앞에서 거부하였으니 [14]너희가(ὑμεῖς δὲ, But you - 빌라도와

대조를 이룬다. '그런데 바로 **너희가**') 거룩하고 의로운 이를 거부하고 도리어 살인한 사람을 놓아 주기를 구하여 15 생명의 주를 죽였도다." 베드로는 여기서 '살인자'를 요구한 것과 '생명의 주'(ἀρχηγὸν[1] τῆς ζωῆς)를 죽인 것을 대조하여 유대인을 고발한다. "그러나 하나님이 죽은 자 가운데서 그를 살리셨으니 우리가 이 일에 증인이라"(15절). 여기 모인 제자들 모두가 예수님의 부활의 증인들이라는 것이다(행 13:30-31, 하나님이 죽은 자 가운데서 그를 살리신지라 **갈릴리로부터 예루살렘에 함께 올라간 사람들에게 여러 날 보이셨으니** 그들이 이제 백성 앞에서 그의 증인이라").

1) '주'라는 단어 아르케고스(ἀρχηγός)는 통치자, 인도자라는 뜻으로 여기서는 사람들에게 생명을 주시고, 생명으로 인도하시는 자, 또는 생명의 창시자라는 뜻이다(행 5:31).

3:16 그 이름이 —— **성하게 하였나니**(has strengthened, 튼튼해졌다)
/너희가 보고 아는 이 사람을
/그 이름을 믿으므로
믿음이 —— 이같이 **완전히 낫게 하였느니라**
/예수로 말미암아 난 /너희 모든 사람 앞에서

on the basis of faith in His name
(ἐπὶ τῇ πίστει τοῦ ὀνόματος αὐτοῦ)
그분의 이름(=권세)을 믿는 믿음을 **통하여**
(ἐπί, through)

ἡ πίστις[faith] ἡ δι' αὐτοῦ (the faith which comes *through* Him)
믿음의 대상이며, 믿음의 근원이신 예수님을 통하여(δία)를 뜻한다. 이 믿음이 그를 완전히 낫게 했다(perfect health, ὁλοκληρία[홀로클레리아])는 것이다. 그래서 이제 정상인이 되었다는 것이다.

3. 이사야서에서 예언되었던 그 종이 바로 예수이심을 백성이 알았더라면 주님을 못 박는 일은 하지 않았을 것이라는 것이다(17절).

(1) 너희가 '알지 못하여서'(κατὰ ἄγνοιαν, in ignorance) - 아그노이아(ἄγνοια)는 죄에 대한 무지(無知, ignorance)로 인한 죄를 말한다. 결국 유대인의 죄는 이 무지로 인해서 온 것이다. 만일 그들이 하고 있던 일을 알았더라면 고의로 예수님을 십자가에 못 박지는 아니했을 것이다. 그리스도를 통한 하나님의 결정적이며 근본적인 계시가 있기 이전 시기에는 무지가 지배했던 것으로 특징지어진다. 예수님도 백성들의 무지를 한탄하셨었다(눅 23:34). 바울도 고린도전서 2:8*에서도 이런 사실을 언급했다.

(2) 그리스도께서 고난 당하신 것은 구약 선지자들의 입을 통하여 그리스도께서 고난 받으실 일을 미리 (충분히) 알게 하신 것(προκατήγγειλεν[과거능동태]), 즉 구약의 예언의 성취였다는 것이다. 결국 백성들의 범죄는 하나님의 목적을 수행한 것이 되었다는 것이다(행 2:23, 하나님께서 정하신 뜻대로).

• 고전 2:7 "오직 은밀한 가운데 있는 하나님의 지혜를 말하는 것으로서 곧 감추어졌던 것인데 하나님이 우리의 영광을 위하여 만세 전에 미리 정하신 것이라 하나님의 지혜를 비밀한 것으로 8 이 지혜는 **이 세대의 통치자들이 한 사람도 알지 못하였나니 만일 알았더라면 영광의 주를 십자가에 못 박지 아니하였으리라**."

78 repent and return(3:19)

1) 회심의 본질은 악으로부터의 멀리 돌아섬을 말한다(행 3:26; 히 6:1; 계 2:22. 9:20). 마음뿐만 아니라 행위까지도 하나님에게로 돌아서라는 말이다.

(3) 여기에 예언과 성취 사이의 엄청난 역설(逆說, paradox)이 있다. 이런 역설이기 때문에 유대인들이 걸려 넘어지는 장애물이 되었다(고전 1:23). 물론 그렇다고해서 백성들에게 책임이 없다는 말은 아니다. 그리스도를 죽기까지 핍박하고 미워한 그들의 죄에 대해 정상 참작의 여지가 없지만, 그러나 하나님께서는 이들이 회개하고 주께로 돌아올 길을 열어 놓으셨다.

① 회개하고(μετανοέω)
② 돌이키라(ἐπιστρέφω)

사도행전 2장에는 회개하고 주 예수의 이름으로 세례를 받는 것이라면,

3장에서의 강조는 회개하고 하나님께로 돌이키라는 것이다. (박형대, 사도행전과 우리, 그리심, 391)

> 3:19 그러므로(therefore, οὖν)
> 너희가 ——— **회개하고 돌이켜**(repent and return)[1]
> //(목적: εἰς +목적격, in order that)
> 너희 죄 없이 함을 받으라(=받기 위하여)
> //이같이 하면(ὅπως호포스, 결과) (원문에는 3:20에)
> 새롭게 되는 날이 — 주 앞으로부터 이를 것이요
>
> 엑살레이포(ἐξαλείφω) 없애거나 지워버린다는 의미

(4) 너희 죄 '없이함을 받기 위하여'(ἐξαλείφω엑살레이포) : 문자적으로는 '석회를 바르다, 하얗게 회칠하다'라는 뜻이다. 은유적으로는 '씻어내다, 흔적을 없애다, 도말하다'라는 의미이다(골 2:14. 의문의 증거를 도말塗抹하는 것을 나타냄). 그러기 위해서는 회개하고 돌이키라는 것이다. 마음은 물론 행위까지도 변화된 생활을 하라는 권면(명령)이다.

2) 신약성경에는 여기에서 한 번 나온다. '휴식'이라는 의미로, 해방, 상쾌하게 함이라는뜻이다. '새롭게 되는 때'는 구원의 결정적인 때이다.

(5) "이같이 하면"(ὅπως호포스), '새롭게 되는'(ἀναψύξις아납쉭시스)[2] 날이, 즉 구원의 날이 주 앞으로부터 올 것이다(원문에는 20절). "또 주께서 너희를 위하여 예정하신 그리스도 곧 예수를 보내실 것이다"(20절). 예수님은 재림하실 것이다. 그러나 이 예수님은 만물을 회복하실 때까지는 마땅히 하늘에 계실 것이 아니냐라고 반문한다(21절).

4. 베드로는 계속해서 모세와 사무엘을 비롯한 모든 선지자의 예언을 들어 경성할 것을 촉구한다(행 3:22-24).

예언성취
신명기 18:15

> 3:22 모세가 — **말하되**
> /주 하나님이 — 세울 것이니(shall raise up)
> /너희를 위하여
> /너희 형제 가운데서
> /나 같은 선지자 하나를
> 너희가 — **들을 것이라**
> /무엇이든지 그의 모든 말을
>
> a prophet(나비, nabi) like me

신명기 18:15을 읽어보자 79

신 18:15 여호와께서 —— 나와 같은 선지자(נָבִיא나비) 하나를 **일으키시리니**(יָקִים)
/네 하나님 /너희 가운데 네 형제 중에서 1)
/너를 위하여(לְךָ)

너희는 —— 그의 말을 **들을지니라**(תִּשְׁמָעוּן) - שָׁמַע의 칼, 미완료

나와 같은 '선지자 하나' (נָבִיא 단수 남성명사)

(1) 그러면 왜 선지자가 필요하게 되었을까? 이미 모세를 통해서 준 율법도 있는데 그 말씀대로 살면 되지 않는가? 그것은 율법 자체의 문제 때문이 아니라, 율법으로는 이스라엘의 일상생활에서 일어날 수 있는 모든 일들을 자세히 기록하지 못하기 때문이다. 더욱이 출애굽 당시는 "가증한 행위"라고 부르는 이방의 악습들을 따라갈 위험에 처해 있었다(신 18:9). 따라서 이런 위험을 없애기 위해서 선지자를 세우실 것이라고 말씀하셨다(신 18:15). **'모세와 같은 선지자'** 라는 말을 보아, 그 선지자는 모세와 같이 하나님과 백성 사이의 중보자의 역할을 하게 될 것이다.1)

(2) 물론 모세와 같은 '하나님의 대표자' 라는 의미에서 '모세와 같은 선지자'를 보내 주시겠다는 것이다. 그런데, 왜 '선지자 하나' (נָבִיא나비)라는 단수 명사를 썼을까? 왜 '선지자들'(נְבִיאִים네비임)이라고 복수로 말하지 아니했을까? 물론, 이스라엘 백성들에게 하나님의 말씀을 선포할 일군(一群)의 선지자들, 곧 선지기관(先知器官)이 있을 것이다.

(3) 그러나, 그러면서도 단수 사용을 통해서 모세와 같은 한 개인의 대조가 드러남을 알 수 있다. 선지자 중에 모세 만한 자가 없다고 했다(신 34:10). 그렇다면 그 누구도 모세와 같은 선지자는 아니다. 모세는 신정국가(神政國家)의 설립을 완수한 사람이었다. 미래에 성취되어야 할 일, 곧 이방인들에게 구원을 베푸는 일은 모세와 같은, 아니 모세보다 더 위대한 분의 사역이 있어야 한다. 그렇다면 그런 인물은 누구일까? 신약 성경의 직접적인 증거들을 보자. 요 5:45-47("…모세를 믿었더면 또 나를 믿었으리니 이는 그가 내게 대하여…"); 요 12:48, 49; 마 17:5(변화산 사건).

(4) 신약의 저자들도 이 인물이 그리스도를 의미한다고 표현했다(요 1:21, 6:14, 7:40-41; 행 3:22-23). 그리스도를 만인의 중보자로 보내실 것을 암시한 말이다(요 1:45). 그러므로 구약 시대에는 모세 한 사람으로 대표될만 하다. 모세는

- **나비(nabi)** : '나비' 의 용법은 모세가 바로에게 하나님과 같은 위치에 있다는 것을 명백하게 알려준다(출 4:15, 16, 7:1을 읽어보라. 여기서 '나비' 라고 지칭할 수 있는 사람은 바로 하나님의 대변자이다). 하나님은 영감으로써 나비(nabi)에게 말씀하시고, 그는 받은 것을 정확하게 전달해야 한다. 하나님이 성별된 기자(記者)의 입에 말씀(verba)을 넣어 주신다(신 18:18, 렘 1:9). 신약에서도 말씀의 영감(靈感)을 말하고 있다(갈 1:11, 12, 고전 15:1-4, 딤후 3:16).

1) 장차 올 선지자는 **"형제 중에서"**(이스라엘 사람 중에서), 그리고 모세와 "같은 자"가 권위를 가지고 하나님의 말씀을 선포하게 될 것이다.

예수님은 오리라고 약속하셨던 '그' (ὁ, the)**선지자이시다.**

- 5천명을 먹이신 사건 후에 "이는 참으로 세상에 오실 '그' 선지자라(ὁ προφήτης)"(요 6:14)
- 사마리안 여인의 대답 : 요 4:25을 읽어보라. "메시야 곧 그리스도라 하는 이가…"
- 위대한 선지자 예언 : 요 1:20, 21 "~바로 '그'(ὁ) 선지자라"

그리스도의 모형이라고 말할 수 있기 때문이다. 그는 선지자요(신 18:15), 제사장이요(출 24:4, 8), 또한 왕이었다(참고; 고전 10:1-4).

- 신 18:18 "내가 그들의 형제 중에서 너와 같은 선지자 하나를 그들을 위하여 일으키고 내 말을 그 입에 두리니 내가 그에게 명령하는 것을 그가 무리에게 다 말하리라 19 **누구든지 내 이름으로 전하는 내 말을 듣지 아니하는 자는 내게 벌을 받을 것이요**"

✲ 이렇게 이스라엘 백성들에게 예언 제도를 선물로 주셔서, 즉 선지자들을 보내셔서 이들을 통해서 하나님의 뜻을 전달케 하셨다. 결국, **모세와 같은 궁극적인 선지자는 예수 그리스도이심**을 보게 된다.

(5) 본문을 다시 보자(23절). "누구든지 그(ἐκείνου, that) 선지자의 말을 듣지 아니하는 자는 백성 중에서 멸망 받으리라 하였고"(신 18:19* 참조). 물론 모세 당시에도 백성들은 모세의 말에 귀를 기울이지 않았고, 예수님 당시에도 그리스도에게 귀를 기울이지 않았다. 물론 오늘날도...

5. 그런데 구약의 모든 선지자는 메시지의 초점이 "이 때를 가리켜" 즉 도래할 메시야 시대에 초점을 맞추고 예언되었다는 것이다(24절).

(1) "사무엘 때부터(from Samuel, ἀπὸ Σαμουὴλ): 사무엘 시대부터 선지자의 학교들이 일어났다. 그 전에는 거의 없었다(삼상 3:1 참조). 선지자는 어느 때에(어떤 상황에서) 부름을 받았을까? 선지자는 (하나님의) 나라가 위기에 처했을 때 세우셨다.[1] 그러니까 선지자는 이스라엘 백성을 위한 하나님의 구속계획을 전달하기 위해 선택된 도구였다. 선지자는 종교적인 철학자로 그 기능을 하지 않는다. 그들은 하나님께서 계시하신 메시지를 전달하는 사명을 수행했다. 그 메시지는 특별한 역사적 상황과 관계된 것이었다.

1) • 모세 - 이스라엘 백성이 애굽에서 노예생활 할 때
- 기드온 - 이스라엘이 미디안에 압박을 받고 있을 때(삿 6:11-12, 6:2, 6) (포도주 틀에 숨어서 밀 타작을 하고 있을 때 부름을 받음)
- 아모스 - 북 왕국의 타락을 외치며 포로로 끌려갈 것을 외침(그는 남쪽 유대에서 농부로 바빴던 사람이었다. 암 7:14)

(2) 그런데, 구약 시대의 모든 선지자에게 있었던 소명은 미래에(메시야 시대에) 있을 그 특별한 한 선지자의 길을 준비하는 것이었다. "또한 사무엘 때부터 이어 말한 모든 선지자도 이 때(메시야의 때)를 가리켜 말하였느니라."(24절) 예수님은 죽음과 부활로 자신의 사명(=대변자로서의 선지자 직무)을 완수하셨다.[2]

2) 전능자의 예언적 환상이 이 새로운 계시(신약성경)로 끝났기 때문에 오늘날 교회는 선지자 직무를 계속 유지해야 한다는 생각을 하지 말아야 한다. 그러나 그리스도의 사역자는 여호와의 말씀을 선포함으로써 선지자적인 사역을 계속해야 할 책임이 있다. 따라서 구약시대의 선지자의 소명과 사명으로부터 배울 필요가 있다.

(3) 이스라엘의 조상은 아브라함이다. 그런데 하나님은 아브라함과 언약을 세우셨다. 무슨 언약? "땅 위의 모든 족속이 너의 씨(in your seed, בְזַרְעֲךָ)로 말미암아 복을 받으리라"(창 12:3; 22:18; 26:4; 28:14을 보라.) 그런데 예수님은 아브라함에게 약속했던 바로 그 자손(seed, זֶרַע 제라)이시라는 것이다. 그들의 조상 아브라함에게 주신 약속이 예수 그리스도에게서 성취되었음을 강조하고 있다(26절).

베드로와 요한이 공회 앞에 서다(행 4:1–22)

베드로와 요한이 사람들 앞에서 설교하고 있을 때에 제사장들과 성전 맡은 자(=성전 경비대장, 성전의 보안을 맡은 레위인들의 두령)와 사두개인들이 나타났다. 초기에는 대제사장과 사두개파 사이에는 긴밀한 관계가 유지되었다. 이는 하스모니안 왕가의 쟁쟁한 권력과 귀족 사두개파 사이에 정치적 이해 관계 때문이었다. 바리새인들이 예수님을 박해했을 때는 사두개인들은 적극적으로 협조하지 않았으나 지금 베드로와 요한을 잡아 가두려는데는 협력하고 있다.

1. 이들은 왜 설교현장에 나타났는가?

4:2 [그들이] —— **싫어하여**(διαπονέω 디아포네오 흥분하다, 분개하다)[1]
//(이유: διά + 목적격, because)
[사도들이] — 백성을 가르치고 전함을
/예수 안에 죽은 자의 부활이 있다고

(1) 이들이 싫어하는 구체적인 이유가 무엇일까? 그것은 ① 사람들을 가르치며 ② 예수께서 부활하신 사실을 들어 죽은 사람들의 부활을 선포한 것에 대해 분개했다. 더욱이 사두개인들은 부활이 없다고 주장하는 사람들이었다(마 22:23). 이들은 사독 제사장(다윗 왕 때) 계열의 후예들이다. 이들은 정치적인 집단으로 로마나 헤롯에 협력함으로써 기득권을 유지할 수 있었다.[2] 이들은 구약성경의 모든 것을 부정하고 형식적으로 모세오경만을 인정했다. 따라서 부활이 없다고 했다(행 23:8*). 모세오경에서는 부활의 근거를 찾을 수 없었기 때문이다.

(2) 제자들을 잡았으나 날이 이미 저물기 시작했으므로 이튿날까지 가두었다(3절). 그 다음 날이 되기까지 어떤 소송도 제기할 수 없었기 때문이다. 법적으로 밤에 회집하는 것이 금지 되었다. 누가는 "그 말씀을 들은 사람 중에 믿는 자가 많으니 남자의 수가 약 오천이나 되었더라"고 했다.

2. 날이 밝고 이튿날 관리들[3]과 장로들과 서기관들, 즉 산헤드린 공회원들이 베드로와 요한을 심문하기 위해 예루살렘에 모였다(5절).

(1) 어떤 부류들이 산헤드린의 구성원이었을까?

1) διαπονούμενοι - 현재 수동태 분사로 계속 불쾌하게 여기며 흥분하고 있다는 표현이다.

2) 더군다나 베드로와 요한이 자신들이 십자가에 못 박히도록 한 예수님에 관한 주장을 하고 있기에 몹시 분개했다.

- 행 23:7 "그 말을 한즉 바리새인과 사두개인 사이에 다툼이 생겨 무리가 나누어지니 8 이는 **사두개인은 부활도 없고 천사도 없고 영도 없다** 하고 바리새인은 다 있다 함이라."

3) 관리: 아르콘(ἄρχον) - 통치자, 군주. 일반적으로 가장 높은 유대 당국자를 가리킨다(행 13:27). 대제사장들에 대해서 사용되었다(행 23:5).

- **대제사장 안나스**: 예수님은 체포단에 의해 결박당해 가야바의 장인 안나스에게 끌려 갔다. 안나스가 얼마나 능수능란한 외교가였는가는 그의 아들 중 5명과 사위 가야바가 거의 중단되지 않고 대제사장직을 이어갔다는 점에서 볼 수 있다. 그는 공직을 박탈당한 후에도 여전히 대제사장으로 불렸다(요 18:19, 22; 행 4:6 참조). 안나스는 사두개파에 속하였으며, 거만하고 야심에 찬 부자였던 것 같다.
- **가야바** : 안나스 제사장의 사위로 명목상의 대제사장이었다. 실세는 장인이었던 안나스에게 있었다.[1)]
- **요한**(요한네스, Ἰωάννης) : 대제사장 문중의 한 사람으로 산헤드린 회원이었다.
- **알렉산더**(알렉산드로스, Ἀλέξανδρος): 대제사장 친척 중 한 사람
- 그리고 대제사장 가문에 속한 여러 사람들이 참여했다.

1) "안나스는 그 해의 대제사장인 가야바의 장인이라"(요 18:13). "가야바는 유대인들에게 한 사람이 백성을 위하여 죽는 것이 유익하다고 권고하던 자라" 고 소개하고 있다(요 11: 50-51).

3. 유대의 최고 지도자들이 모여 사도들을 심문하고 있다. 그들은 사도들을 가운데 세우고 물었다.

베드로의 설교 ③

(1) "**너희가 무슨 권세와 누구의 이름으로** 이 일을 행하였느냐?" 마치 마술적인 힘에 의해 고친 것이 아니냐란 말투로 심문하고 있다(행 19:13 참조). '누구의 이름으로'(ἐν ποίῳ ὀνόματι), 포이오스(ποῖος), 즉 어떤 종류로 이 일을 행하였느냐는 것이었다. 만약 마술적인 것으로 치료했다면 그것을 책잡기 위해서였다(신 13:1을 읽어보자).

(2) 그러나 베드로는 이제 겁쟁이가 아니다. 누가는 베드로가 성령이 충만했다고 했다(Πέτρος πλησθεὶς과거분사 수동태 πνεύματος ἁγίου). 그는 이미 두려움 같은 것은 없었다(행 2:4). 그는 유대 최고 지도자들 앞에서 담대했다. "시방, 이 사람이 어떻게 '구원을 받았느냐'[2)]고 오늘 우리에게 심문하는(ἀνακρινόμεθα수동태)[3)] 것이요?" '아, 그렇게 궁금하시면 10절을 직접 읽어보시요.'

(3) 베드로는 담대히 "당신들이(너희가, ὑμεῖς라고 강조한다) (십자가에 못 박고 하나님이 죽은 자 가운데서 살리신) **나사렛 예수 그리스도의 이름으로** 건강하게 된 것입니다." 베드로는 당신들이 예수님을 죽음에 넘긴 장본인들이 아니냐고 산헤드린을 공박한 것이다.

2) '온전하게 회복되었느냐' 라는 뜻이다. 이 사람이 치유받았다는 것은 영적으로 구원 받았다는 상징이기도 하다.

3) 아나크리노(ἀνακρίνω) - 조사하다, 검토하다, 심문하다.

예언성취 시편 118:22

4. 베드로는 구약성경을 인용함으로써 예수님이 메시야이심을 논증한다.

> 4:11 이 예수는 —— **버린 돌로서**
> /너희 건축자들의
> 집 모퉁이의 **머릿돌이 되었느니라**

• 유대인 '건축가들'이 하나님께서 '모퉁이의 머리'로 정하신 그 돌(=예수 그리스도)을 버렸다. 그 결과 유대인 건축가들 자신들이 버림을 당하고 말았다. 이런 문맥 속에서 시편 118:22을 인용했다.

• 유대인들은 하나님의 나라를 빼앗기게 될 것이다. 그리고 그 자리에 손으로 짓지 아니한 다른 새 건축물이 세워질 것이라고 말씀하신다. 이스라엘이 버린 쓸모없는 돌맹이 위에 하나님의 계획이 계속 이어질 것이라는 것이다.

(1) 시편 118:22에 나오는 ראשׁ פִּנָּה(로쉬 핀나, 모퉁이의 머리)는 마태복음 21:42에 나오는 κεφαλή γωνία켑할레 고니아, 그리고 행 4:11, 벧전 2:7에 나오는 단어들과 똑같은 말이다. '모퉁잇돌'이란 그 안에서 "건물 전체가 연결되어 있는" 중요한 돌이다(엡 2:21).

▶ 그리스도의 몸은 그 성전의 실체이며(요 2:21), 그리스도의 '몸'인 그리스도인들은 그 성전의 '산 돌들'이다(벧전 2:5). 베드로가 예수 그리스도를 "귀중한 모퉁잇돌", 게다가 신자들의 기초가 되는 "산 돌"로 언급할 때, 그는 사 28:16(אֶבֶן פִּנָּה에벤 핀나)을 영감 받아 해석한 것이다. "너희도 산 돌같이 신령한 집으로 세워지고" (벧전 2:4-8). 바울도 롬 9:32이하에서 이것을 확증하고 있다.

(2) 하나님의 참 성전은 "손으로 만든 것이 아니다." 물질로 만든 성전보다 훨씬 뛰어난 것이다(막 14:58; 행 7:48, 17:24; 마 12:6). **이 참 성전은 그리스도께서 그 건축가이시며**(막 14:58; 마 16:18), 또 **친히 모퉁잇돌이 되시며, 대제사장이신**(히 9:1) **영적인 집**이다.

5. 베드로는 결국 우리가 구원받을 수 있는 유일한 길은 그리스도 밖에 없다는 사실을 확증한다. 물론 이 사실은 오늘날도 동일하다.

> 4:12 구원을 받을 수 — **없나니**(And there is salvation)
> /다른 이로써는(in no one els)
> //이유: γάρ, for)
> 다른 이름을 —— 우리에게 주신 일이 없음이라
> /천하 사람 중에 구원을 받을 만한

• 베드로는 산헤드린을 향하여 메시야의 구원을 말하고 있다. 즉 다른 이름이 아니라 예수 그리스도의 이름으로 받을 구원의 필요성을 강조하고 있다.

(1) 예수의 이름은 모든 나라들에 대한 선포의 기초이다(행 8:12, "빌립이 하나님 나라와 및 **예수 그리스도의 이름**에 관하여 전도함을 그들이 믿고 남녀가 다 세례를 받으니"). 주의 이름을 부르는 자는 누구든지 교회에 속한 자들이며(행 9:14), 구원을 받는다(행 2:17-21). 예수라는 이름 외에 구원을 가능케 하는 다른(ἕτερος헤

1) 담대하게 말함(기탄없이 말함) (팔레시아, παρρησία) - 대담, 솔직, 담백을 의미한다(행 2:29; 4:13, 29, 31, 28:31). 이 담대함은 계속해서 거해야 하는 성령의 열매이다(행 4:29, 31).

2) ἄνθρωποι ἀγράμματοι (='교육을 받지 못한이'라는 의미, uneducated men) 무식한 사람을 말하는 것이 아니라 공직에 있지 않은 사람이나 장교가 아니라 사병, 학문에 익숙하지 못한 사람을 가리킨다.

3) 카돌루(καθόλου) - 완전히, 전적으로, 전혀.

테로스) 이름은 없다. 이 구원(salvation, σωτηρία소테리아)은 고침과 구원 모두를 포함한다. 이 구원이 먼저 유대인에게 전달되었고(행 13:26), 이제 이 구원이 이방인에게 전달될 것이고(행 16:17), 땅끝까지 전파되어야 한다(행 13:47).

(2) 베드로와 요한의 설교를 듣고 있던 산헤드린 회원들은 할 말을 잊어버렸다. 왜냐하면 그들이 어디 출신인가를 잘 알고 있었기 때문이다. 제자들은 담대하게 복음을 증거했다(13절. "...담대하게[1] 말함을 보고"). 그들을 본래 '학문 없는 범인'(=교육에 익숙하지 못한이라는 의미, uneducated men)[2]으로 알고 있었다. 그랬다가 이 놀라운 변증을 듣고 이상히 여겼다(ἐθαύμαζον 현재 미완료 - 계속 그렇게 생각했다는 의미이다). "또 전에 두 사람이 예수를 따라다니던 사람"이라는 것"과 "또 병 나은 사람이 그들과 함께 서 있는 것을 보고" 비난할 말이 없었다(14절).

(3) 더 이상 아무 트집을 잡을 수 없게 되자 공회들원은 서로 의논하고 "공회에서 나가라"고 명령했다(15절). 그러면 이제 어떻게 하지?(τί ποιήσωμεν, What shall we do with these men?) '뭘 어떻게 해요?' '16-17절처럼 합시다.' (무엇이라고 했나 읽어보자.)

(4) 그러고나서 이런 경고의 말을 잊지 않았다.

4:18 그들을 — **불러 경고하여**

/도무지(절대로)[3] 예수의 이름으로 말하지도 말고
가르치지도 말라 하니

베드로는 오순절 이전과 이후의 생애에 분명한 대조가 나타난다.

(바이블렉스)

① 전에는 겁쟁이였으나
후에는 담대하였다(마 26:58, 69-74, 14:28-31, 행 4:18 이하).
② 전에는 충동적이었으나
후에는 겸허하였다(요 18:10; 벧후 1:1).
③ 전에는 무지했으나
후에는 말씀을 잘 이해했다(마 16:21이하; 행 2:14-40).
④ 전에는 자기를 자랑했으나
후에는 그리스도를 자랑했다(마 26:33이하; 행 3:6).
⑤ 전에는 묻기를 좋아했으나
후에는 복종을 잘했다(요 21:21이하; 행 5:29).
⑥ 전에는 잠자는 상태였으나
후에는 깨어 있는 상태였다(마 26:40; 벧전 4:7; 벧후 3:8-13).

6. 그러나 베드로와 요한은 이렇게 대답한다.

4:19 베드로와 요한이— **대답하여 이르되**(...하니)
/[너희는] 옳은가 판단하라
/하나님 앞에서 너희의 말을 듣는 것이
하나님의 말씀을 듣는 것보다
20 //우리는— 말하지 아니할 수 없다
/보고 들은 것을

οὐ δυνάμεθα γὰρ ἡμεῖς...μὴ λαλεῖν

(for we cannot stop speaking what...) 우리는 말하지 아니할 수 없다. (이중 부정이다) '우리는'(ἡμεῖς)이라고 강조하고 있다.

(1) 공회원들의 "예수의 이름으로 말하지도 말고 가르치지도 말라"는 강력한 경고에도 불구하고 베드로와 요한은 "우리는 (보고 들은 것을) 말할 수밖에 없다"고 분명하게 대답했다. 정부 최고 권력자들의 권위에 도전한 것이다. '앉은뱅이었던 사람이 현재 우리와 함께 있는데, 우리가 그것을 부정할 수 있다는 말입니까?' 제자들은 자신의 목숨까지도 내놓으려는 용기와 믿음이 생겼다. 예전 같았으면 어림없는 일이다.

(2) 공회원들(관리들)은 난처하게 되었다. 모든 과정을 지켜보고 있는 백성들 때문이었다. 그들을 어떻게 처벌할지 방법을 찾지 못했다. 그래서 '다시 위협하여'(προσαπειλέω프로사페일레오)[1] 놓아 주었다(21절). 왜냐하면(ὅτι) "모든 사람이 그 된 일을 보고 하나님께 영광을 돌렸기" 때문이다. 이 표적으로 병 나은 사람은 몇살이나 되었을까? (22절)

1) 휘협(협박)을 더하다. 전치사 πρός(그 위에)는 '다시'라는 뜻을 갖는다. 이 단어는 여기서 신약성경에서 한번 나온다.

예루살렘교회에서의 설교

(1) 제자들은 오순절에 성령으로 충만하여지고 다른 방언을 하는 기적이 일어났다. 그래서 유대인들은 그들을 향해 새술에 취했다고 비난했다. 이런 소식이 사도들에게까지 전해지자 베드로는 이 오해를 불식시키기 위해 그 자리에서 벌떡 일어났다. 비난을 실마리로 잡아 설교를 하게 된 것이다.

(2) 사도행전에서 사도들의 설교는 상당한 양을 차지한다. 그래서 사도행전은 설교자의 행전(Acts of Preachers)이라고 부를 수 있다. 사도행전에 의하면 교회가 견고하게 서게 된 배후에는 사도들의 설교가 중대한 역할을 했다. 오순절날에는 열두 사도가 다 일어나서 설교를 했던 것 같다. 베드로의 설교는 예수님의 사역과 죽음, 그리고 부활과 승천에 대한 최초의 사도적 복음증거였다.

(3) 사도행전에서 가장 크게 부각되는 인물은 베드로와 사도 바울이다(행 1, 11, 15장 - 베드로의 설교 // 행 9장과 13-28장 - 바울의 설교). 물론 다른 사람들의 설교도 있다. 사도들의 활동은 주로 섬김, 치병, 설교로 구성된다. 그 가운데서 설교(연설)가 대단히 중요한 역할을 했다. 우선, 예루살렘에서는 누가 어떤 설교를 했을까?

• 베드로의 설교: 사도 보충(행 1:16-25) / • 열두 사도의 설교: 일꾼선정(6:2-4) / • 베드로의 설교: 할례당(행 11:5-17) / • 베드로의 설교: 사도회의(행 15:7-11) / • 야고보의 설교: 사도회의(행 15:13-21) / • 야고보의 설교: 예루살렘 교회(행 21:20-25).

86

한마음으로 하나님께 기도하다(행 4:23-31)

1. **베드로와 요한이 산헤드린 공회원들의 심문에서 풀려났다. 이들은 동료에게 가서 제사장들과 장로들 앞에서 겪었던 일을 자세히 알렸다.**

(1) 동료(ἴδιος이디오스)란 사도들뿐만 아니라 모든 제자들을 가리킨다. 물론 산헤드린에서는 다시 위협하면서 이런 일들을 발설하지 말라고 했다. 앞으로 교회 공동체에게 불어닥칠 핍박을 예견할 수 있었다. 그래서 동료들은 이 말을 듣고 "한마음으로(=마음을 같이하여) 하나님께 소리를 높여" 기도했다(24절).

• **시편 2:1** "어찌하여 이방 나라들이 분노하며 민족들이 헛된 일을 꾸미는가 2 세상의 군왕들이 나서며 관원들이 서로 꾀하여 여호와와 그의 기름 부음 받은 자를 대적하며"

다윗이 이 시편의 저자라고 밝힌다.

시편 2편은 메시야에 관한 예언적인 시이다. 특히 이 시는 오실 메시야의 고난과 영광을 예언하고 있다. 하나님은 다윗의 입과 성령을 사용하셨다.

'절대군주'라는 의미(눅 2:29)

4:24 그들이 - **이르되**
/대주재여! (Δέσποτα데스포타, Sovereign Lord)
지은 이시요(ὁ ποιήσας과거분사)
/천지와 바다와 그 가운데 만물을
25 또 말씀하시기를...하신 이로소이다
/주의 종 우리 조상 다윗의 입을 통하여
/성령으로

시편 2:1,2

/어찌하여 열방이 분노하며 족속들이 허사를 경영하였는고
26 /세상의 군왕들이 — 나서며
관리들이 ——— 함께 모여
/주와 그의 그리스도를 대적하도다

(2) 하나님은 우주 만물을 지으시고, 세상을 주관하시며, 세상을 통치하시는 '대주재'(Sovereign Lord)[1]이시다. 그런데 세상 왕들이 들고일어나 허사(vain thing)를 경영한다(헛된 일을 꾸민다). 사탄은 세상의 왕들을 일으켜 하나님이 세우신 (다윗) 왕권을 무너뜨리려고 한다(시 2편). 그리고 지금 세상 군왕들과 통치자들이 일어나 '주님과 그의 메시야에게' *대적한다*(*Against* the Lord, and *against* His Christ.)

어찌하여(לָמָּה라마) 열방(גּוֹיִם고임, 이방 나라들)[2]이 분노하여(φρυάσσω 프뤼앗소, 격동하다)[3] 족속들이 허사(리크, רִיק, vain thing, futile things, 쓸데 없는 일)를 경영하였는고(=일을 꾸미는가?).

1) 벧후 2:1(δεσπότης데스포테스); 유다서 4절(δεσπότης) 참조.

2) (ἔθνη에드네, 이방 나라들, גּוֹיִם고임) - 70인 역에서는 유대인을 제외한 모든 족속을 칭할 때 이 단어를 쓴다.

3) 라가쉬(רָגַשׁ) - '말이 숨을 쉬듯이 콧김을 내쉬다, 껑충껑충 뛰어다니다, 거만한 태도를 보이다'라는 의미가 있다.

2. 예수님 당시의 이런 헛된 일을 꾸민 왕과 통치자는 누구인가? 누가만이 헤롯과 빌라도 사이를 언급한다(눅 23:12).

과연(사실, truly, ἐπ᾽ ἀληθείας)
헤롯과 본디오 빌라도는 이방인과 이스라엘 백성과 합세하여(along, with)
하나님께서 기름 부으신 거룩한 종 예수를 거슬러(against, ἐπι)(27절)

(1) 왜, 군왕과 관원들이 모였는가? 27절에서 그 이유(for, γάρ)를 설명한다. 헤롯과 빌라도는 평소에는 서로 사이가 좋지 않았다. 그러나 예수님을 죽이려는 일에는 서로 협력했다. 빌라도의 예수님 심문과정을 잠깐!! (요 18:36이하를 읽어보자)

- 빌라도와 주님 - "네가 참으로 유대인의 왕이냐?" 예수님은 그렇다고 대답하셨지만 그의 나라는 이 세상에 속한 것이 아니라고 하셨다. 예수님은 자신의 왕적인 권위가 이 세상에서 온 것도 아니며, 세상의 무력적인 수단에 의해서 세워질 수 있는 것도 아니라고 대답하셨다. '네 나라가 세상에 속한 것이 아니라면', "그러면 네가 왕이 아니냐?"("So You are a king?" 아무튼 네가 왕이냐? / σὺ εἶ ὁ βασιλεὺς τῶν Ἰουδαίων)

(2) 빌라도는 예수님이 '갈릴리 사람'이라는 것을 알고, 그 지역이 헤롯의 관할에 속한 곳이기에 헤롯에게 보냈다. 마침 "그 때에 헤롯이 예루살렘에 있었다"고 했다. 그는 유월절을 지키기 위해 예루살렘에 와 있었을 것이다. 물론 여기에 언급된 헤롯은 '헤롯 안디바'(안티파트로스, BC. 4~AD. 39)이다.

(3) 그러나 이 모든 과정, 그리스도를 대적하는 일련의 사건들은 결국 하나님의 권능과 뜻대로(counsel, βουλή불레) 이루려고 예정하신(προώρισεν과거능동)[1] 일이었다고 보았다. 그리스도의 대적자들은 하나님의 뜻 안에서 이루어지는 행동을 벌인 것이라는 것이다.

3. 이제 이런 상황에서 예루살렘교회는 어떤 기도를 드렸을까?

4:29 주여!
이제도(And now, καὶ τὰ νῦν카이 타 뉜) - 현재의 상황을 표현하는 말
그들의 위협함을 '굽어보시옵고'(take note, 주시하여 보옵시고)
[그렇다고, 위협에 굴복하려는 뜻이 아니다.]
또 종들로 하여금

"당신이 말한 대로 나는 왕이오" (36절)

예수님의 메시야적 왕권은 정치적인 것이 아니라 영적인 것이다. 그러나 그는 단순한 메시야가 아니라 하나님의 아들인 메시야이다(요 20:31). 그는 오실 구원자를 기다리는 구약적인 기대를 성취시켰다는 의미에서 메시야이다. "나는 진리를 증언하기 위해 태어났으며 세상에 왔소"

진리가 무엇이냐?(τί ἐστιν ἀλήθεια알레데이아)

본디오 빌라도(폰티우스 필라투스, Pontius Pilatus)는 유대, 사마리아, 이두매를 통치한 다섯 번째 로마 총독(주후 26-36년 혹은 27-37년)이다.

1) 프리오리조(προορίζω) - 미리 결정하다. 여기에서는 하나님이 먼저 세우시고 결정하신 것을 헤롯과 빌라도와 이방인과 이스라엘 백성들이 예수님에게 행할 수 있었을 뿐이라는 것이다.

1) λαλεῖν - λαλέω[랄레오]의 현재 능동태 부정사 / 말하다, 전파하다 / 계속해서(담대히) 말씀을 전하게 해달라는 말이다.

담대히(παρρησία[팔흐레시아], with all confidence, 확신을 가지고)
하나님의 말씀을 '전하게 하여'[1] 주시오며(may speak Thy word)

30 손을 내밀어 병을 낫게 하시옵고
표적과 기사가 거룩한 종 예수의 이름으로 이루어지게 하옵소서

(1) 예루살렘교회는 산헤드린의 어떤 위협에도 굴하지 않고 담대하게 복음을 증거해 달라고 간구한다. 앞으로 동일한 표적과 기사가 있을 것이고, 이에 대한 핍박도 더욱 거세질 것이다. 그러나 이들은 결코 뒤로 물러서지 않기를 간구했다.

(2) 기도가 끝나자 모인 곳이 진동했다(was shaken, ἐσαλεύθη[과거수동태]). 이 진동은 하나님의 임재와 권능의 표시였다(출 19:18; 사 6:4 참조). "무리가 다 성령이 충만하여 담대히 하나님의 말씀을 전하니라"(31절). 성령충만으로 이들은 하나님의 복음을 담대하게 전할 수 있었다.

물건을 서로 통용하다(행 4:32–37)

• 행 4:31 "빌기를 다하매 모인 곳이 진동하더니 **무리가 다 성령이 충만하여 담대히 하나님의 말씀을 전하니라.**"

1. 메시야가 십자가에 죽으셨고 다시 살아났다는 이 메시지는 유대인의 귀에 매우 거슬렸다. 그러나 시간이 좀 흐르고나자 상당히 많은 개종자들이 생기게 되었다(행 2:41, 삼천; 4:4 오천이나 되었더라). 그리고 예수를 믿는 성도들의 공동체가 성장하기 시작하였다.

(1) 누가는 초기 예루살렘교회가 이렇게 성장을 이끈 것은 다름아닌 성령의 역사라는 점을 강조한다. 성령의 임재야말로 교회를 여는 핵심이었다. "무리가 다 **성령이 충만하여** 담대히 하나님의 말씀을 전하니라"고 했다(행 4:31*).

(2) 예루살렘교회가 초기에 성장할 수 있었던 여러 요인 중 또 한 가지는 교회가 한마음 한 뜻이 되었다는 것이다. 믿는 무리가 한 마음(καρδία[카르디아])과 한 뜻(ψυχή[프쉬케])이 되었다"고 했다. '한 뜻'이란 말 프쉬케는 '영혼, 목숨, 생명'이란 뜻으로도 번역된다. 그래서 마음과 뜻을 날카롭게 구분하는 것은 불가능하다(막 12:30 참조). 이 말은 생각과 감정이 조화되었다는 의미이다. 믿는 무리(πλῆθος[플레도스], 신자들의 집단)가 한마음과 한 뜻이 되었고 교회는 성장을 계속했다.

Close-up

[초기 기독교의 성장과정]

1. 앞에서 살펴본 대로 제사장들과 [로마 당국자들과 결탁했던] 사두개인들을 비롯한 종교지도자들은 예수님의 제자들을 위험한 광신주의자라고 싫어했다. 예수님의 제자들의 믿음을 부활에 관한 잘못된 주장에 기초한 것으로 간주했기 때문이다.

(1) 그러나 믿는 사람들의 숫자가 늘어나자 당국자들은 긴장하기 시작했다. 40여 년이나 앉은뱅이로 있던 사람이 자유롭게 걷게 된 기적을 통해, 베드로와 요한은 산헤드린 공회 앞에 서게 되었고, 그 앞에서 변증했다. 할 말이 없어진 당국자들은 예수님의 제자들에게 더 이상 신앙을 증거하고 다녀서는 안 된다고 위협했다(행 4:17-18).

(2) 적어도 일부 바리새인들은 이 나사렛 사람들이 전통을 경멸하고 율법을 무시한다 하여 이들을 고소할 수 없음을 알고 있었다. 비록 나사렛 사람들이 십자가에서 죽으신 그분이 죽은 자 가운데서 다시 살아나셨고 그가 하나님의 기름부음 받은 자라는 유별난 주장을 했다 할지라도, 부활을 부인했던 사두개인들보다는 분명히 더 낫다고 생각했다.[1)]

(3) 초기 예루살렘교회는 박해 조짐에 더욱 열심히 기도했다. 이에 성령의 충만한 역사가 있었고, 복음 전파는 더욱 확산할 수 있었다고 했다. 실패하지 않는 신앙은 오직 하나님의 성령으로 말미암아 가능하다는 것을 깨달았던 것이다. 제자들도 시작부터 성령의 강력한 영감을 받아서 정체성을 갖게 된 것이라고 확신하고 있다.

2. 유대인 대부분의 경우, 처음에는 나사렛당은 동료 유대인들에게 어떤 위험한 집단이라고 생각하지는 않았다.

(1) 이들은 성전과 집에서 정규적으로 모임을 가지며 교제와 기도에 열중하고 소유를 자유롭게 나누는(행 2:42-42; 4:32:35) 등 경건한 생활, 또한 서로에게 버팀목이 되어주었다. 예수의 부활을 믿었던 사람들은 여전히 성전에서 예배하고, 율법을 준수하고자 노력을 하며 충성스러운 유대인으로서 살아갔다. 예수님은 성전이 파괴될 것이라고 예언을 하셨지만 성전은 여전히 건재했다.[2)]

(2) 그러나 이러한 상황을 달리 보는 유대인들도 있었다. 그들은 나사렛 사람들이 유대교 본래의 모습에 위험스럽게 도전하고 있다고 주장했다. 초기 예수님의 제자들은 충분히 해가 없는 사람들로 보였다. 바리새인들은 성전이나 마을에서, 또는 일상생활에서도 제자들의 결점을 발견할 수 없었다. 많은 유대인들은 예수가 살아있다는 이야기에 강력한 끌림을 받았다.

(Ivor J. Davidson, 교회의 탄생, 그리심)

1) 그러나 이들이 아무리 싫어도 법적 조치를 취할 수 있는 타당한 근거는 없었다. 당국자들은 사도들에게 경고는 줄 수 있었지만 제자들의 활동을 없애버릴 성공적인 방안이 없었다. 오히려 많은 제사장의 무리가 나사렛파의 가르침에 굴복했다.

2) 예수의 제자들이 성전을 곧 파괴될 시설이라고 간주했다고 할지라도, 충성된 유대인들로서의 그들은 성전이 건재하는 한 다른 어떤 것을 결코 받아들일 수 없었다. 말세를 대비해 그들이 스스로 구축해 나가야 할 성전은 기존의 예루살렘 성전을 내버리는 것이 아니라는 점에서 쿰란 공동체와 달랐다.

• 눅 12:30 "네 마음(καρδία)을 다하고 목숨(ψυχή)을 다하고 뜻(διανοία)을 다하고 힘(ἰσχύς)을 다하여 주 너의 하나님을 사랑하라 하신 것이요."

• 눅 12:33 "너희 소유를 팔아 구제하여 낡아지지 아니하는 배낭을 만들라 곧 하늘에 둔 바 다함이 없는 보물이니 거기는 도둑도 가까이 하는 일이 없고 좀도 먹는 일이 없느니라 34 너희 보물 있는 곳에는 너희 마음도 있으리라."

(3) 모든 물건(ἅπας하파스)을 서로 통용하고(κοινός코이노스) : '코이노스'란 소유권, 재산, 사상 등을 공유한다는 의미에서 '공동의...'를 의미한다. 이는 다른 사람을 돕기 위하여(행 2:45) 소유권을 포기하는 사람들의 교제를 나타낸다(눅 12:33-34* 참조). 그래서 "자기 재물을 조금이라도 자기 것이라 하는 이가 하나도 없더라(οὐδὲ εἷς)"고 했다. 한사람조차 없었다는 의미이다.

(4) 여기서 서로 '통용했다'는 말은 누가의 계속된 설명을 볼 때, 재산의 소유에 있어서가 아니라 그것의 사용에 있어서 통용했다는 말이다. 여기서 제자들은 예수님의 본을 따라 마지막 날을 기대하면서(신 15:4) 공동생활을 했다.

(5) 사도들은 큰 권능을 입고 계속해서 주 예수의 부활을 증언했다(34절). 사두개인들이 교회를 핍박하려 했던 것은 바로 이 부활을 증거했기 때문이었다. 무리가 큰 은혜를 받았다.

2. 무엇보다 시급한 것은 의식주 문제였는데, 성령으로 충만한 신자들이 많아서 별 어려움 없이 해결하였다. 특히 집과 밭이 있는 사람은 그것을 팔아 사도들에게 가져왔고 사도들은 그것을 필요에 따라 나눠주었다(34-35절).

(1) 누가는 구브로(지금의 키푸러스) 출신의 레위인 요셉을 소개한다. 그는 예루살렘 근처에 밭이 있었는데 그것을 팔아 사도들 앞에 두었다. 사도들은 그를 바나바(번역하면 '위로의 아들'이라)라고 했다. 선행 후에 사도들이 별명을 붙여주었는지는 확실하지 않다.

(2) 그렇다고 새로 교회에 가입한 사람들이 모두 그들의 사유재산을 처리한 것은 아니다. 물론 그렇게 강요하는 사람도 없었다. 필요가 발생하지 않으면 사람들은 자기 재산을 그대로 소유했다. 지금 누가는 예루살렘교회의 초기 생활을 교회의 이상적인 모습으로 소개하지도 않는다. 현대판 기독교 공동체나 수도원의 모습과는 전혀 상관이 없다. 예수님이 가르치신 "가난한 자를 위한 기쁜 소식"(사 61장)을 따라서 그것 스스로가 새로운 공동체를 형성했던 것이다.

(3) 누가는 비록 일시적이긴 했지만 성령의 충만이 만들어낸 결과였다고 기록했다(33절). 그리고 이 공동체 생활이 후대에 계승되지도 않았다. 초기 예루살렘교회의 상황과 같은 공동생활의 필요성이 사라졌기 때문이었다(정훈택, 복음을 따라서, 그리심).

성전 미문

- 베드로가 공회 앞에서 강력하게 선포했던 말씀의 핵심 내용은 무엇일까?
- 제자들의 변화는 언제부터 일어났을까? 그들은 왜 이렇게 담대해 질 수 있었을까?
- 베드로는 구약성경을 인용함으로써 예수님이 메시아이심을 논증한다. 시 118:22의 의미를 분석해 보자.
- 그리스도의 몸은 그 성전의 실체이며(요 2:21), 그리스도의 '몸'인 그리스도인들은 그 성전의 '산 돌들'이다(벧전 2:5).
- 하나님의 참 성전은 "손으로 만든 것이 아니고" 물질로 만든 성전보다 훨씬 뛰어난 것이다.
- 제자들은 성령충만으로 하나님의 복음을 담대하게 전할 수 있었다.
- 누가는 **초기 예루살렘교회가 이렇게 성장을 이끈 것은 다름아닌 성령의 역사라는 점을 강조한다.** 이 점을 놓친다면 사도행전 연구는 의미가 없다.

• 나면서 못 걷게 된 이를 사람들이 메고 왔다.
사십 년동안 한번도 자기 발로 걸어본 적이 없었다(행 4:22).
그래서 날마다 사람들이 그를 들어다
미문(the Beautiful Gate)이라는 성전 문 곁에 앉혀놓았다.
그는 그곳에 앉아서 성전으로 들어가는 사람들에게 구걸을 했다.

• 이 사람에게 진정 필요한 것은 무엇일까?
베드로는 "내가 줄 수 있는 재물은 없오.
그러나 그보다 더 귀한 것, 내가 가진 것을 주겠소."
곧 "나사렛 예수 그리스도의 이름으로 일어나 걸으시오."
인간에게 제일 먼저, 그리고 근본적으로 필요한 것은 무엇일까?
그것은 예수 그리스도이며 복음이다.
건강을, 부귀를 구하는 자들에게 우리는 무엇을 주어야 할까?
그리고 나는, 무엇을 더 바라고 있는 것일까? 정말 복음일까?

• 베드로와 요한이 공회 앞에 섰다.
제사장들과 성전 맡은 자들, 그리고 사두개인들
그러나 베드로와 요한은 이미 담대해져 있었다.
몇 주전만 해도 예수님을 모른다고 부인했던 베드로(눅 22:54-62)
"당신들이 예수님을 죽음에 넘긴 장본인들이 아니요?"
라고 산헤드린을 공박했다.
나는, 우리는, 왜 복음 전파에 담대하지 못할까?
내가(우리가), 정말로 두려워 하는 것은 무엇일까?

• 우리는 보고 들은 것을 말하지 않을 수 없다.
변화된 제자들의 고백이었다.
참 성전의 건축가는 누구인가? (막 14:58; 마 16:18)
그리스도께서 바로 건축가이시며, 친히 모퉁잇돌이 되신다.
그는 영적인 집의 대제사장이시다(히 9:1).
베드로는 결국 우리가 구원받을 수 있는 유일한 길은
그리스도밖에 없다는 사실을 확증한다.
당국자들은 사도들을 통하여 나타나는 표적을 부인할 수 없자
결국 그들을 공회에서 내보낼 수밖에 없었다.

• 제자들의 이런 변화는 어디에서부터 온 것일까?
우리는 무엇을, 누구를 전파해야 하는가?
나는, 우리는, 능력의 원천을 다른 것에서 찾고 있는 것은 아닐까?
그래서 우리가 속해 있는 공동체가 무능력해진 것이 아닐까?

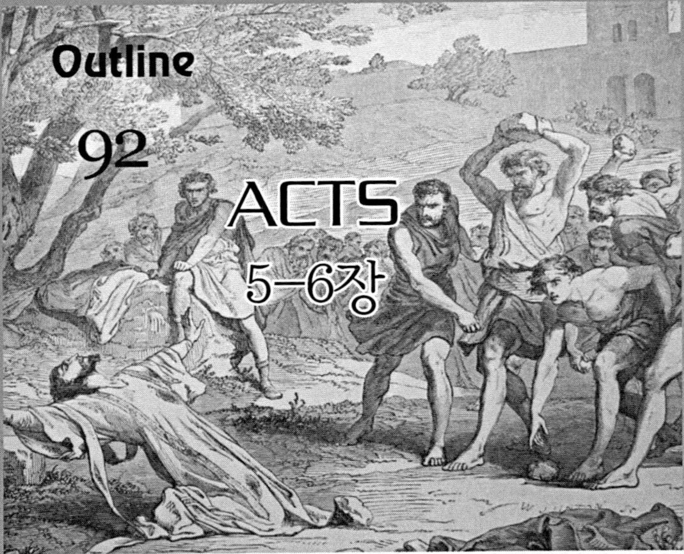

교회 안의 정화문제 · 종교당국자의 박해

아나니아와 삽비라 두 사람은 부부다.
재산을 팔아 교회에 드렸는데...
베드로를 속이는 일이 벌어졌다.
그것은 곧 성령을 속이는 일이었다.
결국 부부는 주의 영을 시험하는 일로 인해
죽임을 당한다.

예루살렘교회는 날마다 성장을 계속했다.
사도들의 손을 통하여 표적과 기사가 많이 일어났다.
사람들이 교회로 몰려드는 기폭제가 되었다.
늘 좋은 면만 있었던 것은 아니다.
공동체의 안정을 깨뜨리는 실질적 도전이 일어났다.
외부에서가 아니라 내부에서.
히브리파와 헬라파 사람들간의 긴장,
문제는 사소한 것에서 표출되었다.
구호금에 의존해야 하는 헬라파 과부들의 공동체 내부에서 받은 대우에 대한 불만 때문이었다.

사도들이 전 교인을 상대로 긴급회의를 열었다.
"이제, 우리는 기도하는 것과 말씀 전하는 일에만
온 힘을 다하겠습니다." 문제는 쉽게 해결되었다.

믿음과 성령이 충만한 사람 일곱 집사
그 중에서 스데반은 가장 두드러졌다.
① 믿음과 ② 성령이 충만하고 ③ 은혜와 ④ 권능이 충만했다. 그는 순교의 자리까지 가게 된다.

아나니아와 삽비라(행 5:1-11)

(1) 5장에서는 아나니아와 삽비라의 가정을 소개한다. 그런데 문제가 발생했다. 어떤 문제일까? 아나니아가 땅을 팔아 교회에 드렸는데, 판 값의 일부를 드리고 판돈 모두를 드린 것이라고 거짓말을 했다.

(2) 베드로는 아나니아를 향해 거짓말을 한 것이 사람에게 한 것이 아니요 하나님께로 한 것이라고 했다. "어찌하여 이 일을 네 마음에 두었느냐 사람에게 거짓말한 것이 아니요 하나님께로다."(4절)

(3) 베드로가 책망한 것은 땅을 판돈 중에서 일부만을 드렸다고 책망한 것이 아니라 일부분만을 가지고 왔음에도 불구하고 그것을 전체인 것처럼 말하고 행동했다는 데에 있다. 베드로에게 거짓말을 했지만 이는 실로 하나님을 속인 것이다. "사탄이 네 마음에 가득하여 네가 성령을 속이고"(3절). 베드로를 속인 것은 "성령을 속인 것"이었다.

(4) 교회는 하나님께서 다스리시는 하나님의 나라이다. 그래서 누구도 업신여겨서는 안 된다. 그런데 사람들은 인간을 쳐다본다. 그 뒤에서 역사하시는 하나님을 두려워해야 한다.

(5) 그런데 연속해서 사건이 벌어졌다. 그의 아내 삽비라도 동일한 죄를 짓는다. 삽비라 역시 같이 공모했다는 것을 알고 그녀도 같은 결말을 맞게 될것이라고 선언했다. "곧 그가 베드로의 발 앞에 엎드러져 혼이 떠나는지라"(10절).

(6) 이 사건의 결과 "온 교회와 이 일을 듣는 사람들이 다 크게 두려워했다"고 했다. 계속 확장되어가는 예루살렘교회의 어두운 면이다. 교회는 단순한 인간들의 사교 장소가 아니다.

사도들이 표적을 일으킴(행 5:12-16)

(1) 워낙 많은 사람들이 교회로 몰려들었다(14절 "믿고 주께로 나아오는 자가 더 많으니 남녀의 큰 무리더라"). 사도들의 손을 통해 표적과 기사가 많이 일어났다. 병든 사람을 메고 거리에 나가 침대와 요 위에 누이고 베드로가 지날 때에 혹

그의 그림자라도 누구에게 덮일까 바랐다"고 했다.

(2) 이 모든 과정을 지켜보고 있는 종교당국자들은 마음에 시기가 가득했다. 대제사장과 그의 지지자들인 사두개파 사람들의 박해가 시작되었다. 그들은 사도들을 잡아다가 옥에 가두었다(5:17-18).

(3) 복음이 긴박하게 전달되어야 하는데, 사도들이 옥에 갇혀 있기에, 하나님께서도 바쁘게 움직이셨다. 하나님은 천사들을 동원시켜 아무도 모르게 사도들을 밖으로 끌어냈다. 물론 감옥문도 잠겨 있었고, 간수들도 여전히 충실하게 지키고 있었다.

(4) 결국 당국자들은 사도들을 끌어다가 공회 앞에 세웠다. 사람인 공회원의 엄포에 순종할 것인가, 하나님께 순종할 것인가? 죄인인 사람의 말에 순종하는 것과 하나님께 순종하는 것, 어떤 것이 옳은가! "우리가 하나님께 순종하는 것이 마땅하지 않겠습니까?"

(5) 공회원들이 이 말을 듣고 크게 노했다. "사도들을 없애버리자"(33절). 공회원들을 사도들을 살해하려고 협의를 했다. 그때에 가말리엘이 자리에서 일어나 새로운 제안을 한다. 어떤 제안? 그래서 사도들은 위기를 면했다. 사도들은 매를 맞고 풀려났다. 능욕은 받았지만 죽이려는 시도에서 벗어났다.

공동체의 안정이 내부로부터 도전 받음(행 6:1-7)

(1) 예루살렘교회 공동체 내에 잡음이 일기 시작했다. 공동체의 안정을 깨뜨리는 도전은 외부에서 일어난 것이 아니라 내부로부터 왔다. 히브리파, 헬라파라고 불렀던 사람들 사이에 긴장이 발생했다.

(2) 헬라파 유대인들 편에서 원망(불평)이 터져나왔다. 어떤 불평? "자기의 과부들이 매일의 구제(급식)에 빠지므로", 즉 소홀히 여김을 받았기 때문이다.

(3) 이 문제로 즉시 열두 사도가 모였다. "우리가 하나님의 말씀을 제쳐 놓고 접대를 일삼는 것이 마땅하지 아니하도다." 옳은, 합당한 일이 아니라는 말이다. 그래서 어떻게 결정했는가?

(4) 이 일을 전담할 일곱 사람을 뽑자. 자격은 성령과 지혜가 충만하여 칭찬 받는 사람이여야 한다. "우리는 오로지 기도하는 일과 말씀 사역에 힘쓰겠오"(4절). 온 무리가 이 제안을 듣고 기뻐했다. 투표로 헬라 이름을 가진 일곱 사람들이 임명되었다. 그래서 초기교회의 내부적인 도전(?)은 쉽게 일단락되었다.

스데반이 잡히다(행 6:8-15)

(1) 일곱 집사 중에서 가장 두드러진 사람은 스데반이었다. 그는 믿음과 성령이 충만했다고 했다. 회당 출신들이 관원들에게 압력을 넣어 스데반의 가르침을 조사하게 했다. 결국 그는 율법과 성전을 거스렸다는 죄목으로 기소되었다.

(2) 스데반, 그는 다른 집사님들과 달리 믿음과 성령의 사람이었다. 하나님은 그에게 권능을 부여했다. 그는 단순히 식사 시중 드는 것뿐만 아니라 회당에서 가르치고 전도하는 일에 더 열심이었다.

(3) 그가 사역한 곳은 리버티노(Λιβερτῖνος, 자유인) 회당이었다. 그런데 회당에서 어떤 자들이 일어나 스데반과 논쟁이 벌어졌다. 스데반의 설교의 내용에 이의를 제기한 것이다.

(4) 그러나 이들의 질문에 머뭇거릴 스데반이 아니다. 믿음과 성령 충만하고 그리고 은혜 위에 권능까지 충만한 스데반을 이길 수는 없었다.

(5) 그들은 백성과 장로와 서기관들을 충동시켜 스데반을 잡아가지고 공회로 끌고 갔다. 그리고 거짓증인들을 세웠다. 거짓 증인들의 고소 내용이 무엇인가? (6:13-14) 스데반을 고소하는 이유는 율법 수여자인 모세와 하나님을 모독하였다는 것이다 (6:11).

(6) 스데반은 설교를 통해 변호했지만 결국은 돌에 맞아 순교를 당한다(행 7:54-60).

94

아나니아와 삽비라(행 5:1-11)

초기 예루살렘교회가 늘 밝았던 면만 있었던 것은 아니다.

예루살렘교회는 성령의 역사로 인해 폭풍적인 성장을 가져왔다. 그 교회는 부자도 있었겠지만 가난한 사람, 가족도 없는 사람, 또 생계 보장도 없는 과부들도 함께한 공동체였다. 그러다보니 여유가 있는 사람들은 자신의 소유를 팔아 모든 사람들과 함께 나누는 아름다운 일도 일어났다. 그래서 그들 가운데 가난한 사람은 한 사람도 없었다고 했다. 땅이나 집을 가진 사람들이 그것을 팔아 사도들 앞에 가져왔기 때문이다(행 4:34-35). 누가는 구브로 태생 레위 사람 바나바라고 불리는 요셉을 소개한다(36절). 모든 사람들이 그를 존경했을 것이다.

1. 5장에서는 그런 사람들 중에 아나니아와 삽비라의 가정을 소개한다. 그런데 문제가 발생했다. 어떤 문제일까?

1) Ananias(Ἁνανίας, 아나니아스) - '여호와는 은혜로 우시다'라는 뜻의 이름이다.

2) 아나니아의 부인으로 삽비라(σαπφίρη, 삽비레) - 아람어 삽피라(=아름다운)의 음역이다. 여기 본문에서 이름의 의미를 찾는 것은 중요하지 않다.

5:1 아나니아[1])라 하는 사람이— 소유를 **팔아**
/그의 아내 삽비라[2])와 더불어
2 [그가] —— 그 값에서 얼마를 **감추매** (νοσφίζω 노스피조)
/그 아내도 알더라(=아는 가운데)
— 얼마만 **가져다가**
— 사도들의 발 앞에 **두니**

여기 '감추었다'라는 말은 아간이 전리품 중 얼마를 감추었다는 말과 같은 표현이다.

문제가 발생했다. 어떤 문제?

아나니아는 땅 값 얼마를 감추었다. 물론 베드로에게는 이 돈이 땅 값 전부라고 거짓말을 했다. '사도들이 바빠서 정신이 없을 것이고 눈치 채지도 못했겠지.' 속으로 그렇게 생각했다. 앞에서 소개했던 바나바처럼 칭찬을 받으려고, 즉 교인들에게 전 재산을 공동체에 바쳤다는 깊은 감명을 주려고 자신이 소유를 처분했을까? 그렇다는 개연성은 있지만 꼭 그런 것만은 아니었을 것이다. 어쨌든 처음에는 순수한 동기에서 자신의 소유를 팔아 사도 앞에 가지고 왔다. 그러나 베드로는 성령의 사람이다. 그의 태도를 보고 알았을까? 성령께서 지적해 주셔서 알았을까? 베드로는 아나니아가 속이고 있다는 사실을 알았다. 그리고 그를 향해 "어찌하여 네가 성령을 속이고 땅 값 얼마를 빼돌렸느냐?" "사탄이 네 마음에 가득 찼구나!!" / '어서, 4절을 읽어봐!!'

τί ὅτι ἔθου ἐν τῇ καρδίᾳ σου τὸ πρᾶγμα τοῦτο;

Why is it that you have conceived this deed in your heart?

어찌하여 그런 생각을 품었느냐? 사탄이 아나니아의 마음에 들어갔으나 그 일을 행한 사람은 바로 아나니아 자신이다. 아나니아 자신에게 책임이 있다는 말이다.

(1) 베드로는 아니나아를 향해 거짓말을 한 것이 사람에게 한 것이 아니요 하나님께로 한 것이라고 했다. "**어찌하여 이 일을 네 마음에 두었느냐** 사람에게 거짓말한 것이 아니요 하나님께로다."(4절) 사탄은 고도의 거짓을 하게 만드는 악령이다(요 8:44 - 거짓의 아비). 사탄은 가룟 유다의 마음속에도 들어갔던 존재이다. 그 사탄이 아나니아의 마음속을 거짓으로 가득 채웠다.

(2) 사탄이 아나니아에게 무엇이라고 속삭였을까? '그 돈을 다 바칠 필요가 있을까? 야, 다 바친 거라고 이야기해. 그 사람들이 알게 뭐야.' 그런데 아나니아가 그 속삭이는 말을 듣고 자기 마음에 두었다(ἔθου과거 중간태)[1]는 것이다. 물론 책임은 그렇게 확정한 자에게 있다. "땅이 그대로 있을 때에는 네 땅이 아니며 판 후에도 네 마음대로 할 수가 없더냐?" 그러니까, 지금 베드로가 책망하는 것은 부분만을 바쳤다는 것에 있다고보기 어렵다. 땅은 그들의 것이었기에 땅을 판돈 전부를 바칠 수도 일부를 바칠 수도 있었다.

1) 티데미(τίθημι) - 여기서는 '마음에 두다, 할 일을 생각하다'라는 의미이다. 사탄이 속삭이는 말을 자기가 듣기로 확정했다는 것이다.

(3) 문제는 그가 일부분만을 가지고 왔음에도 불구하고 그것을 전체인 것처럼 말하고 행동했다는 데에 있다. 베드로에게 거짓을 말했지만 이는 실로 하나님을 속인 것이다. 베드로는 이 사실을 알았다. 그는 성령의 사람이었기 때문이다. 만약 그가 절반만을 바쳤다해도 대단한 용기요 칭찬받을 일이지만 그것을 전체인 것처럼 가장하는 행위, 베드로는 그것을 "사탄이 아나니아의 마음에 가득한 결과였다"고 말한다.

많은 학자들은 **이 사건을 여리고성 점령과정에서 일어난 아간의 사건과 연관시켜 설명한다.** 여리고 성과 그 성에 속한 모든 것들은 하나님께 '바친 물건'(헤렘)이었다. 그 바치는 것은 성의 모든 것을 철저히 파괴시킴으로써 되는 것이었다. 여리고 성은 여호와 하나님께 드린 가나안의 첫 소산물이었다. 따라서 이 전쟁에서의 전리품은 백성들이 손을 대서는 안 된다. 이를 위해 여호수아는 백성들에게 수없이 경고했을 것이다. 그러나 그 중에서 아간(Achan)이란 자가 그 명령을 어긴다. '몰래 감추었는데, 뭐 무슨 일이 있을라고?'

그러나 아간 한 사람 때문에 그의 가족은 물론 이스라엘은 엄청난 타격을 받는다. 하나님은 한 사람이 범죄했으나 전체 백성이 죄를 범한 것으로 간주하신다. 따라서 하나님은 백성에게 진노하신다(신 4:24). 그 진노는 이스라엘 전체를 향하여 타올랐다. 하나님이 보시기에 이스라엘 백성은 하나의 공동체이다. 그 공동체가 하나님께 속죄하여 바른 관계가 수립되지 않으면, 자기 백성인 그 공동체와 함께 하시지 않으실 것이다. 그러므로 아간의 범죄는 전체 이스라엘의 순결과 성결을 도적질한 것이다.

결국 아간은 처벌된다. 돌무더기 속에 그 감췄던 물건은 물론이고, 자신과 가족까지 모두 아골 골짜기의 돌 속에 묻히게 된다. 이 일은 앞으로 가나안 정복 과정에서 있을 수 있는, 즉 하나님의 언약을 어기려는 자들에게 큰 경고가 된 사건이었다. 이런 일은 훗날, 새로운 공동체가 막 출발하려는 초대교회에서 일어났던 아나니아와 삽비라 사건에서 재연되었다(행 5:1-11).

아간의 범죄는 전체 이스라엘의 순결과 성결을 도적질한 것이다.

- 수 7:1 "이스라엘 자손들이 바친 물건을 인하여 범죄하였으니 이는 유다 지파 세라의 증손 삽디의 손자 갈미의 아들 아간이 바친 물건을 취하였음이라 여호와께서 이스라엘 자손들에게 진노하시니라.
- 수 7:21 "내가 노략(擄掠)한 물건 중에 시날 산의 아름다운 외투 한 벌과 은 이백 세겔과 오십 세겔중의 금덩이 하나를 보고 탐내어 취하였나이다 보소서 이제 그 물건들을 내 **장막** 가운데 땅 속에 감추었는데 은은 그 밑에 있나이다."

1) '속이다'
ψεύδομαι(프슈도마이)
거짓말하다. 거짓말로 속이다.

2) 베드로는 지금 교회의 기초를 놓는 사역을 하고 있는 중이었다. 아나니아가 이 말을 듣고 엎드러져 '혼이 떠났다'(ἐξέψυξεν과거, 5절). 죽었다는 말이다. 이 일을 듣는 사람이 다 크게 두려워했다(공포심, 놀람, 경악). "젊은 사람들이 일어나 시신을 싸서 메고 나가 장사하니라" (6절).

"사탄이 네 마음에 가득하여 네가 성령을 속이고(ψεύσασθαι부정사 과거중간태)[1]"(3절). 베드로를 속인 것은 결국 "성령을 속인 것"이었다.[2] 교회는 인간 베드로를 비롯한 사도들이 주인이 아니다. 교회는 하나님께서 다스리시는 하나님의 나라이다. 그래서 누구도 업신여겨서는 안 된다. 그런데 사람들은 인간을 쳐다본다. 그 뒤에서 역사하시는 하나님을 두려워해야 한다.

2. 그런데 연속해서 사건이 벌어진다. 아나니아가 죽은 지 세 시간이 지났다. 그런데도 남편이 돌아오지 않자 그의 부인 삽비라가 사도들을 찾아왔다.

(1) 물론 그의 아내는 그동안 일어난 일을 전혀 알지 못하고 있었다(7절). '우리 남편 못 보셨어요?' 그녀는 베드로 앞에 놓인 돈 다발을 이미 보았으리라. '우리가 교회에 드린 돈이구나!' 그러나 베드로가 웃는 얼굴이 아니다. 베드로는 그녀에게 이렇게 묻는다. "그 땅 판 값이 '이것뿐이냐?" "예, 그것뿐입니다(Ναίyes, τοσούτουthat was the price)." 베드로 사도의 질문 의도를 알 리 없는 삽비라는 맞다고 대답했다.

5:9 베드로가 — **이르되**
/너희가 — 어찌 함께 꾀하여(서로 공모해서)...하느냐?
//(목적: 부정사)
주의 영을 시험하려
/보라!
네 남편을 장사하고 오는 사람들의 발이 — 문 앞에 이르렀으니
/또 [그들이] — 너를 메어 내가리라 하니

베드로는 삽비라 역시 남편과 함께 공모했다는 것을 직접 확인하고 그녀도 남편과 같은 종말을 맞게 될 것이라고 선언했다. 지금 아나니아를 묻고 돌아오는 사람들이 문앞에 이르렀다.

(2) 결국 삽비라 역시 같이 공모했다는 것을 알고 베드로는 그녀도 같은 결말을 맞게 될 것이라고 선언했다. "곧 그가 베드로의 발 앞에 엎드러져 혼이 떠나는지라"(10절). 젊은 사람들이 들어와 그녀가 죽은 것을 보고 메어다가 그녀의 남편 곁에 장사했다. 이 사건으로 인해 "온 교회와 이 일을 듣는 사람들이 다 크게(great, μέγας메가스) 두려워했다"고 했다. 이 부부의 사건은 온 교회에 빠르게 알려졌을 것이고, 교인들은 다시 마음을 추수렸을 것이다.

(3) 계속 확장되어가는 예루살렘교회의 어두운 면이다. 교회는 단순한 인간들의 사교 장소가 아니다. 비록 사도들이 교회를 이끌어가고 있지만 실질적인 주인은 부활하신 예수님이시다. 사도나 교회를 속이는 것은 곧 그리스도를 속이는 것이다. 그래서 심판하신 것이다.

사도들이 표적을 일으킴(행 5:12-16)

1. 최초의 교회는 자유로운 유대인 신자들의 교제로 이루어졌는데, 그렇다고 이들이 믿지 않는 유대인들과의 관계를 완전히 단절한 것은 아니었다. 그래서 그들의 관습대로 예배가 계속되었다.

마음을 같이하여

앞에서 여러 번 언급된 단어이다. (행 1:14, 2:46, 4:24) 7:57, 8:6, 12:20, 15:25, 18:21, 19:29에서 나온다.

(1) 그들의 유일한 지도자는 물론 사도들이었다. 그러나 사도들의 권위는 분명히 영적인 것이지 법률적인 것은 아니다. 성도들은 사도들의 가르침을 잘 따랐다. 사도들의 말씀에 영적 권위도 있었고 표적과 기사도 일어났다.

5:12 민간에 표적과 기사가 — 많이 **일어나매**
/사도들의 손을 통하여
믿는 사람이 — 솔로몬 행각에 **모이고**(ἦσαν미완료과거)
/다 마음을 같이하여

행 3:1에서 모인 것처럼 믿는 사람들이 솔로몬 행각으로 (계속해서) 몰려 들곤 했다. 산헤드린에서는 공개적으로 위협하고 경고했지만 이곳 솔로몬 행각에는 많은 사람들이 모였다. 제자들은 더욱 담대하게 열심으로 복음을 증거했다.

(2) 박해가 오히려 복음 증거의 촉진제가 되었다. 하나님께서 도우신다는 증거가 속속 드러났기 때문이다(행 5:19 참조). 종교당국자들은 앉은뱅이가 일어난 사건으로 한동안 소동이 있었지만 이내 잠잠해지리라고 생각했다. 그러나 믿는 자들의 숫자는 계속 늘어났다. 많은 사람들이 교회로 몰려들었다(14절 "믿고 주께로 나아오는 자가 더 많으니 **남녀의 큰 무리**더라"). 남자와 마찬가지로 여자들도 많이 회개하고 주님을 영접했다. 그러나(δέ) 다른 사람들은 감히 신자들의 모임에 끼어들어 시비를 거는 사람이 없었다고 했다. 오히려(ἀλλά) 백성들이 믿는 무리들을 칭송(칭찬)했다고 했다(13절).

(3) 사도들의 손(χείρ케이르)[1]을 통하여(at the ***hands*** of the apostles), 표적과 기사가 많이 일어났는데(15절) 심지어(ὥστε호스테)[2] 병든 사람을 메고 거리에(넓은 길가로) 나가 침대(야영 침대)와 요 위에 누이고 베드로가 지날 때에 혹 그의 그림자만 그들 가운데 몇사람에게라도 덮이기를 바랐다. "만일 가능하다면(even if) 단지 그림자만이라도" 스쳐가기를 원했다는 말이다. 물론 베드로의 그림자에 어떤 효능이 있었다는 말은 아니다. 그런 일은 미신적인 행위이다. 다만 그만큼 간절했다는 것이다.

1) 케이르는 힘이나 능력의 상징이다(창 32:11; 삿 2:14; 렘 27:6이하).

2) 호스테: '그래서, 그러므로'의 뜻으로 현재 부정사. 결과를 나타내는 규칙적인 헬라어 관용구이다(행 1:19, 5:15, 14:1, 15:39 등).

(4) 병든 사람이 치유되는 기적은 예루살렘 부근의 수많은 사람들에게도 나타났다. 많은 사람들이 병든 사람과 더러운 귀신에게 괴로움 받는 사람을 데

리고 몰려왔다.[1] 이들은 모두(ἅπαντες all, every one) 고침을 받았다. '고침을 받았다'는 말은 '데라퓨오'(θεραπεύω)의 미완료수동태로 '한번에 고침을 받았다'는 것을 뜻하며 반복을 나타낸다.

2. 이 모든 과정을 지켜보고 있는 종교당국자들은 마음에 시기가 가득했다. 대제사장과 그의 지지자들인 사두개파 사람들의 박해가 시작되었다.

(1) 누가는 이미 사두개인들이 베드로와 요한을 핍박하기 시작했다고 했다(눅 4:1이하). 이번에도 시기(ζῆλος 젤로스)[2]가 가득하여 사도들을 잡아다가 옥에 가두었다(17-18절). 예루살렘교회가 너무 빨리 성장해 가자 자신들의 위치가 흔들린다고 생각했기 때문이었다. 당시 감옥(τηρήσις 테레시스, 유치장)은 어느 곳이든지 형편없었다. 19절에서는 감옥을 퓔라케(φυλακή)라는 말로 표현했다(행 12:10).

5:19 그러나(But, δὲ)
주의 사자가 ─ 밤에 옥문을 **열고**
　　　　　└ **끌어내어 이르되**
　　20 /[너희는] ─ 가서 성전에 서서
　　　　　　　　└ 말하라
　　　　　　　　　/이 생명의 말씀을 다(πάντα)
　　　　　　　　　/백성에게
사도들이 이 말에 순종하여

주의 천사가 아주 구체적으로 할 일을 제시해 준다.

남김없이 모두 다

영원한 생명의 말씀을 말한다(요 6:63, 68).

(2) 성전에는 이른 새벽부터 많은 사람들이 사도들의 말씀을 들으려 모여왔던 것 같다. 물론 이들은 사도들이 지난 밤 옥에 갇혔다는 소식을 듣지 못했을 것이다. 그러나 대제사장과 사두개파[3] 사람들이 전격적으로 사도들을 옥에 가두웠다. 그리고 사도들을 심문하기 위해 공회원들에게 소집 명령을 내렸다. 그래서 부하들이 옥에 도착해 보니 사도들은 없었다. 물론 감옥문은 잠겨 있었고(굳게 잠겨 있었다는 의미) 문마다 간수들이 지키고 있었으나 사도들은 없었다.

(3) 복음이 긴박하게 전달되어야 하는데, 사도들이 옥에 갇혀 있기에 하나님께서도 바쁘게 움직이셨다. 하나님은 천사들을 동원시켜 아무도 모르게 사도들을 밖으로 끌어내셨다. 사도들을 잡으려 옥에 도착한 그 시간에 사도들은 (새벽미명에) 이미 생명의 말씀을 가르치고 있었다.

1) 수많은 사람들도 '모여'(συνήρχετο 미완료 과거 중간태) - 계속해서 함께 오고 있었다는 의미이다.

2) 젤로스 - 정렬, 열심(zeal)이라는 의미가 있지만 나쁜 의미나 동기로부터 나온 '질투, 시기' 등 인류 사회를 해치는 열정이란 의미로 사용되기도 했다(경쟁, 시기, 투기).

3) 공의회의 구성원은 바리새인들도 있었으나 실권을 쥐고 있는 사람은 사두개인들이었다. 더욱이 제자들이 자신들이 십자가에 처형한 예수가 메시야라는 주장과 무엇보다 예수께서 부활하셨고, 지금도 성령으로 역사하신다는 사도들의 외침을 그냥 내버려둘 수는 없었다. 그리고 성전에는 사도들의 가르침을 따르는 무리들이 몰려 들었기에 이를 차단시키고자 사도들을 전격적으로 옥에 가두었다.

사두개인들

(4) (얼마나 많은 사람이 새벽에 몰려 왔는지, 또 얼마나 이른 시간이었는지 확실하지 않으나) 산헤드린은 (어제 저녁 감옥에 가둔 것이 확실한데) 지금 그곳에 아무도 없었다는데 놀랐다. 물론 감옥문도 잠겨 있었고, 간수들도 여전히 충실하게 지키고 있었다. 그런데 더욱 놀라운 것은 이른 새벽부터 사도들이 성전에서 말씀을 증거했다는 것이 아닌가! "성전 맡은 자와 제사장들이 이 말을 듣고 의혹하여(심히 난처하게 되어) 이 일이 어찌 될까 하여 당황했다"(24절).

(5) '의혹하다'라는 말 '디아포레오(διαπορέω)'는 '심히 당황하다'라는 의미이다. 미완료형으로 계속 당황했음을 보여준다. 그래서 "이 일이 어찌 될까 하며(as to what would come of this.)[1)]" 고민했다는 것이다. "만약 이번 사건을 유야무야 넘기면 뒷감당을 할 수 없을 것이라는 절박감이 있었을 것이다. 그래서 이번에는 성전 맡은 자기 부하들과 같이 가서 사도들을 붙잡아 왔다. 그렇다고 강제 구인을 하지 못했다. 왜냐하면 "백성들이 돌로 칠까 두려워기" 때문이다(26절). "그들을 잡아왔으나", 즉 데려왔으나 그전처럼 함부로 대하지는 않았다는 말이다. 함부로 대했다가는 백성들이 던지는 돌에 맞을 수밖에 없는 분위기였다.

1) τί ἂν γένοιτο τοῦτο
ἂν안이라는 단어는 ἐάν에안의 변형으로 '만일'이라는 불확실성을 나타내는 기본 불변사이다. "만약 그 일이 계속되도록 허락되어진다면 어찌될까"하는 불안감으로 가득했다.

3. 사도들을 끌어다가 공회 앞에 세웠다. 그리고 대제사장이 이렇게 묻는다.

5:28 우리가 —— 엄금하였으되 (단단히 일러두었는데도)
/가르치지 말라고
/이 이름으로 사람을(예수의 이름으로는)
[보라!, ἰδού]
너희가 —— 가득하게 하니 (퍼뜨리게 하니)
/너희 가르침을 예루살렘에
[너희가] —— 돌리고자 함이로다(뒤집어 씌울 작정이냐)
/이 사람(=예수님)의 피를
/우리에게로

유대인들은 예수님의 죽음에 대한 책임을 떠맡으려는 데 주저하지 않았다. "백성이 다 대답하여 이르되 그 피를 우리와 우리 자손에게 돌릴지어다"(마 27:25절)라고 말한 것이 무엇을 의미하는지 그들은 아직 깨닫지 못하고 있었다. 훗날 역사 속에서 이스라엘 민족이 당했던 환난은 상상을 초월하는 것이었다.

이들은 예수님의 이름을 거론하기조차 싫어했다. 그래서 '이 사람(this man, ἀνθρώπου τούτου)의 피를'이라고 했다.

100

베드로의 설교 ④

5:29 베드로와 사도들이 **대답하여 이르되**
/[우리가] — 순종하는 것이 마땅하니라
/사람보다 하나님께
30 /우리 조상의 하나님이 — 예수를 살리시고
/너희가 — 나무[1])에 달아 죽인
31 /[하나님은] —— 높이사 ... 삼으셨느니라
/임금과 구주로
/그를 오른손으로
/이스라엘에게 회개함과 죄 사함을 **주시려고** 2)

반드시~해야 한다. it must be, ought to 사건의 불가피성을 말한다. (δεῖ데이)

공회원들이 그리스도를 죽인 것과 대조하여 담대하게 설교하고 있다.

1) 나무(크쉴론, ξύλον) : 여기서는 십자가의 의미로 쓰였다. 바울은 갈 3:13에서 말한 것처럼 신 21:23에서 나무에 달린 모든 자에게 저주를 언급한다.

2) ~을 주시려고([τοῦ] δοῦναι(δίδωμι의 부정과거 능동태 / 자발적으로 주시는 것, 필요한 것을 공급하는 것. 회개함과 죄 사함을 통해서 영원한 생명을 주시려고.

(1) 사람인 공회원의 엄포에 순종할 것인가, 하나님께 순종할 것인가? 하나님은 이스라엘에게 회개함과 죄 사함을 주시려고 그리스도를 보내신 것이다. 그것은 곧 인간은 모두가 죄인이라는 사실을 전제한 것이다(막 1:15; 마 6:12). 죄인인 사람의 말에 순종하는 것과 하나님께 순종하는 것, 어떤 것이 옳은가! "우리가 하나님께 순종하는 것이 마땅하지 않겠습니까?" '마땅하다'라는 단어 δεῖ데이는 '반드시~해야 한다, 선택에 여지가 없다'는 뜻이다 (We *must* obey God rather than men - NASB).

(2) 하나님은 예수님을 이스라엘로 회개케 하사 죄 사함을 얻게 하시려고 그를 오른손으로(오른쪽에 앉히시고) 통치자(ἀρχηγός아르케고스)와 구원자(σωτῆρ소테르)로 삼으셨다. 여기서 '통치자'란 왕자(as a Prince, ἀρχηγός)를 뜻한다. 그리스도는 생명의 '아르케고스'이시다(행 3:15). '그런데 당신들이 그 생명의 주를 죽였다. 그러나 우리 조상의 하나님이 그를 죽은 자 가운데서 살리셨다. 특별히 그리스도는 창시자로서 '아르케고스'이시다(히 2:10). 예수님은 구원의 창시자일뿐 아니라 선구자요, 완성자이시다(히 5:10, 6:20, 12:2).

5:32 우리는 —— 이 일(레마, ῥῆμα)[3])에 **증인이요**
성령도 —— **그러하니라**
/하나님이 — 주신
/자기에게 순종하는 사람들에게

베드로는 하나님의 아들 예수 그리스도를 높이심에 관한 성령의 증거를 주장한다.

3) 우리(사도들)는 이 일(레마, ῥῆμα, 말씀), 즉 여기서는 토론의 해설에서 논제, 또는 주제를 가리킨다(things).

(3) 베드로는 설교를 마무리하면서 자신을 포함한 모든 사도들이 이 일(예수 사건)에 대한 증인(마르튀스, μάρτυς)이라는 것이다. 또한 성령님도 동일한 증거자이심을 말했다. 사도들은 죽음을 각오하고 증인으로서의 삶을 살아간다.

4. 공회원들이 크게 노했다고 했다. "사도들을 없애버리자"(33절).

(1) '크게 노했다'는 말 '디아프리오'(διαπρίονω)[1]는 사도행전에서만 2회 나오는 단어로 '톱질하여 조각 조각 내다'라는 의미가 있다. 마음을 찌르는 분노를 가리킨다. 미완료 수동태로 격분한 상태를 보여준다. 그래서 사도들을 죽이려 했다. 산헤드린의 명령에 불응했다고 하는 것은 사형에 처할 위반은 아니었다. 그런데도 공회원들을 사도들을 살해하려고(ἀναιρέω 아나이레오) 협의를 했다는 것이다.

(2) 그때에 바리새인 **가말리엘**(Gamaliel)[2]이 이 자리에서 일어났다.

▶ 유대사회에서는 율법이 모든 생활 영역을 규제하고 있었기 때문에 신학적인 질문은 물론 법률적인 문제에도 결정을 내려야 했다. (예 - 안식일 노동의 금지가 어느정도까지인가, 혼인 서약, 이혼 문제, 토지나 가옥 매매 등) 율법학자 중에는 고귀한 가문의 제사장 출신도 있었지만 서민 출신도, 상인이나 수공업자, 심지어는 이방인 개종자도 있었다. 이들은 스스로 노동을 하며 생계를 유지해야 했다(사도 바울의 경우처럼; 살전 2:9; 살후 3:8; 고전 4:12, 9:6-23). **율법학자**가 되고 싶은 사람은 오랜, 그리고 철저한 공부를 했다. 물론 유명한 선생에게는 많은 제자들이 몰려들었다. 공부는 문답식 공부였다. 제자가 되기를 원할 때 선생은 그 학생을 시험하여 가부를 결정했다.[2] 그래서 학파(學派)가 생겨났다. (힐렐과 샴마이 학파)

▶ 랍비 **가말리엘**은 힐렐 학파의 출신이었다(전승에 의하면 그의 조부가 힐렐이었다고 한다. 가말리엘은 일곱 랍비들 중 첫째 가는 사람이었다.). 오늘 본문 행 5:34-39에 따르면 그의 충고는 산헤드린에서 무척 존중되었다. 그는 바울의 스승이었다고 하며(행 22:3), 유대 전통 중에서 매우 경건한 학자들 중의 한 사람으로 존경을 받았다.

(3) 가말리엘은 율법교사로 모든 백성에게 존경을 받는 자라고 했다. 그가 공회 중에 일어나 사도들을 잠깐 밖에 나가게 하고 사람들을 설득하기 시작했다. "이스라엘 사람들이요, 제발 조심하시오." '그리고 36~37절을 읽어보고 내 설명을 들어보시오.' (읽어보자!)

(4) 가말리엘은 이전에 '드다'(Θευδᾶς 듀다스)라는 인물이 일어나 자기를 위대한 사람이라고 선전하자 400명이나 되는 사람들이 따랐다.[3] 그러나 그가 살해당하자 그를 따르던 사람들이 다 흩어졌다는 것이다(36절). 그리고 호적할 때에 갈릴리의 유다가 일어나 백성을 꾀어 따르게 하다가 그도 망한

1) 디아(διά) + 프리조(πρίζω) - 마음을 삽삽이 톱질하다. 그들의 분함의 정도를 알 수 있다.

2) 예수님 당시에 유명한 학파는 힐렐 학파와 샴마이 학파였다. - 힐렐은 바빌론의 디아스포라 출신이었다. 팔레스타인에 와서 가난한 날품팔이꾼으로 생계를 유지하면서 공부했다. 그는 샴마이와 그의 제자들과 치열한 논쟁을 벌이며 학파를 이룰 수 있었다. 힐렐 학파는 샴마이의 결정보다는 너그러웠다.

3) 요세푸스 「유대고대사」에서 드다(Theudas)라는 인물에 대해 언급한다. 그런데, 이 일은 주후 44 혹은 45경 글라우디오 황제 치하에서 일어난 사건이다. 드한 갈릴리 사람 유다에 대해서도 언급했는데 주후 6년경의 사람으로 기록한다. 요세푸스와 누가가 흔한 이름이었던 똑 같은 드다를 언급했는지는 확실치 않다. 똑같은 이름을 가진 사람이 많았기 때문이다.

즉 따르던 모든 사람들이 흩어졌다는 것이다. 물론 지금 가말리엘이 사도들을 변호하고 있는 것은 아니다. 두 가지 경우처럼, 제자들의 활동이 다만 사람들에게서 일어난 일이라면 자연히 실패할 것이고, 하나님에게서 난 것이면 이를 막을 수 없다는 논지였다. - "저희가 옳게 여겨"(ἐπείσθησαν)[1)]

(5) 당시 가말리엘을 존경하고 따랐던 사람들이 많았음을 볼 때 두려운 마음을 갖고 그의 말에 수긍했을 것이다. 분을 이기지 못한 이들이 "사도들을 불러들여 채찍질하며 예수의 이름으로 말하는 것을 금하고 방면했다"(40절). 그러나 사도들은 오히려 주님의 이름을 위하여 능욕 받는 일에 합당한 자로 여기심을 기뻐하면서(특권으로 여기면서, 마 5:11-12 참조) 공회 앞을 떠났다(41절).

1) 페이도(πείθω)의 과거 수동태로 '~에 의해서 설득당하다, 순종하다'라는 의미이다. 가말리엘은 기세 등등했던 사두개인들의 분노를 잠재웠다. 바리새인들은 더이상 그 문제에 관여하지 않았기에 석방 결정을 내렸다.

5. 마태복음에서 주님은 박해 받는 자들에게 어떻게 말씀하셨는가?

- 주님을 따르는 자들에게는 고난이 따라온다. 그런데도 기뻐하라, 즐거워하라고 주문하신다.
- 고난 중에서라도 기뻐할 수 있는 이유는 무엇인가?
- 그리스도인이 장차 받을 상급의 개념은?
- 이전 선지자들도 동일한 박해를 받았음을 주지시키신다.

마 5:12 [너희는] —— **기뻐하고(χαίρετε) 즐거워하라(ἀγαλλιᾶσθε)**
//이유 (ὅτι, for)
너희의 상이 —— 큼이라 (=크기 때문이다)
/하늘에서
//이유 (γάρ, for)
[그들이] —— 박해하였느니라
/선지자들도(을)
/너희 전에 있던
/이같이

(1) 왜 예수님은 많은 박해를 받으셨을까 곰곰히 생각해 보라(요 3:19). 만약 그가 세상 사람들이 살아가는 것과 똑같이 사셨다면 구태여 무슨 박해가 있었겠는가! 우리도 주님의 제자로서 살아갈 때 이런 박해를 받는다. 박해를 받을 때 우리의 태도는 어떠해야 할까? (마 5:12)

(2) 제자들의 가르치고 복음을 전하는 사역은 중단되지 않는다. 하나님은 가말리엘이라는 교회와는 상관도 없는 사람을 통해서 제자들의 사역이 중단되지 않도록 역사하셨다. 박해는 오히려 복음을 증거하는 일을 강력하게 이끄는 동기가 되었다. "그들이 날마다 성전에 있든지 집에 있든지 예수는 그리스도라고 가르치기와 전도하기를 그치지 아니하니라"(42절). 제자들의 활동 반경은 아직은 성전은 물론 가가호호 방문도 가능했다(행 2:46).

공동체의 안정이 내부로부터 도전 받음(행 6:1-7)

예루살렘교회 공동체 내에 잡음이 일기 시작했다. 공동체의 안정을 개뜨리는 도전은 외부에서 일어난 것이 아니라 내부로부터 왔다. 폭발적으로 불어난 교회는 팔레스타인 본토 출신뿐만 아니라 다른 배경의 사람들이 개종하고 성도가 된 사람도 많았다. 누가가 히브리파, 헬라파라고 불렀던 사람들 사이에 긴장이 발생했다. 어떤 문제로 교회가 시끄러워졌을까?

1. "그 때에 제자가 더 많아졌"고 했다. 초기 예루살렘교회는 다양한 신자들로 구성되었다. 대략 얼마나 되었을까?

(1) 갈릴리 사람들(행 2:7), 경건한 디아스포라 유대인(2:5; 6:1의 "헬라파 유대인"), 유대교에 들어온 사람들(2:10), 유대 백성(4:4; 6:1의 "히브리파 사람")으로, 숫자는 8,120명 이상이었다. 지도자로는 열두 사도와 공궤(봉사)를 위해 선출된 7인이 있었다.[1] 랍비 가말리엘의 중재로 복음증거에 당장은 장애물은 없었던 같다.

1) 8,120이란 숫자는 120 (행 1:15)과 3,000(2:41)과 5,000 (4:4)을 단순 합산한 것이다. (박형대, 「사도행전과 우리」, 그리심, 39).

(2) 헬라파 유대인들(헬라주의자, Ἑλληνιστης헬레니스테스)은 헬라어를 (그리고 헬라 문화) 사용하는 유대인 그리스도인들이다. 이들은 예루살렘으로 이주한 디아스포라 유대인이다. 여기에는 유대교로 개종한 이방인들도 포함하고 있었다. 그리고 히브리파 사람들은 그 출생지가 예루살렘인 토착 유대인으로 아람어와 순전히 유대문화를 사용했다.[2]

2) 토착 유대인은 어느 정도 헬라어를 알고 있었을 것이지만, 디아스포라 유대인은 헬라어 외에 다른 언어를 알지 못했을 것이다. 아마도 아람어로 예배하는 그룹도 있었고, 헬라어로 예배하는 사람도 있었을 것이다.

(3) 헬라파 유대인들 편에서 원망(불평)이 터져나왔다. 어떤 불평? "자기의 과부들이 매일의 구제(급식)에 빠지므로[3]", 즉 소홀히 여김(푸대접)을 받았기 때문이다. 구제과정에서 일하는 사람들은 동일한 그리스도인이지만 헬라파 유대인들 중에서 불평이 일어났다.

3) 빠지므로(παρεθεωρέω, 파라데오레오): 파라(παρά)는 '~을 넘어'라는 뜻에서 '간과하다, 무시하다, 소홀히 하다'를 의미한다.

논쟁이 어떻게 시작되었는지 자세한 언급은 없으나 헬라어 사용자들이 공동체 내에서 받은 대우에 불만을 가졌음이 분명하다. 구호금에 의존해서 살아가야만 하는 과부들에게 합당한 몫이 돌아가지 않았다는 것이다.

2. 이 문제로 즉시 열두 사도가 모였다. 그리고 모든 제자를 불렀다. 전 교회가 모였다는 말이다. 회의가 열렸다. 회의에서 결정난 사항은 무엇인가?

- 헬라파 유대인: 단지 헬라어를 말하는 유대인을 말한다.
- 히브리파: 아람어를 말하는 사람
- 헬라파: 유대인이나 이방인을 막론하고 헬라어를 말하는 사람을 말한다.

(1) 우리가 하나님의 말씀을 제쳐 놓고(= '뒤에 남겨두다'라는 뜻) 접대를 일삼는 것이(=식량 배급, 또는 재정을 출납하는 일) 마땅하지 아니하다(οὐκ ἀρεστόν It is not desirable) - 옳은, 합하는 일이 아니라는 말이다. 그래서 이렇게 결정했다.

(2) 그렇다고 초기 예루살렘교회 내의 두 집단 간의 심각한 갈등이 있었던 것은 아니다. 아마 헬라파 과부들이 소수여서 주목을 받지 못했던 같다. 어쨌든 문제가 발생했기에 문제 해결을 위한 모임을 가졌다.

(3) "그러니, 이 일을 전담할 일곱 사람을 뽑으시오. 자격은 성령과 지혜가 충만하여 칭찬 받는 사람이여야 합니다(좋은 평판을 소유한 사람들). 그리고 이 일을 그들에게 맡깁시다"(3절). 그리고 "우리는 오로지 기도하는 일과 말씀 사역에 힘쓰겠오"(4절). 온 무리가 이 제안을 듣고 기뻐했다고 했다. 그래서 헬라 이름을 가진 일곱 사람들이 (헬라파 과부들에게 음식 분배하는 것을 감독하도록) 임명되었다. 일곱 사람들은 아래와 같다. 그래서 초기교회의 내부적인 도전(?)은 쉽게 일단락되었다.

(4) 사도들은 선택된 일곱 집사에게 안수했다. 안수는 직분을 위하여 그들이 갖추어야 할 은사와 은혜를 부여받았다는 상징이다. "하나님의 말씀이 점점 왕성하여(ηὔξανεν미완료능동)[1] 예루살렘에 있는 제자의 수가 더 심히 많아지고 허다한 제사장의 무리도 이 도(=복음)에 복종했다."고 했다.

1) 아욱사노(αὐξάνω) - 자라게 하다, 성장하다, 증가하다 / 미완료 능동태로 계속하여 성장하였음을 뜻한다.

일곱 집사

- 스데반(스테파노스, Στέφανος) : '왕관, 면류관'을 의미한다. 그는 아마도 예루살렘의 헬라파 유대이었던 것 같다. 믿음과 성령이 충만한 사람이라고 했다. 그는 첫번째 순교자가 되었다. 그의 변증 설교는 행 7:2-53에 기록되어 있다.
- 빌립(필립포스, Φίλιππος) : 말(馬)을 사랑하는 사람이라는 뜻. 스데반이 순교한 후 사마리아에서 복음을 증거했다(행 8:4-8). 에디오피아 간다게 여왕의 국고를 맡은 내시에게도 복음을 전했다(행 8:26-38). 바울을 접대하기도 했다(행 21:8-15). 결혼하지 않은 네 딸(그리스도인 여선지자)이 있었다(행 21:19).
- 브로고로(프로코로스, Πρόχορος) : 이름이 헬라어인 것을 보면 그는 헬라인이었을 것이다. 전승에 따르면 나코메디아의 감독이 되었으며 안디옥에서 순교했다고 한다.
- 니가노르(니카노르, Νικάνωρ): 안디옥 출신
- 디몬(티몬, Τίμων) : 이름이 헬라어인 것으로 보아 헬라 디아스포라에서 성장한 것 같다.
- 바메나(파르메나스, Παρμενᾶς)
- 니골라(니콜라오스, Νικόλας) : 유대교에 입교했던 안디옥 사람. 그는 유대교로 개종했다가 기독교로 개종한 본래는 이방이었다고 한다. 니골라는 교부들에 의해 니골라당으로 알려진 이단 종파의 창시자라고 생각되어 왔다(계 2:6, 15).

<바이블렉스에서 정리>

스데반이 잡히다(행 6:8–15)

일곱 집사 중에서 가장 두드러진 사람은 스데반이었다. 그는 믿음과 성령이 충만했다고 했다. 스데반은 가난한 자들에게 목회자 이상으로 유명했으며 새로운 스타일의 설교자였다. 하지만 예루살렘의 헬라어권 회당 출신 유대인들과 문제가 일어났다.

1. 어떤 문제가 있었을까? 왜 스데반을 고소했나?

(1) 회당 출신들이 관원들에게 압력을 넣어 스데반의 가르침을 조사하게 했다. 결국 그는 율법과 성전을 거슬렸다는 죄목으로 기소되었다.

6:8 스데반이 ── 은혜와 권능이 **충만하여**[1]
　　└ 큰 기사와 표적을 **행하니**(ἐποίει 미완료 과거 능동)
　　　/민간에
　　　• 과거 미완료로 반복적으로 기사와 표적을 행하였다는 의미이다.
9 어떤 자들이 ── **일어나**
　　/회당에서
　　• 어느 회당? 리버티노(Λιβερτῖνος) 회당에서. 어떤 사람들이 모이는데?
　　/이른 바 자유민들 즉 구레네인, 알렉산드리아인, 길리기아와 아시아에서 온 사람들의
　　└ 스데반과 더불어 **논쟁할새**

(2) 스데반, 그는 다른 집사님들 보다 믿음과 성령이 충만했다고 했다. 하나님은 그에게 권능을 부여하셨다. 그는 공동체 중에서도 가난한 사람들을 많이 보살폈는데, 그는 단순히 식사 시중 드는 것뿐만 아니라 회당에서 가르치고 전도하는 일에 더 열심이었다. 그런데 그의 말씀의 깊이는 전문 사역자인 사도들에 버금가는 것이었다.

(3) 그가 사역한 곳은 리버티노(Λιβερτῖνος, 자유인)[2] 회당이었다. 이들은 주로 구레네인, 알렉산드리아인, 길리기아와 아시아에서 온 사람들로 구성되었다. 이들은 한때 로마의 노예들로서 지금은 해방되어 고국에 정착한 유대인들을 뜻한다. 그런데 그 숫자가 많아서 자신들의 회당을 소유하고 있었다. 당시 예루살렘에 회당의 숫자가 얼마나 되었는지는 확실하지 않으나 구레네인, 알렉산드리아인, 길리기아와 아시아에서 온 사람들이 모임을 가질만큼의 회당이 있었던 것 같다. 그만큼 헬라파 유대인들이 많았다는 것이다. 그런데 헬라파 유대인으로서 ① 믿음과 ② 성령이 충만하고 ③ 은혜와 ④ 권능[3]이 충만한 스데반이 사역했다는 것이다.

스데반(Stephen)은

1) 은혜(카리스, χάρις)와 권능(뒤나미스, δυνάμις)이 충만했다(full of grace and power). 스데반은 일곱 집사 중의 하나이지만 그의 사역은 단순히 식량을 배급하는 일에만 국한하지 않았다. 그는 믿음과 성령이 충만하였을 뿐만 아니라 은혜와 권능이 충만했다. 그래서 그는 큰 기사와 표적을 행했다. 어디에서? 회당에서. 누가 모이는 회당에서? 이른바 자유민들이 많이 모이는 곳인 회당에서.

2) 리버티노스는 노예에서 해방된 자유민, 또는 노예에서 해방된 자유민의 아들을 뜻하는 라틴어 *libertinus* 에서 왔다. 이 단어는 이곳에서만 단 한번 나온다.

3) 스데반에게 붙여진 이 네 단어들은 남다른 매력을 나타내고 있다. 당연히 많은 사람들이 몰려왔을 것이다. 늘 그렇듯이 이를 견제하는 세력이 따라붙게 마련이다. 스데반의 설교를 뜨집잡고 나온 무리들이 있었다. 누굴까?

2. 그런데 회당에서 어떤 자들이 일어나 스데반과 논쟁이 벌어졌다. 스데반의 설교의 내용에 이의를 제기한 것이다. 그것도 갑자기 훅 질문을 던졌다.

(1) 그러나 이들의 질문에 머뭇거릴 스데반이 아니다. 믿음과 성령 충만하고 그리고 은혜 위에 권능까지 충만한 스데반을 이길 수가 없었다. 그 회당들 가운데 하나에는 길리기아(Cilicia)[1]에서 온 사람들이 있었다. 랍비 가말리엘의 탁월한 문화생인 다소 출신 사울이 스데반과 논쟁을 벌였다는 것을 짐작할 수 있다. 그러나 이들은 스데반을 능히 당해내지 못했다.

6:10 그들이 — **능히 당하지 못하여**
/스데반이 — 지혜와 성령으로(τῷ πνεύματι) 말함을[2]

(2) "능히 당하지 못하여" (they could not stand up against) - 대적자들은 스데반을 대항하여 이길 수가 없었다. 스데반은 지혜(소피아, σοφίᾳ)와 성령으로 말하고 있기 때문이다. 결국 대적자들은 사람들을 매수하여(=사주, 교사하다) 말하게 했다. 이들을 시켜 "이 사람이(=스데반) 모세와 하나님을 모독하는 말을 하는 것을 우리가 들었다"라는 거짓 증언을 하게 했다. 사도들이 곤경에 처했을 때는 가말리엘이 사두개인의 공격을 막아주었지만(행 5:33-41), 이번에 스데반을 공격하는 사람들은 바리새파 사람들이었다. 그렇다고 사두개인들이 스데반을 도와줄 리가 없다. 그래서 스데반은 곤경에 처하게 되었다.

(3) 그들은 백성과 장로[3]와 서기관들(=율법학자)을 충동시켜(=선동시켜, 자극시켜) 와서 잡아가지고 공회로 끌고 갔다. 그리고 거짓(ψευδῆς 프슈데스, 거짓 말하는) 증인들을 세웠다.

3. 거짓 증인들의 고소 내용이 무엇인가? (13-14절)

6:13 이 사람이 — 마지 아니하는도다 (never stops, οὐ not παύεται cease)
/이 거룩한 곳(=성전)과 율법을 거슬러 말하기를

14 우리가 — 들었노라(하거늘)
//이유(for, γάρ)
그의(가) — 말에(말했다) /
• 스데반이 /이 나사렛 예수가 이 곳을 헐고 또 모세가 우리에게 전하여 준 규례를 고치겠다 함을

• 거짓 증인들을 시켜 스데반이 '아래와 같은 말'을 늘 들었다고 말하게 시켰다는 것이다.

1) 길리기아의 다소(Tarsus)는 바울의 고향이다(행 9:11, 11: 25, 22:3). 바울은 다소에서 태어나서 성장하였으며, 개종 후 약 10년간을 그곳에서 지냈다(행 9:30).

2) (성령으로) 말함을(ἐλάλει) - 미완료 능동태 / 그는 **계속하여** 그렇게 말하고 있었다는 의미이다.

3) 일단의 장로들이 교회의 지도자들로 나타난 것을 볼 수 있다(행 11:30). 유대 공동체와 회당들은 모두 일단의 장로들에 의해 다스려졌다. 이미 사도들이 교회 밖에서 설교하는 사역을 하게 되자 그들을 대신하여 장로들이 예루살렘 교회를 디스리기 위해 선출되었을 것이다. 아마 장로들의 회가 있었을 것이다.

예수님 당시 회당의 역할

107

(1) 예수님 당시 몇 가지 요인이 회당을 중요하게 만들었다. 먼저, 그 유용성이었다. 회당은 특별히 예배를 위해 성별된 독립된 건물이었다. 이것은 예루살렘 중앙 성소가 결코 가질 수 없는 매력이 있었다. 각 지역마다 열 명의 성인 남자가 회당을 결성할 수 있었다. 여기서는 제사장적 제의의 부담으로부터 자유로웠다.

(2) 둘째로, 회당들의 망(network)은 유대적 종교 생활의 보존에 강력한 요인이 되었다. 그런데 그것들이 평신도들의 손에 있었다. 토라와 전승에 대한 전통적인 연구자들은 바리새인과 같은 평신도들이었다.

(3) 유대 지역 생활에서 **회당은 서기관들에게 발판을 제공했다.** 회당은 예배의 중심지이면서 동시에 교육의 중심지였다. (회당은 사소한 범법을 다루는 법정이었다) **회당의 주요 관리자**는 신약 문서들에서 언급된다(**장로들; 가르치는 자** 등, 눅 4:20). 이 관리자들 중에서 실제적인 힘은 서기관들과 특별히 젊은 학생을 이끌었던 선생들에게 있었다. 이런 지도급 사람들은 예루살렘에 학교를 세우고 그곳에서 학생들을 훈련시켜 백성들의 선생과 인도자가 되게 하였다. 이들 *중 가장 유명한 랍비는 샴마이와 힐렐이었다.*

(4) 이곳에서의 교육은 일반적으로 해설과 더불어 율법의 명령 부분을 주로 읽는 것으로 이루어진 가르침이었다. 이런 가르침은 안식일 회당 모임에서 초점이 되었다. 안식일이 아닌 다른 날에는 율법 연구가 회당에서 있었다.

가버나움 회당 내부의 모습

(5) 이런 회당은 예수님의 선포를 위한 중요한 도구가 되었다(막 1:21-28; 3:1-6; 6:2이하; 마 4:23; 눅 4:15, 16-30, 31이하; 44; 6:6; 13:10이하; 요 6:55; 18:20). 물론 나중에 바울이 복음을 전하는데 중요한 근거지가 된다(행 13:5, 14:1, 17:1, 10, 17; 18:4, 19, 8:26).

(6) 또한 유대 회당은 좋은 소식을 전파하는 데 중요한 연결고리였다. 뿐만 아니라 회당의 예배 양식은 초대 기독교인들의 예배 양식에 결정적인 영향을 미쳤다. 이렇게 회당은 유대인들의 구심점이 되었고, 사법적 역할을 하는 장소로도 사용되었다. 신약 시대에는 흩어져 있는 유대인 사회에서의 회당이 복음의 전진 기지가 되었다. (동교재, 마태복음) ■

(1) 스데반을 고소한 이유는 율법 수여자인 모세와 하나님을 모독하였다는 것이다(6:11). 스데반은 이런 사실의 정당성을 행 7:2-37절에서 증언한다. 스데반은 하나님을 예배하는 일이 더 이상 성전에 제한되지 않는다고 강조하였기 때문이다. 물론 스데반은 율법을 거슬려 말하지 않았다. 다만 유대인들이 모세가 전한 율법의 의미를 오해했음을 날카롭게 지적했다.

(2) 또다른 고소 내용은 '이 나사렛 예수'[1])가 이곳(성전)을 허물고 모세가 우리에게 전하여 준 규례를 고칠 것이라고 말하는 것을 들었다는 것이었다. 물론 예수님은 그렇게 말씀하셨다(요 2:19, "예수께서 대답하여 이르시되 너희

1) "이(this) 나사렛 예수'라고 부른 것은 예수님을 경멸적으로 부르기 위해서다.

가 이 성전을 헐라 내가 사흘 동안에 일으키리라").

(1) 당시 사람들은 성전이야말로 자신들이 하나님의 선민임을 나타내는 상징물이라고 생각했다. 그러나 하나님의 임재는 (그들의 배역과 우상숭배 및 변절로 말미암아) 이미 오래전부터 떠나 있었다. 앞에서 살펴본 것처럼, 당시 성전 제도의 부패가 극에 달했다. 만약 메시야가 나타난다면 그는 하나님의 집인 성전부터 손을 댔어야 할 것이었다. 물론 성전에 대한 경고와 제사장의 타락에 대해서는 구약에서 수없이 경고되었다(사 56:7; 렘 7:11; 슥 14:21; 말 3:1을 읽어보자). (동교재 요한복음에서 설명을 가져옴)

(2) "이 성전을 헐라 내가 사흘 동안에 일으키리라"라는 주님의 말씀을 이해한 사람은 한 사람도 없었다. 요한은 이 사실에 대하여 어떻게 언급하고 있는가? "그러나 예수는 성전된 '자기 육체'(σώματος αὐτοῦ)를 가리켜 말씀하신 것이라"(요 2:21). 사흘 동안에 일으키겠다고 하신 선언은 "죽은 자 가운데서 살아나신 후에야"(22절) 알게 되었다고 언급하고 있다. 즉 제자들은 이 말씀이 예수님의 부활을 의미하는 것임을 예수님께서 삼 일 만에 부활하신 사건을 통해 알게 되었다는 것이다(눅 24:7-8; 마 26:61, 27:40; 막 14:58, 15:29).[1)]

(3) 거짓 증인을 시켜 스데반을 공격하는 바리새파 사람들은 예수님께서 말씀하신 뜻을[2)] 오해하고, 그뜻을 바르게 전한 스데반을 고소했다.

4. 그 때 공의회에 앉아 있던 사람들의 표정을 보라. 스데반은 마치 천사의 얼굴처럼 보였다는 것이다.

6:15 사람들이 다(모두) —— 스데반을 **주목하여** • 아테니조(ἀτενίζω) - ~를 응시하다, 열중하여 보다
/공회 중에 앉은 └ **보니**
/그 얼굴이(을)
/천사의 얼굴과 같더라(=같은)

이 고소 사건에 가말리엘도 참석해 바리새인들의 잘못된 것을 발견했다해도 스데반 고소 배후에는 막강한 세력 바리새인들이 있었기에 특별한 조처를 취하지 못했을 것이다. 스데반은 변증(설교)이 끝나고 성령 충만하여 하늘을 우러러 주목하여 하나님의 영광과 및 예수께서 하나님 우편에 서신 것을 보았다고 했다(행 7:55-56).

1) 예수님의 이 예언이 제자들의 믿음을 증진시키는 데 도움이 되었지만 이 말씀의 진정한 뜻, 즉 예수님의 몸(σῶμα) 자체가 새로운 성전이 된다(고전 6:19 참조)는 사실은 A.D. 70년 예루살렘 성전이 파괴된 다음에야 바로 이해하게 되었을 것이다(참조 요 12:16). 물론 요한은 요한복음을 성전이 파괴된 다음에 기록했다.

2) 산헤드린 앞에서 한 스데반의 변론은 7장에 나온다. 예수님처럼 스데반도 성전은 고정된 물리적인 시설이 아니라 영적인 것임을 가르쳤다. 자신을 정죄하는 바리새인들의 공격을 스데반은철저하게논박했지만이미 굳어진 그들을 굴복시키지는 못했다. 그래서 스데반은 하나님을 모독하는 주장을 한다는 이유로 유대인의 의례대로 돌에 맞아 죽게 된다. 그리고 첫 번째 순교자가 되었다. 스데반에 맞서는 한 패기찬 한 청년 바울이 등장하게 된다.

초대교회의 외부의 적과 내부의 적

• 교회는 교역자가 말씀 사역에 전념하도록 일꾼들을 세운다. 그 과정에서 잡음도 생긴다. 인간적인 방법으로 세우기 때문이다. 우리의 기준은 무엇보다 세상 지식, 인간의 명예, 세속적 재물을 본다.

• 초대교회는 사도들의 말씀에 따라 성령이 충만하고 지혜가 충만하고 칭찬듣고 믿음있는 자를 택해 일꾼을 세웠다(6:5).

• 교회의 일꾼들은 사역자들을 도와 교회를 관리하며 물질과 기타 교회 운영에 관한 업무를 맡는다. 이들에게도 맡은 일에 순종하며 충성이 필요하다. 초대교회는 이들의 활동으로 하나님의 말씀이 왕성해지고 제자의 수가 더욱 많아졌다고 했다.

• 초대교회, 이들은 사도의 가르침을 받아 서로 교제하며, 떡을 떼며
기도에 전혀 힘섰다. 모든 교인들이 "함께" 했다.
집회뿐만 아니라 신자들 간의 교제도 아름답게 성장했다.
그들은 그리스도와 함께 연합된 것처럼, 서로의 사이에도 연합되었다.

• 초기 예루살렘교회는 새로 나온 식구들로 북적거렸다.
다양한 부류의 신도들이 모였다.
가난한 사람들, 가족도 없고 생계의 보장도 없는 과부들까지.
이들은 서로 소유를 나누어 가지는 데까지 나아갔다.

• 이 아름다운 교회공동체에도 내부의 암적인 문제점이 드러났다.
성령의 역사가 불길처럼 타올랐지만
사탄도 그 보이지 않는 작전을 개시하기 시작했다.
아나니아와 삽비라 부부가
소유를 팔아 헌금을 했다(1절).
이들 부부는 모든 것을 다 바치는 체하면서
얼마를 떼어 놓고 바침으로써 하나님의 종들과 성령을 속였다.
베드로의 책망은 무엇이며, 그 결과는 무엇인가? (행 5:5, 6)
몰래 감추고도 모든 것을 다 바친 것처럼 허세를 부렸다.

• 우리네 교회는 그 순수성이 무너진지 오래다.
물론 아픔이 동반하는 책망도 없어졌다.
교회의 성장에만 몰두하는 동안 벌레 먹은 가지가 너무 많아졌다.

• 교회의 순수성이 보존되자
하나님께서 사도들을 통해 능력을 나타내셨다(5:12-32).
교회가 부흥되자 사탄은 외부의 적을 투입했다.
대제사장과 권세자들이 사도들을 잡아 다시 투옥시키기 시작했다.
그러나 사도들은 움추러들지 않는다.
베드로와 사도들은 오히려 담대하게 변론했다.
어느 때에 교회가 부흥하고 순수해지는가?

• 교회는 큰 부흥의 역사가 일어났고 따라서 사도들도 몹시 바빠졌다.
말씀도 전하고, 물질도 관리하고, 구제도 해야 하고..
급기야는 본토 유대인과 이방 출신 유대인 사이에 불평이 생겼다.
"우리는 말씀과 기도에만 전무하겠습니다."

지금 우리는 사역자에게 너무 과중한 업무를 요구하고 있지 않나?
일꾼을 세우자! 그래서 교회는 일꾼들로 넘친다(?).
문제는 일꾼에게 꼭 필요한 양육이 없다는 것이다.

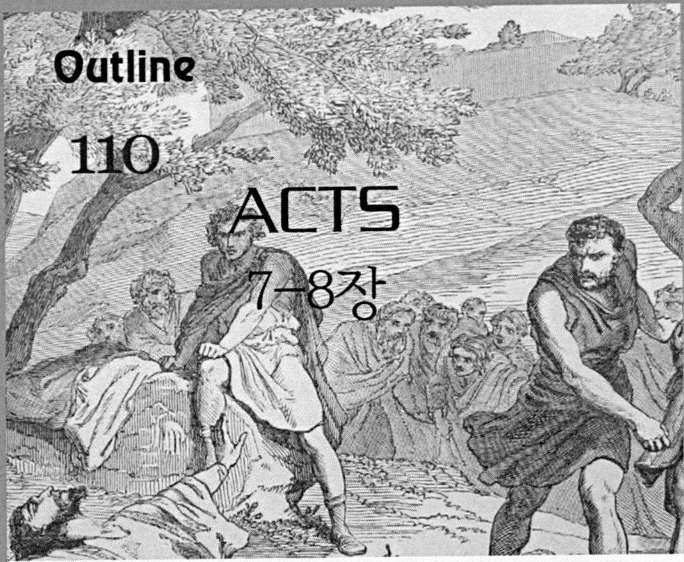

Outline

110 ACTS 7–8장

스데반의 설교 · 박해 · 사마리아 선교

A.D. 30년경 예루살렘에 모였던 예수의 제자들 모임은
아주 보잘것 없었다.
그러나, 오순절 성령 강림 이후
교회는 폭발적인 성장을 가져왔다.
성령의 강력한 역사로 예루살렘 교회는 순항한다.

성장하는 과정에서 내부에 문제가 생기기도 했지만
여전히 순항을 계속한다.
사도들의 표적이 잇따르고 사람들이 교회로 몰려들자
드디어 종교당국이 움직이기 시작했다.
그대로 두었다가는 걷잡을 수 없는 사태가 올 것이다.
그래서 사도들은 가두고, 채찍질까지 했지만(5:40)
사도들은 오히려 능욕받는 것을 기뻐했다.

스데반 집사는 지혜와 성령이 충만한 사람이었다.
그의 회당에서의 설교는 헬라파 유대인을 자극했다.
성전에 대한 부정적인 발언을 했기 때문이다.
그가 공회로 끌려가고 그들 앞에서 변증설교를 했지만
결국 그는 돌에 맞아 순교를 당한다.

사울이라는 청년이 나타났다.
집집마다 그리스도인을 색출하기 시작했다.
박해가 시작된 것이다.
그러나 박해는 선교의 촉진제가 되었다.
복음의 불길이 이웃나라로 옮겨붙은 것이다.
제일 가까운 사마리아가 변하기 시작했다.

스데반이 설교하다(행 7:1-53)

(1) 스데반은 노예였다가 자유민이 된 유대인들이 모인 리버디노(=자유인들) 회당에서 말씀 사역을 하고 있었다. 그런데 스데반이 유대인의 종교와 제도를 비판하니 헬라파 유대인이 들고 일어나 공회에 고소했다. 스데반을 공격했던 사람들은 바리새파 사람들이었다(행 6:9). 공회원 앞에서 설교한 내용이 7장이다.

(2) 대제사장이 스데반에게 묻는다. “이것이 사실이냐?” 대제사장은 종교적으로만이 아니라 정치적으로도 아주 중요한 인물이었다. 성전은 유대인들에게 민족적 실존의 모든 측면의 중심이었다. 그런데 지금 스데반이 그 성전 제사 제도를 부정하고 있다는 것이다.

설교(1) (행 7:1-19)

(1) **우리 조상 아브라함이 하란에 있기 전** : 왜, 하나님께서 아브라함을 강 저편에서 가나안으로 이끌어 내셨나? (수 24:3)

(2) 하나님은 아브라함에게 그와 그의 후손에게 줄 가나안 땅을 약속하신다. 하나님이 아브라함에게 주신 약속은 땅에 대한 것으로부터 시작하심을 알 수 있다(창 12:1-3). 이 땅에 대한 약속은 아브라함과 그 자손 이삭과, 야곱에게서 확언되었다.

(4) **할례의 언약**을 아브라함에게 주셨더니...

- 아브라함과 맺은 언약의 재확인 과정에서 ① 땅에 대한 약속과 ② 열왕이 아브라함에게서 나오리라는 것과 ③ 주께서 그의 백성의 하나님이 되시리라고 약속하셨다. 이러한 약속의 재진술이 창 17:2, 4, 7에서 언약(베리트)이라고 소개되었다.

▶ 이때에는 성전이 없었다. 그러나 하나님과의 언약관계가 지속된다. 모세의 율법이 주어지기 전이었다. 결국 성전과 율법보다 하나님과의 언약관계가 먼저라는 것이다. 유대교는 하나님의 부르심과 약속 위에 세워졌다는 것을 강조한다.

스데반이 공회에서 설교 · 스데반의 순교 · 빌립의 사마리아 전도

요셉과 형제들(창 37장) • 요셉이 애굽으로 팔리다 (창 37:36)

(1) 모세가 미디안으로 피하다(출 2:11-25)

37 이스라엘 자손에 대하여 하나님이 너희 형제 가운데서 나와 같은 선지자를 세우리라 하던 자가 곧 이 모세라(신 18:15 참조)

(2) 이스라엘 백성은 송아지 형상을 만들어 숭배했을 뿐만 아니라 하늘의 일월성신을 섬기기도 했다(왕하 21:3-5). 특별히 므낫세 왕의 악정(惡政)과 우상 숭배는 상상을 초월했다.

(3) 여호와께서는 삶이 없는 예배와 우상 숭배를 싫어하신다. 하나님은 우상을 섬기면서 동시에 제사를 드리는 행위를 싫어하신다. 또한 삶과 예배가 일치되는 예배를 받으신다는 점을 강조한다.

바벨론 포로로 끌려가기 전 우상 숭배의 모습

(1) 성전에서의 예배가 있었으나 백성들은 우상을 섬겼다(겔 8:5-13). 백성의 장로들은 하나님이 그들을 버리고 떠나셨기에 자신들을 살피시지 못한다고 생각했다(8:12).

(2) 성소가 폐허가 되어서 방치되고 있지만(사 63:18 참조), 그렇다고 해서 하나님께서 불편함을 느끼실까? 하나님은 창조주요 온 세계의 통치자이시기 때문에 사람의 손으로 만든 집에 거하시는 분이 아니시다. 그런데, "너희가 나를 위하여무슨 집을 짓겠느냐"는 것이다.

▶ 성전예배가 한창일 때도 백성들은 여전히 우상을 섬기며 죄를 지었다.

목이 곧고 마음과 귀에 할례를 받지 못한 사람

(1) 지금 유대인들은 어떤가? 스데반은 이렇게 결론 내린다. (행 7:51이하) "너희도 너희 조상과 같이 항상 성령을 거스르며 살고 있지 않느냐?"

(2) 하나님께서는 백성의 영적 수준을 끌어올리려 하셨음에도 불구하고 너희 조상들은 현실과 물질에만 집착하여 하나님께 대항했다(=언약 파기)는 것이다. 스데반은 당신들의 조상들이 박해하지 않은 선지자가 한 사람이라도 있었느냐고 대제사장을 포함한 공회원들을 다그치고 있다.

스데반의 순교(행 7:54-60)

(1) 스데반의 변론을 듣고 공회원들의 반응은 좋았을 리가 없다. 그들은 이 말을 듣고 마음에 찔려 이를 갈았다고 했다.

(2) 그리고 스데반을 성 밖으로 내치고 돌로 쳤다. 그리고 증인들이 옷을 벗어 사울이라 하는 청년의 발 앞에 두었다(58절).

사울이 교회를 핍박하다(행 8:1-3)

(1) 훗날, 이방인에게 복음을 전한 사도 바울(사울)이 등장했다. 그는 스데반이 회당에서 복음을 증거할 때, 참석했던 것 같다. "사울은 스데반이 죽임 당함을 마땅히 여겼다"고 했다(행 8:1).

(2) 왜 바울이 이렇게 그리스도인들을 공격적으로 박해하고 나왔을까? 바울(사울)이 보기에는 이 나사렛 일당은 무력을 통해서라도 진압해야 할 대상들이었다. 왜냐하면 자신들의 메시야가 분명히 십자가 위에서 죽임을 당했는데, 다시 부활했다고 거짓 주장을 한다고 보았기 때문이다.

사마리아에 복음을 전하다(행 8:4-25)

(1) 빌립이 하나님 나라와 및 예수 그리스도의 이름에 관하여 전하자 그들이 믿고 남녀가 다 세례를 받았다는 것이다. 정작 크게 놀란 것은 지금까지 마술을 부려왔던 시몬이었다.

(2) '성령 내리신 일이 아직 없고' - (성령) '내리다' (ἐπιπίπτω에피펩토)라는 말은 '임재하다'라는 의미이다. 성령의 은사와 충만은 회개한 다음에 일어나는 체험인데 아직까지 한 사람도 오순절을 체험하지는 못했다는 것이다. 이에 두 사도, 베드로와 요한이 사마리아로 내려가 그들에게 안수하자 그들이 성령을 받았다.

빌립이 내시에게 복음을 전하다(행 8:26-40)

스데반이 설교하다(행 7:1–53)

스데반의 설교 ①

집사 가운데 한 사람인 스데반은 말씀 사역에 있어서 상당한 은사를 가지고 있었다. 그는 (노예였다가 자유민이 된) 유대인들이 모인 리버디노(=자유민들) 회당에서 말씀 사역을 하고 있었다(행 6:9). 유대인들 중에 자유민이 되어 예루살렘에 돌아온 사람들 중에는 당시 지도급 인사들이 많았다. 그런데 스데반은 그 회당 모임에서 유대인의 종교와 제도를 비판했다. 스데반이 어떤 점을 지적했기에 공회에 고소까지 당했을까?

1. 산헤드린을 향한 그의 유명한 변론이 7장의 내용이다.

(1) 대제사장이 스데반에게 묻는다. "이것이 사실이냐?" 리버디노 회당에서 스데반을 공격했던 사람들은 바리새파 사람들이었다(행 6:9). 그들은 백성과 장로와 서기관들을 충동시켜 스데반을 잡아가지고 공회로 끌고 왔다. 그리고 거짓 증인들을 매수해 스데반이 성전을 무시하고 모세의 율법을 어겼다고 고소했다. 대제사장을 포함한 공회원들이 이런 고소 내용을 다 들었다.

(2) 대제사장은 이들이 "고소한 내용이 사실이냐?"고 묻고 있다. 성전은 유대인들에게 민족적 실존의 모든 측면의 중심이었다. 대제사장은 성전의 관리를 책임지고 있는 사람이다. 대제사장은 종교적으로만이 아니라 정치적으로도 아주 중요한 인물이었다. 성전은 도시 전체의 1/4을 차지하고 있었다. 예루살렘은 그 안에 성전을 소유한 도시라기보다는 작은 도시를 거느린 성전이라는 말이 더 맞을 것이다.[2]

(3) 유대인에게 성전은 하나님이 임재하시는 곳이었다. 산헤드린은 로마의 정치적인 세력과 동맹을 강화함으로 자신들의 종교적인 권위를 유지하고 있었다. 성전을 인정하지 않는 것은 곧 희생제사 시스템을 부정하는 것을 의미한다. 성전 없는 유대교는 생각할 수 없었다. 성전은 유대인의 정체성을 드러내는 것이었기 때문이다. 훗날 성전이 파괴되었을 때(A.D. 70년), 유대인들이 받은 정체성에 대한 충격은 엄청난 것이었다. 그 종교적 혼란이 상상을 초월했다. 어쨌든 지금 스데반이 그 성전 제사 제도를 부정하고 있다는 것이다. 스데반은 모세의 율법은 거룩하지만 그것을 지키지 않았다고 공박한다. 스데반의 설교가 끝나자 그들의 마음을 찔렀다고 했다(행 7:54). 그래서 모두 스데반에게 이를 갈았고 (로마의 허락을 받지 않고도) 결국 스데반을 돌로 쳐 죽었다.

1) 헤롯 때문에 사두개파의 세력은 감소되어 갔다. 헤롯은 산헤드린 권력을 감소시키고, 대제사장직을 임명제로 바꾸었다. 헤롯 때부터 예루살렘 멸망까지 107년 동안 역대 대제사장이 28명이었다고 한다(*Antiq.* XX). 이후 사두개파는 여론의 악평을 받는다.

AD. 6년, 유다는 로마 통치령이 된다. 이후 산헤드린과 사두개파와 대제사장은 로마 총독의 감시 아래 나라를 다스리는데 권력을 행사한다. 산헤드린에는 바리새인들이 소수였지만 당시 인기가 막강했으므로 산헤드린에서 상당한 영향력을 행사한다. 이후 AD. 70년 예루살렘이 함락되고 사두개파는 역사에서 사라진다.

2) N.T. 라이트, 신약성서와 하나님의 백성 (크리스찬다이제스트, 2003), 375.

Close-up

이시기의 로마 황제는?

티베리우스(A.D. 14-37년) - 예수님께 건네진 데나리온에 그의 얼굴이 새겨져 있었다(마 22:20-21). 그는 많은 비난을 받았다. 고집이 세고, 반사회적인 인물이었다. 인색하고 변태적인 성생활로 유명하며 주변 사람들을 몹시 의심했던 인물이었다. 유대교에 대해 적대감을 나타냈다.

칼리굴라(A.D. 37-41년) - 그는 도발적이고 독재적인 방법으로 통치했다. 티베리우스가 23년 모아 놓은 돈을 칼리굴라는 그의 통치 1년 만에 다 써버렸다고 한다. **그가 죽을 무렵, 로마 군사들이 황제상을 성전에 놓기 위해 예루살렘으로 진군했다.** 그러나 황제의 명령이 전달되기 직전에 칼리굴라의 사망 소식이 전해졌다.

클라우디우스(41-54년) - 칼리굴라가 죽자 원로원은 공화정 회복을 꿈꿨으나 근위대는 칼리굴라의 삼촌 클라우디우스를 임페라토르로 추대했다.

네로(54-68년) - 아들 네로를 왕좌에 앉히려는 아그리피나에 의해 클라우디우스가 독살되었으나 아무런 소요도 일어나지 않았고 통치권이 이양되는데 성공한다. 네로는 너무 어려서 왕좌에 앉았기에 처음에는 친위대의 장관들과 로마에서 가장 부유하고 영향력 있는 사람들 중의 하나인 세네카에 의하여 직무가 대행되었다. 따라서 처음 섭정 기간에는 오히려 정치가 안정되었다. 그러나 네로가 스스로 통치하게 되면서 상황이 달라지기 시작했다. ←

바울이 로마로 압송되다(행 27:1-26)

아그립바는 베스도에게 바울이 만일 가이사에게(**네로 통치 초기였다**) 상소하지 아니하였더라면 석방될 수 있을 뻔하였다(26:32)고 했다. 가이사랴에서 2년간의 감옥 생활을 끝내고, 베스도 총독은 바울 일행을 배에 태워서 로마로 보내기로 결정했다.

시기	사건	
30년경	예수의 십자가에 달리심과 부활	
30년대	베드로와 야고보와 요한이 예루살렘 교회의 중요한 지도자였다.	
30년대 중반	**스데반의 순교** 바울의 회심(33/34년)	**殉教**
40년대 초	세베데의 아들 야고보의 순교 12사도의 순회 사역 야고보가 예루살렘 교회의 제일의 지도자로 등장하다.	
40년대 중반 ~ 60년대 중반	바울의 선교 사역과 서신들	
47-48년	바울의 1차 선교여행	**바울의 선교**
49년경	예루살렘 공의회	
49-52년	바울의 2차 선교여행	**바울의 선교**
50년대 초(?)	야고보 서신	
52-57년	바울의 3차 선교여행	**바울의 선교**
57-59년	바울의 가이사랴 구류	
59년	베스도 총독 앞에서의 심문 바울이 **가이사(네로)에게** 상소하다.	

바울은 주후 60년 2월 초쯤 로마에 도착했을 것이다. "바울이 온 이태를 자기 셋집에 머물면서 자기에게 오는 사람을 다 영접하고 하나님의 나라를 전파하며"(행 28:30) 지냈다.

시기	사건	
62년	예수의 형제 **야고보의 순교**	
64년	로마의 대화재와 네로에 의한 기독교의 박해 로마에서의 **베드로의 순교**	**殉教**
65-68년경	로마에서 **바울의 순교**	**殉教**
60년대 후반(?)	목회 서신들	
60년대 후반 - 80년대 초	공관복음들	
66-73년	팔레스타인에서의 유대인과 로마와의 전쟁	
70년	**예루살렘 멸망과 성전 파괴**	**성전 파괴**

스데반의 설교(7:2–53)

2. "여러분 부형들이여(brethren and fathers!) 들으소서"

2 우리 조상 아브라함이 하란(Χαρράν카르란)[1]에 있기 전
메소포타미아(Mesopotamia, 티그리스 강과 유브라테스 강 사이의 땅)에 있을 때에
영광의 하나님이 그에게 보여(나타나)

1) 베릭(Belikh)강과 유프라테스 강의 합류점 위쪽

• 아브라함은 갈대아 우르에서 부름을 받았다(창 15:7; 수 24:2-3) 아브라함이 아직 강 저편에 있을 때 : 물론 여기서 강(江)이란 유브라데 강을 말한다. 데라와 아브라함이 '하란' 에 오기 전에 살던 곳이 갈대아 '우르' (Ur)라는 곳이었다. 아브라함의 아비 데라(Terah)가 '강 저편' 에 거하였다고 했다. 티크리스 강(江)과 유프라데 강(江) 사이의 지역은 대단히 비옥했는데, 이곳을 '강 사이의 땅' 이라는 뜻으로 '메소포타미아' 라고 불렀다.

• 수 24:3 "내가 너희의 조상 아브라함을 강 저쪽에서 이끌어 내어 가나안 온 땅에 두루 행하게 하고 **그의 씨를 번성하게 하려고** 그에게 이삭을 주었으며."

3 이르시되 네 고향과 친척을 떠나
내가 네게 보일 땅으로 가라 하시니
4 아브라함이 갈대아 사람의 땅을 떠나 하란에 거하다가
그의 아버지가 죽으매 하나님이 그를 거기서
너희 지금 사는 이 땅으로 옮기셨느니라

• 왜, 하나님께서 아브라함을 강 저편에서 가나안으로 이끌어 내셨나? (수 24:3*) 데라 일행이 갈대아 우르를 출발했으나 이들은 직접 가나안으로 오지 않고 도중에 하란(Haran)에 머문다. 하란은 갈대아 통치가 미치는 마지막 국경지대이다. 그곳에서 얼마를 머물렀는지는 모르나, 데라는 그곳에서 죽는다. 그리고 아브라함은 다시 부르심을 받는다. 그리고 가나안 땅에 오게 된다. 그때, 아브라함의 나이가 75세라고 했다(창 12:4).

이스라엘이 가나안을 정복하기 이전부터 하나님은 자신의 백성을 형성시키셨다.

5 그러나 여기서 발 붙일 만한 땅도 유업으로 주지 아니하시고
다만 이 땅을 아직 자식도 없는 그와 그의 후손에게 소유로
주신다고 약속하셨으며

• 하나님은 아브라함을 부르시되 그의 고향을 떠나 가나안으로 가라는 명령으로 시작하는 약속의 역사로 시작한다. 하나님은 아브라함에게 3가지 약속을 하셨다. 첫째는 그를 커다란 '민족'으로 만드실 것이요, 둘째로, 그의 후손들에게 가나안 땅을 주시기로 약속하신다. 셋째로, 이 백성을 통하여 이 땅의 모든 백성에게 축복이 전달될 것이라고 약속하셨다. 아브라함에게 한 약속은 전 세계를 위한 목적임이 먼 지평선 너머로 보인다(롬 4:10-25).

6 하나님이 또 이같이 말씀하시되
그 후손이 다른 땅에서 나그네가 되리니
그 땅 사람들이 종으로 삼아 사백 년 동안을 괴롭게 하리라 하시고

• 부름을 받은 아브라함은 가나안 땅에서 땅을 소유하지 못했다. 아브라함이 구입한 땅은 막벨라 굴이었으나 이는 매장지였다(창 23:9-17). 그는 나그네

처럼 살았다. 무엇보다 그의 후손은 400년 동안 타국에서 나그네로 지내야 한다는 것이다. 그후에 가나안 땅은 아브라함의 후손들에게 주어진다.

7 또 이르시되 종 삼는 나라를 내가 심판하리니
그 후에 그들이 나와서 **이 곳에서** 나를 섬기리라 하시고

- 하나님은 아브라함에게 그와 그의 후손에게 줄 가나안 땅을 약속하신다. 하나님이 아브라함에게 주신 약속은 땅에 대한 것으로부터 시작하심을 알 수 있다(창 12:1-3). 이 땅에 대한 약속은 아브라함과(창 13:14-16, 15:18-21, 17:8) 그 자손 이삭과(창 26:3-4, 24), 야곱에게서(창 28:3이하, 13-15, 35:9-12) 확언되었다.[1]

1) 이 확약(確約)은 출애굽기 6:8에의 성취로 나타난다. 광야 여행 중에도 이 약속은 반복되어 나타난다(출 33:1). 여호수아 시대에는 이 땅에 대한 약속이 이제 더 이상 약속이 아니라 이미 실현되었다고 선언한다(수 23:15). 하나님은 아브라함에게 의식을 통해서도 약속하셨다(창 15:7).

8 **할례의 언약을 아브라함에게 주셨더니**
그가 이삭을 낳아 여드레 만에 할례를 행하고
이삭이 야곱을, 야곱이 우리 열두 조상을 낳으니라

약속의 땅에서 하나님을 경배하도록(7절) 할례언약을 맺으셨다.

- 우리는 아브라함과 맺은 언약의 재확인 과정에서 ① 땅에 대한 약속과 ② 열왕이 아브라함에게서 나오리는 것과 ③ 주께서 그의 백성의 하나님이 되시리라고 약속하셨다. 이러한 약속의 재진술이 창 17:2, 4, 7에서 **언약**(베리트)이라고 소개되었다.

- 이제 하나님께서는 아브라함과 그 후손에게 언약을 지키는 표로서 '할례'를 명하신다. 모든 남자 아이는 낳은지 8일만에 할례를 받아야 할 것을 명하셨다. 이 할례(割禮)는 아브라함과 언약을 맺으신 후 주어진 '언약의 징표'라고 말한다. 따라서 아브라함과 그 자녀뿐만 아니라 아브라함의 종들의 종까지도 이 할례의 범위에 포함된다(창 17:9, 12).

요셉과 형제들(창 37장) • 요셉이 애굽으로 팔리다(창 37:36)[2]

2) 창세기 37장부터는 요셉의 생애가 그리고 36장에서는 에서의 가족과 자녀들의 이름이 기록되어 있다. 에서는 하나님이 약속하신 것처럼 크게 번성했고 생각보다 많은 부(富)를 축적했지만 언약 밖에 사는 자들이었다. 그는 하나님의 역사 무대에서 사라져 버린다. 이제 야곱만이 약속의 성취를 기다린다. 야곱의 12아들은 모두 언약 계통에 들어간다.

9 여러 조상이 요셉을 시기하여 애굽에 팔았더니
하나님이 그와 함께 계셔
10 그 모든 환난에서 건져내사 애굽 왕 바로 앞에서 은총과 지혜를 주시매
바로가 그를 애굽과 자기 온 집의 통치자로 세웠느니라
11 그 때에 애굽과 가나안 온 땅에 흉년이 들어 큰 환난이 있을새
우리 조상들이 양식이 없는지라

12 야곱이 애굽에 곡식 있다는 말을 듣고 먼저 우리 조상들을 보내고
13 또 재차 보내매 요셉이 자기 형제들에게 알려지게 되고
또 요셉의 친족이 바로에게 드러나게 되니라
14 요셉이 사람을 보내어 그의 아버지 야곱과 온 친족
일흔다섯 사람을 청하였더니

"자, 보세요. 진짜 요셉이꺼잖아요. 맞지요!"

스데반의 설교(7:2–53)

- 애굽으로 내려간 요셉(39:1-6) 보디발의 가정 총무가 됨(39:4)
- 보디발의 처가 요셉을 성적으로 유혹함(39:7-19)
- 요셉이 감옥에 갇힘(39:20-23)
- 관원들의 꿈 해석과 그 성취(40:1-23)
- 애굽의 총리가 됨(41장)
- 애굽으로 양식을 사러간 요셉의 형제들(42장)

15 야곱이 애굽으로 내려가 자기와 우리 조상들이
거기서 죽고
16 세겜으로 옮겨져 아브라함이
세겜 하몰의 자손에게서 은으로 값 주고 산
무덤에 장사되니라
17 하나님이 아브라함에게 약속하신 때가 가까우매
이스라엘 백성이 애굽에서 번성하여 많아졌더니

애굽의 국무총리가 된 요셉

- 애굽으로 팔려간 요셉, 그것은 형들의 악행 때문이었지만, 요셉은 하나님에 의해 구속 사역의 주역이 된다. 요셉의 생애는 하나님의 왕국 역사와 깊은 관련이 있다. **요셉의 역사는 스스로 개척한 역사가 아니라 하나님에 의해서 되어진 역사요, 하나님의 왕국과 관련된 역사**(창 45:1-8, 50:20, 46:1-4)**이다**. 그는 "하나님의 나라의 실현"을 위하여(창 45:7,8, 50:19-20) 부름을 받은 것이다.

이스라엘 자손이 학대를 받다(출 1장)

- 야곱의 자손이 애굽 땅 고센에 거한지 400여년, 그 동안 이스라엘 백성은 크게 번성했다. 하나님은 요셉으로 하여금 애굽의 국무총리가 되게 하시고 그 밑에서 하나님의 백성이 온전하게 번성할 수 있도록 역사하셨다.

이스라엘 백성에게 우호적이었던 힉소스 왕국은 애굽 본토인에게 다시 내어쫓기면서 이스라엘의 상황도 크게 역전되고 있었다. 애굽의 18왕조는 고센에 거하는 이스라엘 백성을 아주 두려운 존재로 인식하기 시작했다. 쫓겨나간 힉소스인과 연계하여 언제든지 도발할 위험 속에 있다고 판단했기 때문이다. 이스라엘 백성은 하나님이 그의 족장들에게 약속하신 바와 같이 하늘의 별처럼 많아졌다. 하나의 큰 민족이 되었다

18 요셉을 알지 못하는 새 임금이 애굽 왕위에 오르매(출 1:8)
19 그가 우리 족속에게 교활한 방법을 써서 조상들을 괴롭게 하여
그 어린 아이들을 내버려 살지 못하게 하려 할새

20 그 때에 모세가 났는데 하나님 보시기에 아름다운지라
그의 아버지의 집에서 석 달 동안 길리더니
21 버려진 후에 바로의 딸이 그를 데려다가 자기 아들로 기르매
22 모세가 애굽 사람의 모든 지혜를 배워
그의 말과 하는 일들이 능하더라
23 나이가 사십이 되매 그 형제 이스라엘 자손을 돌볼 생각이 나더니

이름을 '모세'라고 하자

24 한 사람이 원통한 일 당함을 보고
보호하여 압제 받는 자를 위하여
원수를 갚아 애굽 사람을 쳐 죽이니라

25 그는 그의 형제들이
하나님께서 자기의 손을 통하여
구원해 주시는 것을 깨달으리라고
생각하였으나 그들이 깨닫지 못하였더라

스데반의 설교(7:2-53)

모세가 미디안으로 피하다(출 2:11-25)

26 이튿날 이스라엘 사람끼리 싸울 때에 모세가 와서 화해시키려 하여 이르되
너희는 형제인데 어찌 서로 해치느냐 하니
27 그 동무를 해치는 사람이 모세를 밀어뜨려 이르되
누가 너를 관리와 재판장으로 우리 위에 세웠느냐
28 네가 어제는 애굽 사람을 죽임과 같이 또 나를 죽이려느냐 하니
29 모세가 이 말 때문에 도주하여
미디안 땅에서 나그네 되어 거기서 아들 둘을 낳으니라

30 사십 년이 차매 천사가 시내 산 광야
가시나무 떨기 불꽃 가운데서 그에게 보이거늘
31 모세가 그 광경을 보고 놀랍게 여겨
알아보려고 가까이 가니 주의 소리가 있어
32 나는 네 조상의 하나님
즉 아브라함과 이삭과 야곱의 하나님이라 하신대
모세가 무서워 감히 바라보지 못하더라
33 주께서 이르시되 네 발의 신을 벗으라
네가 서 있는 곳은 거룩한 땅이니라
34 내 백성이 애굽에서 괴로움 받음을 내가 확실히 보고
그 탄식하는 소리를 듣고 그들을 구원하려고 내려왔노니
이제 내가 너를 애굽으로 보내리라 하시니라
35 그들의 말이 누가 너를 관리와 재판장으로 세웠느냐 하며
거절하던 그 모세를 하나님은 가시나무 떨기 가운데서 보이던
천사의 손으로 관리와 속량하는 자로서 보내셨으니

- 모세가 호렙산(시내산) 부근에서 양을 치고 있을 때 하나님은 모세를 부르셨다. 모세를 부르셔서 애굽에서 고통받고 있는 자기 백성을 구출할 지도자로 삼으려 하신다. 하나님은 자기 백성들의 고역(苦役)으로 인하여 부르짖는 소리를 들으셨기 때문이다(출 2:23-25).

- 하나님은 어떤 모습으로 모세 앞에 나타나셨는가? (3:1-3) **불꽃 가운데서** : 하나님은 보증(保證)의 표시로 타지 않는 불꽃 가운데 모세에게 나타나셨다. 모세가 좀더 가까이 갔을 때 하나님은 자신을 계시하신다. 하나님은 자신의 뜻을 드러내실 때 종종 불과 함께 나타나셨다(출 13:21, 19:18, 왕상 18:24, 38 참조).

36 이 사람이 백성을 인도하여 나오게 하고
애굽과 홍해와 광야에서
사십 년간 기사와 표적을 행하였느니라

救援

(애굽에서) 구원

- 이스라엘은 시내산에서 율법을 받고 하나님의 백성으로서 훈련을 받는다. 이스라엘 백성들은 어려움이 있을 때 하나님께 기도하지 못했다. 그들은 계속 기적을 체험하면서 이곳까지 오지 아니하였던가!

- 그러나 이스라엘은 당장의 불편함 때문에 모세와 하나님을 원망한다. 원망도 그 도를 넘고 있었다. 그들은 지금 "여호와께서 우리 중에 계신가 아닌가"를 따져 묻고 있다. 물론 아직도 광야 생활 초년병들이니까 그렇다고 치자. 그래도 너무했다. 훗날 이들 불평하는 세대들은 결국 가나안에 들어가지 못함을 본다(민 14장).

스데반의 설교(7:2–53)

37 이스라엘 자손에 대하여
하나님이 너희 형제 가운데서
나와 같은 선지자를 세우리라 하던 자가 곧 이 모세
라(신 18:15 참조)

38 시내 산에서 말하던 그 천사와
우리 조상들과 함께 광야 교회에 있었고
또 살아 있는 말씀을 받아 우리에게 주던 자가 이
사람이라

39 우리 조상들이 모세에게 복종하지 아니하고자 하여
거절하며 그 마음이 도리어 애굽으로 향하여

모세의 중보 기도
(출 32:11-29)

- 국가적인 배교 사건이 일어났다. 이들 백성들은 금송아지를 만들고 그것을 숭배했다. 이런 배교자들은 모두 쓸어버리겠다고 선포하셨다. 그러나 모세는 하나님의 은혜와 족장들에게 행하신 약속을 들먹이며 하나님의 징벌을 철회할 것을 호소한다.

- 하나님은 모세와 진(camp) 밖에 세운 회막에서 만나신다. 죄를 지은 이스라엘 백성들 사이에는 함께 하지 않으시겠다는 것이다. 모세는 진 밖 회막으로 나아가고 백성들은 다 일어나 자기 장막에 서서 모세가 회막에 들어가기까지 바라보았다.

40 아론더러 이르되 우리를 인도할 신들을 우리를 위하여 만들라
애굽 땅에서 우리를 인도하던 이 모세는
어떻게 되었는지 알지 못하노라 하고

41 그 때에 그들이 **송아지를 만들어 그 우상 앞에 제사하며**
자기 손으로 만든 것을 기뻐하더니

偶像
우상

- **송아지 형상을 만들다**(출 32:1~10) - 이스라엘과 맺은 언약이 비록 은혜에 기인한 언약이지만 그렇다고 다른 신을 섬기는 것까지도 용인하는 그런 언약이 아니다. 여러 신들이 있는데 그 중에서 나(여호와)를 선택해서 믿으라는 것이 아니다. 오직 여호와만이 이스라엘의 하나님이시다. 다른 신은 그 앞에서 용납되지 않는다. 그런데, 그만 국가적인 배교 사건이 터진다. 맹세한지 40일도 안되어서...

- 하나님은 대노하셨다(출 32:9). 백성들의 반역에 하나님에 대한 진노가 어떠함을 보게 된다. 하나님은 이들 백성을 진멸하시리라고 선언한다. 목이 곧은 백성들이었기 때문이다. 그리고 모세로 하여금 다시 큰 나라를 만드시겠다고 선언하신다. 하나님은 이스라엘 백성을 향하여 "목이 곧은 백성"이라고 그 노를 표현하셨다. '곧다'(카쉐, קָשָׁה)라는 말은 '완악하다'라는 뜻도 있다.

42 하나님이 외면하사
그들을 그 하늘의 군대(하늘의 별들) 섬기는 일에 버려 두셨으니

- 이스라엘 백성은 송아지 형상을 만들어 숭배했을 뿐만 아니라 하늘의 일월성신을 섬기기도 했다(왕하 21:3-5). 특별히 므낫세 왕의 악정(惡政)과 우상 숭배는 상상을 초월했다.

- 므낫세의 악정(惡政) : 므낫세는 왕위에 있는 동안 내내 앗수르에 충성했던

것 같다. 그길만이 살아남는 길이라고 여겼기 때문이다. 무엇보다 그는 부왕 히스기야의 정책을 전면 부정하면서 종교적으로 크게 부패했다(왕하 21:2-16, 대하 32:2-10).

• 부왕이 헐어버린 산당들을 다시 짓고 바알의 단을 세우고 • 아세라 목상과 하늘의 일월성신을 숭배했다. • 성전 안과 뜰에다 일월성신을 섬기는 제단들을 세웠다. • 몰렉에게 자기 아들을 번제로 드려 불 가운데를 지나게 하며 점치고 사술을 행했다(왕하 21:6, 대하 33:6). • 므낫세의 죄는 북쪽 이스라엘의 죄 또는 아합의 죄와 비교되고 있다(3절). • 죄 없는 사람을 많이 죽여 예루살렘을 이쪽 끝에서 저쪽 끝까지 피로 가득 채웠다고 했다(왕하 21:16).

42 이는 선지자의 책(아모스)에 기록된 바

이스라엘의 집이여 너희가 광야에서
사십 년간 희생과 제물을 내게 드린 일이 있었느냐

• 선지자의 책에 기록된 것은 암 5:25-27의 내용을 말한 것이다. 이스라엘 백성아, 한 가지만 더 물어보자. (동교재, 아모스에서 설명을 가져옴)

> 암 5:25 "이스라엘 족속아
> 너희가 ── 내게 드렸느냐?(הַזְּבָחִים)" **아모스 5:25**
> /사십 년 동안 광야에서
> /희생과 소제물을

• 하나님은 백성들의 제사가 얼마나 종교적인 형식주의였나를 입증하기 위해 과거의 사건을 들어 설명하신다. 먼저 수사학(修辭學)적 질문을 하신다. 이 구절이 의문문이라면 이런 질문을 하면서 기대하시는 대답은 무엇일까? 물론 '아닙니다'(No.)라는 말일 것이다. 어쨌든 그 질문 내용을 보면 마치 이스라엘 백성이 광야에서 희생과 소제물을 드리지 않은 것처럼 들린다.[1)]

• 물론 광야에서도 많은 가축을 갖고 있었다(출 12:38, 17:3; 레 17:1-9). 그런데도 이를 요구하지 않았다면, 하나님은 백성들에게 희생 제사보다는 하나님의 뜻에 대한 순종적인 삶을 원하셨다는 것을 알 수 있다. 희생제사가 없었음에도 불구하고 하나님은 백성들을 특별한 보호와 사랑으로 인도하셨다는 것이다(신 2:7, 8:2-4, 29:2-13; 느 9:20-22). 그렇다면 여호와께서 진정 원하시는 것은 지금 이스라엘 백성처럼 삶이 없는 형식주의요, 의식주의인 예배가 아니라 순종, 정의 등을 실천하는 삶 자체가 예배임을 알 수 있다. 물론 이스라엘은 광야 생활 하는 동안 우상을 섬긴 행동들도 있었다(신 32:16, 17).

• 그렇다면 분명히 희생제도가 있었음에도 광야 시절 40년 동안 제사를 전혀 드리지 않았다는 말인가? 물론 그렇지는 않았을 것이다(민수기 7장 참조). 그래서 제롬(Jerome)은 '제사는 있었으나 그들의 마음은 없었다'고 주장한다. 즉 드리기는 했으나 '내게'(=하나님께)(לִי, unto me) 드리지는 않았다는 것이다.

• 소아 희생의 이교적 관습은 선지자(렘 19:5, 32:35; 겔 16:21, 20:31, 23:37)와, 신명기 기자에 의하여 신랄한 배격을 받았다(신 18:10), 또 요시야 왕은 신명기의 정신에 따라 이 제사를 일시 종식시켰다(왕하 23:10). 아이를 바치는 자는 사형에 처한다고 하는 율법이 정해져 있었는데도(레 18:21) 불구하고 솔로몬 왕은 만년에 사랑하는 암몬 사람의 아내를 통하여 이 우상신을 받아들여 제단을 쌓았다.

• 그리고 힌놈의 아들 골짜기 도벳 산당에서 계속하여 어린이 희생이 행해졌다(시 106:38; 렘 7:31, 19:4, 5; 겔 16:21, 23:37,39; 사 30:33). 북왕국 이스라엘은 이와 같은 가증스러운 죄 때문에 하나님의 진노를 샀다(왕하 17:17; 겔 23:37).

1) 학자들 중에는 광야생활 동안 정말 희생제사가 있었는가 없었는가에 대해 다른 의견들을 제시한다. 드라이버(Driver) 같은 학자는 렘 7:22을 들어 하나님은 광야생활 동안 희생제사를 요구하지 않으셨다고 주장한다.

스데반의 설교(7:2–53)

• 여기 암 5:25, 26, 27절은 연결된 내용이 분명하기에 26절을 분석해 보고 전체의 뜻이 무엇일까 설명하기로 하자.

아모스 5:26

5:26 "너희가(וּנְשָׂאתֶם) —— **지고 가리라**
/너희 왕 식굿(סִכּוּת)과 — **식굿**(סִכּוּת)은 메소포타미아의 우상이다.
/기윤(כִּיּוּן)과 — **기윤**(כִּיּוּן) - 기윤은 토성과 동일하거나 관련이 있다고 생각되는 신의 이름이다.
/너희 우상들인
/(곧) 별 형상을
/너희가 너희를 위하여 만든 신들의

• 그러나(접속사, וְ)
앞절과 반대의 뜻을 나타내기 위해 '그러나'로 번역할 수도 있다. 즉 25절의 설명처럼, 광야 생활 동안 너희 조상들(출애굽 제2세대들을 가리킴)은 희생과 소제를 드린 것은 없었으나 잘 순종했다. "그러나" 지금은 너희들이 다른 신을 섬기는 반역을 행하고 있다는 말이 된다. 26절을 시작하는 말 "너희가 지고 가리라"(וּנְשָׂאתֶם)에서 waw(וְ)를 But로 번역한다.[1)]

• 위의 설명 중 어느 견해를 취하든, 여호와께서는 삶이 없는 예배와 우상 숭배를 싫어하신다는 것이다. 하나님은 우상을 섬기면서 동시에 제사를 드리는 행위를 싫어하신다. 또한 삶과 예배가 일치되는 예배를 받으신다는 점을 강조한다. 어쨌든 지금 아모스 당시의 희생제사가 얼마나 가증스러운 행위인가를 말하면서 그로 인한 하나님의 심판을 선언한다(27절). "내가 너희를 다메섹 밖으로 사로잡혀 가게 하리라."

43 **몰록의 장막과 신 레판의 별을 받들었음이여**
이것은 너희가 절하고자 하여 만든 형상이로다
내가 너희를 바벨론 밖으로 옮기리라 함과 같으니라

몰렉 제사

• 율법에는 몰렉 제사를 금지하라는 명령이 나와 있다(레 18:21, 20:2-5). 그러나 예루살렘 남쪽 힌놈의 아들의 골짜기에서는 요시야가 이를 중지시켰는데도 여전히 행해졌다(렘 32:35). 유다 왕 아하스는 아람과 이스라엘 연합군의 침해를 받는 위기에 부딪치게 되자 "자기 아들을 불 가운데로 지나가게" 하고(왕하 16:3), 또 므낫세도 "그 아들을 불 가운데로 지나게" 하였다(왕하 21:6, 대하 33:11 앗수르의 위협을 받은 때).[2)]

• 바벨론 포로로 끌려가기 전 우상 숭배 : 우상이 성전의 안뜰을 차지했다(겔 8:5). 거기서 70명의 장로들이 그들의 우상을 섬기고 있었다. 제단 문 어귀와 성전 안에 있는 우상들을 보여주신다(겔 8:5-13). 백성의 장로들은 하나님이 그들을 버리고 떠나셨기에 자신들을 살피시지 못한다고 생각한다(8:12).[3)]

1) 그러나 이를 다르게 해석하기도 한다. 즉 26절은 광야시대의 반역을 말하면서도, 지금 아모스 당시의 시대도 같이 해당된다는 주장이다. 그렇게 되면 광야의 이스라엘 백성들이 몹시 타락하여(광야에서 죽은 출애굽 제1세대들을 가리킴) 희생과 소제물을 내게(=여호와께) 드리지 않고 별 우상들을 섬기더니 너희 '또한'[그래서 waw(וְ)를 'also'로 번역한다] 별 우상을 섬기고 다닌다는 말로 해석했다.

2) 하나님은 에스겔에게 유다가 멸망할 수밖에 없는 상황을 보여주신다. 무엇보다 예루살렘 성전 안에서의 각종 우상숭배(겔 8장), 그리고 무자비한 살육 행위(9장)를 보여주신다. 그리고 예루살렘은 불타고(겔 10장) 여호와의 영광은 예루살렘 성전을 떠나신다(겔 11장).

3) 여자들은 성전 뜰에서 바벨론 여신 담무스를 위해 애곡하고 있었다(겔 8:14-15). 그리고 24명의 지도자들이 성전을 뒤로 하고 태양을 숭배하고 있다(겔 8:16-17). 이런 엄청난 죄악들이 제사장 감독 하에서 성전에서 범해지고 있는 것을 본다.

스데반의 설교(7:2–53)

우리 조상들에게 증거의 장막이 있었으니

44 광야에서 우리 조상들에게 증거의 장막이 있었으니
이것은 모세에게 말씀하신 이가 명하사
그가 본 그 양식대로 만들게 하신 것이라
45 우리 조상들이 그것을 받아 하나님이 그들 앞에서 쫓아내신
이방인의 땅을 점령할 때에 여호수아와 함께 가지고 들어가서
다윗 때까지 이르니라
46 다윗이 하나님 앞에서 은혜를 받아 야곱의 집을 위하여
하나님의 처소를 준비하게 하여 달라고 하더니
47 솔로몬이 그를 위하여 집을 지었느니라

聖殿

성전

48 그러나 지극히 높으신 이는
손으로 지은 곳에 계시지 아니하시나니
선지자가 말한 바

49 주께서 이르시되 하늘은 나의 보좌요
땅은 나의 발등상이니
너희가 나를 위하여 무슨 집을 짓겠으며
나의 안식할 처소가 어디냐 (사 66:1 이하)
50 이 모든 것이 다 내 손으로 지은 것이 아니냐
함과 같으니라

이사야 66:1

• 성소가 폐허가 되어서 방치되고 있지만(사 63:18 참조), 그렇다고 해서 하나님께서 불편함을 느끼실까? 물론 아니다. 왜? 하나님은 창조주요 온 세계의 통치자이시기 때문이다. 그는 사람의 손으로 만든 집에 거하시는 분이 아니다. "나 여호와가 말하노라 내 손이 이 모든 것을 지었으므로 그들이 생겼느니라"(2절상). 그런데, "너희가 나를 위하여(לִי) 무슨 집을 짓겠느냐"(1절)는 것이다. 이런 일은 다윗이 여호와를 위하여 전을 짓겠다고 했을 때도 주어진 말씀이다.[1)]

• 성막은 하나님께서 이스라엘을 위하여 정하신 예배 처소였다. 신정국(神政國)에서는 하나님께 대한 예배가 삶의 중심이 되어야 한다. 성막은 하나님께서 자기 백성과 거하시는 곳이다. 하나님은 통치뿐만 아니라 자기 백성들과 교제하기 위하여 임재하신다. 그런데 이 장막은 마음대로 지은 것이 아니다. 하나님이 모세에게 보여주신 견본대로 짓게 하셨다.

• 히브리서에서는 이 성막은 '하늘에 있는 것의 모형과 그림자'라고 했다(히 8:5). 죄인인 인간이 제사제도를 통해 하나님께로 나아갈 수 있는 길을 열어놓으셨다. 성막은 바로 이 제사를 드리는 장소요 하나님이 임재하시는 하나님의 집이었다. 그러나 이 성막은 하나님의 임재의 상징이다.

• 훗날 유대인들은 이곳만 거룩하다고 고집했다. 그래서 문제가 생겼다. 렘 7:1-21을 찾아보자. 이스라엘은 성전이 있는 동안에는 예루살렘은 안전할 것이라고 생각했다. 그리고 이들은 **우상 숭배를 계속했다**. 물론 그들의 삶이 말씀과 일치할리 없었다. 훗날, **성전은 파괴되고 이들은 바벨론에 포로로 끌려가는 수치를 당한다**. 성전의 참된 의미를 이해하지 못했기 때문이었다.

3. 스데반은 설교를 마무리하면서 다음과 같이 결론 삼아 말한다.

7:51 목이 곧고 마음과 귀에 할례를 받지 못한 사람들아

(1) 바리새인들에게 '마음과 귀에 할례를 받지 못했다'는 말보다 더 치욕적인 것은 없다(롬 2:29). 목이 곧다(stiff-necked)는 말은 '완고하고 고집이 세다, 완강하다'라는 의미이다. 예레미야 6:10에서는 '마음과 귀에 할례를 받지

1) 스데반은 하나님께서 성전에 제한되어 계시지 않으신다는 점을 강조하며(행 7:47), 또 성전을 소유했다고해서 유대인들이 참 종교를 예배하는 것이 아니라고 주장했다(행 7:51-53).

스데반의 설교(7:2–53)

못한 자'를 언급한다. "보라 그 귀가 할례를 받지 못하였으므로 듣지 못하는도다"(보십시오, 이스라엘 백성은 귀를 막고 있어서 내 경고를 듣지 못합니다.) (보십시오, 이스라엘 백성은 하나님의 말씀쯤 우습게 알아 아예 들을 마음이 없습니다 - 공동).

> 1) 헤르파(חֶרְפָּה) - 비난, 경멸, 치욕 / 하나님의 경고의 말씀을 듣는 것을 치욕으로 여겼다.

(2) 처음에는 백성들이 하나님의 말씀에 귀를 기울였으나, 그러나 이제는 아예 들으려고도 하지 않는다. 싫어할 뿐만 아니라 이제는 경멸까지 했다. 여호와의 말씀을 치욕으로(לְחֶרְפָּה)[1] 여기고 이를 즐겨하지 않았다는 것이다. 예레미야는 이런 백성들의 태도에 분개한다.

4. 지금 유대인들은 어떤가? 스데반은 이렇게 결론 내린다. (행 7:51이하)

> • "너희도"(ὑμεῖς) 너희 조상들처럼 (you are doing just as your fathers did.) 성령을 거스렸다는 것이다. 그것도 항상(끊임없이, ἀεί).
>
> • 거스리다(ἀντιπίπτω) - 대항하다. 반대하여 투쟁하다.
>
> • 너희도 역시 살인자다.
>
> • 이제, 너희가(οἵτινες, 호이테네스) - '바로 너희가'(you who)라고 강조한다.

51하 너희도 —— 성령을 거스르는도다(ἀντιπίπτω 안티핍터, resisting)
/너희 조상과 같이(as, ὡς)
/항상(always, ἀεί 아에이)

> '항상'이란 말은 같은 행동이나 상태를 되풀이 하는 것을 나타난다. 계속적으로 끊임없이를 의미한다.

52 너희 조상들이 — 박해하지 아니하였느냐
/선지자들 중의 누구를
그들이 —— 죽였고
/의인이 오시리라 예고한 자들을
이제(νῦν) - 지금
너희는 —— 그 의인을 잡아 준 자요
└ 살인한 자가 되나니

> 가룟 유다처럼 너희도 예수를 잡아준 자요, 살인자라는 것이다.

53 너희는 —— 천사가 전한 율법을 받고도
└ 지키지 아니하였도다

설교의 결론

(1) 스데반은 날카로운 단어를 사용하여 그들을 비난한다. 하나님께서는 자신의 백성의 영적 수준을 끌어올리려 하셨음에도 불구하고 **너희** 조상들은 현실과 물질에만 집착하여 하나님께 대항했다(=언약 파기)는 것이다. 바울은 당신들의 조상들이 박해하지 않은 선지자가 한 사람이라도 있었느냐고 대제사장을 포함한 공회원들을 다그치고 있다.

(2) 문제는 의로운 분이 오시리라고 한 선지자들을 죽였고, 이제 당신들은 그 의인을(=예수님을) 잡아주고 죽인 자가 아니냐는 것이다. 예수님도 선지자들처럼 고난을 받으셨고 끝내는 십자가 위에서 죽임을 당하셨다. 지금 스데반은 고소당한 자의 위치에 있지 않다. 이제는 고소자의 위치에서 산헤드린 종교지도자들을 쓴 소리로 고소하고 있는 것이다.

123

스데반의 순교(행 7:54-60)

1. 스데반의 변론을 듣고 공회원들의 반응이 좋았을 리가 없다. 그들은 이 말을 듣고 마음에 찔려 이를 갈았다(they were cut, διεπρίοντο미완료 수동태)고 했다.

1) 디아(διά) + 프리조(πρίζω) - 마음을 샅샅이 톱질하다. 그들의 분함의 정도를 알 수 있다.

(1) '찔리다'라는 말 '디아프리오'(διαπρίονω)[1)]는 사도행전에서만 2회 나온다. '톱질하여 조각 조각 내다'라는 의미로 베드로의 설교를 듣고도 같은 반응을 보였다(행 5:33). 그들은 스데반을 향하여 격한 반응을 보이며 이를 갈았다(ἔβρυχον). '거친 소리를 내며 물어뜯다, 이를 악물다'라는 의미이다. 미완료 과거 수동태로 격분한 상태를 보여준다(54절).

7:55 스데반이 — 하늘을 **우러러 주목하여**
　　/성령 충만하여
— **보고**
　　/하나님의 영광과 및
　　예수께서 하나님 우편에 서신 것을
56 — **말하되**
　　/보라
　　/[내가] — 보노라 한대
　　　　/하늘이(을)
　　　　　/열리고(열린)
　　　　/인자가(를)
　　　　　/하나님 우편에 서신 (것을)

• 주목하다(ἀτενίζω아테니조) ~를 응시하다(gaze on), 열중하여 보다.

• 스데반은 성령이 충만하여 하늘을 응시하여 보니 예수님께서 "마치 스데반을 만나기 위해서 하나님의 우편에 서 계신 것처럼" 보였다. 예수님께서 우편에 서 계신다는 것은 스데반을 변호하시기 위해 증인의 역할을 하고 계신다는 사실을 의미한다. 그래서 심판자이신 하나님의 앞에 서신 것이다.

• 열린(διηνοιγμένους) - 분사 완료 수동태 / 닫혀진 것을 완전히 열다라는 의미

(2) 스데반은 성령이 충만하여 하늘을 응시하며, "보십시요(Behold, ἰδού), 하늘이 열려 있고 하나님의 오른쪽에 인자가 서 계신 것이 보입니다." 그러자 이들은 더이상 모욕을 참지 못하고 폭발한다. "그들이 큰 소리를 지르며 귀를 막고 일제히 그에게 달려들었다[2)]"(57절). 신성모독이라는 것이다.

(2) 그리고 스데반을 성 밖으로 내치고(끌어내어)[3)] 돌로 쳤다. 그리고 증인들이 옷을 벗어 사울이라 하는 청년의 발 앞에 두었다(58절). 돌로 치는 것은 신성모독에 대한 유대인의 형벌이었다(레 24:14-16*). 신성 모독죄는 이방인이든 본토인이든 죽임을 당했다. 여기 사울(바울)이 언급되었다. 그는 바리새인 집단에서 이미 지도자였음이 분명하다.

2) 달려들었다(rushed) - (스데반을 향하여) 아주 격렬하게 돌진했다는 말이다.

3) 그 장소가 피로 더렵혀지면 안 되겠기에 성 바깥으로 끌어내었다.

• 레 24:15 "너는 이스라엘 자손에게 말하여 이르라 누구든지 그의 하나님을 저주하면 죄를 담당할 것이요 16 여호와의 이름을 모독하면 그를 반드시 죽일지니 온 회중이 돌로 그를 칠 것이니라 거류민이든지 본토인이든지 여호와의 이름을 모독하면 그를 죽일지니라."

1) ἐλιθοβόλουν
미완료 과거 능동태로 58절에 나온 동일한 동사와 시제가 반복된다. 그들은, 스데반이 주 예수를 부르고 기도하는 중에도 계속 돌을 던졌다는 것을 의미한다.

7:59 그들이 — 스데반을 **돌로 치니**(they went on stoning Stephen)[1]
스데반이 — **부르짖어 이르되**
/주 예수여
/내 영혼을 받으시옵소서 하고
60 **불러 이르되**
/주여
/무릎을 꿇고 크게
/이 죄를 그들에게 돌리지 마옵소서
[그가] — 이 말을 하고(when)
자니라

1) 자니라(ἐκοιμήθη) 과거 수동태.

코이마오(κοιμάω) - 죽음을 잠으로 비유했다. 예수님은 나사로의 죽음도 그렇게 부르셨다(요 11:11). 행 13:36; 고전 15:18 참조.

십자가 상의 예수님의 마지막 말씀 "아버지여 내 영혼을 받으시옵소서"라는 말씀을 생각나게 한다.

δέξαι 부정과거 명령법 τὸ πνεῦμά μου.
Receive my spirit!

긴박한 상황을 나타낸다. "지금 내 영혼을 받으소서"를 뜻한다.
주 예수여(Lord Jesus, κύριε Ἰησοῦ) : 하나님은 예수님을 죽은 자 가운데서 살리셨으며 그를 만민의 퀴리오스라는 자리로 높이 올리셨다. "하나님은 그를 지극히 높여 모든 이름 위에 뛰어난 이름을 주셨다"(빌 2:9-11). 높임을 받으신 퀴리오스이신 그리스도는 모든 인간을 다스리신다(롬 14:9). 초기 기독교 신앙고백의 핵심은 그리스도의 주 되심이다. 사도행전에서 퀴리오스가 하나님과 승귀(높아지심)된 예수님에 대해서 동시적으로 사용되었다(행 2:39, 4:29). 예수님은 하나님과 더불어 퀴리오스이시다. 그 주님은 하나님의 오른 편에 서서 첫 번째 순교자의 영혼을 받으셨다(행 7:55, 59).

사울이 교회를 핍박하다(행 8:1-3)

훗날, 이방인에게 복음을 전한 바울(사울)이 등장한다. 그는 스데반이 회당에서 복음을 증거할 때, 참석했던 것 같다(행 6:9). 사울은 스데반이 죽임 당함을 마땅히 여겼다고 했다(행 8:1). '마땅히 여겼다'는 말은 '함께 기뻐했다", 즉 그 일에 동의(찬성)했다는 말이다. 사울의 처음 의도는 나사렛파 일당을 완전히 없애버리는 것이었다. 그러나 이 일은 성공하지 못했다. 만약 바울의 핍박이 초기에 성공했다면 언급할만한 기독교의 역사는 없었을 것이다.

1. 왜 바울이 이렇게 그리스도인들을 공격적으로 박해하고 나왔을까?

(1) 바울(사울)이 보기에는 이 나사렛 일당은 무력을 통해서라도 진압해야 할 대상들이었다. 왜냐하면 자신들의 메시야가 분명히 십자가 위에서 죽임을 당했는데, 다시 부활했다고 거짓 주장을 한다고 보았기 때문이다. 이는 하나님을 모독하는 행위였다. 나사렛 파들이 여전히 율법과 성전을 인정하고 있는 것 같지만 사실은 이는 모독이라는 것이다. 더나아가 실제는 하나님의 백성인 자신들이야말로 진정한 성전이라고 암암리에 주장하고 있었기 때문이다. 그런데 그런 무리들이 폭발적으로 늘어나고 있지 아니한가!

1) 박해의 시작은 베드로와 요한을 체포하는 과정에서 일어났다. 그때는 사두개인들이 주도적으로 개입했다(행 4장). 그러나 스데반을 죽인 무리들은 바리새인들이었다. 어쨌든 두 당파가 이번 일에 협력했을 것이다. 그래서 큰(메가스, μέγας) 박해라고 했다.

8:1 큰 박해가[1] —— **있어**
/그 날에(언제? 스데반이 죽던 동일한 날에)
/예루살렘에 있는 교회에
[그들이] 다 —— **흩어지니라**
/사도 외에는
/유대와 사마리아 모든 땅으로
2 경건한 사람들이—스데반을 **장사하고**
—위하여 **크게 울더라**

• 흩어졌다(διεσπάρησαν, 과거 수동태) - 분산되었다(행 8:1, 4, 11:19) - 3번 나온다.

• 사도 외에는 : 사도들은 남아 있는 핍박 받는 사람들을 위로하고 예루살렘을 사수했을 것이다. 성도들은 유대와 사마리아 지방으로 흩어졌다. 불길이 사방으로 옮겨붙은 것이다.

(2) 경건한 사람들에게 스데반의 죽음은 너무 슬픈 일이었다. 이들은 스데반의 정죄를 반대하는 유대인 그리스도인들이었을 것이다. 이들은 돌에 맞아 죽는 끔찍한 일을 당한 그를 위하여 크게 울었다(애통하다, 통곡하다)고 했다. 미쉬나에서는 공적으로 슬퍼하는 것을 금했다고 한다(행 2:5 참조).

迫害

박해
(persecution)

(3) 스데반의 죽음에 이어 박해를 주도했던 핵심적인 인물도 바울(사울)이었다. 특별히 나사렛 파 중에서 헬라파 사람들을 근절해야 한다는 점에서 단호했다. 그러나 박해는 오히려 복음 선포에 반전을 가져왔다.

사마리아에 복음을 전하다(행 8:4-25)

1. 사울이 박해의 앞장을 섰다. 사울이 교회를 잔멸했다고 했다. 그는 가가호호 를 찾아가고 또 회당을 다니면서 이들을 직접 체포했다.

8:3 사울이 ── 교회를 **잔멸할새**(ἐλυμαίνετο 미완료 중간태)[1]
── 각 집에 **들어가** 남녀를 **끌어다가**
── 옥에 **넘기니라**

'모욕적으로 대하다'라는 의미에서 '손상하다, 해치다, 상하게 하다'라는 뜻으로 쓰였다. 여기서는 교회를 파멸시키는 것을 나타낸다.

(1) 사울은 교회를 없애려고 각 집에 들어갔다고 했다. 누가는 가정을 교회(ἐκκλησία 에클레시아)라고 부르고 있다. 이들은 성전에서뿐만 아니라 가정에 흩어져 모임을 가졌다. 사울은 가정에 들어가 남자는 물론 여자까지도 가리지 않고 끌어냈다(σύρω 쉬로). 문자적으로 '강제로 끌어냈다'란 의미이다. 그는 예루살렘의 핵심 인사들을 정죄하고, 매질하고 투옥시키는 일에 앞장 섰다.

(2) 이 폭풍을 피하여 많은 성도들이 사방으로 흩어졌다. 그런데 이 일로 흩어진 사람들이 두루 다니며 복음을 전파했다. 이 상황이 결과적으로 복음전파의 기회가 되었다. 박해가 선교적 개척의 길을 닦게 했던 것이다. 마치 불타는 곳을 밟았는데, 이 불길이 사방으로 튀어 퍼지는 것과 같은 결과를 가져왔다.

2. 불은 가장 가까운 지역 사마리아로 옮겨 붙었다. "빌립이 사마리아 성에 내려가 그리스도를 백성에게 전파했다(ἐκήρυσσεν 미완료과거)"(5절). 미완료과거 능동태로 복음을 전파하기 시작했으며 그 일을 계속했다는 의미이다.

(1) 물론 여기 빌립은 교회에서 구제활동을 돕기 위해 뽑힌 일곱 집사 중 하나였다(행 6:1-6).[2] 누가는 훗날 가이사랴에 있는 빌립의 집을 방문했었는데(행 21:8), 그때 그의 딸들로부터 많은 정보를 얻었을 것이다.

(2) 예수님께서 사마리아에 가셔서 말씀을 증거하신 적이 있던 곳이다(요 4장). 사마리아인들과 유대인들 사이에는 오랫 동안 반목해 왔다. 이들은 그리심 산에 또하나의 성전을 세운 후에 더욱 갈등이 심해졌다. 그런데 빌립이 전하는 복음을 듣고 또 행하는 표적도 보고 모두 하나같이 그가 하는 말을 따르기 시작했다(προσεῖχον 미완료과거 능동)[3]. 계속해서 관심을 가졌다는 말이다.

1) 사도 바울은 훗날 갈라디아서에서 이렇게 고백한다(갈 1:13). "내가 이전에 유대교에 있을 때에 행한 일을 너희가 들었거니와 하나님의 **교회를 심히 박해하여 멸하고**" 즉 교회를 몹시 박해하고 아주 없애 버리려고 했다는 것이다. 잔멸하다는 말 '뤼마이노마이'는 이곳에서만 단 한번 나온다. 아주 잔악한 박해라는 의미이다.

2) 여기 빌립은 물론 예수님의 제자 중의 하나가 아니라 전도자 빌립(필립포스, Φίλιππος)을 말한다. 성령의 명령을 받고 유대교로 개종한 에디오피아 간다게 여왕의 국고를 맡은 내시에게 복음을 전했다.

3) 프로세코(προσέχω) : ~에 마음을 돌리다. 지지하다, 관심을 가지다. 빌립이 하는 말에 큰 관심을 갖고 마음을 집중시켰다. 즉 한 마디로 그에게 매료되었다는 것이다.

자세한 역사적 배경은 ▶ 북이스라엘의 멸망서부터 살펴보자(왕하 17:17-23).

Σαμάρεια 사마레이아는 어떤 곳?

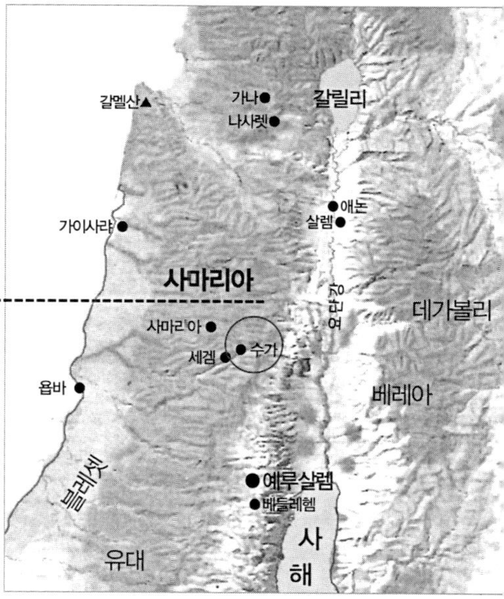

(1) 위치는 예루살렘에서 갈릴리로 가는 길가에 약간 면해있는 에발산의 남동쪽 경사지에 있다(요 4:6, 8). "야곱이 요셉에게 준 땅과 가깝고"(4:5). 70인 역본 창 48:22은 요셉이 받은 이 특별한 상속지를 세겜과 동일시한다.

(2) 예수님 일행은 사마리아 지역을 통과해 갈릴리로 가려 하셨다(요 4:4). 많은 유대인들은 우회도로를 이용했다. 유대인들은 사마리아를 통과하지 않으려고 동쪽으로 요단강을 건너 북쪽으로 베레아를 지난 후 다시 요단강을 건너 갈릴리로 갔다. 유대인들은 사마리아 사람들을 싫어했다. 잘못하면 사마리아 사람들에게서 해코지를 당할 수 있었기 때문이다. 그러나 예수님은 이런 일에 개의치 않으셨다. 사마리아인에 대한 편견이 없으셨을 뿐만 아니라 사마리아인들에게 전도하려는 계획이 있으셨기 때문이다. 예수님은 사역 초기에 사마리아에서 열매가 풍성한 사역을 하셨다. 요한복음 4장을 읽어보자.

(1) 북이스라엘이 멸망당하고 백성들은 앗수르의 강제 이주정책으로 흩어지고 대신 이방족속이 들어와 섞이게 되었다. 이스라엘의 상류 계급은 앗수르 지방의 동쪽 지방으로 추방되었고, 그대신 이스라엘은 다른 지역의 거주민들로 대체되었다. 주전 720년에는 하맛에서, 715년에는 아라비아 북쪽에서, 709년에는 바벨론에서 이주해 왔다. 물론 앗수르의 그 후의 왕들(에살핫돈, 아슈르바니팔) 때에도 계속 이주해 왔다(왕하 17:24을 보자).

(2) 이들은 올 때, 자신들의 신들을 들여와 섬겼다. 여호와를 섬기지 않았기에 하나님은 사나운 사자를 보내 몇 명을 물어 죽이게 하셨다. 이 소식을 들은 앗수르 왕은(왕하 17:26) 사마리아에서 사로잡혀 간 제사장 중 한 사람을 벧엘에 거하게 해서 백성에게 어떻게 여호와를 경외할 것인가를 가르치게 했다(28절).

(3) 그러나 이것도 큰 효과가 없었다. 왜냐하면 각 민족이 각기 자기의 신상들을 만들어 사마리아 사람의 지은 여러 산당에 두고 나름대로 경배했기 때문이었다(29절). "바벨론 사람들은 숙곳브놋을 만들었고, 굿 사람들은 네르갈을 만들었고 하맛 사람들은 아시마를 만들었고 아와 사람들은 닙하스와 다르닥을 만들었고 스발와임 사람들은 그 자녀를 불살라 그 신 아드람멜렉과 아남멜렉에게 드렸다"고 했다(30-31절). 이들은 결국 여호와도 섬기고 또한 그들이 가져온 그 민족의 풍속대로 자기의 신들도 섬겼다.

(4) 이렇게 북이스라엘은 종교의 혼란이 야기되었고(왕하 17:29-31), 이방 종교로 인해 혼합종교(Syncretism)의 발생을 가져오게 되었다(왕하 17:32, 33). 이 이방인들과의 혼혈로 잡족이 생겼고, 이들을 **'사마리아인'** 이라고 불렀다(요 4:9 참조). 따라서 유대인들은 사마리아인들과 상종하지 않았다.

(5) 그러다가 하스모니아 왕 요한 힐카누스가 사마리아를 정복하고 그들의 성전을 파괴하였다. 훗날 로마가 팔에스타인을 정복하면서 유대의 지배에서 벗어났다. 그러나 그 뒤로도 유대인은 그들과 상종하지 않았다.

▲ 바벨론 포로기 이후에 주전 4세기경 그리심 산에 성전을 세웠다. 그러나 다시 유대 왕 요한 힐카누스에 의하여 파괴되었다(B.C 128년). 어쨌든 이곳은 사마리아인들의 예배의 중심지가 되었다. 현재 사마리아에 있는 한 작은 공동체 '나불루스' 마을에서는 유월절과 오순절과 초막절 축제가 매년 개최되고 있다.

2. 앞에서 간단하게 살펴본 사마리아의 복잡한 역사, 유대인의 멸시 속에서 비참한 삶을 살아가는 이들에게 서광이 비치기 시작했다.

(1) 복음은 더욱 빠른 속도로 확산되어 가고 있었다. 기독교인들도 처음에는 회당이나 성전을 찾아가기도 했다. 그러나 교회는 점차로 유대인 회당과의 거리가 멀어지기 시작했다.[1] 물론 완전한 분리는 성전이 파괴된 이후에 일어나지만 스데반의 사역으로 점차 간격이 멀어지기 시작했다. 이어진 핍박으로 복음의 불길이 사마리아로 번졌고, 그곳에서 (빌립의 사역으로) 놀라운 변화가 나타나기 시작했다.

8:7 많은 사람에게 붙었던 더러운 귀신들이 — **나가고**
/크게 소리를 지르며
또 많은 중풍병자와 못 걷는 사람이 —— **나으니**
8 큰 기쁨이 —— 그 성에 **있더라**

왜 이 지역에 더러운 귀신들린 사람들과 병자들이 많았을까? 그것은 마술사 시몬 때문에 더 영향을 받았을 것이다. 그는 전부터 있어 마술을 행하여 사마리아 백성을 놀라게 했던 자라고 했다. 그러니까 마술을 행하면서 전부터 있었다는 것이다. 마술을 행하여 크게 인기를 끌자 자신이 사람의 형태로 나타난 신이라고 주장했다. 그래서 자칭 '큰 자'(some great one)라고 했다(9절). 그는 비상한 능력을 사용해서 운동을 일으켰지만, 그것은 참된 하나님의 능력에서 온 것이 아니었다. 속임수를 사용해 사람들을 놀라게 했다. 그는 한 마디로 속임수를 쓰는 악한 사기꾼에 지나지 않았다.

그런데 빌립이 이곳에 와서 복음을 전하면서 (그리스도에 대한 증거로서) 기적을 행하였다(6절). 빌립이 더러운 영들을 향하여 주 예수의 이름으로 명령했을 때 귀신들이 크게 소리를 지르며 나가는 역사가 일어났다. 그래서 모든 사람들이 기뻐했다. 따라서 이번에 놀란 사람은 마술을 부렸던 시몬이었다.

1) 물론 아직까지는 유대인과 기독교인들 사이에 명확한 분리는 일어나지 않았다. 유대교 지도자들은 기독교에 대해 관심을 가질 여력이 없었기 때문이다. 성전이 파괴된 후에야(A.D 70년) 유대교와 기독교가 갈라지는 기로에 서게 된다. 이때 유대인의 지도적 역할을 한 사람은 랍비 요하난 벤 자카이(Johanan ben Zacchai)였다. 유대인의 수장 가말리엘 2세(손자)로 그의 후임으로 등장하면서 분리가 본격화 되기 시작했다.

(2) 빌립이 하나님 나라와 및 예수 그리스도의 이름에 관하여 전하자 그들이 믿고 남녀가 다 세례를 받았다는 것이다. 정작 크게 놀란 것은 지금까지 마술을 부려왔던 시몬이었다. 그래서 자신도 빌립을 전심으로 따라다니며 세례까지 받았다.[1] 여기서 '전심으로 따라다니다'(προσκαρτερέω)라는 말은 '고집하다, 집착하다, 계속하다'라는 의미이다. 빌립'에게'(τῷ여격, with Philip) 착 달라 붙었다는 의미이다. 왜 그렇게 따라 다녔을까? 물론 어떻게 빌립이 능력을 나타냈는지 그 비밀을 캐내려 했을 것이다.

3. 이렇게 빌립이 사역하면서 나타난 일들이 예루살렘에 있는 사도들에게 전해졌다. (사마리아도 하나님의 말씀을 받았다는 소식을 듣고) 베드로와 요한을 파견했다.

(1) 사마리아인들이 복음을 받아들였다는 사실에 유대인 그리스도인들이 크게 반기지는 아니했을 것이다. 사마리아인들에 대한 나쁜 감정이 깔려 있었기 때문이다. 따라서 사도들은 이 일을 정리할 필요가 있었을 것이다. 주님께서 사마리아와 땅끝까지 복음을 증거하라고 하셨기에(행 1:8) 사마리아 지역에 가야할 필요성을 느꼈을 것이다. 그래서 베드로와 요한[2]을 파견했고 그들을 위하여 '성령 받기를' 기도했다. 이 일은 제자들에게 특히 중요한 일이 아닐 수 없었다.

8:16 //이는(for, 15절의 이유)
성령 내리신 일이 — 아직 없고
/한 사람에게도
[그들이] ——— 세례만 받을 뿐이더라
/오직 주 예수의 이름으로
17 이에(Then)
두 사도가 ——— 그들에게 안수하매
└ 성령을 받는지라

사마리아인들이 복음을 받아들이고 세례까지 받았다는 소식을 접한 유대인 그리스도인 사이에는 어딘가 미심쩍은(?) 면이 있다고 보는 사람도 있었을 것이다. 만약 제자들이 가서 안수하고 성령까지 받는다면 이들이 참으로 회심하였다는 확증한 증거가 될 것이다.

(2) '성령 내리신 일이 아직 없고' - (성령) '내리다'(ἐπιπίπτω에피핍토)라는 말은 '임재하다'라는 의미이다. 성령의 은사와 충만은 회개한 다음에 일어나는 체험인데 아직까지 한 사람도 오순절을 체험하지는 못했다는 것이다. 이에(τότε토테, 시간적으로 뒤따른) 두 사도, 베드로와 요한이 사마리아로 내려가 그들에게 안수하자 그들이 성령을 받았다.

(3) 그러면 성령을 받으려면 반드시 안수를 통해서만 가능하다는 말인가?[3] 물

1) 알렉산드리아의 클레멘트 (Clement, 150-215)가남긴 기록에 의하면, 영지주의 창시자는 시몬 마구스라고 했다. 본문에 나오는 동일 인물로 보았다.

2) 누가복음 9:54을 읽어보자. 예수님은 예루살렘으로 가시기로 결심하신다. 그런데 주님은 사마리아를 통과해서 가기를 원하셨으나 이들은 예수님이 예루살렘으로 가신다는 말을 듣고는 예수님을 영접하지 않았다.

사마리아인들의 이런 무례한 행동에 제자들, 특히 야고보와 **요한**이 울분을 나타냈다. '이것들이 예수님을 뭘로 보고! 씩씩~' "주여 우리가 불을 명하여 하늘로부터 내려 저들을 (소)멸하라 하기를 원하시나이까?" 라고 했던 장본인이었다. 그런데 지금 그 요한이 사마리아 지역에 와서 세례를 베풀었다는 것이다.

3) 때로는 말씀을 들을 때에 성령을 받기도 했고(행 10: 44이하 - 고넬료와 그의 동료들), 여럿이 모여 기도할 때도 받았다(행 2:1-4). 그리고 에베소의 제자들(행 19:1이하)에 대한 기사에서도 세례와 성령의 관계를 볼 수 있다.

론 아니다. '이때는 교회 초창기였기 때문에 한시적으로 사도들이나 특정 인들에게만 그런 능력을 주었다고 볼 수 있다(행 9:17). 당시 지방 모임의 일이나 또는 기독교인이 된 것이 사도들에 의해 확증되어야 했음을 보여준다'(고영민, 원문성경).

(3) 그러니까 사도들이나 혹은 어떤 사람들의 안수에 의해서만 성령을 받을 수 있다고 결론내릴 수 없다. 주석가들 중에는 본문의 이 사건을 들어 '안수례'라고 주장해 왔다. 그래서 안수는 오직 사도들과 그의 사도직 계승자들(즉 감독들)에 의해서만 행해져야 한다고 생각한다. 그러나 사도행전 다른 곳에서 개종자들이 성령 받기 전에 안수했다는 언급이 없다(행 2장 - 오순절 때; 8장 - 에디오피아 내시에게 증거할 때; 10장 - 고넬료의 가정에서도; 16장 - 빌립보 간수의 가정에서도 안수가 행해졌다는 기록은 없다).[1] (F.F 부르스, 사도행전<상> 아가페)

1) 그러나 행 19:6에서는 바울이 안수하자 성령이 임했다. 그러나 일반적으로 신약에서는 믿고 세례 받는 사람은 하나님의 성령을 가지는 것으로 생각된다(롬 5:5, 8:9-11; 고전 6:19, 12:3-13; 엡 1:13, 4:30).

'그 권능 나한테도 파쇼!'

4. 시몬 마구스가 간덩이가 부었다. 그는 사도들의 안수로 성령 받는 것을 보고 돈을 드려 내게도 줄 수 없느냐고 협상을 시도했다(18절).

(1) "이 권능(어떤 행동을 행할 수 있는 능력, ability)을 내게도 줄 수 없오?" "돈은 얼마든지 드리리다." 아마 그랬겠지? "누구든지 내가 안수하는 사람은 성령을 받게 하여 주소서." 성령을 받은 사람들이 아마 방언을 말했을 것이다. 그 광경을 직접 보고(ἰδών과거분사) 시몬은 베드로도 자기와 같은 사람으로 생각했을 것이다. '충분한 돈을 주면 얼씨구나 하고 팔겠지.' (그래서 성직매매를 영어로 simony라고 한다.)

(2) 그러나 베드로의 대답은 분노였다. "네가 하나님의 선물을 돈 주고 살 줄로 생각하였느냐? 네 은과 네가 함께 망할지어다.[2]" "하나님 앞에서 네 마음이 바르지 못하니 이 도에는 네가 관계도 없고 분깃 될 것도 없느니라"(21절). '분깃'(κλῆρος클레로스)이란 말은 '상속, 상속 재산, 몫'이란 말로 유대인들에게 결정적인 문제는 모세 안에서 한 분깃을 갖는 것이었다.

2) "네 은과 네가 함께 망할지어다" (τὸ ἀργύριόν σου σὺν σοὶ εἴη εἰς ἀπώλειαν) May your silver perish with you!

(3) 그러나 베드로는 아직 회개의 기회가 있음을 암시한다. "그러므로 너의 이 악함을 회개하고 주께 기도하라 혹 마음에 품은 것을 사하여 주시리라." (22절) 그는 용서받지 못할 마음을 품고 있으나(마 12:31 참조), 용서 받을

기회가 있음을 보여준다. "내가 보니 너는 악독(εἰς χολὴν πικρίας, the gall쓸개즙 of bitterness)[1]이 가득하며 불의에 매인 바 되었도다."(23절).

(5) 시몬은 베드로의 저주에 가까운 말을 듣고, 이 일이 웃어넘길 일이 아니라는 것을 깨닫자 "나를 위하여 주께 기도하여 말한 것이 하나도 내게 임하지 않게" 해달라고 간구했다. 물론 그렇다고 그가 어떤 변화를 가져왔다는 기록이 없다. 그는 다만 무서운 형벌이 자기에게 임하지 않기를 바랬을 뿐이다.[2] 두 사도는 주의 말씀을 증언한 후에 예루살렘으로 돌아갔다. 그리고 가는 길에 사마리아의 여러 마을에서 복음을 전했다(25절).

빌립과 에디오피아 내시(행 8:26-40)

1. 빌립은 주의 사자(the angel of the Lord, Ἄγγελος κυρίου)가 나타나 여기를 떠나 예루살렘에서 가사로 내려가는 길까지 가라는 명을 받는다(8:26). 그런데 그 길은 광야길이었다.

(1) 가서 보니 에디오피아(구약성경에는 '구스'라는 이름으로 나온다, 대상 1:8-10; 사 11:11) 사람 곧 에디오피아 여왕 간다게[3]의 모든 국고를 맡은 관리인 내시[4]가 있었다. 그는 예배하러 예루살렘에 왔다가 돌아가는 길이었다. 그런데 그가 성경을 읽고 있었다. 선지자 이사야의 글이었다.

> 8:29 성령이 — 빌립더러 **이르시되** (...하시거늘)
> /이 수레로 — 가까이 나아가라

(2) 성령께서 빌립에게 '이 수레로'(this chariot) '가까이 나아가라'(Go up and join)[5]고 명령하셨다. 가서 마차에 바짝 다가서라는 말씀이다. 아직 거리가 있었던 것 같다. 그래서 빌립이 달려갔다고 했다. 아주 가까이 가보니 내시가 선지자 이사야의 글을 읽고 있었다. 빌립이 들을 수 있는 정도였으니까 큰 소리로 읽고 있었을 것이다. 그는 예루살렘에서 이사야서 두루마리를 구입했을 것이다. (헬라어로 된 70인역)

(3) 빌립이 천천히 달리는 수레에 뛰어올랐을 것이다. 그리고 이렇게 물었다. "지금 읽으시는[6](you are reading, 이 단어는 '낭독'의 의미가 있다) 구절을 이해하십니까?" 갑자기 뛰어든 낯선 사내의 질문에 내시는 잠시 당황했으리

1) '악'(피크리아, πικρία) - 씀(맛, bitterness) - 성질이 잔혹함이라는 의미이다(롬 3:14).

2) 어떤 전승과 순교자 저스틴에 의하면, 마술사 시몬은 이단의 창시자이며 로마로 건너가서 신으로 경배를 받았다고 한다.

3) 간다게(Κανδάκη) - 이디오파아 여왕의 칭호이다. 여기 여왕은 A.D 25-41년 경에 통치한 아만티테레(Amantitere)였을것으로 본다.

4) 내시(유누코스, εὐνοῦχος, eunuch) - 환관을 가리킨다. 마 19:12에서는 고자로 번역했다. 그러나 이 단어는 궁정의 고관을 가리키기도 한다. 그가 거세당한 내시였다면 그의 개종은 이사야 56:3이하의 성취라고 볼 수 있을 것이다.

5) πρόσελθε 명령법 과거능동 Go near / 접근하라
κολλήθητι 명령법 과거수동 join 부착하다. 달라붙다.

6) ἀναγινώσκοντος 현재능동태 you are reading?

- 포스(πῶς) - 어떻게, 어찌
- 안(ἂν) - 희망, 가능성, 불확실성을 나타내는 불변사이다.
- 에안 메(ἐὰν μή) '~아니면'(if not), 아니하거든
- τις someone
- ὁδηγήσει guides

라. 그러나 곧이어 대답한다. "지도해 주는 사람이 없으니 [내가] 어찌 깨달을 수 있겠습니까?"(31절) 원문은 이렇다.

πῶς포스 γὰρ ἂν δυναίμηνcould ἐὰν μή τις ὁδηγήσει με;

"Well, how could I, unless someone guides me?" - NASB

(4) 그러지 않아도 설명해 줄 사람이 있었으면 했는데, 마침 왠 낯선 사내(얼굴색갈도 신분도 복장도 다른)가 나타난 것이다. 그래서 빌립을 청하여 수레에 올라 같이 앉으라 했다.

2. 내시가 읽은 성경 구절은 이사야 53장 7절이하의 내용이다. 여기에 인용된 이사야의 예언은 70인역에 의한 것이기 때문에 히브리어 본문과는 약간의 차이가 있지만 내용적으로는 전혀 문제가 없다. 아래의 설명은 동교재, 이사야에서 가져온 것이다.

이사야53

(1) 빌립이 어디서부터 설명을 시작했을까? 사 53장 1절부터?

▶ 소위 제4종의 노래는 이사야 52:13-53:12이다. 52장에 이어지는 내용이다. "우리가 전한 것을 누가 믿었느냐?"(사 53:1절상). 메시야에 관한 선포내용을 받아들이는 자들이 거의 없음에 놀라움과 탄식을 나타낸다. 무엇보다 메시야는 그의 외모 때문에 멸시를 받는다. 사람들의 기대에 어긋나는 모양으로 나타나셨기 때문이다. 그 종은 슬픔의 사람이었다(2-3절). 그가 슬픔을 당하는 목적은 실상은 우리의 죄악 때문인데도 말이다(4-6절). 그는 "**도수장으로 끌려가는 어린 양처럼**" 보였다(7-8절). 그는 불명예스럽게 죄수로서 처형되나 실제로 무죄한 자이므로 부자와 함께 명예스럽게 매장된다(9절). 메시야가 당한 고난의 결과는 무엇일까? 메시야는 속건제물의 결과로 무수한 영적 후손을 보고 만족하실 것이다. 메시야는 대속 고난의 결과로 영광을 누리시게 될 것이다.

(2) 여호와의 종의 외모는 마치 무엇과 같다고 표현하고 있는가?

53:2 (for, וַ) '누가 우리가 전한 것을 믿었느냐' - 아무도 믿지 못했다. 왜? 그 이유를 설명한다.
그는 주 앞에서 자라나기를 '연한 순'(요네크, יוֹנֵק)[1] 같고
마른(찌야, צִיָּה)[2] 땅에서 나온 뿌리 같아서
고운 모양도 없고(לֹא־תֹאַר לוֹ)
풍채[3]도 없은즉(וְלֹא הָדָר)
아름다운 것이 없도다(=없기 때문에)
/우리가 보기에 '흠모할 만한'(נֶחְמְדֵהוּ)[4]

1) 묘목, 어린 나무. - 고난받는 종의 연약한 모습을 보여준다.

2) 건조함, 사막, 가뭄 - 사막과 같이 마른 땅에서 나온 뿌리는 얼마나 연약할 것인가!

3) 하다르, הָדָר - 장식, 광채, 위엄)

4) 하마드(חָמַד) - 바라다, 갈망하다, 즐거워하다 / 칼 동사 미완료

(3) 인류를 대속할 '여호와의 종'은 겉으로 보기에 얼마나 연약한 존재처럼 보이는가! 그는 아주 건조한 사막 모래 가운데 뿌리를 박고 가까스로 돋아난 햇순 같았다. 뜨거운 햇빛 때문에 곧 말라버릴 것 같은 존재로 묘사하고 있다. 물론 그에게는 고운 모양도, 훌륭한 풍채도 없다. 우리의 눈길을 끌만한 '아름다운 것'(마르에, מַרְאֶה - 외관, 용모)이 없었다. 그 종에게는 매력적인 것이나 왕적인 요소가 전혀 없다. 그에게는 존경할만한 특징이 없었다.

• 행 8:32 "읽었으되 그가 도살 자에게로 가는 양과 같이 끌려갔고 털 깎는 자 앞에 있는 어린 양이 조용함과 같이 그의 입을 열지 아니하였도다 33 그가 굴욕을 당했을 때 공정한 재판도 받지 못하였으니 누가 그의 세대를 말하리요 그의 생명이 땅에서 빼앗김이로다 하였거늘"

(4) 사도행전 본문에는(8:32-33) 이사야 53:7절이하를 언급하고 있다. 종의 고난은 아주 극심한 고통을 수반하지만, 그 종은 거친 고통을 견뎌낸다. 그는 고통 중에서도 입을 열지 아니한다.

53:7 그가
- **곤욕을 당하여**(נִגַּשׂ)[1]
- **괴로울 때에도**(נַעֲנֶה)[2]
- 그의 **입을 열지 아니하였음이여**
- 그의 입을 **열지 아니하였도다**(לֹא יִפְתַּח־פִּיו)
  /마치 도수장으로 끌려 가는 어린 양과
  털 깎는 자 앞에서 잠잠한 양 같이

1) 닉가스 - 나가스(נִגַּשׂ)의 니팔 동사 완료 / 강제로 시키다. 압박(억압)하다

2) 나아네 - 아나(עָנָה)의 니팔형 분사 /괴롭힘을 당하다

(5) 여호와의 종에게 닥친 고난을 소개한다. '닉가스'(נִגַּשׂ)라는 말은 수동형으로 '엄청난 압박을 당했다'는 말이다. 이런 억압을 받고 있으면서도 그는 어떻게 행동했을까? '그가 괴로울 때에도(וְהוּא נַעֲנֶה, and he was afflicted)' 즉, 그는 괴롭힘을 당해도 겸손과 인내로 받아들였다는 것이다.

(6) 또한 그는 그의 입을 열지 않았다. 그 모습이 마치 도살장으로 끌려가는 어린 양처럼, 마치 털 깎는 사람 앞에서 잠잠한 양 같았다는 것이다. 그의 겸손과 인내를 잘 보여주고 있다. 그는 무죄한 어린 양이다. 양은 마치 죽으러 가는지도 모르고, 항의나 몸부림도 치지 않는다. 양은 털을 깎일 때 털 깎는 사람 앞에서 조용하다.

신약에서 인용

예수 그리스도는 욕을 먹고 고통을 당할 때, 어떻게 행동하셨나?

- 마 26:63
- 막 14:61
- 벧전 2:23

벧전 2:23 "**욕을 당하시되 맞대어 욕하지 아니하시고 고난을 당하시되 위협하지 아니하시고** 오직 공의로 심판하시는 이에게 부탁하시며 24친히 나무에 달려 그 몸으로 우리 죄를 담당하셨으니 이는 우리로 죄에 대하여 죽고 의에 대하여 살게 하려 하심이라."

마 26:63 "예수께서 **침묵하시거늘** 대제사장이 이르되 내가 너로 살아 계신 하나님께 맹세하게 하노니 네가 하나님의 아들 그리스도인지 우리에게 말하라.").

(7) 그 종은 부당하게 유죄 판결을 받았다. 그는 억울한 재판을 받고 있다. 일종의 인민재판이다.

1) 아쉬르(עָשִׁיר) - 돈 많은, 부유한, 부자
2) 마베트(מָוֶת) - 죽음, 사망, 죽은 상태, 죽은 장소 / 전치사(בְּ) + 남성 복수 연계형

1) 그 종은 죽기 전에 무엇을 거쳐야 했는가? 체포와 재판이다. 물론 이 재판은 인민재판 형식이다. 그는 부당하게 고발과 정죄를 당하고 있기 때문이다. 그는 "끌려 갔다"(לֻקָּח)고 했다(푸알형, 강조형 수동). 그는 곤욕(강제로 끌려감)과 심문을 당하고 죽음에 처해졌다는 말이다(He was taken away). 그러나 그 세대 사람들 가운데서(동시대의 사람들에게서) 어느 누가 자기들의 죄 때문에 그가 죽임을 당한다고 생각했겠는가?

53:8 그는 — **끌려 갔으나**(לֻקָּח) - לקח의 푸알형 완료
/곤욕[1]과 심문(을 당하고) (מִמִּשְׁפָּט) מִן + מִשְׁפָּט
누가 — **생각(하기를) 하였으리요**(יְשׂוֹחֵחַ considered מִי who)
/그 세대 중에
/그가 — 끊어짐은(נִגְזַר)
/살아 있는 자들의 땅에서
/내 백성의 허물(페솨, פֶּשַׁע) 때문이라
/마땅히 형벌 받을

• 행 8:34 그 내시가 빌립에게 말하되 청컨대 내가 묻노니 선지자가 이 말한 것이 **누구를 가리킴이냐 자기를 가리킴이냐 타인을 가리킴이냐?**

35 빌립이 입을 열어 이 글에서 시작하여 **예수를 가르쳐 복음을 전하니**

2) 위반, 반역, 범죄

사 53:5 그가 — **찔림은(=렸으며)**(מְחֹלָל) - חָלַל의 피엘 분사 / 상처를 입히다
/우리의 허물(페솨, פֶּשַׁע)[2] 때문이요

▶ 여호와의 종이 이런 죽임을 당한 것은 "마땅히 형벌 받을 내 백성의 '허물'(페솨, פֶּשַׁע) 때문이라"고 했다. '마땅히 형벌 받을'(נֶגַע)이라고 번역된 '네가'는 '일격(一擊), 치기(stroke), 재앙' 등의 뜻으로 물리적인 타격이나 최고 주권자가 신민(臣民)에게 주는 형벌(언약의 저주, 왕상 8:37; 시 39:10)을 의미한다. 하나님은 그의 백성이 언약을 어기고 죄를 지었을 때 징벌을 내리는 분이시다. 그러나 여기 본문에서 보는 것처럼 백성의 허물 때문에 메시야가 대신 하나님의 징벌을 받고 있다.

37절은 없음 그러나 어떤 사본에, 37 "빌립이 이르되 네가 마음을 온전히 하여 믿으면 가하니라 대답하여 이르되 내가 예수 그리스도께서 하나님의 아들인 줄 믿노라"가 있음.

3. 빌립의 설명이 끝났다. "길 가다가 물 있는 곳에 이르러 그 내시가 말하되 보라 물이 있으니 내가 세례를 받음에 무슨 거리낌이 있느냐"(36절). "이에 명하여 수레를 멈추고 빌립과 내시가 둘 다 물에 내려가 빌립이 세례를 베풀고 39둘이 물에서 올라올새 주의 영이 빌립을 '이끌어간지라'(ἥρπασεν) 내시는 기쁘게 길을 가므로 그를 다시 보지 못하니라."

4) 하르파조(ἁρπάζω)의 과거 / 잡아채 가다, 데려가다. 왕하 2:12, 마 4:1, 눅 4:1 참조

"빌립은 아소도[5]에 나타나 여러 성을 지나 다니며 복음을 전하고 가이사랴에 이르니라."(40절) 이후 빌립은 전도여행을 계속했고, 그 후에 그곳을 본부로 삼고 전도 활동을 계속했다.

5) 아스겔론과 얌니야 사이에 있는 지중해 연안에 있는 블레셋의 도시.

적용을 위한 묵상 **스데반 집사의 순교가 가져온 영향**

스데반의 순교가 있기 까지는,

- 나사렛파의 신앙은 사회적이고 문화적인 다양성에도 불구하고 본질적으로 유대인의 범주에 머물러 있었다.
- 그러다가 널리 사마리아와 또 북쪽으로는 시리아 그리고 베니게로 확장되면서, 그 신앙이 명시적인 이방인들과 사마리아인들의 경우와 같이 이방인을 포함하여 보다 더 광범위한 지역의 주민들에게 전파되었다.
- 극(極)보수적인 유대인들의 처음 의도는 나사렛파를 없애버리는 것이었다. 그래서 바울의 초기의 핍박 활동이 성공했다면 언급할 만한 어떤 기독교의 역사도 없었을 것이다.
- 그러나 스데반의 죽음은 복음을 예루살렘을 뛰어넘어 이방지역으로 확산시키는 기폭제가 되었다.

• 스데반이 리버디노(자유민들) 회당에서 말씀을 전하고 있다.
그는 그 자리에서 유대인의 종교와 제도를 비판했다.
그러자 바리새파 사람들이 공격하기 시작했다(행 6:9).
그래서 공회원 앞에서 설교한 내용이 7장이다.
대제사장이 스데반에게 묻는다. "이것이 사실이냐?"
성전은 유대인들에게 민족적 실존의 모든 측면의 중심이었다.
그런데 지금 스데반이 그 성전 제사 제도를 부정하고 있다.

• 설교가 시작되었다(행 7:1-19)
조상 아브라함으로부터 설교를 시작한다.
아브라함과 맺은 언약의 재확인 과정을 설명해 나간다.
요셉과 형제들(창 37장)의 이야기, 모세가 등장하고,
바벨론 포로로 끌려가기 전 우상 숭배의 모습
성전예배가 한창일 때도 백성들은 여전히 우상을 섬기며 죄를 지었다.
목이 곧고 마음과 귀에 할례를 받지 못한 사람들.
지금 유대인들은 어떤가? 스데반은 이렇게 결론 내린다(행 7:51이하).
"너희도 너희 조상과 같이 항상 성령을 거스르며 살고 있지 않느냐?"

• 스데반은 하나님의 위대하신 구속 역사를 꿰뚫어 설명해 간다.
도대체, 그의 통찰력은 어떻게 나온 것일까?
그리고 그의 열정은 어디로부터 오는 것일까?
그의 풍성한 성경지식, 헌신적인 삶, 말씀 선포의 역동적 모습.
우리 모두는 그를 본 받고 싶어한다.
아무 노력도 하지 않으면서....

• 스데반과 더불어 또다른 인물 빌립
비록 그는 열두 사도에 속하지 않았지만 우리는 그의 사역에 주목한다.
스데반 집사의 순교로 교회가 핍박으로 흩어졌을 때에도
그는 유대인이 멸시하던 곳 사마리아로 가서 복음을 전한다.
그리고 블레셋의 영토인 가사의 광야로 달려간다.
에디오피아의 여왕 간다게의 내시가 그곳에 있었기 때문이다.
이 모두가 성령님의 인도하심으로 인한 것이었지만
그 성령님의 인도를 따라 순종했던 빌립을 보자.
우리 모두 성경을 풀어 줄 만큼 성경을 깊이 공부해야 한다.
역동적인 복음 전파를 위해서...

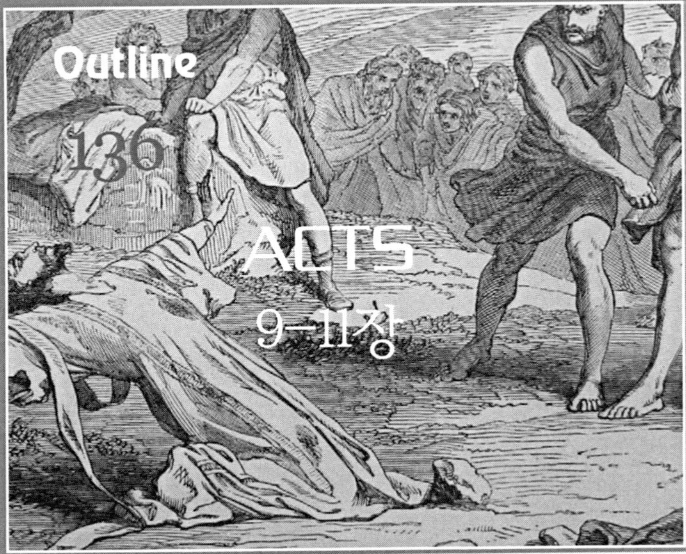

바울의 회심 · 이방선교의 문이 열림

탄생한지 얼마 안된 예루살렘 교회에는
순조로운 항해를 계속했지만
교회를 위태롭게 하는 태풍이 몰아치고 있었다.
사울이란 청년은 나사렛파를 없애려는데 열의가 가득했다.
예수를 메시야로 인정하는 이 무리들,
그러나 사울의 눈에는 십자가에 못 박힌 예수는
하나님의 저주를 받은 자에 불과했다.
사울은 이들 무리를 제거하기 위해
가가호호 다니면서 믿는 자들을 색출하는 일에
목숨을 걸고 진두지휘했다.
그는 핍박 때문에 다메섹으로 피한 신자들까지
추적하고 있었다.
대제사장의 권한을 위임받았기에 위세가 당당했다.
사울이 제자들을 향하여 위협과 살기가 가득했다(행 9:1).

그러나, 믿는 사람들을 잡으러 다메섹으로 가던 그 길에서
예수님을 만났다.
사울아 사울아 네가 어찌하여 나를 박해하느냐?
"주여 누구시니이까? (κύριε; ὁ δέ·)"
"나는 네가 박해하는 예수라"

이후, 그는 전 생애에 걸쳐 자기 주인의 삶과 죽음과
부활의 함축적인 의미를 드러내고 선포하는 데
온 힘을 다하여 질주한다.
그의 회심은 세계 역사를 바꾸는 기폭제가 되었다.

사울이 돌아서다(행 9:1-19)

(1) 다소 출신 사울, 그는 나사렛 사람들을 어떤 희생을 치르더라도 막아야 한다고 생각했다. 그래서 신자들을 색출하고 투옥시키는 일에 앞장 섰다. 신자들은 핍박을 피하여 예루살렘에서 240km나 떨어진 시리아의 수도 다메섹으로 피했다.

(2) 그러나 다메섹 도상에서 부활 승천하신 예수님을 만난다. "주여 누구시니이까? "나는 네가 박해하는 예수라." 사울은 부활하신 예수님을 보자 즉시 굴복했다.

사울의 급진적인 변화

(1) 사울은 "즉시로 각 회당에서 예수가 하나님의 아들이심을 전파하기 시작했다"(20절). 사울이 전하는 메시지를 듣는 사람이 다 놀랐다. "이 사람이 예루살렘에서 이 이름을 부르는 사람을 멸하려던 자가 아니냐?" 다메섹에 사는 유대인들을 매우 당혹했다. 사울의 너무 급진적인 선회(旋回)에 놀랐기 때문이다.

(2) 사울은 '이방인과 임금들과 이스라엘 자손들' 앞에서, 특별히 이방인들에게 복음을 전해야 할 인물이라고 하셨다.

(3) 그는 갈라디아 1:16-18에서 언급된 것처럼, 약 3년여간 대부분을 아라비아에서 보냈을 것이다. 그후 사울은 예루살렘으로 돌아와 어떻게 하든지 공동체와 사귀고자 하나 다 두려워하여 그가 주의 제자 됨을 믿지 아니했다. 많은 성도들이 그를 의심했다.

그런데 구브로 출신 레위인(원래 이름은 요셉)인 바나바 덕분에 바울은 나사렛 사람들에게 소개될 수 있었다(행 9:27). 그러나 여전히 많은 면에서 의혹은 계속되었다.

베드로의 치유 기적(행 9:32-43)

(1) 베드로는 샤론 평야의 있는 마을 룻다에 사는 성도들을 방문하게 된다. 그곳에서 침상에서 8년이나 비참한 상태로 누워있던 애니아가 즉

사울의 변화 · 이방인 선교의 문이 열리다 · 안디옥 교회 · 바나바의 활동

시 치료를 받았다. 이 일은 곧 이 지역(룻다와 샤론에 사는 사람들)으로 퍼져나갔다. 그를 보고 많은 사람이 주께로 돌아왔다(35절).

(2) 또 하나의 베드로의 치유 기적: 이번에는 욥바에서 다비다라는 여제자가 죽었는데, 그녀를 살린 기적의 내용이다. 이 일로 인해 "온 욥바 사람이 알고 많은 사람이 주를 믿는" 역사가 일어났다.

베드로가 고넬료를 만나다(행 10:1-8)

(1) 고넬료는 지금 가이사랴에 주둔하고 있었다. 그는 이방인었지만 하나님을 경외하는 자(God-fearer)였다. 그는 많은 구제를 했고(이방인인데 유대인들을 구제했다), 또 하나님께 항상(continually) 기도하는 삶을 살았다. 하나님은 베드로에게 고넬료에게 가라는 지시를 내리셨다. "네가 지금 사람들을 욥바에 보내어 베드로라 하는 시몬을 청하라."

(2) 베드로가 기도하려고 지붕에 올라가니 그 시각은 낮 열두 시쯤이었다. 베드로는 황홀한 중에(=비몽사몽간에) 무엇을 보았는데, 무슨 환상일까?

"또 소리가 있으되 베드로야 일어나 잡아 먹어라." 이런 일이 세 번 있었다"고 했다. 그후에야 그 그릇이 곧 하늘로 올려져 갔다. 베드로는 환상이 사라지고 난 후에도 도저히 이해할 수 없는 하나님의 말씀에 여전히 혼란해 했다.

(3) 베드로는 자신이 본 환상이 무슨 뜻인지 속으로 의아해 하고 있었는데, 고넬료가 보낸 사람들이 그를 찾아왔다. 베드로는 자신을 만나러 온 사람들과 함께 출발했다. 일행이 가이사랴에 도착하자 고넬료는 그의 친척과 가까운(=꼭 있어야 할) 친구들을 불러 놓고 기다리고 있었다(24절).

(4) "무슨 일로 나를 불렀느냐?" 베드로가 이번 사건으로 참으로 깨달은 것은 무엇인가?

① 하나님은 외모를 보지 않으신다(이방이나 유대인이나 차별을 하지 않으신다) ② 하나님을 두려워하며 의를 행하는 사람은 (이방인이나 유대인이나) 다 받으신다는 점이었다.

베드로가 예루살렘교회에 보고하다(행 11:-18)

(1) 베드로가 가이사랴에서 이방인의 집에 들어가 말씀을 전했다는 소식이 유대인 사회에 급속히 퍼져나갔다. '뭐라고?' '네가 무할례자의 집에 들어가 함께 식사까지 했다고?' 그것도 우리가 원수로 여기는 로마 백부장의 집에서...

(2) 베드로는 믿는 할례자들의 비난에 그가 어떻게 가이사랴까지 가게 되었는가, 또 어떻게 그들과 함께 식사자리까지 나아가게 되었는가를 설명한다. 베드로의 자초지종의 말을 듣고 모두가 잠잠했다(18절).

안디옥에 교회를 세우다(행 11:19-26)

(1) 스데반의 순교 사건으로(행 8:1) 인해 예루살렘교회는 여러 곳으로 흩어졌다. 이들은 베니게와 구브로와 안디옥까지 이르러 유대인에게만 말씀을 전했다. 이들 중에는 헬라인에게까지도 복음을 전했다.

(2) 예루살렘교회는 대책을 숙의했다. 그래서 바울을 도왔던 바나바를 안디옥에 파송하기로 결정했다. 안디옥에 도책해 보니 이 일은 오직 하나님의 축복으로 가능했다는 것을 깨닫고 기뻐했다. 그는 새로운 신자들에게 용기를 북돋아 주고자 노력하였다.

(3) 바나나는 계속 늘어나는 새로운 신자들 때문에 고민에 빠졌다. 혼자서는 감당하기 어려웠기 때문이다. 그래서 바나바는 고향에 가 있는 사울을 찾으러 다소로 향했다. 많은 사람들은 여전히 사울을 의심하고 있었지만 바나바는 그와 같이 있는 동안 그의 성품과 열정과 학식을 깊이 보았기 때문에 일꾼으로서 가장 적합한 자라고 여겼을 것이다. 그래서 바나바는 사울과 함께 안디옥에서 사역한다.

안디옥 교회가 유대 지방의 신자를 돕다(행 11:27-30)

(1) 선지자들이 안디옥에 이르렀다고 했다. 사도 시대에도 그리스도인들 중에 선지자들이 있었다(마 10:41, 23:34; 행 15:32; 고전 14:29, 37; 계 22:6, 9).

(2) 이들은 영감 있는 교사들을 지칭하는 명칭으로 성경을 가르치고 예언도 하였다(롬 12:6; 고전 12:10).

138

사울이 돌아서다(행 9:1-19)

다소 출신 사울, 그가 언제 태어났는 지는 정확히 알려지지 않았으나, 아마도 예수님과 같은 시대 혹은 주후 1세기 초에 태어났을 것이다(A.D 5~10). 스데반의 순교의 최선봉에 섰던(행 7:58, 8:1) 사울, 그는 나사렛 사람들을 어떤 희생을 치르더라도 막아야 한다고 생각했다. 그는 믿는 사람들을 가가호호 다니면서 색출하고 투옥시키는 일에 앞장 섰다. 그는 예루살렘 지경 밖으로 도피한 예수님의 제자들을 색출하기로 작정하고 당시 시리아의 수도 다메섹으로 향한다.

1. 스데반을 죽이는데 앞장 섰던 사울, 그는 여전히 위협과 살기등등했다.

(1) 사울은 나사렛파를 이끌고 있다고 생각한 주의 제자들을 향하여 살기등등했다. 스데반이 죽고 나서도 박해자 사울의 열심은 수그러들지 않았다. 색출작전에 많은 효과를 보았을 것이기 때문이다. 그동안 많은 사람들이 흩어졌고, 특히 사도들은 예루살렘에 남아 있는 사도도 있었지만 개중에는 예루살렘에서 240km나 떨어진 시리아의 수도 다메섹으로 피했던 것같다.

9:2 [사울이] —— 공문을 **청하니**(ᾐτήσατο 에테사토)[1]
/다메섹 여러 회당에 가져갈
//이는(목적: ὅπως, so that...may) — 왜 공문을 청구했나? 목적?
만일
[그가] ─ 그 도(ὁδος 호도스)[2]를 따르는 사람을 만나면(if)
[그가] ─ 예루살렘으로 잡아오려 함이라
/남녀를 막론하고 결박하여

(2) 사울은 대제사장의 권위를 위임받아 신자들을 체포하여 예루살렘으로 호송한다는 계획을 갖고 다메섹으로 출발한다. 그래서 대제사장에게 가서 여러 회당에 가져갈 공문을 (자신이 직접) 청했다(3인칭 단수). 이때가 몇년도인지 확실치 않으나 만일 A.D 35년 이전이라면 가야바가 대제사장이었을 것이고, A.D 36년이라면 가야바의 아들 요나단에게 요청했을 것이다.[3]

(3) 공문(ἐπιστολή 에피스톨레) : 당시 로마 당국에서는 대제사장과 산헤드린에게 외국에 거주하는 유대인들에 대한 재판권을 부여했다(행 26:10). 물론 유대를 벗어난 지역에서는 항상 인정한 것은 아니었다. 어쨌든 사울은 여자들까지도 잡아들이는 악랄함을 보여주었다(행 22:3-4*).

▶사울의 박해로 흩어진 나사렛파들은 예루살렘을 떠나 널리 그리고 멀리 복음을 전파하기 시작했다. 수많은 무염의 개종자들이 복음 전파에 합류했다. 이 새로운 신앙의 중심지가 수리아의 수도 안디옥이었다. 지금 사울이 그 안디옥으로 출발했다. 왜?

1) 아이테오(αἰτέω)의 과거 중간태 - 요구하다, 요청하다, 구하다. 사울 자신이 직접 대제사장에게 요청했다는 뜻이다.

2) '생명의 도'를 가리키는 기독교를 묘사하는 형식에서 사용되었다. 단순하게 '도'라고 표현했지만 '구원의 도'(행 16:17), 또는 '주의 도'라고도 표현했다(행 18:25). 예수님은 자신을 '길'(하나님께로 가는 유일한 길)로 부르셨다(요 14:6).

3) 혹 37년이라면 가야바의 다른 아들인 데오빌로에게 요청한 것이 된다.

• 행 22:4 "내가 이 도를 박해하여 사람을 죽이기까지 하고 **남녀를 결박하여 옥에 넘겼노니** 5 이에 대제사장과 모든 장로들이 내 증인이라 또 내가 그들에게서 다메섹 형제들에게 가는 공문을 받아 가지고 거기 있는 자들도 결박하여 예루살렘으로 끌어다가 형벌 받게 하려고 가더니"

2. 그러나 다메섹 도상에서 자신의 삶을 개혁시켰을 뿐만 아니라 인류 역사의 경로를 바꿔 놓은 경험을 하게 된다. 목적지에 가까운 어딘가에서 부활 승천하신 예수님을 만난 것이다.

홀연히 하늘로부터 빛이

- 행 22:6 "오정쯤 되어 홀연히 하늘로부터 큰 빛이"
- 행 26:13 "정오가 다 되어 길에서 보니 해보다 더 밝은 빛이"

9:3 사울이 — 길을 **가다가** 다메섹에 가까이 **이르더니**
홀연히 하늘로부터 빛이 — 그를 **둘러 비추는지라**
4 [그가] —— 땅에 **엎드러져 들으매**
/소리가 있어(=소리를)
/이르시되(...하시거늘)
/사울아 사울아
네가 어찌하여 나를 박해하느냐

두루 비추다(flashed around) 행 22:6에서도 같은 단어이다.

행 26:14에서 "우리가 다 땅에 엎드러졌다"고 했다.

이름을 반복해서 부르셨다(눅 10:41, 21:31을 보라). 사도 바울을 '사울'이라는 부르는 것은 8회 등장한다. 모두 사울의 회심과 관련되어 사용되었다.

Close-up 이방인의 사도, 바울

1) 당시 다소는 에베소, 서머나와 더불어 정치, 경제, 교육, 문화이 중심지로 소아시아 3대 도시 중 하나였다.

2) 히브리인 중에 히브리인은 그가 집에서는 헬라어와 아람어를 사용했다는 것을 암시한다. 바울은 성장 과정에서 헬라세계와 유대교교육의 영향을 받은 두 세계의 사람이었다.

3) 바울은 고전 15:3-7에서 부활에 대해 설명하면서 자신의 경험을 이야기 한다. 그가 예수님을 만난 사건은 단순히 신비한 환상이나 환각의 시간이 아니었다는 것이다.

다메섹 도상에서 그와 함께 있었던 사람들은 소리를 들었고, 강렬한 빛을 목격했다. 그러나 오직 바울만이 예수를 보았고 같이 있던 그 누구도 보지 못했다고 했다(고전 9:1).

1. 바울은 어떤 과정을 거쳐 인류 역사의 경로를 바꾼 위대한 인물이 되었을까? 간단하게 그의 출신 배경과 어떻게 주님을 만나 이방인의 사도가 되었는가 살펴보고 지나가자.

(1) 바울의 부모는 보수적인 유대이었지만 부친은 로마 시민권을 가지고 있었기에 바울도 로마의 시민권을 가지고 태어났다. 고향은 길리기아 지방의 수도였던 다소(Tarsus)였다(행 9:11, 21:39, 22:3).[1] 바울은 빌립보서에서 자랑스러운 유산을 소개한다. "나는 팔일 만에 할례를 받고 이스라엘 족속이요 베냐민 지파요 히브리인 중의 히브리인이요[2] 율법으로는 바리새인이요 열심으로는 교회를 박해하고 율법의 의로는 흠이 없는 자라"고 했다(빌 3:5-6).

(2) 소년 시절에 그의 가족은 예루살렘으로 이사를 왔고(약 7~8세), 이곳에서 당시 유명한 바리새인 선생인 가말리엘 문화에서 교육을 받았다(율법 교육은 보통 7~10세 정도에 시작). 교육을 받으면서 헬라어와 히브리어로 유대인 성경의 지식을 얻게 되었다.

(3) 바울은 상당히 급진적이었다. 그는 율법에 전심으로 헌신했다. 그가 보기에는 나사렛 사람들은 완전히 제거되어야 할 무리로 보았다. 예수가 십자가에 못 박혀 죽은 것이 분명한데, 제자들은 그 예수가 다시 부활 승천했다고 전파했기 때문이었다. 사울의 눈에는 이는 어리석은 일일뿐 아니라 하나님을 모독하는 것이었다. 그런 사도들의 말을 믿고 유대인들이 교회로 몰려들고 있었기에 어떤 수단을 쓰더라도 이 무리들을 막아야 된다고 생각했다. 그래서 믿는 사람들을 색출, 투옥시키기 위해 열심을 다했다.

(4) 이런 박해로 인해 예루살렘 교회는 사방으로 흩어지게 되었고, 안디옥까지 피한 신자들을 체포하여 산헤드린 공의회에서 재판을 받도록 그곳으로 가는 중이었다. 대제사장의 권한을 위임받아 체포작전에 투입되었기에 안디옥의 회당 지도자들도 그를 함부로 대할 수는 없었을 것이다. 그는 확신과 사명감을 갖고 다메섹으로 향하여 가다가 부활하신 주님을 만난다.

2. 이 사건을 소개하고 있는 사도행전의 기록을 보면(행 9:3-19, 22:6-1, 26:12-18) 바울은 한줄기의 빛을 보자 눈이 멀었고, 바닥에 쓰러지면서, "사울아, 사울아, 네가 어찌하여 나를 핍박하느냐?"라고 말하는 소리를 들었다.[3]

(1) 그는 다메섹으로 이끌림을 받았고 3일 동안 눈먼 상태로 지내며 먹지도 마시지도 않았다고 했다. 아나니아라는 믿음의 사람이 와서 그의 인도하에 바울은 눈이 회복되고, 예수의 제자로서 세례를 받았다(행 9:8-19a; 22:10-16).

바울은 자신을 그리스도 예수의 종으로 여겼다(롬 1:1). 다메섹 사건 이후, 그는 전 생애에 걸쳐 자기 주인의 삶과 죽음과 부활의 함축적인 의미를 드러내고 선포하는 데 온 힘을 다했다. 그의 회심으로 세계 역사가 바뀐 것이다. ------------------------

(2) 이후 바울은 이전의 바울이 아니었다. 부활한 주님을 만난 사건은 그의 삶의 방향을 완전히 전환시켰다. 얼마 되지 않아 바울은 다메섹의 회당을 찾아가 예수는 참된 메시야라고 증언한다. 박해자 바울이 사도가 된 것이다(행 9:20).

사도 바울

(3) 바울은 곧바로 다메섹의 회당에서 복음을 증거하여 유대인들을 당혹케 했다. 여러 날이 지나 유대인들은 사울을 죽이기로 공모한다. 결국 핍박을 피하여 밤에 다메섹을 떠난다. 그리고 아리비아에서 3년을 지낸 후(갈 1:15-17), 바나바의 안내로 예루살렘에 올라가 제자들(특히 베드로)과 교제하고 유대인과 변론한다(행 9:26-29). 그러나 제자들과의 접촉은 여의치 않았다. 그가 전에 박해했던 기억 때문이었다. 바울은 15일간 베드로와 함께 지냈고 예수님의 형제 야고보만 만났을 뿐이다(갈 1:18-19).

(4) 얼마 후에 바울은 그의 고향 다소로 내려갔다(행 9:31). 그곳에서도 복음을 증거했을 것이나 그의 행적은 알려지지 않았다. 고향에서 약 8년간 머물렀다. 그 간의 행적은 모연하다.[1] 바울은 육체의 가시, 지속되는 병을 갖게 되었다(고후 12:1-10). 또 셋째 하늘에 이끌려갔다는 환상도 경험했다.

3. 40년대 초 예루살렘에는 나사렛 사람들에게 많은 어려움이 있었다. 헤롯 아그리파 1세가 사두개파 대제사장과 제휴하여, 예수 운동의 지도자들에 대한 공격을 개시하였기 때문이다. 베드로는 투옥되었고, 야고보는 사형을 당했다. 베드로가 투옥될 즈음에는 예수의 동생 야고보가 예루살렘 공동체의 새로운 지도자로 부상되었다.

(1) 안디옥 교회의 목회자였던 바나바는 말씀 사역의 필요성을 느끼고 다소에 묻혀 있던 바울을 찾아갔다. 바울과 바나바는 안디옥 교회에서 일년 정도 말씀을 가르쳤다(행 11:25-26).

(2) 그리고 바울과 바나바는 첫 번째 전도 여행을 떠난다(46년경, 바나바의 고향인 구브로와 갈라디아 지역). 이때 요한 마가도 함께 떠났다. 이때를 기점으로 누가는 유대 이름으로 불리던 사울을 **바울**이라는 로마식 이름으로 부르기 시작한다(행 13:9). 그리고 두 번째 전도여행을 떠난다(소아시아를 거쳐 마게도냐와 아가야 지역, 50~52년). 세 번째 전도여행은 에베소를 중심하여 마게도냐와 아가야 지역이었다(53~58년).

(3) 58년경, 바울은 예루살렘에서 체포되고 로마로 압송된다.[2] 그리고 62년경 로마에서 순교당한다. 자세한 사역 내용은 본문에서 언급하기로 하자.

1) 그는 고향에서 활동 때문에 매 맞은과 투옥됨을 포함하여 심각한 반대와 고난에 직면하게 되었다(고후 11:23-29).

2) 바울은 대단한 열정의 사람이었다. 다메섹 도상에서 그리스도를 만난 후, 예수의 가르침을 전하는 일을 위해 안락한 삶과 보장된 종교적인 지위를 포기했다. 복음을 위하여 바울은 수천 km를 육로와 해로를 통해서 선교 여행을 하였고, 여러 상황에 처해 살았으며 그리고 (자유가 박탈된 채로 여러 해를 지내왔던 것을 포함하여) 많은 불편함과 모욕과 박해를 당해야 했다(아이보르 J. 데이빗슨, 고회의 탄생, 그리심)

(1) (사울이) 대답하되 "주여 누구시니이까? (κύριε; ὁ δέ·)" 사울이 '주여'(κύριε)라고 호칭했지만 이 단계에서 그가 '주님'으로 인정했을 것 같지는 않다. 주님은 사울에게 이렇게 대답하신다. "나는 네가 박해하는 예수라"(ἐγώ εἰμι Ἰησοῦς ὃν σὺ διώκεις persecuting·). 행 22:10애는 '나사렛' 예수라고 했다. 사울은 부활하신 예수님을 보자 즉시 굴복했다.[1)]

(2) 행 22:10에는 "내가 이르되 주님 무엇을 하리이까?"라는 표현이 있다. "너는 일어나 시내로 들어가라 네가 행할 것을 네게 이를 자가 있느니라"(6절)라는 말씀이 사울에게 들려왔다.

(3) 같이 가던 사람들은 소리만 듣고 아무도 보지 못하여(미완료 과거로 아무것도 보지 못하고 있었다는 뜻) 말을 못하고 서 있었다(7절).[2)] "사울이 땅에서 일어나 눈은 떴으나 아무 것도 보지 못하고 '사람의 손에 끌려'[3)] 다메섹으로 들어가서 사흘 동안 보지 못하고 먹지도 마시지도 아니하니라"(8-9절). 행 22:11에서는 "나는 그 빛의 광채로 말미암아 볼 수 없게 되었다"고 했다. 눈이 멀었다는 것은 그가 부활하신 그리스도를 본 것이 환상이 아니라는 증거이다. 사울은 "사흘 동안 보지 못하고 먹지도 마시지도" 못하는 무력한 상태로 극도로 긴장 상태에 있었을 것이다.

3. 주님은 환상 중에 아나니아[4)]라는 제자를 부르신다. "일어나 직가[5)]라 하는 거리로 가서 유다의 집에서 다소 사람 사울이라 하는 사람을 찾으라"(10-11절)

(1) 일부 고대문서에는 '환상 중에'라는 말이 없다. 하나님께서 아나니아에게 직가라 거리로 가서 사울이라는 사람을 찾아가 안수하라는 명령을 주셨다(12절). 그러나 아나니아는 하나님께 이의(?)를 제기한다. '겁도 없이'

-------- '주니이임~, 13-14절을 읽어보니까, 이 사람은요~~ 도저히~' (읽어보자)

(2) 그러나 주님의 명령이 이어진다(15절).

[너는] — **가라**
//(이유: for)
이 사람은 — 택한 나의 그릇이라
//(목적: 부정사)
전하기 위하여
/내 이름을 이방인과 임금들과 이스라엘 자손들에게

• 그릇(스큐오스, σκεῦος) 고후 4:7을 보라. "우리가 이 보배를 질**그릇**에 가졌으니 이는 심히 큰 능력은 하나님께 있고 우리에게 있지 아니함을 알게 하려 함이라." / 여기서는 도구(instrument)라는 의미이다.

누가 사울을 선택했나? = 사울이 하나님을 택한 것이 아니다. 하나님께서 사울을 택하신 것이다.

---

1) 사울은 고넬료가 주님을 인정한 것처럼(행 10:4), 그 환상을 하나님께서 온 것으로 인정했을 것이다.

2) 행 22:9에는 "나와 함께 있는 사람들이 빛은 보면서도 나에게 말씀하시는 이의 소리는 듣지 못하더라"고 했다.

3) 바로 전까지 기세 등등했던 사울의 모습은 온데 간데 없어졌다. 인간은 이렇게 연약한 존재인데...

4) 아나니아는 '여호와는 은혜로우시다'라는 뜻으로 흔한 이름이었다. 다메섹에서 유대인과 기독교인들에게 존경을 받았다(행 22:12). 전승에 의하면 다메섹의 감독으로 있다가 순교당했다고 한다.

5) 여기서 직가는 곧은 거리 Straight, εὐθύς 유뒤스)를 말한다. '곧, 즉시'라는 뜻도 있다.

• 행 9:13-14
"이 사람에 대하여 내가 여러 사람에게 듣사온즉 그가 예루살렘에서 주의 성도에게 적지 않은 해를 끼쳤다 하더니 여기서도 주의 이름을 부르는 모든 사람을 결박할 권한을 대제사장들에게서 받았나이다."(13-14절).

(3) 16절의 그 이유를 말씀하신다.

//(이유: γάρ, for)
내가 —— 그에게 보이리라
/그가 — 얼마나 고난을 받아야 할 것을
/내 이름을 위하여

파스코(πάσχω): 고난을 당하다, 견디다 / 신자들이 당하는 고난을 표현하는데도 쓰였다. 그리스도의 이름을 '이방인 앞에서' 전하는 과정에서 받는 고난은 특별한 의미의 고난이다.

이후 사울(바울)의 삶은 복음을 전하는 과정에서 고난의 연속이었다. 우리는 앞으로 그가 겪는 고난이 어떤 것인지 살펴보려고 한다. 특별히 고린도후서 11-12장의 진술을 통해서 보게 된다. 그는 예수님이 하나님의 아들이시요, 주와 그리스도이심을, 그리고 주께서 부활하셨음을 계속해서 강조했다.

(4) 사울은 '이방인과 임금들과 이스라엘 자손들' 앞에서, 특별히 이방인들에게 복음을 전해야 할 인물이라는 것이다. 따라서 그에게 고난은 필연적으로 따라온다. 하나님은 이에 가장 적합한 인물을 선택하신 것이다. 사울이 하나님을 선택한 것이 아니다.

(5) 그래서 아나니아는 사울을 찾아가 그에게 안수한다. 그리고 이렇게 전한다.

형제 사울아, (아나니아는 사울에 대한 모든 의심이 풀렸다)
주(ὁ κύριος) 곧 네가 오는 길에서 나타나셨던 예수께서 나를 보내어
너로 다시 보게 하시고(너의 시력이 다시 회복되게 하실 것이다)
성령으로 충만하게 하신다

즉시(immediately, εὐθέως유데오스) 사울의 눈에서
비늘 같은 것이 벗어져 다시 보게 된지라[1)]
일어나 세례를 받고(18절) (그리스도 안에서 새로운 삶의 상징으로)
음식을 먹으매 강건하여지니라(원기가 회복되었다)
사울이 다메섹에 있는 제자들과 함께 며칠 있었다(19절).

1) 이 구절이 바울이 눈병을 앓았다는 것을 증명하지는 않는다(갈 4:15). 실제로 비늘이 떨어진 것이라기보다는 '마치 ~처럼'(like, ὡς)이라는 말을 사용하여 시력이 회복되었을 때 그가 그것을 그런식으로 느꼈다는 것을 나타낸다.

즉시로 예수가 하나님의 아들이심을 전파하니

1. 얼마나 제자들과 함께 있었는지는 모르지만 아마 길지는 않았을 것이다. 아라비아로 떠나기 전까지(갈 1:13-24) 있었을 것이다. 그리고 사울은 "즉시로 각 회당에서 예수가 하나님의 아들이심을 전파하기 시작했다"(20절).

(1) 사울이 전하는 메시지를 듣는 사람이 다 놀란 것은 당연한 일이었다. 사울의 너무 급진적인 선회(旋回)에 놀랐기 때문이다. "이 사람이 예루살렘에서 이 이름을 부르는 사람을 멸하려던 자가 아니냐? 여기 온 것도 그들을 결박하여 대제사장들에게 끌어 가고자 함이 아니냐?"(21절)

고대 안디옥의 유적

수리아 안디옥: 주전 300년경에 알렉산더 대제의 휘하 장군 중의 한 명인 셀루키드 1세에 의해서 오론테스 강가에 세워졌다. B.C 63년에 로마인들이 시리아를 합병한 후에 안디옥이 그 지방 수도가 되었다.

안디옥은 에베소보다 인구는 적었지만 로마인에게는 로마와 알렉산드리아에 이어 제국의 세 번째 도시였다. 또한 해안 지방의 세련된 그리스 문화와 내륙의 유목민들의 관습이 관통하는 요충지로서, 디아스포라 유대인의 중요한 중심지였고 로마와 페르시아의 국경 간의 중요한 정치적, 상업적, 그리고 군사적 교류의 장이었다.

(2) 사울은 '힘을 얻어'(kept increasing) 예수를 그리스도라 증언했다. 사울이 힘을 얻은 것은 그의 육체적 건강과는 전혀 관련이 없다. 그가 힘을 더 얻어가는 것은 하나님께서 바울에게 성령으로 충만케 하셨기 때문이다(행 9:17). 어쨌든 다메섹에 사는 유대인들은 당혹했다(confounded). 매우 혼란스러워 했다는 말이다.

Ὡς δὲ
ἐπληροῦντο 미완료수동태
ἡμέραι ἱκαναί,

(3) "여러 날이 지나매" : 지났다는 말 '에플레룬토'(ἐπληροῦντο)는 플레로오(πληρόω)의 미완료과거 수동태로 '채워지는 중이었다'는 뜻이다. 여기 히카나이(ἱκαναί)란 말은 긴 기간을 의미하는 일상적인 단어로 '상당한'을 뜻한다. 따라서 이 말은 "상당히 오랜 기간이 지난 후"라는 말이다. 아마, 이 기간은 갈라디아 1:16-18*에서 언급된 아라비아로 갔다는 언급을 보아, 약 3년여간의 기간을 말하는 것으로 보인다. 여러 유대인들의 반발로 인해 사울은 삼년의 대부분을 아라비아(Ἀραβία)에서 보냈을 것이다.

• 갈1:17-18 "17 또 나보다 먼저 사도 된 자들을 만나려고 예루살렘으로 가지 아니하고 **아라비아로 갔다가 다시 다메섹으로 돌아갔노라** 18 **그 후 삼 년 만에** 내가 게바를 방문하려고 예루살렘에 올라가서 그와 함께 십오 일을 머무는 동안..."

(4) 어떤 학자들은 아라비아는 사막 지역이였기에 사울은 그곳에서 대부분의 시간을 하나님과 교제와 명상의 시간을 가졌을 것으로 본다. 유대교의 경계를 넘어선 사역을 하기 위해서는 그의 전체 사상 체계를 재확립하는 계기가 필요했기 때문이라고 한다. 그러나 갈라디아서에서는 다메섹 사건 후, 명상을 하기 위해 광야로 갔다고 언급하지 않는다. 오히려 아라비아로 갔다고 했다. 그는 회심 후, 다메섹에서 그리 멀지 않은 나바테아 왕국으로

복음을 증거하러 갔을 것이다. 당시 나바테아는 다메섹 근처의 지역이었기 때문이다.

2. 아라비아에서의 3년간, 사울은 그곳에서 명상만 했을리 없고, 오히려 그의 행동으로 인해 나바테아의 왕 아레타스 4세의 분노를 샀을 것이다.

(1) 유대인과 나바테아는 물론 역사적으로 사이가 좋지 않았다.

▲ 헤롯 안티파스(Antipas)는 나바티아의 아리비아 왕 아레타스 4세의 딸과 결혼했다. 그런데 그가 동생 빌립을 방문하고서, 그 빌립의 아내 헤로디아와 눈이 맞았다. 로마 여행 중 (서민이 된 빌립의 아내) 헤로디아에게 반하여 청혼을 했고, 헤로디아는 현 부인인 나바테아를 물리칠 것을 조건으로 허락했다. 세례 요한은 헤롯 안티파스가 동생 빌립의 아내를 취한 사실을 보고 옳지 않은 일이라고 책망했고 이 일로 인해 옥에 갇히게 되었었다(마 14장, 막 6:14-29 참조). 물론 이 일로 나바티아의 아리비아 왕 아레타스 4세(B.C 9~A.D 40)는 군대를 동원해 안티파스의 군대를 박살내기도 했다.

(2) 그런데 유대인인 사울이 자기 영역으로 침투해서 개종을 권유했다면(추측이긴 하지만) 아레타스 4세는 당연히 분노하였을 것이다. 바울의 성격상 나바테아에서도 열심을 갖고 복음을 증거했을 것이다. 그는 다시 다메섹으로 왔지만 도피할 수밖에 없었는데, 아레타스 왕의 사절이 그를 체포하기 위해 와 다메섹에 와 있었기 때문이다.[1] 나바테아인들은 유대인과 공모해서 바울을 처형하려 했을 것이다(고후 11:32-33*). 사울은 성벽을 타고 (큰 광주리 혹은 그물을 이용해) 도피하여(고후 11:32-33) 예루살렘으로 돌아왔다.

(3) 예수 믿는 사람들을 추적하기 위한 자신의 임무를 수행하기 위해 출발한 지 3년 이상이 경과하였고(갈 1:17-18) 이제는 그도 그들 중에 한 사람이 되었다. 그렇다면 그가 예루살렘으로 돌아온 것은 (그의 회심이 32년?) A.D 35년경이었을 것이다[2]

3. 사울은 예루살렘으로 돌아왔지만 환경은 녹녹치 않았다. 왜냐하면 전에 교회를 지나치게 박해한 수많은 기억들이 남아있었기 때문이었다.

(1) 바울은 어떻게 하든지 공동체와 사귀고자 했으나 모두 다 그를 두려워하여 그가 예수의 제자됨을 믿지 아니했다. 많은 성도들이 그를 의심했다. 틀림없이 어떤 궤계를 꾸며 해하려는 의도가 아닌가 의심했다.

(2) 그런데 구브로 출신 레위인(원래 이름은 요셉)인 바나바[3] 덕분에 바울은 나

1) 다메섹에는 나바테아 사람도 많이 살고 있었기 때문에 왕은 자기 나라 백성을 위해 방백이 파견되어 있었다.

• 고후 11:32-33 "다메섹에서 **아레다 왕의 고관이 나를 잡으려고** 다메섹 성을 지켰으나 나는 광주리를 타고 들창문으로 성벽을 내려가 그 손에서 벗어났노라."

2) 아이보르 J. 데이빗슨, 교회의 탄생, 그리심, 69.

3) 바나바는 행 4:36, 37에서 소개된 바와 같이 자기 재산을 팔아 예루살렘 초기 교회에 바쳤던, 성령과 믿음이 충만한 사람이었다(행 11:24). 그가 나서서 바울을 호의적으로 변호했다. 예루살렘 교회는 그를 복음 전파자들을 지원하도록 안디옥으로 보냈다(행 11:20, 22). 그곳에서 바울과 함께 교회 신자들을 가르쳤다.

• 행 9:27 "바나바가 데리고 사도들에게 가서 그가 길에서 어떻게 주를 보았는지와 주께서 그에게 말씀하신 일과 다메섹에서 그가 어떻게 예수의 이름으로 담대히 말하였는지를 전하니라."

• 갈 1:21 "그 후에 내가 **수리아와 길리기아 지방에 이르렀으나** 22 그리스도 안에 있는 유대의 교회들이 나를 얼굴로는 알지 못하고 23 다만 우리를 박해하던 자가 전에 멸하려던 그 믿음을 지금 전한다 함을 듣고 24 나로 말미암아 하나님께 영광을 돌리니라."

사렛 사람들에게 소개될 수 있었다(행 9:27*). 그러나 여전히 많은 면에서 의혹은 계속되었다. 헬라파 유대인들과 함께 말하며 변론했으나 그 사람들이 여전히 바울을 죽이려고 시도했다. 후에 술회하듯이 바울은 베드로와 15일간 함께 지냈고 예수님의 형제 야고보만을 만났을 뿐이었다(갈 1:18-19)고 했다.

(3) 바울이 예루살렘에서 얼마나 오랫동안 머물렀는지는 확실하지 않다. 그러나 얼마 후에 시리아로, 그의 고향 다소로, 그리고 길리기아(Cilicia) 지역을 향해 출발했다. 고향에서 거의 10여년 동안의 그의 행적은 묘연하다. 그러나 나바테아에서도 열정적으로 복음을 증거했다면 고향에서도(길리기아 다소) 같은 열정을 보였을 것이다(갈 1:21이하* 참조).

9:31 그리하여(So, οὖν)
온 유대와 갈릴리와 사마리아 교회(ἐκκλησία 에클레시아 / 단수)가
평안하여 든든히 서 가고(οἰκοδομουμένη 현재분사 수동태)
주를 경외함과 성령의 위로로 진행하여
수가 더 많아지니라(it *continued* to increase, ἐπληθύνετο 미완료수동태)

(4) 누가는 (이런 복잡한 환경에서도) 교회는 평안하며 여전히 부흥했다고 전한다. 어떤 요인들이 점점 부흥하는 요인이 되었을까? 무엇보다 교회를 박해하던 사울이 회심하여 그리스도인이 되었기 때문이다. 또 한 가지 이유는 갈리귤라 황제가 갑자기 죽었기 때문이다.

칼리굴라(37-41년) - 티베리우스 황제는 자기의 조카 손주인 칼리굴라를 왕위에 오르게 한다. 칼리굴라는 반사회적인 인간성을 드러내었다. 그는 자기가 하고 싶은대로 하는 사람이었다. 그는 10대 때 자기 누이동생 세 명과 근친상간을 저질렀다. 그리고 이 누이들을 그가 주조한 화폐에 새겨 기념했다. 그는 도발적이고 독재적인 방법으로 통치했다. 티베리우스가 23년 모아 놓은 돈을 칼리굴라는 그의 통치 1년 만에 다 써버렸다고 한다. 그가 권좌에 오른지 8개월 때쯤 고열로 앓아누었는데, 이로 인해 더 균형을 잃은 채 행동했다.

그는 스스로를 제우스의 화신으로 생각하여, 제우스가 누이동생 헤라와 결혼한 것처럼, 그의 누이와 결혼했다. 그의 남은 통치기간 그의 행동은 예측 불허였다. 심지어 그는 가학적인 변태 성욕자였다. **그가 죽을 무렵, 로마 군사들이 황제상을 성전에 놓기 위해 예루살렘으로 진군했다(A.D 39년).** 그러나 황제의 명령이 전달되기 직전에 칼리굴라의 사망 소식이 전해졌다. 예루살렘은 안도의 숨을 쉬었을 것이다.

클라우디우스(41-54년)

칼리굴라가 죽자 원로원은 공화정 회복을 꿈꿨으나 근위대는 칼리굴라의 삼촌 클라우디우스를 임페라토르(로마 공화정 시대의 군사령관의 칭호, 아우구스투스 이후에는 원수의 칭호로 불리었으나 후에 황제의 뜻으로 쓰였다)로 추대했다.

베드로의 치유 기적(행 9:32-43)

1. 베드로는 그의 사역 반경을 예루살렘에만 국한하지 않았다. 그는 사방으로 두루다녔다. 그러다가 룻다에 사는 성도들을 방문하게 된다. 룻다(Lydda, Λύδδα)는 샤론 평야의 있는 마을이다.

(1) 거기서 애니아(Aeneas, Αἰνέα^아이네아스^)라 하는 사람을 만나매
그는 중풍병(was paralyzed)으로 침상 위에 누운 지 여덟 해라

(2) '애니아'는 고대 헬라어 이름이다. 따라서 그는 헬라파 유대인이었을 것이다. 의사인 누가는 그가 중풍병(뇌혈관의 장애로 인한 반신불수, 언어장애 등의 후유증으로 고생)으로 자리에 누운지 8년이나 되었다고 했다.

9:34 베드로가 —— **이르되**
/애니아야!
예수 그리스도께서 — 너를 낫게 하시니(ἰᾶται)
[너는] —— 일어나
네 자리를 정돈하라 한대
[그가] —— 곧 **일어나니**

• 이아오마이(ἰάομαι)의 치료하다, 고치다의 일회적 현재 중간태 / 지금 여기서 치료한다는 말이다.

문자적 의미로 - 눅 5:17, 9:2
비유적 의미로 - 요 12:40; 행 28:7; 히 12:13; 약 5:16 등

• 정돈하라(στρῶσον 명령법 과거) - '네 자리를 스스로 펴라'는 의미이다. 그러자 그는 곧바로 일어났다.

(3) 침상에서 8년이나 비참한 상태로 누워있던 애니아가 즉시 치료함을 받았다. 치료하신 분은 물론 예수 그리스도이시다. 이 일은 곧 이 지역(룻다와 사론에 사는 사람들)으로 퍼져나갔다. 사론에 사는 사람들이 다 그를 보고 주님께로 돌아왔다(35절). 여기 사론은 도시가 아니라 샤론 평야를 말한다. 욥바에서 사마리아에 이르는 약 48km의 평야지역으로 팔레스틴 해안평야에서 가장 비옥한 곳이다. 오늘날 욥바 근처이다.

2. 누가는 또 하나의 베드로의 치유 기적을 소개한다. 이번에는 욥바에서 '다비다'라는 여제자가 죽었는데, 그녀를 살린 기적의 내용이다.

(1) 욥바(Joppa, Ἰόππη^이옵페^)[1]는 '아름다움'을 의미한다. 베드로가 아직 룻다에 머물고 있다는 말을 듣고 욥바에 있는 제자들이 두 사람을 그에게 보내

1) 이 곳은 이스라엘이 가나안을 점령한 후 단과 에브라임 지파이 접경에 위치해 단 지파의 국경 도시였으나 (수 19:26) 곧 블레셋의 손으로 넘어갔다. 현재는 야파(Jaffa)이며 예루살렘으로 가는 항구이다. 선지자 요나도 니느웨로 가서 회개의 메시지를 전하라고 하셨을 때 욥바로 내려가서 다시스로 가는 배를 탔다(욘 1:3).

1) 예루살렘에서는 죽은 당일에 매장하지만(행5:9), 이곳에서는 3일 정도 늦출 수 있었다. 두 사람의 사자는 도르가가 임종 전에 룻다로 출발했을 것이다.

2) 아름다운 모습, 혹은 눈을 가진 피조물) - 아름다움을 표현하기 위한 인기 있는 상징이다.

어 지체하지 말고 와 달라고 간청했다. 그래서 베드로는 그들을 따라 나섰다. 욥바에 이르자 사람들이 그를 다락방으로 안내하였다. 베드로가 도착했을 때에는 다비다는 이미 죽었다. 그래서 여자들이 시체를 씻어 다락에 뉘였다. 당시 매장(埋葬) 풍습은 서두르지 않았다. 다락은 보통 시신을 놓아두는 장소였다.[1] 다락방에 올라가니 모든 과부가 베드로 곁에 서서 울며 (도르가가 그들과 함께 있을 때에 지은) 속옷과 겉옷들을 다 보여주었다(39절). 그녀가 평소에 선행과 구제하는 일이 심히 많았음을 보여준다.

(2) 다비다(Ταβιθά타비다)는 아람어 형태이며, '사슴'을 의미한다. 헬라어 '도르가'(Δορκάς도르카스)는 '가젤'(Gazelle, 작은 영양)[2]을 의미한다. 그녀는 아람어와 헬라어 이름을 동시에 가졌던 것 같다. 남편에 대한 언급이 없는 것으로 보아 아마 미혼이었을 것이다. 그녀는 평상시에 착한 일과 구제를 많이 했기에 그녀의 죽음은 주위에, 특히 과부들에게 큰 슬픔이 아닐 수 없었다.

- 막 5:41 "그 아이의 손을 잡고 이르시되 **달리다굼** 하시니 번역하면 곧 **내가 네게 말하노니 소녀야 일어나라** 하심이라."
- 달리다굼 - 원래는 아람어 구절 '탈레타(또는 텔리다) 쿠미'인데 마가가 헬라어로 음역하는 가운데 달리다굼이 되었다. 직역하면 "귀여운 소녀야 일어나거라"이다.

9:40 베드로가 — 사람을 다 **내보내고** — • 베드로는 홀로 기도했다. 과부의 아들을 살린 엘리야의 기도를 보라(왕상 17:20); 엘리사의 기도(왕하 4:33).
— 무릎을 꿇고 **기도하고**
— **돌이켜 이르되**
/시체를 향하여
/다비다야, [너는] — 일어나라(ἀνάστηθι명령법 과거)
그가 — **눈을 떠** 베드로를 **보고**
— **일어나 앉는지라**

예수님께서 소녀를 살리신 기적을 생각나게 한다(막 5:41).

달리다굼(Talitha kum! ταλιθα κουμ)

4) 당시 짐승의 가죽을 다루는 직업은 최하위 직업이었다. 유대인 여자는 만일 그녀의 남편이 무두장이(피장, 皮匠)이라는 것을 발견한다면 이혼 소송을 제기할 수 있었다고 한다. 그런데 베드로는 그의 집에서 여러 날을 머물렀다. 베드로는 점차 이방인과의 관계를 좁혀 가고 있다.

(3) 베드로는 시체(body)를 향하여 : 베드로는 무릎을 꿇었다. 죽은 자를 살리는 일은 인간인 베드로가 하는 일이 아님을 잘 알고 있었다(왕상 18:42 참조). 베드로는 시체쪽으로 돌아서며 '다비다야! 일어나라'고 명령했다 (ἀνάστηθι명령법 과거). 그러자 기적이 일어났다. 그녀가 눈을 뜬 것이다. 이 단어는 본문과 누가복음 7:15에서만 나온다.

(4) 베드로가 손을 내밀어 [그녀를] 일으키고 성도들과 과부들을 불러들여 그가 살아난 것을 보였다. 이 일로 인해 "온 욥바 사람이 알고 많은 사람이 주를 믿는" 역사가 일어났다. 베드로가 욥바에 여러 날 시몬이라 하는 무두장이[3]의 집에서 머무른다(43절).

베드로가 고넬료를 만나다(행 10:1–8)

성경에는 백부장에 대한 이야기가 많이 등장한다. 항상 호의적인 모습으로 소개되었다.[1] 백부장은 로마 군대의 지휘관으로 백 명의 부하를 거느리는 부대장이었다. 로마군대의 한 군단은 6천명인데, 이것을 60개의 단위로 나누었다. 당시 백부장은 인기가 있었다고 한다. 지금 베드로는 욥바에서 무두장이(피장, 皮匠)의 집에 머물고 있다. 본문에 나오는 고넬료(Cornelius)라고 하는 백부장은 "경건하여 온 집안과 더불어 하나님을 경외하며 백성을 많이 구제하고 하나님께 항상 기도하는 자"였다고 했다. 그가 어느 날 기도하는 중에 환상이 보였다.

로마 백부장

백부장(centurion)

1) 신약성경에는 백부장을 뜻하는 세 가지 다른 용어가 제시되어 있다.

① 마가는 오로지 라틴어투의 켄튀리온(κεντυρίων)만을 사용한다(막 15:39, 44, 45).

② 마태복음에 가장 자주 나오는 용어는 아티카 헬라어 번역 헤카톤타르코스(ἑκατόνταρχος)이다(마 8:5, 8:8, 27:54 참조: 행 22:25, 28:16 Koine).

③ 누가복음과 사도행전은 헬레니즘 헬라어 번역 ἑκατοντάρχης를 택한다(눅 7:2, 6, 23:47; 행 10:1, 22, 21:32, 22:26, 23:17, 23, 24:23, 27:1, 6, 27:11, 31).

(바이블렉스)

1. 본문에 나오는 고넬료는 지금 가이사랴에 주둔하고 있다. 그는 이방인었지만 하나님을 경외하는 자(God–fearer)였을 것이다.

(1) 이런 하나님을 경외하는 이방인이 많았다. 누가의 '하나님을 경외하는 사람'이란 표현은 유대교로 개종한 이방인을 가리킨다(눅 13:16, 26, 17:4, 17 등). 그는 많은 구제를 했고(이방인데 유대인들을 구제했다), 또 하나님께 항상(continually) 기도하는 삶을 살았다. 그는 지금 가이사랴에 주둔하고 있다. 가이사랴는 욥바에서 북쪽으로 48km 지점이다. (갈멜산에서 남쪽으로 36.8km, 예루살렘에서는 북서쪽 약 104km 떨어진 지중해 항구, 아우구스투스를 경외하는 뜻에서 '가이사랴'고 불렀다.)

10:3 [그가] — 환상 중에 밝히 **보매**
/제 구 시쯤 되어
하나님의 사자가 – **들어와 이르되** (...하니)
/고넬료야
4 고넬료가 – **주목하여 보고 두려워 이르되**
/주여! 무슨 일이니이까?
천사가 – **이르되**
/네 기도와 구제가 – 상달되어
/하나님 앞에
/기억하신 바가 되었으니

• 기도와 구제는 유대인의 두 가지 덕목이다. 고넬료도 기도 생활과 함께 구제를 계속하고 있었다. 하루는 기도 중에 환상을 보게 된다. 제 구시는 오후 3시쯤이다.

• (ἀνέβησαν) - 과거 능동태 / 희생 제사의 연기처럼 올라갔다는 말이다.

τί ἐστιν, κύριε;
What is it, Lord?

하나님의 구에 상달되었다. 예를 들어보자.
예수님은 이 여인의 행위(베다니 마리아의 행한 일)에 영속적인 기념비를 세우신다. "내가 진실로 너희에게 이르노니 온 천하에 어디서든지 이 복음이 전파되는 곳에서는 이 여자가 행한 일도 말하여 그를 기억하리라 하시니라"(13절).

고넬료는 지금 초긴장이다. 기도는 열심히 했지만 설마 자기 이름을 부를 줄이야! 그는 두려움 가운데 주님의 뜻이 무엇일까 귀를 기울이고 있다. 상달되지 않는 기도가 많다는데... 나는? 우리의 기도는 왜 상달이 안될까? - '뭐? 내 기도는 상달이 된다고?'

1) 메타펨퍼(μεταπέμπω)의 명령법 과거 중간태 디포 / '~를 부르러 보내다'라는 의미이다. 자기 자신을 위하여 다른 사람을 보낸다는 의미이다.

(2) 하나님은 고넬료에게 지시를 내리셨다. 지시 내용은 다음과 같다. "네가 지금 사람들을 욥바에 보내어(now dispatch some men to Joppa) 베드로라 하는 시몬을 청하라(μετάπεμψαι)[1]라는 것이었다. 베드로는 지금 욥바에 있는데, 무두장이 시몬의 집에 있다는 친절한 안내가 있은 다음에 천사는 떠났다.

(3) 물론 고넬료는 즉시 집안 하인 둘과 부하 가운데 경건한 사람 하나를 불러 세웠다. "너희들, 3~4절을 자세히 읽어보고 지금 빨리 욥바에 좀 다녀오라." '그리고 베드로는 지금 욥바 해변가에 있단다. 빨리 다녀와~~'

2. 그 시간 욥바에 있는 베드로는 무엇을 하고 있었을까? 종들이 욥바로 떠난 그 이튿날이다.

2) 그 시각 베드로는 배가 고파서 무엇을 먹었으면 했다. 사람들이 음식을 준비하고 있는 동안에 베드로는 황홀한 상태에 빠져 들어 갔다.

(1) 그들이(3명이) 길을 가다가(가이사랴에서 욥바까지 45km이다)
그 성에 가까이 갔을 그 때에
베드로가 기도하려고 지붕에 올라가니(지붕은 벽으로 둘러싸인 평평한 곳이어서 기도하기에 적합한 장소이다.)
그 시각은 제 육 시더라(낮 열두 시쯤)[2]

(2) 베드로는 황홀한 중에(=비몽사몽간에) 무엇을 보았는데;

10:11 [그가] — **보니**
/하늘이 열리며
/한 그릇이 내려오는 것을
/드리웠더라(=드리운 것을)
/큰 보자기 같고 네 귀를 매어 땅에

• 보자기 같은 그릇이 네 귀퉁이에 끈이 달려서 땅으로 내려오고 있었다.

12 **그 (보자기) 안에는 무엇이 있었을까?**
땅에 있는 각종 네 발 가진 짐승과 기는 것과 공중에 나는 것들이 있더라

13 **베드로야 너, 보자기에 있는 것을 잡아 먹어라.**
뭐라고요? "주여, (절대) 그럴 수 없습니다(μηδαμῶς 메다모스)"
왜냐하면 그 이유는 14절의 내용 때문에 그렇습니다."

μηδαμῶς, κύριε

주여, 절대로 안됩니다.

메다모스(μηδαμῶς) - 결코 ~아니다. 사도행전에서 두 번 나온다(행 10:14, 11:8). 물론 이 단어는 οὐδαμῶς('나는 결코 그것을 하지 않겠다')와는 다르다. 그러나 '메다모스'는 이유 있는 정중한 거절이다. 주님은 그 속된 동물을 잡아 먹으라고 3번이나 권유하셨지만 베드로는 계속 거절한다. 어려서부터 속되고 깨끗하지 아니한 것은 먹지 않아왔기 때문이다.

(3) 그렇다고 순순히 물러날 하나님이 아니시다. "또 소리가 있으되 베드로야 일어나 잡아 먹어라." 두 번째 명령이었다.

(4) 주님의 명령은 아무리 생각해도 그가 지금까지 율법을 지키며 살아왔던 것과는 너무 모순된 명령이기에 감히 하나님께 부드러운(?) 항변으로 맞선다. "주여 그럴 수 없나이다 속되고 깨끗하지 아니한 것을 내가 결코 먹지 아니하였나이다"(14절)

1) '네가'(σύ) - 강조하기 위해 문장 앞에 두었다. 베드로는 하나님께서 '죽여서 먹으라'고 한 그것들을 '속되다'고 했다.

10:15 네가[1] —— 속되다 하지 말라(σὺ μὴ κοίνου[2])
/하나님께서 깨끗하게(ἐκαθάρισεν과거능동) 하신 것을

2) 속되다(코이노오, κοινόω) - '속되다, 부정하다고 선포하다'를 의미한다.

(5) "이런 일이 세 번 있었다"고 했다. 그후에야 그 그릇이 곧 하늘로 올려져 갔다. 베드로는 환상이 사라지고 난 후에도 도저히 이해할 수 없는 하나님의 말씀에 여전히 혼란해 했다.

3. 베드로는 자신이 본 환상이 무슨 뜻인지 속으로 의아해 하고 있었는데, 어떤 사람들이 문밖에서 자신을 찾는 것이 아닌가!

(1) "한 가지 여쭙겠는데요. 혹시 여기에 베드로라 하는 시몬이 묵고 있습니까?" 고넬료가 보낸 사람들이 시몬의 집을 찾아온 것이다. 그런데 베드로는 아직도 그 환상에 대하여 '속으로 의아해 하고'(was greatly perplexed in mind, διηπόρει미완료 능동)[3] 있었다(17절). 심히 머릿속이 복잡해졌다는 말이다. '내가 본 환상(vision, ὅραμα호라마)이 무슨 뜻일까?'하고 계속해서(미완료 능동태) 생각에 잠겨 있었다.

3) 디아포레오(διαπορέω) - '심히 당황하다'라는 의미이다.

(2) 이 답답해 하는 베드로에게 성령께서 말씀하신다. "지금 두 사람(세 사람?)이 너를 찾아왔다. 내려가 보아라." "일어나 내려가 의심하지 말고 함께 가라 내가 그들을 보내었느니라."

지시를 받아(ἐχρηματίσθη) - 크레마티조(χρηματίζω)의 과거 수동태 / 주로 수동태로 사용되었으며, 계시에 의한 하나님의 지시나 가르침을 나타낸다(직무 수행, 마 1:12, 2:22). 계시 수령자는 하나님의 도구로 여겨졌다.

10:21 베드로가 — **내려가** 그 사람들을 **보고 이르되**
/내가 —— 곧 너희가 찾는 사람인데
/너희가 —— 무슨 일로 왔느냐

무슨 일로 왔느냐구요? 22절을 보세요

22 그들이 **대답하되**
/백부장 고넬료는 의인이요 하나님을 경외하는 사람이라 유대 온 족속이 칭찬하더니 **그가 거룩한 천사의 지시를 받아 당신을 그 집으로 청하여 말을 들으려 하느니라** 한대

4. 베드로는 자신을 만나러 온 사람들을 불러들여 그 날 밤을 묵고, 이튿날 일어나 그들과 함께 출발했는데, 이때 욥바에서 온 형제들도 함께 갔다(23절). 그러니까 전부 몇명? [베드로 + 베드로를 뫼시려 온 3명 + 욥바에서 온 6명의 형제들(행 11:12)]

(1) 일행이 가이사랴에 도착하자 고넬료는 그의 친척과 가까운(=꼭 있어야 할) 친구들을 불러 놓고 기다리고(προσδοκῶν 현재분사 능동태)[1] 있었다(24절). '기다리다'라는 말은 이들이 오기를 아주 간절한 마음을 갖고 기다렸다는 의미이다. 마침 베드로가 들어오자 고넬료는 그를 맞아(συναντήσας 현재분사 능동태 - '일어나다'라는 의미) 그의 발 앞에 엎드리어 절을[2] 했다(25절).

(2) 그러자 베드로는 고넬료를 일으키며;

"일어서라 나도 사람이라"(Stand up; I too am just a man.)
(ἀνάστηθι·Stand up καὶ ἐγὼ αὐτὸς ἄνθρωπός εἰμι.)
물론 고넬료가 베드로를 예배하려고 했다는 것이 아니라 최대의 경의를 표현했다는 것이다. "더불어 말하며(고넬료와 함께 이야기하면서) 들어가 여러 사람이 모인 것을 보고"(27절)

5. 왜 이렇게 많이들 모였을까? 이는 고넬료가 본 환상의 의미가 무엇인가를 듣기 원하였기 때문이다.

10:28 [베드로가] ― [그들에게] **이르되**
/너희도 – 알거니와
/유대인으로서 이방인과 교제하며 가까이 하는 것이 위법인 줄은
하나님께서 ― 내게 지시하사
/아무도 속되다 하거나 깨끗하지 않다 하지 말라 하시기로
29 [내가] ――― 부름을 사양하지 아니하고 왔노라

• 유대인이 이방인과 접촉하는 것이 위법이란 내용은 율법에 없다.

• 베드로는 지금 이방인과 유대인간의 잘못된 관습을 이미 뛰어넘었다.

6. 그러나저러나 "무슨 일로 나를 불렀느냐?"

(1) 고넬료가 자기가 기도 시간에 보았던 환상의 이야기를 하고 있다. 30절에서 32절까지 읽어보자. 이미 앞에서 벌어졌던 이야기 내용을 다시 들려준다.

---

1) 여기 '기다리다'(프로스도카오, προσδοκάω)는 προς(~을 향하여) + 도큐오(δοκεύω, 지켜보다)에서 유래했다. 열렬한 기대와 희망을 가지고 마음을 무엔가로 향하도록 조종하는 것을 가리킨다.

2) 절하다(προσυκυνέω, 프로스퀴네오) - '예배하다'라는 뜻도 있지만, 여기서는 경의를 표하다를 뜻한다.

이방인과의 접촉이 안 된다는 것은 율법의 근본 뜻이 아니다. 그러나 훗날 서기관들은 그것을 추가하여 관습화되어 버렸다. 바리새인들의 규율은 너무나 엄격했는데, 그 이유는?

포로기 이후, 새로운 환경에서는 성문 율법인 토라에서는 없는 내용이 발생했으므로 그 내용을 조정할 필요가 생겨났다. 이렇게 하여 생겨난 구전 율법은 신구약 중간기와 신약시대에는 엄청난 양의 부피로 불어났다. 바리새인들은 구전 율법을 높이 평가하여 존중했다. 이 구전 율법은 모세에게서 유래된 성문 율법과 평행을 이룬다고 여겼다. 신약 성경 여러 곳에서는 '장로들의 전통' 또는 '사람의 전통'이라고 언급되어 있다(마 15:1-19; 막 7:1-23). / 유대인들은 무할례자의 집에 들어가도 위법으로 여겼다(행 11:3). 이 것이 유대인과 이방인간에 막힌 담이었다. 주님께서 이 담을 허신 것이다.

(2) 그렇게해서 "내가 곧 당신에게 사람을 보내었는데 오셨으니 '잘하였나이다'(=고맙습니다[1])." "이제 우리는 주께서 당신에게 명하신 모든 것을 듣고자 하여 다 하나님 앞에 있나이다."(33절)

1) 감사를 표현하는 평상적인 어투이다(빌 4:14).

10:34 베드로가 입을 **열어 말하되**
/내가 ㅡ참으로 깨달았도다
/하나님은 ㅡ 보지 아니하시고
/사람의 외모를
35 /[하나님이] ㅡ 다 받으시는 줄
/각 나라 중 하나님을 경외하며 의를 행하는 사람은
36 /[그가] ── 보내신(=보내셨다)
/말씀(을)
/화평의 복음을 전하사
/이스라엘 자손들에게
/만유의 주 되신 예수 그리스도로 말미암아
37/곧 요한이 그 세례를 반포한 후에 갈릴리에서 시작하여 온 유대에 두루 전파된 그것을 너희도 알거니와

언제부터 깨달았을까? 고넬료의 집에 들어설 때부터이다. 하나님은 이방인이라고 차별 대우하시지 않는다는 점을 이곳에 와서야 알게 되었다는 것이다. 이는 후일 바울이 에베소서 2:15-17에서 말한 내용이다.

베드로가 참으로 깨달은 것은?
① 하나님은 외모를 보지 않으신다(이방이나 유대인이나 차별을 하지 않으신다) ② 하나님을 두려워하며 의를 행하는 사람은 (이방인이나 유대인이나) 다 받으신다는 점.

유대인들은 자신들만이 하나님의 은총의 대상이요 천국의 자녀라고 생각해 왔다. 왜? 자신들은 아브라함의 자손이기 때문에.

화평의 복음은 어떻게 가능했던가? 그것은 오직 예수 그리스도로 말미암아 가능하게 되었다. 예수님은 **만유의 주**이시다. 예수 그리스도는 이방인이나 유대인이나 모두의 주님이시라는 말이다.

그 평화의 복음이 언제부터 시작되었느냐고?
세례 요한 이후 갈릴리 사역부터(눅 4:44) 시작하여 온 유대에 널리 퍼지지 않았느냐고 상기시킨다. 이 평화의 복음을 제일 먼저 받은 자가 누구인가? 이스라엘이라는 것이다. 그러므로 이스라엘은 특별한 위치에 있다. 그러면 이 평화의 복음이 이스라엘만을 위해 주어진 것이냐? 아니라는 것이다. 이제 그 복음이 이스라엘을 넘어 이방인에게까지 가야 한다는 것을 나도(=베드로도) 이제야 깨닫게 되었다고 말하고 있는 것이다.

(3) 설교가 계속된다. 베드로는 앞에서 언급한 평화의 복음의 말씀에 대하여 더 언급한다(38절).

設教

(베드로의) 설교

38 하나님이 나사렛 예수에게
성령과 능력을 기름 붓듯 하셨으매
그가 두루 다니시며 선한 일을 행하시고
마귀에게 눌린 모든 사람을 고치셨으니
이는 하나님이 함께 하셨음이라

하나님은 예수님께 성령과 능력을 기름 붓듯 하셨다. 왜?
예수님은 죄 없는 완전한 인간으로 오셨는데, 구속 사역을 감당하기 위해 성령과 능력을 받으셔야 했다. 능력은 예수님이 성령과 함께 받은 초자연적인 권능을 가리킨다. 그런 권능을 가지시고 마귀에게 억눌린 사람들을 모두 고쳐 주셨다. 이는 하나님이 주님과 함께 하셨기 때문이다.

39 우리는 유대인의 땅과 예루살렘에서 **그가 행하신 모든 일에 증인(witness)**이다.

1) 베드로를 비롯한 제자들은 특별한 의미에서 그의 증인들이다(행 13:1). 지금 예수님의 수제자라 불리는 베드로 사도의 증언보다 더 확실한 증언이 어디 있겠는가? 베드로는 십자가에서 죽으시고 부활하신 주님을 목격한 살아 있는 증인이다. 물론 누가는 바울이나 스데반도 여전히 증인들이라고 부른다(행 22:15, 20).

2) 함께 먹고 함께 마시다

συνεφάγομεν과거 능동 συνεσθίνω(쉬네스디노) - '함께 먹다'라는 의미 συμπίνω(숨피노) '함께 마시다'라는 의미

이제 심판 사역이 하나님께로부터 그의 아들 예수 그리스도에게 위탁되었다는 것이다(요 5:22, 27, "아버지께서 아무도 심판하지 아니하시고 **심판을 다 아들에게 맡기셨으니**").

비교: "**우리가 다 반드시 그리스도의 심판대 앞에 나타나게 되어** 각각 선악간에 그 몸으로 행한 것에 따라 받으려 함이라"(고후 5:10)

계 20:11-15 참조 : 그리스도의 심판대(고후 5:10)라는 말이나 하나님의 심판대(롬 14:10)라는 말은 별 차이 사용한다.

(4) 이렇게 여려분에게 확신있게 전하는 것은 "제가 이 일에 증인이기 때문입니다." 베드로는 주님의 죽으심과 승천을 모두 목격한 증인임을 강조한다. 증언은 믿음의 형태, 복음 전도자의 신앙고백의 형태를 취한다. 복음은 역사적 계시이므로 사실들의 증언과 진리의 증언은 동일하다. 사상이나 신화가 아니라는 말이다.[1] 베드로는 오순절날 백성 앞에서 증언했던 내용과 동일한 내용을(행 2:32) 말하고 있다. 베드로는 청중들이 알고 있는 것과 제자들이 알고 있는 것에 호소한다.

39 그를 그들이 (심지어, καί) 나무에 달아 죽였으나(죽이기까지) (행 5:30)

40 하나님이 사흘 만에 다시 살리사 **나타내시되**(shewed him openly)

41 모든 백성에게 하신 것이 아니요
오직 미리 택하신 증인 곧 죽은 자 가운데서 부활하신 후
그를 모시고 음식을 먹은(who did eat and drink with him, συνεφάγομεν καὶ συνεπίομεν αὐτῷ)[2] 우리에게 하신 것이라

[회의적인 유대인들은 예수님의 부활 사실을 믿으려 하지 않았을 것이다. 주님은 수난 이후 세상 사람들과 접촉하지 않으셨다. 모든 사람에게 보이신 것이 아니고 제자들에게만 보이셨다. 언제? 부활하신 후에, 함께 마시고 함께 먹은 우리에게]

42 우리에게 명하사
백성에게 전도하되 하나님이 살아 있는 자와 죽은 자의 재판장으로 정하신 자가 곧 이 사람인 것을 증언하게 하셨고

[예수님은 유대인과 이방인(산자와 죽은 자)의 재판장이시라는 것이다]

43 그에 대하여 모든 선지자도 증언하되
그를 믿는 사람들이 다 그의 이름을 힘입어 죄 사함을 받는다 하였느니라

(5) 그러므로 베드로가 깨달은 것이 무엇인가? 이제 이방인이라 할지라도 유대인이 되지 않고도 (선지자들이 미리 예언한 것처럼) 메시야로서, 또 재판장으로서의 예수님을 믿을 수 있다는 것을 알게 되었다는 것이다. 누구보다도 이 말을 듣고 있던 고넬료와 그의 무리들에게는 정말로 영광스러운 복음(good news)이 아닌가! 이들에게 내려진 구원은 바로 예수님의 이름에 의하여, 그리스도 자신의 능력에 의한 것이다.

성령이 말씀 듣는 모든 사람에게 임하시니(44절)

10:44 베드로가 — 이 말을 할 때에
성령이 —— **내려오시니** (ἐπέπεσεν과거 능동)[1)]
/말씀 듣는 모든 사람에게

1) 에피핍토(ἐπιπίπτω) - 임하다. 덮치다, ~위에 떨어지다. 이 단어는 행 8:16, 11:15에서 성령에 대하여 쓰여졌다. / 누구에게 임하셨나? 그 말을 듣는 모든 사람들에게.

따라서 놀란 것은 베드로만이 아니다. 그곳에서 말씀을 듣고 있던 모든 사람에게 성령이 임하였다. 이 현상이 직접 눈으로 볼 수 있게 임하였는지 확실치 않으나, 베드로는 이 일을 예루살렘 교회에서 보고할 때에 이렇게 언급했다. "내가 말을 시작할 때에 성령이 그들에게 임하시기를 **처음 우리에게 하신 것과 같이** (언제? 오순절 때) 하는지라"(행 11:15; 15:8도 참조해 보자).

(1) 베드로의 설교가 아직 진행 중일 때(was still speaking, λαλοῦντος현재 능동태 분사) 성령이 그곳에 있던 모든 사람에게 임하셨다(~위에 떨어지다라는 의미). 물론 이 경우도 바울의 경우처럼(행 9:17이하) 세례 받기 전에 일어났다. 앞에서 본 것처럼, 유대인이 성령을 받았고(행 2:4), 사마리아인도 받았고(행 8:17), 그리고 지금 이방인들도(=까지도) 받았다. 이들은 성령 부어주심으로 놀랐다(ἐξέστησαν과거)[1)]고 했다.

1) 놀라다(ἐξίστημι, 엑시스테미)라는 말은 '정신을 잃은 상태처럼 놀라다'라는 말이다(행 8:9, 11; 고후 5:13). 특히 하나님의 영광이 드러날 때 놀람에 대해 쓰였다.

(2) 그 놀란 이유를 말한다. "이는(for, γάρ) 방언(γλώσσα글롯사)을 말하며 하나님 높임을 들었기(were hearing, ἤκουον미완료 과거) 때문이다."(46절) 미완료 과거로 '계속 듣고 있었다. 혹은 계속해서 들었다'는 말이다. 이 방언은 행 19:6과 고전 14:4-19과 같은 방언임을 명백히 해주고 있다. 할례 받지 않은 이방인에게 나타난 방언 현상은 하나님께서 이방인에게까지도 문을 활짝 여셨다는 것을 보여주는 증거였다.

10:47 이에(Then, τότε) 베드로가 **이르되** (...하고)
/누가 ——— 능히 금하리요(막아서리요)
/물로 세례 베풂을
이 사람들이 — 성령을 받았으니
/우리와 같이

• 이방인들이 회개하였고, 따라서 세례를 받을 자격이 있다는 것은 논쟁의 여지가 없다는 말이다. 이미 성령의 세례를 받고 확실하게 그 증거를 나타내는 사람들에게 물 세례를 어떻게 금할 수 있겠는가!

이방 선교의 문이 열리다

(3) 물 세례는 성령 세례의 증거가 있는 사람에게 베푸는 거룩한 의식(儀式)이다. "명하여 **예수 그리스도의 이름으로 세례를 베풀라** 하니라 그들이 베드로에게 며칠 더 머물기를 청하니라." 여섯 유대인 형제들이 세례를 배풀었을 것이다. 며칠 머무는 동안 고넬료와 식구들은 엄청난 영적 유익을 얻었을 것이다.

베드로가 예루살렘교회에 보고하다(행 11:1-18)

베드로가 가이사랴에서 이방인의 집에 들어가서 말씀을 전했다는 소식이 예루살렘으로 긴급 타전되었다. 예루살렘 뿐만 아니라 유대인 사회에 급속히 퍼져나갔다. 베드로가 가이사랴에서 며칠 더 머물렀다고 했는데, 그 안에 벌써 이곳에서의 사역 소식이 예루살렘의 헬라파 유대인들을 화나게 만들었다. 사마리아인에게 간 것까지는 이해한다고 치자(그들은 반半유대인이니까). '뭐라고?' '당신이 무할례자의 집에 들어가 함께 식사까지 했다고?' '그것도 우리가 원수로 여기는 로마 백부장의 집에서?'

1. 예루살렘교회에서 베드로를 힐난하는 할례당이란 누구를 가리키는가?

(1) 사도들은 교회 안에서 할례당과는 반대 입장을 가지고 있었을 것이다. 초대기독교 공동체 안에는 유대인 기독교 신자들(할례 받은 자들 사이에서 태어난 신자들)[1]과 할례 받지 않은 이방 기독교들(엡 2:11; 롬 4:10; 고전 7:18) 사이에는 긴장이 있었다.

(2) 베드로가 가이사랴에서 예루살렘으로 돌아왔을 때에 특히 '할례자들'[2]이 강력하게 대립했다. 이들은 율법에 열심이 있고 할례자와 무할례자와의 교제를 철저하게 금하는 유대인 그리스도인(Judaizers)이었다. 이들은 복음을 받아들이긴 했으나 율법 준수를 고집하는 사람들이었다. 이들은 베드로가 무할례자의 집에 들어가 함께 먹었다는 이유로 그를 비난했다(분열을 조장했다는 뜻). 당시 유대주의는 이방인들과 음식을 같이 나누는 것을 금지하고 있었다.[3] 당시 베드로가 사도들 가운데 지도자의 위치에 있었으나 누구나 대들 수 없는 최고의 위치는 아니었던 것 같다.

(3) 무할례자(ἀκροβυστία 아크로뷔스티아)[4] : 이 단어는 신약성경 21회 중 이곳에서만 등장하고 모두 바울서신에 나온다. 할례 받지 않은 사람들을 가리키는 말로서(행 11:3; 고전 7:18이하), 이교도, 이방인에 대해서 사용되었다(롬 4:10, 11). 베드로가 무할례자의 집에 들어가 함께 음식을 먹었다는 사실에 반발한 이유는 그 음식에 유대인들이 금해야 할 것들이 있었을 것이라고 보았기 때문이다. 일부 고기는 우상에게 바쳤던 제물일 수도 있었기 때문이다. 이렇게 음식 문제에 예민했던 것은 베드로도 역시 마찬가지였다(행 10:14이하). 어쨌든 이들 반대자들은 욥바에서 있었던 베드로의 환상을 알지 못하였을 것이다.

1) 행 10:45, 11:2; 롬 3:30; 갈 2:12; 골 4:11; 딛 1:10을 읽어보자.

2) 갈 2:12에서 언급된 '할례자'는 좁은 의미로 유대교화자들이거나 또는 모든 이방인 개종자들은 할례를 받아야 한다고 주장하던 '바리새파 중에 믿는 어떤 사람'(행 15:5)을 가리킨다.

3) 이들은 토라의 수많은 규정들 가운데서도 특별히 음식법은 할례법, 안식일 법과 더불어 이방인들과 구별해 주는 가장 강력한 울타리 같은 것이었다.

4) 할례는 이교 세계에서 유대인들의 정체성을 상징한다. 결과적으로 그것은 자신들의 정체성을 어떻게 규정할까 하는 문제로 다투고 있었던 초기 기독교 공동체들에게 뜨거운 쟁점이었다. 유대 기독교인들 중에 있던 할례파는 토라를 준수하는 것을 초기 예수 운동으로 들어가는 진입로이자 주된 정체성의 표시로 보았음이 분명하다: "너희가 모세의 법대로 할례를 받지 아니하면, 능히 구원을 받지 못하리라"(행 15:1). (R.B. Hays, 갈라디아서)

베드로의 설교 ③

2. 베드로는 믿는 할례자들의 비난에 그가 어떻게 가이사랴까지 가게 되었는가, 또 그들과 함께 식사자리까지 나아가게 되었는가를 설명한다.

(1) "베드로가 그들에게 이 일을 차례로 설명하기 시작했다(ἀρξάμενος[1], began)"고 했다(4절). 앞에서 이 모든 과정을 설명했지만, 누가는 이곳에서 좀더 자세히 진술한다. '설명했다'(explained, ἐξετίθετο)는 말은 미완료 중간태로 신중하며 자세하게 '차례로'(in orderly) 설명하는 것을 말한다. 누가는 **고넬료의 이야기를 세 번이나** 기록한다(행 10:3-6, 30-32, 11:13 이하). 같은 내용을 반복하여 읽게 함으로써 그 **중요성 깨닫게 하려** 했을 것이다.

1) ἄρχω(알코)의 과거분사 중간태. 시작하다, 인도하다. 욥바와 가이사랴에서 하나님의 역사가 어떻게 이루어져갔던가를 생생하게 보여주고 있는 단어이다.

(2) 5절부터 17절까지 천천히 읽어보자. 앞의 내용을 요약하거나 수정, 보완하면서 반복하고 있다. 우선 베드로의 차분한 설명을 볼 수 있다. 그의 불같은(?) 성격대로 했다면 화부터 냈을 터인데, 그는 차례대로(자초지종) 설명하기 시작했다. 앞의 내용보다 조금 다른 점은 무엇일까?

- 10:12 동물을 3종류로 분류 ⇒ 11:6에서 들짐승이 추가되었다.
- 10:23에 없는 숫자⇒ 여섯 형제라고 언급(11:12)
- 11:14은 앞에서 없던 내용이다. "그가 너와 네 온 집이 구원 받을 말씀을 네게 이르리라 함을 보았다 하거늘"
- 10:44 "베드로가 이 말을 할 때에" ⇒ 11:15 "내가 말을 시작할 때에" 성령이 그들에게 임하시기를 처음 우리에게 하신 것과 같이 하는지라"
- 11:16 "내가 주의 말씀에 요한은 물로 세례를 베풀었으나 너희는 성령으로 세례를 받으리라 하신 것이 생각났노라." (이방인의 성령 체험이 예수님께서 예언한 것이 성취된 것으로 말하고 있다.)

(3) 베드로의 설교의 결론은 이렇다. 즉 고넬료의 가정에 임한 성령은 **선물**(도레아, δωρεά)이라는 것이다(17절).

- 하나님이 주셨다. 무엇을? '성령을'
- 누구에게? 저희에게도(=이방인들에게도)
- 선물의 질과 지위와 분량? = 하나님이 우리가 주 예수 그리스도를 믿을 때에 주신 것과 똑같은 선물

(4) 결국 구원의 역사는 결코 유대 민족을 중심으로 하는 일방적인 역사 드라마의 산물이 아니다. 따라서 아브라함을 택하신 것은 처음부터 유대인들만을 위한 것이 아니라 유대인들과 이방인 모두를 위한 것이었다.

2) 이런 깊은 체험이 있었음에도 불구하고 베드로는 훗날 음식 먹는 문제로 할례자들 앞에서 비겁한 일을 한다(갈 2:11).

내가 —— 하나님을 능히(δυνατὸς) 막겠느냐(κωλῦσαι 부정사 과거)
/누구이기에 (ἐγὼ τίς ἤμην) ("나는 누구냐, 내가")

즉, 내가 어떻게 하나님의 역사를 방해할 수 있단 말인가? 베드로는 자신에게 일어난 사실에 근거하여 확신있게 설명했다.[2] 듣는 사람들의 반응이 어땠을까? 이 말을 듣고 모두가 잠잠했다고 했다(18절*).

- 행 11:18 "그들이 **이 말을 듣고 잠잠하여 하나님께 영광을 돌려** 이르되 그러면 하나님께서 이방인에게도 생명 얻는 회개를 주셨도다 하니라."

안디옥에 교회를 세우다(행 11:19–26)

1. 스데반의 순교 사건으로(행 8:1) 인해 예루살렘교회는 여러 곳으로 흩어졌다. 이들은 베니게와 구브로와 안디옥까지 이르러 유대인에게만 말씀을 전했다.

(1) 그 때에(So then, μὲν οὖν), 언제? 스데반이 순교당할 때. 스데반의 경우 때문에(ἐπί, in connection with) 이루어진 결과로 많은 신자들이 여러 나라로 흩어졌다(διασπείρω디아스페이로, scatter). 이 단어는 초대 기독교인들이 박해로 말미암아 분산되는 내용에서만 3회 사용되었다. 이들은 베니게와 구브로와 안디옥까지 이르러 '유대인에게만'(to Jews alone) 말씀을 전하였다. 이들은 핍박을 피하는 과정에서도 충성스럽게 복음을 증거했다. 그러나 이들은 이방인에 대한 편견이 있었다. 따라서 복음은 유대인에게만 전했다.

(2) 아랍 사람들은 다메섹을 으뜸으로 생각했지만, 수리아의 수도는 안디옥이었다. 안디옥은 (당시 인구가 50만 가량) 로마와 알렉산드리아 다음가는 국제 도시였다. 물론 다양한 인종이 섞여 살았다.

11:20 그 중에 구브로와 구레네 몇 사람이 — 안디옥에 **이르러**
— 헬라인에게도 **말하여**
/주 예수를 전파하니

(3) 안디옥에는 유대인들이 많이 살고 있어서 유대인 공동체가 활발히 움직였을 것이다. 유대인 회당에 하나님을 경외하는 사람들(God-fearers)과 개종자들(proselytes)이 많이 있었을 것이다. 그런데 그들 가운데는 구브로(Κύπριος, 키프로스) 사람과 구레네(Κυρηναῖος퀴레나이오스, Cyrene, 아프리카 북부 해안 도시)[1] 사람이 와서 헬라인에게까지도(πρὸς τοὺς Ἑλληνιστὰς),[2] 즉, 헬라말을 쓰는 이방인들에게 복음을 전했다는 것이다. 이방인에게까지 복음을 전하는 일은 아직까지는 모두에게 충격적인 소식이었다. 이는 용기 있는 행동이었다. 이렇게 바울 이외에도 이방인 선교 초기에 이름 모를 많은 전도인이 있었음을 본다.

11:21 주의 손이 ——— 그들과 **함께 하시매**
수많은 사람들이 — **믿고** 주께 **돌아오더라**

• 하나님의 능력이 그들에게 임했고, 많은 사람들이 주님을 영접하는 역사가 있었다.

1) 구레네는 십자가를 대신 지고 갔던 시몬의 고향이다(눅 23:26; 행 2:10).

2) Ἑλληνιστής(헬레니스테스)라는 말은 신약성경에서 3회 니온다(행 6:1, 9:29, 11:20). 이 단어는 헬라어에서도 헬라적 문헌에서도 나타나지 않는다. 그래서 그 의미가 논쟁이 된다. ① 헬라어를 사용하는 유대인 그리스도인이라는 견해 ② 헬라인(이방인)을 가리킨다는 견해.

(4) 이렇게 복음은 흩어진 성도들을 통하여도 전파되었다. 수많은 개종자들은 이방인 개종자가 될 사람들에게 복음을 전파하는 통로가 되었다. 무명의 개척자들의 증언을 통해서 안디옥은 새로운 신앙의 중심지가 되었다. 이들은 복음이 유대인뿐만 아니라 이방인들도 위한 것임을 확신했다. 이들의 활동은 매우 긍정적인 결과를 가져와서 수많은 사람들이 개종하였다.[1)]

1) 이방인 청중에 대한 첫 중요한 접촉은 교회 역사에서 이름이 두드러지게 나타나는 인물을 통해서가 아니라 익명의 사람들에 의해서 이루어졌다.

2. 안디옥의 복음 활동 소식이 예루살렘에 전해지자 문제가 생겼다. 비유대인들에게로 언약 공동체가 확장된다는 것이 의미하는 것은 무엇인가?

(1) 안디옥은 충성스럽게 토라를 준수하는 유대인 신자들에 비하여, 다수의 개종자들이 생겼났다. 자, 그렇다면 그들을 어떻게 인도해야할까? 그들에게 무엇을 제시해야 할까? 이방인 신자들과 유대인 신자들간에는 어떤 식으로 그들과 관계를 유지해야 할까? 이는 어려운 난제였다.

(2) 예루살렘교회는 대책을 숙의했다. 그래서 바울을 도왔던 바나바[2)]를 안디옥에 파송하기로 결정했다. 우선, 사태가 어떻게 돌아가는지 알기 위해서였다. 안디옥에 도착해 보니 이 일은 오직 하나님의 축복으로 가능했다는 것을 깨닫고 기뻐했다. 그는 새로운 신자들에게 용기를 북돋아 주고자 노력하였다. "기뻐하여 모든 사람에게 굳건한 마음으로 주와 함께 '머물러 있으라'(προσμένω프로스메노 - 주님께 계속 충성하라) 권면했다"(23절). 바나바가 계속적인 격려를 했다는 의미이다.

2) "바나바는착한사람이요성령과 믿음이 충만한 사람이라"고 했다(24절). 그는 예루살렘교회 공동체를 위해 자기 재산을 팔아 바쳤던 교회 초기 교인이었다(행4:36, 37). 그는 사도들 앞에서 바울을 호의적으로 소개했다(행 9: 26-27).

3. 바나나는 계속 늘어나는 새로운 신자들 때문에 고민에 빠졌다. 혼자서는 감당하기 어려웠기 때문이다.

(1) 그래서 바나바는 고향에 가 있는 사울을 찾으러 다소로 향했다. 이방인에 대한 열정을 공유한 사람, 즉 동역자에 대한 필요성을 느꼈을 것이다. "고향에 가 있는 사울(바울)을 찾아가 볼까?" 다소는 안디옥에서 그리 멀지 않다. 많은 사람들은 여전히 사울을 의심하고 있었지만, 바나바는 (바울과 같이 있는 동안 이미 그의 성품과 열정과 학식을 깊이 알았기 때문에) 바울을 복음을 전하는 일꾼으로서 가장 적합한 자라고 보았다.[3)]

3) 그러나 하나님은 이미 이방인 선교를 위해 바울을 점찍어 놓으셨다(행 9:15). 바나바는 이미 예루살렘에서 헬라파 유대인들과 변론할 때(행 9:29) 바울의 일꾼됨을 알았을 것이다. 또 길리기아와 수리아에서 그의 활동도 이미 알고 있었을 것이다.

(2) 바나바가 보기에 바울은 분명히 선택된 자였다. 따라서 바나바는 다소에 있는 바울을 찾아내 그에게 같이 안디옥으로 가자고 권유했고, 이에 바울은 바나바와 함께 가기로 흔쾌히 동의했다.

11:26 바나바는 —— 사울을 안디옥에 **데리고 와서**
둘이 ——┬— 교회에 일 년간 **모여 있어**
　　　　└— 큰 무리를 **가르쳤고**
제자들이 — **일컬음을 받게 되었더라**(공적으로 불리워졌다)
/안디옥에서
/비로소(πρώτως 프로토스) - '최초에'라는 의미
/그리스도인(Χριστιανός 크리스티아노스)[1]이라

(1) 바울과 바나바는 일 년 정도 안디옥에서 머물고 있었다. 많은 지도자들이 바울과 바나바와 함께 "선지자들과 교사들"로 출현하였다(행 13:1). 여기서 처음으로(비로소, πρώτως 프로토스) 예수를 믿는 성도들은 유대인들과 구별될 수 있는 정체성을 보이기 시작하였다.

(2) 이교도들에게 그들은 그리스도의 사람들(그리스도인, Christianoi, people of Christ)이었다(행 11:26). 이교도에게 "그리스도"라는 말은 타이틀이라기보다는 이름이었다. 오직 유대인과 개종한 사람들만이 이 이름을 특별한 인물 즉 기름부음 받은 자(the Anointed One)를 고대함과 연관시켰다. 안디옥에 있는 기독교인들을 위해 처음 사용되었다.[2]

안디옥 교회가 유대 지방의 신자를 돕다(행 11:27-30)

1. 선지자들이 안디옥에 이르렀다고 했다. 사도 시대에도 그리스도인들 중에 선지자들이 있었다(마 10:41, 23:34; 행 15:32; 고전 14:29, 37; 계 22:6, 9).

(1) 그 중에 아가보(Agabus)라 하는 한 사람이 일어나 성령으로 말하되;
천하에 큰 흉년이 들리라 하더니 글라우디오 때에 그렇게 되니라(28절).[3]
안디옥의 크리스천들은 유대의 형제자매들을 위하여 헌금을 모았다. 그래서 바울과 바나바가 그 헌금을 가지고 예루살렘으로 돌아왔다(29-30절).

(2) 당시 선지자들은 어떤 미래의 사건을 예언하였다(행 11:27, 21:10이하, 21:8). 이 당시에는 신약성경이 완성되지 않은 때였다. 따라서 하나님은 예언의 은사를 통해 새로운 계시를 주어 신자들을 인도하셨다(고전 14:3, 24 참조). 이들은 영감 있는 교사들을 지칭하는 명칭으로 성경을 가르치고 예언도 하였다(롬 12:6; 고전 12:10).[4]

1) 크리스티아노스는 크리스토스(Χριστός)에서 유래했으며 '그리스도인'을 가리킨다. 나사렛 예수를 메시야와 동일시함으로 말미암아 제자들은 이 이름을 갖게 되었다.

2) 이것이 '예수를 믿는 자'를 지칭하는 크리스천이라는 말의 최초 사용인 것으로 성도들이 스스로를 부를 때 사용한 것이 아니라, 외인들에 의해서 불린 호칭이었다. 크리스천이란 이름이 사실 초대교회에서는 통상적으로 사용되지는 않았으며(신약 성경은 단지 두 개의 다른 사례를 기록하고 있을 뿐이다. 즉 행 26:28과 벧전 4:16) 1세기의 후반까지 예수 믿는 자의 호칭이 되지 못했다(아이보르 J. 데이빗슨, 교회의 탄생, 그리심).

3) 40년대 후반에 최소한 한 번은 발생한 것으로 알려졌다.

4) 오늘날도 예언의 은사를 받았다고 주장하는 사람이 있으나 성경과 같은 권위를 가진 예언은 아니다. 성경이 완성된 후에는 성경만이 신앙과 행위의 유일한 법칙이다.

적용을 위한 **묵상**

바울의 변화, 그 근원은?

• 바울의 변화는 급진적인 상황을 만들어냈다. 그는 다메섹에서 잠시 머문 후에 아라비아로 떠났다. 그곳에서도 전도 활동을 하였을 것이다. 아라비아에서 그의 활동은 나바테아의 아레타스 왕 4세의 분노를 불러왔다. 그는 다메섹으로 다시 돌아왔다. 그러나 그를 죽이려는 자객들로 인해 다메섹의 성벽을 차고 탈출하는 일이 벌어졌다.

• 바울의 변화는 오랜 세월이 걸린 것이 아니다. 그 역시 그리스도인과 같은 하나님을 믿었지만 방법이 달랐을 뿐이었다. 이후 그의 삶은 오직 복음 증거에만 온 생을 불사른다.

同役者
동역자

• 스데반을 정죄하며 죽음으로 내몰았던 사울,
그가 주께로 방향 전환을 했다.
스데반만 죽이면 나사렛 이단들이 말살될 줄 알았는데
정반대의 상황이 펼쳐진 것이다.
오히려 성령의 불길이 사방으로 번져 나갔다.

• 이후 바울의 삶은 핍박자에서 복음 증거자로 변했다.
그리스도인들을 잡아 없애려는 그 열심이
그대로 복음 증거로 나타났다.
변화는 그의 성격과 같이 급진적이었다.
그는 복음을 증거하기 위해 곧장 아라비아로 출동했다.
그는 다메섹에서 성벽을 타고 내려와 도피하기도 했다.
바울은 제자들과 접촉하기 위해 예루살렘에 왔지만
그를 반기는 사람은 없었다.
다행히 구브로 출신 바나바의 도움으로
나사렛사람들에게 소개되었다(9:27).
바울은 이후 유대인 회당에서
담대히 예수님이 하나님의 아들이심을 증거했다.

悔心
회심

• 바울의 변화는 부활하신 주님을 만나고나서 부터였다.
이제는 상황이 바뀌였다.
바울은 예수 그리스도의 제자가 된 사람들과 교제하려 했으나
오히려 스데반을 죽인 무리들이 이번에는 바울을 죽이려 하고 있다.

• 12사도의 대부분은 예루살렘과 그 주변보다는
점차로 순회사역을 확장해 나간다.
그리고 야고보가 예루살렘 공동체의 수장이 되었다.

• 가이사랴에 고넬료라는 이탈리아 부대 백부장
베드로는 이곳에서의 사건을 통해 복음이 이방에게까지도
전해져야만 한다는 사실을 개닫는다.
복음은 점점 외연(外延)을 확장해 간다.

• 안디옥 교회, 앞으로 세계 선교의 심장 역할을 하게 된다.
전도, 교육, 봉사에 있어서 너무도 아름다운 교회,
이곳에는 많은 일꾼들이 모여들었고 이들은 이방 선교를 준비한다.
안디옥 교회, 할 일은 너무 많다.
그래서 바나바는 교회의 필요한 동역자 사울을 찾아 다소로 간다(25절).
그리고 1년 동안 큰 무리들에게 말씀을 힘써서 가르친다.
안디옥 교회는 아주 성숙한 교회가 되었다.
왜? - 양육과 교육이 있었기 때문이다.

Outline Outline은 본문 설명을 요약 정리한 것입니다. 간단하게 설명을 할 경우 이용하세요. 그렇지 않으면 본문으로 바로 들어가셔도 됩니다.

162

ACTS
12–13장

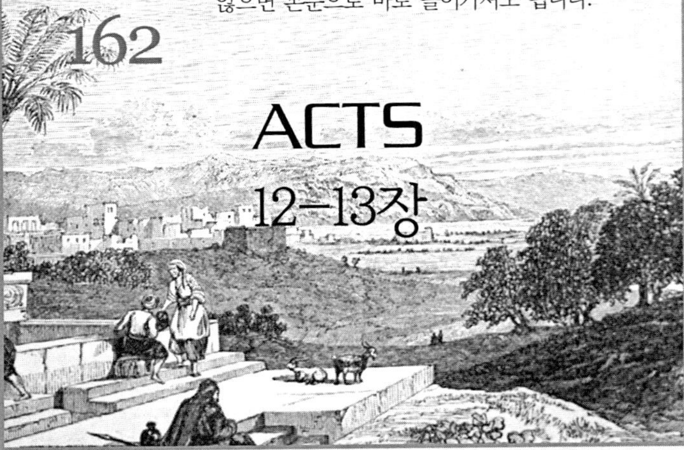

야고보의 순교 · 제1차 전도여행

예루살렘 교회는 성령의 역사로 크게 부흥했다.
교회를 핍박하는데 앞장 섰던 사울,
그가 변하여 이제는 복음을 증거하는 사도가 되었다.

헤롯 아그리파 1세가 등장했다. 로마의 세력을 등에 업고,
이스라엘 전체를 통치하는 왕이 되었다.
영토도 예전처럼 넓어졌다.
그는 유대인들에게 인기 있는 왕이 되고 싶었다.
그래서 유대인들이 싫어하는 나사렛파의
지도자들 숙청 작업에 들어간다.
첫 번째 숙청대상은 야고보였다.
다음 숙청대상은 베드로.
그러나 그는 상대를 잘못 골랐다.
그는 결국 벌레들에게 먹혀 죽고 말았다(12:23).

바나바와 사울,
그들은 안디옥 교회에서 성도들을 양육했다.
성령님께서 이들을 이방 선교 현장에 투입하셨다.
그래서 제1차 전도여행이 시작된다.
바나바의 고향, 구브로부터 시작하자.
그래서 살라미에 도착해서 사역하고
구브로의 항구 바보에 도착, 서기오 바울을 만났다.
마술사 엘루마 때문에 실랑이가 있었지만
선교는 성공적이었다.
그리고 비시디아 안디옥으로 간다. 험난한 여정이었다.
이방인들이 복음을 듣고 기뻐했고,
물론 유대인들의 방해공작도 있었다.

폭풍 속 예루살렘(행 12:1-19)

(1) 예수 믿는 무리들을 검거해 대제사장에 넘기기 위해서 다메섹으로 가던 사울, 그는 다메섹 근처에서 예수님을 만난다. 그래서 믿는 자들을 박해하는 입장에서 복음을 증거하는 열성적인 주님의 제자가 되었다.

헤롯 아그리파 1세의 등장(A.D 41-44년)

(1) 헤롯 대왕의 손자 헤롯 아그리파 1세가 로마 총독에 의해 유대인의 왕 겸 총독으로 임명되었다. 그는 유대인의 환심을 사고자 그들이 싫어하는 교인 중 몇 사람을 처형하려고 했다. 첫 번째 목표가 요한의 형제 야고보였다.

(2) 아그리파 1세는 유대인들이 이 일을 기뻐하는 것을 보고 베드로도 잡아 투옥시킨다. 때는 무교절 기간이라 이 절기가 끝난 후에 처형하려고 옥에 가두웠다. 먼젓번에도 무사히 옥에서 탈출한 전력이 있었기에 철저히 지켰다.

(3) 유월절 기간은 8일간 계속된다. 이 기간에 죄수를 처형하는 것은 신성모독으로 여겼다. 베드로는 옥에 갇혔고 교회는 그를 위하여 간절히 하나님께 기도했다. 그런데 홀연히 주의 사자가 나타났다. 베드로 구출작전이 시작되었다.

(4) 베드로는 마가라 하는 요한의 어머니 마리아의 집으로 향했다. 그곳에 도착해 보니 여러 사람이 모여 기도하고 있었다(12절). 이들은 밤새 기도했지만 실제로 베드로가 살아돌아온 것을 보자 모두 깜짝놀랐다. 온 집안이 기쁨으로 환호성이 터져나왔다. 베드로가 이들을 손짓하여 조용케 했다. 그리고 자기가 어떻게 나오게 되었는가를 자세히 알려주었다.

(5) 이 말을 하고 베드로는 "떠나 다른 곳으로 갔다." 베드로는 죽음은 가까스로 피했지만 예루살렘으로부터 도피할 수밖에 없었고, 이때부터 예루살렘에 머물지 않았던 것 같다.

헤롯이 벌레에게 먹혀 죽으니라(20-21절)

(1) 두로와 시돈은 헤롯 영토에서 나는 양식을 공급받고 있었기에 이 무역 과정에서 큰 마찰을

빛은 것 같다. 그래서 헤롯이 "대단히 노여워했다" 고 했다(20절).

(2) 문제 해결이 났는지 헤롯이 어느 날을 택하여 왕복(은빛 직물의 길고 품이 큰 옷)을 입고 단상(왕좌)에 앉아 백성에게 연설을 했다. 헤롯은 하나님께 영광을 돌리기는커녕 군중들의 아첨을 진짜로 받아들였다. 헤롯 아그립바 1세, 그는 결국 벌레에 먹혀 죽는다(주후 44년에).

제1차 전도여행

이방인들에 대한 선교(행 13:1-3)

(1) 안디옥 교회는 강력한 조직이 생겨났다. 많은 일꾼들이 생겼다. 어떤 일꾼들이 있었을까? ① 선지자들과 ② 교사들.

(2) "성령이 이르시되 [너희는] 바나바와 사울을 따로 세우라 하시니" "이에 금식하며 기도하고 두 사람에게 안수하여 보내니라." 이방인 선교가 시작되었다. 우선, 구브로부터 가자.

(3) 두 사람은 성령의 보내심을 받아 실루기아로 내려갔다. 실루기아는 지중해 연안의 수리아의 한 도시이다. 안디옥으로부터 약 30km 거리이며 구브로 맞은 편에 위치해 있다.

(4) 살라미에 이르러 하나님의 말씀을 유대인의 여러 회당에서 전했다. 이때 요한 마가도 그들과 함께 떠났다.

(5) 살라미에서의 사역을 마치고 바울과 바나바는 섬 가운데로 지나서(통과해서) 바보에 이른다. 바보에 도착해서 "바예수('예수의 아들'이라는 뜻)를 만났는데, 그는 마술사였다. 바예수는 '엘루마'라고도 했는데, 총독으로 하여금 믿지 못하게 함으로써 노골적으로 선교 사역을 방해했다(8절). 바울은 성령이 충만해서 엘루마를 저주한다. "보라 이제 주의 손이 네 위에 있으니(=주님의 손이 너를 내리칠 것이니) 네가 맹인이 되어 얼마 동안 해를 보지 못할 것이다."(13:11) 그러자 즉시 안개와 어둠이 그를 덮어 인도할 사람을 찾게 되었다.

비시디아 안디옥 전도(행 13:13-52)

(1) "바울과 및 동행하는 사람들이 바보에서 배 타고 밤빌리아에 있는 **버가**에 이르니"

(2) 그런데 이 과정에서 마가 요한은 여행에 합류하지 않고 중도하차 한다. "요한은 그들에게서 떠나 예루살렘으로 돌아갔다"고 했다. 왜 중도에서 돌아갔을까? 물론 확실한 주장의 결론은 없다.

"그들은 버가에서 더 나아가 **비시디아 안디옥**에 이르렀다"고 했다(14절). 버가에서의 사역은 없었던 것 같다. 물론 1차 전도여행을 끝내고 되돌아올 때 버가에서 복음을 전했다(행 14:25). 어떤 어려움들이 있었을 것이다.

(3) 바울 일행은 비시디아 안디옥에 도착했다. 그리고 안식일에 회당에 들어가 앉았다(14절). 율법과 선지자의 글을 읽은 후에 회당장들이 사람을 보내어 말하기를 "형제들아, 만일 너희 중에 백성을 위한 무슨 권면의 말이 있으면 말하라"라고 하였다. "회중에게 권면할 말이 있으면(if) 한 마디 해주십시오" 그 회당에서 바울의 설교가 시작되었다.

(4) 설교내용 - 이스라엘의 과거 역사 언급(17-23절) / 예수님의 죽으심과 부활 언급(26-37절) / 결론: 그런즉 너희는 삼가라(Beware therefore). 반응은 호의적이었다.

제1차 전도여행한 곳

❶ 안디옥 ❷ 실루기아 • 바울이 바나바와 마가와 함께 구브로로 감 ❸ 살라미 ❹ 바보 • 엘루마가 장님이 되다 ❺ 앗달리아 ❻ 버가(Perge) • 마가가 예루살렘으로 돌아감 ❼ 안디옥 • 바울과 바나바가 안디옥으로 ❽ 이고니온 ❾ 루스드라 • 바울과 바나바가 신으로 오해받음 ❿ 더베

귀환(사울과 바나바) : 더베 ⇨ 루스드라 ⇨ 이고니온 ⇨ 안디옥 ⇨ 앗달리아 ⇨ 시리아 안디옥

폭풍 속 예루살렘(행 12:1–19)

야고보가 사형당함

베드로가 투옥됨

예수님의 동생 야고보가 지도자가 됨

다소 출신 사울, 그는 수리아의 수도 다메섹으로 향한다. 예수 믿는 무리들을 검거해 대제사장에 넘기기 위해서였다. 그런 그가 다메섹 도상에서 예수님을 만난다. 믿는 자들을 박해하는 입장에서 이제는 복음을 증거하는 열성적인 주님의 제자가 되었다. 전장에서 살펴본 것처럼, 그의 성격대로 복음 증거에도 열정적이었다. 베드로 역시 고넬료를 통해 이방인에게 복음을 증거하는 문을 열어놓게 되었다. 한편, 예루살렘의 40년대 초는 나사렛 사람들에게 많은 어려움을 가져다 주었다. "그 때에 헤롯 왕이 손을 들어 교회 중에서 몇 사람을 해하려" 했다. 폭풍의 진원지는 헤롯 아그리파 1세였다. 예루살렘 지역의 통치자가 바뀐 것이다.

헤롯 아그리파 1세의 등장(41-44년)

1. "그 때에 헤롯 왕이 손을 들어 교회 중에서 몇 사람을 해하려 하여 요한의 형제 야고보를 칼로 죽이니"

요한의 형제 야고보를 죽인 헤롯 아그리파 1세란 누구인가?

(1) 여기에 등장하는 헤롯은 로마 지배 하에서 분봉왕(Client-king) 헤롯 대왕(Herod the Great)의 손자인 헤롯 아그리파 1세(Herod Agrippa I 세)를 말한다. 이 사람 손에 (세베대의 아들이자 요한의 형제인) 야고보가 사형을 당했다는 것이다. 아래 도표를 참고해 보자.

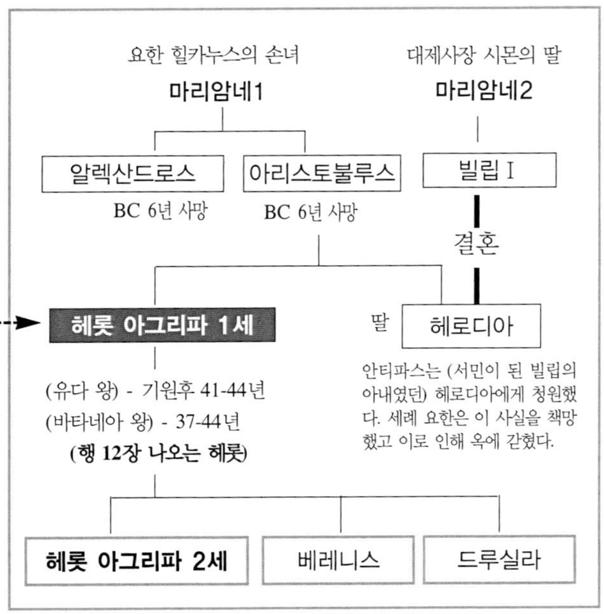

A.D. 39년 부인 헤로디아(빌립의 아내였었다)의 간청에 못 이겨 안디파티로스(안디바)는 로마로 가게된다. 왜냐하면 A.D. 37-41년에 로마를 통치한 황제 가이우스(칼리굴라)는 황제로 즉위한 후 헤로디아의 오빠, 즉 헤롯 아그립바 1세(행 12:1)를 왕위에 올려놓고 모든 권력을 주었기 때문이다.

이 일로 인해 헤로디아의 질투를 사게 됐고, 헤로디아는 자기 남편 안티파트로스(세례 요한을 죽인 왕)를 충동시켜 현재의 분봉왕의 지위보다 더 높아지게 하기 위해 술수를 쓰게 된다. 그러나 이 일을 눈치 챈 헤롯 아그립바 1세는 로마 황제에게 안티파트로스가 황제를 거역하는 음모를 꾸미고 있다고 투서, 로마 황제는 안티파트로스를 '골(Gaul, 지금의 북이탈리아, 프랑스, 벨기에 일부 지방 포함)' 지방 리욘으로 추방시켜 버렸다. 그녀도 그와 함께 유배길에 올랐다고 한다.

Close-up

로마 황제 칼리굴라의 친구, 헤롯 아그리파1세

(1) 청년 헤롯 아그리파, 그는 로마에서 황족들과 함께 성장했다. 특히 티베리우스 황제의 아들 Drusus와 절친한 친구가 되었다. Drusus는 매력적이며, 낭비벽이 있고 외향적이었다. 그런데 Drusus가 일찍 죽는다(주후 23년). 그래서 아그리파는 갈릴리로 간다. 그곳에는 아그리파의 누이 헤로디아와 결혼한 안티파트로스가 다스리고 있었다. 안티파트로스는 그에게 갈릴리 지역 티베리아의 한직(閑職)을 맡긴다. 그러나 이를 탐탁치 않게 여긴 아그리파는 고향인 이두매로 도망쳐 자살을 시도한다.

(2) 예수님이 십자가에 처형될 즈음에 북쪽 영토의 지방 성주인 빌립이 사망했다. 안티파트로스는 황제에게 이참에 자신의 영토를 확장해 줄 것을 요청했다. 그러나 헤롯 아그리파가 자신의 몫을 주장하고 먼저 티베리우스에게로 달려갔다. 아그리파는 이곳에서 티베리우스의 공동상속자인 칼리굴라와 가까운 사이가 되었다.

(3) 기원후 37년 3월 티베리우스 황제가 죽자 칼리굴라는 어린 경쟁자를 죽이고 황제에 올랐다. 그는 옥에 갇혀 있던 친구 **아그리파를 풀어주고 그를 왕으로 추대하여 빌립의 북부 영토를 주었다. 칼리굴라는 세례 요한을 죽인 안티파트로스를 폐위시키고 그의 모든 영토를 아그리파1세에게 주었다.** 애당초 물려받은 지역 외에 유대의 여러 지역과 사마리아를 획득하였다. 이로써 헤롯 대왕이 통치하던 모든 영역이 다시 통합되었다.

(4) 그래서 유대는 로마 총독이 없고 헤롯 아그리파 1세가 통치권을 행사하게 되었다(41-44년까지). **아그리파는 예루살렘에 있는 사두개파 대제사장과 제휴, 예수 운동의 지도자들에 대한 공격을 개시하였다.** (세베대의 아들이자 요한의 형제인) **야고보는 사형을 당해서** 12사도 중에서 첫 번째 순교자가 되었다. **베드로는 투옥**되었다. 따라서 예수님의 동생 야고보가 예루살렘교회의 지도자로 부상한다.

(5) 그리고 44년에 다시금 로마 총독 파두스가 임명되었다. 파두스의 통치 아래 유대인들의 로마에 대한 반항이 거세졌다. 열심당원이 로마에 대항하여 성전(聖戰)을 선포하고 로마 통치에 대항했다.

(6) 벨릭스(AD 52-59년) - 이 때 바울이 체포되어 재판에 회부되었다. 반 로마적 행동이 행 21:38에 언급되어 있다. 당시 거짓 선지자들에 대한 언급이 마 24:23-26에 기록되어 있다.

(7) 베스도(Festus, AD 59-62년) - 행 25, 26장 - 유대인과 로마인들 사이에 적의가 심했음을 본다. 베스도는 유대인의 비위를 맞추려고 노력하기도 했다(행 25:9). 그는 62년에 죽었으나 짧은 통치 기간 동안 유대인으로 하여금 주의 형제 야고보를 기소하여 죽음에 처하게 하는 기회를 제공해 주었다.

당시 상황

▶ **유대, 사마리아, 이두매 지역은 로마 총독 관할이었다.** 총독들의 이름은 다음과같다.

- 코포니우스(AD 6-9년) - 아우구스투스가 임명
- 마르쿠스 암비불루스(AD 9-12년) - 아우구스투스가 임명
- 안니우스 루푸스(AD 12-15년) - 아우구스투스가 임명
- 벨레리우스 그라투스(AD 15-26년) - 티베리우스가 임명
- **본디오 빌라도(AD 26-36년)** - 티베리우스가 임명
- 마르켈루스(AD 37년) - 시리아의 총독 비텔리우스가 임명
- 마룰루스(AD 37-41년) - 칼리굴라가 임명

마룰루스 총독에 이어 유대는 로마의 총독이 아닌 유대 왕 **헤롯 아그립바 1세가 통치권**을 행사하게 되었다(41-44년까지). 총독의 역할도 겸했다.

- 파두스(Fadus)(AD 44-?년)
- 벨릭스(AD 52-59년)
- 베스도(Festus, AD 59-62년)

[요한의 형제 야고보의 죽음]

1) 세베대의 아들이자 요한의 형제인 게네사렛 호수의 어부였다. 그의 형제와 함께 예수님을 따르라는 부름을 받았다(막 1:19). 예수님은 그와 그의 형제에게 보아너게 곧 우뢰의 아들이란 별명을 더하셨다.

12:2 [헤롯 왕이] —— 요한의 형제 야고보[1]를 칼로 **죽이니**
3 [그가] —— 유대인들이 이 일을 기뻐하는 것을 보고(when)
└ 베드로도 **잡으려 할새**
때는 —— 무교절 기간이라

(2) 헤롯 아그리파 1세는 권력을 잡고나서 예루살렘에 있는 사두개파 대제사장과 제휴하였다. 그리고 교회 지도자들에 대한 공격을 개시하였다. 첫 번째 타격은 (세베대의 아들이자 요한의 형제인) 야고보였다. 그는 사형을 당해서 12사도 중에서 첫 번째 순교자가 되었다. 그가 아그리파 자신에 의해서 처형되었는지, 아니면 예루살렘 공의회에 의해 기소되고 형을 받아 처형되었는지 확실하지 않다. 그는 사도 중에 제일 먼저 순교자가 되었다.

(3) 그런데, 야고보의 죽음을 보고 유대인들이 기뻐했다(ἀρεστός 아레스토스)고 했다. 만족했다는 뜻이다. 아그리파는 유대인들에게 인기를 높일 수 있는 절호의 기회라고 여겼다. 그래서 이번에는 베드로도 잡아들였다. 그런데 그 때가 무교절이었다. 그래서 유월절 후에 처형하려 했다.

• 왜 이렇게 엄중한 경계를 섰을까? 아그리파 왕은 이전에도 베드로의 탈옥사건을 들어 알고 있었을 것이다(행 5:19).

12:4 [그가] —— 잡으매
└ 옥에 **가두어**
/군인 넷씩인 네 패에게 맡겨
/지키고(=지키도록)
/끌어 내고자 (하더라)
/유월절 후에 백성 앞에

• 이번이 베드로의 3번째 투옥이다. (행 4:3, 5:18)

• 4명의 군인으로 구성된 경비대 - 두 명의 군사는 사슬에 묶인 죄수 곁에서 지키고 두 명의 군사는 밖에서 파수를 본다. 각각 6시간마다 교대한다. 그러니까 지금 16명이 지키고 있는 것이다.

2) 기도하더라 : 현재 중간태 분사로 ἦν과 미완료 과거로 쓰였다. 기도를 계속하였다는 뜻이다.

(4) 유월절 기간은 8일간 계속된다. 이 기간에 죄수를 처형하는 것은 신성모독으로 여겼다. 그래서 유월절이 끝난 후에 처형하기로 했다. "베드로는 옥에 갇혔고 교회는 그를 위하여 간절히 하나님께 '기도하더라' (γινομένη[2])." (5절) "갇혔다"(ἐτηρεῖτο 미완료과거 수동태)는 말을 계속 한 곳에 갇혀 있었다는 뜻이다.

3) 쇠사슬 하나는 군사에게 또다른 쇠사슬은 베드로의 옆구리에 묶었다.

(5) 교회는 급하게 되었다. 야고보는 이미 처형되었고, 그 다음은 베드로 차례였다. 그래서 간절히(ἐκτενῶς 엑테노스, 뜨겁게, 열렬히) 기도했다. "헤롯이 잡아 내려고(=끌어내려고) 하는 그 전날 밤에 베드로가 두 군인 틈에서 쇠사슬에 매여[3] 누워 자는데 파수꾼들이 문 밖에서 옥을 지키더니"(6절).

2. 그런데 홀연히 주의 사자가 나타났다. 베드로 구출작전이 시작된 것이다.

12:7 홀연히[보라!, behold, ἰδού]
주의 사자가 —— **나타나매**
광채가 ——— 옥중에 **빛나며**
또 [그가] — 베드로의 옆구리를 **쳐 깨워**
/이르되(...하니)
/급히 일어나라
쇠사슬이 ——— 그 손에서 **벗어지더라** (ἐξέπεσαν과거 능동)

• ~에서 떨어져 나가다 : 두 간수가 깨어나지 않고 탈옥하려면 초자연적인 역사가 있어야 한다. 인간의 상식으로는 불가능한 일이지만 그리스도인들에게는 실제로 일어나는 일이다.

주의 천사도 급했다. 화급을 다투는 시간이다. "띠를 띠고 신을 신으라." 베드로가 그대로 했다. "겉옷을 입고 따라오라." (계속 따라오라는 뜻) 베드로는 무슨 영문인지도 모르고 계속 천사를 따라 나갔다. 베드로는 따라나오면서도 천사가 하는 것이 생시인 줄 알지 못하고 환상을 보는 것이 아닌가 했다(9절).

12:8 이에(δέ, When)
첫째와 둘째 파수(φυλακή필라케, 초소)를 지나
시내로 통한 쇠문(철문)에 이르니 문이 저절로 열리는지라
나와서 한 거리를 지나매 천사가 곧 떠나더라(10절)

첫째, 둘째 초소가 있었다는 것은 그만큼 감시가 철저했음을 본다. 4인조 파수는 첫째 초소에 두명, 둘째 초소에 두 명이 있었던 것으로 보인다. 어쨌든 이들을 통과하는데 어려움이 없었다는 것이다. 그리고 탈옥의 마지막 철문도 저절로 열렸다.

(1) 철문을 통과하고 나와 거리의 한 구간을 통과하고나자 천사는 떠났다. 그런 후에야 베드로는 정신이 들었다. "내가 이제야 참으로 주께서 그의 천사를 보내어 나를 헤롯의 손과 '**유대 백성의 모든 기대**'[1])에서 벗어나게 하신 줄 알겠노라"(11절). 베드로는 그제서야 이 일이 환상이 아니라는 것을 깨달았다. 그러나 곧 파수병 교대 시간이다(오전 6시). 곧 베드로가 탈옥한 사실이 알려지게 될 것이다.

1) 지금 유대 군중들은 성난 이리처럼 야고보에 이어 베드로가 처형당하는 것을 기다리고 있다. 빨리 유월절이 끝나기를 기다리고 있다. 그런 기대에서 벗어나게 해주셨다는 것이다.

(2) 이제야 상황을 파악한(깨닫고) 베드로는 마가(Μάρκος마르코스)라 하는 요한의 어머니 마리아(Μαρία 히브리어 미리암이라는 히브리식 이름을 헬라식으로 바꾼 이름)의 집으로 향했다. 그곳에 도착해 보니 여러 사람이 모여 기도하고 있었다(12절). 마리아의 집에는 제자들의 무리를 수용할 수 있는 넓은 곳이 있어 아마도 정기적으로 이곳에서 모임을 가졌던 같다. 그녀는 미망인으로서 부유했다. 사도행전 1:13의 다락방은 마리아의 집임에 틀림없다. 이들은 이곳에서 밤새 '기도했다'(προσευχόμενοι현재분사 중간태). 이들은 지금 베드로를 잃을 최대의 위기를 맞고 있었기 때문이었다.

2) 마가는 베드로에 의해 개종했을 것이다. 이 때문에 베드로의 아들이라 불렸다(벧전 5:13). 그는 바나바의 사촌 동생이었다. 한글성경에는 생질(누이의 아들, sister's son to Barnabas)로 번역했다.

(3) 베드로가 대문(현관문)을 두드린다. 이미 익숙한 집이다. 그 소리를 듣고 로데(Ῥόδη, Rhoda, '장미'라는 뜻)라 하는 여자 아이(계집 종, παιδίσκη파이디스케)가 영접하러(문이 열리지 않은 상태에서 듣는 것을 말한다) 나왔다가, 베드로의 음성인 줄 알고 기절할뻔 했다. 그 여자 아이는 너무 기쁜 나머지 문도 열어주지 않고 안으로 달려들어갔다. "아, 글쎄, 베드로가 밖에 서 있어요!" (14절) "너, 지금 미친거 아니냐?" "아니에요, 참말이에요.[1)] 지금 나가보세요" "아니, 그러면 천사겠지!"

1) 힘써 말했다(διϊσχυρίζετο) / 미완료 과거 중간태로 자기의 주장을 계속했다는 의미이다. 단호하게 확신에 넘치는 주장으로 신약성경에는 여기만 나온다.

(4) 베드로는 여자 아이가 문을 열지 않고 들어가버리자 계속 문을 두들겼다. 그래서 모두들 현관문으로 달려와 문을 열었다. 정말로 베드로가 서 있는 것이 아닌가! 이들은 밤새 기도했지만 실제로 베드로 살아돌아온 것을 보자 모두 깜짝놀랐다(ἐξέστησαν과거 능동). 놀라서 정신이 나간 상태를 의미하는 동사이다.

(5) 온 집안이 기쁨으로 환호의 탄성이 터져나왔을 것이다. 베드로가 이들을 손짓하여 조용케 했다. 그리고 자기가 어떻게 나오게 되었는가를 자세히 알려주었다. "지금 빨리 가서 야고보와 형제들에게 이 말을 전해라."[2)] 베드로가 투옥될 즈음에 예수의 동생 야고보가 예루살렘 공동체를 지도한 것 같다.

2) 야고보와 다른 형제들은 지금 이 자리에 없었다. 40년대에는 공동체에서 주목받는 권위자가 되었다(갈 2:9에서 그가 베드로와 요한보다 앞서 언급되고 있다.). 아그리파의 박해 하에서 다른 사도들이 흩어졌기 때문에 그가 지도력의 공백을 맡게 되었을 것이라고 생각해 볼 수 있다.

그러나 야고보는 바울이 회심 이후 처음으로 예루살렘을 방문했을 때인 30년대 후반에 그곳에서 이미 중요한 사람이 되어 있었다. 야고보는 공동체 발전의 중요한 시점에 열정적이고 헌신적인 리더로 활동하였다. 그리고 그의 영향력의 최절정기에 예루살렘은 비교적 평온한 상태가 상당 기간 지속되었다(아이보르 J. 데이빗슨, 교회의 탄생, 그리심).

(6) 이 말을 하고 베드로는 "떠나 다른 곳으로 갔다." 베드로는 죽음은 가까스로 피했지만 예루살렘으로부터 도피할 수밖에 없었고, 이때부터 예루살렘에 머물지 않았던 것 같다. 그러면 베드로는 어디로 갔을까? 물론 이에 대한 기록이 없다. 어쨌든 몇년이 지나서 베드로는 예루살렘 공의회에(행 15장) 참석했음을 볼 수 있다. 그 동안 로마에 가서 교회를 세웠다는 주장도 있으나(가톨릭의 주장) 확실하지 않다. 혹시 그곳에 갔다하더라도 교회를 세웠다는 증거는 없다(롬 15:20을 참조해 보면). 어쨌든 그는 할례자를 위한 사도로 인정받게 된다(갈 2:7-8*; 벧전 1:1).

- 갈 2:7도리어 그들은 내가 무할례자에게 복음 전함을 맡은 것이 **베드로가 할례자에게 맡음**과 같은 것을 보았고 8**베드로에게 역사하사 그를 할례자의 사도로 삼으신 이가** 또한 내게 역사하사 나를 이방인의 사도로 삼으셨느니라." [베드로와 바울 두 사람이 모두 같은 복음을 위임받았다]

(7) 이로써 40년대 중반에서 후반에 이르러서는 12사도의 대부분은 예루살렘과 그 주변보다는 점차로 순회 사역을 확장해 나간 것 같다.

3. 날이 밝아오자 옥에 갇혀 있어야 할 베드로가 안보인다. 제일 당황한 것은 그를 파수하던 군인들이었다.

(1) 베드로가 어떻게 되었는지 알지 못하여 적지 않게 소동했다.[1] 도저히 이해할 수 없는 일이 벌어졌기 때문이다. 아그리파 왕이 직접 현장에 나타나 찾았으나 베드로는 어디에도 없었다. 16명이 파수를 섰는데도 말이다

(2) 왕은 파숫꾼들을 심문하고 죽이라는 명령을 내린다. 그리고 헤롯은 유대를 떠나 가이사랴로 내려갔다. 아그리파 1세는 예루살렘에 집이 있었으나 로마 총독 관저가 있는 가이사랴로 내려갔다. 당시 황제 글라우디오를 기념하기 위한 공식적인 경기가 열렸던 것 같다. 지금은 로마에서 파견한 총독은 없고, 아그리파 자신이 총독 역할을 하고 있다.

헤롯이 벌레에게 먹혀 죽으니라(20-21절)

(1) 두로와 시돈은 물론 헤롯의 통치 구역이 아니다. 그러나 이곳 사람들은 헤롯에게 몹시 미움을 사고 있었다. 두로와 시돈은 헤롯 영토에서 나는 양식을 공급받고 있었기에 이 무역 과정에서 큰 마찰을 빚은 것 같다. 그래서 헤롯이 "대단히 노여워했다"고 했다(20절). 전쟁까지야 가지 않았겠지만, 상황이 심각해지자 두로와 시돈 사람들이 왕의 침소 맡은 신하 블라스도를 설득하여(아마 뇌물을 주었을 것이다) 화목하기를 청했다(20절).[2]

(2) 문제 해결이 났는지 헤롯이 어느 날을 택하여 왕복(은빛 직물의 길고 품이 큰 옷)을 입고 단상(왕좌)에 앉아 백성에게 연설을 했다. 햇빛이 화려한 왕복에 반사되었고 왕은 한껏 들떠 일장 연설을 했다. 물론 이방인 군중이 헤롯의 호의를 얻고자 아첨하는 환호성을 계속 질러댔을 것이다. "이것은 틀림없이 신의 소리요 사람의 소리가 아닙니다." 어쨌든 헤롯은 유대인이다. 그렇다면 자신이 하나님의 영광을 가로채는 일을 해서는 안 된다. 그러나 헤롯은 하나님께 영광을 돌리기는커녕 군중들의 아첨을 진짜로 받아들였다. 헤롯 아그립바 1세, 그는 결국 벌레에 먹혀 죽는다(주후 44년에).[3]

4. 누가는 이런 와중에도(야고보의 죽음, 베드로의 투옥) "하나님의 말씀은 흥왕하여 더하더라"고 했다. 믿는 사람들이 더욱 많아졌다는 말이다. "바나바와 사울이 부조하는 일을 마치고 마가라 하는 요한을 데리고 예루살렘에서 돌아오니라"(25절).

1) 소동(타라코스, τάραχος) - 당황하는 어떤 소란이나 소동을 말한다.

2) (ᾐτοῦντο 에툰토) 아이테오(αἰτέω)의 미완료 중간태 / 화목하기를 계속 청하였다는 말이다.

3) 요세푸스는 「유대고대사」에서 조금 상세하게 이 내용을 기술한다. 헤롯 아그리파가 닷새 동안 질질 끌다가 그의 몸이 썩어 벌레가 생겼다고 말한다. 군중이 환호할 때, 경기장의 천막 로우프 중 하나에 올빼미가 앉았다는 미신적인 광경을 묘사한다. 이것은 그에게 닥쳐올 죽음의 징조였다는 것이다. 어쨌든 누가는 벌레가 먹어서 죽었다고 간단하게 언급했다.

하나님의 말씀은 흥왕하여 더하더라

이와 같이 주의 말씀이 힘이 있어 **흥왕하여** 세력을 얻으니라(행 19:20)

(행 12:25~19:20)

주후 46~55년까지. 주로 등장하는 전도자는 바나바, 사울, 실라, 디모데, 누가 등 / 전도지역 – 갈라디아, 마게도냐, 아가야, 에베소 등
(마가로 인해 생긴, 바나바와 바울 갈등; 이방인 신자 문제)

선교전략의 중심지가 바뀌었다.

복음의 진원지 예루살렘, 이제 그 중심지가 이동했다.
안디옥(Antioch)에는 이미 상당한 일꾼들이 사역을 하고 있었다.
누가는 그 중요 인물들을 소개함으로 사도행전의 두 번째 부분을 시작한다.

"선지자들과 교사들이 있으니
곧 바나바와 니게르라 하는 시므온과
구레네 사람 루기오와 분봉 왕 헤롯의 젖동생 마나엔과 및 사울이라."
사도행전의 기자인 누가의 설명에 의하면,
그때까지는 바울이 그의 유대 이름인 사울로 불려졌다.
그러나 이때를 기점으로
그의 로마식 이름인 바울로 불리기 시작한다(행 13:9).
이는 그의 사역이 이제부터는 유대인들뿐만 아니라
이방인들에게도 향한다는 것이 분명해졌다는 것을 의미한다.

이미 익명의 전도자들에 의해 산발적인 복음 증거가 각처에서
이루어지고 있었다.
예수 운동의 영향력은 바울의 선교 여행이 시작되기 전에 확산되고 있었다.
그러나 성령님은 바울과 바나바를 이방선교를 위해 특별히 부르신다.
바울이 가기 전에 이미 복음의 씨앗이 뿌려져 있는 곳도 있었다.

첫 선교 여행은 구브로부터 시작했다. 살라미, 그리고 바보에서 복음을 전했다.
가는 곳마다 유대인 회당이 있어서, 그곳이 곧 복음을 증거하는 모판이 되었다.
같이 동행했던 마가 요한은 어떤 이유에서인지 예루살렘으로 되돌아갔다.
그러나 바울 일행은 갈라디아의 남쪽 로마 관할지로 향한다.
유대인들과 유대인 신자들, 그리고 이방인 신자들간의 갈등 요인도 있었지만
선교여행은 성공적이었다고 누가는 진술하고 있다.

제1차 전도여행

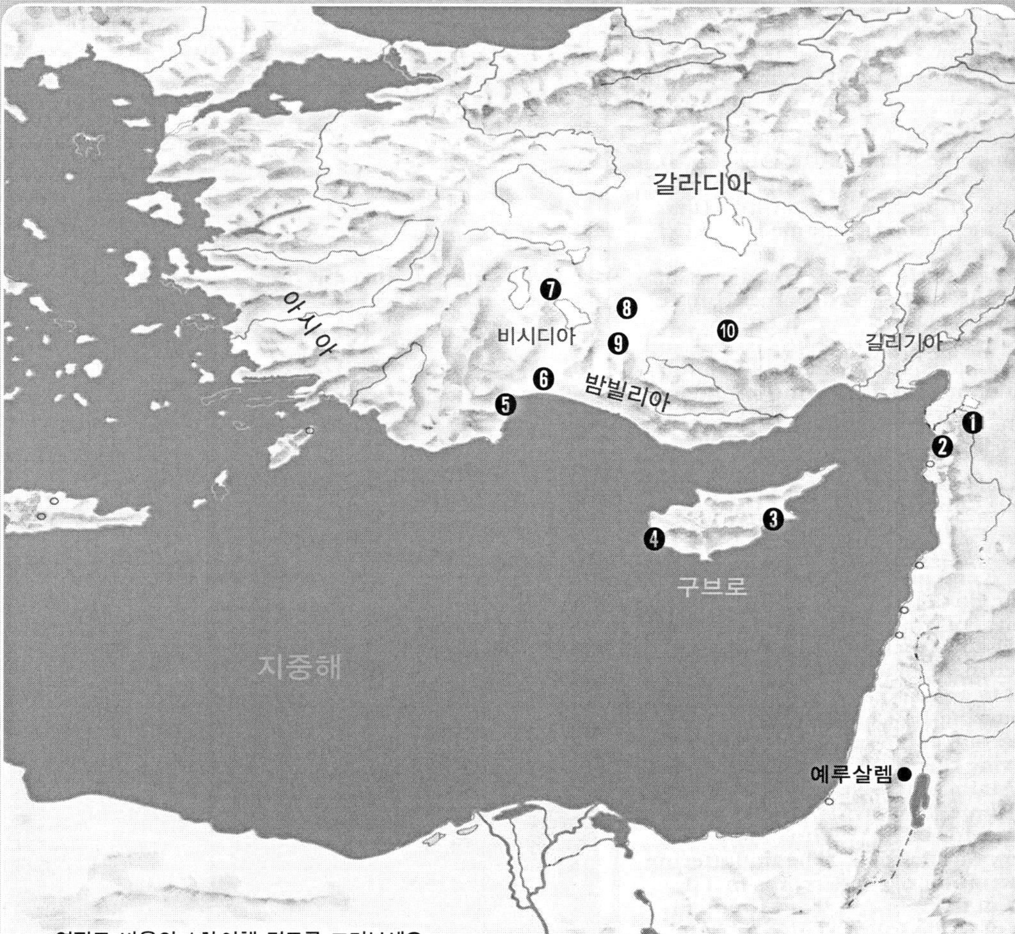

연필로 바울의 1차여행 경로를 그려보세요

❶ 수리아 안디옥 ❷ 실루기아 • 바울이 바나바와 마가와 함께 구브로로 감 ❸ 살라미 ❹ 바보 • 엘루마가 장님이 되다 ❺ 앗달리아 항구 ❻ 버가(Perge) • 마가가 예루살렘으로 돌아감 ❼ 비시디아 안디옥 • 바울과 바나바가 안디옥으로 ❽ 이고니온 ❾ 루스드라 • 바울과 바나바가 신으로 오해받음 ❿ 더베

귀로(歸路) = (사울과 바나바) 더베 ⇨ 루스드라 ⇨ 이고니온 ⇨ 안디옥 ⇨ 버가 ⇨ 앗달리아 ⇨ 안디옥

이방인들에 대한 선교(행 13:1–3)

로마의 세력을 등에 업고 등장한 헤롯 아그리파 1세는 예루살렘에 있는 사두개파 제사장들과 제휴를 맺고 예수 믿는 자들을 핍박하기 시작했다. 제1호 타도의 대상은 세베대의 아들이요 요한의 형제인 야고보였다. 야고보는 사형을 당했고, 이를 기뻐하는 유대인들을 보자 헤롯은 그 다음 타자를 지목했는데, 베드로였다. 베드로는 감옥에 갇혔으나 천사의 도움으로 죽음만은 피했다. 그러나 예루살렘으로부터 도피할 수밖에 없었다. 바나바와 사울은 예루살렘에 부조하는 일을 마치고 예루살렘으로부터 요한(John)이라는, 또한 로마식 이름으로는 마가(Mark)라 하는 바나바의 젊은 사촌동생을 데리고 안디옥으로 돌아왔다.

1. 안디옥 교회는 이제 강력한 조직이 생겨났다. 많은 일꾼들이 모였기 때문이다. 어떤 일꾼들이 있었을까?

13:1 안디옥 교회에 ① 선지자들과[1] ② 교사들이 있으니
곧 바나바와 니게르라 하는 시므온과
구레네 사람 루기오(Λούκιος[루키오스], 롬 16:21)와
분봉 왕 헤롯의 젖동생 마나엔과 및 사울이라

(1) 누가는 본문에서 '테'(τέ - '양쪽 다'란 의미)라는 단어를 사용해 세 명의 선지자(바나바, 시므온, 루기오)와 두 명의 교사(마나엔, 사울)를 구별한다.[2] 마나엔(Μαναήν, 위로자라는 뜻)은 헤롯의 젖동생(σύντροφος[쉰트로포스])[3]이라고 했다. 헤롯과 함께 궁정에서 자라났다는 말이다. 여기 헤롯은 갈릴리 베뢰아를 통치한 안티파스(안디바, B.C 4~A.D 39)이다. 따라서 마나엔은 안티파스가 몰락할 때까지는 사회적으로 높은 지위에 있었을 것이다.

13:2 성령이 —— **이르시되**
/[너희는] — 따로 세우라 하시니
/바나바와 사울을
/내가 불러 시키는 일을 위하여

(1) [너희는] 바나바와 사울을 '[이제 그러므로 나를 위하여] 따로 세우라' (ἀφορίσατε[4] δή μοι). 바울은 롬 1:1에서 자신이 하나님의 복음 사역을 위하여 구별되고 택정함을 받았다는 것을 알고 있었다(갈 1:15 참조). 그러니까 그가 스스로 사도가 된 것이 아니라 하나님께서 이 직무를 위해 그를

1) 선지자(προφήτης) : 성경적 선지자는 미래를 예언하고(행 11:28), 사람의 과거를 알 수 있었다(요 4:19). 여기에 언급된 모든 선지자는 교사들이었지만 모든 교사들은 하나님을 위한 대변자(행 11:28의 아가보와 같이)는 아니었다.

2) 바나바가 제일 먼저 언급되었고, 사울은 맨나중에 언급했다. 사울은 아직 크게 부각되는 인물이 아니었음을 본다.

3) 어릴 때부터 함께 자라거나 양육되어진 사람을 가리키는 말로서 왕자의 친구로 양육받은 소년들에 대해 종종 사용된다. 왕족과 함께 교육받고 아마도 궁정에서 특별한 지위를 누렸을 것이다.

4) ἀφορίζω set apart(지명하다, 임명하다. 원문에 ἀφορίσατε 다음에 δή가 나온다. ἠδή의 축약형으로 "이제 그러므로"라는 뜻이다. μοι(여격, 나를 위하여)

구별시키셨다. "내가 불러 시키는 일을 위하여"(그에게 맡길 일이 있으셨기에) 따로 세우셨다(set apart)는 것이다. 여기서 누가는 사울보다 바나바를 먼저 언급한다.

(2) "이에(τότε, 그래서) 금식하며 기도하고 두 사람에게 안수하여 보내니라." 안디옥 교회는 아직도 이들을 필요로 하지만 하나님께서 명령하셨기에 기쁨으로 이들을 보내는데 찬성하였다. 그러나 안디옥 교회는 선교 사역에 필요한 재정적인 지원을 하지 않은 것 같다(빌 4:15 참조). 그렇다면 이들은 그 비용을 스스로 감당했을 것이다. 바나바는 예루살렘 공동체를 위해 자기 재산을 팔아 바치기도 했었다(행 4:36, 37). 재정적인 여유가 있던 것 같다.

우선, 구브로(키프로스, Cyprus)로 가자

1. 두 사람은 성령의 보내심을 받아 실루기아(Σελεύκεια 셀류케이아)로 내려갔다. 실루기아는 지중해 연안의 수리아의 한 도시이다. 안디옥으로부터 약 30km 거리이며 구브로 맞은 편에 위치해 있다.

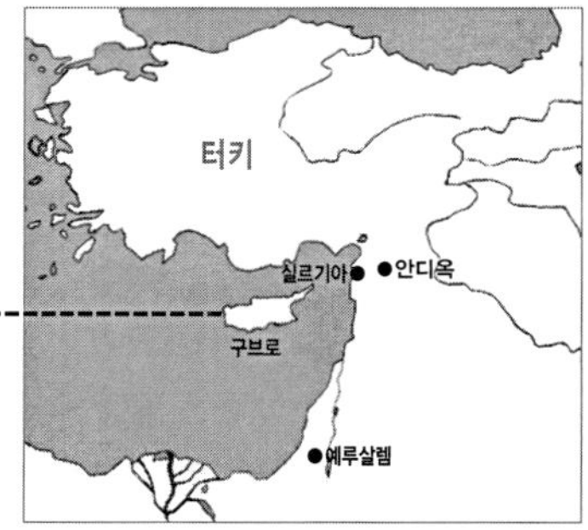

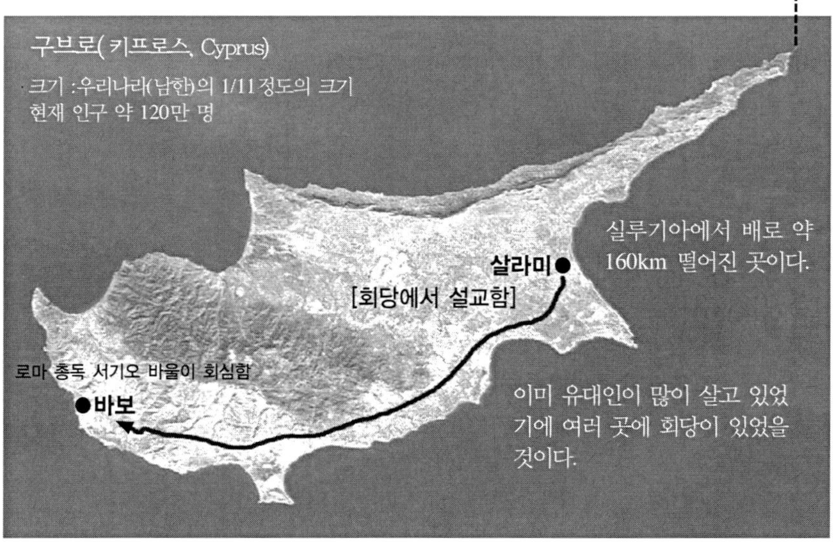

5 살라미에 이르러
하나님의 말씀을
유대인의 여러 회당에서
전할새
요한을 수행원으로 두었더라

▶ 베드로가 옥에서 나온 후 찾아간 곳이 마리아의 집인데(행 12:12), 마가 요한은 마리아의 아들이다. 그는 바나바와는 사촌간이었다. 한글성경에는 생질(sister's son)로 번역했다.

바나바는 구브로 출신이다. "구브로에서 난 레위족 사람이 있으니 이름은 요셉이라 사도들이 일컬어 바나바라(번역하면 위로의 아들이라)"(행 4:36). 그렇다면 그곳의 문화를 잘 알았을 것이고 친척들도 있어 자연스럽게 구브로를 먼저 선교지로 택했을 것이다.

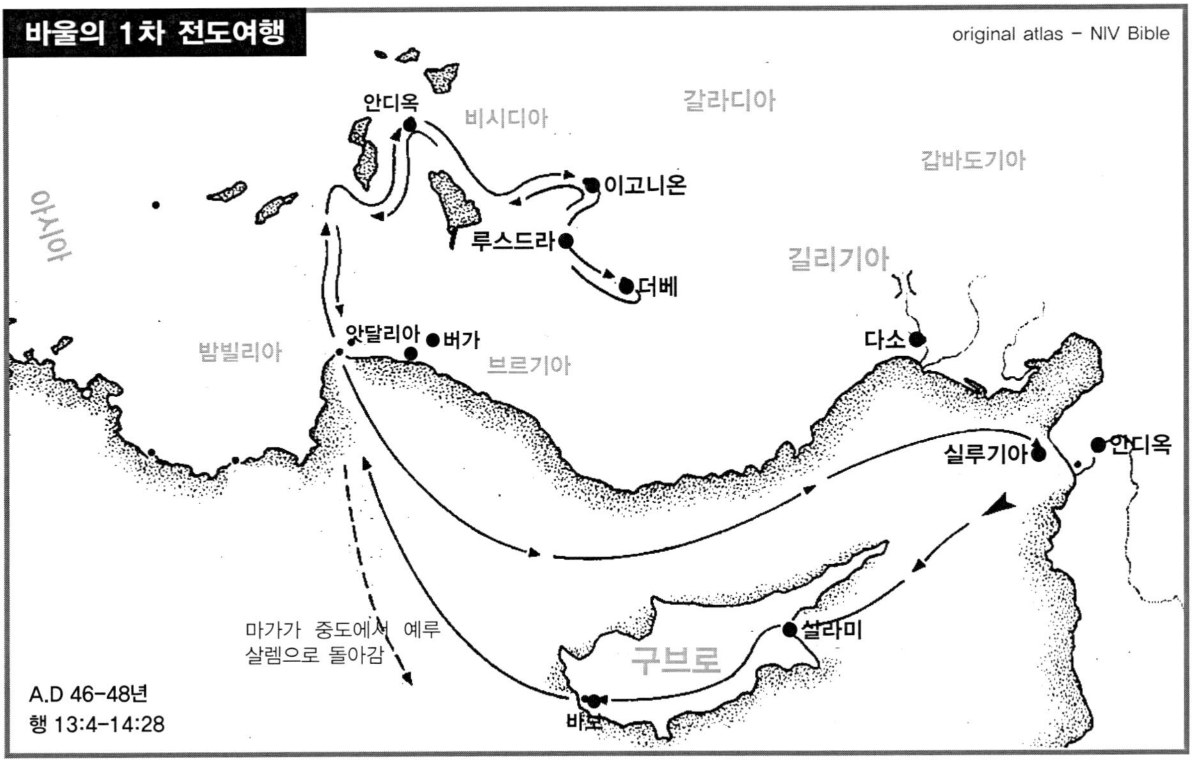

바울과 바나바는 구브로에서 밤빌리아(Pamphylia)로 항해를 하였다. 그리고 그 시기에 **요한 마가**는 일행을 떠나서 예루살렘으로 돌아갔다. 바울과 바나바는 다시 밤빌리아의 버가(Perga)에서 갈라디아(Galatia)의 남쪽 로마 관할지로 향하여 비시디아 안디옥(Pisidian Antioch, 매우 중요한 지역인 수리아의 안디옥과 구별하기 위해서 그렇게 불리었고 비시디아 지역 국경선에 인접한 곳이기 때문이기도 하다.), 이고니온(Iconium), 루스드라(Lystra), 그리고 더베(Derbe)에서 복음을 전파하였다

(1) "살라미(Σαλαμίς 살라미스)에 이르러 하나님의 말씀을 유대인의 여러 회당에서 전할새" - 구브로는 바나바의 고향이다. 이곳은 이미 유대인이 많이 살고 있었다.[1] 요한 마가도 처음에는 그들과 함께 떠났다. 구브로는 이미 얼마간의 성도들이 있었던 곳이다. 왜냐하면 몇 년 전에 예루살렘으로부터 도피했던 사람들이 있었고, 구브로의 원주민들은 안디옥의 복음 개척자들과 같이 지냈기 때문이다.

1) 바울이 이곳에 도착하기 약 100여년 전 살라미는 로마에 속해 있었다. 이전에는 앗수르, 이집트, 페르시아, 그리스의 지배를 받았다.

(2) 하지만 이 섬에 복음의 확장을 위한 여지는 여전히 남아 있었다. 바울과 바나바는 주요한 인구 중심지를 활동의 근거지로 삼았다. 누가의 묘사를 보면, 그들은 여러 유대인 회당에 관심을 두었는데, 이는 메시지의 주된 대상인 이방인들이 유대교 신앙에 어느 정도 연류되어 있지만 완전한 유대교

살라미의 옛 시장터(사울과 바나나는 이곳에서도 복음을 전했을 것이다)

◀ 구브로는 로마제국에 편입된 후 처음으로 길리기아 속주의 일부가 되었다. 그러나 주전 31년 로마 제국의 독립주가 되었다. 주전 22년에는 원로원의 속주로 되었다. 수많은 유대인들이 톨레미 왕가의 권유에 따라 정착하였다.

개종자는 아닌 하나님을 경외하는 사람들이었다는 것을 암시한다.

(3) "유대인의 여러 회당에서 전할새 요한(마가)을 수행원으로 두었더라"(5절). 수행원(ὑπηρέτης휘페라테스)은 일반적으로 어떤 권력자의 수행원이나 관리들에 의해 사용되었다(마 5:25, 법정에서 형벌을 진행하는 관리). 요 18:36에서는 종들, 왕의 지휘 하에 있는 군사들을 가리킨다. 마가 요한은 사울과 바나바가 사도로서의 선교 사명을 수행하는 데 조수(helper)로서의 역할을 감당했다. 이들은 그곳에 소재한 회당을 모두 찾아다녔을 것이다.

2. 살라미에서의 사역을 마치고 사울과 바나바는 섬 가운데로 지나서(통과해서) 바보에 이른다. 바보는 어떤 곳인가?

(1) 바보(Paphos, Πάφος파보스)는 고대 페니키아인들에 의해 세워진 키프로스의 남서쪽 끝에 위치한 도시이다. 이 도시는 구(舊) 바보와 신(新) 바보로 구별되어 있다. 구(舊) 바보는 장기간 아프로디테(Aphrodite - 로마의 비너스 여신에 해당) 숭배지와 동일시 된 페니키아의 수도였다. 신(新) 바보는 로마가 주전 58년에 구브로를 병합한 후에 구(舊) 바보의 항구 도시로 성장, 로마의 통치 중심지가 되었다.[2)]

(2) 사울과 바나바는 바보에 도착해서 "바예수(Βαριησοῦς바리에수스 / Bar-Jesus, '예수의 아들'이라는 뜻)를 만났는데, 그는 (구브로의 총독 서기오 바울에게 붙어 사는 유대인 거짓 선지자인) 마술사였다. 바예수는 '엘루마'(번역하면 마술사라는 뜻)라고도 했는데, 총독으로 하여금 믿지 못하게 함으로써 노골적으로 선교 사역을 방해했다(8절).

1) 그곳이 내륙 서남쪽으로 10마일의 거리의 비옥한 대지의 "신(新) 바보(New Paphos)"가 되었다; 그곳은 A.D. 1세기의 로마 정부의 소재지였다.

2) 주전 15년에 큰 지진이 일어나 대부분이 파괴되자 로마의 황제가 보내준 기금으로 재건되었다. 그래서 이곳은 장대하고 화려한 공공건물과 사원으로 단장되었다.

구브로의 가장 큰 축제는 Aphrodisia라 부르는 제전(祭典)으로 매년 봄에 3일간 지속되었다. 아프로디테(Paphian Aphrodite) 신전은 에베소의 아르테미스(Artemis)의 신전처럼 많은 순례자들이 방문하였다.

Paul

바울이라는 사울이(Σαῦλος δέ, ὁ καὶ Παῦλος) :
누가는 여기서부터 '사울'(Saul)의 이름을 '바울'(Paul)이라고 칭한다. καί(=also)
라는 단어는 지금에 와서야 나타난 것이 아니라 계속 불려져 왔음을 보여준다.

13:9 사울이[1] /바울이라고 하는
- 성령이 **충만하여**
- 그를 **주목하고**
10
- **이르되**
  - /모든 거짓과 악행이 (모든)[2] 가득한 자요
  - /마귀의 자식이요
  - /모든 의의 원수여
  - /[너는] ── **그치지 아니하겠느냐**
    - /주의 바른 길을 굽게 하기를

* 악행(ῥᾳδιουργία흐라디울기아) - 무분별하게 행함, 교활, 사기, 해악

* 바리새인에 대하여 예수님이 저주하는 구절과 같다(요 8:44). 엘루마가 행하는 짓이 꼭 사단의 궤교와 같다.

* 옳은 길에서 벗어나 빗나가게 한다. 유혹하다

(1) 사울이라는 이름은 태어나면서부터 지금까지 사용하였고, 이때로부터 누가는 이전의 삶을 언급하는 경우를 제외하고는 **바울**(Paul)이라는 이름을 사용했다(행 22:7, 26:14). 앞으로 대체로 로마의 영향력이 미치는 지역을 여행할 것이기에 로마 이름으로 시작한 것 같다.

(2) 지방 총독 서기오 바울은 A.D 47-48년에 구브로의 총독으로 있었다.[3] '서기오'(Σεργίος세르기오스)는 옛 로마의 원로원 의원의 이름이었다. 그는 바울을 불러 하나님의 말씀을 듣고자 했다. 그는 지혜 있는(분별력이 있는) 사람이라고 했다. 그런데 마술사(μάγος마고스) 엘루마가 총독으로 하여금 믿지 못하게(개종하지 못하도록) 방해했다. 그래서 바울은 성령이 충만해서 엘루마를 저주한다. 그는 그 이름의 뜻과는 반대로 마귀의 자식이었다.

13:11 "보라(behold, ἰδού)!
이제 주의 손이 네 위에 있으니(=주님의 손이 너를 내리칠 것이니) 네가 맹인이 되어 얼마 동안 해를 보지 못할 것이다."

(3) 그러자 즉시(immediately, παραχρῆμα파라크레마) 안개[4]와 어둠이 그를 덮어 인도할 사람을 찾았다. 이 모든 과정을 기켜본 총독은 **그렇게 된 것을 보고 믿으며** 주의 가르치심을 놀랍게 여겼다고 했다. 어쨌든 총독이 유대인 '선지자'를 고용했던 것은 유대교에 대하여 마음이 열려 있었다는 것을 보여 준다. 그후 총독은 개종하였을 것이다. 그의 가족 중에서 한 사람이 그리스도인이 되었다는 (로마에 있는 그리스도인 공동묘지에 이름이 적힌) 묘비가 있다고 한다.

1) 유대인이면서 로마시민이었던 바울은 처음서부터 두 가지 이름이 있었을 것이다. 바울은 '작은'이라는 뜻이다.

2) 원문에는 '모든'(πᾶς)이라는 말이 세 번이나 나온다.

3) 서기오 총독으로 불린 것은 당시 구브로가 원로원 지방이었음을 암시한다.

4) 안개(아클뤼스, ἀχλύς) - 침침함, 흐릿함(dimness) / 눈의 염증으로 흐릿하게 보이는 것을 묘사한 의사 누가의 표현이다.

살라미 서쪽의 수도원과
교회 근처에 있는 바나바의 무덤

비시디아 안디옥 전도(행 13:13–52)

1. **"바울과 및 동행하는 사람들이 바보에서 배 타고 밤빌리아에 있는 버가에 이르니"**

(1) "바울과 및 동행하는 사람들" - 이제부터 누가는 특별한 경우를 제외하고는(행 14:12, 15:12, 25) 바울을 항상 먼저 언급한다. 이들은 구브로에 있는 항구인 바보에서 배를 타고 밤빌리아에 있는 버가(Perga, Πέργη 페르게)에 도착했다.[1] 행 14:25을 참고해보면, 이들 일행은 앗달리아 항구에 도착했을 것이다. 거기서 내려서 육로로 버가로 갔을 것이다. 앗달리아는 밤빌리아의 주요 항구도시요 무역 중심지였기 때문이다. 바울은 1차 전도여행을 끝내고 앗달리아에서 바나바와 함께 배타고 안디옥으로 향했다(행 14:25-26).

1) 이곳은 밤빌리아만에서 20km 떨어진 곳이다. 버가는 헬라의 영향을 거의 받지 않은 곳이다. 주전 2세기에서 주후276년까지는 자체 화페를 주조해 사용했다.

(2) 그런데 이 과정에서 마가 요한은 여행에 합류하지 않고 중도하차 한다. "요한은 **그들에게서 떠나 예루살렘으로 돌아갔다**"고 했다. 왜 중도에서 돌아갔을까? 물론 확실한 주장의 결론은 없다.[2]

▶ 마가는 학문적 자질이 있는 사람이었다. 앞에서 살펴보았지만 마가는 바나바의 사촌[한글성경은 생질(누이의 아들)]이었다(골 4:10). 어쨌든 바울은 이 일로 인해서 두 번째 전도여행 때 마가를 데리고 가지 않겠다고 하여 바나바와 다투어 갈라섰다(행 15:36, 39). 결국 바나바는 마가를 데리고 배 타고 구브로로 갔고, 바울은 실라를 택한 후에 전도여행을 떠났다(행 15:36-40). 이 일로 이들은 영원히 헤어졌는가? 물론 아니다. 세월이 흐른 후에야 바울은 마가가 아주 훌륭한 사람인 것을 인정한다. 바울이 로마 감옥에 있을 때, 마가는 스스로 (자기를 배척했던) 바울을 찾아갔다. 그후 바울은 로마에 두 번째로 옥에 갇혀 있을 때에 『디모데후서』를 쓰면서 디모데에게 "네가 올 때 마가를 데리고 오라 저가 나의 일에 유익하다"라고 말한 것을 볼 수 있다(딤후 4:11). 또 바울이 골로새서에서 마가가 골로새 지역을 지나갈 때 영접하라고 했음을 본다(골 4:10). 이런 모든 사실을 미루어볼 때, 마가가 달라진 것이 아니라 마가는 그대로이고, 마가를 보는 바울의 시각이 달라진 것임을 알 수 있다.

2) 왜 마가가 중도에 전도여행을 포기했는지에 대한 성경의 설명이 없다. 여행이 고생이 되어서 돌아간 것으로 보는 사람도 있지만 확실한 것은 아니다. 또다른 설명은 마가는 할례당에 속해 있었는데, 바울은 이방인이 회심할 때 할례를 무시했기에 이에 불만을 갖고 그를 떠났다는 주장을 하기도 한다. 이렇게 교리적 견해로 갈라진 예는 다음과 같은 구절을 보면 알 수 있다(갈1:8; 살후 3:14; 딤후 2:18; 요일 2:18; 요이 10절 참조).

2. "그들은 버가에서 더 나아가 비시디아 안디옥에 이르렀다"고 했다(14절). 버가에서의 사역은 없었던 것 같다. 물론 1차 전도여행을 끝내고 되돌아올 때 버가에서 복음을 전했다(행 14:25). 어떤 어려움들이 있었을 것이다.

(1) 버가에서 비시디아(Pisidian, Πισιδία) 안디옥으로 가는 길은 쉽지 않은 길이다. 비시디아는 밤빌리아 평원의 북쪽, 소아시아 남쪽의 산간 지역으로 거친 산길을 넘어가야만 한다.[1]

(2) 그리고 바울 일행은 비시디아 안디옥[2]에 도착했다(안디옥은 비시디아 경계에 있다). 그리고 안식일에 회당에 들어가 앉았다(14절). '앉다'(카디조, καδίζω)라는 표현은 특별히 구별된 자리에 앉았다는 말이다. 만약 서기오 바울이 추천장을 써주었다면(참고: 행 9:2), 특별한 환영을 받았을 것이다. 안식일 예배에는 회당장이 "율법과 선지자의 글을" 낭독했다(느 8:8* 참조). 율법과 예언서를 히브리어로 낭독하면 그것을 다시 일반인을 위하여 아람어나 코이네 헬라어로 통역하였다(눅 4:16이하).

(3) 율법과 선지자의 글을 읽은 후에 회당장들이 사람을 보내어 말하기를 "형제들아, 만일 너희 중에 백성을 위한 무슨 권면의 말이 있으면 말하라"라고 하였다. "회중에게 권면할 말이 있으면(if) 한 마디 해주십시오" 이러한 호의적 태도는 아직 유대교와 기독교 간에 심각한 갈등이 빚어지지 않았던 시점임을 암시한다. 이미 바울이 개종하였다는 소문은 유대인 사회에 널리 퍼져있었을 것이다.

3. 바울은 그들의 초청을 받아들인다. "바울이 일어나 손짓하며 말하되 이스라엘 사람들과 및 하나님을 경외하는 사람들아 들으라"(16절).

(1) "이스라엘 사람들아!" - 바울이 일어섰다. 유대인의 관습은 앉아서 강론하지만(눅 4:20), 헬라와 로마의 관습은 서서 말하기 때문이었다(행 17:22). 손짓하는 행위는 침묵과 질서를 요구하는 제스쳐였다. "이스라엘 사람들아!" 우선 유대인 청중들에게 주위를 환기시킨다. '이스라엘 사람들'이라는 표현은 유대인에게 아주 듣기 좋은 호칭이기 때문이다. 그리고, 하나님을 경외하는 사람들에게도 주의를 환기시킨다. 이는 하나님을 자기들의 신으로 받아들인 사람들에게 듣기 좋은 호칭이다. 이곳에 유대인은 물론 수많은 이방인들도 참석한 것이 분명하다.

(2) 바울이 설교한 내용에는(16-41절) 그의 서신들에서 나타난 바울 신학의 핵심이 들어 있다. 바울은 다메섹에서부터 이런 내용으로 설교했을 것이다. 그 복음의 핵심 내용은 나사렛 예수가 약속된 메시야라는 것과 이제는 유대인이나 이방인 모두를 포함한 메시야이므로 그를 믿기만 하면 구원 받는다는 것이다.

1) 마가가 이런 일을 두려워했을까? 아니면 어떤 학자는 마가가 버가에서 말라리아에 걸렸을 것이라고 추측한다. 아니면 바울의 이교도를 향한 적극적인 태도를 못마땅해 했을지도 모른다. 마가는 예루살렘으로 돌아갔다. 어쨌든 바울 일행이 그렇게 빨리 버가를 떠난 이유를 알 수 없다.

2) 안디옥은 마케도니냐 기병대장 셀류키드 1세 나카토르에 의해 세워졌다(주전 312-280). 이곳은 빌립보와 마찬가지로 자유로운 도시이기도 했다.

• 느 8:8 "하나님의 **율법책을 낭독하고 그 뜻을 해석하여** 백성에게 그 낭독하는 것을 다 깨닫게 하니"(느 8:8) 예배자를 위하여 낭독자와 설교자를 선택하는 일은 회당장의 임무였다(막 5:22, 눅 8:49). 랍비나 혹은 저명한 방문자가 설교하도록 요청받았다.

사도 바울의 설교(비시디아 안디옥에서)

이스라엘의 과거 역사 언급(17-23절)

13:17 이 이스라엘 백성의 하나님이[1)] 우리 조상들을 택하시고[2)]
애굽 땅에서 나그네 된 그 백성을 높여
큰 권능으로 인도하여 내사
18 광야에서 약 사십 년간 그들의 소행을 참으시고
19 가나안 땅 일곱 족속을 멸하사 그 땅을 기업으로 주시기까지 약
사백오십 년간이라 (450년 - 이삭의 탄생으로부터 가나안 정복까지의
기간)
20 그 후에[3)] 선지자 사무엘 때까지[4)] 사사를 주셨더니
21 그 후에 그들이 왕을 구하거늘 하나님이 베냐민 지파 사람 기스
의 아들 **사울을 사십 년간 주셨다가**

누가 역사를 주관하셨는가?

1) 이스라엘 백성의 하나님께서 인도하셨다는 점을 강조한다.

2) 그 자신을 위해 선택하셨다는 뜻이다.

3) 사사시대 시작을 말한다.

4) 사무엘은 마지막 사사요, 첫 번째 왕 사울을 선택한 첫 번째 선지자였다.

이르되... [삼하 13:13-14]

/사울에게
왕이 —— **행하였도다**
/망령되이[5)]
왕이 —— **지키지 아니하였도다**
/명령을
/여호와께서 —— 명하신
/왕의 하나님 /왕에게

//그리하였더면 (כִּי, for)[6)]
여호와께서 —— 세우셨을 것이어늘
/왕의 나라를
/이스라엘 위에
/영영히
14 /왕의 나라가 — **길지 못할 것이라**
/지금은
여호와께서 —— **구하여**
/그 마음에 맞는 사람을
삼으셨느니라
/그 백성의 지도자를

사울 왕을 버리셨다. 왜?

5) '망령되이 행하다'(사칼, סכל) - '어리석은 행동을 하다'라는 말이다. 어리석은 행동이란 여호와의 명령을 지키지 아니한 것이다. 이스라엘의 왕은 누구보다도 여호와께서 명령하신 것에 철저한 순종이 있어야 한다(신 17:14-20). 그러나 사울은 하나님의 명령을 대수롭지 않게 생각했다. 자기 마음대로 결정하고 행동했다는 말이다. 언약을 어겼다는 말이다. 결국 그는 왕의 자리까지 잃고 끝내는 비참한 최후를 맞는다.

6) 만약 사울이 여호와의 명령을 잘 지켜 언약을 파기하지 않았다면?

- 이스라엘의 왕은 이방인의 왕과 어떤 점에서 어떻게 달라야 하는가?
- 하나님은 어떤 왕을 원하시는가?
- 사울 왕이 버림을 받은 중요한 이유는 무엇인가?

22 폐하시고 **다윗**을 왕으로 세우시고 증언하여 이르시되 "내가 이새의
아들 다윗을 만나니 내 마음에 맞는 사람이라 내 뜻을 다 이루리
라"(삼상 13:14; 시 89:20) 하시더니
23 **하나님이 약속하신 대로** 이 사람(=다윗)의 후손에서 이스라엘을 위하
여 **구주를 세우셨으니 곧 예수라**

육체로는 다윗의 후손이라는 점을 강조

삼하 7:2; 시 132:11; 사 11:1, 10; 렘 23:5이하; 슥 3:8을 읽어보자.

세례 요한

요한을 혹 그리스도신가 심중에 생각하니(눅 3:15)

(1) 요한의 불같은 회개에로의 외침, 그런 행동은 백성들로 하여금 세례를 베풀면서 회개를 외치고 있는 요한이 바로 그렇게 기다리고 기다리던 '그 메시야'(ὁ χριστός)가 아닐까 하는 의구심을 자아내기에 충분했다(눅 3:15, 16 참조).

(2) 요한복음에는 더욱 구체적으로 묻는다. 세례 요한의 대답이 어떠했는가? 그들과의 일문일답이 요한복음 1:19-28에 기록되어 있다.

- 요 1:21 "또 묻되 그러면 무엇, 네가 엘리야냐 이르되 나는 아니라 또 묻되 네가 '그 선지자'(ὁ προφήτης)냐 대답하되 아니라(οὔ)"

질문 : "네가 누구냐?(Who are you? σὺ τίς εἶ) 네가 진짜 그리스도냐?"
요한 : "나는 그리스도가 아니다."
(I am not the Christ., ἐγὼ οὐκ εἰμὶ ὁ χριστός.)
질문 : "그러면 무엇이냐, 네가 엘리야냐?"
(What then? Are you Elijah?)
요한 : "나는 (엘리야도) 아니다."
질문 : "그러면, 네가 '그 선지자'(ὁ προφήτης)냐?" = 구약에서 보내 주시기로 약속한 바로 '그'(ὁ) 선지자냐? (신 18:15)

세례 요한의 사역 언급(24-25절)

24 그가 오시기에 앞서 **요한이 먼저 회개의 세례를** 이스라
엘 모든 백성에게 전파하니라
25 요한이 그 달려갈 길을 마칠 때에 말하되 너희가 나를
누구로 생각하느냐 나는 그리스도가 아니라 내 뒤에 오
시는 이가 있으니 나는 그 발의 신발끈을 풀기도 감당
하지 못하리라 하였으니

▲ 세례 요한은 한마디로 구약에서부터 오리라고 약속되었던 바로 '그 메시야'가 아니라고 잘라 말한다. 그는 단지 하나님의 명령을 따라 회개의 세례만을 베풀었을 뿐이라는 것이다. 당국에서는 세례 요한의 메시야의 진위(眞僞) 여부를 알기 위해 제사장들과 레위인들로 구성된 조사위원들을 파견했다.

예수님의 죽으심과 부활 언급(26-37절)

26 형제들아! (친근감을 일으키는 호칭이다)
아브라함의 후손과 너희 중 하나님을 경외하는 사람들
아 (유대인도 이방인도 둘다 만족시키는 호칭을 사용한다)
이 구원의 말씀을 우리에게 보내셨거늘
(하나님은 메시야로서 예수님에 관한 메시지를 계속 주셨다. 23절을 보라)

27 예루살렘에 사는 자들과 그들 관리들이 예수와 및 안식
일마다 외우는 바 선지자들의 말을 알지 못하므로 예수
를 정죄하여 선지자들의 말을 응하게 하였도다

[이스라엘이 무지해서 선지자가 전한 메시지를 개닫지 못했다(행 3:17). 그렇다고해서 형벌에서 자유롭지 못하다. 왜냐하면 이는 고의적인 무지였기 때문이다.]

죽음

28 죽일 죄를 하나도 찾지 못하였으나 빌라도에게 죽여 달라 하였으니
29 성경에 그를 가리켜 기록한 말씀을 다 응하게 한 것이라 후에 나무
에서 내려다가 무덤에 두었으나

부활

30 하나님이 죽은 자 가운데서 그를 살리신지라
31 갈릴리로부터 예루살렘에 함께 올라간 사람들에게
여러 날 보이셨으니
그들이 이제 백성 앞에서 그의 증인이라
32 우리도 조상들에게 주신 약속을 너희에게 전파하노니
33 곧 하나님이 예수를 일으키사
우리 자녀들에게 이 약속을 이루게 하셨다 함이라
시편 둘째 편에(시 2:7을 가리킨다) 기록한 바와 같이

> **너는 내 아들이라 오늘 너를 낳았다**(시 2:7)
> 'Thou art My Son; today I have begotten Thee.'
> (υἱός μου εἶ σύ, ἐγὼ σήμερον γεγέννηκά σε.)

[시편 2:10이하도 읽어보자.]

10 그런즉 군왕들아 너희는 지혜를 얻으며
세상의 관원들아 교훈을 받을지어다
11 여호와를 경외함으로 섬기고 떨며 즐거워할지어다
12 그 아들에게 입맞추라
그렇지 아니하면 진노하심으로 너희가 길에서 망하리니
그 진노가 급하심이라 여호와를 의지하는 자는 다 복이 있도다

• 10절 : 시인은 반역하는 무리를 향해 "지혜롭게 행동하라"고 권면한다. **비록 다윗은 새로 세움을 받았지만 주께서 친히 세운 왕이요, 언약으로 부자관계를 맺고 있는 왕이요, 하나님의 우주적인 주권을 이 땅에서 실현하는 왕이기 때문이다.** 그러므로 그를 떨며 두려워해야 한다(11절). 또한 "떨며 그의 발에 입맞추라"(12절)고 경고한다. 그렇지 않을 경우 그들은 "길에서 망할 것이다." 히브리 표현은 "예기치 않게 급작스럽게 망할 것이라"는 뜻이 담겨 있다.

(1) 조금 더 설명해 보자. - **여호와의 기름부음 받은 왕은 보통 왕과는 다르다. 그는 하나님에 의해 세움을 받은 존재다.** 그 왕의 역할은 억압 받는 자를 구원하고 보호해 주는 것이다. 또한 악한 사람들을 물리쳐야 한다. 이렇게 할 때 그 나라는 축복을 받게 된다. 그는 또한 하나님과 백성 사이의 중보자다.

(2) 그리고 왕은 성전의 건축자이며 유지자이다. 그 백성들에게 여호와를 예배하도록 선창하는 사람이다. 이런 이유로 왕은 통치자뿐

▼ **시편 2편은 다윗 언약(삼하 7장)의 핵을 담고 있다.** 시편 2편에는 다윗이란 말도 또한 언약이란 말도 나타나지 않지만 다윗 언약의 진수가 들어 있다.

시편 2:7-9

7 내가 영을 전하노라 여호와께서 내게 이르시되 **너는 내 아들이라 오늘날 내가 너를 낳았도다**
8 내게 구하라 내가 열방을 유업으로 주리니 네 소유가 땅 끝까지 이르리로다
9 네가 철장으로 저희를 깨뜨림이여 질그릇같이 부수리라 하시도다

• **7절** : 사도 바울은 비시디아 안디옥의 한 회당에서 복음을 선포하면서 **메시야에 대한 약속이 예수님 안에서 어떻게 성취되었는가를 설명한다.** 바울은 구약에서 네 구절을 인용하는데 두 구절은 시편에서 인용된다. 시편에서는 2:7과 16:16절을 인용했다.

"너는 내 아들이다"라는 말씀은 대관식 때 왕에게 엄숙하게 선언된다. 이스라엘에서 왕은 언약관계를 통해 하나님의 아들로 입양된다(삼하 7:13-14 ; 시 89:26-27). 이 칭호는 다윗, 솔로몬과 다윗의 후손(사 9:6)에게 적용된다.

• 8절 : 하나님의 아들로서 왕은 하나님께 자유롭게 구할 수 있다(왕상 3:5이하). 뭇나라가 메시야 왕을 거역해서 반역을 일으키지만 하나님은 뭇나라들(goyim)을 그의 기업으로 주신다.

• 9절 : 만약 열방들이 이스라엘을 공격하면 왕은 원수 나라를 질그릇 같이 부술 것이다. 범세계적이고 절대적인 통치 사상을 전해 준다.

만 아니라 제사장으로도 불린다(시 110편 참조). 이스라엘의 참 왕은 여호와 하나님이시다. 여호와 하나님은 다윗과 그 왕조를 그의 지상 대리 통치자로 세우신다.

또 바울은 이사야 55:3의 말씀도 예수님의 부활을 예언한 것이라고 보았다. 이 말씀이 어떻게 부활과 연관될까?

34 또 하나님께서 죽은 자 가운데서 그를 일으키사
다시 썩음을 당하지 않게 하실 것을 가르쳐 이르시되
"내가 다윗의 거룩하고 미쁜 은사를 너희에게 주리라"(사 55:3, 70인역)
(내가 다윗에게 약속한 **거룩하고 확실한 축복**을 너희에게 주리라)

예수님은 나사로처럼 다시 썩음으로 되돌아가지 않는다. 예수님은 다시 죽지 않으셨으며, 그래서 부활의 처음 열매가 되셨다(고전 15:23; 롬 6:9).

Close-up

[위의 내용은 이사야 53장 3절에서 가져온 내용인데 왜 이런 말씀이 주어졌는가 살펴보자(동교재, 이사야에서 설명을 가져옴)]

이사야 55:3

55:3 너희는 ┌ 귀를 **기울이고**
└ 내게로 **나아와 들으라**

//(that...may, וִ)

너희의 영혼이 – 살(리라)(=려고) (that you may live)

그리하면(결과: וְ)

내가 —— 영원한 언약(בְּרִית עוֹלָם)을 **맺으리니**(אֶכְרְתָה)

/너희를 위하여

곧 다윗에게 허락한 확실한 은혜이니라

4) הַנֶּאֱמָנִים דָוִד[David] חַסְדֵי[mercies]

아만(אָמַן) -니팔, 분사형 남성 복수 - "다윗에게 베푼 나의 확실한 은혜(헤세드)이다." - 그게 뭔데?

▶ 만약 하나님의 백성이 여호와의 음성에 귀 귀울이고 순종한다면, 그들의 영혼이 살 것이다(3절상). 이들이 사는 길은 오직 하나님의 음성에 귀를 기울이고, 하나님께로 가까이 나오는 길뿐이다.

그리하면, 즉 하나님께로 돌아온다면, 하나님께서는 이들과 새로운 언약을 맺겠다고 약속하신다. 이 언약은 **영원한 언약**이 될 것이다. 영원한 언약은 "곧 ***다윗에게 허락한 확실한 은혜이니라***"라는 보충 설명으로 더 확실시 된다.

그렇다면 다윗과 맺은 언약은 어떤 내용인가? 자세한 내용은 사무엘하 7장에서 **다윗 언약**을 공부해야 한다.

(1) 그러면 다윗에게 허락한 확실한(faithful) 은혜(חֶסֶד[헤세드])란 무엇을 가리킬까? 다윗에게 주셨던 복의 약속은 무엇이며, 그 언약 속에 부활의 개념이 어떻게 포함되어 있다는 것인가? **그에게 주었던 복의 약속은 사무엘하 7:16에서 나왔다. 이 다윗 언약은 메시아 왕국의 영원성을 말하고 있다.**

(2) 다윗과 세워진 왕적 요소들이 영원할 것이라고 약속하셨다. 그래서 다윗과 맺은 이 언약을 '영원한 언약'(בְּרִית עוֹלָם, 베리트 올람, everlasting covenant)이

삼하 7:16 - "네 집과 네 나라가 네 앞에서 영원히(아드 올람) 보전되고①
네 위가 영원히(아드 올람) 견고하리라② 하셨다 하라."

여기서 ① '보존되다'(아만, אָמַן)라는 말은 '신실하다, 견고히 하다, 확실히 하다'라는 의미이다. 그리고 ② '견고하다'(쿤, כּוּן)라는 말은 '세워지다, 예비하다' 등의 뜻으로 두 동사가 거의 동의어로 쓰였다. 두 동사가 모두 니팔형(단순 수동형)으로 쓰임으로써 다윗 왕조의 영원성은 다윗이나 그의 후손들에 의해 견고하게 되는 것이 아니라는 점이 강조되고 있다. '견고하다'라는 동사와 '영원히'(perpetually)라는 부사의 결합은 미래로 이어지는 끝없는 시간을 나타낸다(G. Van Groningen, 구약의 메시야 사상).

라고 했다(삼하 23:5). 특히 시편 89편에서는 다윗의 혈통이 '왕조의 날'이 아닌 '하늘의 날과 같이'(28, 29절*) 지속될 것과 그의 보좌는 해와 달과 같이 계속될 것을(36-38절) 확언하고 있다. 우선, 사무엘하 7:14절부터 살펴보자.

• 시 89:28-29 "그를 위하여 나의 인자함을 영원히 지키고 그와 맺은 나의 언약을 굳게 세우며 29또 그의 후손을 영구하게 하여 **그의 왕위를 하늘의 날과 같게** 하리로다."

Close-up

7:14 /나는 —— 그에게 **아버지가 되고**①
/그는 —— 내게 **아들이 되리니**
/만일
그가 —— 죄를 범하면(if)②
내가 —— **징계하려니와**
/사람의 매와 인생의 채찍으로
15 /내가 —— **빼앗지는 아니하리라**③
(=여호와께서) /내 은총(헤세드,חֶסֶד)을 빼앗은 것처럼
/네 앞에서 물러나게 한 사울에게서
/그에게서

16 /네 집과 네 나라가 — 영원히 **보전되고**
/내 앞에서
/네 왕위가 — 영원히 **견고하리라** (하셨다 하라)

여기좀 보세요!

① 하나님은 다윗의 아들(들)과의 관계를 어떻게 설명하고 계신가?

② 다윗 가계는 징책을 받을 수 있다. 즉, 하나님의 언약을 어길 수 있다.

③ 그렇다고 하나님의 헤세드(은총)가 철회되지는 않을 것이다. 다윗의 집(16절)은 영원히 견고할 것이다. 다윗의 언약의 영원성은 사무엘하 23:5에 나타난다. 사무엘하 7장의 주석은 시편 89편이라고 할 수 있다.

이 언약은 메시야 왕국의 영원성을 약속하는 내용이다. 그런데 이 **영원한 왕국은 공식적으로 예수 그리스도의 부활을 기점으로 개막된다.** 바울은 당연히 이 약속 안에 부활을 생각하고 있었을 것이다. (김정훈, 사도들의 설교와 신앙, 그리심)

아드 올람(עַד־עוֹלָם, forever)

▶ **이렇게 세워진 왕조는 그 위(보좌)가 영원할 것이다.**

(1) 다윗과 세워진 왕적 요소들이 영원할(아드 올람, עַד־עוֹלָם, forever) 것이다. 여기에 나오는 올람(עוֹלָם)이란 말의 어근은 확실히 알려져 있지 않으나 이 용어는 항상 과거나 미래의 끝없는 기간, 즉 무한한 기간을 의미한다. 그래서 다윗과 맺은 이 언약을 '영원한 언약'(בְּרִית עוֹלָם, 베리트 올람, everlasting covenant)이라고 했다(삼하 23:5). 70인역은 아이온(αἰων)으로 번역했다. 후

• 아드(עַד) : '끝이 없는 세상, 영원토록' 등으로 번역되었다. 히브리어에는 시간을 가리키는 일반적인 단어가 없고 과거, 현재, 미래 및 영원을 가리키는 용어도 없다. 주로 '올람'과 사용되어 '영원히'라는 의미로 쓰였다. '아드'는 빈번히 하나님께 적용된다(사 57:15, 시 111:3, 시 89:29[H 30]).

1) 다윗의 묘는 대부분의 왕들이 묻힌 시온산에 있었다. 그 무덤은 하드리안 황제 시대에 황폐하게 되었다고 전해진다.

대에 이 단어는 '신 시대' 또는 '긴 기간'을 언급하기 위하여 사용되었다.

설명이 길어졌다. 다시 본문을 보자.

35 [그러므로 διότι] 또 다른 시편에 일렀으되 (어디에? 시 16:10에)
"주의 거룩한 자로 **썩음을 당하지 않게 하시리라** 하셨느니라"

(2) 이에 대한 설명은 행 2:26-27의 베드로의 설교에서 자세히 언급되었다. 그곳을 참고하기로 하자. 어쨌든 다윗은 당시에 하나님의 뜻을 따라 섬기다가 잠들어 그 조상들과 함께 묻혀 썩었다는 것이다. "형제들아 내가(나, 베드로는) 조상 다윗에 대하여 담대히 말할 수 있다" (행 2:29). 그러므로 시 16:10은 다윗 자신에 대한 예언이 아니라는 것이다. 즉 이 말씀은 다윗이 썩음을 당하지 않는다는 말이 아니다. 왜냐하면 "다윗은 죽어 장사되어 그 묘가 오늘까지 우리 중에 있지 않느냐?"[1]라고 반문한다.

36 "하나님께서 살리신 이는 썩음을 당하지 아니하였나니"

4. 그렇다면, 즉 예수를 통해 전파되는 것은 무엇인가?

이신칭의(以信稱義)

모세의 율법 안에서는 의롭다함을 받을 수 없었지만 이 사람(예수님) 안에서는 믿는 자마다 모두 의롭다 하심을 받는다는 것이다. 이것이 바울이 우리에게 가르치려는 복음의 핵심이다.

이 부분이 로마서와 갈라디아서의 핵심 내용이다.

13:38 그러므로 형제들아
너희가 – 알 것은
/[우리가] — 너희에게 전하는 이것이며
/죄 사함을 (복음을)
/이 사람을 힘입어(=예수 그리스도를 통해)
39 /또 믿는 자마다 – 의롭다 하심을 얻는 이것이라
/모든 일에도
/너희가 의롭다 하심을 얻지 못하던
/모세의 율법으로
/이 사람을 힘입어 (ἐν, 안에서)

(이 사람을 통해서 죄사함의 복음이 전파된다는 것이다.)

(모세의 율법으로 모든 일에서 죄 사함을 받을 수 없었으나 이 사람 안에서 의롭다함을 받는다는 것이다.)

39 ἐν τούτῳ πᾶς ὁ πιστεύων δικαιοῦται현재 수동태.
(through Him everyone who believes is freed(are justified)

(1) 디카이오오(δικαιόω, 의롭다 하다, justify)는 ~로부터 해방(make or set free from)이라는 의미를 지닌다. '옳다고 하다(justify), 정당화하다(vindicate), 옳다고 간주하다(treat as just), 무죄로 방면하다(acquit), 의롭다고 선언하다, 또는 간주하다(pronounce or treat as righteous)란 뜻이 있다.

바울이 즐겨 사용하는 단어들이 본문에 나타난다. 바울은 로마서에서 복음의 출처를 "하나님이 선지자들로 통하여 그의 아들에 관하여 성경에 미리 약속하신 것이라" 했다(롬 1:2). 즉 복음의 출처가 인간에 의해서 생겨난 것이 아니라고 말하고 있다.[1)]

(2) 바울은 로마서에서 하나님께서 의롭다고 간주하는 사람(롬 3-5장)에게만 진정한 의에 이를 것이라고(6-8장) 주장하고 있다. 물론 바울의 이러한 주장은 유대인들에게는 거침돌로, 이론적 철학적 윤리를 갖고 있는 헬라인에게는 미련한 것이었다(고전 1:23-25). 바울은 죄사함을 받는 오직 유일한 것은 '이 사람, 예수를 통해서(δία)' 하나님으로부터 오는 은혜라는 것이다. 지금 바울의 설교를 듣는 안디옥 사람들에게는 너무나 생소한 교리였다.

1) 즉 바울이 전하고자 했던 복음은 인간이 고안해 낸 것이 아니다. 갑자기 꾸며 낸 이야기가 아니란 말이다. 복음은 하나님께로서 유래한 것이다. **복음은 '하나님께서' 선지자들을 통해서 '미리' 약속하신 것이었다.** 그 약속이 이제 실제로 이루어졌다고 말하고 있다. 그 약속은 구약에서 직접 350여번, 간접으로 100여번 이상 약속되었다고 한다. **그 대표적인 구절이 오늘 본문 행 13:32-35(고전 15:3)에 언급되고 있다.**

결론: 그런즉 너희는 삼가라(Beware therefore)

40 그런즉 너희는 선지자들을 통하여 말씀하신 것이
너희에게 미칠까 삼가라(일어나지 않도록 조심하십시오)

41 (일렀으되) 하였느니라 (하니라)
/보라! (ἴδετε, Behold)
멸시하는 사람들아! (you scoffers)
너희는 —— 놀라고 멸망하라
//(이유: ὅτι, for)
내가 — 행할 것이니
/너희 때를 당하여 한 일을
/[비록] 사람이–너희에게 일러줄지라도
[너희가] —— 도무지 믿지 못할 일이라

합 1:5에서(70인역) 인용한 말씀이다

하나님께서 어떤 놀랄만한 일을 행하실 것인가? 유다가 당할 환란의 날이다. 설명을 더 들어보자.

너희가 도무지 믿지 못할 일을 행할 것인데, 그 말을 들으면 놀라고 놀랄 것이다. 어떤 말일까?

하박국 선지자가 왜 이런 말씀을 했을까 그 배경을 알아보자.

합 1:2을 읽어보자. 하박국 선지자는 여호와께 부르짖었다('샤와'(שָׁוַע)의 피엘 동사로 쓰였다. (도와달라고) 아주 간절히 부르짖었다는 말이다. 이 동사는 피엘형(강조 능동)으로만 쓰였는데, 그 행위가 강력함을 보여준다. 그렇게 아주 간절히 부르짖었는데 하나님께서 듣지 않으셨다는 것이다. 그래서 '언제까지 들어 주지 않으십니까' 라고 울부짖는다.

(1) 하박국 1:5을 이해하기 위해 합 1:3을 읽어보자. (동교재, 하박국 참조)

1:3 어찌하여 내게 죄악(간악, 아웬, אָוֶן)[1)]을 '**보게 하시며**'(라아, רָאָה)
패역(아말, עָמָל)[2)]을 '**눈으로 보게 하시나이까**'
겁탈(쇼드, שֹׁד)[3)]과 강포(하마스)가 내 앞에 **있고**
변론과 분쟁이 **일어났나이다**

1) 간악(iniquity) - 부정, 불법, 사악함, 공허, 악, 해악 등의 의미이다.
2) 패역 - 수고, 노동, 고생, 해악, 재해.
3) 폭력, 황폐, 대파괴, 멸망.

(2) 여기서 이런 악을 행하는 자들은 누구를 가리키는가? 갈대아인인가, 아니면

하나님의 백성 유다를 가리킴일까? 합 1:4절의 내용을 볼 때 이들은 유다인을 가리키는 것이 분명하다. 이런 상황이 여호야김 시대에 벌어지고 있었기 때문이다. 4절도 살펴보자.

합 1:4 이러므로(עַל־כֵּן)[1] - 2절과의 연결이다.
율법이 **'해이하고'**(푸그, פוג)
정의(공의, 미쉬파트, מִשְׁפָּט)가 전혀 **시행되지 못하오니**
//이는(for, כִּי)
악인이 의인을 에워쌌으므로
//결과(עַל־כֵּן) : 정의(=공의)가 굽게 행하여짐이니이다

(3) **유다의 불의가 얼마나 심각했는지는** 동시대의 사역자 예레미야의 탄식에서 볼 수 있다(렘 9:3-6, 9:1-6, 12:1-4, 15:10, 20:7-8, 22:3, 13-17). 하박국은 당시 공동체 내에 정의(공의, 미쉬파트)가 전혀(아주, 네차흐, נֶצַח) 시행되지 못하고 있다고 탄식한다. **하나님은 언약 공동체 내에 정의가 실현되기를 위해 율법을 주셨다.**[2]

(4) 이런 상황에서도 하박국은 끊임없이 기도했음을 본다(합 1:2). 하박국의 눈물어린 질문에 대한 하나님의 답변이 합 1:5-11에 주어진다. '왜 의인이 끝도 없이 어려움을 당해야만 하는가?' **오늘 본문 행 13:41절은 하박국 1:5의 인용이다**(70인역). 히브리 성경으로 설명해 보자(동교재, 하박국서에서).

하박국 1:5

1:5 여호와께서 **이르시되**
너희는 여러 나라를 보라(Behold!, Look!)
또 보라(הַבִּיטוּ- '나바트' (נָבַט) 히필 동사 명령법, Observe!)
놀라고(הִתַּמְּהוּ- 히트파엘 동사 명령법) 또 놀랄지어다(תְּמָהוּ- 칼 동사 명령법)
//이유(for, כִּי)
너희의 생전에 내가 한 가지 일을 행할 것이라(=것이기 때문에)
//(비록) 누가 너희에게 말할지라도
너희가 믿지 아니하리라

1:6 보라(For, lo, כִּי־הִנְנִי)
[내가] 갈대아 사람을 '일으켰나니'
/사납고 성급한 백성
곧 땅이 넓은 곳으로 다니며
자기의 소유가 아닌 거처들을 점령하는

놀랍고 놀라운 한 가지 일은 갈대아 군대를 일으켜 유다 백성을 치실 것이라는 것이다. 바벨론은 사납고 성급한 백성이라고 했다.

1) "이러므로"(Therefore)는 2절과 연결된다. 즉 주께서 구원치 않으셨기에 율법이 해이해졌다고 말한다. '해이하다'(푸그)라는 말은 '감각이 없다. 마비되다, 무력하다, 효력이 중단되다'라는 의미로 NIV는 '율법이 마비되었다'(the law is paralyzed)라고 번역했고, NASB는 '율법이 무시되었다'(the law is ignored)라고 번역했다.

2) 여기서 율법은 '미쉬파트'라는 말로 그 의미가 다양하게 쓰였다. 그 범위는 법적인 판결에서부터 범 사회의 고정된 틀에까지 이른다. 그런데 이런 율법이 무시당함으로써 무기력한 것이 되고 말았다. 율법이 마비되었다고 했다. 즉 정의가 왜곡되어 전혀 시행치 못하게 되었다는 것이다.

▶ 5-11절은 하박국의 질문에 대한 하나님의 답변이다. 하박국은 하나님께 자기로 하여금 '불의'를 보게 하셨다고 불평했다(1:3). 하나님은 하박국에게 무엇이라고 응답하시는가? 그것은 **유다의 죄악을 벌하기 위해 한 가지 일을 행할 것인데, 그것이 바로 갈대아 사람을 일으키시겠다는 것이다.**

(5) 계속 합 1:7-8을 읽어보자. 바벨론 군대의 교만함이 잘 드러나 있다. 당당함과 위엄(개역 -위령, 威伶)이 '자기들에게서 나온다' 는 말은 자신들 외에는 다른 권위를 인정하지 않는 다는 말이다. "무엇을 하든 마음 내키는 대로 하고 자기들이 하는 일을 스스로 옳다고 여긴다"(쉬운성경).[1)]

(6) 하박국 선지자의 예언대로 남유다는 주전 586에 최후를 맞는다. 나라가 공중분해 된 것이다. 바벨론 이역만리로 끌려가는 비참한 신세가 되었다. **바울은 설교를 마무리한다. "그러니 너희도 삼가라(조심하라)"는 말이다.** 바울의 이 경고는 청중들로 하여금 청천벽력의 말씀으로 들렸을 것이다. 그러나 유대인 랍비 중에는 얼굴에 분노를 드러내는 사람도 있었을 것이다.

42 그들이 나갈새 사람들이 청하되
다음 안식일에도 이 말씀을 하라 하더라
43 회당의 모임이 흩어진 후에
유대인과 유대교에 입교한 경건한 사람들이 많이
바울과 바나바를 따르니 두 사도가 더불어 말하고
항상 하나님의 은혜 가운데 있으라 권하니라

1) 바벨론 군대의 말은 표범보다 빠르다고 했다. 표범이란 민첩하고 빠른 동물이다. 바벨론 군대는 저녁 이리보다 사납다고 했다. 이리는 저녁에 먹을 것을 잡으며 이튿날까지 남겨두지 않는다고 한다. 여호야김의 통치 시대, 그는 11년간 통치했다(609-597년). 그렇다면 바벨론의 세력이 매우 강력해져 이미 정복전을 펼치고 있었을 것이다.

온 시민이 거의 다 하나님의 말씀을 듣고자(44-52절)

1. 바울의 설교는 뜨거운 반응을 보였다. 그 다음 주 안식일에는 온 시민이 거의 다 말씀을 듣고자 모였다.[2)] 유대인들은 생전 처음으로 자기 민족의 역사와 하나님의 섭리에 대해, 그리고 하나님의 참된 은혜의 진정한 의미를 깨달았기 때문이다.

13:45 그러나 유대인들이 그 무리를 보고 시기가 가득하여
바울이 말한 것을 반박하고(반대하여 말하다) 비방하거늘(중상모략)

(1) 유대인들이 시기가 가득했다고 했다. 물론 여기서 유대인은 '유대교에 입교한 사람'들이 아니다. 유대인들도 처음에는 설교를 듣고 뜨거운 반응을 보였을 것이나, 랍비들의 영향으로 바울에게 적대적으로 나온 것 같다. 이들이 이렇게 대적하는 것은 예전에 바울이 그랬던 것처럼 하나님에 대한 열심 때문이었다.

(2) 바울과 바나바는 이들의 도전을 받아들였다. 그러나 담대히 이렇게 말했다.

2) 그렇게 많은 시민이 함께 회당에 모일 수는 없었을 것이고, 아마 바나바도 함께 말씀을 강론했을 것이다. 좀더 넓은 곳에서 말씀을 들었을 것이다.

사도 바울의 설교(비시디아 안디옥에서)

46 바울과 바나바가 **담대히 말하여 이르되**
/하나님의 말씀을 마땅히 먼저 너희에게 전할 것이로되

(3) 바울은 이방인에게 복음을 전하는 사명을 받았지만, 그러함에도 유대인을 우선시해서 말씀을 전했다(롬 1:16, 2, 9, 10). "그러나 너희가 그것을 버리고 영생을 얻기에 합당하지 않은 자로 자처하기로", 즉 복음을 받아들이기를 거부하니 부득불 "이방인에게로 갈 수밖에 없노라"고 했다.

이사야 49:6

1) 빛은 압제와 속박으로부터의 구원을 상징한다('사 42:6-7, 51:4-6). 사도행전 13:47을 보면 여기 '여호와의 종'을 신약의 성도로 해석했다.

13:47 주께서 이같이 우리에게 **명하시되**
내가 너를 '이방의 빛'1)으로 삼아 너로 땅 끝까지 구원하게 하리라
하셨느니라 하니(사 49:6에서 인용한 말씀이다. 70인역)

- 왜 종이 되어야 하는가? 종이 해야 할 일은 야곱 지파를 다시 일으키고 살아남은 이스라엘 사람들을 돌아오게 하는 일이다.
- 그런데 이 종에게는 이 일이 오히려 가벼운 일이다.

49:6 그가 **이르시되**
/네가 나의 종이 되어
① 야곱의 지파들을 일으키며
② 이스라엘 중에 보전된 자를 돌아오게 할 것은
매우 쉬운 일이라
/내가 – 또 너를 이방의 빛으로 삼아(=삼을 것이다)
– 나의 구원을 베풀어서 땅 끝까지 이르게 하리라

- 종에게 포로된 백성을 구원하는 사명을 언급한다(사 49:5-12).

여호와는 어떤 분이신가?

- 태어나기도 전에 그를 주의 종으로 삼으셨다(사 49:5을 읽어보자).
- 왜 종으로 삼으셨나? 야곱과 이스라엘을 다시 불러모으시려고
- 그래서 하나님의 귀한 종이 되었고, 하나님께서 종에게 힘이 되어 주신다.
- 이런 하나님께서 지금 말씀하신다.

(4) 이렇게 특수한 소명을 받은 종의 역할은 포로된 백성을 구원하는 사명을 부여받는다. 그에게 주어진 첫 번째 과제는 이스라엘을 회복케 하여 하나님과의 온전한 관계를 갖게 하는 일이다.

(5) 또한 단순히 이스라엘의 회복뿐 아니라 그 종(=메시야)의 사명은 이를 뛰어넘는 것으로서 "이방의 빛"이 되는 것이다. 이사야 56:1-8과 66:18-21도 읽어보자. 이방인들의 예배의 참여를 배제하지 않는다는 점을 볼 수 있다. 메시야는 이방족속에게 구원을 베풀되 땅 끝까지 이르게 하실 것이다.

- 누가가 개인 구원론에 이 말씀이 절대예정론을 말하고 있다고 하는 것은 아니다. 바울은 하나님께서 구원은 이방인까지 포함하고 있다는 것을 말하고 있다.

48 이방인들이 듣고 기뻐하여 하나님의 말씀을 찬송하며
영생을 주시기로 작정된(=지정된, had been appointed to) 자는
다 믿더라

49 주의 말씀이 그 지방에 두루 퍼지니라

유대인들이 선동하여 바울과 바나바를 쫓아냄(50–52절)

13:50 이에(But, δέ)
유대인들이 ─┬ **선동하여**
　　　　　　│ /경건한 귀부인들과 그 시내 유력자들을
　　　　　　├ **박해하게 하여**
　　　　　　│ /바울과 바나바를
　　　　　　└ 그 지역에서 **쫓아내니**

51 두 사람이 ─┬ 발의 티끌을 **떨어 버리고**
　　　　　　│ /그들을 향하여
　　　　　　└ 이고니온으로 **가거늘**

52 제자들은 ─── 기쁨과 성령이 **충만하니라**

'경건한'(세보마이, σέβομαι)이라는 단어는 전적으로 유대인으로 귀화하지 않으면서도 또 율법을 철저히 지키지 않으면서 유대인의 하나님을 예배하는 이방인에 대해서 사용되었다(행 13:43, 50; 16:14, 18:7 - 경건한 사람들).

(1) 이방인들까지 회당에 몰려오자 유대인들은 당황했다. 유대교에 입교했던 이방인들(하나님을 경외하는 이방인들)까지 바울과 바나바가 가르친 말씀으로 기울어지자 강구책을 내놓았다. 랍비들은 유대교를 믿는 이방 귀부인들과(행 17:4 참조) 유력자들을 찾아가서 선동하기 시작했다. 이들을 쫓아버리기로 작정한 것이다.

(2) 당시 여자들이 공적인 일에 두드러지게 참여했던 것 같다. 이는 소아시아의 도시들에서 흔히 있는 일이었다. 요세푸스는 다메섹에 있는 부인들이 유대교로 개종한 사람들이었다고 말한다(『유대전쟁기』). 또 랍비들은 개종하지 않은 유력자들과도 접촉했다.

(3) 바울과 바나바는 이고니온으로 가기로 결정했다. "그들을 향하여 발의 티끌을 떨어 버리고." 바울은 디모데후서 3:11에서 이 사실을 언급한다. 본문의 언급은 없지만 바울은 이들에게 적지 않은 고통을 받았을 것이다.[1] 발의 먼지를 떨어버리라는 말은 주님의 명령에서도 볼 수 있다(마 10:14; 눅 9:5, 10:10, 11). 이것은 더 이상의 접촉을 하지 않겠다는 항의로 극적인 체스처이다.

(4) 그래서 바울과 바나바는 이고니온으로 향한다. 안디옥에서 약 72km나 떨어진 곳이다. 디모데가 이고니온 사람이다(행 16:2). 어쨌든 "제자들은 기뻐했다"고 했다. 여기 제자들은 비시디아 안디옥에 있는 이방인 그리스도인을 말한다. '충만하니라'는 미완료 수동태로 계속해서 충만했다는 말이다.

설교 끝

1) 바울은 고린도후서에서 그가 받은 고난을 이야기 한다. 아마 이곳에서의 경험도 포함되었으리라.

• 고후 11:24 "유대인들에게 사십에서 하나 감한 매를 다섯 번 맞았으며 25세 번 태장으로 맞고 한 번 돌로 맞고 세 번 파선하고 일 주야를 깊은 바다에서 지냈으며 26여러 번 여행하면서 강의 위험과 강도의 위험과 동족의 위험과 이방인의 위험과 시내의 위험과 광야의 위험과 바다의 위험과 거짓 형제 중의 위험을 당하고 27또 수고하며 애쓰고 여러 번 자지 못하고 주리며 목마르고 여러 번 굶고 춥고 헐벗었노라."

적용을 위한 묵상

이방인들에 대한 선교

- 복음을 전하는 일은 사탄과의 치열한 영적 싸움이다. 반대하는 사람은 늘 있게 마련이고 어려운 일 역시 늘 따라다닌다. 그래서 복음 전파는 성령께 전적으로 의존하지 않으면 안 된다. 그렇지 않으면 자신의 공로가 되기 때문이다.
- 복음은 이런 죽을만큼 힘든 사역의 결과로 퍼져나간다. 제자들은 박해 속에서도 기쁨과 성령이 충만했다고 했다.

• 예루살렘의 40년대 초,
예루살렘에는 회오리바람이 불고 있었다.
헤롯 아그립바 1세의 등장 때문이었다.
그는 요한의 형제인 야고보를 처형시켰다.
이 일이 유대인에게 인기를 끌자, 베드로를 투옥시켰다.
베드로는 중요 인물이었기에 간수 4명씩 4조가 되어 지켰다.
그러나 한 밤중 주의 사자가 베드로를 깨운다.
'어, 이게 환상인가?' 아니다. 실제였다.
베드로는 어느 사이에 예루살렘 거리에 나와 있었다.
그 시간 마가라 하는 요한의 어머니 마리아의 집으로 향했다.
그곳에서는 투옥된 베드로를 위해 기도하는 사람들이 모여 있었다.
숨막히는 현장에서 벌어지는 영적 전쟁,
지상에서의 기도가 하늘의 군대를 움직였다.
너무 급해서 주의 사자가 바로 현장에 출동했다.
하나님의 역사는 역동적인 드라마의 연속이다.
나는, 우리는 지금 어떤 역경 속에 있는가?
주의 사자가 출동할만큼 어려운 상황인가? 아니라고?

• 헤롯 아그립바 1세, 물론 그도 유대인이다.
그러나 그에게는 하나님은 없었다.
하나님 없는 자의 삶은 결국 허황된 영광을 향하여 돌진한다.
헤롯이 한 날을 정하여 왕복을 입고 단상에 올라 연설을 한다.
두로와 시돈 지역에서 유대와 관련된 행사였을 것이다.
헤롯은 이번 기회를 통해 자신의 왕의 권위를 한껏 높일 수 있다고 생각한다.
백성들은 헤롯의 연설에 아부성 환호를 지른다.
"이것은 신의 소리요 사람이 소리가 아니다."
헤롯은 회심의 미소를 지었을 것이고,
어느 사이에 하나님만이 받으실 수 있는 영광을 가로채고 있었다.
이번에도 주의 사자가 등장했다. 그를 곧 치니 벌레에게 먹혀 죽었다.
역사가 요세푸스는 심한 복통으로 인해 44년 8월 초에 죽었다고 기록했다.
이런 박해 속에서 오히려 "하나님의 말씀은 흥왕하여 더하더라"고 했다.
예루살렘에 불어닥친 박해, 그 박해가 없었다면
초대교회의 복음의 폭발력은 없었을 것이다.
그래도, 우리는 평안과 부를 위해서만 기도하고 있는 것은 아닐까?

• 안디옥교회, 이곳에는 이름 있는 여러 명의 지도자들이 있었다.
바나바와 바울이, 예루살렘의 가난한 성도들을 위한 부조금을 전달하고
안디옥으로 돌아왔다. 마가라 하는 요한도 함께.

• 안디옥 교회는 하나님을 섬겨 금식을 계속한다(2절).
이렇게 열심으로 하나님을 섬겼을 때 하나님의 계시가 임했다.
금식하는 중에 성령이 말씀하셨다.
"내가 불러 시키는 일을 위하여 바나바와 사울을 따로 세우라."
안디옥 교회는 성령의 지시에 즉시 순종한다.
순종할 때도 금식하며 기도하며 보냈다(3절).
선교는 인간의 계획이 아니라 하나님의 의해 시작된다.
그러나 이런 일은 금식과 기도와 경배로 하나님을 섬길 때 시작된다.
그래서 제1차 전도여행이 시작되었다.

• 어디서부터 선교를 시작할까?
이들(바나바, 사울, 요한)은 성령의 인도로 실루기아로 내려갔고
이어 바나바의 고향 구브로로 방향을 잡았다.
먼저, 유대인의 회당부터 들렀다.
구브로섬은 이미 복음이 전파된 곳이지만(11:19-20),
아직도 믿지 않는 유대인들이 많이 있었으리라.
서기오 바울은 복음에 귀를 귀울였고, 엘루마는 복음을 방해했다.
복음을 받아들이는 사람도 있고, 배척하는 사람도 있다.
복음이 전파되는 곳에는 늘 사탄의 방해역사가 있기마련이다.
그래서 우리 모두는 성령의 충만함과 인도함을 받아야 한다.

• 이방 지역에 복음을 전도하는 일은 도전의 연속이었다.
가는 곳마다 방해 요소가 도사리고 있다.
바울과 바나바는 구브로 전도를 성공적으로 마친 후
배를 타고 밤빌리아에 있는 버가에 도착했다.
그때 마가 요한은 바울 일행을 떠나 예루살렘으로 돌아갔다(13절).
본문은 그 이유를 분명하게 언급하지 않으나
훗날 이 일이 의견불일치의 원인이 된다(행 15:36-41).
물론 바울과 요한 마가의 아름다운 화해가 있었다고 기록한다(골 4:10-11).
선교 사역이 늘 순조롭게 풀려가는 것은 아니다.
그러나 성령의 사역이라면 결과가 아름답게 맺혀진다.
여기에 말씀 사역자들이 용기를 잃지 않아야 될 이유가 있다.

• 마가 요한이 도중하차 하는 아픔 속에서도
바울 일행은 비시디아 안디옥으로 향한다.
그곳까지 가려면 소아시아에서 가장 험한 길인 다우 계곡을 지나야 한다.
그렇다고 바울이 강인한 체력은 아니었다.
몸에 가시가 있어 여러 번 기도했으나 그대로 있었다(고후 12:7, 8).
그래도 그는 원망 한 마디하지 않고 도리어 하나님께 충성했다.
복음의 열매는 이런 아픔 속에서 익어가는 것이다.

• 비시디아 안디옥 전도(행 13:13-52)

이곳에서 바울이 전한 복음의 내용을 교재를 보고 간단하게 설명해 보자.

• 바울이 전파한 복음의 내용은 예수님의 죽음과 부활이었다. 예수께서 부활하셨다는 것은 유대인들에게는 거침돌로, 이론적 철학적 윤리를 갖고 있는 헬라인에게는 미련한 것이었다(고전 1:23-25). 바울은 죄사함을 받는 오직 유일한 것은 '이 사람, 예수를 통해서(δία)' 하나님으로부터 오는 은혜라는 것이다. 바울의 설교를 듣는 안디옥 사람들에게는 너무나 생소한 교리였다.

물론 반대하는 사람이 많았지만 받아들이는 사람도 많았다. 복음 전파의 현장에는 늘 있는 상황이다.

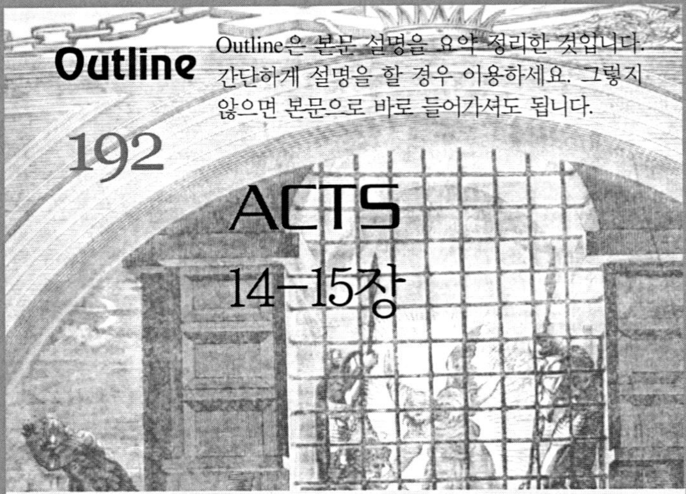

Outline Outline은 본문 설명을 요약 정리한 것입니다. 간단하게 설명을 할 경우 이용하세요. 그렇지 않으면 본문으로 바로 들어가셔도 됩니다.

192

ACTS
14-15장

제1차 전도여행 계속 · 이방인의 할례 문제

제1차 전도여행이 계속된다.
비시디아 안디옥, 안식일에 회당에 들어가 앉았다(14절).
"회중에게 권면할 말이 있으면(if) 한 마디 해주십시오"
그래서 바울의 설교가 시작되었다.
이스라엘의 과거 역사를 언급하고(17-23절)
예수님의 죽으심과 부활을 언급한다(26-37절).
결론은 그런즉 너희는 삼가라(Beware therefore).

그리고 이고니온으로 넘어왔다.
이곳에서도 회당부터 찾았다.
유대인도 이방인도 있었다.
나면서부터 걸어보지 못한 사람이 치유되는
표적이 일어났다. 이 일로,
허다한 사람들이 주님을 받아들였다.
"신들이 사람의 형상으로 우리 가운데 오셨다."
바울과 바나바가 간신히 그들을 잠재운다.
"우라는 신이 아니다. 우리도 너희와 똑 같은 사람이다."

그리고 이고니온, 루스드라, 더베에서 복음을 증거했다.
이후에 이들의 거점이었던 지역들을 다시금 돌아보고
앗탈리아 해안으로, 그리고 수리아 안디옥으로 돌아왔다.
약 일년에 걸친 순회여행이었다.

이번 선교여행은 15장에서 나오는
다툼과 변론을 야기시켰다.
바리새파 출신 유대인 기독교들의 주장 때문이었다.
그래서 예루살렘에서 공의회가 열린다.
이방인이 그리스도인이 되려면
반드시 할례를 받아야 된다는 주장 때문이었다.
결론은 어떻게 났을까?

제1차 전도여행 계속
이고니온 전도(행 14:1-7)

(1) 비시디아 안디옥에서의 복음 전도는 성공적이었다. 그러나 시기하는 유대인들도 있었다. 그래서 바울과 바나바는 이고니온으로 출발했다. 이고니온에서도 유대인 회당부터 찾았다. 안디옥에서 전한 복음의 내용을 똑같이 선포했을 것이다. "유대와 헬라의 허다한 무리가 믿었다"고 했다(행 14:1).

(2) 그러나 이곳에서도 반대하는 무리가 있었다. 믿기를 의도적으로 거부하는 유대인들이다. 이 유대인들은 이방인들의 마음(=본성)을 선동하여 '악감을 품게' 했다.

(3) 그래서 바울과 바나바는 상당한 기간 동안 그곳에 머물렀다. 얼마나 오래 있었을까? (약 6개월 가량?) 물론 주님을 의지하면서 담대히(행 13:46, 비시디아 안디옥에서처럼) 복음을 증거했다.

(4) 무리가 두 패로 나뉘였다. 유대인을 따르는 자도 있고 두 사도를 따르는 자도 있었다. 이방인과 유대인과 그 관리들이 두 사도를 모욕하며 돌로 치려고 달려들었다(5절). 바울과 바나바는 도망하여 루스드라와 더베와 그 근방으로 옮겨 거기서 복음을 전했다(6-7절).

루스드라 전도(행 14:8-20)

(1) 바울과 바나바는 이고니온에서 유대인들의 박해로 루스드라로 도망왔다. 그곳에 나면서부터 걷지 못하게 되어 걸어 본 적이 없는 사람이 있었다(8절).

(2) 바울이 그에게 구원 받을 만한 믿음이 있는 것을 보고 큰 소리로 "네 발로 바로 일어서라"고 명했다. "그 사람이 일어나 걷는지라." 기적이 일어난 것이다. 현장에 있던 무리들이 바울이 한 일을 보고 루가오니아 방언으로 소리를 질렀다. "신들이 사람의 형상으로 우리 가운데 내려오셨다~~."

(3) 성 밖에 있는 제우스 신당의 제사장이 "소와 화환들을 가지고 대문 앞에 와서 무리와 함께

제1차 전도여행 · 예루살렘 공의회(이방인 그리스도인이 할례를 꼭 받아야만 하는가? 하는 문제로)

제사하고자" 했다(행 14:13).

(4) 바울과 바나바에게 제사를 드리려 한다는 소식을 듣고 바울과 바나바는 옷을 찢고(마 26:25 참조) 소리를 지르며 무리 가운데로 뛰어 들어갔다. 그리고 소리질러 숭배를 말렸다.

(5) 하나님은 이 우주만물을 창조하신 분일뿐 아니라 역사 안에 계시는 분이시라는 점을 강조했다. 물론 지나간 세대에는 모든 민족들이 자기네 방식대로 살아가게 하셨으나(행 14:16) 이제는 그 은혜를 철회하셨다는 것이다. 이제 어느 민족 어느 누구나 회개하지 않으면 구원을 얻을 수 없다고 전파했다.

(6) 유대인들의 반발은 끈질겼다. 안디옥과 이고니온에서 바울과 바나바를 반대했던 무리들이 이곳까지 와서 군중들을 충동했다(19절). 군중들은 바울을 돌로 친 다음 죽은 줄로 알고 성 밖으로 질질 끌어냈다.

(7) 그런데 기적이 일어났다. 바울이 벌떡 일어난 것이다. "바울이 일어나(arose) '바나바와 함께' 이곳에서 (길리기아로 입구로 가는 길 가까이에 있는) 더베로 향하여 떠났다.

제 1차 전도여행을 마침(행 14:21-28)

바울과 바나바는 더베에서 복음을 전하고 지금까지 지나온 도시를 역순으로, 즉 루스드라와 이고니온과 (시리아) 안디옥으로 돌아갔다(21절).

예루살렘 공의회(행 15:1-21)

(1) 이방인 기독교가 성장해 가는 과정에서 적지 않은 문제가 표면화되기 시작했다. 유대인 신자들과 이방인 개종자들 간의 관계 문제가 쉽게 사라지지 않았다. 이번 선교여행은 15장에서 나오는 다툼과 변론을 야기시켰다.

(2) 어떤 사람들이 유대로부터 내려와서 **모세의 법대로 할례를 받지 아니하면 능히 구원을 받지 못하리라**(15:1)고 가르쳤다. 이런 가르침으로 인해 안디옥 교회가 혼란에 빠졌다. 믿음과 할례를 구원의 필수조건으로 갖춰야 한다는 것이기 때문이었다. 결국 이 문제는 예루살렘 교회에서 해결을 보기로 한다. 그래서 제1차 총회가 열렸다.

베드로의 주장(15:7-11)

(1) 결국 토론으로 넘어가지 않을 수 없었다. 많은 변론이 있었으나 좀처럼 해결이 나지 않았다. 베드로가 일어나 토론을 정리한다. 하나님은 이방인들이 용납되어야 할 것을 경이롭게 보여주셨다는 것이다. 그래서 베드로는 이방인들이 진정으로 하나님의 은혜받은 자임을 증명하게 하기 위해 불합리한 짐을 부과한다는 것은 옳지 않다고 주장했다.

야고보가 결론을 제안한다(15:13-21)

(1) 야고보는 해결책을 제안했는데 아마도 논쟁 과정 중에 설득된 것 같다. 그래서 그는 이방인들이 할례를 받아야만 한다고 주장하는 사람들로부터 거리를 두어야만 했다.

(2) 야고보는 이방인들의 회심이 아모스를 통한 하나님의 예언과 일치하였기 때문에(암 9:11-12), 이방 개종자들이 믿음의 공동체에 속함을 인증하는 것이 어려워서는 안 된다고 결론지었다.

(3) 이방인 신자들은 할례를 받을 필요가 없게 되었다. 그러나 예루살렘 교회는 우상에 바쳐진 음식, 음행, 목매달아 죽인 짐승의 고기 그리고 피를 멀리하는 율법의 규정들을 지킬 것을 권하면서 그들에게 편지를 써야 했다. 그래서 이 결정사항을 기록해서 사람을 시켜 보내기로 한다. 형제 중에 인도자인 바사바라 하는 유다와 실라도 있었다.

(4) 예수 믿는 이방인들은 하나님을 경외한 사람들이 유대교에서 누렸던 것보다 더 큰 소속감을 기독교 운동에서 갖게 됐다. 그들은 친밀한 교제에 참여할 수 있게 되었고 할례를 받지 않고 언약 백성들의 진정한 멤버로서 대우를 받게 되었다.

(5) 예루살렘 회의는 점차 유대교와 기독교 간의 공식적 분리라고 하는 복잡한 여정(旅程)의 이정표가 되었다.

이고니온 전도(행 14:1–7)

이곤니온(Iconium)

바울과 바나바의 비시디아 안디옥에서의 복음 전도는 성공적이었다. 그러나 바울의 복음 증거를 시기하는 유대인들이 있었다. 이들은 자신들의 회당에 출입하는 이방인들까지도 기독교인으로 이적하는 바람에 심기가 불편했다. 따라서 이들은 바울이 말한 것을 반박하고 모독했다(13:45). 그래서 바울과 바나바는 이방인들에게로 돌아서기로 작정한다. 주님께서 그렇게 명령하셨기 때문이다(46절). 그리고 바울과 바나바는 이고니온으로 출발했다.

1. 이고니온(Ἰκονίον^이코니온^, Iconium)은 어떤 곳인가?[1]

(1) 바울과 바나바는 이고니온에서도 유대인 회당부터 찾았다. 이곳에서도 안디옥에서 전한 복음의 내용을 똑같이 선포했을 것이다. 왜냐하면 유대인과 이방인을 동시에 얻을 수 있었기 때문이었다. 결과는 성공적이었다. "유대와 헬라의 허다한(많은, a great multitude) 무리가 믿었다"고 했다(행 14:1).

(2) 그러나 반대하는 무리도 있었다. "순종하지 아니하는 유대인들"이 문제였다. '순종하지 아니하는'(ἀπειθήσαντες^아페이데산테스^)라는 단어는 과거분사로 아마도 '믿지 않는(믿기를 의도적으로 거부하는)' 유대인을 가리킬 것이다. 이 단어는 불신앙과 동의어로 쓰였다. 이 유대인들이 이방인들의 마음(=본성)을 선동하여 형제들에게 '악감을 품게'(κάκαω^카카오^)[2] 했다. 대적하게 했다는 말이다. 이번에도 설교 내용이 안디옥에서처럼 랍비들을 불쾌하게 만들었을 것이다.

(3) 그래서 바울과 바나바는 상당한 기간 동안 그곳에 머물렀다. 얼마나 오래 있었을까? (약 6개월 가량?) 물론 주님을 의지하면서 담대히(행 13:46, 비시디아 안디옥에서처럼) 복음을 증거했다. 주님께서는 "그들의 손으로 표적과 기사를 행하게 하여 주사 은혜의 말씀을 확증해 주셨다." 그래도 박해는 중단되지 않았다.[3]

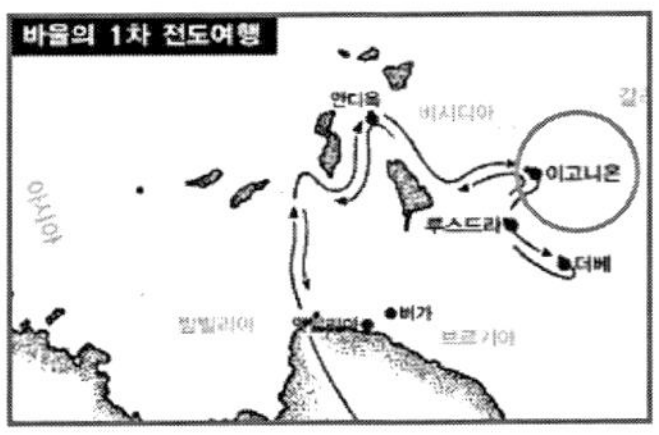

2. 시내의 무리가 두 패로 나뉘었다. 유대인을 따르는 자도 있고 두 사도를 따르는 자도 있었다. 이방인과 유대인과 그 관리들이 두 사도를 모욕하며(무례하게 모욕하여) 돌로 치려고 달려들었다(5절). 바울과 바나바는 도망하여 루가오니아의 두 성 루스드라와 더베와 그 근방으로 옮겨가서 거기서 복음을 전했다(6-7절).

1) 이고니온은 '형상이 닮은' 이란 뜻으로 루가오니아 지방의 수도였다. 이곳은 고원 지대의 가장 자리에 위치해 있어서 물이 풍부하고 생산적이고 부유한 지역으로 상업과 농업의 중심지로 번영했다.

2) 자극하고 해롭게 하다(harm), 비참하게 하다(embitter)

3) 유대인 지도자들은 어디를 가나 복음 전파의 방해자로 등장했다. 비시디아 안디옥에서도, 또 후에 데살로니가에서도(행 17:4 이하) 이방인에게 영향력을 행사하였다.

루스드라 전도(행 14:8-20)

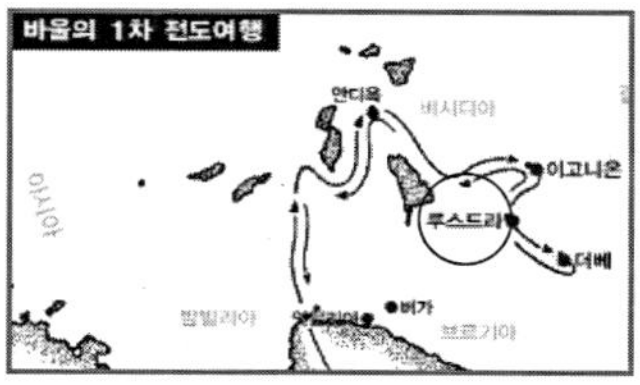

1. 바울과 바나바는 이고니온의 유대인들의 박해로 루스드라(λύστρα[뤼스트라])로 도망왔다. 소아시아에 있던 로마의 속주 루가오니아의 한 성읍이다(6절).

(1) 루스드라에 발을 쓰지 못하는 한 사람이 앉아 있었다. 그는 나면서 걷지 못하게 되어 걸어 본 적이 없는(οὐδέποτε[never] περιεπάτησεν[walked])[1)] 사람이었다(8절). 루스드라에는 분명히 회당이 없었다. 따라서 많은 유대인이 없었다는 것을 알 수 있다.

1) 부정과거 능동태이므로 단 한번도 걸어본 경험이 없다는 말이다. / had never walked.

14:9 [이 사람이] — 바울이 말하는 것을 **듣거늘** — • 듣거늘(ἤκουσεν) - ἀκούω의 미완료 과거 능동태이므로 바울이 말하는 것을 계속 들었다는 뜻이다(was listening).
바울이 —— 주목하여 보고(when)
/그에게(가) — 있는 것을
/구원 받을 만한 믿음이 (πίστιν τοῦ σωθῆναι[부정사 과거수동태])
(=고침을 받을 만한 믿음)
10 [그가] —— 큰 소리로 **이르되**(..하니)
/[너는] — 네 발로 바로[2)] 일어서라
그 사람이 — **일어나 걷는지라**

2) 바로(오르도스, ὀρθός) - 꼭 바른, 곧은, 똑바로 / 문자적으로 '똑 바로 서 있는'이란 뜻이다.

(2) 이 사람에 대해서는 루스드라 사람들은 익히 알고 있었을 터인데, 기적이 일어난 것이다. 이 사람은 아마도 이고니온에서 일어났던 기적에 대해서 이미 들었을 것이다(3절). 바울은 그의 눈에 믿음이 있다는 사실을 설교 시간에 보았을 것이다. 바울은 그에게 큰 소리로 "네 발로 바로(upright, 똑바로) 일어서라"고 명령했다. 그러자 단번에 일어나(ἥλατο)[3)] 걸었다.

3) 할로마이(ἅλλομαι)의 과거 중간태 / 뛰다, 뛰어오르다 - 앉은뱅이가 고침을 받고 /뛰는 것을 나타낸다.

2. 현장에 있던 무리들이(ὄχλοι[오클로이], 군중, 대중, 인파) 바울이 한 일을 보고 (루가오니아 방언으로) 소리를 질렀다. 물론 바울은 헬라어로 말했는데, 바울과 바나바가 알아듣지 못하는 원주민 방언으로 소리를 질렀다. "신들이 사람의 형상으로 우리 가운데 내려오셨다~~."

14:12 바나바는 — 제우스(Zeus, 로마의 쥬피터에 해당되는 신)라 하고[4)]
바울은 그 중에 말하는 자이므로 — 헤르메스(Ἑρμῆς)라 하더라

4) 바나바는 바울보다 나이가 들었기에 외모가 위엄있게 보였다. 제우스(쓰스)는 라틴어에 해당된다.

바울은 말하는 자이므로 헤르메스라고 했다. 헤르메스는 원래 헤르마의 영(spirit) 또는 이정표나 경계선으로 세운 돌무덤의 신령이었던 헬라 신이다. 그리스 신화에서는 웅변의 신으로 알려졌다.

(1) 급해진 사람은 제우스 신당의 제사장이었다. 그가 보기에는 분명히 신들이 내려왔기 때문이다. 그래서 "소와 화환들을 가지고 대문 앞에 와서 무리와

1) 델로(θέλω)의 미완료과거 직설법으로 '제사드리기를 원하였다는 뜻이다. 쥬피터와 머큐리 신에게는 황소를 바쳐 제사하는 보통이었다. 화관을 가져온 것은 소를 죽이기 전에 소에다 화관을 올려 놓았을 것이다.

함께 제사하고자(ἤθελεν[1] θύειν to offer)" 했다(행 14:13).

3. 누군가가 바울과 바나바에게 제사를 드리려 한다는 소식을 전해주었을 것이다. 이런 소식을 듣고 바울과 바나바는 아마 기절했을 뻔 했을 것이다. "두 사도 바나바와 바울이 듣고 옷을 찢고 무리 가운데 뛰어 들어가서 소리 질렀다."

(1) 바울과 바나바는 옷을 찢고(마 26:25 참조) 소리를 지르며 무리 가운데로 뛰어 들어갔다. '이상하다. 신이 옷을 찢다니!'

바울의 설교 ②

14:15 여러분이여! (ἄνδρες, Men, 사람들이여!)
[너희가] —— 어찌하여 이러한 일을 하느냐
우리도 —— 사람이라
/여러분과 같은 성정을 가진
/여러분에게 복음을 전하는 (것은)
//(목적: 부정사)
돌아오게 함이라
/이런 헛된 일을 버리고
/살아 계신 하나님께로
/지으시고(지으신)
/그 가운데 천지와 바다와 만물을

• 우리가 믿는 하나님은 죽어 있는 신이 아니다. 살아계신 인격적인 신이다(고후 6:16).

• 같은 성정을 가진(with the same nature)
호모이오파데스(ὁμοιοπαθής) - '같은 성질의'라는 의미이다. 즉 우리들도 같은 성질의 사람이며 단지 살아계신 하나님의 사자들이라고 말했다. 우리는 '신들'이 아니라 너희와 똑같이 지각을 가진 사람들이다. 그러나 이렇게 여러분에게 말씀을 전하는 이유는 "너희를 복음화 시키려는 데 있다는 것"이다.

14:16 하나님이 —— 방임하셨으나(He permitted, εἴασεν 과거 능동)[2]
/지나간 세대에는
/모든 민족으로 자기들의 길들을 가게

2) 내버려두다(에아오, ἐάω) - 묵인하다 / 지난 날에는 하나님께서 모든 나라 사람들을 제멋대로 살게 내버려두셨으나(롬 1:24-28) 그러나 이제는 그런 은혜를 철회하셨다는 것이다(행 17:30).

(2) 하나님은 이 우주만물을 창조하셨을 뿐 아니라 역사 안에 계시는 분이시라는 점을 강조한다. 따라서 하나님은 이방인이건 유대인이건 역사 안에서 간섭하신다. 물론 지나간 세대에는 모든 민족들이 자기네 방식대로 살아가게 하셨으나(롬 1:24, "그러므로 하나님께서 그들을 마음의 정욕대로 **더러움에 내버려 두사** 그들의 몸을 서로 욕되게 하게 하셨으니") 이제는 그 은혜를 철회하셨다는 것이다. 이제 어느 민족 어느 누구나 회개하지 않으면 구원을 얻을 수 없다.

(3) 알지 못하던 시대에는 하나님이 간과하셨으나(=허물치 아니하셨으나), 이제는 어디에 있는 사람이든지 회개하게 하셨다는 것이다(행 17:30). 그렇다고

지금까지 "자기를 드러내지 않으신 것은 아니다. 곧 여러분에게 하늘로부터 비를 내리시며 결실기를 주시는 선한 일을 하사 음식과 기쁨으로 여러분의 마음에 만족하게 하셨느니라"(17절). 이방인들은 자기 자신의 힘으로 살아가는 것 같지만 실제로는 하나님께서 역사하고 계신다는 것이다. 이렇게 해서 자신들에게 제사하려는 무리들을 겨우(간신히, μόλις몰리스) 말렸다.

4. 유대인들의 반발은 끈질겼다. 안디옥과 이고니온에서 바울과 바나바를 반대했던 무리들이 이곳까지 와서 군중들을 충동시켰다(19절).

14:19 그들이 ── **돌로 쳐서**(λιθάσαντες부정과거 분사)[1]
/바울을(바나바는 돌로 치지 않았다)
└ **끌어 내치니라**
/시외로(성 밖으로 끌어냈다 / 행 7:58 참조)
/죽은 줄로 알고(τεθνηκέναι부정사 완료능동)

(1) 스데반에게 행했던 것처럼, 돌로 치는 것은 유대인의 처벌 방식이었다. 갈라디아서 6:17에 언급된 상흔(傷痕, στίγμα스티그마)은 이때의 일을 가리키는 것 같다. '스티그마'란 단어는 이곳에 한 번 나온다. 이 흔적은 그리스도를 위여여 당한 고난, 감옥 생활, 매맞음 등에 의해 그의 몸에 남은 자국들이다. 바울을 돌로 친 다음 죽은 것으로 알고 성 밖으로 질질끌어냈다(dragged, 끌어 당겼다는 뜻).

(2) 살해자들이 떠난 후에 제자들이 바울을 둘러섰다(κυκλωσάντων과거분사, 20절, stood around him).[2] 왜 둘러섰을까? 만약 바울이 죽었으면 매장하려고 지금 내려다 보고 있는 것이다. 그런데 기적이 일어났다. 바울이 일어난 것이다(arose, ἀναστὰς과거분사 능동). 바울은 바나바와 함께 (이곳에서 약 64km 떨어진) 더베(Derbe)를 향하여 떠났다.[3]

(3) 이 고난의 모든 과정을 지켜보았던 사람들을 중에는 젊은 디모데도 같이 있었을 것이다(딤후 3:11, "어떠한 박해를 받은 것을 네가 과연 **보고 알았거니와**"). 물론 그는 15살 정도 되었을 젊은이었다. 디모데는 바울의 동료이자 조력자였다. 디모데는 바울의 사랑하는 아들이요(고전 4:17; 딤전 1:2-18; 딤후 1:2), 또한 복음의 동료 일꾼이었다(살전 3:2). 그의 아버지는 헬라인이었고, 어머니는 신실한 유대인이었다(행 16:1).

1) 리다조(λιθάζω) - 돌로 치다, 돌을 던지다. 돌질하여 치는 것은 고대의 일반적인 형벌이었다. 추방과도 연관이 있다.

• 바울은 고린도후서에서 혼자서 돌에 맞었던 당시의 사건을 언급한다(고후 11:24-25).

"유대인들에게 사십에서 하나 감한 매를 다섯 번 맞았으며 25세 번 태장으로 맞고 **한 번 돌로 맞고**(리다조, λιθάζω) 세 번 파선하고 일 주야를 깊은 바다에서 지냈 으며"

2) '둘러싸다'(κυκλόω, 퀴클로오)는 말이다.

3) 훗날 디모데후서 3:11에서 이때 당한 고난을 언급한다. "박해를 받음과 고난과 또한 **안디옥과 이고니온과 루스드라에서 당한 일과 어떠한 박해를 받은 것을** 네가 과연 보고 알았거니와 주께서 이 모든 것 가운데서 나를 건지셨느니라."

제1차 전도여행을 마치고 다시 안디옥으로(행 14:21-28)

1. 바울은 엄청난 일을 당하고 온 몸에 상처를 입고 그 이튿날 바나바와 함께 더베를 향하여 떠났다.

(1) 더베(Derbe)는 루가오니아 지역의 동남쪽에 위치한 도시이다. 바울과 바나바가 방문한 지역으로는 가장 동쪽에 위치해 있다. 이들은 이곳에 남갈라디아의 교회들을 세웠다. 더 가지 않은 것은 로마 지역의 국경을 넘어서기 때문이었다.[1)]

(2) 바울과 바나바는 더베에서 복음을 전하고 지금까지 지나온 도시를 역순으로, 즉 루스드라 ➡ 이고니온 ➡ 안디옥으로 돌아갔다(21절). 이들은 교회들을 다시 방문하여 그들이 박해를 견딜 수 있는 가를 확인했다.

14:22 [그들이] 루스드라와 이고니온과 안디옥으로 **돌아가서**
/제자들의 마음을 굳게 하여(굳게 하면서)
/이 믿음에 머물러 있으라 **권하고**(권하면서)
/또 [우리가] ─ 많은 환난을 겪어야 할 것이라
/우리가 하나님의 나라에 들어가려면

23 [그들이] ─ 각 교회에서 장로들을 **택하여**[2)]
/금식 기도하며
└ 그들을 **위탁하고**
/그들이 믿는 주께

• 이제 막 교회로 들어온 신자라면 지식도 부족하고, 핍박도 받았을 것이며, 가족관계도, 사회적 관계도 이미 끊어져 버린 사람들이다. 하나님 나라에 들어가려면 많은 환란을 겪어야 한다. 바울은 이런 자들을 위로하고 믿음에 굳게 서라고 권했다.

• 아직 교회가 조직화 되지 못했을 것이다. 바울은 각 교회에서 장로들을 택하여 세우고 그들이 믿게 된 주님께 그들을 맡겼다.

비시디아 가운데로 지나서 밤빌리아에 이르러 말씀을 버가에서 전하고 앗달리아로 내려가서 거기서 배 타고 안디옥에 이르렀다. 안디옥은 두 사도가 이룬 그 일을 위하여 전에 하나님의 은혜에 맡겼던 곳이었다(24-26절). 또한 전에(행 13:23) 말씀을 전하지 못했던 버가에서 돌아올 때는 복음을 전할 수 있었다.

"그들이 이르러 교회를 모아 하나님이 함께 행하신 모든 일과 이방인들에게 믿음의 문을 여신 것을 보고하고 제자들과 함께 오래 있으니라"(27-28절)

1) 바울과 실라는 그 다음 여행에서 소아시아를 지나 서쪽으로 갈 때 이곳을 방문했다(행 15:40-16:1). 더베는 크지 않은 도시였기에 유대인으로 인한 어려움은 없던 것 같다. 바울과 바나바는 더베에서 전도사역이 성공적이었음을 보여준다. "복음을 그 성에서 전하여 많은 사람을 제자로 삼았다고 했다(21절). 제자 중에는 가이오(행20:4)가 있었다.

2) 후에 바울은 장로들과 감독들의 갖추어야 할 자격을 명시한다(딤전 3:1-7; 딛1:5-9; 빌1:1). 이들은 이제 유대인들이 모이는 회당에는 참석하지 못했을 것이다.

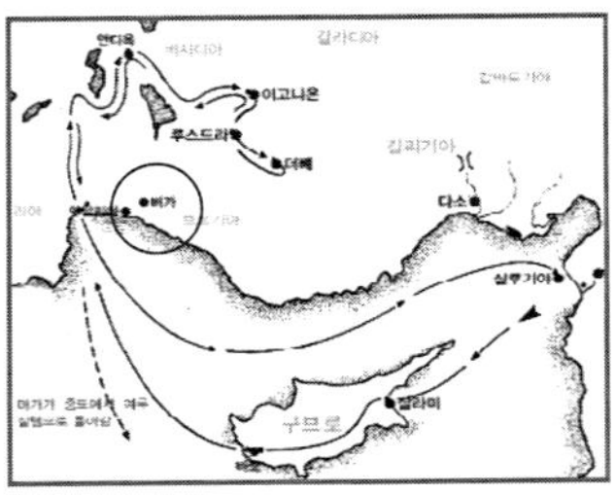

예루살렘 공의회(행 15:1–21)

바울과 바나바가 복음을 전하는 과정에서 유대인들은 계속 분쟁을 일으켰다. 이고니온(Iconium)에서 사도들은 '이방인들과 유대인 사이에 있었던 음모' 때문에 도피할 수밖에 없었고(행 14:5), 루스드라(Lystra)에서 바울은 돌에 맞아서 거의 죽을 뻔했다(행 14:19). 두 사도는 로마의 통치가 미치는 국경 지대인 더베까지 가서 복음을 전했다. 그곳에서는 열매가 있었다. 그리고 선교여행의 귀로(歸路)에서 전에 방문했던 주요 도시에서 교회 지도자들을 세웠다.

1. 이방인에게 복음을 전하는 과정에서 기독교가 성장해 가는 과정에서 적지 않은 문제가 표면화되기 시작했다. 유대인 신자들과 이방인 개종자들 간의 문제가 쉽게 사라지지 않았다.[1)]

15:1 어떤 사람들이 ┬ 유대로부터 **내려와서**
　　　　　　　　　　└ 형제들을 **가르치되** (...하니라)
　　　　　　　　　　　　/[만일]
　　　　　　　　　　　　/너희가 ┬ 모세의 법대로 할례를 받지 아니하면
　　　　　　　　　　　　　　　　└ 능히 구원을 받지 못하리라

• 안디옥 교회에는 유대인은 소수이고 이방인이 다수가 되었을 것이다. 예루살렘의 바리새파 유대인들은 이런 사실을 용납하기가 쉽지 않았을 것이다.

(1) 바울과 바나바가 전도여행을 하는 중에 문제점도 있었다. 이 선교여행은 15장에서 나오는 다툼과 변론을 야기시켰다. 무엇보다 예수 믿는 많은 유대인 신자들이(특히 바리새파 출신의 신자들) 우려를 드러낸 것은 '이방인들이 언약 공동체에 너무도 쉽게 들어올 수 있었다'는 점이다. 즉 무할례자의 구원에 대한 이의를 제기했다는 것이다. 이들은 예수님을 할례 받은 백성들의 메시야로만 이해하고 있었다.[2)]

(2) 제1차 전도여행은 성령님의 명령에 따른 것이었다. 물론 바울과 바나바는 이방인에게 복음을 전할 때 (이방인이 언약 공동체에 들어올 때) 할례 문제를 논의하지 않았다.[3)] 이런 문제들이 예루살렘 유대인들(특히 바리새파 유대인 그리스도인, Judaizers)에게는 도저히 묵과할 수 없는 일이었다. 이들은 직접 안디옥으로 내려와서 공격하기로 작정한다. 물론 이들은 예루살렘 교회의 결정도 없이 내려온 것이다(행 15:24). 무엇이라고 가르쳤을까? "너희가 모세의 법대로 할례를 받지 아니하면 능히 구원을 받지 못할 것이라"(행 15:1).[4)]

1) 로마의 백부장 고넬료가 회심한 때부터 10여년이 지나갔다. 그동안 복음은 유대인뿐만 아니라 이방인에게도 전파되었다. 특히 안디옥 교회는 이방인들이 많이 증가했다. 그래서 구브로 출신 바나바를 안디옥 교회로 파견했고, 바나바는 바울과 함께 할례 문제 여부는 제쳐놓고 우선 말씀을 가르쳤다.

2) 베드로가 고넬료에게 복음을 전할 때도 이런 문제는 거론되지 않았다. 하나님은 차별없이 이방인에게도 회개와 믿음을 주셨기 때문이다.

3) 이들은 그 근거를 예수님도 할례를 받으셨다는 점과 예수님께서 이스라엘 집의 잃어버린 양들을 구원하시기 위해 오셨다는 사실(마 15:24이하)을 기억했을 것이다.

4) 할례문제를 거론한 것은 일부 극우파의 주장이었다.

(3) 바리새파 유대인들을 더욱 화나게 한 것은 바나바의 행동 때문이기도 했을 것이다. '우리가 왜 바나바를 안디옥 교회에 보냈는지 알아!' (행 11:20-26을 읽어보라고.!') (우리도 읽어보자.)[1)]

1) 바나바는 바울과 함께 안디옥 교회를 굳건하게 세운 후에야 많은 헌금을 가지고 예루살램에 왔다(행 11:29-30). 그래도 바리새파 유대인들은 화가 풀리지 않았다. 그래서 이들이 직접 내려와 성도들을 가르쳤다는 것이다.

(4) "유대로부터 내려와서 형제들을 가르치되(ἐδίδασκον 미완료 과거 능동)" '가르치기 시작하여 그것을 계속했다'는 의미이다. "너희가 만일 할례를 받지 아니하면"(ἐὰν Unless μὴ περιτμηθῆτε 가정법 과거 수동태) "능히 구원을 받지 못하리라"(you cannot be saved). 이들의 가르침으로 인해 안디옥 교회가 혼란에 빠졌다. **믿음과 할례를 구원의 필수조건으로** 갖춰야 한다는 것이기 때문이다. (우 씨이~ 나, 그러면 예수 안 믿을꺼야. 그런 이방인도 있었을꺼다. 그치?)

2. 더욱 난감해진 사람은 바울과 바나바였다. 예루살렘에서 내려온 바리새파 유대인들은 바울과 바나바를 교회에서 축출해야 한다고 밀고 나갈 작정이었으리라. 결국 그들 사이에 격렬한 의견 충돌과 논쟁이 벌어졌다(2절).

2) 다툼(스타시스, στάσις) - 반란, 폭동, 충돌, 갈등, 집단 간의 충돌

3) 변론(제테시스, ζήτησις) - 여기서는 참된 탐구가 아니라 토론, 논쟁을 말한다. 심각한 신학적 논쟁이 있었던 것으로 보인다.

15:2 적지 아니한 다툼[2)]과 변론[3)]이 — 일어난지라(when)
/바울 및 바나바와 그들 사이에
형제들이 — **작정하니라**
/사도와 장로들에게 보내기로
/예루살렘에 있는
/이 문제에 대하여
/바울과 바나바와 및 그 중의 몇 사람을[4)]

• **사도와 장로들** : 사도들은 아그리파 1세의 죽음으로 다시 예루살렘으로 돌아왔던 것 같다. 그리고 장로들은 교회에서 막강한 영향력을 행사하고 있었다(행 11:30).

• 갈 2:2에서 바울은 "계시를 인하여" 올라갔다고 언급한다.

(1) 그들 사이에 의견 충돌이 아주 격렬했던 것 같다. "그들 사이에"(πρὸς αὐτούς)라는 말은 '얼굴과 얼굴을 마주하여'라는 의미이다. 그렇다고 바울과 바나바는 뒤로 물러설 수 없다. 만약 유대인들의 주장을 용인한다면 기독교의 근간이 무너지는 일이기 때문이다. 자, 언제까지 이 다툼과 논쟁을 두고 볼 것인가? 그래서 형제들(안디옥 교회 교인들)은 결단을 내린다. 이 문제를 해결하는 방법은 예루살렘교회의 의견을 듣는 방법 밖에는 없다고 결론을 내린다. 그리고 바울과 바나바와 및 그 중의 몇 사람을 예루살렘에 보내기로 작정한다.

4) 몇 사람 중애는 디도가 함께 동행했던 것 같다(갈 2:1, 3). 디도는 할례 받지 않은 헬라인이었다. 할례 없는 믿음이 이들의 확고한 입장임을 드러내려 동행했을 것이다.

(2) 바울과 바나바도 이번 일을 통해 복음의 내용을 좀더 체계적으로 정리하는 계기가 되었을 것이다. 그리스도인의 공동체인 교회는 유대교의 한 지류인가, 아니면 유대인도 이방인도 아닌 새롭고 특별한 공동체에 속한 것인가?

무엇보다 이방인 개종자들은 유대인들의 관습과 가치를 받아들여야만 하는가? 이러한 문제들에 대한 갈등이 표면화되어 버린 것이다. 바울은 안디옥 교회는 물론 여러 곳의 교회에 자신의 가르침으로 공동체가 탄생되었기 때문에, 그 교회들이 완전히 성장하기 전까지는 그는 큰 산고(産苦, 해산하는 수고)를 겪어야만 했다(갈 4:19*).

• 갈 4:19 "나의 자녀들아 너희 속에 그리스도의 형상을 이루기까지 다시 너희를 위하여 해산하는 수고를 하노니."

(3) 어쨌든 바울 일행은 교회의 전송을 받고 예루살렘을 향하여 올라간다. "베니게(페니키아)와 사마리아로 다니며 이방인들이 개종하고 주께 돌아온 이야기를 말해주었다. 그리하여 그곳 "형제들이 다 크게 기뻐했다"라고 했다. 이 지역은 헬라계 그리스도인들이 복음을 전했을 것이므로(행 8:5, 11:19) 바울의 사역의 결과에 대해 부정적이지 않고 크게 기뻐했다.

15:4 [그들이] ── 예루살렘에 이르러(when)
영접을 받고
/교회와 사도와 장로들에게
말하매
/하나님이 자기들과 함께 계셔 행하신 모든 일을

(1) 드디어 바울 일행은 예루살렘 교회에 도착했다. 아직은 정식으로 공의회가 열리기 전이었을 것이다. 온 교회와 사도와 장로들이 공식적인 모임을 갖고 이들을 환영했다. 예루살렘 교회는 이제야 (이방인 가운데 그들과 함께 하신) 하나님의 행하심에 대한 이야기를 (바울과 바나바를 통해) 들을 수 있는 기회가 주어졌다.[1)]

(2) 그렇다면, 이 이야기는 갈라디아 2:1-10의 내용과 동일한 사건인가? 사도행전에서 연속되는 사건을 조화시키는 것은 쉽지 않다. 갈라디아에 언급된 기록을 보면, 이 회의는 자신의 회심 후 두 번째 예루살렘 방문 때라고 설명하고 있다. 그러면 갈 2:1-10의 기록은 사도행전 15장에 나오는 누가의 예루살렘 공의회에 대한 이야기와 일치하는가?[2)]

(3) 갈라디아서의 기록을 보자(갈 2:1-5을 읽어보자).

갈 2:1 십사 년 후에 (언제부터 14년 후인가?)
내가 바나바와 함께 디도를 데리고
다시 예루살렘에 올라갔나니

1) 바울은 자신이 이방인들 사이에서 전파했던 복음을 "그들 앞에 제시"(ἀνεθέμην 아나테멘) 했다. 이 동사는 바울이 자신의 복음을 그 사람들 앞에서 당당하게 설명했다는 뜻이다.

2) 일부 비평가들은 갈 2:1-10은 행 11:27-30의 "기근 때에 구제를 위한 방문"과 연관시킨다.

> 갈 1:16 그의 아들을 이방에 전하기 위하여 그를 내 속에 나타내시기를 기뻐하셨을 때
> 에 내가 곧 혈육과 의논하지 아니하고 17또 나보다 먼저 사도 된 자들을 만나
> 려고 예루살렘으로 가지 아니하고 **아라비아로 갔다가** 다시 다메섹으로 돌아갔
> 노라 18**그 후 삼 년 만에** 내가 게바를 방문하려고 예루살렘에 올라가서 그와
> 함께 **십오 일을 머무는 동안** 19주의 형제 야고보 외에 다른 사도들을 보지 못
> 하였노라

(3) 바울은 다메섹에서 소명 받은 후에 ⇨ **아라비아(약 3년간 있다가)** ⇨ 다메섹(광주리 타고 탈출) ⇨ 예루살렘 ⇨ 가이사랴(행 9:30) ⇨ 바울의 고향인 길리기아 다소(갈 1:21)에서 약 8-10년간 ⇨ 그리고 바나바의 권고를 받아들여 안디옥 교회에서 약 1년간 말씀을 가르쳤다.

(4) "십사 년 후에 (언제부터 14년 후인가?)[1] 내가 바나바와 함께 디도를 데리고 다시 예루살렘에 올라갔나니"(갈 2:1) 이때 바울은 "계시를 따라 올라갔다"고 했다(갈 2:2). 그때 "헬라인 디도"도 함께 갔는데 그는 억지로 할례를 받게 하지 아니하였다고 했다. 그 이유를(이는, διά, [it was] because of) "가만히 들어온 거짓 형제들[2] 때문이라"고 했다.

(3) 15일간을 예루살렘에 머물면서, 바울은 예루살렘의 지도자들(베드로, 야고보, 요한)을 만날 수 있는 기회가 있었다. 이때 바울은 그가 안디옥 교회에서 가르친 내용과 제1차 전도여행시 이방인이 주께 돌아온 일 등을 자세히 설명할 수 있었을 것이다. 따라서 공의회는(행 15:6-29) 바울과 바나바 그리고 베드로, 야고보, 요한의 의견을 기꺼이 인준시켜 통과시켰다. 이 만남은 두 인물, 바울과 요한의 처음이자 마지막 만남이었다.

3. 다시 본문을 5절을 보자. 바울은 교인들과 사도와 장로들에게 영접을 받고 그들에게 그 동안의 사역을 보고 했다. 그런데;

> 15:5 바리새파 중에 어떤 믿는 사람들이 — **일어나**
> 말하되(...하니라)
> /명하는 것이 —— 마땅하다
> /이방인에게 할례를 행하고
> 모세의 율법을 지키라[3]
>
> • 바울은 '바리새파 중에 어떤 사람'을 "거짓 형제들"이라고 했다(갈 2:4).

이런 주장을 하는 사람들은 유대인 그리스도인 중에서도 유대주의자들(거짓 교사들)이 제기한 것이다. 결국 바울이 보고한 내용과 정반대의 의견이었다. 유대주의자들(거짓 형제들)은 "이방인들은 유대인으로 변화된 다음에(할례를 받고) 믿음의 길로 들어서라"고 주장했다.

1) 14년간의 간격이 바울의 회심과 예루살렘 첫 방문 사이의 3년 기간을(갈 1:18) 포함하는지 아니면 그 후의 기간을 가리키는 것인지 확정하는 것은 불가능하다. 바울이 주장하는 요점은 이 긴 기간 동안 자신은 예루살렘과의 그 어떤 직접적인 접촉도 갖지 않았다는 것이다;

2) 여기서 거짓 형제들은 누구를 말하는 것인가? 확실한 것은 이들이 유대 기독교인이라는 것이 중요하다. 누가는 그 사람들이 "바리새파 중에 어떤 믿는 사람들"이라고 설명한다(행 15:5). 바울은 그들을 "거짓 형제들"이라고 했다. 왜냐하면, 그들은 바울이 거짓이라고 여기는 복음에 집착했기 때문이다(갈 1:6-9을 보라).

3) 그럼에도 불구하고, "거짓 형제들"의 입장은 이해할 만한 것이었다. 모세의 율법이 할례에 대해 분명히 교훈하고 있었으므로 – 예수께서도 결코 이 문제에 분명하게 도전하거나 반대하지 않으셨다 – 그들은 할례가 하나님께서 하나님의 백성에게 정해주신 언약 백성의 표시라고 믿었다.

▶ 학자들은 (누가복음의 기록을 따라) 바울의 다섯 번의 예루살렘 방문을 언급한다.

36/37년	회심/소명 후 바울의 예루살렘 - 첫 번째 방문(갈 1:18)	행 9:23-29
46년	기근으로 인한 예루살렘 - 두 번째 방문(갈 2:1-10)	행 11:30; 12:25
49년	예루살렘 회의 - 세 번째 방문	행 15:4-29
52년 여름	바울의 예루살렘 - 네 번째 (짧은) 방문	행 18:22
57년 5월	가이사랴와 예루살렘 도착 - 다섯 번째 방문	행 21:2-17

바울과 바나바가 부조 문제로 예루살렘을 방문했다는 기록이다. 그런데 부조 문제는 갈 2:10에도 암시되어 있다(10 "다만 우리에게 **가난한 자들을 기억하도록 부탁하였으니** 이것은 나도 본래부터 힘써 행하여 왔노라."

• **문제는 사도행전 15:4-21에 나오는 예루살렘 회의가 바울 자신이 기록한 갈라디아서 2:1-10의 내용과 동일한 사건인가, 아닌가에 있다.** 물론 두 기록 사이에는 공통점도 있고, 차이점도 있다. 기록자가 다르기에 어떤 관점으로 기록했느냐에 따라 내용의 차이가 있을 수 있기 때문이다. 할례 문제는 사도행전에서는 주요 논제였지만 갈라디아에서는 이방인에게 강제 할례를 언급한 내용은 없다(선교구역을 정하는 문제가 논의되었다 - 갈 2:7-9 참조). 그래서 갈 2장의 사건이 행 15장에 앞서는 다른 사건이라고 주장한다. 그러나 또다른 학자들은 행 15장이 이방인 그리스도인을 믿음의 형제로 받아들이는 문제를 일목요원하게 보이려는 목적에 서라면 갈라디아 2장과 사도행전 15장은 같은 사건으로 보는데 문제는 없다고 주장한다.[1] 이런 서로 다른 주장들은 이 책의 독자에게는 너무 복잡한 문제이기에 더 이상의 설명은 생략하기로 하자. 갈라디아서 공부할 때 다시 언급하기로 하자.

1) 사드행전, 한국장로교출판사, 221; R.B. Hays, 갈라디아서, 그리심.

베드로의 주장(행 15:7-11)

1. **공의회는 결국 토론으로 넘어가지 않을 수 없었다. 많은 변론이 있었으나 좀처럼 해결이 나지 않았다. 결국 베드로가 일어나 토론을 정리한다.**

(1) 바리새파의 주장을 일언지하에 묵살할 수는 없었다. 그렇다고 그들의 주장을 수용한다면, 이는 이방인에게는 정말 심각한 문제가 아닐 수 없다. 바리새파의 주장은 모든 이방인이 먼저 유대인으로 변화된 다음에 믿음의 길로 들어서라는 요구였기 때문이다. 율법 문제 중에서 특히 할례 문제가 중요 쟁점이었던 것 같다. "많은 변론이 있은 후에 베드로가 **일어나 말하되**"

베드로 역시 가이사랴에 있었던 경험을 떠올렸을 것이다. 베드로도 할례당에게 왜 이방인 고넬료와 함께 식사했느냐(행 10장)고 추궁(?)을 당했던 적이 있었기 때문이다(행 15:1-18). 그래서 베드로는 오래 전 가이사랴에서 고넬료에게 있었던 일을 꺼낸다. 그때 모든 일은 주께서 시켜서 하신 일이었다. 그래서 온 교회가 인정했다(행 11:18을 보라).

15:7 형제들아!

너희도 — **알거니와**

/하나님이 이방인들로 내 입에서 복음의 말씀을 들어 믿게 하시려고 오래 전부터 너희 가운데서 나를 택하시고 8 또 마음을 아시는 하나님이 우리에게와 같이 그들에게도 성령을 주어 증언하시고 9 믿음으로 그들의 마음을 깨끗이 하사 그들이나 우리나 차별하지 아니하셨느니라

• 오래 전부터? 언제? 가이사랴에서 고넬료와 다른 이방인에게 베드로를 통해 갈하게 하셨던 사건은 벌써 12년이 지났다. 유대주의자들은 그때에도 반대했었다.

(2) 그러니까 베드로의 결론은 다음과 같다.

8 그들에게도(=이방인에게도) 성령을 주어 증언하시고[1)]

9 믿음으로 그들의 마음을 깨끗이 하사 그들이나 우리나 차별하지 아니
하셨느니라[2)]

15:10 그런데 지금(νῦν οὖν, Now therefore)
너희가 ㅡ어찌하여 하나님을 시험하여
/두려느냐(=둠으로)
/우리 조상과 우리도 ㅡ능히 메지 못하던 멍에를
/제자들의 목에

• 페이라조(πειράζω) - 고넬료의 경우에는 인정하더니만, 이제 바울이 말하는 것은 받아들일 수 없다는 말이냐? 너희는 지금 결국 하나님을 시험하는 것이 아니냐?

• **하나님을 시험하는 내용이 무엇인지 아십니까?**
우리 조상도, 또 우리도 감당하지 못했던 멍에를 제자들의 목에 메워서 하나님을 시험하는 것입니까? 그러니까, '왜 할례를 하게 하여 이방인들에게 유대인이 되라고 하는 것입니까?'라는 말이다.

11 그러나(But, ἀλλὰ)
우리는 ── 믿노라 (...하니라)
/구원 받는 줄을[3)]
/주 예수의 은혜로
(διὰ τῆς χάριτος τοῦ κυρίου Ἰησοῦ)
/그들이 우리와 동일하게 (=같은 방식, 방법)

• 구원을 받는데는 **이방인들도 우리(유대인)와 동일하게** 오직 주 예수의 은혜로 구원받는다는 사실을 믿는다는 것이다.

• 디아(διά, through) : ~을 통하여 / 오직 예수 그리스도를 **통하여서만** 구원이 가능하다. 이것이 바울 사상의 핵심이다. 구원의 조건은 우리에게 있는 것이 아니라 예수 그리스도에게 있다. 구원의 근거는 복음도 믿음도 아니다. 우리가 예수님을 믿을 때, 주님이 우리게 구원을 주시는 것이다.

• 베드로는 지금 바울과 바나바가 전한 복음의 내용과 동일한 믿음을 가졌다고 공적 선언을 하고 있다. 그들도 우리와 동일한 방법으로(in the same way, καθ' ὃν τρόπον) 구원 받는다는 것이다.[3)]

(3) 베드로가 말을 마치자 교인들의 반응이 어떠했을까?

온 무리가 조용해졌다고 했다. '가만히 있어'(σιγάω 시가오)라는 말은 '침묵을 지키다'라는 뜻이다. "바나바와 바울이 이방인 중에서 행하신 표적과 기사에 관하여 말하는 것을 들더니(ἀκούω 아쿠오, 귀담아 듣다는 의미)" 하나님이 이방인 가운데에서 이적과 기사를 (바울과 바나바를 통하여) 나타내셨다는 것은 하나님께서 이들의 사역을 인정하셨다는 뜻이다. 베드로는 예루살렘 교회를 지도하는 주도적인 인물이다. 그렇다고 청중들에게 강제적으로 이 사실을 받아들이기를 시도했던 것도 아니다. 어쨌든 이제 바리새파 유대인들까지도 베드로의 변론을 반론할 수 없게 되었다.

1) 가아샤랴에서 고넬료 사건은 세례 받기 전의 일이었고, 또 이방인에게도 성령을 주셨다. 즉 주님께서 하신 일이라는 것이다. 당시 예루살렘 교회에서도 이를 인정했었음을 상기시킨다(행 11:18).

2) 이들이 구원을 받은 것은 할례의식이나 행함이나 어떤 의식으로 된 것이 아니라는 것이다. 이방인이나 유대인이나 차별하지 않으셨다는 것이다. 이런내용은 바울이 보고한 내용과 같은 것이라는 것이다.

3) 만약 할례를 꼭 받아야 구원을 받을 수 있다면, 결국 율법 전부를 지켜야 할 의무가 있는 것이다. 이런 일은 철저한 율법 교육을 받았을 자신들의 조상들도 불가능했던 일이었다. 유대인조차도 할 수 없는 일이다. 그것은 멍에를 다시 지는 일과 같은 것이다.

야고보가 결론을 제안하다(행 15:13–21)

1. 베드로가 말을 마쳤다. 이방인들의 구원 문제를 따지던 바리새파 유대인들도 조용해졌다. 문제는 이방인들이 아니라 할례를 고집했던 유대인들이 더 문제라는 말에 아무도 이의를 제기하지 못했다. 사회를 보던 야고보가 말씀을 이어받았다(13절). 그는 베드로의 말을 받아들이고 결론을 제안한다.

15:13 [그들이] ── 말을 마치매(after)
야고보가 ── **대답하여 이르되**
/형제들아!
/[너희는]── 내 말을 들으라
14 /시므온이 ── 말하였으니
/하나님이 ─ 저희를 돌보신 것을
/처음으로[1]
//(목적: 부정사)
이방인 중에서 취하시려고
/자기 이름을 위할 백성을

• 여기에 나오는 야고보는 주의 형제 야고보이다(막 3:21, 31). 그는 예루살렘 교회의 세 기둥 중의 하나였다(갈 3:9). 야고보는 베드로의 변론에 의견을 같이 한다.

"시므온은 하나님께서 어떻게 **처음으로** 이방인들 가운데서 자기 이름을 위한 한 백성을 취하시기 위해 그들을 찾아오셨는가를 말해 주었습니다."(고영민, 원문성경)

▶ Simeon(Συμεών): 사도 베드로의 아람어 형식의 이름이다. 유대 그리스도인들에게 친근한 호칭이다(눅 2:25, 34 참조).

1) **처음으로**(first. πρῶτον프로톤) : 지금 여기서 야고보는 7절에서 베드로가 이미 언급한 바와 같이("많은 변론이 있은 후에 베드로가 일어나 말하되 형제들아 너희도 알거니와 **하나님이 이방인들로 내 입에서 복음의 말씀을 들어 믿게 하시려고** *오래 전부터* 너희 가운데서 나를 택하시고") 바울과 바나바의 경험이 이방인 가운데서 복음 전파의 사역의 시초가 아니라는 사실을 주목하여 설명한다(A.T. Robertson).

(1) 야고보는 베드로가 증언한 내용을 인정하고, 이어서 이방인을 구원하는 일은 이미 하나님의 계획 안에 있었음을 아모스 9:11, 12의 말씀을 인용하여 설명한다. 야고보 사도는 70인역을 인용한다(에돔을 인류로, 한글성경 - 이방인). 그는 유대인과 이방인의 구별이 전혀없는 다윗적 메시야의 보편성을 강조했다.

아모스 9:11–12

成就

성취

15:15 선지자들의 말씀이 이와(with this) 일치하도다(agree)
/기록된 바[처럼](...하셨으니)
16 /이후에(μετὰ ταῦτα) - 아모스에서 '그 날에'[1]를 '이후에'로
내가 ── 돌아와서
── 다윗의 무너진 장막을 다시 지으며(쿰, קוּם)
── 또 그 허물어진 것을 다시 지어 일으키리니
17 //이는(목적: ὅπως, so that..may)

1) 그 날에(In that day, 바욤 하후 בַּיּוֹם הַהוּא)]

아모스의 구절은 본래 다윗 왕국의 회복에 대한 언급이었으나 동시에 메시야 왕국에 대한 것이기도 하다(눅 1:32 참조).

▶이렇게 야고보는 아모스서를 인용했지만 맛소라 사본의 히브리 성경을 인용한 것이 아니고 70인역을 인용했다. 그렇다고 글자 그대로 인용하지 않고, 글자 속에 담긴 그 뜻을 인용했기에 변형 적용했다. 성령의 감동으로 구약의 진리를 재생시켜 전파하는 설교자의 입장에서 인용했기 때문이다.

• 아모스에서는 '에돔의 남은 자'인데 여기서는 '남은 사람(아담의 남은 자)'으로 설명했다.

• 아모스에서는 "만국을 기업으로 얻게 하리라"고 했는데, 여기서는 '주를 찾는다'로 바뀌어졌다.

17 //이는(목적: ὅπως, so that..may)
그 남은 사람들과
모든 이방인들로 ── 주를 찾게 하려 함이라
/내 이름으로 일컬음을 받는
18 즉 주의 ── 말씀이라
/예로부터 이것을 알게 하시는(함과 같으니라)

(2) 신약의 성도들은 예수 그리스도가 다윗의 아들이며 다윗 왕조를 대표한다는 것을 깨달았다. 예수를 믿고, 그에게 순종하며, 그를 섬기는 사람들은 모두 다윗 왕조의 권속으로 여겨졌다는 말이다. 여기에 유대인들과 이방인들은 구분되지 아니했다. "내 이름으로 일컬음을 받는 모든 이방인들(πάντα τὰ ἔθνη ἐφ' οὓς ἐπικέκληται τὸ ὄνομά μου ἐπ' αὐτούς)"도 다윗의 아들의 나라의 시민들이었다. 바울은 그리스도를 믿는 자들은 누구나 다 아브라함의 자녀라고 했다(갈 3:7-9*; 참조, 롬 4:11-12, 16-17).

• 갈 3:7 "그런즉 믿음으로 말미암은 자들은 아브라함의 자손인 줄 알지어다 8 또 하나님이 이방을 믿음으로 말미암아 의로 정하실 것을 성경이 미리 알고 먼저 아브라함에게 복음을 전하되 모든 이방인이 너로 말미암아 복을 받으리라 하였느니라 9 **그러므로 믿음으로 말미암은 자는 믿음이 있는 아브라함과 함께 복을 받느니라.**"

(아모스의 메시지를 조금 더 자세하게 보자. 중요하니까. 동교재, 아모스서에서 설명을 가져왔다.)

다윗의 무너진 장막을 일으키시리라(암 9:11–15)

▶ 아모스의 메시지는 긍정적인 소망으로 끝을 맺는다. 그 심판 너머에 있는 영화로운 시대가 올 것이라는 것이다. 하나님께서 작정하신 심판은 확정적이다. 그 심판은 여러 번 되풀이해서 선포되었다. 오히려 종말론적 심판이 없다고 하는 죄인들은 칼에 죽을 것이라고 했다(암 9:10). 정말로 종말론적 심판으로 모든 것이 끝난다면 이스라엘에 대한 여호와의 은혜와 자비, 그리고 선택은 아무런 효과가 없었다거나 전혀 무력했단 말인가?

암 9:11 그 날에(In that day, 바욤 하후 בַּיּוֹם הַהוּא) - 언제?
내가 다윗의 무너진 장막(수카, סֻכַּה)[1])을 일으키고(쿰, קוּם)
그것들의 틈(분열)[2])을 막으며
그 허물어진 것을 일으켜서 옛적과 같이(옛날처럼) 세우고

(1) "그 날"은 언제를 가리킬까? 이사야나 호세아, 미가 선지자들도 밝은 미래를 언급하고 있음을 볼 때, 아모스 역시 같은 영화로운 미래를 언급한 것은 이상할 것이 없다. '그 날'은 선지자가 계속 언급했던 '여호와의 날'을 의미한

1) 장막(수카, סֻכָּה) - 임시 막사의 특성은 허약성에 있다. 반면에 오헬(tent, אֹהֶל)은 영구적으로 거하는 장소나 집을 말한다. 여기서 '수카'라는 말을 쓴 것은 거의 다 무너진 큰 집이나 궁전 또는 성읍의 모습을 연상케 한다.

2) '그들의 분열'은 무엇을 말하는 것일까? 다윗 왕국이 남북으로 갈린 두 왕국을 말하는 것일까? 그렇다면 두 왕국이 그 날에 가서는 '한 다윗 왕'을 모시고 통일될 것을 예언한 것일 것이다(호 2:2, 3:5; 겔 37:22).

아모스 9:11-15

다(암 2:16, 5:18, 8:9, 11, 9:11, 13). 물론 죄인들에게는 두려운 심판의 날이지만 '남은 자'들에게는 구원의 날이요 기쁨의 날이다. 어쨌든 11-12절에서는 다윗 왕조가 회복되어 주변 나라들을 정복하게 될 때를 묘사하고 있다. 그리고 13-15절은 사로잡혀간 이스라엘이 자기들의 땅으로 다시 돌아와 번영과 안전을 누리게 될 때를 그리고 있다.

(2) 하나님은 영원한 왕조를 약속하셨다. 이 왕조는 결코 끝나지 않을 것이라고 하셨다. "그 왕위(보좌)가 영원할 것이다." 다윗과 맺은 이 언약을 '영원한 언약'(베리트 올람, everlasting covenant)이라고 했다(삼하 23:5). 하나님은 자기의 언약을 세운(종종 '쿰'의 히필형) 여러 역사적 순간들을 기억하신다(출 6:4). 그리고 언약적 복이 인간의 순종에 달려 있음을 그들이 기억해야 된다고 계속 말씀하셨다(신 28:9). 물론 그 복이 인간의 공로 때문에 오는 것이 아님을 그들은 결코 망각해서는 안 된다(신 9:5).

(3) 물론 다윗의 후손들이 통치하는 왕조는 무너진 장막(수카)처럼 몹시 허약하다. 왜 그럴까? 다윗의 후손들이 언약을 어기고 다윗의 길로 가지 않았기 때문이다. 그러나 여호와의 신실하심 때문에 다윗의 왕조는 영원히 지속될 것이라고 선언하신다. "내가 그것들의 틈(균열된 곳, 갈라진 곳)을 막으며 그 '허물어진 것'(퇴락한 곳)을 일으켜서(쿰, קוּם)[1] 옛적과 같이(옛날처럼) 세우고(바나, בָּנָה,재건하다, 지속시키다)"[2](암 9:11).

(4) 그렇다면 다윗 왕국을 다시 세우시려는 목적은 무엇인가? (암 9:12)

9:12 (לְמַעַן레마안) - ~할 목적으로, In order that…may
[원문 첫 마디가 לְמַעַן로 시작하고 있다. 즉 목적을 말하고 있다.]
그들이(=이스라엘이) —— 기업으로 얻게 하리라 (=하려고)
/에돔의 남은 자와
내 이름으로 일컫는 만국을
이 일을 행하시는 여호와의 말씀이니라

사도행전에서 는 '에돔'을 '이방인'으로 인용한다.

이스라엘(다윗의 집과 그에 속한 모든 자)로 하여금
① 에돔의 남은 자와(에돔에서도 남은 자들이 있을 것이다) ② 내 이름으로 일컫는 만국을 (나에게 속한 모든 민족을, 내 이름을 부르는 모든 나라를) 기업으로 얻게 하려고(소유케 하려고) 다윗 왕국을 다시 세우시겠다는 말이다. "이 일을 행하시는" 분이 바로 여호와이시다. 여호와께서 다윗 왕조를 다시 세우시는 주도자요 실행자이심을 밝힌다.

1) "내가 일으킬 것이다"(אָקִים-קוּם의 히필형 미완료) - 히필(사역 능동)형 동사를 씀으로써 하나님께서 자기의 능력으로 '일으키시리라'는 강한 뜻을 내포하고 있다. **그 어떤 인간의 노력으로 세워지지 못한다.** 그러므로 여기 '쿰'은 언약을 개시하는(체결하는, 칼라트, כָּרַת) 의미가 아니라, 언약을 '확정하다, 확립하다'(confirming or establ-ishing)라는 의미를 갖는다. **궁극적으로 인간의 모든 약속은 이루어지지 않으나 하나님의 언약은 설 것이다.**

2) 하나님께서는 다윗과 시온의 집을 잠시동안 헐어버림으로써 그들을 징벌하시기는 하지만, 구원을 가져오시는 그의 목적이 영원히 망쳐질 수는 없다는 것이다. "옛적과 같이" 다시 세우실(בְנִיתִיהָ -내가 그녀를 세우리라) 것이다. 다윗의 집을 재건할 것을 약속하셨다(암9:11). '세우다'(바나)라는 말은 도성이나 왕궁이나 요새가 되는 성읍을 세울 때에 사용되는 말이다.

(5) 하나님의 일시적 언약들은 그의 영원한 언약을 계시하는 단계들이며 이 영원한 언약은 파기할 수 없는 그의 계획(사 46:10)과 목표(사 14:24)의 표현이다. **하나님의 뜻(언약)은 예수 그리스도의 인격과 사역 속에서 가장 완벽하고 가장 완전하게 표현되었다**(예: 갈 3장; 히 9장).

(6) 그래서 '남은 자들'(사도행전에서는 '이방인'으로 인용)이 이런 무너짐과 흩어짐 후에 한 나라의 핵심을 이룰 것이라는 것이다. 다윗 왕과 맺은 언약이 다 소멸되는 것이 아닌가 생각하겠지만, 여호와께서 이 왕가를 다시 회복시키셔서 비록 이스라엘과 유다에 원수 같이 여기는 '에돔과 같은 여러 민족들의 시민들'[1)]이 다윗의 후손의 복을 받은 권속들이 될 수 있도록 하실 것이라는 것이다. (다시 본문을 보자)

1) 다른 족속, 다른 언어, 다른 민족, 다른 열방들의 사람들도(계 5:9-10 참조) 다윗 가족의 구성원이 될 것이라는 말이다.

그러므로 내(야고보) 의견에는(행 15:19)

1. 그러므로(διὸ디오, Therefore): 앞에서 이사야, 아모스가 예언하는 말씀에서 본 것처럼, 이방인에게 복음을 전하는 것이 하나님의 뜻임이 분명히 밝혀졌으니, 이제는 회의의 결론을 내려고 한다. '내 의견에는' - (it is my judgment, ἐγὼ κρίνω, '나는 나의 판단을 내렸다'는 뜻)

19 괴롭게 하지 말고(분란을 일으켜 곤란하게 하지 말고)[2)]
/이방인 중에서 하나님께로 돌아오는 자들을
(아모스 9:12, 에돔의 남은 자와 같은 사람들, 곧 이방인들)

20 다만(but, ἀλλά알라) 편지하는 것이 옳으니
/멀리하라고(삼가하라고)
/①우상의 더러운 것과 ②음행과 ③목매어 죽인 것과 ④피를

2) 파래노클레오 (παρενοχλέω) - 어떤 문제로 분란을 일으키다. 괴롭히다 / 모처럼 예수님을 영접해서 신앙생활하려는데, 너무 까다로운 조건을 제시하기에 이방인들이 공동체에 들어오는 길이 너무 험했다.

(1) 우상의 더러운 것(ἀλίσγημα알리스게마)은 29절의 나와 있듯이 '우상의 제물로 드려진 더럽혀진 것 같은' 고기 등이 해당될 것이다(고전 10:27 참조 - 그러나 본문에서는 언급되지 않는다). 시장에서 매매되는 것은 대개 이교 신전에서 우상들에게 바쳤던 제물이었다. '음행' (πορνεία포르네이아)과 피(αἷμα하이마), 우상의 더러운 것, 목매어 죽인 것 등의 항목은 레위기 17-18장에 언급되어 있다.[3)]

3) 유대인들의 눈에 거슬리는 이방인의 관습들 중, 이 네 가지가 무엇보다 가장 컸던 것으로 보인다. 특별히 디아스포라 유대인들은 이방 지역에서 살면서 서로 다른 이방 문화와 이질감을 갖게 마련인데 이런 관습들은 삼가하라는 요구는 이방인이 유대적 색채를 가진 기독교를 받아들이는 데에 무리가 가는 요구는 아니었을 것이다.

(2) "피를 먹지 말라"는 말씀은 성경에서 계속 강조되고 있는 명령이다. 창 9:4, 신 12:16, 23-25, 15:23을 보라. 레위기에서도 강조되고 있다(레 3:17,

7:26-27,19:26). 이 금지를 어기는 자는 자기 백성 가운데서 끊쳐지게 된다(레 17:11, 12). 우선 가장 큰 금지 이유는 ① 피가 생명의 근원이기 때문이다(창 9:4). 피는 짐승이 생명을 유지하는데 필수불가결한 것이다. 그러므로 그 피는 생명과 동일시되었다. ② 그리고 피는 하나님께 바치는 제물이 되기 때문이다. 하나님은 희생의 피를 사람의 생명에 대한 속전으로 받으신다. ③ 또한 구약의 제물의 피는 예수 그리스도의 속죄(贖罪)의 피를 예표하기 때문이다.[1)]

(3) 목매어 죽인 것(프닉토스, πνικτός, 행 15:20, 29, 21:25): 이 구절은 음식에 관한 계명으로, 이는 피 먹는 것을 금하는 계명과 깊은 관련을 가지고 있다(레 17:13; 신 12:16, 23 참조). 이러한 금지 명령은 특히 이교도들이 희생제사를 드릴 때 종종 동물을 목졸라서 죽였기 때문일 것이다.

(4) 위의 4가지 사항을 전달하는 것은 특별이 이방인 그리스도인들이 이런 금기사항을 위반하였기 때문인 것으로 보인다. "이에 사도와 장로와 온 교회가 그 중에서 사람들을 택하여 바울과 바나바와 함께 안디옥으로 보내기를 결정하니"(22절)라는 말씀을 보아 야고보가 제안한 평화적 제의(提議)는 투표를 거치지 않고 만장일치로 가결된 것 같다. 이렇게 함으로써 그동안 이 문제로 시끄러웠던 무거운 감정들이 완전히 해소되었다. 이제는 이방인 신자들도 그리스도 안에서 하나가 되어야 한다는 점을 모두가 인식하게 되었다.

(5) 결정만 하고 끝내면 흐지부지 될 수도 있다. 그래서 이 결정사항을 기록해서 사람을 시켜 보내기로 한다. 그래서 누구누구를 보냈는가? "이에 사도와 장로와 온 교회가 그 중에서 사람들을 택하여 바울과 바나바와 함께 안디옥으로 보내기를 결정하니 곧 형제 중에 인도자인 바사바라 하는 **유다**(Judas)[2)] 와 **실라**(Silas)[3)]더라."(22절) 수신인은 여러 성으로(행 16:4) 안디옥, 수리아, 길리기아 등에 있는 이방인 형제들이었다.

2. 이 사람들 편에 부친 편지의 내용은 이렇다. 본문을 한번 정독해 보자.

15:23 그 편에 편지를 **부쳐 이르되**
/사도와 장로 된 형제들은 — 문안하노라
/안디옥과 수리아와 길리기아에 있는 이방인 형제들에게

1) 또 한편으로는 우상 숭배 관습에서 구출하기 위해서이다. 우상 숭배에서는 피가 주요한 제물이었으며, 그러한 우상 숭배 뒤에는 제물의 피를 먹음으로써 보이지 않는 신들이나 영들의 영역과 접하고자 하는 바램이 있었다.

• 레 22:8 "절로 죽은 것이나 들짐승에게 찢긴 것을 먹음으로 자기를 더럽히지 말라 나는 여호와니라."

• 출 22:31 "너희는 내게 거룩한 사람이 될지니 들에서 짐승에게 찢긴 것의 고기를 먹지 말고 개에게 던질지니라."

• 겔 4:14 "내가 가로되 오호라 주 여호와여 나는 영혼을 더럽힌 일이 없었나이다 어려서부터 지금까지 스스로 죽은 것이나 짐승에게 찢긴 것을 먹지 아니하였고 가증한 고기를 입에 넣지 아니하였나이다."

2) '유다'에 대해서는 가룟 유다 대신 사도로 추천 받은 사람이다. 초기부터 예수님을 따라다녔던 사람이다.

3) 바울과 바나바의 의견 차이로 바울은 제2차 전도여행 때 실라와 동행하기로 결정했다(행 15:40). 실라는 로마 시민이었을 것이다(행 16:37).

• 물론 다른 지역도 필요한 곳이면 전달했을 것이다.

• "그것은 우리가 시킨 일이 아닙니다."

안디옥에 내려간 거짓 교사들은 예루살렘 교회 지도자들이 보낸 사람들이 아니었다. 우리의 지시(명령)도 없이 나갔다는 사실을 명백히 했다.

15:24 들은즉(Since we have heard)
우리 가운데서 어떤 사람들이 우리의 지시도 없이 나가서
말로 너희를 괴롭게 하고
마음을 혼란하게 한다 하기로

안디옥 교인들은 이들로 인해 아주 혼란스러웠다. 바울과 바나바가 가르친 복음과는 달랐기 때문이었다.

25-26 [우리가] ― 보내기를 만장일치로(one mind) 결정하였노라
/사람을 택하여 너희에게
/우리가 사랑하는 바나바와 바울과 함께
/우리 주 예수 그리스도의 이름을 위하여 생명을 아끼지 아니하며(아니하는 자인)

• 만장일치(ὁμοθυμαδόν 호모뒤마돈) : 일심으로, 마음을 같이하여 / 따라서 지금 보내는 편지는 예루살렘교회의 공식 입장이라는 것이다. 이제 바리새파 유대주의자들의 주장은 설 자리가 없어졌다. 그들과 예루살렘 교회는 아무런 관계가 없다는 점을 확실히 했다.

▶ 바울은 갈 2:9에서 이것을 인정했기 때문에, 야고보와 게바와 요한은 바울과 바나바에게 "친교(κοινωνία, 코이노니아)의 악수"를 하여 그들이 같은 사역을 하고 있음을 인정하였다고 진술하고 있다. 이 세 명의 기둥 같은 사도들이 "내게 주신 은혜를 인정하였다"(롬 1:5; 12:3; 15:15; 고전 3:10; 참조, 엡 3:2, 7)는 점이다. 바울은 이것을 단지 그들이 안디옥 이방 선교를 승인한 것이 아니라, 바울 자신이 개인적으로 경험한 은혜로우신 부름을 특별히 확인해 준 것으로 표현한다.

27 그리하여 유다와 실라를 보내니 그들도 이 일을 말로 전하리라[1]
28 //(이유: γάρ, for)
성령과 우리는 ― 옳은 줄 알았노니
/이 요긴한 것들[2] 외에는 아무 짐도 너희에게 지우지 아니하는 것이

29 ① 우상의 제물과 ② 피와 ③ 목매어 죽인 것과 ④ 음행을 멀리할지니라
이에 스스로 삼가면 잘되리라 평안함을 원하노라 하였더라

1) "유다와 실라도 이 편지의 내용을 직접 말로도 전해줄 것입니다."

2) 여기 요긴한 것은 구원에 대한 문제는 아니라는 말이다. 그러니 건덕상 유해한 것들 외에는 아무 무거운 짐도 지우지 않기로 했다.

3. 회의는 성공적으로 끝났다. 이들은 예루살렘 교인들과 작별하고 수리아 안디옥으로 내려갔다. 그리고 무리를 모은 후에 편지를 전했다(30절).

"읽고 그 위로한 말을 기뻐하더라"(31절). "얼마 있다가 평안히 가라는 전송을 형제들에게 받고 자기를 보내던 사람들에게로 돌아갔다"(33절). 바울과 바나바는 안디옥에서 머물며 수다한 다른 사람들과 함께 주의 말씀을 가르치며 전파했다. 그후 갈 2:11-21의 베드로를 면책한 사건이 일어났다.

• 이방에 복음을 전파하는 과정에서 적지 않은 문제가 표면화되기 시작했다.
유대인 신자들과 이방인 개종자들 간의 관계 문제가 쉽게 정리되지 않았다.
신앙 배경과 문화 때문에 일어난 문제였다.
어려움도 많고 다툼도 많았다.
유대인 몇 명이 안디옥교회에 와서
사람이 구원을 얻으려면 반드시 할례를 받아야 한다고 주장했다.
그러자 바울과 바나바와 저희 사이에 적지 아니한 다툼이 일어났다.
갑론을박 끝에 예루살렘교회에 해결을 요청하기로 했다.

• 결국, 15장에 언급된 다툼과 변론을 야기시켰다.
총회의 대표로 바울과 바나바 및 그 중 몇 사람이 파송되었다.
교회 안에는 서로 간에 의견 차이가 있을 수 있다.
그렇다고 분열로 치달아서는 안 된다.
안디옥교회는 이런 문제를 공개적으로 다루었다.

• 성령이 계시는 교회 안에서도 늘 논쟁이 있게 마련이다. 각자가 훈련받은 가치관이 다르기 때문이다. 그래서 치열하게 싸우는 모습들을 주변에서 보게 된다. 어떤 합당한 이유를 대더라도 교회가 분열되는 것은 사탄의 역사가 분명하다. 문제 해결은 성경 안에 이미 나와 있지 않은가!

• 사도와 장로들은 총회를 소집하였고, 공개 토론회를 거쳐
사도들의 증언을 들은 후에 결정을 내리도록 했다.
많은 변론이 있은 후 먼저 베드로가 증거한다(7-11절).
베드로는 자기 체험을 들어 고넬료와 다른 이방인들을 볼 때
할례나 율법이 없어도 성령을 받는 것을 보고
이방인들도 구원은 믿음으로 받는다고 증언했다(11절).
바나바와 바울도 이와 동일한 증언을 했다(12절).

• 총회장 야고보가 결론을 내린다.
이방인 신자들은 할례를 받을 필요가 없게 되었다.
그러나 예루살렘 교회는 우상에 바쳐진 음식, 음행,
목매달아 죽인 짐승의 고기 그리고 피를 멀리하는
율법의 규정들을 지킬 것을 권면했다.
그래서 이 결정사항을 기록해서 사람을 시켜 보내기로 한다.
이제, 예수 믿는 이방인들은 하나님을 경외한 사람들이
유대교에서 누렸던 것보다 더 큰 소속감을 기독교 운동에서 갖게 됐다.
복음의 내용이 정확히 정리되어 있지 아니하면
복음의 풍성함을 누리지 못하고 여전히 율법 아래의 삶을 살게 된다.

2차전도여행을 위한 준비

• 제2차 전도여행을 떠나자. 1차 전도여행 때, 세워진 교회를 돌아보자.
바나바가 동의했고 이내 출동준비를 한다.
바나바는 마가라 하는 요한도 데리고 가자했고,
바울은 이를 전적으로 반대했다. 이전의 있었던 일이 생각났기 때문이다.
그래서 서로 갈라서서 각기 다른 길로 여행을 떠난다.
하나님의 일을 한다고 언제나 평탄한 길만 있는 것은 아니다.

제1차 전도여행, 성공적이었다.

사도행전은 교회가 점차 회당과의 관계를 끊고
독립해 가는 과정을 그리고 있다.
그러나 이방인에게 복음을 전하는 과정에서
적지 않은 문제가 표면화되기 시작했다.
바리새파 유대인 신자들과 이방인 개종자들 간의 문제였다.

어떤 형제들(기독교 형제들)이 이방 선교의 새로운 중심지
안디옥으로 내려왔다.
이방인들이 기독교인이 되려면, 모세의 율법을 지켜야 한다.
즉 유대인이 되어야 구원을 얻을 수 있다는 주장을 가르쳤다.
그래서 할례를 받아야 된다는 것이었다.
바리새파 유대인들은 율법의 영구성을 주장했다.
그러나 바울은 이에 대해 강력하게 반대했다.
율법이 이방 기독교인을 묶어둘 수 없다는 것이었다.
그래서 예루살렘 회의에서 뜨거운 변론이 오갔다.

예루살렘 회의의 결론은
한 마디로 이방인이 유대인이 될 필요는 없다.
즉, 이방인들이 율법의 무거운 짐을 필요가 없다고 결정했다.

그리고 안디옥교회는 제2차 여행을 준비한다.
바나바와 마가, 또다른 팀은 바울과 실라.
선교여행 코스가 달랐지만 이방인에게
복음을 증거하기 위한 긴 여정이 시작되었다.

47–48년	바울의 1차 선교여행	13:1–14:28
49년 전후	갈라디아서 기록 (남갈라디아서 가설)	
49년	유대주의자들의 반대	15:1–3
49년	예루살렘 회의	15:4–29
49년	바울과 동행인들의 안디옥 귀환	15:30–35
49–52년	**바울의 2차 선교여행**	**14:36–18:22**

제2차 전도여행 (AD 49-52년)

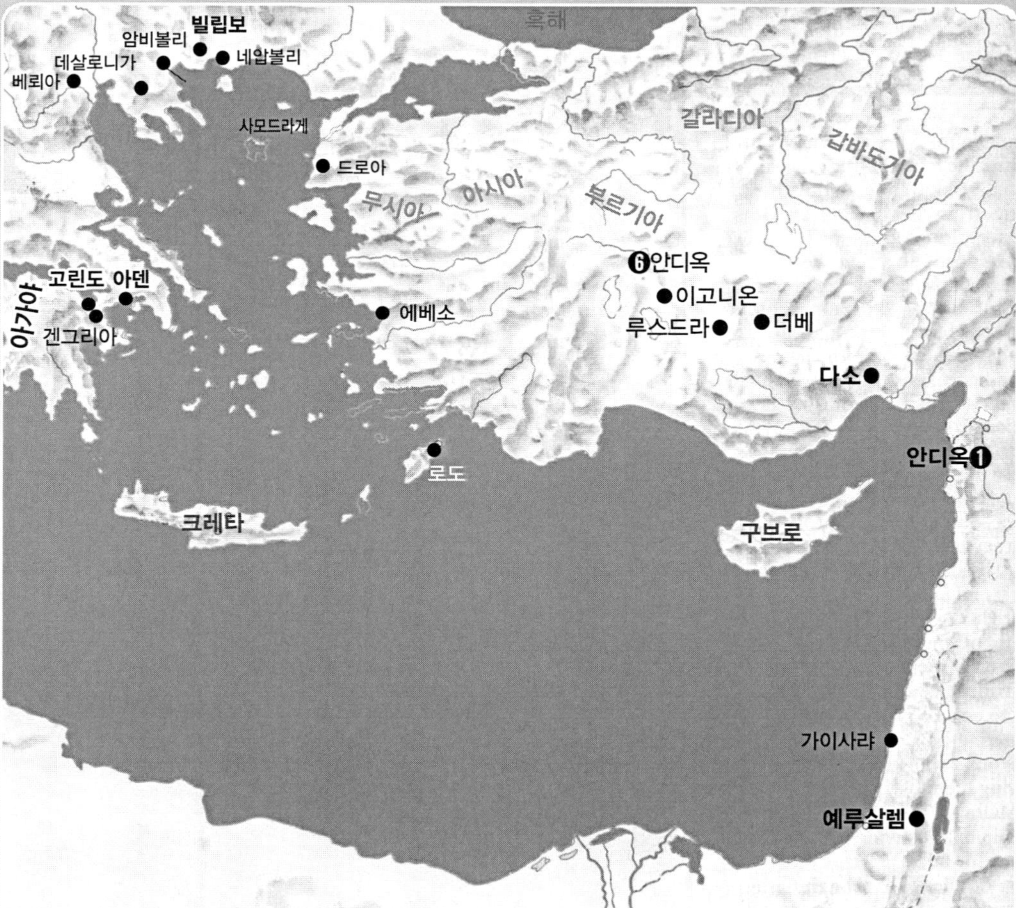

연필을 들고 여행 경로를 그려보세요

❶ 수리아 안디옥 ❷ 다소 • 바울의 고향 ❸ 더베 ❹ 루스두라 ❺ 이고니온 ❻ 비시디아 안디옥 ❼ 에베소 ❽ 드로아 - 사모드라게 거쳐서 ❾ 네압볼리 ❿ 빌립보 ⓫ 암비볼리 ⓬ 데살로니가 ⓭ 베뢰아 ⓮ 아덴(아테네) ⓯ 고린도

귀로(歸路) = (고린도에서) 겐그리아 ⇨ 에베소 ⇨ 가이사랴 ⇨ 시리아 안디옥

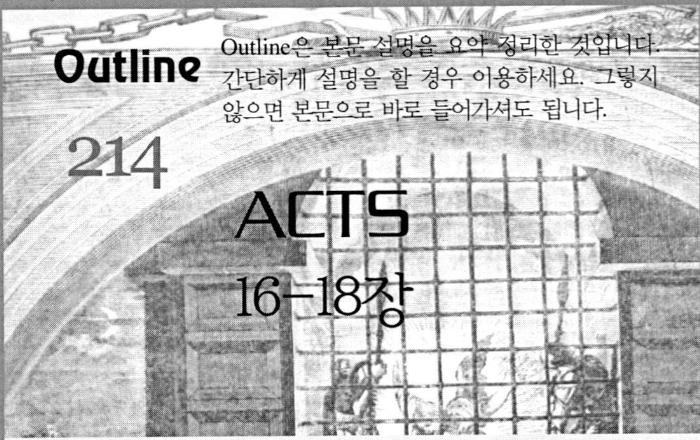

Outline Outline은 본문 설명을 요약 정리한 것입니다. 간단하게 설명을 할 경우 이용하세요. 그렇지 않으면 본문으로 바로 들어가셔도 됩니다.

214

ACTS 16-18장

제2차 전도여행 · 마게도냐 · 아가야 전도

예루살렘에서 공의회가 열렸다.
이방인들이 기독교로 개종할 때
반드시 모세의 율법을 지켜야 한다는 주장 때문이었다.
그러나 총회는 원만하게 끝났다.

바울의 제2차 전도여행을 떠나자는 제안에
바나바가 동의했다.
그러나 출발하기 전에 동행자 문제 때문에
바울과 바나바는 각기 다른 길로 전도여행을 떠난다.
바나바는 마가와 함께 구브로로 출발했고
바울은 실라와 함께 수리아, 길리기아 길을 택한다.
이후 바나바의 행적은 기록되어 있지 않다.
바울은 제1차 전도여행의 역순으로 진행한다.

바울은 아시아에서 말씀을 전하려 계획했으나
성령님께서 새로운 지시를 내리신다.
그래서 드로아로 내려갔다.
그곳에서 환상을 본다. 이리로 건너오라는 것이었다.
그래서 마게도냐 지역으로 향한다.

빌립보에서 마가도냐의 사역이 시작된다.
그러나 어디를 가나 유대인의 반대는 늘 있었다.
감옥에 갇히기도 하고, 매를 맞기도 했으나
복음을 받아들이는 무리가 적지 않았다.
배뢰아의 뜨거운 반응, 아덴에서의 철학적인 논쟁,
너무 힘들어, 바울은 우울하기도 했지만,
주님은 그때마다 용기를 주셨다.
복음을 전하는 일은 목숨을 내놓아야 하는 전투이다.
사탄의 끊임없는 방해에도 하나님의 나라는 성장한다.
그래도 거기에 복음 전도자의 눈물이 뿌려져야 한다.

더 먼 여행을 위한 계획(15:36-18:22)

(1) 바울이 바나바더러 말하되 "우리가 주의 말씀을 전한 각 성으로 다시 가서 형제들이 어떠한가 방문하자." 제1차 전도여행에서 복음의 씨앗을 뿌려놓은 후 그 결실이 궁금했기 때문이다.

(2) 바나바는 이번 여행에 '마가라 하는 요한'도 데리고 가고자 했으나 바울이 반대했다. 왜냐하면 "밤빌리아에서 자기들을 떠나 함께 일하러 가지 아니한 자를(행 13:13) 데리고 가는 것이 옳지 않다"고 보았기 때문이다. 이 일로 서로 의견충돌이 있어 서로 갈라섰다. 그래서 "바나바는 마가를 데리고 구브로로 갔고, 바울은 실라를 택한 후에 수리아, 길리기아를 거쳐 제1차와는 역순(逆順)으로 여행했다.

바울이 환상을 보다(행 16:6-10)

(1) 바울 일행은 이고니온을 지나 서쪽 지역 방향으로 나아가 아시아로 가고자 계획을 세웠다. 그런데 성령께서 아시아에서 말씀을 전하지 못하게 하셨다. 그래서 브루기아와 갈라디아 땅을 통과하여 아시아에 속한 무시아까지 여행을 계속했다.

(2) 바울 일행은 "무시아를 지나 드로아로 내려갔다" (8절). 바울은 드로아에서 환상을 본다. 이리로 와서 우리를 도우라는 것이었다. 빌립보에 있는 마케도니아의 항구 도시인 네압볼리로 건너갔다. 그리고 거기에서 빌립보에 도착했다(16:12).

(3) 빌립보에는 작은 유대인 공동체가 있었을 뿐 회당이 없었고 대신 성벽 외부에 기도처가 있었다. 그곳에서 루디아는 주님을 영접했고, 그녀의 가족들과 함께 기독교인으로서 세례를 받았다.

(4) 빌립보에서는 성공적인 것만이 아니라 어려움도 있었다. 점치는 '귀신이 들린' 여종을 치료했는데, 이 일로 집정관 앞에 끌려갔다. 결국 바울과 실라는 매를 많이 맞았고, 공동체를 소요케 하는 유대인들이라는 이유로 당국자들에 의해 투옥되었다.

(5) 그들은 오히려 기도하면서 하나님을 찬양했다.

바울이 환상을 봄 · 자주 장사 루디아 · 빌립보 · 베뢰아 · 아덴 · 고린도 · 귀로(歸路)

옥문이 열렸다, "두 사람이 옥에서 나와 루디아의 집에 들어가서 형제들을 만나 보고 위로하고 빌립보를 떠났다"(40절).

바울의 데살로니가 전도(행 17:1-9)

(1) 빌립보를 떠난 후에 바울과 그의 동료들은 남서쪽으로 방향을 잡아서 암비볼리와 아볼로니아를 통과하여 데살로니가로 향했다.

(2) 데살로니가 교회 구성원은 대부분이 헬라인 개심자(살후 3:4, 7, 8)였고 그 다음으로 로마인, 유대인 순이었다. 따라서 바울은 세 주간에 걸쳐 성경의 뜻을 풀어 설명했다(3절). 특별히 '하나님을 경외하는 사람들'이 주께로 돌아왔다. 또 많은 귀부인들이 바울과 실라를 따르게 되었다.

(3) 바울은 야손(Jason)의 집에 머물고 있었다. 그런데 부랑자들이 야손의 집까지 쳐들어와 소동을 벌였다. 바울과 실라는 베뢰아(Berea) 지역으로 도피할 수밖에 없었다.

바울의 베뢰아 전도(행 17:10-15)

(1) 베뢰아 사람들은 데살로니가 유대인들과는 달랐다. 이들은 바울이 전하는 말씀을 열정적으로 받아들이고 바울이 말한 것이 사실인지 알아보려고 날마다 성경을 연구하였다. 그 성경연구의 결과 "그 중에 믿는 사람이 많았다." 회심한 사람들 중에는 특수한 계층에 있는 헬라의 여자들이 많았다.

(2) 그러나 베뢰아에서 좋은 일만 있었던 것이 아니다. 데살로니가에 있어서 바울을 핍박하여 쫓아냈던 무리들이 이곳 베뢰아까지 와서 방해 공작을 벌였기 때문이다. 그래서 큰 소동이 일어났다.

바울의 아덴(아테네) 전도(행 17:16-34)

(1) 베뢰아에서 바울이 얼마나 체류했는지 누가의 설명이 없다. 어쨌든 그의 사역으로 베뢰아에는 교회가 설립되었다. 베뢰아까지 찾아와서 소동을 벌였던 데살로니가 유대인들의 폭동 때문에 그곳 형제들이 바울을 바닷가로 피신시켰다. 바울을 인도하는 사람들이 아덴까지 안내해주었다.

(2) 바울은 아덴에서 너무나 많은 우상들을 보고 몹시 화가 났다(16절). 아덴(아테네)는 역사적으로 유럽 문화의 요람이다. 유대인이라면 누구나 본능적으로 불쾌하게 여기는 곳이다. 이 도시는 각종 우상의 모습들에 둘려 싸여있는 다신교의 요새이다. 바울은 이곳에서 유대인과 하나님을 경외하는 이방인들과 에피큐리안의 철학자들과 스토아학파의 추종자들과 변론했다(17:16-18).

아덴 사람들아! (바울의 논쟁설교, 행 17:22-31)

(1) "너희는 범사에 종교심이 많도다." 바울은 지금 아덴 사람들의 호기심을 자극했다. 그들은 바울이 전하려는 예수 종교에 대한 기대를 갖고 있었다. 더욱이 부활을 언급하고 있다는 주장에 관심은 더욱 커졌을 것이다. 바울은 그리스도의 죽으심과 부활을 증언했다. 바울의 설교에 대한 반응은 서로 다르게 나타났다.

(2) 바울의 부활에 대한 언급에 부정적인 반응도 있었고, 호기심을 갖는 사람도 있었다. 그러나 종합적으로 볼 때 아테네에서의 노력은 눈에 보이는 결과를 거의 얻지 못했다. 바울이 이방 땅 아덴(아테네)에서 거둔 열매는 빈약했다.

바울의 고린도 전도(행 18:1-17)

(1) 고린도는 아덴에서 약 65km 떨어진 곳으로 당시 아가야주의 수도였다. 고린도에서 바울은 '아굴라'라 하는 본도(Pontus)에서 난 유대인 한 사람을 만났다. 그런데 이 두 사람은 생업이 같았다. 천막을 만드는 직업이었다. 그래서 함께 살며 일을 했다. 고린도에서도 관례대로 회당을 찾았다. 이곳에서도 유대인들이 대적하며 비방했다.

(2) 바울은 유대인들의 폭동 때문에 고린도에서 일을 계속해야 할지 말지 잠시 혼란해 있었다. 이런 바울에게 주님은 용기를 주신다. "침묵하지 말고 말하라"(=잠자코 있지 말고 끊임없이 말하라)

갈리오가 아가야 총독 되었을 때의 일(행 18:12-17)

더 먼 여행을 위한 계획(15:36–18:22)

바리새파 유대 그리스도인들이 안디옥에 내려와서 잘못된 교훈으로 교인들을 혼란케 했다. "모세의 관례대로 할례를 받지 못하면 구원을 받을 수 없다"는 주장을 폈다. 이로 인해 이들과 교회 지도자간에 적지 않은 충돌이 일어났고, 결국 예루살렘 총회가 열렸다. 문제점들은 성령의 역사로 깨끗하게 정리되었다. 바울과 바나바는 다시 안디옥으로 내려와 계속 머물면서 다른 많은 사람들과 함께 주님의 말씀을 가르치고 복음을 전했다. 얼마 후에 바울이 바나바에게 새로운 제안을 한다. 어떤 제안을?

1. 바울이 바나바에게 제안한 내용은 무엇인가?

15:36 며칠 후에
바울이 – 바나바더러 **말하되**
/우리가 주의 말씀을 전한 각 성으로
다시 가서 형제들이 어떠한가 방문하자[1] 하고

(1) 바울은 바나바에게 제안을 한다. 그는 제1차 전도여행에서 복음의 씨앗을 뿌려놓은 후 그 결실이 궁금했다. 그래서 주의 말씀을 전한 각 성을 다시 방문해 보자는 것이었다. 바울이 먼저 제안을 했고 바나바도 동의했다. 그런데 바나바는 이번 여행에 '마가라 하는 요한'도 데리고 가고자 했다(37절). 마가는 앞에서도 소개되었지만 바나바의 사촌(조카?)이었다. 그는 베드로의 동역자이기도 했다.[2]

(2) 그러나 바울이 반대했다. 왜냐하면 "밤빌리아에서 자기들을 떠나 함께 일하러 가지 아니한 자를(행 13:13) 데리고 가는 것이 옳지 않다"고 보았기 때문이다(38절). 이 일로 "서로 심히 다투어 피차 갈라섰다"고 했다. '심히 다투다(παροξυσμός 파록쉬스모스)'라는 말은 신약성경에서 이곳과 히브리서 10:24*에서만 나온다. 히브리서에서는 '격려'라는 의미를 나타낸다. 본문에서는 불화(또는 대립)로 번역했다. 그렇다고 다시 상종 못할 정도로 싸운 것은 아니다. 서로 의견의 불일치로 다른 방향으로 선교를 떠났다. 어쨌든 바나바는 (갈라디아서 2:13, 14의 일로[3]) 바울에게 아직 서운한 감정이 남아 있었는지도 모른다.[4]

2. 그래서 "바나바는 마가를 데리고 배 타고 구브로로 갔고, 바울은 실라를 택한 후에 수리아와 길리기아로 다니며 교회들을 견고하게" 했다(40-41절).

1) (ἐπισκεψώμεθα) 권고적 가정법 과거 중간태 / 살펴보기 위하여 찾는다는 의미로 사용되었다. 그들이 세운 교회들을 위해 계획한 방문은 그들의 사도적 직무와 사명을 수행하는 방문의 성격이다. 바울이 선도자로서 먼저 제의했다. 참된 선교사로서의 모습이다.

2) 행 12:12, 25, 15:37, 39; 골4:10; 딤후 4:11; 몬1:24; 벧전 5:13.

• 히 10:24 "서로 돌아보아 사랑과 선행을 **격려하며**"

3) 바울은 갈라디아 서신에서 바나바에게 특별히 분개한 일을 말하고 있다. 바나바는 예루살렘에서 "거짓 형제들"에게 저항할 때 자신의 편에 섰던 사람이었다(갈 2:1-5; 행 11:19-26). 그런데 바나바는 집단의 압력으로 인하여 "유혹되었다"(갈 2:13). 그래서 바울은 베드로와 함께 대면하여 책망한 일이 있었다. 그러나 이 둘 사이의 속마음을 자세히 알 수 없다.

4) 어쨌든 이 일로 서로 다른 길로 전도여행을 출발했다. 물론 이런 감정의 앙금은 오래 가지 않았다(고전 9:6; 골 4:10 참조).

제2차 전도여행 출발(행 16:1-5)

1. 바울과 바나바는 각각 서로의 주장을 굽히지 않았는데, 바울은 마가와 같이 가지 않는 것이 현명한 일이라고 계속 생각했다는 것이다(kept insisting, ἠξίου미완료 과거). 왜냐하면 "밤빌리아에서 자기들을 '떠난 자'(ἀποστάντα과거분사)"이었기 때문이라는 것이다. '떠나다, 물러가다'라는 말 '아피스테미'(ἀφίστημι)는 '~을 피한 변절한 사람'(영어의 apostasy, 배교, 변절, 탈당)을 뜻한다.

(1) 바나바는 바울에게 은인이며 동역자였다(행 9:26-27을 읽어보자). 어쨌든 둘 사이에 더 깊은 내막은 알 수 없지만 두 사람의 감정이 폭발했다. 결국 바나바는 마가를 데리고 배타고 구브로로 향했다. 이후 바나바에 대한 행적은 기록이 없다. 그러나 바울은 후에 바나바에 대해 호의적으로 언급하고 있음을 본다(고전 9:6).

(2) 바울은 실라와 함께 수리아와 길리기아로 향했다. 길리기아에도 바울이 세운 교회가 있었던 것 같다. 실라(Silas, Σίλας)는 어떤 인물일까?

▶ **실라**(실루아노, 벧전 5:12)는 설교하고 권면하는 일을 했던 선지자라고 했다(행 15:32). 그는 로마 시민이었을 것으로 본다(행 16:37). 실라는 바울과 함께 남부 갈라디아를 두루 여행하였으며 빌립보에서 바울과 함께 옥에 갇히기도 했다(행 16:16-40). 바울과 함께 데살로니가와 베뢰아로 이동했다(행 17:1-14). 고린도에서도 바울과 함께 했다(고후 1:19).

2. 바울이 더베와 루스드라에 도착했다. 제일 먼저 '더베'에 들렀다. 제1차 전도여행과는 역순(逆順)이다.

(1) 이곳에는 바울의 "사랑하는 아들"이며(고전 4:17; 딤전 1:2-18; 딤후 1:2), "복음의 동료 일꾼"(살전 3:2)이었던 **디모데**가 있었다. 그의 아버지는 헬라인이고 어머니는 신실한 유대인이었다(행 16:1; 딤후 1:5, 3:14). 디모데는 루스드라 혹은 더베에 살았으며, 바울이 제1차 전도 여행 기간 중 그곳을 방문하였을 때 개종하였다(A.D. 48년경).[1] 그 당시 나이가 18세 가량 되었을 것이다. 그 뒤로 12년이 지난 후에도 그는 여전히 청년이었다(딤전 4:12, "누구든지 **네 연소함을 업신여기지 못하게 하고**..."). 바울은 그를 매우 사랑했다(딤전 1:3, 5:23; 딤후 3:15; 빌 2:19하).

1) 디모데는 외할머니 로이스와 어머니 유니게로부터 신앙의 유산을 물려받았다. 어려서 이들로부터 성경을 배웠다(딤후 1:5; 3:15). 디모데는 바울과 함께 마게도냐와 아가야 지방을 복음화 했고(행 17:14-15; 18:5), 바울이 에베소에서 3년 동안 사역할 때도 거의 그와 함께 했다(행 19:22).

바울과 함께 에베소에서 마게도냐와 고린도로(행 20:3), 다시 마게도냐를 거쳐 소아시아로 여행했다. 디모데는 바울이 제 3차 선교여행을 마치고 예루살렘으로 들어갈 때도 동행했을 가능성이 있지만 분명치 않다. 전승에 의하면 디모데는 에베소의 초대 감독이었다고 한다. 디모데에 대한 자세한 행적은 해당 본문에서 자세히 소개할 것이다.

●드로아에서(환상을 봄)

original atlas - NIV Bible

시리아 안디옥, 그곳은 하나님의 일꾼이 많이 모여들었다. 바울과 바나바의 사역으로 교회는 성장과 성숙을 계속했다. 성령님께서 특별한 계획을 갖고 계셨다. "내가 불러 시키는 일을 위하여 바나바와 사울(바울)을 따로 세워라."(행 13:2) 그래서 제1차 전도여행이 시작된다. 먼저 구브로부터 가보자. 마가 요한도 동행했다. 표적과 기사, 대적자들, 바울이 돌에 맞아 죽을 뻔한 일도 있었지만 제1차 전도여행은 매우 성공적이었다.

전도여행을 끝내고 다시 안디옥으로 돌아왔다. 그러나 문제가 생겼다. 어떤 문제? 어떤 사람들이 유대로부터 내려와서 형제들을 가르쳤는데, 문제의 핵심은 모세의 법대로 할례를 받지 않으면 능히 구원을 얻지 못한다는 주장이었다. 이 문제들을 놓고 갑론을박이 계속되었다. 우리끼리 논쟁해보았자 해결이 나지 못할 것이니, 바울과 바나바 그리고 몇 사람을 예루살렘에 있는 장로들에게 보내기로 논쟁의 합의를 보았다. 그래서 예루살렘 회의가 열렸다. 대체로 바울 일행이 이방인에게 복음을 전한 것을 기쁘게 받아들였다. 그러나 바리새파 유대인들 중에서 이의를 제기했다. 이방인이 교회공동체의 일원이 되려면 반드시 모세의 율법을 지켜야한다고 강력하게 주장했다.

온 교인이 모여서 이 일에 대해 장시간 논쟁을 벌였으나 끝날 기미기 보이지 않았다. 많은 변론이 있은 후, 베드로가 일어나 논쟁을 정리한다. 결론은 우리 조상들도 지키지 못한 멍에를 이방인 제자들의 목에 두려느냐? 그럴 수 없다. 다만 건덕상 문제가 되는 점들만을 지키도록 하자고 결론을 내렸다. 이어 사회를 보던 야고보가 베드로의 말을 받아들이고, "내 의견에는 이방인 중에서 주께로 돌아오는 자들을 괴롭게 하지 말자"라고 회의를 끝냈다.

큰 문제가 정리되었다. 바울과 바나바는 무거운 짐을 내려놓은 것이었다. 그들은 안디옥으로 돌아왔고, 얼마 후 제2차 전도여행을 계획한다. 그러나 의견차이로 바울과 바나바는 각자 따로 전도여행을 떠나게 된다.

(2) 바울은 제2차 전도 여행시 이 청년을 그의 비서 겸 조력자로 삼기를 원했다(행 16:1-4). 그는 정식으로 임명 받았다(딤후 1:6). 바울은 디모데가 보다 더 유대인들의 마음에 들도록 하기 위해 할례를 행했는데(행 16:3), 이는 디모데의 아버지가 헬라인이므로 장차 선교활동을 하는데 지장을 받지 않도록 하기 위해서였다("그 어머니는 믿는 유대 여자요 아버지는 헬라인이라.").[1] 그의 어머니가 유대인이라고 했는데, 유대인의 율법을 따르면, 그는 이방인이라기보다는 유대인이다. 그런 그가 할례를 받지 않는다면 이로 인해서 이방인의 자유라는 대의에 아무런 유익도 없이 유대인으로부터 계속 저항을 받을 것이("혹시 말썽이 날까바" - 공동) 분명하기 때문이다(because of the Jews, διὰ τοὺς Ἰουδαίους). 그러니까 믿지 않는 유대인을 위해서 그렇게 했다는 것이다.

(3) 그런데 디도의 경우는 달랐다. 디도는 할례를 받지 않은 헬라 사람으로서, 할례파 사람들의 압박에도 불구하고, 바울은 디도에게 할례를 받도록 압박하지 않았다(갈 2:3, 디도가 할례를 받지 않은 채로 있었다는 의미). 그를 예루살렘에 데리고 간 결정은(바울이 전적인 책임을 지는 결정) 의도적이요 자극적 행동이었다. 할례 받지 않은 디도가 등장함으로써 예루살렘의 지도자들은 얼굴을 맞대고 시험을 치르는 상황에 처하게 된 것이다(R. B. Hays, 갈라디아서).

디모데는 — 칭찬 받는 자니(ἐμαρτυρεῖτο 미완료 수동태)[2]
/루스드라[3]와 이고니온에 있는 형제들에게

(3) 디모데는 고향에서 계속 칭찬을 받고 있었음을 본다(미완료 수동). 그는 선한 행위(행 22:12)로 형제들로부터 좋은 평판을 받고 있었다. 바울 일행은 여러 성읍을 찾아 다니면서 (예루살렘에 있는) 사도와 장로들이 작정한(예루살렘 회의에서 결정된) 규례를 (계속해서) 그들에게 주어 지키게 했다(4절).

16:5 이에(So, μὲν οὖν)
여러 교회가 ┬ 믿음이 **더 굳건해지고**(ἐστερεοῦντο 미완료 수동)[4]
└ 수가 날마다 **늘어가니라**(ἐπερίσσευον 미완료 능동)[5]

지금 수고하는 일꾼들은?
바울, 실라, 디모데

1) 그러나 디도의 경우는 할례를 베푸는 것을 완강히 거부했다(갈 2:3, 5). 디도는 할례를 받지 않은 헬라 사람으로서(3절) 아마도 바울이 개종시켰던 것으로 보인다(딛 1:4 참조). 비록 사도행전에는 그가 전혀 언급되지 않았지만, 고린도후서에서는 고린도로 간 바울의 사절로서 큰 역할을 하고 있다(다음을 보라. 고후 2:13; 7:6-7, 13-15; 8:6, 16-24; 12:18).

2) 마르튀레오(μαρτυρέω) - 증거되다. / 좋은 평판을 받다를 의미한다.

3) ἐκεῖ (was there)라는 말을 보아 디모데는 루스드라 태생이라고 본다.

4) 견고하게 하다. 강하게 하다 / 교회의 내적 성장과 외적 성장을 가리킨다.

5) '넘치다, 풍성하다' - 여기서는 계속 '자라다'라는 의미이다.

成長

성장

바울이 환상을 보다(행 16:6-10)

예수의 영(πνεῦμα Ἰησοῦ) - 그리스도의 영(롬 8:9), 예수 그리스도의 성령(빌 1:9). 6절에서 아시아로 가지 못하게 하시던 그 성령께서 이제는 비두니아로 향한 선교의 문을 닫으신다. 바울의 계획과는 다른 계획이 하나님께 있었음을 보여준다. 예수님의 종들은 항상 주 예수의 영의 지시와 안내를 받아야 한다.

1. 바울 일행은 이고니온을 지나 서쪽 지역 방향으로 나아가 아시아로 가고자 계획을 세웠다. 그런데 성령께서 아시아에서 말씀을 전하지 못하게 하셨다. 그래서 브루기아와 갈라디아 땅을 통과하여 아시아에 속한 무시아까지 여행을 계속했다.

16:6 그들이 — 브루기아와 갈라디아 땅으로 **다녀가**
/성령이 아시아에서 말씀을 전하지 못하게 하시거늘
7 무시아 앞에 이르러(after)
[그들이] —— 비두니아로 가고자 **애쓰되**
예수의 영이 — 허락하지 아니하시는지라
/[그들을]

• 비두니아(Bithynia) : 소아시아 북서부 지역, 갈라디아 지방의 북쪽에 위치함 / 주전 74년에 로마 제국으로 편입되어 본도와 함께 단일 주로 통치되고 있었다.

(1) 여기 갈라디아가 언급되었다(6절).

갈라디아 교회들의 위치는 어디였을까? 당시 로마 속령 갈라디아주는 중앙 소아시아(현재의 터키)의 넓은 영역을 포함하고 있었다. 이 지방명은 갈라디아인이라는 부족명에서 온 것인데, 이들은 3세기에 유럽으로부터 이주한 켈트족에서 기원한 부족으로서 앙키라(현재의 앙카라)를 둘러싼 지역인 아나톨리아의 중앙 고지대들에 정주하여 살았다. 주전 25년 아우구스투스는 갈라디아주(Provincia Galatia)를 새로 세웠는데, 전통적인 갈라디아 지역만이 아니라, 남쪽으로 뻗어나가서 이고니온이라는 도시와 루스드라와 더베의 마을들까지 포함했다. 이 지역들은 바울과 바나바가 선교 활동을 했던 곳으로 사도행전에도 언급되었다(행 14:1-23).[1)]

(2) 무시아까지 왔으니, 그러면 이제 비두니아로 갈까? 비두니아는 갈라디아 지방의 북쪽에 위치해 있다. 성령께서 아시아의 서쪽으로 가는 것을 막으시자(6절) 바울은 비두니아 접경으로 가기 위해 북부지방으로 가기를 애썼다(were trying to go, ἐπείραζον[미완료 능동])고 했다. 시도하고 노력했다는 말이다.[2)] 그런데 예수의 영이 이곳도 막으셨다.

(3) 그래서 바울 일행은 "무시아를 지나(무시아 옆을 지나가다라는 뜻) 드로아로 내려갔다"(8절). 드로아(Troas)는 무시아의 항구이며, 이곳은 빌립보로 갈 수 있는 배를 탈 수 있는 곳이다.[3)]

1) 바울은 갈라디아서에서 특정한 마을이나 도시를 전혀 말하지 않았기 때문에, "갈라디아 여러 교회들"(갈 1:2)이 갈라디아 민족명을 따른 전통적 지역("북 갈라디아")인지 혹은 사도행전 14장에서 언급된 로마 속령 갈라디아("남 갈라디아")인지 밝히는 것은 불가능하다.

2) 갈라디어 서신의 북갈라디아설을 주장하는 사람들은 이 부분에 주목한다.

3) 고대 도시 트로이에서 남쪽 방향으로 약 25km 정도 떨어져 있다.

빌립보(Philippi)

16:11 "우리가 **드로아에서** 배로 떠나 사모드라게로 직행하여 이튿날 **네압볼리로 가고** [12]거기서 빌립보에 이르니"

16:9 환상이 ——— 밤에 바울에게 **보이니**
하나가 ——┬— **서서**
/마게도냐 사람 └— **청하여 이르되** (...하거늘)
/그에게
/[너는] ┬ 마게도냐로 건너와서
└ 우리를 도우라

• 트로이(Troy)의 도시인 드로아에서 바울은 밤에 환상을 본다. 마게도냐 사람 하나가 나타나서 그가 마게도냐로 가는 것이 하나님의 뜻임을 알려주었다. 그 사람은 이곳으로 건너와서 우리에게 복음을 증거해 달라고 했다.

(4) 바울이 그 환상을 보았을 때, 깨달은 것은 무엇일까? 바울이 하나님이 거기에 가서 복음을 전파하도록 자신들을 부르신다는 것을 확신하게 되었다. "우리를 도우라(βοήθησον 명령법 과거)" 개인이 아니라 복수 형태로 말하고 있다. 이곳에 그리스도를 찾는 사람이 많다는 의미이다. 그래서 "우리가 곧 마게도냐로 떠날 준비를 서둘렀다"는 것이다. "이는(ὅτι) 하나님이 저 사람들에게 복음을 전하라고 우리를 부르신 줄로 확신하였기 때문이다."(10절) '우리'라는 표현을 보면(**we** endeavored, ἐζητήσαμεν 과거 능동 1인칭 복수) 누가는 바울 일행과 함께 사역했음을 알 수 있다. 언제부터 바울 일행과 합류했는지는 정확히 알 수 없다. 어쨌든 누가는 대부분의 시간을 바울과 함께 보냈다(딤후 4:11 참조).

10절에서 처음으로 **'우리'** 단락을 만난다. "우리가 힘썼다"(ἐζητήσαμεν 과거 능동 1인칭 복수). '우리' 단락은 사도행전에 네 군데 나온다(16:10-17, 20:5-15, 21:1-18, 27:1-28:16).

사도행전 17:1에서 바울이 빌립보를 떠날 때는 '우리'라는 복수가 나타나지 않는다. 그리고 행 20:5에서 '우리'가 사용되었다. 빌립보에서 다시 누가와 다시 합세하였을 것이다.

(5) 드로아를 떠난 바울과 실라, 디모데 그리고 누가는 바위섬인 사모드라게(Samothrace)에 정박하여 밤을 보내고, 빌립보에 있는 마케도냐의 항구 도시인 네압볼리(Neapolis, 빌립보에서 16km 떨어진 곳)로 건너갔다. 그리고 거기에서 빌립보에 도착했다(행 16:12).

(6) 빌립보는 주전 350년대 알렉산더 대제(Alexander the Great)의 아버지인 마게도니아의 필립 2세(Philippi 2)에 의해서 세워졌으며 주전 42년에 로마의 식민지가 되었다.[1] 주전 31년에 빌립보는 공식적으로 로마에 있는 땅과 동일한 권리와 특권을 가지는 로마 통치의 도시가 되었다.

2. 누가는 빌립보를 마게도냐 지방의 '첫 성'이라고 했다(12절).

(1) 이 말은 빌립보 성이 가장 크다는 말이 아니다. 마게도냐 지방의 가장 큰 도시는 데살로니가였고, 암비볼리도 빌립보 보다 큰 도시였다. 어쨌든 누가에게는 빌립보 성이 친숙했던 것 같다. 그가 지리에 익숙한 점, 또 일인칭을 써가며 기록한 내용이(행 16:10-17) 빌립보와 특별한 관계가 있음을 보여준다. "또 로마의 식민지라." 빌립보의 로마적 성격은 아주 강했는데, 빌립보 주민들은 항상 로마시민으로서의 특권을 자랑했다(행 16:21).

(2) 이 성에서 며칠 동안 머물다가 "안식일에 기도할 곳이 있을까 하여 문 밖 강가[2]로 나갔다(13절). 빌립보에는 작은 유대인 공동체가 있었을 뿐 회당이 없었고 대신 성벽 외부에 기도처가 있었다. 바울은 그곳에서 모여 있던 여자들에게 말씀을 전했다. ("거기 앉아서", 이는 유대인의 관습이다. 역사적이고 강해적인 성격을 가진 대화적 설교였을 것이다). 그들 중의 한 명이 루디아(Lydia, Λυδία뤼디아)라는 장사꾼으로 아시아풍의 도시인 두아디라(Thyatira)[3] 출신이었다(14절 "두아디라 시에 있는 '자색 옷감 장사로서'[4] 하나님을 섬기는 루디아라 하는 한 여자가 말을 듣고 있을 때")

16:14 주께서 —— 그 마음을 **열어**(διήνοιξεν과거 능동)
/따르게(=청종하게) (하신지라)
/바울의 말을

'이해하다, 설명하다'라는 의미이다.

(3) 누가 마음의 눈을 열게 하셨는가? 마음은 인간의 내부 생명과 영혼의 모든 힘과 기능의 근원과 자리이다. 마음을 여는 일은 주께서만 하실 수 있는 일이다(눅 24:45 참조). 그래서 바울의 말을 따르게(전념하게, 주의를 집중하다, προσέχω프로세코) 하셨다. 이로 인해 루디아는 주님을 영접했고, 그녀의 가족들과 함께 기독교인으로서 세례를 받았다. 그리고 그녀는 선교사들을 초청하여 그녀의 집에 머물도록 하였다(15절 "**그와 그 집이 다 세례를 받고** 우리에게 청하여 이르되 만일 나를 주 믿는 자로 알거든 내 집에 들어와 유하라 하고 강권하여 머물게 하니라").

1) B.C. 42년 빌립보 아래의 평온에 옥타비아누스와 안토니의 병력이 로마 공화정의 병력을 패배시켰다(빌립보 전투). 이 승리를 기념하여 옥타비아누스는 이 도시에 특별한 시민권을 부여했다. 이 특권은 태형으로부터 자유, 극단적인 경우를 제외하고는 체포로부터의 자유, 황제에게 올릴 수 있는 상소권 등이었다. 황제는 이곳에 퇴역군인들이 농지를 갖고 살 수 있게 해주었다. 또 로마의 전초기지를 설립해서 이 지역은 로마의 축소판 도시가 되었다.

2) 작은 강, 간지데스(Gangites)는 도시로부터 1.6km 떨어진 곳에 있었다.

3) 로마 제국의 아시아 속주(현재의 아나톨리아 터키)에 있는 페르가눔의 남동부에 있는 두아디라 출신이다. 그녀는 자주색 물감을 들인 직물을 팔거나 원료를 파는 일을 했을 것이다.

4) 자주 빛 옷감을 파는 여자라는 의미이다. 자주 빛 옷감의 수요는 로마와 로마 속국에서 공식적인 복장으로 사용되었기에 그 수요가 엄청났다. 루디아는 아마도 유대인 개종자였을 것이다.

빌립보의 바실리카 교회터

◀ 빌립보는 마게도냐를 통과하는 동서도로인 '비아 에그나티아'(Via-Egnatia) 상에 있었기 때문에 교통의 요충지였다.

3. 빌립보에서의 시간은 이처럼 성공적인 것만이 아니라 어려움도 있었다. 어떤 어려움을 당했을까?

(1) 바울 일행이(바울, 누가, 실라, 디모데) 기도하는 곳에 가다가 여종 하나를 만났다(16절). '점치는'(of divination, πύθων퓌돈),[1] '귀신이 들린' (ἔχουσαν having πνεῦμα a spirit) 여종(slave-girl)이었다. 그 여종은 점을 쳐서 자기 주인에게 많은 돈을 벌어주던 여자였다. 이 귀신 들린 여종은 점을 침으로써 예언을 할 수 있는 능력을 가지고 있었던 것 같다(腹話術師).

(2) 이 여종은 "점으로(by fortunetelling) 그 주인들(공동주인들)에게 큰 이익을 주고 있었다(παρεῖχεν미완료). 미완료 동사로 그 소녀는 지속적인 수입의 원천이었음을 나타낸다. 사마리아에 있었던 마술사 시몬과(행 8:9), 구브로에 있었던 엘루마 바예수(행 13:6)가 이런 경우였다. 그런데 그 여종은 바울 일행을 따라오면서 계속 소리질렀다. 무엇이라고? "이 사람들은 지극히 높은 하나님의 종으로서 구원의 길을 너희에게 전하는 자라."(17절). 이같이 여러 날을 했다. 그래서;

1) 퓌돈(πύθων): 본문에 나오는 πνεῦμα πύθωνα(퓨뉴마 퓌도나)란 두 단어는 동격이다. '퓌돈의 영'이라는 말이다. 그러니까 퓌돈(πύθων)은 점치는 영을 말한다. 퓌돈이 소녀를 통하여 말하는 영을 나타낸다. 점장이 복화술사로서 그녀는 귀신과 관계한다. 로마 제국시대부터 퓌돈은 점치는 영과, 또한 배속에서 이러한 영을 가지고 있다고 여겨졌던 복화술사(腹話術師 - 입을 움직이지 않고 말하는 기술을 가진 사람)를 지칭하는 말로 사용되었다. 이 복화술사를 통해서 신이 말한다고 생각했다. (바이블렉스)

바울이 ── **심히 괴로워하여 돌이켜**
└── 그 귀신에게 **이르되**
/내가 ─ 네게 명하노니
/예수 그리스도의 이름으로
그에게서 나오라 하니
귀신이 ── 즉시 **나오니라**

• 심히 괴로워하여(διαπονηθείς, 부정과거 수동태) - 기진맥진하여 불쾌할 정도로 "일을 하게 되었다"는 의미.

• 예수님의 권세가 사도들의 전도에서 계속되었다. 귀신이 즉시 나왔다. 소녀는 이후 정상인과 같이 되었다. 물론 귀신의 능력도 나타나지 않았다.

1) ἐπιλαβάμομαι(에필람바노마이) - 본문에서는 적대적인 감정을 가지고 단단히 붙잡아 간 것을 말한다. (폭력적인 체포)

2) 즉 이들은 아직 유대인과 그리스도인을 구별하지 못하고 있었다. 주후 49-50년경, 당시 로마인들은 유대인들을 증오했다고 한다.

3) 유대 법률에는 사십에 하나 감한 매를 때렸다(고후 11:24). 로마의 형벌 관습은 재판관의 마음 내키는 대로 때렸다.

4) 로마 제국의 깊은 감옥은 공기나 빛이 완전히 차단된 토굴이었다.

5) 죄수의 발에 채우는 쇠고랑으로, 본문에서는 발만을 채워두는 2개의 구멍이 있는 차꼬를 말한다.

(3) 난감해진 것은 당장 여종의 주인들이었다. 수입원이 끊겼기에 돈벌이 희망이 없어졌다. 다른 것은 다 참아도 돈벌이할 길이 막힌 것은 참을 수 없다. 그래서 바울과 실라를 붙잡아(ἐπιλαβόμενοι과거분사 중간태)[1] 장터로 관리들에게 끌고 갔다. 폭력적으로 강제로 체포하여 끌어갔다는 말이다. 어디로 끌고 갔나? '장터(아고라, ἀγορά)로' 즉, 로마식의 광장 안으로 데려갔다는 말이다(행 17:17 참조). 그리고 상관들(사령관, 집정관) 앞에 데리고 갔다.

(4) "이 사람들이(경멸적인 어조로) 유대인인데[2] 우리 성을 심히 요란하게 하여 로마 사람인 우리가 받지도 못하고 행하지도 못할 풍속을 전하고 있습니다"(21절). 유대인과 로마인을 들먹거렸지만 이들의 속내는 사실 돈에 대한 문제였다. 어쨌든 최종 처벌은 그들의 집정관에게 있었다.

상관들 : "옷을 찢어 벗기고 매로 치라."

(5) (겉옷을) 갈기갈기 찢어버렸다는 말이다. 살전 2:2에서 바울은 빌립보에서 당한 수치스러운 일을 기록했다("빌립보에서 고난과 능욕을 당하였으나" 담대하게 복음을 전했다고 했다). 결국 바울과 실라는 매를 많이 맞았고,[3] 공동체를 소요케 하는 유대인들이라는 이유로 당국자들에 의해 투옥되었다.

16:23 많이 친 후에
[그들이] — 옥에 **가두고** 간수에게 **명하여** 든든히 지키라 하니
24 그가 —— 이러한 명령을 **받아**
— 그들을 깊은 옥에(inner prison)[4] **가두고**
— 그 발을 차꼬(ξύλον크쉴론)[5]에 든든히 **채웠더니**

(6) 그러나 바울과 실라는 이런 일에 겁을 내지 않는다. 그보다 더 큰 핍박과 고난을 겪었기 때문이리라. 그들은 오히려 기도하면서 하나님을 찬양했다. 그것도 한 밤중에. 다른 죄수들이 그 찬양을 들었다고 했다. 죄수들은 이런 경우를 처음 보았을지도 모른다. '이런 상황에서 찬양을 하다니....' 여기 들었다는 말은 주의 깊게 들었다는 의미이다(were listening to)(25절).

16:26 이에 갑자기 큰 지진이 나서 옥터가 움직이고
문이 곧 다 열리며 모든 사람의 매인 것이 다 벗어진지라.

16:27 간수가 자다가 깨어 옥문들이 열린[1] 것을 보고(when)
죄수들이 도망한 줄 생각하고 칼을 **빼어 자결하려 하거늘**[2]

28 바울이 크게 **소리 질러 이르되**
/네 몸을 — 상하지 말라
//(for) 우리가 다 — 여기 있노라

1) 이미 열려 있는 상태.

2) 간수는 죄수가 탈옥하면 죽음을 각오해야 한다(행 12:19, 27:42 참조).

(7) 굳게 잠겨 있어야 할 옥문이 열려 있다면, 틀림없이 탈옥한 것이다. 사색이 된 간수가 등불을 달라고 했다. 불빛 조차 없는 컴컴한 지하 감옥에 어떤 일이 벌어졌는가를 확인하기 위해서였다. '아, 죄수들이 아직 있구나!' 간수는 두려웠다. "무서워 떨며", 즉 무서워하게 되었다는 뜻이다. 그는 바울과 실라 앞에 엎드렸다. 간수에게는 피말리는 시간이다. 간수가 그들을 데리고 나갔다. 물론 바울과 실라만 데리고 나왔다.[3]

3) 간수는 빌립보에서 바울 일행이 전도한다는 것과 점치는 여종에게서 일어난 일 등을 자세히 알고 있었을 것이다.

"선생들이여! 내가 어떻게 하여야 구원을 받으리이까?" 바울이 구원의 도를 전한다는 소식도 들어 알고 있었을 것이다.

31 [그들이] —— **이르되**
/[너는] — 주 예수를 믿으라
//그리하면
너와 네 집이 구원을 받으리라

베드로가 고넬료에게 한 말씀이다 (행 10:43).

(8) 그리고 바울과 실라는 주의 말씀을 그 사람과 그 집에 있는 모든 사람에게 전했다(32절). 모든 사람, 그러니까 문지기, 노예들, 가족들에게 아주 자세하게 복음을 전하는 계기가 되었다. 그 날밤 그 시각에, 한 밤중이었는데도 간수가 그들을 데려다가 그 맞은 자리를 씻어 주고 자기와 그 온 가족이 다 세례를 받았다(33절).

"그들을 데리고 자기 집에 올라가서 (하루종일 굶었을 바울과 실라에게) 음식을 차려 주고 그와 온 집안이 하나님을 믿으므로[4] 크게 기뻐하니라.[5]"(34절). 아마도 간수의 집은 감옥 위에 있었던 것으로 보인다.

4) having believed (πεπιστευκὼς, 완료분사능동태) 하나님의 말씀을 들었고, 예수님을 주로 믿었고, 그래서 세례를 베풀었다.

4. 격동의 밤이 지나고 날이 밝았다. 빌립보의 치안을 담당했던 자들에게 비상이 걸렸다.

5) ἠγαλλιάσατο, 과거 중간태 아갈리아오(ἀγαλλιάω) (몹시 기뻐하다, 기뻐 소리 치다.)

(1) 상관들이 부하들을 보내 이 사람들을 놓아주라고 명령했다. 상관들이란 치안을 담당했던 자들이다(군대의 지휘관, 사령관, 집정관). "이 사람들을 놓으

행 16:29 간수가 등불을 달라고 하며 뛰어 들어가 무서워 떨며 바울과 실라 앞에 엎드리고

30 그들을 데리고 나가 이르되 선생들이여 내가 어떻게 하여야 구원을 받으리이까 하거늘

31 이르되 주 예수를 믿으라 그리하면 너와 네 집이 구원을 받으리라

라."(Release those men.) 석방하라라는 말이다. 그래서 간수가 그 말대로 바울에게 가서 말했다. "치안관들이 사람을 보내어 놓아주라고 사람을 보냈습니다. 이제는 나가서 평안히 가십시오."

(2) 그 말을 듣고 바울이 당당하게 대답했다.
"로마 사람인 우리를 죄도 정하지 아니하고[1] 공중 앞에서(수치를 당하게하고) 때리고 옥에 가두었다가 이제는 가만히 내보내고자 하느냐?" 공중 앞에서 수치를 당하게 한 것은 고사하고 이제는 슬그머니 내어보내려는 것이냐고 항의했다. "그들이 직접 와서 우리를 석방해야 나가겠소!"

(3) 바울과 실라가 로마 사람이라는 말에 부하들이 이 말을 상관들에게 보고했다. 그들은 로마 사람이라는 말을 듣고 잔뜩 겁을 집어먹었다. 그리고 바울을 권하여 데리고 나가 그 성에서 떠나기를 간청했다. 만약 시민들이 이 사실을 알았다면 반드시 추궁했을 것이다. 로마 시민들은 같은 시민이라는 긍지 때문에 조용히 있지 않았을 것이기 때문이다.

(4) "두 사람이 옥에서 나와 루디아의 집에 들어가서 형제들을 만나 보고 위로하고 빌립보를 떠났다"(40절). 바울과 실라가 떠난 후에도 누가는 그대로 빌립보에 머물렀던 것으로 보인다.[2]

1) 로마법에는 노예라고 할지라도 변명할 수 있는 권리가 있었다. 바울과 실라가 로마사람이라는 것을 상관들은 알지 못했다. 그렇다고 바울이 거짓으로 로마 사람이라고 하는 것이 아니었다. 거짓으로 로마 사람임을 주장하면 이는 사형에 해당하는 죄이기 때문이다.

2) 행 17:4, 9을 보면 바울과 실라만 언급되었다. 또 그들만이 베뢰아로 보내졌기 때문이다(행 17:10). 디모데는 빌립보에서 떠나 데살로니가로 갔을 것이다(빌 4:15이하).

바울의 데살로니가 전도(행 17:1-9)

빌립보를 떠난 후에 바울과 그의 동료들은 남서쪽으로 방향을 잡아서 암비볼리(Amphipolis)와 아볼로니아(Apollonia)를 통하여 데살로니가로 향했다. 데살로니가는 그 주변에서 가장 큰 도시이며, 마케도니아에 있는 로마 집행부의 중심지였다. 종종 그랬듯이 바울은 여기서도 지역 회당을 사역의 거점으로 만들었다.

데살로니가(Thessalonica)

• 암비볼리(Amphipolis): 빌립보에서 51.2km, 해안에서 4.8km 떨어진 곳으로 마게도냐에서 가장 중요한 도시였다.

• 아볼로니아(Apollonia): 암비볼리에서 하루 가량 걸리는 거리이다. 이 두 도시를 왜 그냥 스쳐 지나갔는지 모른다. 아마 유대인 회당이 없었던 것 같다. 바울은 어느 곳이든지 유대인들에게 나아가고자 하는 자연스런 출발점으로서 회당을 사용했다.

1. 빌립보를 떠난 바울과 실라는 방향을 남서쪽으로 틀었다. 암비볼리와 아볼로니아를 통하여 데살로니가로 내려갔다.

(1) "다녀가"(διοδεύσαντες과거분사)라는 말은 '두루여행하다(여행하며 지나가다)'란 말이다. 이들은 에그나티안 도로(Egnation Way)를 따라 갔다. 이 도로는 아피안 도로(Apian Way)의 연장으로 아드리아 해를 넘어 그리스와 소아시아에 이르러 고대 페르시아 왕도와 합쳐지도록 건설되었던 로마의 도로이다.

(2) 바울은(실라와 디모데와 함께) 그곳에 도착했다(행 17:1-4; 빌 2:22). 거기서 약 1개월간 유대인 회당에서 복음을 증거했다(인구가 7만명 정도인 상업도시였다). 그 결과 소수의 유대인들과 하나님을 경외하는 큰 무리의 헬라인들로 구성된 **데살로니가교회가 세워지게 되었다**(행 17:4; 비교. 살전 1:9-10; 2:14). 카산더(Cassander, 마케도니아 왕)는 알렉산더의 누이동생인 그의 아내의 아름을 따서 '데살로니가'로 명명했다. 데살로니가교회는 복음 전파의 전략적인 중심지이기도 했다(살전 1:8). 당시 헬라는 마게도냐와 아가야 두 지역으로 나뉘어 있었다. 마게도냐의 수도는 데살로니가였고 아가야의 수도는 고린도였다.

17:2 바울이 ── 그들에게로 **들어가서**
　　/자기의 관례대로 ── 바울은 처음으로 간 곳에서 복음을 전파할 때 유대인 회당부터 가곤 했다.
　── 성경을 가지고 **강론하며**
　　/세 안식일에[1]

1) 세 주간에 걸쳐 성경을 강론했다. 그렇다고 바울 일행이 세 주간만 체류했다는 말은 아니다. 살전 1:8을 보면 장기간에 걸쳐 체류했음을 암시하고 있다.

(3) 데살로니가교회 구성원은 대부분이 헬라인 개심자(살후 3:4, 7, 8)였고 그 다음으로 로마인, 유대인 순이었다. 따라서 바울은 세 주간에 걸쳐 성경 말씀의 뜻을 풀어(디아노이고, διανοίγω, 완전히 열다, 해석하다를 의미) 설명했다

(3절). 무엇보다 예수님의 죽으심과 그의 살아나심에 대해서 증언했다. "내가 여러분에게 전하고 있는 이 예수가 곧 그리스도입니다." 이 내용은 바울이 전한 복음의 핵심 내용이다.[1)]

2. 데살로니가에서 어떤 사역의 결과가 있었을까? 특별히 '하나님을 경외하는 사람들'이 주께로 돌아왔다. 또 많은 귀부인들이 바울과 실라를 따르게 되었다.

17:4 그 중의 어떤 사람 ─┬─ **권함을 받고**
　　　　　　　　　　　　└─ 바울과 실라를 **따르나**
또 경건한 헬라인의 큰 무리와
적지 않은 귀부인도 ── **그렇게 하였다.**

(1) 이방인 중에서 '많은 경건한 헬라인들'이 개종했다. 이들은 랍비들의 통제하에 있지 않았기에 가능했을 것이다. 이런 사실이 데살로니가전서에 언급되고 있다. "너희가 어떻게 우상을 버리고 하나님께로 돌아와서 살아 계시고 참되신 하나님을 섬기는지와..."(살전 1:9). 이로보아 데살로니가교회는 주로 이방인으로 구성되어 있음을 알 수 있다.

(2) 특별히 데살로니가에 살고 있는 고위층에 속한 많은 여자들도 바울의 메시지에 큰 호응을 보였다. 마게도니아에서는 다른 지역보다 여자들이 더 많은 자유를 누렸다고 한다. 그렇다고 개심한 모든 사람이 고위층에 있었다는 말은 아니다.[2)]

3. 많은 유대인들과 하나님을 경외하는 사람들이 개종을 하였지만 때때로 유대인들과 심각한 마찰을 빚기도 했다.

17:5 그러나
유대인들은 ─┬─ **시기하여**[3)]
　　　　　　├─ 저자의 어떤 불량한(사악한) 사람들을 **데리고**
　　　　　　├─ **떼를 지어** 성을 **소동하게 하여**
　　　　　　├─ 야손의 집에 **침입하여**
　　　　　　└─ 그들을 백성에게 끌어내려고 **찾았으나**

랍비와 사악한 자들이 합세하여 혼란과 소동을 벌였다. 돈을 주고 부랑자들을 끌어모았을 것이다.

(1) 바울은 야손(Jason)의 집에 머물고 있었다. 그런데 부랑자들이 야손의 집까지 쳐들어와 소동을 벌였다. 샅샅이 찾아보았으나 바울과 실라를 발견하지

1) 바울은 왜 그리스도께서 고난을 받으셔야만 했던가를, 그리고 죽은 사람들 가운데서 다시 살아나셔야만 했던 사실들을 해석하고 설명했을 것이다. 그 부활하신 주님을 자신이 직접 목격한 자였음을 강조했다. 물론 그곳에 참석했던 랍비들과도 열띤 논쟁이 있었다.

2) 고후 8:2에서는 마게도니아교회들의 극심한 가난에 대해서 언급하고 있다.

3) 젤로오(ζηλόω): '열정적이다, 열심이다'라는 뜻이지만 적대적 의미에서 '시기하다'라는 뜻으로 사용하기도 한다.

못하자 야손과 몇 형제들을 끌고 읍장들(city authorities) 앞으로 질질 끌고 갔다. 그리고 소리를 질러댔다.

"천하를 어지럽게 하던 사람들이 여기에도 나타났습니다."
"이 사람들이 다 가이사의 칙령을 거역하고 있습니다."
"이들은 다른 왕 곧 예수라 하는 이가 있다고 말합니다."

(3) 즉 바울과 실라를 가이사에게 반역하는 자로 몰아세웠다. 무리들의 흥분으로 읍장들이 더 당황했다. 왜냐하면 바울과 실라를 반역죄로 고소했는데, 읍장들이 이들의 고소를 방관한다면 이는 반역 공모죄를 범하는 것이 되기 때문이다. 바울과 실라를 머물게 했던 야손 역시 급했다. 그도 벌을 받을 수 있었기 때문이다. 급해진 야손이 보석금을 지불했다. 읍장들은 판결에 필요한 보석금을 받고 놓아주었다. 읍장들도 한시름 놓았다.

4. 바울과 실라는 베뢰아(Berea) 지역으로 도피할 수밖에 없었다. 그러나 데살로니가에서 사역한 바울의 일은 헛되지 않았다. 살전 1:7이하*, 그리고 2:13, 20*을 읽어보자.

(1) 따라서 바울은 당시 긴박한 상황을 데살로니가 2장에서 언급하고 있다. 사람들은 그가 빌립보에서 심한 고난과 모욕을 당한 사실을 기억하고, 그가 데살로니가로 들어가려고 할 때 극구 만류했었다. 그러나 그는 모든 반대를 물리치고 데살로니가로 가서 극한 고난 중에도 온 열정을 쏟아 사역했다는 것이다.

(2) 후에 바울은 아덴(아테네)에서 데살로니가교회의 형편이 궁금했다. 바울은 더 이상 참을 수가 없어서 데살로니가에 있는 교인들의 믿음을 알아보려고 디모데를 보냈다(살전 3:1-4, "이러므로 우리가 참다 못하여 우리만 아덴에 머물기를 좋게 생각하고 2우리 형제 곧 그리스도의 복음을 전하는 **하나님의 일꾼인 디모데를 보내노니** 이는 너희를 굳건하게 하고 너희 믿음에 대하여 위로함으로 3아무도 이 여러 환난 중에 흔들리지 않게 하려 함이라.") 디모데를 보내는 목적은 믿음을 강하게 하고 격려함으로써 환란 가운데 흔들리지 않게 하기 위해서였다. 디모데는 그곳 교회의 소식을 듣고 고린도로 와서 바울과 다시 합류했다. 디모데가 떠나 있는 동안 바울은 아덴에서 고린도로 이동해 있었다. 데살로니가교회에 대한 디모데의 보고를 받고 바울은 데살로니가전서를 쓰게 된다.

• 살전 1:7 "그러므로 너희가 마게도냐와 아가야에 있는 모든 믿는 자의 본이 되었느니라 8 주의 말씀이 너희에게로부터 마게도냐와 아가야에만 들릴 뿐 아니라 하나님을 향하는 너희 믿음의 소문이 각처에 퍼졌으므로 우리는 아무 말도 할 것이 없노라."

• 살전 2:13 "이러므로 우리가 하나님께 끊임없이 감사함은 너희가 우리에게 들은 바 하나님의 말씀을 받을 때에 사람의 말로 받지 아니하고 하나님의 말씀으로 받음이니 진실로 그러하도다 이 말씀이 또한 너희 믿는 자 가운데에서 역사하느니라 .... 17 형제들아 우리가 잠시 너희를 떠난 것은 얼굴이요 마음은 아니니 너희 얼굴 보기를 열정으로 더욱 힘썼노라 18 그러므로 나 바울은 한번 두번 너희에게 가고자 하였으나 사탄이 우리를 막았도다 19 우리의 소망이나 기쁨이나 자랑의 면류관이 무엇이냐 그가 강림하실 때 우리 주 예수 앞에 너희가 아니냐 20 너희는 우리의 영광이요 기쁨이니라."

바울의 베뢰아 전도(행 17:10–15)

베뢰아(Berea)

현대의 베리아(Verria)

베뢰아는 약간 남쪽에 있으며 마케도니아에서 아드리아 해안(Adriatic coast)의 주요 도로에서 벗어나 있는 곳이다. 베뢰아에서는 보다 따뜻한 영접을 받았지만 데살로니가에서 온 반대자들에 의해서 다시 소동이 일어났다(행 17:13). (형제들은) 실라와 디모데를 남겨두고 바울을 해안으로 은밀하게 도피하도록 했다.

1. "밤에 형제들이 곧 바울과 실라를 베뢰아로 보내니"라는 기록대로 바울과 실라는 심각한 위험에 처하여 피신했다. 그래서 이방인 개심자들이 밤에 바울과 실라를 데살로니가에서 80km나 떨어진 베뢰아까지 호위해 주었을 것이다. 베뢰아에 이르러 바울과 실라는 유대인의 회당부터 찾았다.

11 베뢰아에 있는 사람들은
- **더 너그러워서** (εὐγενέστεροι 비교급)[1]
  - /데살로니가에 있는 사람들보다
- 말씀을 **받고**(ἐδέξαντο 과거 중간태)
  - /간절한 마음으로(with great eagerness)
  - 날마다 성경을 상고하므로[2]
  - (examining the Scriptures daily)
  - /이것이 그러한가 하여

• (말씀을) 받고(received) 호의적으로 받아들이다. '~에 귀를 기울이다), 거부하지 않다.

1) 유게네스(εὐγενές) - '마음이 고상한, 고귀한 혈통의 태생이 좋은, 좋은 가문에서 태워난, 고귀한 혈통의'를 의미한다.

2) 아나크리노(ἀνακρίνω) 이 말은 원래, 심판 전의 질문, 심문과정을 표현하는말이다. 본문에서는 성경을 '자세히 살펴보다'라는 의미이다.

(1) 바울은 데살로니가에서처럼 이곳에서도 성경을 매일 강론했다. 그런데 베뢰아 사람들은 데살로니가 유대인들과는 달랐다. 이들은 바울이 전하는 말씀을 열정적으로 받아들이고 바울이 말한 것이 사실인지 알아보려고 날마다 성경을 연구하였다는 것이다.

(2) 성경연구의 결과 "그 중에 믿는 사람이 많아졌다." 회심한 사람들 중에는 특수한 계층에 있는 헬라의 여자들(지체가 높은 귀부인들, prominent Greek women)이 많았다. 물론 헬라 남자들도 적지 않았다는 것이다. 그 짧은 기간 내에 놀라운 결과가 있었다.

2. 그러나 베뢰아에서 좋은 일만 있었던 것이 아니다. 데살로니가에서 바울을 핍박하여 쫓아냈던 무리들이 이곳 베뢰아까지 와서 방해 공작을 벌였기 때문이다. 데살로니가에서 그랬던 것처럼 큰 소동이 일어났다(행 17:8). 그래서 형제들은 바울을 내보내어 바닷가로 가게 했다. 그러나 실라와 디모데는 그곳에 남아 있었다(14절).[3]

3) 바울은 베뢰아에서 많은 열매를 거두웠으나 6개월도 채 되지 않은 마게도냐의 사역을 접어야만 했다.

바울의 아덴(아테네) 전도(행 17:16-34)

베뢰아에서 바울이 얼마나 체류했는지 누가의 설명이 없다. 어쨌든 그의 사역으로 베뢰아에는 교회가 설립되었다. 사도행전 20:4를 보면 예루살렘에 모금을 위하여 사람을 보내기도 했다. 베뢰아까지 찾아와서 소동을 벌였던 데살로니가 유대인들의 폭동 때문에 그곳 형제들이 바울을 바닷가로 피신시켰다. 바울을 인도하는 사람들이 바울을 아덴까지 인도해주었다. 그곳까지 배를 타고 갔는지, 육로로 갔는지 확실치 않다. 그들은 실라와 디모데를 자기에게로 속히 오게 하라는 지시를 받고 베뢰아로 돌아갔다(15절).

1. 바울은 아덴에서 실라와 디모데를 기다리는 동안 그 도시를 한번 돌아보았다. 그런데 너무나 많은 우상들을 보고 몹시 화가 났다(16절).

(1) 아덴(Athens, 'Αθήναι아데나이)은 고대 앗티카(Attica) 지역의 중심 도시였으며, 현대 그리스의 수도인 아테네의 명칭이다. 이 도시의 이름은 그리스 신화의 여신 아테네에서 유래된 듯하다. 바울이 이곳에 도착할 때가 A.D. 50년경이다. 당시 이곳은 정치적으로는 더 이상 그 중요성을 갖지 못했으나 풍부한 전통과 유산이 가득한 도시였다.

(2) 아테네는 역사적으로 유럽 문화의 요람이라는 곳이다. 유대인이라면 누구나 본능적으로 불쾌하게 여기는 곳이다. 이 도시는 각종 우상의 모습들에 의해서 둘러 싸여있는 다신교의 요새인데 바울은 이곳에서 유대인과 하나님을 경외하는 이방인들과 에피큐리안의 철학자들과 스토아학파의 추종자들과 변론했다(행 17:16-18). "회당에서는 유대인과 경건한 사람들과 또 장터에서는 날마다 만나는 사람들과 변론하니"(17절).

17:18 어떤 에피쿠로스와 스토아 철학자들도 — 바울과 **쟁론할새**
어떤 사람은 —— **이르되**
/이 말쟁이가 무슨 말을 하고자 하느냐 하고
어떤 사람은 —— **이르되**
/이방 신들을 전하는 사람인가보다 하니
//이는(이유: for)
바울이 — 예수와 부활을 전하기 때문이러라

바울과 철학자들간의 쟁점의 핵심은 예수님의 부활 문제였다.

아덴(Athens)

아덴은 B.C. 86년에 술라(Sulla)에게 점령당했다. 고린도의 수도인 아가야는 마게도냐에서 분리되었고, 주후 44년 글라우디오 황제에 의해 고린도에 있는 총독이 다스리는 로마 원로원의 소속이 되었다. B.C. 4세기와 5세기에 아덴은 그 문화와 위대한 극작가들, 그리고 플라톤과 아리스토텔레스와 같은 위대한 철학자들의 고향으로 유명하다.

아덴의 광장에서는 소크라테스가 가르쳤고, 또한 이곳은 플라톤의 아카데미가 있었던 곳이다. 아리스토텔레스가 그의 철학을 가르쳤던 Lyceum(회관, 학원)의 장소였다. 아덴 사람들은 당시에도 여전히 철학과 시학과 정치학과 종교 등 무엇이든지 대화하기를 즐겨했다.

[헬라의 철학]

2. 초기 기독교에게 영향을 준 3가지 철학 사조는 무엇인가? (동교재, 요한복음)

① 플라톤주의 ② 아리스토텔레스주의 ③ 스토아 철학(행 17:18)

(1) 기독교 시대의 헬라 철학은 플라톤과 아리스토텔레스에 의존했다. 이들 사상을 이용하여 유일한 지고(至高)의 초월 신(神)이 존재한다고 믿었다(철학적 일신론, 一神論). 이들의 문제점은 무엇이었나?[1)]

(2) 헬라 사상은 이 세상에 대해 부정적이다. 이 세상은 일시적이고, 변하기 때문이다. 왜냐하면 열등한 신에 의해, 그리고 선재하는 질료로부터 만들어졌다고 믿었기 때문이다. 또한 헬라 사상은 일반적으로 금욕적이었다. 철학자는 애써 이 세상 일들을 초월하고자 했다. 이는 기독교와 매우 유사하지만 근본 동기가 다르다. 헬라 사상은 물질적이다. 따라서 이들은 변화하는 물질 세계를 경멸했다. 따라서 이들은 바울의 부활 개념과는 정반대 입장이었다(행 17:32, 바울이 아덴에서 전도할 때).

(3) 철학은 항상 그 시대의 상황과 밀접한 관계가 있다. 알렉산더와 그의 후계자들에 의해 일어난 전쟁으로 사람들은 피로해졌다. 이들은 점차 국가사회에 대한 관심은 사라지고 내면 세계를 추구하기 시작했다. 그래서 철학이 논리학, 형이상황, 윤리학 등으로 한정되기 시작했다. 더욱이 로마의 지배를 받으면서 여러 민족들이 세상의 허무함과 인간의 무력감을 느끼고 초인간적인 신에게서 구원을 얻으려고 했다. 그래서 도처에서 여러 종교 사상가들이 나타난다. 그 중에 **금욕주의 스토아학파와 쾌락주의 에피쿠로스 학파가 주류를 이루었다.**[2)]

3. 아주 간단하게 이 학파들의 주장점을 살펴보자. 먼저, 스토아 학파의 주장점

(1) **스토아학파** : 이교(異敎)는 기본적으로 자연질서의 서로 다른 부분들 또는 세력들을 신격화 한 것이다. 그래서 일부 스토아 학파에서는 여러 종교들의 모든 부분들을 다 합쳐서 모든 것은 다 신이기 때문에 신은 모든 것이라고 주장하는 범신론을 만들어냈다.

(2) **스토아학파의 주 사상**

- 감각의 즐거움을 끊고 → 무감각(apatheia 무정념, 무감각)의 상태(정신적 안정) → 이것이 참된 행복이라고 했다. 이들의 철학은 절욕(節慾)과 견인(堅忍)을 가르치는 것이었으며 '자연과 일치된 삶'이 목표였다. 또한 이들의 철학은 윤리학이 중심이며, 인생의 목표인 행복은 우주를 신의 이성, 즉 로고스를

1) 헬라의 신은 Idea(실재)의 세계 속에 있다. 그래서 불변한다. 변경할 수 없다. 또 무감각적이다. 어떤 감정이나 정서의 지배를 받지 않는다. 헬라인들은 신들을 불변의 존재로 믿었다. 이데아 세계에 속해 있기 때문에 그는 이 세상과 직접적인 접촉을 가질 수 없다고 생각했다.

그들에게 있어서 인간의 영혼은 이데아(Idea)의 세계에 있으며, 신적인 불꽃이며 이성적(理性的)이다. 그러나 육체는 변화하는 세계 속에 있다고 믿었다. 그러므로 참된 인간은 영혼이다. 육체는 그 인간이 사는 집, 또는 옷이다. 육체를 영혼의 무덤, 감옥으로 이해했다.

2) 복음이 증거되기 시작할 때, 스토아 학파, 에피쿠로스 학파는 인간 스스로 '행복'에 이를 수 있다고 주장했다. 사도행전에는 어떤 에피쿠로스와 스토아 철학자들이 바울과 쟁론했다고 기록하고 있다(행 17:18).

따르는 일이라고 했다.

(3) 또한 금욕(禁慾)이 행복에 이르는 첩경이라고 했다. 이들은 참된 행복이란 쾌락에서 나오는 것이 아니라 욕정(욕망)을 단념하는 데에서 생겨난다고 했다. 아리스토텔레스가 말했던 대로 인간의 본성은 이성이기 때문에 그 이성에 따라 사는 것이 덕(德)이며, 그것으로 인해 인간은 언제든지 행복해질 수 있다고 보았다. 이런 자를 현인(철인) = 神과 같다고 주장했다.

- 그러니까, 선한 사람은 오직 이성적(理性的)인 사람, 온갖 정열을 끊고 오직 이성적인 숙고에 의해 행동하는 자를 말한다. 인간은 그가 지닌 정념(pathos - 두려움, 쾌락의 매혹, 동요, 걱정)을 버려야 한다. ➡ 그러면 apatheia(무정념, 무감각)의 경지에 이른다. 이들의 생활원칙은 이러했다.

∴ ① 자기 본성에 따라 ② 자연에 따라 ③ Logos에 따라 생활하라는 것이다.[1)]

(4) 스토아학파는 이렇게 모든 인간은 똑같이 이성을 가지고 있다는 전제에서 출발해 세계주의로 나아갔다. 이런 세계주의는 정치적으로 세계를 지배하고 다스리려는 로마제국의 정책과 절묘하게 맞아떨어졌다. 그러나 선민사상에 따라 배타적이던 유대교를 개방적인 기독교로 발전하는데 중요한 역할을 감당했다. 특히 이 사상은 기독교와 몇 가지 공통점을 가지고 있었다. 예를 들어 엄격한 금욕주의적 윤리를 예찬한 점, 재물을 가볍게 본 점, 민족과 계급의 차이를 넘어 모든 인간이 서로 사랑해야 한다고 주장한 점 등이다. 아우렐리우스(A.D. 161-180 통치)는 로마 스토아 철학의 가장 완벽한 마지막 대표자였다. 그러나 그가 죽은 후 스토아 철학은 침체의 늪에 빠졌고 회복되지 못했다.

1) 스토아 철학에서도 '로고스'라는 동일한 용어를 가지고 있다. 그러나 로고스가 역사와 인류에 개입한다는 사상을 가지고 있지 않기 때문에 요한의 로고스 개념과는 관계가 없다.

인간 : 자연과 일치시켜, '인간은 동일하다'라는 사상(Cosmopolitanism, 세계시민주의, 모든 인간은 동포라고 생각했다. 우주는 하나의 통일체이다. → 이 사상이 로마 세계로 확대되었다).

4. 또 다른 철학적인 전통들이 플라톤주의와 스토이시즘 외에도 존재했다.

(1) 같은 시대에 살았지만 스토아학파의 주장과는 서로 반대되는 입장에서 살아가는 사람들이 있었다. 바로 '에피쿠로스학파'였다. 이들은 신들은 존재하지만 인간이 거주하는 세상과는 분리되어 지복(至福)의 삶을 산다고 생각했다(초기 형태의 자연신론). 에피쿠로스는 인간의 행복이 신이나 죽음, 사후의 운명 등에 관한 공포로부터 벗어나 아타락시아(ataraxia, 안정된 마음의 상태)를 보존하는데 있다고 보았다.[2)]

(2) 스토아학파와 에피쿠로스학파 모두 인생의 목적을 행복에서 찾는다는 점에

2) 에피쿠로스와 그의 추종자들은 삶의 목표가 '쾌락'이라고 믿었다. 그러나 그들은 방탕한 방종이나 무절제한 감각적인 만족을 의도하지 않았다. 골수 에피쿠로스주의자들에게 있어서, '쾌락(pleasure)'은 육체에 있어 고통의 부재와 영혼에 있어 갈등의 부재를 의미했다.

234 [헬라의 철학]

서는 같다. 스토아학파는 행복을 '덕스러운 생활'에서 찾은 반면, 에피쿠로스 학파는 행복을 '쾌락'에서 보았다는 점이 다르다.[1)]

(3) 특히 정신적 쾌락이 훨씬 가치가 있다. 정신적 쾌락의 최고 상태를 아타락시아(ataraxia, 不動心)라고 했다. 분수에 넘는 욕망을 억제해야 하며 안빈낙도(安貧樂道)의 생활을 강조했다("숨어서 살아라"). 아타락시아에 이르는데 방해가 되는 것은 죽음에 대한 공포라고 했다.[2)]

(4) 보통 사람들이 가장 두려워하는 것이 두 가지가 있는데, 그것은 신과 죽음이다. 그러나 에피쿠로스에 의하면 신도 없고, 사후 세계도 없다. 그러므로 하등의 두려워할 필요가 없다고 했다(종교를 배격했다). 사후세계는 없으며 인간은 죽음과 함께 무로 돌아갈 뿐이므로 두려워할 필요가 없다는 것이다(이 세상에 존재하는 것은 오직 원자와 공간이기에 죽음이란 육체를 형성했던 원자가 흩어지는 것으로 보았기 때문이다).[3)]

▶ 이렇게 '人生의 변전무상(變轉無常)으로부터의 해탈'하려는 생각을

- 에피쿠로스는 쾌락에서 추구하려 했다 → 그러나 항상 불쾌(不快)가 따른다.
- 반대로 Stoa학파는 이성적(理性的) 생활에서 찾으려 했다. 그러나 이성(理性)과 함께 정욕(情慾)도 본성 가운데 지니고 있으므로 → 이성의 불신을 초래했다. 따라서 인간은 전혀 무력한 존재라는 생각이 일어난다.[4)] ■

5. 본문으로 돌아가서 17-18절을 다시 읽어보자.

(1) 이들 철학자들이 바울과 논쟁한 주요 이유는 예수님이 부활했다는 주장 때문이었다. "이는 바울이 예수와 부활을 전하기 때문이러라"(18절). 그래서 철학자들은 "바울을 붙들어 아레오바고로 가며 말하기를 네가 말하는 이 새로운 가르침이 무엇인지 우리가 알 수 있겠느냐 20네가 어떤 이상한 것을 우리 귀에 들려 주니 그 무슨 뜻인지 알고자 하노라 하니"(19-20절).

(2) 비록 "예수와 부활"에 관한 이 이상한 복음에 관하여 호기심을 보였다 할지라도 많은 아테네 사람들(the Athenians)에게 그의 메시지는 다른 사람들의 사상을 복잡하고 혼란스럽게 하는 것처럼 보였고 바울은 "말쟁이"로 여겨졌다(행 17:18). '말장이'(σπερμολόγος 스펠몰로고스)[5)]라는 말은 극도로 조롱하는 경멸적인 언어였다. 이들은 바울을 돌팔이에 지나지 않으며 떠벌이라는 뜻으로 이렇게 불렀을 것이다.

1) 적극적 쾌락(동적 쾌락) - 육체적, 물리적 쾌락.

소극적 쾌락(정적 쾌락) - 정신적 쾌락.

2) 그러므로 참다운 이성(理性) 생활을 해라. 그러면 행복해 질 것이다. 그렇지 않으면 수많은 악이 생겨날 것이다.

3) 이들은 육체적인 향락보다는 오히려 정신적인 쾌락을 추구했던 것 같다. 즉 사람들과 대화를 나누고 아름다운 음악에 귀를 기울이며 예술작품을 감상하고 무엇보다 진정으로 철학을 추구했다(고상한 쾌락주의).

4) 그러므로 초자연적인 것에 대한 동경(憧憬)이 생겨난다.

지상적인 것 → 초월적인 神에게(종교적 시대로 바뀜) : 유대교 + 신비주의사상, 배화교(마니교) 사상이 혼합되어 → 新Platon학파가 생겨난다.

5) 곡식 낟알을 줍는 사람, 이는 마치 광장에서 떨어진 곡식 낟알을 좇아서 이리저리로 뛰어다니는 새의 모습과 같다. 다른 사람의 지혜의 찌거기를 모아다가 표절이나 하는 사람, 단지 말만 늘어놓는 웅변가들에게 이 단어를 썼다.

(3) 바울의 선교는 '위험한 이방 사상을 소개하는 자가 있다'는 호기심을 유발시켰다. 그래서 이들은 바울을 아레오바고(Areopagus)[1] 법정 앞으로 데리고 갔다. 바울이 공식적으로 설명할 기회를 얻은 것이다. 그렇다고 바울을 강압적으로 대했다는 것은 아니다. "네가 어떤 이상한 것(생소한 것)을 우리 귀에 들려 주니 그 무슨 뜻인지 알고자 하노라(매우 정중한 언어이다)"(20절). 아덴 사람들은 새것이라면(좀더 새로운 것)[2] 무엇이나 듣고 이야기하는 것으로 세월을 보내는 사람들이었기 때문이다(21절).

1) 아레오바고는 그 도시의 종교와 윤리를 다루는 보수적인 위원회로 바울이 이곳에서 그 유명한 설교를 했다(행 17:22-31).

2) 새것이라면(something new, καινός) 좀더 새로운 어떤 것, 새것보다 더 신선한 것, 가장 최근의 것을 뜻한다.

아덴 사람들아! (바울의 논쟁설교, 행 17:22–31)

바울의 설교 ③

1. 누가가 옮긴 바울의 설교는 간결하나 모든 사람들이 어느 곳에 있든지 핑계할 수 없는 유일하신 초월의 하나님의 실체에 관한 세련된 설교를 했다.

17:22 바울이 아레오바고[3]가운데 **서서 말하되**
/아덴 사람들아!
/[내가] — 너희를 보니
/범사에 종교심이 많도다
23 //(이유: for, γάρ)
내가 두루 다니며 너희가 위하는 것들을 보다가
알지 못하는 신에게라고 새긴 단도 보았으니
/그런즉
내가 —— 너희에게 알게 하리라
/너희가 알지 못하고 위하는 그것을

3) Ἀρείος Πάγος(아레이오스 파고스) - 아테네에 있는 바위 언덕, 마르스의 언덕(Mars Hill)이든지, 또는 아레오바고의 법정 안에 있는 스토아 바실리카(Stoa Basilica)이든지 간에 장엄한 곳이었다.

• 아덴 사람들은 종교적인 신심이 두텁기로 유명했다. "온 성이 우상으로 가득차 있었다"(16절)

• 바울은 그들이 알지 못하는 신에 대해서 알려주겠다는 것이다.

(1) "너희는 범사에 '종교심이 많도다'(are very religious, are too superstitious δεισιδαιμονεστέρος 데이시다이모네스테로스)." '보다 더 종교적인'이라는 뜻이다.[3] 무엇을 보고 종교심이 많다는 것을 알았을까? 그 이유를 23절에서 설명하고 있다. 바울이 거리를 다니다가 우상이 가득했는데, '알지 못하는 신에게'라는 제단도 보았다는 것이다. 아덴 사람들이 얼마나 많은 신들을 알고 싶어했는 지를 알 수 있었다.

3) 이 단어는 행 25:19에서도 총독 베스도에 의해 한 번 더 사용되었다.

(2) 바울은 지금 아덴 사람들의 호기심을 자극했다. 그들은 바울이 전하려는 예수 종교에 대한 기대를 갖고 있었다. 더욱이 부활을 언급하고 있다는 주장에 관심은 더욱 커졌을 것이다.

아덴 사람들아! [내가] 너희를 보니 범사에 종교심이 많도다

바울이 아레오바고 가운데 서서 말하되… "내가 너희에게 그것을 알게하리라"

바울은 아덴에 도착하여 우상 숭배의 도시를 보고 격분한다. 그래서 회당에서는 유대인과 경건한 사람들과 토론했고, 장터에서는 에피쿠로스와 스토아 철학자들과 변론했다. 그들은 바울을 가리켜 '말장이' 곧 돌팔이요, 떠벌이라고 조롱했다.

아덴(아테네) 사람들은 그래도 바울에게서 무엇인가 더 새로운 이야기가 있는가보다 생각하고 그를 **아레오바고** 가운데 세웠다. 구경꾼들도 모였고, 철학자들도 모였다. 바울은 철학적인 것만을 추구하는 아덴 사람들에게 복음을 증거할 수 있는 좋은 기회를 얻은 것이다. 그는 지금 억압을 당하면서 증거하는 것이 아니다.

바울은 상당한 시간 변론적 설교를 계속했을 것이다. 첫마디는 "아덴 사람들아! 너희는 범사에 종교심이 많도다." 였다. "알지 못하는 신에게라고 새긴 단도 보았는데, 내가 그것을 너희에게 알게 해주겠다."

하나님은 아덴의 그 수많은 신들 중의 한분이 아니다. 하나님은 천지의 절대자이시니, 그가 이 세상 모든 피조물을 창조하신 분이시다. 그분이 만민에게 생명과 호흡을 주신 것이다. 원래 인류는 한 혈통으로 지으신 것이나 지금은 여러 나라로 나뉘어져서 온 땅에 살게 하신 것이다. 그렇다고 하나님은 우리에게 멀리 계신 분도 아니다. 우리가 그분 안에서 숨쉬고 살고 존재하는 것이다. 누구나 어느 민족이나 그를 만날 수 있다.

지금까지는, 언제? 하나님에 대한 충분한 지식이 예수 그리스도 안에서 나타나기 전까지는 인간의 죄를 간과하셨으나, 이제는 회개하지 않으면 심판을 받을 수밖에 없다. 다시한번 사도행전 17:24이하를 읽어보자.

아덴에서의 바울의 노력은 눈에 보이는 결과를 거의 얻지 못했다. 그렇다고 그의 설교를 실패했다고 볼 수 없다.

"그들이 죽은 자의 부활을 듣고 어떤 사람은 조롱도 하고 어떤 사람은 이 일에 대하여 네 말을 다시 듣겠다 하니 이에 바울이 그들 가운데서 떠나매 몇 사람이 그를 가까이하여 믿으니 그 중에는 아레오바고 관리 **디오누시오**와 **다마리**라 하는 여자와 또 다른 사람들도 있었더라."

• 이 세상에 존재하는 것은 아주 미세한 것까지도 하나님께서 창조하셨다. **이사야 42:5을 보라.** "하늘을 창조하여 펴시고 땅과 그 소산을 내시며 땅 위의 백성에게 호흡을 주시며 땅에 행하는 자에게 영을 주시는 하나님 여호와께서 이같이 말씀하시되"

17:24 하나님께서는 ─┬─ 천지의 주재시니(=절대자이시니)
/우주와 그 가운데 있는 만물을 지으신
└─ 계시지 아니하시고
/손으로 지은 전에(in temples)

• 여호와 하나님은 아덴에 30,000개나 되는 신들 중의 한 분이 아니다. 여호와 하나님은 우주를 창조하신 유일한 하나님이시다.

• 하나님은 헬라인들이 자랑하는 인간이 지은 파르테논 신전과 같은 곳에 계시는 분이 아니시다.

25 또 [하나님은] ── 사람의 손으로 섬김을 받으시는 것이 아니니
/무엇이 부족한 것처럼
//이는(since)
[그는] ─ 친히 주시는 이심이라
/만민에게
/생명과 호흡과 만물을

• 당신들이 섬기는 신처럼 무엇이 필요해서 제물을 바쳐야만 응답하는 신이 아니다.

• 하나님은 모든 생명체에게 생명과 호흡의 근원이시다. 너희들이 믿는 바와 같이 우주 밖에 있는 분도 아니다. 그는 인격적인 분으로 지금도 우리와 함께 계신다.

26 [그는] ──── 한 혈통으로 만드사
/인류의 모든 족속을
//(목적: 부정사)
온 땅에 살게 하시고
/그들의 연대를 정하시며(=정하심으로)
한정하셨으니
/거주의 경계를

• 모든 인류는 창조자이신 하나님께로부터 지음을 받은 존재들이다. 따라서 인류는 하나이다. 당시 헬라인은 이방인을 야만인으로 취급했다.

• 하나님은 창조를 통해 역사 안에서 자신을 계시하셨다. 선택된 이스라엘만 관여하시는 분이 아니다.

27 //이는(이유)
사람으로 혹 하나님을 더듬어 찾아 발견하게 하려 하심이로되
그는 ──── 우리 각 사람에게서 멀리 계시지 아니하도다
//(이유: γάρ, for)

28 우리가 ┬ 그를 힘입어 살며
└ 기동하며 존재하느니라
//(이유: γάρ, for)
우리가 ─ 그의 소생이라 하니
/너희 시인 중 어떤 사람들의 말과 같이

• "우리는 그분 안에서 숨쉬며 살고 존재하고, 움직이고 있지 않습니까!"

• 헬라철학자들도 신(神)이 생명과 호흡과 만물을 주시는 분이라고 알고는 있었다. 바울은 인류는 한 혈통으로 창조되었다고 증거한다. 그런데 지금은 하나님의 섭리에 따라 시간과 장소를 달리하여 온 땅에 거주하게 하셨다는 것이다. 그 이유는 결국 하나님을 더듬어 찾게 하시려는 것에 있다. 물론 인간은 타락했기에 스스로 하나님을 찾을 수가 없다(롬 1:19-23 참조).

29 이와 같이(οὖν, Forasmuch then, Therefore)
[우리는] ─── 여길 것이 아니니라
/하나님을 금이나 은이나 돌에다 사람의 기술과 고안으로 새긴 것들과 같이
//(이유: since) 하나님의 소생이 되었은즉

• 그렇다고 그 하나님이 멀리 계시는 분이 아니다. 어떤 민족이나, 어느 누구나 모두 그리스도 안에서 하나님을 만날 수 있다.

• 그러므로 하나님의 자녀인 우리는 하나님을 섬겨야 한다. 인간의 기술이나 고안으로 만든 **무생명체인 우상을 섬겨서는 안 된다.** 결론은 30절을 보라.

결론● • 30 알지 못하던 시대에는 하나님이 간과하셨거니와
이제는 어디든지 사람에게 다 명하사 **회개하라** 하셨으니

2. 누가는 간략하게 정리해서 이야기 했지만 바울의 설교시간은 좀더 길었을 것이다. 어쨌든 바울은 설교를 마무리한다.

17:30 하나님이 ─ 간과하셨거니와[1]
/알지 못하던 시대에는
명하사 회개하라 하셨으니
/이제는
/어디든지 사람에게 다

• 언제? 하나님에 대한 충분한 지식이 예수 그리스도 안에서 나타나기 전 시대를 말한다.

누구나 회개해야 한다!

이제는(τὰ νῦν) 어디서나 모든 사람에게 회개하라고 선언하신다. 이제는 인류가 복음시대에 살고 있으므로 이방인이건 유대인이건 예외없이 회개해야 할 것을 명령하신다. 이제 상황이 바뀐 것이다.

(1) 바울은 하나님께서 회개를 촉구하는 이유를 31절에서 설명하고 있다.

17:31 //이는(이유: καθότι, because)[2]
[그가] ── 심판할 날을 작정하시고
/천하를 공의로
/정하신 사람으로 하여금
//이에(계속되는 이유)
증거를 주셨음이니라 (하니라)
/모든 사람에게 믿을 만한
/다시 살리신 것으로
/그를 죽은 자 가운데서

부활

• 하나님은 세상을 공의로 심판할 날을 정하셨다. 누구를 통해서? 하나님이 택하신 분을 통해서.
• 하나님은 택하신(정하신) 분을 죽은 자 가운데서 다시 살리심으로써 믿을만한 증거를 보여주셨다.
• 여기 정하신 사람은 물론 예수 그리스도를 가리킨다. 그러나 이들은 이런 사실을 모르기 때문에 우회적 표현을 썼다.

(2) 이렇게 바울은 그리스도의 죽으심과 부활을 증언하고 있다. 바울의 설교에 대한 반응은 서로 다르게 나타났다. 바울의 부활에 대한 언급에 부정적인 반응도 있었고, 호기심을 갖는 사람도 있었다. 물론 바울이 이러한 사상을 설교함으로 처벌받았다는 어떤 기록도 없다. 사도행전 17:34에 따르면, 다른 사람들이 그랬던 것처럼, 그 위원회의 회원 중에 한 사람인 디오니시우스(Dionysius)는 그의 주장에 설득되었다. 그러나 종합적으로 볼 때 아테네에서의 노력은 눈에 보이는 결과를 거의 얻지 못했다.[3]

(3) 바울이 이방 땅 아덴(아테네)에서 거둔 열매는 빈약했다. (문화 발달에 있어 역사적으로 가장 위대한 중심지였던) 이곳은 복음을 받아들이기 위한 준비가 거의 되어 있지 않았다. 그렇다고 바울의 아덴에서의 설교를 실패한 것이라고 볼 수 없다. 설교 대상이 문제였을 뿐이다.

1) ὑπερίδω(휘페리도오) overlooked (관대히 보아주다) 주님이 오시기 전까지는 이스라엘 밖에 있던 이방인들은 하나님을 알 수 없었다. 그래서 우상 숭배를 해도 용서하셨다. 물론 이스라엘 백성이 우상 숭배를 할 때는 용서하지 않으셨다.

그러나 이제는 어느 민족 누구에게나 다 회개해야 한다는 것이다.

2) 바울은 알지 못하던 시대에는 하나님께서 책임을 묻지 않으셨지만 이제는 회개하지 않으면 안 된다고 증거했다. 하나님이 정하신 사람(곧 예수 그리스도)의 부활을 통해 심판이 있을 것이기에 이제는 헬라적인 지식이 아니라 예수 그리스도에 대한 믿음을 가지지 않으면 안 된다고 주장했다.

3) 약간의 관심을 표명한 사람이 얼마간 있었으나 많은 사람들은 바울의 설교를 낭설이라고 조롱했다. 21세기 도시 사회와 같이 1세기 중반의 아테네에서도 세파에 닳은 사람들은 죽은 사람이 다시 살아났다는 이야기를 오래 들으려고 하지 않았다. 바울은 실망과 함께 아테네를 떠났을 것이다.

바울의 고린도 전도(행 18:1–17)

마케도니아에서는 수많은 좌절과 실망을 경험하였으나 그러나 긍정적인 결과도 얻었다. 데살로니가에서 심각한 반대에 부딪쳐 의도하지 않았던 방향으로 도피할 수밖에 없었는데, 북쪽 지역을 떠나서 그리스로 내려왔다. 아덴(아테네)에 도착한 것이다. 바울은 아덴에서 "예수와 부활"에 관한 복음을 전했으나 호기심을 보이기는 했지만 많은 사람들은 바울을 "말쟁이"로 여겼다. 바울은 아레오바고(Areopagus) 법정 앞에서 그 유명한 설교를 했지만 눈에 보이는 결과를 거의 얻지 못했다.

고린도(Corinth)

▲바울 시대에, 고린도는 아가야(Achaia)의 로마 관할의 수도였다. 그리스의 중부와 중요한 무역로가 많이 교차하는 펠로폰네스반도(the Peloponnese) 사이의 좁은 지협에 자리 잡은 고린도는 상업의 번성과 선조들의 세계주의를 회복했다.

1. 바울은 실망과 함께 아덴(아테네)를 떠나 고린도로 향했다. 고린도는 아덴에서 약 65km 떨어진 곳으로 당시 아가야주의 수도였다.

(1) 고린도는 아케아 전쟁 시에 로마의 집정관 뭄미우스(L. Mummius)에 의해 완전히 파괴되었으나(B.C. 146년) 1세기가 지나서 쥴리우스 시저(J. Caesar)에 의해 재건되었다(B.C. 44년).

▶ 고린도는 에게해와 이오니아해 사이 펠로폰네수스(Peloponnesus)의 좁고 잘록한 곳에 위치하여 있으며, 그리고 두 개의 항구를 가지고 있었다. 그 중 하나가 겐그레아(Cenchrea)이다. 고린도는 사치와 성적 타락으로 악명 높았는데 심지어 성적인 관습이 매우 자유로웠던 도시 중에서도 고린도의 악명은 아주 유명했다. 윤리적, 도덕적, 종교적으로 고린도는 다원론이 지배하는 도시였다. 그리고 특히 비너스(Venus)에 대한 지저분한 숭배로도 유명하였다. 아크로고린도(Acrocorinthus) 산 위에 있는 아프로디테(Aphrodite)의 신전에는 천명 정도의 창녀들이 있었다. 그래서 '고린도화 한다'(Corinthianize)는 단어는 '풍기 문란하다'를 의미한다. 고린도는 많은 가능성을 가진 도시였지만 바울이 확산시키고자 했던 신앙에 대해서는 많은 도전들이 있었던 곳이다. 이곳에서 바울은 A.D. 53~54년에 사역했다(행 19:1 고전 1:2; 고후 1:1, 23; 딤후 4:20).

(2) 고린도에서 바울은 아굴라(Aquila)[1]라 하는 본도(Pontus)에서 난 유대인 한 사람을 만났다(εὑρών 부정과거분사). 그런데 이 두 사람은 생업이 같았다. 천막을 만드는 직업이었다. 그래서 함께 살며 일을 했다. 아굴라는 이달리야로부터 그의 아내 브리스길라(Priscilla)와 함께 새로 왔다고 했다. 그런데 이들 부부가 왜 이곳까지 오게 되었을까, 그 이유를 설명하고 있다. "황제 글라우디오가 모든 유대인을 명하여 로마에서 떠나라 한 때문이었다."

1) 아굴라는 로마에 살고 있었던 많은 유대인들처럼 노예신분에서 해방된 자유인(freeman)이었을 것이다. 롬 16:3; 딤후 4:9에서는 그의 아내 부리스길라의 이름이 먼저 기록되었다.

로마 황제 클라우디우스(A.D. 41-54년)는 어떤 인물?

(3) 아굴라 부부는 로마 황제 글라우디오[1]가 모든 유대인을 명하여 로마에서 떠나라라는 명령으로 이달리야로부터 최근에 이곳으로 오게 되었다. 글라우디오가 왜 유대인 추방령을 내렸을까? 역사가 스에토니우스(Suetonius, Claudius c. 25)는 그 이유를 다음과 같이 설명한다:

"유대인들은 크레스투스(Chrestus - 유대인들 중에는 그리스도를 이렇게 발음하는 사람도 있었을 것이다)에 대한 음모로 계속 소란 상태에 있었기 때문이다." - 어쨌든 티베리우스(14-37년) 황제가 Sardinaia로 4,000명의 유대인을 추방하였다는 사실에서도 로마에서 유대인들의 소요가 얼마나 컸던가를 알 수 있다. 당시 로마에는 2만명 가량의 유대인이 살고 있었다.

(4) 이런 추방령 때문에 아굴라 부부가 고린도로 최근에 이주해 왔다. 마침 직업이 같았기 때문에 바울은 그 집에서 함께 살면서 천막을 만들었을 것이다. 그 뒤로도 이들은 데살로니가에서(살전 2:9; 살후 3:8), 또 후에는 에베소에서 이들과 함께 일했다(행 18:18, 26, 20:34, 고전 16:19). 바울은 이런 육체 노동에 의하여 목회하고 있었기에 회중에게 의존하는 일을 피하였다.

"텐트 만드는 일은 고린도에서 개업할 수 있는 쓸모 있는 직업이었음이 틀림없다. 왜냐하면 고린도는 많은 방문객이 찾는 도시로 특히 거대한 고린도 지협(地峽)의 경기가 2년마다 개최되어 텐트를 사거나 빌리기 위한 좋은 시장이 있었을 것이기 때문이다. 텐트 만드는 일은 바울이 지역 사람들과 방문객들에게 다가갈 수 있는 기회를 제공했다. 비록 텐트를 만드는 일이 기술을 요하는 일이요, 최저 수준의 경제활동은 아니었지만, 교사요 사상가인 바울은 보다 편한 삶을 살 수 있었을 것이다. 하지만 그는 복음전파에 도움이 된다면 힘든 삶을 마다하지 않았다. 복음에 대한 사랑으로 여러 상황, 즉 풍부와 궁핍, 안전과 고난을(고후 11:27, 빌 4:11-13) 기꺼이 경험했던 바울의 모습이 그의 서신에 잘 나타나 있다."(아이브로 J. 데이빗슨, 교회의 탄생, 그리심).

2. 안식일마다 바울은 회당에서 강론하고 유대인과 헬라인들을 계속해서 권면했다(3절). 마침 마게도니아로부터 실라와 디모데가 합류했다.

(1) 바울은 일 년 반 동안 고린도에 머물렀는데 처음에는 일을 하면서 지냈고, 실라와 디모데가 온 이후에는(살전 3:3, 6; 고후 11:9; 빌 4:15) 마게도니아의 기독교인들로부터 연보를 후원받았다. 또 아굴라 부부는 바울의 성실한 동

1) 클라우디우스(41-54년) - 칼리굴라가 죽자 원로원은 공화정 회복을 꿈꿨으나 근위대는 칼리굴라의 삼촌 클라우디우스를 임페라토르(로마 공화정 시대의 군사령관의 칭호, 아우구스투스 이후에는 원수의 칭호로 불리었으나 후에 황제의 뜻으로 쓰였다)로 추대했다. 후에 글라디우스의 황제로 인해 헤롯 아그리파1세는 유대의 통치가자 되었다.

• 딤전3:1 "이러므로 우리가 참다 못하여 우리만 아덴에 머물기를 좋게 생각하고 2 우리 형제 곧 그리스도의 복음을 전하는 **하나님의 일꾼인 디모데를 보내노니** 이는 너희를 굳건하게 하고 너희 믿음에 대하여 위로함으로"

[바울이 디모데를 보냈는데, 이제 돌아왔다는 것이다.]

• 딤전 3:6 "**지금은 디모데가 너희에게로부터 와서** 너희 믿음과 사랑의 기쁜 소식을 우리에게 전하고 또 너희가 항상 우리를 잘 생각하여 우리가 너희를 간절히 보고자 함과 같이 너희도 우리를 간절히 보고자 한다 하니"

료가 되었고, 동역자들이었으며 고린도와 그 밖의 장소에서 신앙을 전파하는 데 중요한 역할을 했다.

18:5 실라와 디모데가 마게도냐로부터 내려오매(when)
바울이 —— 하나님의 말씀에 **붙잡혀**
/밝히 증언하니(=증언하면서)
/유대인들에게 예수는 그리스도라

• 마게도냐로부터 선물을 갖고 온 실라와 디모데 때문에 바울은 이제는 장막을 만들지 않아도 되었다. 그래서 온전히 말씀에 사로잡혀 유대인에게 진지하게 증언할 수 있었다.

(2) 그러나 여기서도 유대인 랍비들이 대적하여(ἀντιτασσομαι안티탓소마이) 비방했다. '대적하다'라는 말은 원래 전투용어이다. '~에 대하여 전투를 벌이다'란 뜻이다(롬 13:2; 약 4:6; 벧전 5:5에서만 쓰였다). 밝히 증언했다는 말은 절박하게 호소했다는 말이다. 이에 대해 바울은;

18:6 바울이 —— 옷을 털면서 **이르되**
/너희 피가 – 너희 머리로 돌아갈 것이요
/나는 —— 깨끗하니라
/[내가] —— 가리라
/이후에는 이방인에게로

• 옷을 턴다는 것은 분노를 표현하는 제스쳐이다(느 5:13; 행 13:51). 경고성 의미이기도 하다

• 바울은 메시야를 거절한 책임을 고린도에 사는 유대인들에게 돌렸다(행 20:26 참조). 바울은 책임을 다했다는 것이다(나는 깨끗하니라.)

(3) 바울은 거기서 옮겨 하나님을 경외하는 디도 유스도(Titius Justus)라 하는 사람의 집으로 들어갔다. 그 집은 회당 옆이었다. 디도(티티오스, Τιτίος)[1]는 고린도에 있는 로마 시민으로 바울의 설교를 듣고 크게 감화를 받아 (유대교 회당에서 대적들의 훼방을 받자) 그의 집을 전도를 위해 개방했다.

1) 디도는 고린도에서 유명한 토기장이 디도(Titii) 가문에 속했다. 그는 하나님을 경외하는 사람이었다.

(4) "또 회당장 그리스보가 온 집안과 더불어 주를 믿으며, 수많은 고린도 사람도 듣고 믿어 세례를 받더라."(8절) 바울의 사역으로 유대인들이 개종하기도 했으나 유대인 랍비들은 대적했다. 바울은 이방인을 위한 사역에 최선을 다했다.

그 지방 유대인들의 상당한 반대에 직면한 중에도 회당장이었던 그리스보(Crispus)와 그의 온 가족들이 회심하는 등 어느 정도 뚜렷한 성공을 보게 되었다(행 18:8, 고전 1:14 참조). 실라와 디모데의 도움으로 중요한 신앙 공동체가 고린도에서 세워지게 되었는데 이방인 개종자들과 유대인들이 함께 하는 공동체였다. 그곳에서 1년 6개월 머물면서 말씀을 가르쳤다.

1) 고린도교회의 공동체는 광범위하고 다양한 배경을 가진 사람들을 포함하고 있었다. 즉 도시의 재무관(롬 16:23을 보라)과 같은 유복한 공무원들로부터 이전에 도둑, 창녀, 술주정뱅이(고전 6:9-11)와 같은 사회 밑바닥 삶으로부터 구원받은 사람들도 많았다.

2) 애파티테미(ἐπιτίθημι) - 대적하다, 쓰려뜨려 그 사람 위에 덮치다, 공격하다가 중간태가 뜻하는 의미이다.

3) 아가야 지방의 델피(Delphi)에서 비문이 발견되었는데, 갈리오 비문에 관한 것이었다. 이 비문은 갈리오가 A.D. 51년 7월 1일부터 52년 6월 30일까지 아가야의 총독직에 있었다고 밝히고 있다. 이때 바울은 데살로니가 선교에 힘을 쏟고 있었다(행 18:12-17).

3. 바울은 유대인들의 폭동 때문에 고린도에서 일을 계속해야 할지 말지 잠시 혼란해 있었다. 이런 바울에게 주님은 용기를 주신다.

18:9 밤에 주께서 환상 가운데 바울에게 **말씀하시되**
/[너는] ┬ 두려워하지 말며
└ 침묵하지 말고 말하라(잠자코 있지 말고 끊임없이 말하라)

(1) 바울도 현재의 환경 때문에 실망감에 빠질 때가 있었다. "또한 우리를 부당하고 악한 사람들에게서 건지시옵소서 하라 믿음은 모든 사람의 것이 아니니라"(살후 3:2)고 한 말씀에서 낙담한 바울의 모습을 엿볼 수 있다.

(2) 주님은 바울에게 용기를 주신다. "내가 너와 함께 있으매 어떤 사람도 너를 대적하여(ἐπιθήσεταί 미래 중간태)[2] 해롭게 할 자(성가시게 할 자)가 없을 것이니 이는(왜냐하면, for, διότι) 이 성중에 내 백성이 많음이라." 아직 주께로 돌아오지는 않았지만 전도를 통해 돌아올 자가 많다는 뜻이다. 그래서 바울은 "일 년 육 개월을 머물며 그들 가운데서 하나님의 말씀을 가르쳤다"(11절).

갈리오가 아가야 총독 되었을 때에(행 18:12-17)

(3) 로마의 총독 갈리오(Lucius Junius Gallio, 그 유명한 철학자 세네카의 형제)[3]가 이 지역을 통치하게 되었을 때의 일이다. 유대인들이 일제히 일어나 바울을 대적하여 법정으로 데리고 갔다. 그들은 율법을 어기면서 불법적인 종교를 선전한다는 죄목으로 재판정으로 바울을 끌고 갔다. 새로 부임해 온 총독이기에 자신들의 고소를 들어줄 것이라고 생각했을 것이다. 고소를 접한 가이오는 어떤 판결을 내렸을까?

18:14 바울이 입을 열고자 할 때에(when) 갈리오가 유대인들에게 **이르되**
/너희 유대인들아!

- 만일 이것이 무슨 부정한 일이나 불량한 행동이었으면
  내가 너희 말을 들어 주는 것이 옳거니와
- 만일 문제가 언어와 명칭과 너희 법에 관한 것이면
  너희가 스스로 처리하라
  나는 이러한 일에 재판장 되기를 원하지 아니하노라

(4) 총독 갈리오는 이번 고소 문제가 유대인들 사이의 단순한 내부적인 분쟁의

문제로 보았다. 뜻을 관철하지 못한 고소자들은 회당장 소스데네(Sosthenes)에게 찾아가서 자신들의 분노를 터뜨렸지만 갈리오는 신경쓰지 않았다(행 18:12-17). "바울이 입을 열고자 할 때에" - 이미 갈리오는 상황 파악을 하고 결정을 내려버렸다. 바울이 특별한 범죄행위를 하지 않았다면, 너희가 다루는 법대로 처리하라는 판결을 내렸다. 그러니까 "나는 종교적인 문제로 로마 법정에서 다루기를 용납치 않겠다"는 것이었다. 그리고 저희를 법정에서 쫓아냈다. 이 때문에 회당장 소스데네만 법정 앞에서 구타를 당했다.

(5) 억울한 봉변을 당했던 회당장 소스데네(Sosthenes), 그러나 그는 복 있는 자가 되었다. 그는 전 회당장 그리스보(8절)가 주님을 믿어 바울에게로 넘어가 버리자 이어서 회당장이 된 사람이었다. 그는 구타를 당했지만 그리스도인이 되는 축복의 계기가 되었다(고전 1:1-2*을 보라).

• 고전 1:1 "하나님의 뜻을 따라 그리스도 예수의 사도로 부르심을 받은 바울과 **형제 소스데네는** 2 고린도에 있는 하나님의 교회 곧 그리스도 예수 안에서 거룩하여지고 성도라 부르심을 받은 자들과 또 각처에서 우리의 주 곧 그들과 우리의 주 되신 예수 그리스도의 이름을 부르는 모든 자들에게..."

2차 전도여행은 여기서 끝

수리아 안디옥으로 돌아오는 길(행 18:18-23)

바울 일행은 2차 전도여행을 끝마치려 한다. 그래서 고린도의 형제들과 작별하고 배를 타고 수리아로 향했다. 이때 브리스길라와 아굴라도 함께 했다. 오다가 바울은 겐그레아에서 머리를 깎았다. 그의 서원이 언제, 어떤 내용인지 밝히지 않았으나 지금까지 그 서원을 충실히 지켰기에 머리를 깎았다. 그리고 에베소에 들렀다. 2차 전도여행을 마치면서 잠시 들렀다. 바울은 이곳에서도 회당에 들어가 유대인들과 변론했다. 유대인들은 바울에게 계속 머물러달라고 요청했지만, 동의하지 않고 하나님의 뜻이라면 다시 오겠다고 말하고 그곳을 떠났다. 그리고 훗날 3차 전도여행 때 이곳에서 약 3년간 제자들을 양육했다(행 18:8-10). 이제, 바울은 가이사랴로 향했고, 그곳에서 인사하고 수리아 안디옥으로 내려갔다. 2차 여행의 모든 여정이 끝이 난 것이다.

[데살로니가전서]

1. 바울은 제2차 선교여행 중 데살로니가에 이르러 교회를 세웠다. 성공적이었다. 이방인 중에서 '많은 경건한 헬라인들'이 개종했다. 고위층에 속한 많은 여자들도 바울의 메시지에 큰 호응을 보였다. 그러나 유대인들이 시기하여 불량배를 동원 소동을 일으켰다. 따라서 바울은 그곳을 더날 수밖에 없었고, 베뢰아로 피신했다.

(1) 베뢰아 사람들은 신사적이어서(너그러워서) 하나님의 말씀을 받아들이고 성경을 상고했다. 그러나 데살로니가의 유대인들이 이곳까지 들이닥쳐 소란을 일으켰다. 결국 바울은 마게도냐를 떠나 아가야주의 수도 아덴(아테네)으로 왔다.

(2) 데살로니가를 떠난 바울은 아테네에서 데살로니가 교회의 형편이 궁금하여 견딜 수가 없었다. 그래서 디모데를 데살로니가로 보냈다(살전 3:2). 디모데는 그곳 교회의 소식을 듣고 고린도로 와서 바울과 다시 합류하였다. 디모데가 떠나 있는 동안 바울은 아테네에서 고린도로 이동해 있었다.

(3) 데살로니가교회에 대한 자세한 소식을 디모데로부터 듣는다. 데살로니가 교인들은 신앙과 모범적인 삶으로 많은 사람들에게 용기를 주고 있다는 것이었다. 그들은 핍박 가운데서도 믿음 안에 굳게 서 있고, 바울을 사모한다는 것이었다(살전 3:6). 그러나 그들 가운데 실제적인 문제도 있었는데, "전에는 이방인이었으나 우상을 버리고 하나님께로 돌아왔던"(살전 1:9) 교인들 중에 그리스도인이라 선언을 했으면서도 성적 도덕성의 기준이 되는 윤리를 제대로 지키지 못한 사람들도 있었다는 것이다.

(4) 그 무엇보다 그들 중의 많은 사람들이 마지막 때가 가까이 왔다고 확신하면서 일상적인 일들을 포기하는 경향이 있는가 하면 곧 임박한 명령만을 기다리고 있는 사람들이 있었다. 또한 재림(Parousia), 혹은 영광중에 부활하신 주님의 임박한 도래에 있게 될 축복으로부터 배제될 것이라며 걱정하기도 했다. 그리고 핍박자들은 여전히 바울을 비난하고 있다는 것이다. 바울의 마음이 무거웠다. 바울이 편지를 쓴다. 이것이 [데살로니가전서]이다.

2. 바울은 편지에서, 핍박에 대해 믿음과 사랑과 소망의 갑옷을 입고 대처하라고 권면했다. 물론 여러 가지 면에서 그들의 믿음을 칭찬했다. 그러면서도;

(1) 특히 주님의 재림을 열망한 나머지 일상의 삶을 소홀히 해서는 안 된다고 간곡히 충고하고 있다. 바울 자신은 그리스도가 자신의 생애 중에 다시 오실 것이라고 분명하게 기대를 하였다. 그러나 그는 재림의 때는 그 날과 그 시간을 아무도 알지 못하기 때문에, 그들이 해야 할 일이 무엇이든 간에 잘 해야 할 의무가 있으며, 하나님의 때를 위하여 인내와 절제로 기다려야 한다고 권면했다.

(2) 이렇게 행함으로 그들의 삶이 복음의 진리에 관심을 갖고 있는 사람들에게 증언이 될 것이다(살전 4:11-12, 5:1-11). 재림의 때에, 그리스도를 믿고 죽었던 사람들은 먼저 일어날 것이고, 그 후에 지금까지 살아있는 성도들과 함께 주님과 연합하게 될 것이다(살전 4:13-18).

[데살로니가후서]

1. 데살로니가후서는 데살로니가전서를 발송한 후, 약 6개월 후에 기록한 것 같다.

(1) 바울은 칭찬의 말을 전한다. 그들이 당한 환난과 핍박은 하나님의 공의로우신 심판의 증거가 될 것이라고 했다. 그 공의의 심판은 그리스도의 재림 때에 있을 것이다. 주의 재림은 전율할 만한 사건들이 먼저 일어나고서야 있게 될 것이다. 즉 "배교하는 일"과 "멸망의 아들", "불법의 사람"의 나타남을 말한다(살후 2:3). 그러므로 그릇된 재림설로 동요하지 말 것을 당부했다.

(2) 데살로니가후서에 의하면, 재림은 주전 167년에 있었던, 안디오쿠스 에피파네스가 저질렀던 신성 모독과 같은 하나님 성전의 공적 오염이라는 만행 이후에 있게 될 것이다.

(3) 바울은 데살로니가교회 성도들에게 몇 가지 당부를 한다. 게으름 피우는 자를 피하고, 바울 자신과 일행들의 삶을 본 받으라는 것이었다.

적용을 위한 묵상

바울의 유럽 선교여정

• 선교나 교육이나 교회를 세우는 일이나 하나님의 일은 인간의 손과 발이 필요하다. 그래서 거기에 합당한 그리고 훈련된 일꾼을 기르시고 선택하신다.

• 만약 이 일에 훈련받지 않았다면 하나님은 그를 결코 부르시지 않는다. 그러나 우리는 훈련받는 데 열중하지 않는다. 너무 급하게 열매를 얻으려는 인간의 욕심 때문이다.

• 바울에게는 많은 동역자들이 있었다. 물론 그들은 훈련 받은 일꾼들이었다.

• 그래도 바울의 선교 과정은 끝없는 고난의 연속이었다. 무엇이 바울로 하여금 그렇게 끝없는 열정을 불러 온 것일까? 예수님을 만나뵈옵기 때문이었으리라.

• 사람의 계획과 하나님의 계획
바울은 아시아에서 복음을 더 확장해서 전하려 했다.
그러나 성령님은 바울을 유럽으로 인도하신다.
세계 선교 역사의 전환점이 된 것이다.
선교도, 교육도 우리들의 꿈을 펼치려는 열망에서 진행되면 안 된다.
성령님의 인도하에 움직일 때, 그 열매 역시 하나님의 것이 된다.

• 유럽의 관문 빌립보 사역이 시작되었다.
빌립보 성벽 외부의 기도처, 그곳에서 루디아가 주님을 영접한다.
그녀의 가족들과 함께 기독교인으로서 세례를 받았다.
어느 지역을 가나 성공과 어려움은 공존했다.
빌립보를 떠난 후에 바울과 그의 동료들은
암비볼리와 아볼로니아를 통하여 데살로니가로 향했다.
특별히 '하나님을 경외하는 사람들'이 주께로 돌아왔다.

• 바울과 실라는 베뢰아(Berea) 지역으로 도피한다.
바울에 대한 유대인들의 격한 부정적인 반응 때문이었다.
베뢰아 사람들은 바울이 전하는 말씀을 열정적으로 받아들이고
바울이 말한 것이 사실인지 알아보려고 날마다 성경을 연구하였다.
그 성경연구의 결과 "그 중에 믿는 사람이 많았다."
회심한 사람들 중에는 특수한 계층에 있는 헬라의 여자들이 많았다.
바른 성경 강론과 성경공부가 왜 그토록 중요할까?

• 데살로니가에서 바울을 핍박하여 쫓아냈던
무리들이 이곳 베뢰아까지 와서 방해 공작을 벌였다.
그래서 바울은 아덴까지 오게 된다.
각종 우상의 모습들에 둘러 싸여있는 다신교의 요새지
바울은 이곳에서 유대인과 하나님을 경외하는 이방인들과
에피큐리안의 철학자들과 스토아학파의 추종자들과 변론했다(17:16-18).
결과는 어떠했을까?

• 그리고 바울은 제2차 전도 여행 마지막 코스로
항구 도시 고린도에 도착했다.
바울은 1년 6개월 동안 머물면서 복음을 전했다.
그래서 훗날 말도 많았던 고린도교회가 세워진다.

• 바울의 선교역정이 순탄치 않았음을 보았다.
함께 동역하는 사람들이 없었다면 그 역시 주저 앉았을 것이다.
사역이 너무 힘들다고 울지만 말고 동역자들을 보내달라고 하자.
선교(말씀 사역)는 우리 개인의 일이 아니라 하나님의 일이기 때문이다.
그래서 반드시 수고의 열매가 맺히기 마련이다.

제3차 전도여행(18:23-21:16)

2차 전도여행이 끝났다.
(행 18:22, 가이사랴에 상륙하여, 예루살렘을 들르고 안디옥으로 내려갔다)
그리고 얼마 있다가 3차 전도여행을 시작한다.
이번에도 2차 전도여행 코스를 따른다.
갈라디아와 브루기아 지역을 통과, 차례로 돌아다니면서 이 지역의 교회를 굳게 했다.

에베소를 들렀다. 이곳에서는 '아볼라'라 하는 유대인이 있었는데,
그는 주의 도를 배워 열심으로 예수에 관한 것을 가르치고 있었다.
문제는 그가 요한의 세례만 알고 있었다는 것이다.
이에 브리스길라와 아굴라 부부가 하나님의 도를 더 정확하게 가르쳐 주었다.
에베소교회에는 많은 동역자들이 있었다.
바울은 에베소에서 3년 정도의 기간을 사역했다.
이곳에서 세례 요한의 제자들도 만났다(19:3). 바울은 이들에게 바른 복음을 증거했다.

에베소서의 사역은 놀라운 결과를 가져왔다.
무엇보다 '두란노서원'에서 두 해 동안이나 복음을 증거했다.
더욱이 바울을 통해서 치유의 역사가 많이 나타났다(19:11).
물론 이곳에서 기독교로 인해 적지 않은 소동이 벌어지기도 했다.

바울은 이곳에서 사역하는 동안 고린도교회에서
어려운 일이 벌어지고 있다는 소식을 접한다.
편지도 보내고, 사람들을 직접 보내 안정시키려 했으나
문제는 해결되지 못했다. 결국 그는 마게도냐를 거쳐 고린도에 도착한다.
그런데, 고린도교회는 디도의 사역으로 어느 정도 안정되어 있었다.

52-57년	**바울의 3차 선교여행**	**19:1-21:17**
52년 말	바울의 에베소 방문	19:1
52-55년	바울의 에베소 사역	19:2-20:1
55-56년 전후	고린도전서 및 후서 기록	
55-57년	마게도냐를 거친 그리스 도착	20:1-3상
57년	고린도 방문(약 3개월?)	20:2-3
57년 전후	로마서 기록	
57년	마게도냐를 거친 귀환	20:3하-6
57년	드로아와 밀레도 방문	20:6하-21:1

제3차 전도여행 (A.D. 52-57년)

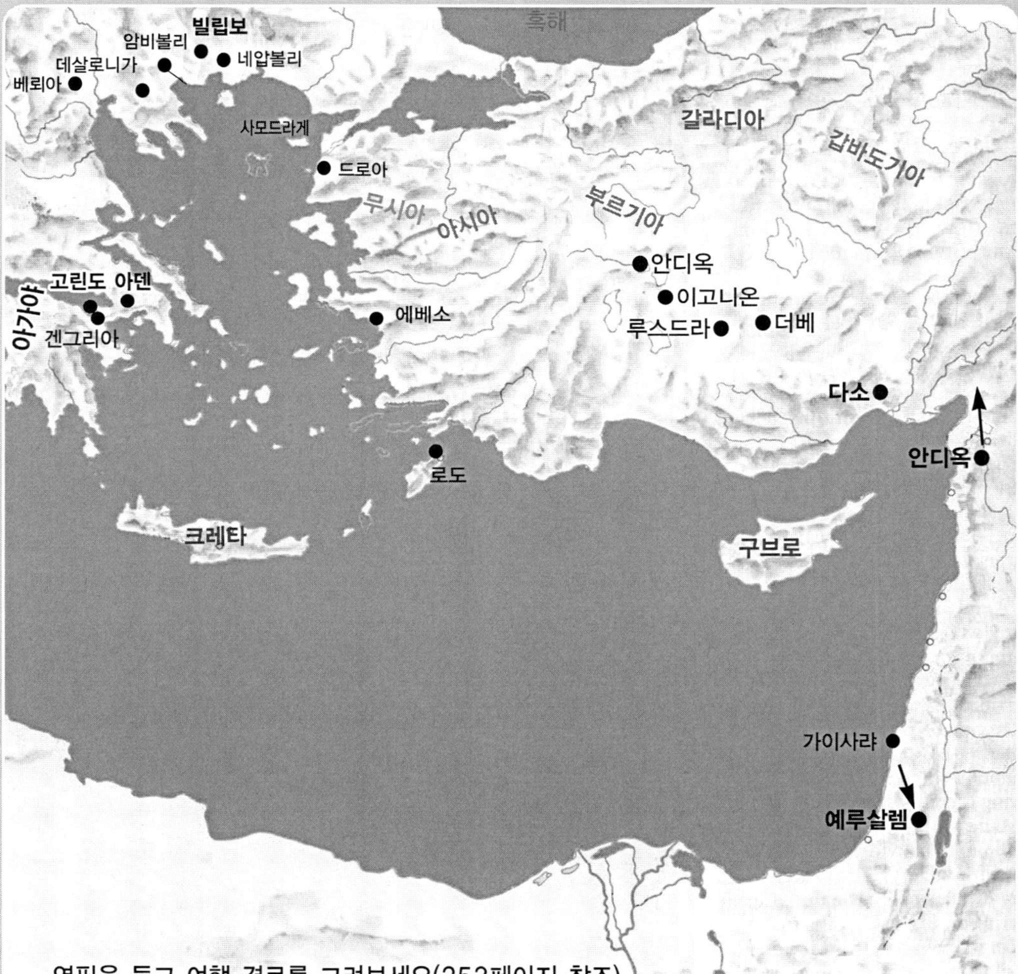

연필을 들고 여행 경로를 그려보세요(253페이지 참조)

출발 ❶ 수리아 안디옥 ❷ 다소 ❸ 갈라디아와 부르기아 ❹ 에베소(19:2) ❺ 드로아 ❻ 빌립보 ❼ 마케도니아(20:1) ❽ 헬라(20:2) [고린도 3개월]

돌아오는 길 - 고린도에서 ❾ 마케도니아, 빌립보(20:6) ❿ 드로아 ⓫ 앗소 ⓬ 미둘레네(20:14) ⓭ 기오/사모/밀레도(20:15) ⓮ 고스/로도(21:1) ⓯ 두로 ⓰ 돌레마이(21:7) ⓱ 가이사랴 ⓲ 예루살렘

Outline

248 ACTS 19–20장

제3차 전도여행 (18:23–21:16)

바울의 3차 전도여행은
2차 전도여행 중에 방문했던 지역을
다시 굳건하게 세우기 위해 시작되었다.
그는 안디옥에서 다소를 거쳐, 갈라디아와
부르기아를 들르며 주변 교회들을 돌아보았다.
이 지역에서의 활동은 자세히 소개되지 않는다.
"차례로 다니며 모든 제자들을 굳건하게 하니라."

그리고 에베소에서 3년간에 걸친 사역을 계속했다.
이곳에서 알렉산드리아 출신 유대인 아볼로를 만난다.
바울은 아데미 신상을 만들어 팔던 은 세공인
데메드리오의 소동으로 큰 어려움을 겪기도 했다.
특히 바울은 두란노서원에서 두 해 동안이나
말씀을 강론했다.
이곳에서의 열정적인 사역으로
요한계시록 2, 3장에 기록된 교회들이 세워지게 되었다.

바울은 에베소에서의 소동으로 인해 이곳을 떠나
마게도냐 지역과 헬라(고린도) 지역을 방문했다.
그는 이곳에서 3개월을 머물면서
"여러 지방으로 두루 다니며" 성도들을 바로 세우는 일을 했다(행 20:2).

바울은 마게도냐에서 무교절을 보낸 후
빌립보를 지나 다시 드로아에 도착했다.
이곳에서 강론을 견디지 못해 추락한 유두고를 살렸다.
바울은 예루살렘으로의 귀환길을 서두른다.

제3차 전도여행

(1) 바울은 제3차 전도여행을 떠난다. 이번 여행은 제2차 전도여행 중에 방문했던 지역의 성도들을 다시 굳건하게 하기 위한 여행이었다. 바울은 수리아 안디옥을 떠나 갈라디아와 브루기아 땅을 차례로 다니며(=두루다니며) 모든 제자를 굳건하게 했다(23절).

(2) 에베소에 이르렀다. 에베소는 특히 거대한 아데미 신전이 있었다. 에베소 사람들은 위대한 아데미의 신전 관리자인 것을 자랑스러워했다.

(3) 아볼로(Apollos)는 예수님의 열정적인 제자가 되었지만 세례와 관련된 본질적인 그리스도인의 도(道)에 대해서, 즉 예수님의 십자가의 죽음과 부활과 오순절 성령 강림에 대해서는 전혀 알지 못했다. 그래서 브리스길라와 아굴라 부부는 아볼로가 복음을 충분히 이해하도록 (정확하게 풀어) 도와주었다.

바울의 에베소 전도(행 19:1-10)

바울은 에베소에서 기간을 연장하며 머물렀다. 바울은 두란노 서원으로 거처를 옮겨 매일 성도들에게 말씀을 강론했다(행 1 9:8-10). 바울이 에베소에서 보냈던 2년 반 동안, 복음은 그 도시와 인접한 지역에 강한 영향을 미쳤다.

두란노서원에서 날마다 강론(19:8-10)

(1) 바울은 에베소에서 상당 기간을 보냈다. 그는 평민뿐만 아니라 귀족들에게도 후원을 받으며 유대인들과 이방인들을 개종시켰다.

(2) 바울은 열정적으로 말씀을 강론했지만 여전이 "마음이 굳어 순종하지 않고 무리 앞에서 이 도를 비방하는" 사람도 있었다(9절). 그래서 바울은 회당에서 강론하는 것을 그치고 그들을 떠나 제자들을 따로 데리고 두란노서원에서 날마다 강론했다.

(3) 이런 사역과 그를 도왔던 사람들에 의해 소아시아의 다른 도시들에 가서 복음이 증거되었다. 그래서 서머나, 버가모, 사데, 빌라델비아, 라오디게아, 골로새, 히에라폴리스에 있는 기독교 공동체들이 이 시기에 세워졌을 것이다.

2차 전도여행시 세운 교회를 돌아봄 · 에베소에서 3년간의 사역 · 마게도냐와 고린도 방문

제사장 스게와의 일곱 아들들(행 19:11-20)

(1) 에베소에는 무당들과 마술사들이 많았다. 이들은 거짓된 영적 속임수로 상당한 인기를 끌고 있었다. 그런데 바울의 영적 능력은 그들에게 대단히 인상적인 것으로 비쳐졌다. 그때 이곳저곳을 떠돌아다니는 마술하는 어떤 유대인이 바울이 일으킨 기적을 모방하려고 했다. 그래서 '바울이 전파하는 바로 '그' 예수의 이름으로 명했다.

(2) "내가 예수도 알고 바울도 알거니와 [그런데] 너희는 [도대체] 누구냐?" "악귀 들린 사람이 그들에게 뛰어올라(=덤벼들어) 눌러 이기니 그들이 상하여 벗은 몸으로(옷이 벗겨진 상태로) 그 집에서 도망했다"(16절). 이 사건은 에베소에 신속히 퍼져나갔다. "에베소에 사는 유대인과 헬라인들이 다 이 일을 알고 두려워했다"고 했다. "마술을 행하던 많은 사람이 그 책을 모아 가지고 와서 모든 사람 앞에서 (완전히 모두) 불사르는" 역사가 있었다.

에베소에서 벌어진 소동(행 19:21-41)

(1) 또 다른 이들은 바울의 영향을 그들 자신의 종교적 권위에 도전하는 것으로 보았다(행 19:11-20). 바울은 앞에 있었던 소동이 일어나고도 한 동안 에베소에 좀더 머물러 있었다(그 이유를 고전 16:8 이하에 기록하고 있다).

(2) 제1차 전도여행 때 마게도냐와 아가야 지방에 교회를 세웠기 때문에 바울은 그곳을 방문하고 싶어했다. 이 무렵에 에베소에서 기독교 때문에 적지 않은 소동이 있어났다(23절). 데메드리오는 "그 직공들과 그러한 영업하는 자들"을 모아 놓고 바울의 복음 전파에 대해 항의하는 모임을 가졌다. 이들은 분노가 가득했다. 그리고 이렇게 외친다.

"크다 에베소 사람의 아데미여"

(3) 이들은 바울과 같이 다니는 마게도냐 사람 가이오와 아리스다고를 붙들어 떼를 지어(일제히) 연극장으로 몰려들었다(29절). 많은 사람들이 몰려 들어 연극장은 혼란했는데, 거기 모인 사람들중 태반이 무엇 때문에 모여들었는지조차 알지 못했다고 했다(32절). 그러나 서기장이 문제가 있으면 공식적으로 고소할 것을 바울의 반대자들에게 권한 후에 이 소동은 가라앉았다.

바울이 마게도냐로(행 20:1-12)

(1) 바울은 에베소에 있으면서 고린도교회의 문제로 골치 아픈 시간들을 보냈다. 그리고 에베소에서 벌어진 소요의 여파로 바울은 에베소를 떠날 수밖에 없었다. 그는 드로아를 거쳐서 마케도니아로 갔고, 다시 남쪽 아가야로 가서 고린도에 도착하여 석달을 머물게 된다.

(2) 디도를 통해 편지를 보낸 후에도 바울의 마음은 불안하여 회답을 가져올 때까지 앉아서 기다릴 수가 없었기에 그는 도중(드로아)까지 갔다(고후 2:13). 드로아에서 약간의 선교사역 후, 고린도를 방문하고 돌아올 디도를 기다렸으나 만나지 못함으로 마음이 편치 못한 가운데 마게도냐로 건너갔다(고후 2:12-13; 행 20:1-2).

(2) 그리고 헬라(특히 고린도)로 왔다. 바울이 고린도를 세 번째 방문했을 때는 더 이상의 어려움에 관한 보고는 없었다. 디도를 통해 바울을 적대하던 사람들을 완전히 정리했기 때문이었다, 바울은 이곳 고린도에서 석 달을 있었다.

드로아에서 유두고를 살리다(행 20:7-12)

(1) 바울은 이튿날 떠나기로 되어 있었다. 그래서 전날 밤 늦게까지 강론을 계속했다. 청중이 모인 윗다락에는 등불을 많이 켜 두었다(8절). 유두고는 졸음을 이기지 못하고 3층에 밑으로 떨어졌고, '일으켜 보니 죽었다.'

(2) 바울이 급히 내려가서 그 청년 위에 엎드렸다. 바울은 그 청년의 몸을 안았다. 유듀고가 다시 살아났다. 누가는 그 청년이 '다시 살아났다'고 분명하게 기록하고 있다(12절). "사람들이 살아난(ζῶντα) 청년을 데리고 가서 적지 않게 위로를 받았더라."

(3) 그리고 예루살렘을 향한 여정에 올랐다.

제3차 전도여행(18:23–21:16)

2차 전도여행을 끝내고 가이사랴에 상륙하여 올라가 교회의 안부를 물었다. 여기 교회는 가이사랴에 있는 교회를 가리킨다. 그리고 예루살렘으로 올라간다. 52년 여름이었다. 학자들은 이를 예루살렘 네 번째 (짧은) 방문이라고 한다. 그리고 안디옥으로 내려갔다. 이어 바울은 제3차 전도여행을 떠난다. 이번 여행은 제2차 전도여행 중에 방문했던 지역의 성도들을 다시 굳건하게 하기 위한 여행이었다.

1. 바울은 수리아 안디옥을 떠나 갈라디아와 브루기아 땅을 차례로 다니며(=두루다니며) 모든 제자를 굳건하게 했다(23절).

(1) 바울은 "차례로(καθεξῆς카텍세스)[1] 다녔다"고 했다. 계속하여 다녔다는 뜻이다. 방문한 지명이 자세히 언급되지 않았다. 그래서 교회를(모든 제자를) 더 굳건하게 했다. 그리고 에베소에 이르렀다. 바울이 도착했을 때 에베소에는 이미 그리스도인들이 있었다. 브리스길라와 아굴라는 다른 성도들과 함께 살고 있었다. 그런데 그곳에서 알렉산드리아 출신 아볼로(Apollos)라 하는 유대인 개종자를 만났다. 아볼로는 "언변이 좋고 성경에 능통한(he was mighty) 자라"고 했다(24절).[2]

에베소: 52년의 후반에, 바울은 마침내 중요한 아시아의 대상(隊商) 교통로의 끝부분에 위치한 에베소에 도착했다. 이곳은 수 세기 동안 상업과 문화의 중심지요 큰 항구였다. 그곳에는 많은 유대인과 로마인이 살고 있었다. 에베소는 특히 거대한 아데미(Artemis)[3]신전이 있었다. 에베소는 종교적인 관광과 무역의 번성으로 부유했고 에베소 사람들은 위대한 아데미의 신전 관리자인 것을 자랑스러워했다.

18:25 그가 ── 일찍이 주의 도를 **배워**
├ 예수에 관한 것을 자세히 **말하며 가르치나** /열심으로
└ 요한의 세례만 **알 따름이라** [4]

• 아볼로는 요한의 활동과 세례만 알고 있었고, 그후 예수님의 사역과 부활과 오순절의 성령 강림에 대해서는 전혀 알지 못하고 있었다.

(2) 그런데 아볼로(Apollos)는 회당에서 '담대히 말하기'(παρρησιάζομαι팔흐레시아조마이) 시작했다. 용기를 갖고 대담하게 전했다는 말이다(to speak out boldly).

1) 카덱세스: 잇따라, 연달아, 즉 계속하여.

2) '언변이 좋고'(λόγιος, 로기오스)말은 '교양 있는, 학식이 있는'라는 뜻이기도 하다. 본문 전후로 살펴볼 때 '학식이 있는'이라는 의미가 더 타당하다. 학식도 있는, 즉 성경에 능하기도 하고, 웅변이 능한 사람임을 알 수 있다.

3) 아데미는 수세기 동안 숭배를 받아왔던 아나톨리아(Analtolia)의 위대한 다산의 여신이었다. 바울의 시대에 존재했던 신전은 그 위치에 다섯 번째로 세워진 것이다. 그것은 아테네에 있는 파르테논(Parthenon) 신전의 4배이며 고대 세계의 7대 불가사의 중의 하나이다(지금은 기둥 하나만이 남아 있다.).

4) being acquainted only with

에피스타마이(ἐπίσταμαι) 주의를 기울이다, 생각을 쏟다, 숙고하다

(3) 아볼로가 어떻게 이런 확신을 갖고 담대하게 전할 수 있었을까? 아마도 그는 수사학자로 훈련을 받았고 철학을 공부했을 것이기 때문이다. 그는 예수님의 열정적인 제자가 되었지만 세례와 관련된 본질적인 그리스도인의 도(道)에 대해서, 즉 예수님의 십자가의 죽음과 부활과 오순절 성령 강림에 대해서는 전혀 알지 못했다. 그래서 브리스길라와 아굴라 부부는 아볼로가 복음을 충분히 이해하도록 (정확하게 풀어) 도와주었다.

바울은 에베소에서 알렉산드리아 출신 아폴로(Apollos)라 하는 유대인 개종자를 만났다.

18:27 아볼로가 —— 아가야로 건너가고자 함으로(when)
형제들이 —— 그를 **격려하며** (...하였더니)
　　└ 제자들에게 편지를 써
　　　/영접하라(=영접하기를)
그가 —— 가매(when)
　　└ 많은 **유익을 주니**
　　　/은혜로 말미암아 믿은 자들에게

28 이는(이유를 설명한다, for, γάρ)
성경으로써 예수는 그리스도라고 증언하여 공중 앞에서 힘있게 유대인의 말을 이김이러라(διακατηλέγχετο)[1]

(4) 아볼로는 아가야로 가기를 원하였다. 아가야는 바울이 2차 전도여행 때 방문했던 곳이다(행 18:12). 이곳에서 스데바나 가족이 제일 먼저 예수님을 영접했다(고전 16:15). 고린도는 아가야 지방의 수도였다. 아볼로가 아가야를 가기를 원하자 에베소 성도들이 그를 격려하며 아가야 성도들에게 그를 영접해 달라는 소개 편지를 써주었다. 브리스길라와 아굴라는 고린도에 있었기 때문에 그들에게 잘 알려진 인물이었다. 따라서 아볼로에게 써준 추천서는 큰 힘이 되었을 것이다.

2. 아볼로는 바울의 축복을 받은 후에 바로 말씀을 가지고 고린도로 갔고 거기서 동족 유대인들과 함께 논쟁을 했는데 그 논쟁을 강력하게 제압해서(결정타를 날려서) 그 지역 많은 그리스도인들이 그를 따르게 되었다는 것이다("많은 유익을 주니", 27-28절). 아볼로는 브리스길라와 아굴라를 통해서 배웠던 복음의 핵심을 모든 사람이 잘 알 수 있도록 증언했다. 아볼로는 성경에 능한 사람이었기 때문에(24절), 성경보다는 구전 율법에 익숙했던 랍비들을 쉽게 제압할 수 있었을 것이다.[2]

1) 미완료중간태 διακατέλγχομαι 디아카텔렝코마이 / 철저히 입증하다, 논박하다, 납득시키다. / 여기서는 아볼로가 랍비들을 이겼다는 뜻이 아니라 결정타를 날렸다는 것이다.

2) 아볼로는 성경에도 능통했으나, 요한의 세례만 알고 있었다. 물론 부족하지만 메시아에 대해서는 잘 알고 있었다. 브리스길라와 아굴라를 통해서 복음의 전반을 이해할 수 있었다. 그가 성령세례를 받았는지에 대한 언급은 없지만 후에 바울이 고린도에 가서 그곳 사람들에게 성령세례를 받게 했을 때 함께 했을 것이다.

제3차 전도여행 (행 18:23-21:17)

original atlas - NIV Bible

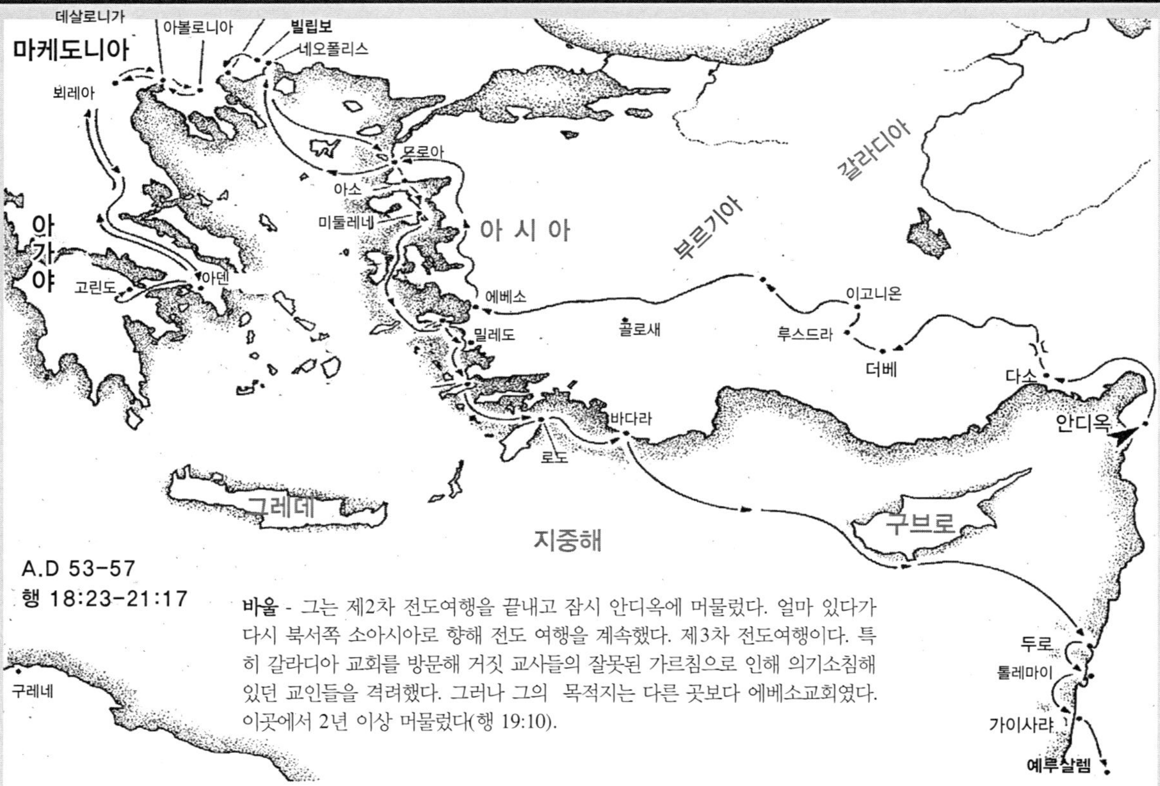

바울 - 그는 제2차 전도여행을 끝내고 잠시 안디옥에 머물렀다. 얼마 있다가 다시 북서쪽 소아시아로 향해 전도 여행을 계속했다. 제3차 전도여행이다. 특히 갈라디아 교회를 방문해 거짓 교사들의 잘못된 가르침으로 인해 의기소침해 있던 교인들을 격려했다. 그러나 그의 목적지는 다른 곳보다 에베소교회였다. 이곳에서 2년 이상 머물렀다(행 19:10).

바울은 에베소에서 사역하면서 주변에 여러 교회를 세웠다. 특별히 요한계시록 2, 3장에 언급된 교회가 이 시기에 세워졌다. 물론 여기에 언급된 일곱 교회들보다 아시아 지방에는 더 많은 교회들이 있었음에 틀림없다. 드로아(행 20:5-12), 골로새(골 1:2), 그리고 히에라볼리(골 4:13)에는 확실히 교회들이 세워졌음을 증거하며, 그 외에도 많은 교회가 있었던 것으로 보인다. 요한은 소아사아 교회에 편지하면서 일곱 편지들 끝에 '이기는 자'에 대한 약속이 개 교회애 대한 약속이 아니라 모든 지상 교회와 성도들에게 주신 약속임을 보여주고 있다.

25만 명이 넘는 인구가 살고 있는 에베소는 중요한 해로와 육로를 관할하고 있었으며, 무엇보다 해마다 아르테미스를 숭배하기 위해 많은 순례객들이 이곳을 찾아왔다.

바울은 에베소에서 두려움과 위험으로 힘든 시간을 보냈다. 그는 자신의 사역을 "힘에 지나도록 심한 고난을 받았다"(고후 1:8, 9)고 기록했다. 또 "맹수들과 싸웠다면"(고전 15:32)이라고 비유한 것을 모면 적지 않은 고난이 있었음을 보여준다. 이런 어려움 가운데서도 안식일마다 유대 회당에서 설교했고, 특히 두란노 서원에서 가르치기를 쉬지 않았다.

에베소에서 사역하면서 데메드리오의 연설로 인하여 소동이 일어나기도 했다. 신상 모형을 만들어 많은 돈을 벌었던 자들이 바울의 사역으로 수입원이 끊겼기에 바울을 소송했다.

무엇보다 바울을 힘들게 한 것은 고린도교회의 분열 때문이었다. 편지도 써보내고, 직접 고린도교회를 방문하기도 하고, 사람도 직접 보냈지만 쉽게 해결이 되지 않아 많은 속을 썩어여만 했다. 결국 디도를 보냄으로써 어느 정도 해결이 되었지만, 그는 결국 마게도냐를 거쳐 고린도에 도착했다. 그곳에 3개월을 있으면서 주변 교회들을 독려했다. 그리고 그는 예루살렘으로 돌아가는 여정을 밟게 된다.

바울의 에베소 전도(행 19:1-10)

바울은 고린도에서처럼 에베소에서도 기간을 연장하며 머물렀다. 생계 유지를 위해서 육체 노동을 했을 것으로 여겨진다. 누가에 따르면, 바울은 몇 달 후에 회당에서 반대자들을 만났다. 그래서 바울은 두란노(Tyrannus)서원으로 거처를 옮겨 매일 성도들에게 말씀을 강론했다(행 19:8-10). 바울이 에베소에서 보냈던 2년 반 동안, 복음은 그 도시와 인접한 지역에 강한 영향을 미쳤다.

• 행 18:23 "얼마 있다가 떠나 **갈라디아와 브루기아 땅을 차례로 다니며** 모든 제자를 굳건하게 하니라."

• 행 18:20 "여러 사람이 더 오래 있기를 청하되 허락하지 아니하고 [21]작별하여 이르되 만일 하나님의 뜻이면 너희에게 돌아오리라 하고 배를 타고 에베소를 떠나."

1. 아볼로가 고린도에 있을 때에 바울이 윗지방으로 다녀 에베소로 왔다.

(1) 윗지방(the upper country)은 어디를 가리킬까? (행 18:23을 읽어보자.) 바울은 부르기아 지방을 거쳐서 에베소로 왔다. 바울은 제2차 여행을 마치면서 잠깐 에베소에 들렸었다(행 18:20-21*). 여러 사람이 더 머물기를 원했으나 허락하지 않고 하나님이 허락하시면 다시 오겠다고 약속하고 떠났다. 그런데 그 약속을 지금 지키고 있는 것이다.

(2) 에베소는 아시아의 대상(隊商) 교통로의 끝부분에 위치한 곳이다. 여기서 아시아는 일반적으로 에베소에 근거를 둔 소아시아에 있는 지역을 가리킨다. 이곳은 수많은 헬라 도시 국가들로 둘러싸여 있다. 헬레니즘의 가장 화려한 도시들이 이곳에 몰려 있다. 요한계시록 2-3장에 언급된 교회가 이 지역에 있다. 에베소는 이중에서도 주요한 도시로서 수도였다.[1)]

1) 고린도보다 훨씬 더 부요하고 큰 도시였다. 따라서 에베소는 로마의 세력과 헬라문화의 찬란함, 그리고 동양의 미신과 마술이 가득찬 도시였다. 에베소에 있던 아데미 신전은 세계 7대 불가사의 중의 하나이다.

(3) 바울이 에베소에 와서 어떤 제자들을 만났다고 했다. 본문을 모면 이들은 세례 요한의 제자들임을 알 수 있다.

19:2 [바울이] ─ **이르되**
/너희가 믿을 때에 성령을 받았느냐
└ **이르되**
/아니라
우리는 성령이 계심도 듣지 못하였노라

• **어떤 제자들**: 세례 요한의 어떤 제자들은 그가 죽을 때까지 그에게 머물러 있었다(요 3:22-30). 그러나 (세례) 요한의 제자들은 예수님의 죽음과 부활을 알지 못한 채 팔레스타인 지역을 떠났기에 성령 받음에 대한 이해가 전혀 없었다.

(4) "우리는 성령이 계심도 듣지 못하였노라." 그런 말이 있는지조차도 들어보지 못했다는 말이다. 그렇다면 이 사람들은 기독교인이라고 할 수 없다. 이들은 세례 요한이 전하는 메시지도 잘 이해하지 못했다는 말이 된다. "바울이 이르되 그러면 너희가 무슨 세례를 받았느냐 대답하되 요한의 세례니라." 이들

1) 아볼로도 요한의 세례만 알고 있었다. 그래서 요한의 세례만 전파했다. 아볼로는 세례 요한이 죽었을 때까지만 알고 있었기에 예수님의 죽음과 부활과 성령강림 사건을 몰랐을 것이다. 아볼로는 에베소에 있을 때 아직 바울을 만나지 못했지만 브리스길라와 아굴라를 통해서 그의 지식의 부족한 부분을 자세하게 가르침을 받았다. 그래서 고린도에 건너와서 바울이 전하는 복음과 같은 내용을 바르게 전할 수 있었다.

2) 세례 요한 운동은 좀더 멀리 파급된 것 같다(행 19:3). 아볼로도 '요한의 세례만' 아는 자로 소개된다(행 18:25). 그러나 요한복음에서는 철저하게 세례 요한이 사람들의 이목을 예수에게로 인도하는 역할을 했다고 설명하고 있다. 요 1:6-8을 보라.

- 예수 - 태초부터 계셨고 (Logos)
- 요한 - 났으니(지은바 되었다) a man(하나님께서 보내셨다. 요 1:33, 3:28)

은 세례를 받았지만 이 예식의 중요성을 전혀 깨닫지 못했다는 말이다.[1] 그래서 바울은 요한이 세례를 준 사건과 예수님의 죽음과 부활, 그리고 성령세례에 대해 자세히 가르쳐주었을 것이다.

19:4 바울이 — **이르되**
/(세례) 요한이 — **베풀며 말하되**(...하였으니)
/백성에게 회개의 세례를
/내 뒤에 오시는 이를 믿으라
/이는 곧 예수라 (하거늘)

내 뒤에 오시는 이

- 예수님의 공생애 사역은 요한에게서 세례를 받는 것으로부터 시작하신다. 예수님의 사역은 세례 요한의 사역과 완전히 동일한 메시지로 출발하신다. 예수님은 이후 세례 요한을 칭송하신다(마 11:11; 눅 7:28). 세례 요한은 불과 성령으로 세례를 주실 분에 대해 언급한다(마 3:12; 눅 3:17).
- 심판은 모든 사람에게 미칠 것이다(분리). 열매 없는 나무는? (마 3:7-10; 눅 3:7-9) "알곡은 모아 곳간에, 쭉정이는 꺼지지 않는 불에 태우시리라." 세례 요한의 하나님 나라의 선포는 구약적인 기대의 성취를 두 가지 방향에서 내다보았다. 하나님은 ① 의로운 자들을 구원하고 ② 악한 자들을 심판하기 위해서, 왕적인 권세를 가지고 활동하실 것이다.
- 세례 요한은 임박한 하나님의 나라를 준비시키기 위해 '회개'를 촉구했다. 당시의 바리새인들은 회개를 '율법을 가장 순수하게 지키기 위해 죄로부터 돌아서서 자신을 죄인들로부터 분리시키는 것'으로 보았다. 회개를 율법적으로 이해했다는 말이다. 그러면, 세례 요한과 그의 사명은 무엇이었을까?[2] 이사야의 예언의 표현을 빌리면 "한 소리" – 그는 그 빛이 아니었다. 그는 증인이었다(요 1:7을 자세히 보자).

2. 하나님께서 세례 요한을 보내신 목적은 무엇인가? (요 1:7)

세례 요한 — 7 그가 — **왔으니(ἦλθεν)** ἔρξομαι의 과거, 능동태
/증언하러(부정사, εἰς μαρτυρίαν)
//(목적: ἵνα, to)
[그가] — 증언하고(ἵνα μαρτυρήσῃ)
/(곧) 빛에 대하여(περὶ τοῦ φωτός)
//(목적: ἵνα, that...might)
모든 사람이 — 믿게 하려 함이라
/자기로 말미암아

- 세례 요한은 증언하러 왔다. 무엇에 대하여?
- 증언의 목적은? 모든 사람들이 믿음을 얻도록 하기 위해.
- 누구로 말미암아? 자기로(세례 요한) 말미암아.

3. 바울은 이들에게 세례 요한의 역할과 사명에 대해 자세한 설명을 했을 것이다. 바울은, 요한은 모든 사람들이 예수님을 영접하도록 준비하기 위한 증언의 역할만 했을 뿐이었음을 분명하게 설명했다(행 19:5-7).

19:5 그들이 —— 듣고(when)
주 예수의 이름으로 세례를 **받으니**
6 바울이 —— 그들에게 안수하매(when)
성령이 —— 그들에게 **임하시므로**
방언도 **[말]하고 예언도 하니**
7 모두 —— **열두 사람쯤 되니라**

• 요한의 세례를 받았음에도 불구하고 주님의 이름으로 세례를 받았다. 이 12명의 제자들이 요한의 세례가 궁극적으로 가리키는 바를 정확히 알지 못했기 때문이다. 바울은 요한의 세례가 가진 의의와 그 한계점을 설명해 주었다. 이 모든 내용을 듣고 이들은 주 예수의 이름으로 세례를 받았다. 바울의 안수를 받자 성령으로 세례를 받고 방언을 말하며 예언도 했다.

(1) 바울이 그들에게 안수했는데, 이런 안수 행위는 베드로와 요한에 의하여 행해지기도 했고(행 8:17), 다메섹에서 바울의 경우에도 있었다(행 9:17). 바울이 안수하자 초자연적인 능력으로 성령께서 임하셨다. 그래서 방언도 하고 예언도 했다(they ***began*** speaking with tongues and prophesying.).[1] 방언과 예언은 이 제자들에게 성령이 임하셨다는 확실한 증거였다. 그러나 이 구절이 성령 받으면 반드시 방언과 예언을 해야 한다고 주장하는 것은 아니다. 어떤 사람에게는 주어질 수도 있고, 주어지지 않을 수도 있다(고전 12:4-11).

(2) 요한의 세례를 받았는데도 다시 세례를 받은 것이다. 그렇다고 이 사건이 재세례파들[2]이 주장하는 근거가 되지 아니한다. 이들은 예수님의 메시야되심과 성령 세례에 대해 전혀 모르고 있었기 때문이었다.

1) 예언도 하니 (ἐπροφήτευον) 미완료 과거 능동 / 예언하기 시작했다는 의미이다.

2) 재세례파 : 종교개혁에 수반하여 출현한 유아세례를 비성서적이라고 보고 다시 세례를 받아야 한다고 주장한다.

성령 세례

1. 사도행전에는 성령의 역사가 강력하게 일어나고 있음을 볼 수 있다. 이 교재의 특성상 보다 깊은 설명은 하지 못한다. 그래도 간단하게 살펴보는 것이 필요할 것 같다. 사도행전에서 성령 세례와 성령 충만이 반복하여 일어나고 있는데, 복음이 증거될 때 성령을 부어주신 사건을 간단하게 살펴보자.[3] 아래 내용은 G.E. 래드의 [신약신학]에서 정리한 것이다.

• 행 2:2 - 120명의 제자들에게 오순절에 성령으로 세례 받고 성령으로 충만했다.

3) 성령은 개인들에게도 충만하기 임했음을 볼 수 있다(베드로, 4:8), 일곱 집사(6:3-5), 스데반(7:55), 빌립(8:39), 바울(9:17, 13:9), 바나바(11:24), 제자들(13:52) 등.
다수의 사람들에게 2:2-4, 4:31, 8:15-17, 10:44-46, 19:5-7 등.

- 행 8:12, 16 - 빌립이 사마리아에 복음을 전할 때, 그들이 믿고 세례는 받았지만 성령은 받지 못했다. 세례 받을 때 즉시 성령을 받지 못했다. 그러면 언제 받았는가? 배드로와 요한이 예루살렘에서 와서 기도하고 안수한 후에야 비로소 성령을 받았다.
- 행 10:44이하 - 고넬료와 그의 가족. 베드로가 설교할 때에 성령의 선물을 받았다. (성령 세례와 동일, 행 11:16). - 안수가 필요치 않았다.
- 행 19:2 - 요한의 세례만 받은 제자들 : 바울의 안수를 받고 성령 세례를 받고 방언과 예언을 하였다.

- 행 8:12-17 물세례 + 성령세례
- 행 10:47-48 성령세례 - 후에 물세례
- 행 10:45-47 성령세례 - 후에 물세례
- 행 19:1-7 물세례 먼저 + 성령세례

▶ 그러면 성령의 선물에서 안수의 역할은 무엇인가? 앞에서 살펴본 바와 같이 단일 패턴만 존재하지 않는다. 사마리아의 경우에는 구원 얻는 신앙 뒤에 성령 세례가 왔지만, 고넬료의 가정과 바울의 경우는 성령은 믿을 때에 주어졌다. 에베소에서의 요한의 제자들은(행 19:2) 예수의 이름으로 세례를 받을 때 성령을 받았다. 그러므로 성령 세례는 구원 얻는 신앙을 가지는 순간에 일어난다고 결론지을 수 있다.[1)]

2. 그러면, 성령 세례와 성령 충만은 동일한 것인가?

(1) 물론 아니다. 성령 세례는 그리스도를 믿을 때 일어나는 영원히 한 번밖에 없는 사건이다. 이것은 개별 신자들을 그리스도의 몸의 지체들로 받아들이는 성령의 사역이다. 그러므로 신자라고 하면서 에클레시아 밖에 있는 것은 불가능하다. 성령 세례는 개별 신자들에게만 일어날 수 있지만 일차적으로 사회적이며 교회론적인 사건이다.

(2) 성령 충만은 반복될 수 있는 개인적인 경험이며 기독교인의 헌신(엡 5:19)과 사역(행 4:8, 13:9)에 관련이 있다. 그래서 신약에서 성령 세례를 받으라고 명령한 적은 없고, 단지 성령의 충만을 받으라고 명령할 뿐이다(엡 5:19). 세례란 처음 믿을 때 있는 사건이기 때문이다.

(3) 이렇게 누가는 하나님의 백성들 가운데 성령이 임재하심으로 특징지어지는 새로운 시대가 시작되었음을 말하고 있다. 이 성령 강림, 즉 성령에로의 세례는 반복되지 않았고, 후에 사마리아(8장), 이방인들에게(10, 11장), 그리고 에베소의 제자들에게(19:1-6) 확대되었다. 성령 충만은 반복되었으나 성령에로의 세례는 반복되지 않았다.[2)]

1) 성령은 먼저 유대인에게 임했고, 다음에는 사마리아 신자들과 이방인 신자들, 그리고 세례 요한의 제자들에게 임했음을 본다. 이 성령 강림 사건들은 에클레시아의 확장 과정에서 일어난 사건이다.

2) 성령의 임재의 결과로 그 결과는 예수님에 대한 증언으로 나타나게 된다. 예수님께서 그리스도와 주이심을 드러내는 것이 교회의 사명이다. 성령께서 교회 안에 현존하고 계시므로 교회와 관련하여 하는 일은 모두 성령님과 관련하여 하는 일이 된다. 그러므로 교회의 일을 세상 방식으로 하는 것은 성령님을 속이는 일이다.

두란노서원에서 날마다 강론하다(행 19:8–10)

1. 바울은 에베소에서 상당 기간 동안 시간을 보냈다. 그는 평민뿐만 아니라 귀족들에게도 후원을 받으며 유대인들과 이방인들을 개종시켰다.

19:8 바울이 ┬ 회당에 **들어가**
└ **담대히 [말했다]**
/석 달 동안
/강론하며(분사), 권면하되(분사)
/하나님 나라에 관하여

- 담대히 말하다(팔레시아조마이, παῤῥσιάζομαι) speak boldly / 듣는 자의 대상이 누구이든 상관없이 공공연하게 말하다라는 뜻.
- 강론하다 - 토론하다, discuss
- 권면하다 - 납득시키다, 확신시키다, 설득하다

(1) 바울은 어디를 가든 먼저 회당부터 찾았다. 에베소에서 석 달 동안 담대하게 말씀을 전했다. '담대하게 전했다'(ἐπαρρησιάζετο)는 미완료과거 중간태로 그 듣는 대상이 유대인이든 이방인이든, 백성이든 통치자이든 누구 앞에 서라도 '계속하여 담대히 전했다'는 의미이다. 특별히 권면하기를 힘썼는데, 이는 현재분사 능동태로(πείθων),[1] 설득하려고 애를 썼다는 의미이다(행 28:23 참조).

1) πείθων - 이 단어가 현재형으로 쓰이면 이런 행동을 하려는 의도를 나타내고, 과거형으로 쓰이면 이런 일을 성공했다는 뜻이다. 행 19:26도 읽어보자. 그러나 26:28에서는 '설득하다 라는 의미로 쓰였다.

(2) 이렇게 열정적으로 말씀을 강론했지만 여전이 "마음이 굳어 순종하지 않고 무리 앞에서 이 도를 비방하는" 사람도 있었다(9절). '마음이 굳다'(스클레뤼노, σκληρύνω)라는 말은 '완악하게 하다, 굳어지다'라는 뜻이 있다. 비록 격렬하게 반대하지는 않았어도 에베소에서도 이런 무리들은 계속 있었다. 이들은 당연히 순종하지 않았다. 그리고 이들은 회중들에게 영향력을 확대시켜 이 도(ὁδός호도스, 바울의 가르침)를 비방했다.

2. 그래서 바울은 회당에서 강론하는 것을 그치고 그들을 떠나 (제자들을 따로 데리고 나가서) 두란노서원에서 날마다 강론했다.

(1) 물론 유대인들은 바울의 이런 결정을 반역으로 여겼다. '두란노서원'(the school of Tyrannus)은 시민을 위한 회관이거나 강당이었을 것이다. 이곳에서 날마다 말씀을 강론했다. 얼마나 계속하였을까? "두 해 동안 이같이" 강론했다. 행 20:31에는 에베소에서 삼 년이나 밤낮 쉬지 않고 눈물로 각 사람을 훈계했다고 했는데, 그렇다면 유대인 회당에서(석 달 동안), 두란노 서원에서 2년, 그리고 강론 이후에도 더 에베소에 머물렀던 것같다(19:22 참조. "얼마 동안 더 있으니라").

2) Τύραννος튀란노스, Tyrannus)는 '주권'을 의미한다. 에베소의 한 헬라 교사 또는 강연자의 이름이다.

- 행 20:31 "그러므로 여러분이 일깨어 내가 삼 년이나 밤낮 쉬지 않고 눈물로 각 사람을 훈계하던 것을 기억하라."

(2) 바울의 이런 사역과 그를 도왔던 사람들에 의해 소아시아의 다른 도시들에게도 복음이 증거되었다. 그래서 서머나, 버가모, 사데, 빌라델비아, 라오디게아, 골로새, 히에라폴리스에 있는 기독교 공동체들이 이 시기에 세워졌을 것이다.

제사장 스게와의 일곱 아들들(행 19:11–20)

1. 에베소에는 무당들과 마술사들이 많았다. 이들은 거짓된 영적 속임수로 상당한 인기를 끌고 있었다. 그런데 바울의 영적 능력은 그들에게 대단히 인상적인 것으로 비쳐졌을 것이다.

> 19:11 하나님이 — **행하게 하시니**
> /놀라운 능력(special miracles)[1]을
> /바울의 손으로

(1) 하나님은 바울에게 범상치 않은 능력을 행하게 하셨는데, 이로 인해 에베소인들이 바울에게 어떤 신비한 능력이 있을 것이라는 미신적인 생각을 갖게 되었다. "심지어 사람들이 바울의 몸에서 손수건이나 앞치마를[2] 가져다가 병든 사람에게 얹으면 그 병이 떠나고 악귀도 나가는 일이" 일어났다(12절). 물론 손수건이나 앞치마에 어떤 능력이 있는 것이 아니다. 미신이나 마술에는 어떤 능력이 없다. 그러나 하나님께서 무지와 약함 가운데 인간들이 하나님을 만날 수 있게 하기 위해 역사하셨을 뿐이다(눅 8:44-46; 마 14:36; 행 5:15 참조).

(2) 그때 이곳 저곳을 떠돌아다니는 마술하는 어떤 유대인이 바울이 일으킨 기적을 모방하려고 했다. 그래서 시험삼아(attempted), 주문으로 13절처럼 귀신에게 명령했다. 이 떠돌이 유대인 마술사는 바울이 말하는 것을 듣고 그의 말이 악귀를 쫓아내는 주문으로 생각했다. 그래서 '바울이 전파하는 바로 '그' 예수의 이름으로(**τὸν** Ἰησοῦν ὃν Παῦλος κηρύσσει.) 명했다. 이 모든 과정을 지켜보던 "유대의 한 제사장 스게와의 일곱 아들도 이 일을 행했다"는 것이다(14절).

(3) 이번에는 악귀(악한 영, evil spirit)가 화가 났다. 악한 영에 사로잡힌 사람이 스게와의 일곱 아들들에게 달려들었다. '야, 너희들, 15절과 16절을 읽어보기나 했냐?' "내가 예수도 알고 바울도 알거니와 [그런데] 너희는 [도대체]

1) 놀라운(=희한한) 능력 - 바울에게 일어난 기적은 유대인 무당들이 행하는 행위와는 전혀 다른 것이었다. 놀라운(τυχούσας, 튕카노의 과거분사)이라는 말은 아주 이례적인 사건을 말한다. 즉 우연히 발생한 것이 아닌 능력을 가리킨다. 범상치 않은 일들을 말한다.

2) 바울은 에베소에서 손으로 하는 일(천막 짓는 일)을 하였기에(행 20:34) 앞치마를 둘러야 했었다.

• 행 19:13 "이에 돌아다니며 마술하는 어떤 유대인들이 시험삼아 악귀 들린 자들에게 주 예수의 이름을 불러 말하되 내가 바울이 전파하는 예수를 의지하여 너희에게 명하노라"

행 19:19
또 마술을 행하던
많은 사람이
그 책을 모아 가지고
와서
모든 사람 앞에서
불사르니
그 책 값을 계산한즉
은 오만이나 되더라

20 이와 같이
주의 말씀이 힘이 있어
흥왕하여
세력을 얻으니라

누구냐?" "악귀 들린 사람이 그들에게 뛰어올라(=덤벼들어) 눌러 이기니 그들이 상하여 벗은 몸으로(옷이 벗겨진 상태로) 그 집에서 도망했다"(16절).

2. 이 사건에 대한 소식은 에베소에 신속히 퍼져나갔다. "에베소에 사는 유대인과 헬라인들이 다 이 일을 알고 두려워했다(ἐπέπεσεν[fell] φόβος[fear])"고 했다. 공포와 두려움을 불러왔다는 것이다. 자연히 주 예수의 이름을 찬양했다.

그래서 "신도가 된 사람들이 많이 와서(ἤρχοντο)[1] 마음속에 있는 모든 것을 털어놓았다. 자신들의 은밀한 습관들을 고백했다. 삶의 방향을 전환하기 시작하는 순간이다. 더욱이 "마술을 행하던 많은 사람이 그 책을 모아 가지고 와서 모든 사람 앞에서 (완전히 모두) 불사르는" 역사가 있었다. 아마 주문을 적어 놓은 마술책들이었을 것이다. "그 책 값을 계산한즉 은 오만이나 되었다"고 한 것을 보면 얼마나 미신이 성행했었는가를 알 수 있다. 이와 같은 역사로 에베소는 기독교 세력의 중심지가 되었다.[2]

1) 미완료 과거 중간태 - (한 사람씩 한 사람씩 계속 오는 것)

2) 후에 디모데가 이곳으로 와 사역하게 된다. 그리고 사도 요한, 폴리갑, 이레니우스가 사역했다.

에베소에서 벌어진 소동(행 19:21-41)

바울의 사역에서 나타난 능력은 다른 이적을 행하는 사람들에게 분노와 모방을 야기시켰다. 많은 사람들이 바울 복음의 영향력 아래서 그들이 지금까지 사람들에게 많은 영향력을 끼친 마술을 포기했다. 마술에 관련된 책들을 모두 불태우는 역사가 있었다. 그러나 또 다른 이들은 바울의 영향을 그들 자신의 종교적 권위에 도전하는 것으로 보았다(행 19:11-20). 바울은 앞에 있었던 소동이 일어나고도 한 동안 에베소에 좀더 머물러 있었다(그 이유를 고전 16:8이하에 기록하고 있다).

• 고후 1:15 "내가 이 확신을 가지고 너희로 두 번 은혜를 얻게 하기 위하여 먼저 너희에게 이르렀다가 16 너희를 지나 마게도냐로 갔다가 다시 마게도냐에서 너희에게 가서 너희의 도움으로 유대로 가기를 계획하였으니"

1. 바울은 복음 전파를 위해 방대한 계획을 세웠다. 앞으로 마게도냐와 아가야를 거쳐 예루살렘에 가기로 작정했다. 그리고 그 후에 로마까지도 갈 것이라고 했다(21절). 바울은 오래 전부터 로마에 가기를 원했다(롬 1:10, 15:23-29).

(1) 제1차 전도여행 때 마게도냐와 아가야 지방에 교회를 세웠기 때문에 바울은 그곳을 방문하고 싶어했다. 그래서 자신의 사역을 돕는 사람 중에서 디모데와 에라스도 두 사람을 마게도냐로 보내고 자신은 아시아에 얼마 동안 더 있었다. 고린도후서 1:15이하를 보면 원래 바울의 최초 계획은 아가야(고린도)로 가서 그후에 마게도냐로 갈 계획이었다(고후 1:15-16*; 고전 16:5-7).[1] 그런데 그 목적을 변경하였다는 것이다. 고린도에서 좋지 않은 소문이 들려왔던 것 같다.

1) "주께서 만일 허락하시면" 고린에서 겨울을 나기 원했고 오순절까지는 에베소에 남아 있기를 원했으나 이루어지지 않았다(고전 16:8).

▶ **디모데와 에라스도** : 고린도 교회는 분열되어 혼란했었다. 그래서 바울은 디모데를 고린도에 보낸다(고전 4:17). 그러면서 젊은 목회자를 친절하게 대우할 것을 요청한다(고전 16:10-11). **디모데**는 바울이 에베소를 떠나기 전에 돌아오기로 되어 있었으나 디모데가 고린도에서 일처리를 원만하게 처리하지 못했기에, 그 일을 잘 마무리하고 오도록 이번에는 **디도**를 고린도에 보냈다. 그러면서 드로아에서 디도와 만날 것을 약속했다. 그러고나서 **디모데**와 **에라스도**(롬 16:23; 딤후 4:20)는 바울이 후에 그곳에 갈 수 있도록 길을 준비하기 위해 마게도냐로 간다. 디모데와 동행한 에라스도는 바울의 친밀한 동역자였다.

(2) 이 무렵에 에베소에서 기독교 때문에(이 도로 말미암아, περὶ τῆς ὁδοῦ) 적지 않은 소동(타라코스, τάραχος)[2]이 있어났다(23절). 사건의 내용을 자세히 읽어보자.

2) 폭도들이 일으키는 것과 같은 소동을 말한다.

"데메드리오(Demetrius)라 하는
어떤 은장색(silversmith, 은 세공장이)이
은으로 아데미의 신상 모형을 만들어
직공들에게 적지 않은 벌이를 하게 하더니"(24절)

아데미 신전의 모습

▶ 아데미(Artemis, 알테미스, ʼΑρτέμις) : 그리스의 여신으로 로마의 여신 다이아나(Diana)와 동일시 된다. 그리스 의식에서 그녀는 제우스의 딸이며 아폴로의 쌍둥이 자매로 경배를 받았다. 이 신전은 세계 7대 불가사의 중 하나이다. 신전은 부피가 큰 100개의 기둥으로 지지되는데 그 중 몇 개는 조각되어 있다. 에베소의 아데미신전은 아주 매력적인 관광 명소로서의 성격을 띠게 되어 에베소성의 상업적 교역 활동이 쇠퇴하던 시대 때에는 경제적인 자산적 수입원이 되었었다. 행 19:23-20:1에 보면 에베소의 은장색들은 이 아데미 신전의 모형을 만들어 관광객들과 순례자들에게 팔아서 재미를 보고 있었는데, 사도 바울이 전하는 복음을 듣고 그대로 가다가는 자기들의 업(業)이 천하여질 위험이 있다 하여 들고 일어나 소동을 일으켰다.

(3) 데메드리오는 "그 직공들과 그러한 영업하는 자들"을 모아 놓고 바울의 복음 전파에 대해 항의하는 모임을 가졌다. "여러분도 알거니와 우리의 풍족한 생활이 이 생업에 있는데 '이 바울이'(=경멸적인 호칭이다) 에베소뿐 아니라 거의 전 아시아를 통하여[1] 수많은 사람을 권유했다(페이도, πείθω, 설득하다). 즉 설득하여 마음을 돌려 놓았다는 것이었다.

1) 전 아시아를 통하여 : 좀 과장된 표현이긴 하지만 당시 어떤 신들보다 더 넓은 지역에서 아데미 숭배가 있었음을 보여준다.

[바울이] — **말하되**
/사람의 손으로 만든 것들은 신이 아니라
(ὅτι οὐκ εἰσὶν θεοὶ οἱ διὰ χειρῶν γινόμενοι)

(4) 이들은 이 말을 듣고 분노가 가득했다. 그리고 이렇게 외친다.[2]

"크다 에베소 사람의 아데미여"(μεγάλη Great ἡ Ἄρτεμις Ἐφεσίων.)[3]

2)
- 무엇보다 자신들의 사업에 막대한 타격을 입을 것이고
- 그리고 큰 여신 아데미의 신전도 무시 당하게 되고
- 이 여신의 위신이 땅에 떨어지고 말 것이라는 것이다(27절).

(5) 이런 함성은 신전 축제장에서 광란자들이 지르는 함성이다. 에베소 온 시내가 큰 혼란에 빠졌다. 이들은 (바울과 같이 다니는 마게도냐 사람) 가이오와 아리스다고를 붙들어 떼를 지어(일제히) 연극장으로 몰려들었다(29절). 에베소의 원형극장은 지금도 그 흔적을 볼 수 있는데, 5만 명 이상이 모일 수 있는 곳이었다고 한다. 구경거리를 볼 수 있는 장소였다. 검투사의 경기도 이곳에서 벌어진다. 이 소식을 접한 바울은 사람들 가운데로 들어가고자 하나 제자

3) '크다 에베소 사당의 아데미여!'라는 그들의 외침(행 19:28 행 19:34)은 '위대한 아데미'라는 문구를 새긴 에베소에서 발굴된 비문으로 입증되었다.

들이 말렸다고 했다(30절). 바울의 친구였던 아시아 지방의 몇몇 관리들은[1] 그에게 통지하여 연극장 안으로 들어가지 말라고 간곡하게 말렸다(31절). 고린도후서 1:9*의 내용이 이때의 일이었을 것이라고 보기도 한다. 사형선고를 받은 줄로 생각할 정도로 심각한 상황이었을 것이다.

1) 여기 아시아의 관리들은 누구인가? 이들은 그 지방의 주민들에 의해 선출된 10명의 관원들을 뜻한다. 각 지역에는 이런 집단들이 있었는데 신전 예배나 경기, 축제를 관장하기도 한다.

2. 많은 사람들이 몰려 들어 연극장은 혼란했는데, 거기 모인 사람들중 태반이 무엇 때문에 모여들었는지조차 알지 못했다고 했다(32절). 그러는 와중에 유대인들이 무리 가운데서 알렉산더(Alexander)를 권하여(=지목하여, 다그쳐) 앞으로 밀어냈다. 왜 그랬을까? 두 가지 견해가 있다.

• 고후 1:9 "우리는 **우리 자신이 사형 선고를 받은 줄 알았으니** 이는 우리로 자기를 의지하지 말고 오직 죽은 자를 다시 살리시는 하나님만 의지하게 하심이라."

(1) ① 알렉산더는 그리스도인이었고 그래서 유대인들이 그를 희생물로 삼으려고 했다는 주장과 ② 유대인들이 분노를 일으키게 한 그리스도인들과 자신들은 상관이 없다는 것을 보여주기 위해서라는 주장이다. 어쨌든 유대인들은 자신들을 방어하기 위해 그리스도인 알렉산더를 앞으로 끌어내 세우게 했다는 것이다. 그래서 알렉산더는 사람들은 조용하게 하고 자신을 변명하려 했다.

(2) 그런데 사람들이 그가 유대인인 줄 알고 다 한 소리로 외쳐대기 시작했다. "크다 에베소 사람의 아데미여!" 이렇게 하기를 하기를 두 시간이나 외쳤다는 것이다. 그러자 서기장(townclerk)[2]이 흥분한 군중들을 진정시킨다.

2) 에베소의 서기관은 이 도시의 지방장관이었다. 이들은 집정관의 도움을 얻어 법령을 입안하는 에베소에서 가장 영향력이 큰 사람이었다. 도시의 재정을 담당하고, 집회를 개최하거나 폐회할 수도 있었다. 또한 총독과도 직접 의사를 교환할 수 있는 사람이었다.

> 19:35 서기장이 — 무리를 진정시키고 **이르되**
> /에베소 사람들아!
> 에베소 시가 큰 아데미와 제우스에게서 내려온
> 우상의 신전지기가 된 줄을 누가 알지 못하겠느냐

서기장은 에베소 사람들에게 "이 에베소 시가 아데미 신당과 제우스 신을 숭배하는 도시라는 것을 모르는 사람이 있겠느냐, 하늘에서 떨어진 아데미 신상을 가졌다는 세계적으로 유명한 도시인데, 그러니 경솔한 행동을 해서, 명성에 먹칠을 할 수는 없지 않느냐?"고 군중들의 허영심을 자극해 흥분을 무마시키려 했다. "이 사람들이 신전 물건을 훔친 것도 아니고, 그렇다고 여신을 비방한 것도 아니지 않소. 정 고소할 일이 있으면 법정이 열리는 날도 있고, 당사자들이 직접 총독에게 호소하면 될 것 아니오. 뭐, 더 큰 문제가 있다면 정식 집회(민회)에서 합법적으로 하면 될 것 아니오" "그리고 40절도 읽어들 보시오"

(3) 서기장이 문제가 있으면 공식적으로 고소할 것을 바울의 반대자들에게 권한 후에 이 소동은 가라 앉았다.

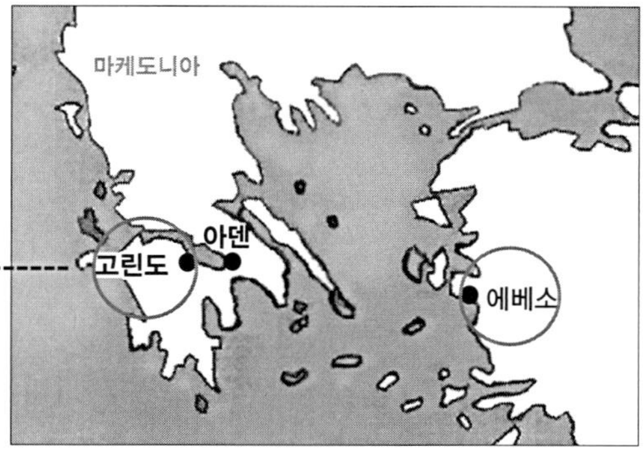

고린도교회는 언제 세워졌을까?

제2차 전도여행 때, 바울은 1년 6개월 동안 머물면서 교회를 세웠다(행 18:1-17 [**①고린도 첫 번째 방문**]). 그리고 바울은 시리아 안디옥으로 돌아갔다. 새 교회를 견고케 하는 일은 아볼로에게 맡겨졌다(행 19:1). 당시 바울의 나이는 50세. 아볼로는 에베소에 왔다가 (아굴라와 브리스길라에 의해) 하나님의 도를 더 자세히 알 수 있었다. 아볼로의 가르침은 바울과 동일했으나(고전 3:6, 8), 전달 방식의 차이가 있어 파당을 일으키기에 충분했다. 고린도교회는 영적으로 잘 성장하지 못했다.

고린도교회로부터 좋지 않은 소식이 들려왔다

1. 에베소에 있을 때(3차 여행 때), 바울은 고린도 기독교인들이 몇 개의 분파로 분열되었다는 소식을 접하게 되었다(글로에의 집 사람들로부터, 고전 1:11; 또 고린도로부터 온 방문객의 구두 보고와 고린도교회 자체로부터도 소식을 접했다. 고전 7:1).

   어떤 이들은 바울에게 충성을 공언하였고, 어떤 사람들은 아볼로에게, 또 다른 이들은 베드로와 연관되어 있는 것을 자랑으로 여겼다. 바울이 사도로서의 자격이 의심스럽다고 하는 소문이 나도는 지역도 있었다. 게다가 고린도의 성도들 가운데는 성적인 스캔들이 있었고, 직업상의 일로 같은 성도를 법정에 고소하는 일까지도 있었다. 교회가 몹씨 혼란했다.

2. 그래서 급하게 편지를 쓰게 된다. 어떤 내용으로 썼을까? 물론 알 수 없다. 그 편지가 보존되지 못했기 때문이다. 그런데 이 편지로 인해 별로 효과를 보지 못했다(고전 5:9).

   "내가 **너희에게 쓴 편지에** 음행하는 자들을 사귀지 말라 하였거니와 10 이 말은 이 세상의 음행하는 자들이나 탐하는 자들이나 속여 빼앗는 자들이나 우상 숭배하는 자들을 도무지 사귀지 말라 하는 것이 아니니...."

3. 이 즈음에 고린도사람들로부터 여러 가지 문제점 해결을 원하는 한통의 서신을 받았다. 그 문제에 대한 답변이 고전 7장 이후에 다루워졌다(결혼, 우상 숭배, 부활 문제 등등). 그래서 또 다시 편지를 썼다(고전 4:7). 이 편지가 「**고린도전서**」이다. 고린도전서를 보내기 전에 바울은 특별한 사역을 위해 디모데를 고린도에 보냈다(보내는 이유는 고전 4:17에 언급되어 있다). 고린도전서 지참자는 배로 갔을 것이고, 디모데는 육로로 갔으므로 아마 늦게 도착했을 것이다.

4. 그럴지음 고린도교회에는 자칭 그리스도의 사도라고 하는 유대인들이(고후 11:13, 22) 나타나 심각한 혼란을 야기시켰다(이들은 바울의 사도권에 도전했다). 이 일에 당황한 디모데가 급히 에베소로 되돌아왔다.

[② 고린도 두 번째 방문]

5. 디모데가 전하는 자세한 소식은 물론 좋지 않은 소식이었다. 여전히 교회는 혼란하다는 것이다. '그~~래?' '안되겠다. 내가 직접 가봐야겠다.' 그래서 급히 배를 타고 고린도로 향했다. - "잠깐(중간) 방문"했다. 그런데 이 방문에서 별 효과를 얻지 못한 것 같다. 그는 반대자에게 큰 어려움을 당했다. 모욕과 모함을 받고 돌아왔다(고후 2:1, 5, 7:7, 12:16-18 참조). - "내가 고린도에 곧 다시 방문할 계획이 없음"을 고백하기도 했다(고후 2:1).

6. 바울은 이 방문 후에 매우 '엄한 편지'(또는 '눈물/애통'의 편지)를 섰다(고후 2:1-4, 7:8). 그런데 이 편지를 잃어버렸다고 하기도 하고; 고후 10-13장이 이 편지라고 주장하기도 한다. - 이 편지는 디도 편에 보내진 것 같다(고후 7:8-12).

7. 후에 디도로부터 고린도교회에 대한 좋은 소식을 듣고, 「고린도후서」를 써서(57년경) 디도 편에 보냈다(고후8:6).

▶ **4개의 서신** / ① 이전의 편지 - ② 고린도전서 - ③ 근심스런 편지 - ④ 고린도후서

바울이 마게도냐로 향하다(행 20:1-12)

앞에서 살펴본 대로 바울은 에베소에 있으면서 고린도교회의 문제로 골치 아픈 시간들을 보냈다. 그리고 에베소에서 벌어진 소요의 여파로 바울은 에베소를 떠날 수밖에 없었다. 그는 드로아를 거쳐서 마게도냐로 갔고, 다시 남쪽 아가야로 가서 고린도에 도착하여 석 달을 머물게 된다.

• 고후2:12 "내가 그리스도의 복음을 위하여 드로아에 이르매 주 안에서 문이 내게 열렸으되 13 내가 내 형제 디도를 만나지 못하므로 내 심령이 편하지 못하여 그들을 작별하고 마게도냐로 갔노라."

1. 바울은 에베소를 떠난 후에, 고린도교회에 자신의 책망이 너무 지나치지 않았나 하는 의구심을 갖기 시작한 것으로 보인다. 어쨌든, 그는 고린도교회의 상황이 어떤지 알기 원했다.

(1) 디도를 통해 편지를 보낸 후에도 바울의 마음은 불안하여 회답을 가져올 때까지 앉아서 기다릴 수가 없었기에 그는 도중(드로아)까지 갔다(고후 2:13*). 드로아에서 약간의 선교사역 후, 고린도를 방문하고 돌아올 디도를 기다렸으나 그를 만나지 못했다. 그래서 바울은 마음이 편치 못한 가운데 마게도냐로 건너갔다(고후 2:12-13; 행 20:1-2).[1] 그런데 바울은 이곳에서 큰 환난을 당했다고 했다(고후 7:5*).

1) 바울의 원래 계획은 에베소에서 고린도로 가서 그리고 마게도냐로 간다음 - 다시 고린도 - 그리고 예루살렘으로 돌아가려는 계획을 세웠었다(고후 1:16 참조). 그러나 디도가 도착하지 않자 그 계획을 바꾸었다(그 이유가 고후 1:16-2:13의 기록이다).

(2) 가까스로 바울은 마게도냐의 어느 지점에서 고린도에서 돌아오는 디도를 만날 수 있었다. 그런데 디도가 아주 기분 좋은 소식을 갖고 왔다. [디도는 지난번에 바울의 책망을 듣고 강력하게 반발했던 고린도 교인들을 훈육시킴으로써 문제를 해결했다.] 그래서 지금은 고린도 교인들이 바울에 대한 자신들의 충성심을 보이길 간절히 원하고 있다는 것이었다. 바울은 이런 좋은 소식을 듣고 안심할 수 있었다. 그래서 바울은 고린도에 대한 추가 편지, 즉 『고린도후서』를 쓰게 된다. 그리고 이 서신은 다시 디도를 통하여 고린도에 전해졌다.

• 고후 7:5 "우리가 마게도냐에 이르렀을 때에도 우리 육체가 편하지 못하였고 사방으로 환난을 당하여 밖으로는 다툼이요 안으로는 두려움이었노라 6 그러나 낙심한 자들을 위로하시는 하나님이 디도가 옴으로 우리를 위로하셨으니."

2. 에베소를 떠나 마게도냐로 온 바울은 "그 지방으로 다녀가며 여러 말로 제자들에게 권하고 헬라에 이르렀다"(20:1)고 했다. 마게도냐에서 바울은 누가를 다시 만났을 것이다.

(1) 이 지역에는 2차 전도여행 때 전도한 적이 있었기 때문에 빌립보, 데살로니가, 베뢰아 등을 재차 방문하여 교회를 튼튼하게 하는 일을 했다("여러 말로 제자들에게 권하고").[2] 그리고 헬라로 왔다. 여기서 헬라(Greece)는 아가야(행 18:12, 19:21), 특히 고린도를 말한다. 바울이 고린도를 세 번째 방문했을 때는 더 이상의 어려움에 관한 보고는 없었다. 디도를 통해 바울을 적대하던 사람들을 완전히 정리했기 때문이었다. 바울은 고린도에서 석 달을 있었다.

2) 이때 바울은 일루리곤까지 여행했을 것이다(롬 15:19이하).

(2) 석 달을 체류하면서 바울은 그곳에서 아마도 56년 후반 겨울부터 57년 초를 보냈을 것이고, 고린도와 아덴 등지의 교회를 돌아보았을 것이다. 이 짧은 기간 동안 바울은 자신의 서신에서 제시하고자 했던 핵심적인 점들을 강조하면서, 개인적으로 관계들을 회복하는 노력을 했음이 틀림없다. 그리고 여기서 그의 가장 탁월한 편지, 로마에 있는 성도들에게 보내는 서신(로마서)을 집필하였을 것이다.

3. 바울의 다음 행선지는 배 타고 수리아로 가는 것이었다. 그러나 그 때에 유대인들이 자기를 해하려고 공모하므로, 배로 가는 것을 포기하고 육로를 통해 거꾸로 마게도냐를 거쳐 돌아가기로 작정한다(행 20:3).

(1) 바울을 죽이려는 자들은 갈리오의 재판 때(행 18:5-17) 패배한 분노를 수년이 지난 지금까지도 갖고 있었다. 바울이 배를 타고 가려는 계획을 알아내어 공모를 했다. 이들은 겐그리아 항구에서 살해하든가, 아니면 유월절을 맞추어 가려는 순례자들이 가득찬 배에서 제거하려고 했을 것이다. 베자 사본[1]에는 "성령께서 그에게 돌아서 마게도냐로 가라고 명령하셨다"고 기록하고 있다.

> "아시아까지 함께 가는 자는 베뢰아 사람 부로의 아들 ① 소바더와 데살로니가 사람 ② 아리스다고와 ③ 세군도와 더베 사람 ④ 가이오와 및 ⑤ 디모데와 아시아 사람 ⑥ 두기고와 ⑦ 드로비모라."(행 20:4)

(2) 이들 모두가 드로아에 가지는 아니했던 것 같다. ⑦ 드로비모는 에베소교회의 대표자인 것 같다. 그는 바울과 예루살렘에까지 같이 갔고(행 21:29), ② 아리스다고는 로마까지 갔다(행 27:2; 골 4:10). 어쨌든 이들은 빌립보에서 모두 모였을 것이다. "그들은 먼저 가서 드로아에서 우리를(누가를 포함한)[2] 기다리더라"(5절).

(3) 바울 일행은 빌립보에서 무교절을 지난 후에(3월 아니면 4월의 유월절) 배를 타고 드로아로 건너갔다. 바울은 그리스도인이지만 유대인으로서 유대적인 절기를 지켰다.[3] 파도가 거세 이틀 정도면 갈 수 있는 거리를 닷새나 걸렸다고 했다. 그리고 드로아에서 먼저 온 사람들과 함께 일주일을 머물렀다(6절 "우리는 무교절 후에 빌립보에서 배로 떠나 닷새 만에 **드로아**에 있는 그들에게 가서 **이레를 머무니라**"). 바울은 어떻게 하든지 오순절까지는 예루살렘에 도착하기를 원했다(행 20:16). 그래서 그는 아시아에서 오래 머물기를 원치 않았다.

로마서 기록

로마서에서 바울은 분열된 로마 신자들에게 복음의 참된 의미를 설명하려고 했다. 바울은 방문에 앞서 이들과 일치감을 증진시키고자 하였다. 그는 서바나와 같이 멀리 떨어져 있는 서방으로 선교사역을 확장하고자 하는 열망이 있었고 가는 길에 로마에서 얼마간 체류하고자 했다(롬 15:23-24, 28). 편지의 서두에서 바울은 복음의 핵심을 강조하고 있는데 바로 예수 그리스도는 주님이라는 메시지의 선포이다(롬 1:4).

1) 베자 사본 : 언샬(4-8세기의 둥근 대문자 필사체) 문자로 쓰여진 5세기-6세기의 사본

2) 제 2차 전도여행 때 누가는 빌립보에 남아 있었는데, 그는 이곳 빌립보에서 몇년 간 목회자로 있었던 것 같다. 그는 이제 바울과 다시 합류했다.

3) 물론 이방인들로 하여금 그것을 강제로 지키게 하지는 않았다(갈 4:10; 골 2:16).

드로아에서 유두고를 살리다(행 20:7-12)

"그 주간의 첫날에" - 안식일 다음날을 말한다. 그러니까 오늘날의 일요일 저녁이다. 바울 일행이 떡(주의 만찬)을 떼려 모였다. 바울은 이튿날 떠나기로 되어 있었다. 그래서 전날 밤 늦게까지(밤중까지 계속해서) 강론을 계속했다. 청중이 모인 윗다락에는 등불을 많이 켜 두었다(8절).

20:9 유두고라 하는 청년이 창에 **걸터 앉아 있다가 깊이 졸더니**[1)]
바울이 강론하기를 더 오래 하매(when)
졸음을 **이기지 못하여** 삼 층에서 **떨어지거늘** 일으켜보니 **죽었는지라**

1. 유두고(Eutychus, Εὔτυχος[유튀코스]) : 이 이름은 노예들에게 불려진 흔한 이름이다. 그는 아마 하루 종일 곤한 일을 했던 노예인지도 모른다. 누가는 이들과 같이 있었기에 목격자로서 그 사실을 자세히 기록했다. 유두고는 졸음을 이기지 못하고 3층에 밑으로 떨어졌고, '일으켜보니 죽었다'(ἤρθη[과거수동태] νεκρός)고 했다. 노동으로 인한 피곤과 위로 올라오는 군중들의 열기, 등불 타는 냄새, 늦게까지 계속되는 강론, 그는 졸음을 이기지 못하고 밑으로 떨어졌다. 그래서 죽었다. 모든 사람들이 그의 죽음을 확인했고, 누가도 이를 확인했을 것이다.

(1) 바울이 급히 내려가서 그 청년 위에 엎드렸다(ἐπέπεσεν[과거능동]). 바울은 그 청년의 몸을 안았다(συμπεριλαβὼν[과거분사]). '완전히 껴안았다'는 말이다. 그리고 '떠들지 말라'고 했다. 소란을 떨지 말라(걱정들 하지 말라)는 것이다(마 9:23, 야이로의 딸이 죽었을 때처럼). "떠들지 말라 생명이 그에게 있다 하고" 이 말은 유듀고가 지금 기절한 상태로 있다는 말을 의미하지 않는다. 누가는 그 청년이 '다시 살아났다'고 분명하게 기록하고 있다(12절, "사람들이 **살아난**(ζῶντα)[2)] 청년을 데리고 가서 적지 않게 위로를 받았더라").

(2) 이 소동이 있었으나 바울은 다시 "올라가 떡을 떼어 먹으면서 오랫동안 곧 날이 새기까지 이야기하고 두로아를 떠났다"(11절). "날이 새기까지" 이야기가 계속되었다는 것을 보면 다시 오지 못할 것이라 생각하여 많은 대화를 나누었을 것이다.

(3) 한편 사람들은 다시 살아난 유두고를 데리고 가서 '적지 않게'(greatly, οὐ μετρίως) 위로를 받았다고 했다(12절).

1) 우리는 바울의 강론하는 광경을 쉽게 상상해 볼 수 있다. 밤늦게까지 계속된 강론, (기름을 채운) 등불을 많이 켜 두었기에 연기를 등불에서 연기가 많이 나와 공기를 탁하게 만들었을 것이다. 더욱이 열기는 윗다락으로 올라가 잠이 오기에 딱 맞는 환경이었다. 유리가 없는 창문에 걸터 앉았던 유두고는 졸음을 이기지 못하고 깊이 잠들어 버렸다. 그리고 3층에서 밑으로 떨어졌다.

2) 살아난 청년을 (τὸν παῖδα ζῶντα[alive])

드로아를 떠나 밀레도까지(행 20:13-16)

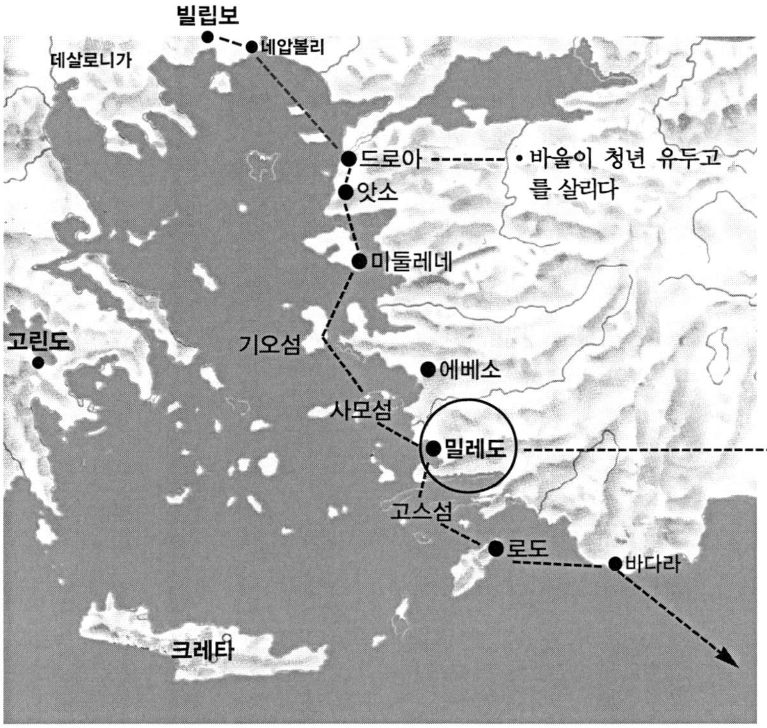

20:13 우리는 앞서 배를 타고 **앗소**(Assos)에서
바울을 태우려고 그리로 가니
//이는 바울이 걸어서 가고자 하여 그렇게 정하여 준 것이라

14 바울이 앗소에서 우리를 만나니
우리가 배에 태우고 **미둘레네**(Mitylene)로 가서

15 거기서 떠나 이튿날 기오(Chios) 앞에 오고
그 이튿날 사모(Samos)에 들르고 또
그 다음 날 **밀레도**(Miletus)에 이르니라

16 바울이 아시아에서 지체하지 않기 위하여
에베소(Ephesus)를 지나 배 타고 가기로 작정하였으니

//이는(for)
될 수 있는 대로 오순절 안에 예루살렘에 이르려고 급히 감이러라(급히 서둘렀다).

- 바울이 드로아에서 밤늦게 까지 강론 및 이야기를 마치고 그곳을 떠났다. 바울은 30km 떨어진 앗소(Assos)까지 걸어가기로 했다. 왜 혼자 걸어서 그곳까지 갔는지는 확실하지 않다. 앗소는 철학자 아리스토텔레스가 3년동안(주전 348-345) 가르치기도 했던 곳이다.
- 바울을 제외한 다른 일행은 드로아에서 앗소까지 배로 갔다. 이곳에서 바울을 만나 미둘레네 섬에 들렀다. 그 다음 날(앗소에서 출발하여 4일째 되는 날) 기오섬과 사모섬을 들르고 **밀레도**(Miletus, 앗소에서 48km 떨어진 곳)에 도착했다(15절).
- 밀레도는 (소아시아에서 가장 큰 이오니아인 도시들 중 하나인) 에베소에서 48km나 떨어진 곳이다. 밀레도는 흑해의 무역과 통상을 지배한 상업도시로 그리스의 철학자 탈레스의 고향이기도 했다.
- 바울이 밀레도에서 사람을 에베소로 보내어 교회 장로들을 청했다(17절). 바울은 에베소를 들르지 않고 밀레도로 왔는데, 이는 아마도 바울이 에베소에서 소동을 겪은지 얼마 되지 않았기 때문이었을 것이다. 그곳에서 또다시 전번과 같은 소동에 휘말린다면 오순절 전까지 예루살렘에 가려고 하는 계획에 차질을 가져올 것이라고 생각했을 것이다.

에베소 장로들에게 고별설교(행 20:17-38)

- 바울은 마케도냐와 아가야에 있는 기독교인들이 예루살렘에 있는 가난한 사람들에게 보낼 **연보**를 모았다.
- 그를 향한 음모가 있다는 경고를 받고 바울은 북쪽으로 향해 마케도냐로 갔고, 그의 동역자들은 일부 드로아로 먼저 항해하여 그를 기다렸다. 후원하는 교회의 성도들과 합류한 누가는 빌립보로부터 와서 다시 한번 그들과 함께 했다.
- 바울은 지금 에베소의 남쪽 밀레도(Miletus)까지 왔다. 배가 정박 중에 있는 동안, 바울은 에베소 장로들을 청하여 마지막 고별 설교를 하고 있다(행 20:18-35).
- 22절- bound in spirit / 성령은 인격적인 하나님이시기에 우리 안에 소원을 두고 일하신다. 바울은 예루살렘으로 가려한 것은 성령의 인도하심 가운데 결정한 것이다. 성령께서 바울의 마음을 사로잡아 인도하셨다. 예루살렘에 가서 어떤 일을 당하게 될지 아직은 모른다.
- 23절 - 예루살렘을 경유하여 로마에까지 가고자 했던 바울의 결심, 이 일이 결박처럼 되어 그로 하여금 지금 그것을 실행에 옮기도록 강권하고 있다. 이는 성령께서 바울의 마음을 사로잡아 본래의 계획을 실천하도록 만드신다. 성령께서는 바울에게 각 성에서 고난이 기다린다고 예고해 주셨다.
- 24절 - **복음증거에는 고난이 따른다.** 그러나 바울은 이 사명을 위해서는 생명을 조금도 귀하게 여기지 않겠다는 것이다.
- 바울은 죽음을 각오하고 달려간다. 따라서 그가 다시 이곳에 돌아갈 가망은 전혀 없음을 잘 알고 있다. 바울은 지금 마지막으로 **유언적 설교**를 하고 있는 것이다.

18 [그들이] **오매** 그들에게 **말하되**
/여러분도 — 아는 바니
/내가— 어떻게 행하였는지를
/아시아에 들어온 첫날부터 지금까지
항상 여러분 가운데서

- 복음을 전하고 가르쳤다. (겸손과 눈물, 그리고 부지런함으로)
- 바울은 지난3년간의 목회를 회고하면서, 자신이 사사롭게 사역하지 않았다고 고백한다. 많은 시련 속에서도 겸손과 눈물과 인내로 섬기면서 복음을 가르쳤음을 회고한다.

19 /곧 모든 **겸손**과 **눈물**이며
유대인의 간계로 말미암아 당한 **시험을 참고**
주를 섬긴 것과 (성도를 섬긴 것이 주를 섬기는 일이다)
20 /유익한 것은 무엇이든지 공중 앞에서나 각 집
에서나 거리낌이 없이 여러분에게 전하여 가
르치고
21 /유대인과 헬라인들에게 **하나님께 대한 회개**와
우리 **주 예수 그리스도께 대한 믿음**을 증언한
것이라

- 바울이 중점적으로 사역했던 점은? 회개와 믿음이었다. 회개를 통해서 예수님을 메시야로 받아들이게 된다.

22 /보라
이제 나는 —성령에 매여
예루살렘으로 가는데
/거기서 무슨 일을 당할는지 알지 못하노라
23 /오직(그럼에도 불구하고)
성령이 — 각 성에서 내게 증언하여
/결박과 환난이 — 나를 기다린다 하시나

- 바울은 죽음을 각오하고 복음을 증거한다. 결박과 환란이 기다린다고 해서 물러설 바울이 아니다.

24 /내가 —— 여기지 아니하노라
/나의 생명조차 조금도 귀한 것으로
//(목적: ὡς + 부정사, so that...may)
마치려 함에는
/나의 달려갈 길과
주 예수께 받은 사명
/곧 하나님의 은혜의 복음을 증언하는 일을

- 바울이 전하는 복음은 '은혜의 복음'이다.

25/보라
내가 —아노라
/여러분이 다 — 내 얼굴을 보지 못할 줄
/여러분 중에 왕래하며 하나님의
나라를 전파하였으나
/이제는 다시
26 /그러므로
/[내가] — 오늘 여러분에게 증언하거니와
/내가 — 깨끗하니
/모든 사람의 피에 대하여

• 바울은 어떤 마음을 갖고 자신의 사명을 감당했을까? 바울은 겔 3:18-20; 33:8-9에서의 경고를 마음에 두었을 것이다. 이 구절을 찾아 읽어보자. 바울은 자신이 마땅히 복음을 전해야 할 사람들에게 복음을 전하지 않으면 하나님이 그들의 피값을 자신에게 물을 것이라는 마음으로 복음을 전파했다(비교. 행 18:6).

27 //이는(이유:γάρ, for)
내가 — 꺼리지 않고
/하나님의 뜻을 다 여러분에게 전하였음이라

28 /여러분은 —— 삼가라 (프로세코, προσέχω, ~에 마음을 돌리다)
/자기를 위하여 또는 온 양 떼를 위하여
/성령이 —— 여러분을 감독자로 삼고
/그들 가운데
//(목적: 부정사)
보살피게 하셨느니라
/교회를
/하나님이 자기 피로 사신

29-30
/내가 — 아노라
/내가 떠난 후에
/사나운 이리가 —— 여러분에게 들어와서
/그 양 떼를 아끼지 아니하며
/또한
어그러진 말을 하는 사람들이 — 일어날 줄을
/여러분 중에서도
//(목적 : 부정사)
제자들을 끌어 자기를 따르게 하려고

31 /그러므로
여러분이 —— 일깨어
/기억하라(기억하면서)
/내가 삼 년이나 밤낮 쉬지 않고 눈물로 각 사람을 훈계하던 것을

32 /지금 내가 —— 부탁하노니
/여러분을 주(하나님)와 및 그 은혜의 말씀에
/그 말씀이 ┬ 여러분을 능히 든든히 세우사
└ 기업이 있게 하시리라
/거룩하게 하심을 입은 모든 자 가운데

33 /내가 ——— 탐하지 아니하였고
/아무의 은이나 금이나 의복을

34 /여러분이 —— 아는 바와 같이
/이 손으로 나와 내 동행들이 쓰는 것을 충당하여

35 /[내가] ——— 범사에 여러분에게 모본을 보여준 바와 같이
/수고하여 약한 사람들을 돕고
또 주 예수께서 친히 말씀하신 바 주는 것이 받는 것보다 복이 있다 하심을 기억하여야 할지니라

• 28절 : 양 떼를 '잘 보살피십시오'
바울은 성령께서 목회자를 부르시고, 임명하신다고 굳게 믿고 있었다. 여기 감독자란 '장로들'과 같은 사람들을 가리킨다.

• 28절 : 바울은 감독들(장로들)이 목양의 책임이 있음을 강조한다. 장로들(당시 감독자)은 교회가 진리에 굳건하게 서도록 부지런히 보살펴야 한다.

• **29-30절 : 바울이 떠난 이후 어떤 일이 벌어질까? 바울은 이것을 걱정했다.**

① 이단들(사나운 이리, 거짓 목자들)이 들어올 것이다. 이단들의 특징은 무엇인가? 이들은 양떼를 아끼지 않는다는 것이다.

② 진리를 그르치는 말을 하는, 즉 어그러진(왜곡된) 말을 하는 사람들 - 이들은 교회 내에서 파생된다. 이들은 왜곡된 내용으로 교인을 유인하여 그들을 자기들의 제자로 삼으로 한다.

• **31절 : 그러므로 언제나 깨어 있어라.**

3년동안이나 머물면서 눈물과 겸손과 부지런함으로 가르쳤다. 바울이 증거했던 복음을 내용을 잘 가르친다면 이런 위험에서 벗어날 수 있을 것이다.

• **32절 :** 바울은 하나님과 그 은혜의 말씀에 여러분을 맡긴다고 했다. 그 말씀만이 능히 교인들을 완전한 사람으로 든든하게 지킬 수 있기 때문이다. 또한 거룩하게 된 모든 사람들을 유업으로 차지할 수 있게 할 것이다.

• **33-35절 :** 바울은 에베소에 있을 때의 삶의 모습을 회상시킨다. 바울은 자기가 필요한 것은 자신이 직접 충당하여 썼다. 그러면서도 바울은 늘 경제적으로 약한 자들(=가난한 자들)을 도우려고 힘을 썼다. 주님께서 주는 것이 받는 것보다 더 복이 있다는 말씀을 실천으로 옮겼다. 그래서 자신은 언제나 본을 보여왔음을 주지시킨다.

2. 바울의 설교가 이제 끝났다. 얼마나 오랫 동안 설교를 했을까? 설교가 끝나자 숙연해졌을 것이다. 왜냐하면 바울 일행이 곧 이곳을 떠난다는 것을 알고 있었기 때문이다.

(1) 바울은 3차 전도여행을 마무리하고 있다. 그는 밀레도에 잠깐 머무는 동안 에베소 교회 장로들을 초청한다. 바울은 다른 어떤 지역보다 에베소에서 길게 체류했다. 3년 동안 체류하면서, 그는 위기와 박해 등으로 여러 어려움을 겪었다. 바울은 지금, 예수님께서 다락방에서(요 13-17장) 있었던 고별강화(farewell discourse)와 같은 설교를 하고 있다. 그는 이제 다시는 에베소 교인들을 보지 못할 것임을 알고 있다. 그의 앞으로의 여정은 예루살렘으로 돌아가는 것이다. 그리고 곧 당시의 세계의 수도 로마까지 가야만 한다. 그것은 그의 뜻이기도 하지만 성령님의 역사이기도 하다.

(2) 바울은 지금까지 미쳐 털어놓지 못했던, 마음에 담아두었던 말을 에베소 교회의 장로들에게 흉금을 떨어놓고 전한다. 그는 지금까지 자신의 삶 전부를 드렸다. 바울은 에베소 교회를 위해 충성스럽게 헌신했음을 말한다. 유대인들의 음모로 여러 차례 시련을 겪었고, 눈물도 많이 흘렸고, 온갖 굴욕도 참아가며 주님을 섬겼다고 말한다. 주님을 섬겼다는 말은 성도들을 가르치며, 사랑으로 헌신해왔다는 말이다.[1)]

3. "이 말을 한 후 무릎을 꿇고(눅 22:41 참조) 그 모든 사람들과 함께 기도했다"(36절)

20:37 다 ─┬─ **크게 울며**
　　　　　└─ 바울의 목을 안고 **입을 맞추고** (아마도 한명씩 한 명씩)
38 [그들이] ── 그를 **전송하니라**
　　　　/배에까지
　　　　/더욱 근심하고
　　　　　/다시 그 얼굴을 보지 못하리라 한 말로 말미암아

세상에서 가장 아름다운 장면, 그러나 지금 이들은 슬프다. 가슴이 아프다. 다시는 자기 얼굴을 보지 못하리라 한 바울의 말 때문이었다. 이들은 바울을 전송하기 위해 밀레도 선착장까지 함께 나갔다. 에베소 장로들과 작별한 일행은 바로 고스 섬으로 가서 그 이튿날 로도, 그리고 바다라로 갔다. 그곳에서 베니게로 건너가는 배를 타고, 구브로 섬을 지나쳐 두로에 상륙한다.

1) 바울은 온 힘을 다해 에베소 성도들을 섬겼다. 성도들에게 유익한 것이라면 어디에서든지, 즉 공중 앞에서나 각 집에서 거리낌이 없이 전히며 가르쳤다는 것이다(20절).

그러나 이제는 성령의 매임을 받아(=성령님의 지시를 따라), 예루살렘으로 올라가야 한다. 물론 그곳에 가면 어떤 어려움이 기다리고 있을지 모른다. 혹 어떤 감옥과 고통이 기다린다고 해도 그는 하나님의 뜻을 준행해야만 한다는 것이다(23절).

바울은 엄숙하게 증언한다. 즉 여러분 가운데 누가 구원을 받지 못하는 일이 있어도 나에게는 아무 책임이 없다고 말한다. 왜냐하면 그는 하나님의 모든 계획을 남김없이 전해 주었기 때문이다.

성령님께서는 여러분들을 교회의 감독자로 세우셨으니 양떼들을 잘 보살펴야 한다고 권면(명령)한다. 왜냐하면 교회는 하나님께서 그의 아들의 피로 값을 치른 것이기 때문이다.

바울이 지금 걱정하는 것이 자신이 이곳을 따난 후에 흉악한 이리(이단들이)가 들어와 양떼를 마구 해칠 것이 걱정이었다(29절). 교회 내에서도 성도들을 이탈시키려는 무리가 있을 것이라는 것이다.

에베소에서의 사역

당시 에베소에서 통용되었던 화폐에는 신전과 아데미 신상이 새겨져 있다.

• 제2차 전도여행 중에 방문했던 곳
이들을 굳건하게 하기 위한 3차 전도여행이 시작된다.
바울은 갈라디아와 브루기아 땅을 차례로 다녔다.
그리고 에베소에 이르렀다. 2차 전도여행 때의 약속을 지킨 것이다.
거대하고 최고로 인상적인 도시, 에베소
그곳에는 거대한 아데미 신전이 있었다.
에베소인들은 아데미의 신전 관리자인 것을 자랑스러워했다.
바울과 그의 동역자들은 그 도시와 인접한 지역에 복음을 전했다.
바울은 회당에서 강론하고 두란노서원에서도 강론했다.

• 에베소에서 3년이나 교회를 섬기는 일은 순탄치 않았다.
겸손과 눈물, 유대인의 간계 그리고 계속 이어지는 시련들(20:19).
게다가 바울은
고린도교회의 문제로 엄청난 심적 고통을 겪는다.
바울과 그의 동역자들, 이들의 사역으로 인해
소아시아의 다른 도시들이 복음화 되었다.
서머나, 버가모, 사데, 빌라델비아, 라오디게아, 골로새,
히에라폴리스에 있는 기독교 공동체들이 이 시기에 세워졌다.
복음을 전파하는 일은 생명을 건 전투이다.

• 오늘날도 이런 악조건하에서 사역하는 선교사들이 많다.
이들을 위해 나는(우리는) 지금 어떤 형태의 지원을 하고 있는가?

8 오직 성령이 너희에게 임하시면 너희가 권능을 받고 예루살렘과 온 유대와 사마리아와 땅 끝까지 이르러 내 증인이 되리라

행1:8 —— 6:7 —— 12:24 —— 16:5 ——→ 19:20

① 1:1-6:7	예루살렘 흥왕 / 허다한 무리	베드로 / 요한
② 6:8-9:31	온 유대와 갈릴리 / 사마리아	빌립 / 스데반
③ 9:32-12:24	이방인	베드로의 이방인 사역
④ 12:25-16:5	소아시아 중부사역(터키, 동유럽)	바울
⑤ 16:6-19:20	소아시아 서부, 동부(고린도, 에베소, 아덴, 마게도니아 등)	바울
19:21-28:31	로마까지 (1:8에서 이야기 하는 곳)	바울

땅 끝까지
ἕως ἐσχάτου τῆς γῆς

"이와 같이 주의 말씀이 힘이 있어 (계속하여) 흥왕하여 세력을 얻으니라"(행 19:20).

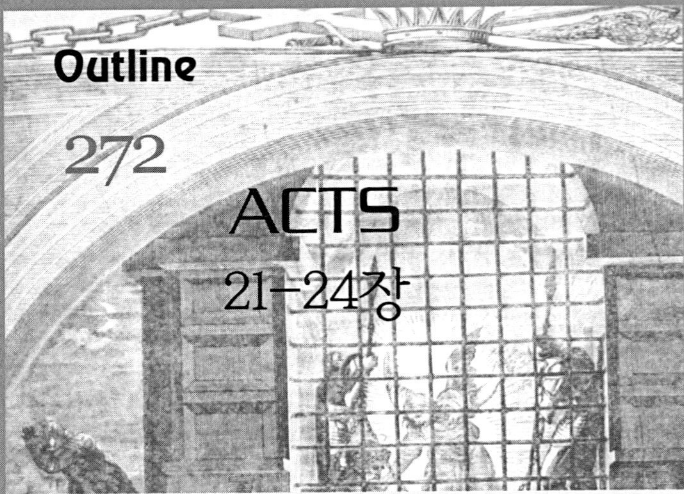

Outline

272

ACTS 21–24장

3차 전도여행 ➡ 예루살렘으로

바울은 3차 여행을 끝내고
예루살렘으로 올라가고 있다.
바울의 계획은 이번 여행을 끝내고
로마에 가려는 뜻이 있음을 밝혔다.
바울은 마게도냐와 아가야에 있는 성도들을 통해
예루살렘에 있는 가난한 성도들을 위한 연보를 모았다.
자신을 죽이려는 음모가 있다는 정보를 입수한 바울,
그는 계획을 변경, 북쪽으로 향해 마게도냐에 이른다.
반면에 그의 동료들은 드로아에서 기다리고 있었다.

누가와 합류한 바울은 드로아에 들른 후
밀레도에 정박한다.
바울의 배가 정박하고 있는 동안
에베소로부터 많은 성도들이
바울을 만나기 위해 내려왔다.
바울은 그들에게 권면의 고별설교를 했다.
그리고 다시 못봄을 인해 눈물로 작별했다.

고스와 로도 섬을 거쳐 바다라를 지나
마침내 두로(Tyre)가 있는 해안에 상륙,
가이사랴에서 잠시 머문 후, 예루살렘에 도착했다.

바울은 예루살렘에서 수많은 대적들을 만난다.
결국 그는 옥에 갇혔지만, 의미없는 시간은 아니었다.
이곳에서 2년을 어떻게 지냈는지 자세한 기록이 없다.
그의 선교여행은 아직 끝나지 않았다.

바울이 예루살렘으로 향하다(21:1-16)

(1) 제3차 전도여행이 끝나가고 있다. 바울 일행은 지금 예루살렘을 향하여 출항했다. "우리가 그들을 작별하고 배를 타고 바로 고스로 가서"

(2) 바울 일행은 두로에 상륙해서 제자들을 찾아 만났다. 이곳에서 이레 동안 머물렀다. 배에 짐을 풀어야 했기 때문이다. 이 기간 동안 제자를 찾아갔다. 예루살렘으로 올라가지 말라는 경고가 여러 경로를 통해서 바울에게 전달되었다. 그러나 바울의 마음속에는 요동함이 없다.

(3) 가이사랴에 이르러 일곱 집사 중 하나인 전도자 빌립의 집에 들어가서 머물렀다(7-8절). 그런데 "그에게 딸 넷이 있으니 처녀로 예언하는 자"라고 했다(9절). 이곳에서 머무는 동안 아가보(Agabus)라 하는 한 선지자가 유대로부터 내려왔다(10절). 이들 일행들도 "그곳 사람들과 더불어 바울에게 예루살렘으로 올라가지 말라 권했다"(12절). 동행한 제자들과 더불어 주위 사람들도 예루살렘에 올라가지 말라고 계속 설득을 했다.

(4) 바울이 대답하되 "여러분이 어찌하여 울어 내 마음을 상하게 하느냐? 나는 결박 당할 뿐 아니라 주 예수의 이름을 위하여 예루살렘에서 죽을 것도 각오하였노라."

바울이 야고보를 방문하다(행 21:17-26)

(1) 바울은 야고보와 장로들에게 문안한 뒤 그 동안의 사역을 자세히 진술했다(19절). 사역에 대한 자세한 보고를 듣고 참석한 모든 사람들이 하나님께 영광을 돌렸다고 했다. 그러나 이 모임의 분위기는 따뜻한 환영의 모습은 없어 보였다. 문제가 있었기 때문이다.

(2) 유대인 중에 믿는 사람이 수만 명이 있는데 이들은 모두가 율법에 열성을 가진 자라는 것이다. 그래서 야고보는 바울에게 나실인의 서원(민 6:1-2 참조)을 이행하여 유대적인 어떤 것을 인정하고 공개적으로 지지하라는 것이다(24-25절). 바울은 야고보의 제안을 받아들였고 그대로 이행하고 그 비용도 지불했다(26절).

3차 전도여행을 끝내고 예루살렘으로 오다 · 바울의 투옥과 변론 · 가이사랴 감옥에서 2년간

바울이 잡히다(행 21:27-36)

(1) 바울이 서원한 기간이 끝날즈음, "아시아로부터 온 유대인들이 성전에서 바울을 보게 된다."(27절) 이들은 바울이 성전에 있는 것을 보고 무리를 충동해서 그를 붙잡고 난동을 일으켰다.

(2) 군중들은 바울을 죽이려고 했다. 이 소동으로 예루살렘 성 안이 시끄러워지자 로마 군인들이 출동했다. 이 소동은 결국 천부장까지 보고되었다. 천부장은 급히 군인들과 백부장을 거느리고 현장에 나타났다. 사람들이 저마다 다른 소리를 하며 소란을 피우기에 진상을 알아낼 수가 없자 결국 바울을 영내로 끌고 갔다(33-34절).

바울의 변론(행 22:1-29)

(1) 설교 도중에 돌발 상황이 벌어졌다. 설교를 듣다가 군중들이 소리 지르기 시작했다. "이러한 자는 세상에서 없애 버리자 살려 둘 자가 아니라"(22절). 이들은 미친듯이 고함을 지르며 "옷을 벗어 던지고 티끌(먼지)을 공중에 날렸다"(23절). 이는 극도의 분노를 표시하는 방법이었다.

로마시민인 바울(행 22:24-29)

(2) 상황이 심각하게 돌아가자 천부장이 직접 일어나 장내를 정리했다. 천부장은 "바울을 영내로 데려가라!"고 명령했다. 그리고 "그들이 무슨 일로 그에 대하여 떠드는지 알고자 하여 채찍질하며 심문하라"고 했다. 이들은 바울을 가죽 줄로 매달았다. 바울은 곁에 서 있는 백부장에게 "너희가 로마 시민된 자를 죄도 정하지 아니하고 채찍질할 수 있느냐?"고 항의했다(25절). 백부장은 순간 당황했다.

(3) "천부장님, 이제 어찌하실 작정입니까? 저 사람은 로마 시민이랍니다."(26절) 천부장도 곤란하게 되었다. 그는 바울에게 가서 "당신이 로마 시민이라는 것이 사실이오." "그렇소!" "나는 돈을 많이 들여 이 시민권을 얻었소." 바울이 대답한다. "나는 나면서부터 시민권을 가진 사람이오."

(4) 심문하려던 사람들이 즉시 바울에게서 물러갔다. 천부장도 바울이 로마 시민인 줄 알고 또 그 결박한 것 때문에 두려워했다(29절). 천부장도 겁을 먹었다는 말이다. 천부장은 다음 단계로 문제를 풀어가려고 했다. 유대인들이 왜 바울을 고소하려 했는지 진상을 알아보라고 했다. 그래서 제사장들과 온 공의회를 소집했다.

바울을 고발하다(24:1-9)

(1) 바울은 로마의 유대 총독인 벨릭스(Marcus Antonius Felix)의 관저가 있는 가이사랴로 옮겨져서 송사가 끝날 때까지 기다려야 했다.

(2) 대제사장 아나니아가 어떤 장로들과 변호사 더둘로와 함께 내려와서 총독 앞에서 바울을 고발했다. 이 사람은 헬라계 유대인이었을 것이다. 더둘로의 소송이 끝나자 유대인들도 이에 참가하여 이 말이 옳다 주장했다.

(3) 바울이 변론을 시작했다(24:10-21). 바울은 유대인들이 고소하던 내용을 반론했다. 바울은 기독교가 가르치는 도를 따르긴 하지만 이단은 아니라고 주장했다. 자신이 예루살렘에 예배하러 온지 12일 밖에 안되었는데, 어떻게 유대인을 선동하여 소동을 벌였겠느냐고 이들의 주장을 반박했다. "나도 조상의 하나님을 섬기고, 율법과 선지자들의 기록도 다 읽는다. 하나님을 향한 소망도 가지고 있으며, 의인과 악인의 부활도 믿는다"고 했다. "나도 하나님과 사람에 대하여 양심에 거리낌이 없이 살아왔습니다."

(4) 여기까지 듣고 있던 벨릭스는 재판을 휴정했다. 벨릭스는 그의 아내(유대 여자 드루실라)로부터 그 도에 대해 들어서 잘 알고 있었기 때문이었다.

(5) 천부장도 바울에게서 죄를 발견하지 못했고, 의회도 마찬가지였다. 더둘로 역시 그의 고소 내용을 입증할 증거가 없었다. "천부장 루시아가 내려오거든 너희 일을 처결하리라"하고 "백부장에게 명하여 바울을 지키되 자유를 주고 그의 친구들이 그를 돌보아 주는 것을 금하지 말라"고 명령했다. 바울은 2년을 가이사랴 감옥에서 보내게 된다.

바울이 예루살렘으로 향하다(21:1-16)

1) 로도(Rhodes)는 '장미의 섬'으로 불리워졌다. 연중 일조량이 풍부하여 장미가 만발한 섬이다. 이곳은 태양을 상징하는 거대한 아폴로 신상이 있는데, 세계 7대 불가사의 중의 하나이다.

제3차 전도여행이 끝나가고 있다. 바울 일행은 지금 예루살렘을 향하여 출항했다. "우리가 그들을 작별하고 배를 타고 바로 고스로 가서" - '고스'(Cos)에 도착했다. 이곳도 유대인이 많이 사는 도시였다. 고스는 산이 많은 섬이다. 이곳은 히포클라테스에 의해 주전 5세기에 세워진 의과대학이 있는 곳이다. 그리고 "이튿날 로도에 이른다"(1절).[1] "거기서부터 바다라(Patara)로 가서 베니게(페니키아)로 건너가는 배를 만나서 타고 가다가 구브로를 바라보고 이를 왼편에 두고 수리아로 항해하여 두로에서" 상륙했다. 짐을 풀기 위해서였다.

1. 바울 일행은 두로에 상륙해서 제자들을 찾아 만났다. 이곳에서 이레 동안 머물렀다. 배에 짐을 풀어야 했기 때문이다. 이 기간 동안 제자들을 찾아갔다.

성령의 음성

경고로 받아들여야할까?
의무로 받아들여야할까?

21:4 제자들을 찾아(after)
[우리가] —— 거기서 이레를 **머물더니**
그 제자들이 — **[말]하더라**
/성령의 감동으로(διὰ τοῦ πνεύματος)
/바울더러(τῷ Παύλῳ)
/예루살렘에 들어가지 말라 하더라

• 성령님은 이미 바울에게 이 사실을 말씀하셨었다(행 20:23).

이런 상황에서 바울은 어떤 결단을 내렸을까?
물론 바울은 이런 사실을 이미 잘 알고 있었다. 그러함에도 불구하고 바울은 그의 결심을 바꾸지 않는다. 예루살렘으로 올라가는 것을 그의 의무로 생각했기 때문이다. 제자들은 성령의 뜻을 **금하는 것으로** 받아들였지만 바울은 이를 **경고로** 받아들였다. 의무와 경고의 소리가 모두 하나님께로부터 온 것이지만 바울은 의무로 부르는 소리가 더 크게 들렸다(A.T. 로벗슨).

(1) 예루살렘으로 올라가지 말라는 경고가 여러 경로를 통해서 바울에게 전달되었다. 그러나 바울의 마음속에는 요동함이 없었다. 여러 날을 지낸 후 바울 일행은 두로를 떠난다. 모든 제자들이 부인들과 아이들과 함께 성문 밖까지 따라나왔다. 이들은 모두 바밧가에서 무릎을 꿇어 기도를 드렸다(5절). 여기서 서로 작별한 후 일행은 배에 오르고 제자들은 집으로 돌아갔다(6절).

(2) 바울은 "두로를 떠나 항해를 다 마치고 돌레마이(Ptolemais, 악고와 같은 마을이다)에 이르러 형제들에게 안부를 묻고 그들과 함께 하루를 있다가 이튿날 떠나 가이사랴에 이르러 일곱 집사 중 하나인 전도자 빌립의 집에 들어가서 머물렀다."(7-8절)

(3) 가이사랴(Caesarea)는 헤롯 대왕이 건설한 곳으로 예루살렘에서는 북서쪽 104km 지점, 해안가에 위치해 있다. 아우구스투스를 경외하는 뜻에서 '가이사랴'라고 했다. 이곳은 로마 행정 장관들의 거주지요 상업의 중심지로 주민들은 대부분 헬라인들이었다.[1] 바울은 2차 전도여행을 끝내고 돌아올 때에 이곳에 들렸었다(행 18:22). 예루살렘을 방문하겠다는 결심도 이곳에서 하게 된다(행 21:13, "나는 주 예수의 이름을 위하여 결박 당할 뿐 아니라 예루살렘에서 죽을 것도 각오하였노라").

(4) 이곳 가이사랴에는 "일곱 집사 중 하나인 전도자 빌립(Philip)이 살고 있었다. 바울은 그의 집에 들어가서 머물렀다"(8절). 빌립은 초기 예루살렘교회에서 과부를 포함하여 가난한 자들을 돌보는 일을 맡도록 택한 일곱 집사 중 한 사람이었다(행 6:1-6). 빌립은 스데반이 순교한 후 사마리아에서 복음을 전했으며(행 8:4-8), 자신의 고향 가이사랴에서 전도사역을 계속했다. 또 그는 유대교로 개종한 에디오피아 간다게 여왕의 국고를 맡은 내시에게 복음을 전하기도 했다(8:26-29). 그런데 "그에게 딸 넷이 있으니 처녀로 예언하는 자"[2] 라고 했다(9절).

2. 이 집에서 여러 날을 머물렀다. 바울은 빌립으로부터 예루살렘에서 초기 복음 전도에 대한 중요한 것을 많이 배울 수 있었다. 따라서 바울에게는 빌립과 대화를 나누는 좋은 시간이었을 것이다.

(1) 이곳에서 머무는 동안 아가보(Agabus)[3]라 하는 한 선지자가 유대로부터 내려왔다(10절). 아가보는 빌립의 딸들과 같이 예언자였다. 그는 흉년을 예언한 바 있는데(행 11:28), 유명한 인물은 아니었다. 그는 어떤 행동으로 예언을 보여주었나?

21:11 우리에게 **와서** 바울의 띠를 **가져다가**
자기 수족을 **잡아매고 말하기를**
/성령이 — 말씀하시되
/예루살렘에서 유대인들이 이같이 이 띠 임자를 결박하여
이방인의 손에 넘겨 주리라 하거늘

• 구약의 선지자들은 이런 상징적인 행동을 취하는 경우가 자주 있었다(왕상 22:11; 렘 13:1-7; 겔 4:1-6). 요한복음 21:18도 읽어보자.

(2) 일행들은 "그 말을 듣고 그 곳 사람들과 더불어 바울에게 예루살렘으로 올라가지 말라 권했다"(12절). 동행한 제자들과 더불어 주위 사람들도 예루살렘에 올라가지 말라고 계속 설득을 했다는 것이다.

1) 이곳은 백부장 고넬료가 살던 곳이다. 고넬료는 베드로를 통해 개종했다(행 10:1이하, 24이하). 그는 이방인었지만 하나님을 경외하는 자(God-fearer)였을 것이다. 그는 많은 구제를 했고(이방인인데 유대인들을 구제했다), 또 하나님께 항상(continually) 기도하는 삶을 살았다.

2) 예언의 은사를 가진 자, which did prophesy (προφητεύουσαι 현재분사) 바울은 이 예언의 은사를 다른 은사보다 높이 평가했다(고전 14:1-33). 빌립에게는 이런 딸들이 있다는 것 그것 자체가 가문의 영광이었다.

3) 아가보는 행 11:27에서 "천하가 크게 흉년들리라"고 예언했다. - 누가는 이 예언이 '글라우디오 때에 그렇게 되니라'고 했다.

3. 한목소리로 바울의 예루살렘행을 막는바람에 바울도 당황했으리라. 그러나 바울은 자신의 길을 끝까지 걸어간다. 하나님이 원하시는 뜻이 무엇일까를 알고 있었기 때문이다.

21:13 바울이 — **대답하되**(... 하니)
/여러분이 ┬ 어찌하여 울어(클라이어, κλαίω)[1)]
└ 내 마음을 상하게 하느냐?
//(이유: for)
나는 — 각오하였노라
/결박 당할 뿐 아니라
예루살렘에서 죽을 것도
/주 예수의 이름을 위하여

• 클라이오 : 심한 슬픔으로 우는 것을 가리킨다(삼상 1:7; 애 1:16). 신약에서도 같은 의미로 사용했다. 헤어질 때, 죽음과 죽은 자를 앞에 두었을 때, 환난이 임했을 때 등.

1) 클라이어 : 울다(weep) 크게 울부짖다, 울다를 뜻한다. 일반 헬라어 문헌에서는 양심의 가책이나 슬픔을 표현하지 않고, 밖으로 드러나 볼 수 있는 육체적 혹은 정신적인 고통을 표현한다.

(1) 바울이 얼마나 가이사랴에 체류했는지 알 수 없으나 그의 성격상 오래 머물지는 않았을 것이다. 바울은 주위 사람들이 예루살렘에 올라가지 말라고 눈물로 간청하는 바람에 마음이 상했다. 물론 바울에 대한 극진한 애정 때문에 그리했겠지만 그들도 바울의 예루살렘행 역시 성령님의 지시에 의한 것임을 잘 알고 있었다.

(2) 바울은 사람들을 모아놓고 강하게 꾸짖었다. "여러분이 어찌하여 울어 내 마음을 상하게 하느냐?" 바울의 결심이 무너져내릴 수도 있는 상황이기 때문이다. 바울은 자신의 결심이 결코 흔들릴 수 없음을 분명히 했다. 그는 결박뿐만 아니라 죽음까지도 각오했다는 것이다. 그것이 주님을 위한 길이기 때문이다.[2)]

(3) 예수님도 이와 같은 상황에 직면하기도 하셨다. "승천하실 기약이 차가매 예루살렘을 향하여 올라가기로 굳게 결심하신다"(눅 9:51). 승천(하늘에 오르심)하실 날이 다가온다는 말은 곧 그의 죽음이 가까웠다는 말이다. 그래서 예루살렘으로 가시기로 결심하신다. 어떤 상황이 전개되더라도 변경할 수 없는 결심을 하셨다는 말이다. 물론 예수님의 제자들은 기겁을 했다. "랍비여 방금도(were just, 뉜, νῦν) 유대인들이 돌로 치려 하였는데 또 그리로 가시려 하나이까?"(요 11:8). 예수님과 제자들은 유대인들의 분노를 피해(요 10:39-40) 헤롯 안디바가 통치하는 비교적 안전한 곳으로 가셔서 사역중이었다. 그런데 이제 다시 유대(예루살렘)로 들어가자는 것이었다. 유대인들의 적대감을 잘 알고 있는 제자들, 그래서 두려워하는 제자들에게 예수님은 그의 사역의 완성을 위해(요 13:1), 뒤로 물러서지 않으신다.

2) 성령 충만한 사람들의 예언적인 충고에 바울은 어떤반응을보였나? 기도하는 사람들의 권고와 하나님의 뜻 사이에서 바울은 하나님의 뜻에 우선권을 두었다. 비록 그들의 예언과 같이 고난을 당한다해도 죽을 각오를 가지고 올라가기로 결심한다.

바울은 비록 예루살렘에서 잡혀 죽는 한이 있더라도 "주 예수의 이름을 위하여" 죽을 것도 각오하고 예루살렘 행을 고집한다. 물론 예루살렘에 가서 잡혀 옥에 갇혔지만 그 속에 보이지 않는 하나님의 뜻이 숨겨져 있었을 것이다.

(4) 바울도 지금 이와 비슷한 상황이다. 그러나 바울은 지금 자신이 예루살렘에 가려고 하는 중요한 이유가 "주 예수의 이름을 향하여(ὑπὲρ τοῦ ὀνόματος τοῦ κυρίου Ἰησοῦ.)", 즉 죽음을 각오한 결심이라고 했다.

(5) 간곡한 권면에도 그의 결심이 변하지 않음을, 즉 설득되지 아니하므로, "주의 뜻대로 이루어지이다"(τοῦ κυρίου τὸ θέλημα The will γινέσθω be done) 하고 그쳤다(ἡσυχάσαμεν)[1]고 했다(14절). 결국 바울의 결심을 받아들이기로 했다. 바울은 여러 날 후에 여장을 꾸려 예루살렘으로 올라가기 시작했다(15절). 가이사랴에서 예루살렘까지는 104km, 아마 말을 타고 갔을 것이다. 이때 "가이사랴의 몇 제자가 함께 가며 한 오랜 제자 '구브로 사람 나손'(Mnason of Cyprus)[2]을 데리고 갔다." 왜냐하면 "그의 집에 머물려고 했기" 때문이다(16절)

1) 과거능동태 / 헤쉬카조(ἡσυχάζω) - 침묵하다. 즉 '설득하려는 노력을 중단하다'라는 의미이다.

2) 나손(므나손, Μνάσων) - 흔한 헬라 이름을 가지고 있으나 유대인이었던 것 같다. 아마도 나손은 오순절의 120문도 중에 한 사람이었던 것 같다.

바울이 야고보를 방문하다(행 21:17-26)

1. "예루살렘에 이르니 형제들이 우리를 기꺼이 영접하거늘(환영했다)." 예루살렘에 있는 바울의 개인적인 친구들이 베푼 것일 것이다.

21:18 바울이 ——— 야고보에게로 **들어가니**
/그 이튿날
/우리와 함께
장로들도 다 — **있더라**

• 49년경, 바울은 예루살렘 회의에 참석했다(행 15:4-29). 그 당시 야고보가 교회의 수장으로 사회를 보았었다. 그리고 2, 3차 여행을 끝내고 지금(57년 5월경), 다시 야고보를 만난 것이다. 아직도 야고보가 교회의 수장으로 있었다.

(1) 바울은 야고보와 장로들에게 문안한 뒤 그 동안의 사역을 자세히 진술했다. "바울이 문안하고 하나님이 자기의 사역으로 말미암아 이방 가운데서 하신 일을 낱낱이 말하니"(19절). 그는 전도여행의 주 목적이 이방인을 위한 사역이었음을 강조했다. 이곳에는 야고보 외에도 다른 장로들도 와 있었다. 아마도 바울 일행을 환영하기 위해 초정된 것 같다. 여기서 사도들의 이름이 언급되지 않은 것을 보아 사도들은 아마도 전도여행을 떠난 것 같다.

(2) 환영 분위기는 어떠했을까? 사역에 대한 자세한 보고를 듣고 참석한 모든 사람들이 하나님께 영광을 돌렸다고 했다. 그러나 이 모임의 분위기는 따뜻한 환영의 모습은 없어 보였다. 문제가 있었기 때문이다. 예루살렘에 있는 유대인들은 바울에게 우호적인 생각을 갖고 있지 않다는 것이었다.

• 지금 예루살렘에는 유대인이면서 믿는 자들이 수만 명이 있다고 했다. 과장된 표현이라 할지라도, 상당히 많은 신자가 있었을 것이다.

21:20 그들이 듣고(when) 하나님께 **영광을 돌리고**
바울더러 **이르되**
/형제여 그대도 보는 바에 유대인 중에 믿는 자 수만 명이 있으니
다 **율법에 열성을 가진 자**라

• 젤로테스(ζηλωτής) - 처음에는 하나님에 대해 열심 있는 자를 의미했다(눅 6:15; 행 1:13 - 예수님의 제자 시몬). 바울도 이런 열심 있는 자였다(갈 1:14).

유대인 기독교인들은 여전히 율법에 열심이었다. 이들은 바울을 죽이기 위해 동분서주했다. 예루살렘 회의가 있었을 때에도(49년경) 적대적이었던 그들은 2, 3차 전도여행을 끝내고 예루살렘에 돌아온 바울을 크게 모함하며 죽이려 하고 있었다. 야고보는 이런 사실을 알려주면서 그 대책을 숙의 했다.

(3) 이렇게 유대인 중에 믿는 사람이 수만 명이 있는데 이들은 모두가 율법에 열성을 가진 자(zealous for the Law)라는 것이다. 옛날에 바울은 이러한 열광적인 유대인 중의 하나였었다(갈 1:14). 이들은 기독교인이 되었음에도 불구하고 여전히 율법에 열심이었다. 이들이 모두 바울을 좋아하지 않는다는 것이다. 바울을 비난하는 이유는 다아스포라 유대인에게 잘못 가르쳤다는데에 있었다. 그들은 다음 세 가지 문제점을 지적한다.

21:21 그들이 — **들었도다**
/네가 — 가르치되
/이방에 있는 모든 유대인을
/① 모세를 배반하고(배반하도록)
/② 아들들에게 할례를 행하지 말고
/③ 또 관습을 지키지 말라 한다 함을

• 대적자들은 이런 이유로 인해 그를 죽이려 하고 있었다. 물론 이런 주장들은 사실이 아니었다.

(4) 문제가 심각해졌다. 예루살렘 회의 때(49년경) 있었던 반대보다 상황이 더욱 심각하게 되었다. 야고보와 장로들은 저들이 주장하는 것이 잘못된 일인 줄 알고 있지만 바울이 분명한 입장을 보여달라는 것이었다. 물론 바울은 로마서, 갈라디아서를 통해 이러한 사실을 분명히 밝혔다. 더욱이 바울이 유대인 자녀들에게 할례를 하지 말라고 했다는 것이다. 물론 바울은 이런 주장과는 전혀 반대로 가르쳤다(고전 7:18-19, 9:19 참조). 또한 바울을 폐율법주의자로 몰아갔다. "관습(에도스, ἔθος, 관례, 법)을 지키지 말라"고 가르쳤다는 것이다.

2. "그들이 당신이 여기 온 것을 틀림없이 알게 될 터이니, 그러면 어찌하면 좋겠습니까?" – "그러니 우리가 일러주는 대로만 하시오."

(1) 그래서 작전을 짠다. 장로들이 문제 해결을 위해 결례 절차에 대한 계획을 알려준다. "여기에 하나님 앞에 스스로 맹세한 사람이 넷 있습니다."

(2) 바울에게 나실인의 서원(민 6:1-2 참조)을 이행하여 유대적인 어떤 것을 인정하고 공개적으로 지지하라는 것이다(24-25절). 바울은 야고보의 제안을 받아들였고 그대로 이행하고 그 비용도 지불했다(26절).[1)]

1) 물론 바울은 야고보의 제안을 받아들였지만 그렇다고 바울이 그가 지금까지 전한 복음의 내용을 수정하려는 것이 아니다. 다만 유대인들에게 불필요한 오해로 복음을 전하는데 도움이 도지 않는다고 판단하였기 때문이다. 바울은 구원의 진리에 대해서는 양보가 없었지만 전달과정에서 유연성을 보였다(고전 9:20-21 참조).

바울이 잡히다(행 21:27-36)

1. 바울은 네 사람을 데리고 성전에 들어가서 함께 결례를 행했다(26절). 바울도 율법을 따라 결례를 행함으로써 불필요한 오해를 불러오지 않으려 했기 때문이다. 오랜 기간 이방 지역에서 활동했기 때문에 결례가 필요했다. 이런 과정에서 바울은 유대인의 눈에 쉽게 노출되었다.

(1) "그 이레가 거의 차매", 즉 바울이 서원한 기간이 끝날즈음, "아시아로부터 온 유대인들이 성전에서 바울을 보게 된다."(27절) 이들은 바울이 성전에 있는 것을 보고 무리를 충동해서 바울을 붙잡고 난동을 일으켰다. [아시아로부터 온 유대인들]은 누구일까?

바울은 에베소에서 사역할 때 바울을 죽이려고 난동을 일으켰던 무리들이다. 에베소에서 이들은 바울을 죽이려고 했으나 실패로 돌아갔다(행 19:23-41). 그들 중 일부가 오순절을 지키기 위해 예루살렘에 와 있었다. 따라서 이들은 성전을 출입하던 바울을 단번에 알아볼 수 있었다.

(2) 이들은 순례객들을 향하여 소리치기 시작했다. "이 사람은 어디를 가든지 우리 동포와 율법과 이 성전을 비방한 사람입니다. 게다가 헬라인을 성전으로 데리고 들어와서 이 거룩한 곳을 더렵혀 놓았습니다." 그런데 이 말을 듣던 사람들이 에베소 사람 드로비모(Trophimus, 딤후 4:20 참조)가 바울과 함께 시내에 있음을 보았기 때문에 바울이 그를 데리고 이방인 금지 구역을 넘어 성전의 내소까지 들어간 줄로 생각했다(29절). "온 성이 소동하기 시작했고, 백성이 달려와 바울을 잡아 성전 밖으로 끌고 나갔다. 그리고 성전 문들이 곧 닫혔다(30절).

(3) 군중들은 바울을 죽이려고 했다. 이 소동으로 예루살렘 성 안이 시끄러워지자 로마 군인들이 출동했다. 이 소동은 결국 천부장까지 보고되었다. 천부장은 급히 군인들과 백부장을 거느리고 현장에 나타났다. 바울을 때리고 있던 사람들은 천부장과 군인들을 보자 때리기를 그쳤다. 천부장은 부하들을 시켜 바울을 쇠사슬에 묶고 무슨 일로 소동이 일어났는가 물어보았다. 사람들이 저마다 다른 소리를 하며 소란을 피우기에 진상을 알아낼 수가 없자 결국 바울을 영내(營內)로 끌고 갔다(33-34절*).

- 행 21:33 "이에 천부장이 가까이 가서 바울을 잡아 두 **쇠사슬로 결박하라** 명하고 그가 누구이며 그가 **무슨 일을 하였느냐 물으니** 34 무리 가운데서 어떤 이는 이런 말로, 어떤 이는 저런 말로 소리 치거늘 천부장이 소동으로 말미암아 진상을 알 수 없어 그를 영내로 데려가라 명하니라."

바울이 층계까지 끌려갔을 때에 군중이 하도 난폭하게 굴어 군인들이 바울을 둘러메고 올라갈 수밖에 없었다(35절). "백성의 무리가 그를 없이하자고 외치며 따라 감이러라"(36절).

2. 바울은 지금 영내로 끌려 들어가고 있다. 그렇지만 바울에게는 전혀 두려움이나 불안함이 없어보인다. 혹시 말씀을 전할 수 있는 기회가 있을지도 모른다.

(1) 바울이 천부장에게 이렇게 묻는다. "제가 한 말씀드려도 좋겠습니까?" ("May I say something to you?") 이런 정중한 요청은 천부장을 놀라게 했다. 그가 헬라어로 말했기 때문이다. "네가 헬라 말을 아느냐?"(Do you know Greek?) 바울은 아마 고급 헬라어를 구사했던 것 같다.

(2) 천부장(후에 그의 이름이 글라우디오 루시아로 밝혀진다, 행 23:26)은 즉각적인 반응을 보였다. 바울을 평범한 사람이 아니라는 것을 알았기 때문이다. 그래서 이렇게 묻는다. "그러면 네가 이전에 소요를 일으켜 자객(σικαρίος 시카리오스)[1] 사천 명(요세푸스는 3만명이라고 언급했다)을 거느리고 광야로 가던 애굽인이 아니냐?"(38절) 요세푸스는 유대인의 봉기 때에 싸운 의병들을 가리켜 '강도들'과 '자객'이라고 불렀다.

'시카리'(Sicarii)라는 말은 로마의 법적 개념인 sicarii(자객, 암살자)로 특히 초승달 모양의 단도(sica)에서 나왔다. 이들이 저지른 범행 가운데 특이하게 눈에 띄는 첫 번째 사건은 대제사장 요나단에 대한 암살 사건이다. 이들은 암살 이외에도 인질극까지 벌였다. 이들은 지도자인 메나헴(Menahem)을 추종했고, 애굽에서는 유격병으로 활약했으며, 구레네에서는 반란을 선동했다. 이들은 벨릭스 때에 처음 등장했는데, 벨릭스가 가혹한 조치를 취하자 (숨긴) 단도를 사용하기 시작했다.

(3) 천부장의 질문에 바울은 이를 부인한다. "바울이 이르되 나는 유대인이라 소읍이 아닌 길리기아 다소 시의 시민이니 청컨대 백성에게 말하기를 허락하라 하니"(39절). 당시 다소는 헬라 문화와 학문의 중심지요 인구 50만 명을 가진 대도시였다. 그런데 바울은 자신이 다소 출신이라는 것이다. 천부장은 자신이 함부로 대했다는 죄책감을 가졌을 것이다.

1) **시카리오스** : 자객, 암살자 - 옷속에 단도나 단검(라틴어 sica)을 감추고 다니는 자를 말한다. 「유대전쟁사」에 따르면 벨릭스 총독 기간에 '새로운 장르의 강도떼'라고 언급되었다. 이들은 대낮에 시내 중심부의 대로에서 살인을 저질렀다. 특히 축제 기간에, 단도를 옷속에 감추고 다니며, 군중 속에 섞여 들어가 적을 찌르곤 했다. 비적(匪賊)떼가 주로 시골이나 촌락을 거점으로 삼은반면, 이들은 로마인이 아니라 유대인 지도자들 중에서 상징적인 지위에 있는 사람들을 대상으로 하는 도시 게릴라 또는 도시 테러 집단이었다. 이들이 친로마적인 유대인을 제거하기 위해 단도를 사용했다. 므나헴의 지도 아래 대제사장 아나니아스가 살해 되었다. 이는 모두 하나님의 영광과 율법에 대한 열심 때문에 일으킨 일이었다.

(4) 바울은 천부장에게 "청컨대 백성에게 말하기를 허락해 달라고 요청"했다.

여기 모인 유대인들에게 바울은 어떤 위치에 서 있는가? 바울은;

- 배교한 유대인이요
- 변절자요
- 탈당자요
- 가말리엘과 자기 백성의 전통을 모두 저버린 자요
- 유대교에서 기독교로 전향한 자요
- 이방인의 뒤를 좇아다니면서 그들을 유대인과 동등한 것처럼 대우한 자였다.

21:40 천부장이 —— 허락하거늘(when)
바울이 —— 층대 위에 **서서**
— 백성에게 **손짓하여**
— 매우 조용히 한 후에(when)
— 히브리 말로 **말하니라**

- 바울이 층계 위에 서서 말하기를 시작하자 장내는 일순간 조용해졌으리라. 천부장이 있어서 그랬기도 했겠지만 히브리말을 하는 바울의 모습에 압도당했을 것이다. 누구든 이 상황에서 두려워해야할 분위기였지만 바울은 이 시간 오히려 담대했다.

- 바울은 히브리 말(아람어)로 말하기 시작했다. 두 가지 언어에 능통했기 때문이다. 이 시간 바울은 아주 침착했다. 무슨 내용을 전했을까?

예루살렘에서 바울의 변론(행 22:1–29)

1 부형들아(Brethren and fathers)
[너희는] —— **들으라**
/내가 지금 여러분 앞에서 변명하는 말을

• 여기 변명은 사과를 뜻하는 용어가 아니다. (ἀπολογία)

2 그들이 —— 그가 히브리 말로 말함을 듣고
더욱 **조용한지라**
이어[그가] —— **이르되**

3 /나는 유대인으로 길리기아 다소에서 났고
이 성에서 자라
우리 조상들의 율법의 엄한 교훈을 받았고
/가말리엘의 문하에서
열심이 있는 자라
/오늘 너희 모든 사람처럼
/하나님께 대하여

4 /내가 — 이 도를 박해하여
/사람을 죽이기까지 하고
/남녀를 결박하여 옥에 넘겼노니(분사)

5 /이에(as)
대제사장과 모든 장로들이 — 내 증인이라
/또
내가 ┬ 받아 가지고
/다메섹 형제들에게 가는 공문을
/그들에게서
└ 가더니
/거기 있는 자들도 결박하여
예루살렘으로 끌어다가
//(to) 형벌 받게 하려고

6 /가는 중(while)
큰 빛이 —— 나를 둘러 비치매
/다메섹에 가까이 갔을 때에
오정쯤 되어 홀연히 하늘로부터

7 /내가 —— 땅에 엎드러져 들으니
/소리 있어 이르되
사울아 사울아
네가 왜 나를 박해하느냐 하시거늘

나는 과거에 이런 사람이었다.

• 나는 다소 출신이다. (헬라 문화의 중심도시)
• 나는 예루살렘에서 자랐다(누나 집에서? 행 23:16).
• 나는 가말리엘 문하생(門下生)이다.
• 나도 당신들처럼 하나님께 대하여 열심있는 사람이었다.

迫害 박해

• 바울은 지금 어떤 심정으로 서 있었을까? 7:2-60을 읽어보자. 스데반이 바울이 참석한 자리에서 증거한 내용이다. "여러분 형제들이여!"

• 누가 이 자리에 참석하고 있을까? 주로 백성의 지도자들이다. (산헤드린 의원, 제사장들, 랍비들)

• 바울은 과거에 유대교에 철저했던 자신이 왜 이런 변화가 왔는가를 설명하고 있다. 바울이 히브리말(아람어)로 설명하자 장내가 조용해졌다. 바울은 아직도 유대주의를 고수하고 있다는 점을 드러내려 했을 것이다.

出生 출생

• 이런 율법에의 열심은 기독교도를 핍박하는데 앞장섰다. 어느 정도로? 사람을 잡아 죽이기까지. 그의 눈에는 기독교는 이단이었기 때문이었다.

• 바울이 기독교인을 핍박했던 사람이라는 것은 산헤드린 의원들 및 대제사장과 장로들이 그 증인들이다. 지금도 그 증인들이 살아 있다는 의미이다. 바울은 안디옥으로 피한 교인들을 잡아 형벌 받게 하려고 대제사장에 넘기려는 열정까지 보였다.

핍박자 바울이 그리스도를 만나는 체험을 한다.

바울은 고전 15:3-7에서 부활에 대해 설명하면서 자신의 경험을 이야기 한다. 그가 예수님을 만난 사건은 단순히 신비한 환상이나 환각의 시간이 아니었다는 것이다.

다메섹 도상에서 그와 함께 있었던 사람들은 소리를 들었고, 강렬한 빛을 목격했다. 그러나 오직 바울만이 예수를 보았고 같이 있던 그 누구도 보지 못했다고 했다(고전 9:1).

나는 네가 박해하는 나사렛 예수라

8 /내가 —— 대답하되
/주님 누구시니이까 하니
[그가] — 이르시되 (..하시더라)
/나는 — 네가 박해하는 나사렛 예수라

9 /나와 함께 있는 사람들이 — 빛은 보면서도
— 듣지 못하더라
/나에게 말씀하시는 이의 소리는

10 /내가 —— 이르되
/주님 무엇을 하리이까
/주께서 — 이르시되
/[너는] ┬ 일어나
└ 다메섹으로 들어가라
.누가 ——— 이르리라 하시거늘
/네가 해야 할 모든 것을
/거기서

11 /나는 —— 볼 수 없게 되었으므로(when)
/그 빛의 광채로 말미암아
[내가] — 다메섹에 들어갔노라
/나와 함께 있는 사람들의 손에 끌려

光彩 광채

12 /아나니아라 하는 이가 ——— 13 내게 와
/율법에 따라 경건한 사람으로 └ 말하되
/칭찬을 듣는
/거기 사는 모든 유대인들에게
/곁에 서서
/형제 사울아
/[너는] — 다시 보라
/[내가] — 쳐다보았노라
/즉시 그를

14 /그가 또 – 이르되
/하나님이 ——너를 택하여
/우리 조상들의
//(목적 : 부정사, to)
너로 하여금 ┬ 자기 뜻을 알게 하시며
├ 그 의인을 보게 하시고
└ 듣게 하셨으니
/그 입에서 나오는 음성을

證人 증인

15 //(이유: ὅτι, for)
네가 — 증인이 되리라
/그를 위하여
/모든 사람 앞에서
/네가 보고 들은 것에

- 사울의 설교 중 예수에 대한 호칭이 처음 언급된다. 바울의 회심을 언급하는 9:5, 26:15에는 보이지 않는다. 예수님이 갈릴리의 나사렛 출신이라는 것을 나타낸다.

- 하나님의 출현에는 반드시 광채가 동반한다. 여기서 빛은 하나님의 임재의 표시이다. 빛은 승천한 그리스도를 나타내심을 지시한다(행 9:3, 22:6, 9, 22:11, 26:13). 바울은 그와 동행했던 사람들이 빛을 보았으나 소리는 듣지 못했다고 진술한다.

- 바울은 이 체험을 통해 예수는 인간이 아니라 주이심을 깨닫는다. 그래서 자신의 해야 할 일을 여쭙는다. "일어나 다메섹으로 가라."

- 부활한 주님을 만난 사건은 그의 삶의 방향을 완전히 전환시켰다. 얼마 되지 않아 바울은 다메섹의 회당을 찾아가 예수는 참된 메시야라고 증언한다. 박해자 바울이 사도가 된 것이다(행 9:20).

다메섹 체험

- 바울이 땅에서 일어나 눈은 떴으나 아무 것도 보지 못하고 '사람의 손에 끌려' 다메섹으로 들어가서 사흘 동안 보지 못하고 먹지도 마시지도 아니하니라'(9:8-9).

- 바울은 그 빛의 광채로 말미암아 볼 수 없게 되었다. 눈이 멀었다는 것은 그가 부활하신 그리스도를 본 것이 환상이 아니라는 증거이다. 사울은 "사흘 동안 보지 못하고 먹지도 마시지도" 못하는 무력한 상태로 극도로 긴장 상태에 있었을 것이다.

- 이 모든 과정은 하나님께서 그의 기쁘신 뜻대로 바울을 선택하신 것에서 출발한다. 바울은 자주 자신이 선택 받은 사실을 고백한다(갈 1:15).

하나님은 바울로 하여금 하나님의 뜻을 알게 하시고, 하나님의 아들 예수 그리스도를 보게 하시고, 음성도 듣게 하셨으니 이는(이유) 보고 들은 것을 모든 사람 앞에서 증거하게 하기 위해서였다. 아나니아는 이런 사실을 바울에게 정확하게 진술한다.

16 /[너는] —— 이제는 왜 주저하느냐
/[너는] —— 일어나
— 세례를 받고
— 너의 죄를 씻으라 하더라
/주의 이름을 불러

悔心
회심

17 /후에
내가 —— 예루살렘으로 돌아와서
— 성전에서 기도할 때에(when)

황홀한 중에
18 /[내가] —— 보매
/주께서 내게 말씀하시되(=말씀하시는)
/[너는] — 속히 예루살렘에서 나가라
//(이유: διότι, for)
그들은 — 듣지 아니하리라
/네가 내게 대하여 증언하는 말을

19 /내가 —— 말하기를
/주님!
그들도 — 아나이다
/내가 — 주를 믿는 사람들을 가두고
— 또 각 회당에서 때리고
20 /또 주의 증인 스데반이 피를 흘릴 때에
내가 — 곁에 서서 찬성하고
— 그 죽이는 사람들의 옷을 지킨 줄

21 /또
[그가] —— 나더러 이르시되 (...하셨느니라)
/[너는] —— 떠나가라
//(이유: ὅτι, for)
내가 — 너를 멀리 이방인에게로 보내리라

使徒
사도

• 아나니아는 바울에게 세례를 권했다. 바울이 공식적으로 회개하고 새 사람이 된 징표를 보이라는 것이다. 물론 세례가 구원의 수단은 아니다. 이제 바울이 기독교인이 되었다는 외적 표식을 가져야 한다. (죽음 - 장사 - 부활로 이어지는) 참된 세례의 의미를 바울은 로마서 6:4-6에서 언급한다.

• 후에 바울은 예루살렘으로 돌아온다. 개종한 후 3년 만에 처음 방문했을 때의 일일 것이다. 성전에서 기도하는 중에 황홀한 중에(신비한 가운데) 어떤 음성을 들었는가? "속히 예루살렘에서 나가라." 것이었다. 그 이유를 말하고 있다. 그들이 바울의 증언을 듣지 않을 것이기 때문이다.

예루살렘을 떠나라. 빨리. 왜요?

• 바울은 약 3년전 쯤에 예루살렘에서 얼마 지독하게 기독교인을 박해 했었는가를 기억하고 있다. 그래서 주님께 그 사실을 아뢴다. 더욱이 스데반이 피를 흘릴 때에 곁에서 이를 찬성했다는 것이다.

• 바울은 과거의 자신을 되돌아볼 때 자기 동족에게 복음을 전하기 원했을 것이다. 그러나 하나님은 전혀 다른 생각을 갖고 계셨다.

너는 빨리 이곳을 떠나라. (이유) 너를 이방인에게 보낼 것이다.

3. 바울의 설교는 여기까지하고 중단되었다. 군중들이 흥분하기 시작했기 때문이었다.

군중들은 하나님께서 이방인을 부르기 위해 자신을 부르셨다는 말은 도저히 용납할 수 없었다. 그래서 설교 도중에 돌발 상황이 벌어졌다. 21절까지 설교를 듣다가 군중들이 소리 지르기 시작했다. "이러한 자는 세상에서 없애 버리자 살려 둘 자가 아니라"(22절). 이들은 미친듯이 고함을 지르며 "옷을 벗어 던지고 티끌(먼지)을 공중에 날렸다"(23절). 이는 극도의 분노를 표시하는 방법이었다.

로마시민인 바울(행 22:24-29)

1) 영내 παρεμβολή파람볼레는 당시 예루살렘의 안토니아 요새에 있는 로마 군대의 막사를 가리킨다.

1. 상황이 심각하게 돌아가자 천부장이 직접 일어나 장내를 정리했다.

(1) 천부장은 "바울을 영내(barracks)[1]로 데려가라!"고 명령했다. 그리고 "그들이 무슨 일로 그에 대하여 떠드는지 알고자 하여 채찍질하며 심문하라"고 했다. 이들은 바울을 가죽 줄로 매달았다. 바울은 곁에 서 있는 백부장에게 "너희가 로마 시민 된 자를 죄도 정하지 아니하고 채찍질할 수 있느냐?"고 항의했다(25절). 백부장은 순간 당황했다. 그는 즉시 천부장에게로 달려가 상황을 보고했다. 채찍질은 억지로 자백을 받아내기 위해 매질을 하는 것이다.

2) 로마 시민권을 얻을 수는 있는 길은 ① 로마 시민으로 태어나는 것 ② 정부에서 특별히 인정해주는 경우 ③ 돈을 주고 사는 방법 ④ 로마 정부의 판단에 따라 어느 특정 지역이나 도시 주민에게 부여하는 것(예: 빌립보 도시)

바울의 경우는 조부나 부친이 네 번째 방법으로 확득했을 것으로 보인다.

(2) "천부장님, 이제 어찌하실 작정입니까? 저 사람은 로마 시민이랍니다."(26절) 천부장도 곤란하게 되었다. 그는 바울에게 가서 "당신이 로마 시민이라는 것이 사실이오." "그렇소!" "나는 돈을 많이 들여 이 시민권을 얻었소."[2] 바울이 대답한다. "나는 나면서부터 시민권을 가진 사람입니다." 바울의 고향 다소는 길리기아 주에 속한 도시였다. 다소는 그곳에서 태어나 성장했으며 개종 후에도 약 10여년간을 그곳에서 지냈다. 바울의 조부나 부친은 안토니의 칙령에 따라 로마시민권을 소유할 수 있었다. 따라서 바울도 자유민 태생의 로마 시민권을 가지고 있었다.

(3) 심문하려던 사람들이 즉시 바울에게서 물러갔다. 천부장도 바울이 로마 시민인 줄 알고 또 그 결박한 것 때문에 두려워했다(29절). 천부장도 겁을 먹었다는 말이다.

2. 천부장은 다음 단계로 문제를 풀어가려고 했다. 유대인들이 왜 바울을 고소하려 했는지 진상을 알아보려고 했다. 그래서 제사장들과 온 공회를 소집했다.

22:30 이튿날
천부장은(이) ── 그 결박을 **풀고**
//(이유: 분사, since)
진상(참된 이유)을 알고자 하여
/유대인들이 무슨 일로 그를 고발하는지
├ **명하여** 제사장들과 온 공회를 모으고
└ 바울을 **데리고 내려가서** 그들 앞에 **세우니라**

산헤드린 공회 앞에서 설교(행 22:30-23:11)

청중들 사이에서 큰 소동이 벌어졌다. 바울의 설교를 더이상 들을 수가 없다고 판단했기 때문이다. "옷을 벗어 던지고 티끌(먼지)을 공중에 날렸던"(23절) 소동으로 바울은 로마 영내로 끌려갔다. 로마 군인들의 취조가 시작되었으나 그가 로마 시민권을 가진 사람임을 알자 천부장도 당황했다. 그 소요의 원인을 잘 알 수가 없다고 판단한 천부장은 그 이튿날, 공회를 소집했다. 대제사장도 참석했고 공회원들이 모두 참석했을 것이다. 바울은 이제 더욱더 겁낼 필요가 없었다. 그는 담대하게 설교를 한다. 설교 내용을 살펴보자.

公會 앞에 서다

공회

• 공동의회(συνέδριον쉬네드리온) : 7명으로 구성된 예루살렘의 대회의 / 의회, 산헤드린 - 유대인들의 모든 세속적 일들과 종교적 일들을 관할했다.

1. 천부장은 바울을 공회 앞에 세우면, 모든 소요는 잠잠해지리라 생각해질 것이라고 생각했을 것이다. 바울은 청중을 주목하고 있다.

23:1 바울이 ─ 공회를 **주목하여 이르되** (...하거늘)
/여러분 형제들아
/나는 ─ 하나님을 섬겼노라
/오늘까지
/범사에 양심을 따라

• 바울은 이 자리에서 조금도 당황하지 않았다. 오히려 자신과 복음 전파의 정당성을 주장하려 했다. 주목했다는 것은 찬찬히 응시했다는 것을 말한다. 그만큼 여유가 있었다는 말이다. "여러분, 나는 지금까지 오로지 바른 양심을 가지고 살아왔습니다."

(1) 여기 기록한 간단한 언급을 듣고 대제사장이 발작적인 태도를 보이지는 아니했을 것이다. 보다 상세한 언급을 했을 것이다. "나는 오늘까지 오로지 양심을 따라 하나님을 섬겼습니다." 즉 이방인에게 복음을 전한 모든 행동까지도 전적으로 선한 양심을 가지고 하나님을 섬긴 것이라고 했다. 이 말을 듣던 대제사장 아나니아(Ανανίας)는 더이상 참지 못하고 바울 곁에 서 있는 사람들에게 "그 입을 치라"고 명령했다(2절). 입이나 뺨을 치는 행위는 사람을 흥분시키는 행위이다.

대제사장 아나니아는 어떤 인물인가?

아나니아는 칼시스(Chalsis)의 왕 헤롯(헤롯 아그립바 1세의 형제)에 의해 임명되어 A.D 48-59년까지 재임했던 인물로 아주 악한 성격의 소유자로 알려졌다.[1] 그는 유대인과 사마리아인 간의 유혈 폭동에 연루되었다는 의심을 받고 수리아의 통치자에 의해 로마로 호송된 일이 있었다. 그러나 소(小)아그립바의 변호 덕택으로 무죄가 입증되어 풀려났다. 그래서 글라우디오 황제 때에 복직되었다. 그는 큰 부(富)를 소유했기에 관직에 물러난 이후에도 유력한 인물이었다. 그러나 그는 폭력과 암살을 일삼았다고 한다. A.D. 66년 로마에 대항한 유대폭동이 일어났을 때 반란군에게 잡혀 죽었다. 행 24:1을 보면 그는 총독 앞에서 바울을 고소했다.

1) 요세푸스는 그가 일반 제사장에게 돌아가야 하는 십일조를 가로챈 것에 대해 기술하고 있다.

• 아나니아는 정의를 실현하는 입장에 있어야 하는데, 그는 오히려 회칠한 담과 같은 위선자라는 것이다.

23:3 바울은 — **이르되**
/회칠한 담이여(겔 13:10-16 참조)
하나님이 — 너를 치시리로다
네가 —┬— 나를 율법대로 심판한다고 앉아서
　　　└— 율법을 어기고 나를 치라 하느냐

• "유대 최고법정의 우두머리로서 그곳에 앉아서 율법을 따라 나를 심판한다고 하면서 내 죄가 입증되기도 전에 나를 치라고 명령하는 겁니까?"

(2) 바울은 "그 입을 치라"는 대제사장의 말에 즉각적인 반응을 나타냈다. "하나님이 당신을 치실 것이요. 재판하려고 거기에 앉았으면서 나의 죄가 확증되지도 않았는데도 나를 치라고 명령하다니 말이나 되는 소리요."라고 면박을 주었다. 그러자 곁에 선 사람들이 "당신은 지금 하나님의 대제사장을 모욕하고 있는거요!" 바울은 미쳐 그 사람이 대제사장인 줄 몰랐던 것 같다.[1)]

(3) 바울은 순간 '아차' 했을 것이다. 그는 재빨리 상황을 반전시킨다. 바울은 앞을 자세히 보니 청중들 중 일부는 사두개인이요(산헤드린의 다수였다), 다른 일부는 바리새인들인(소수이지만 강력한 세력이다) 것을 알고 설교의 방향을 바꾼다.

• "나는 바리새파 사람이며 우리 부모도 바리새파 사람입니다. 지금, 내가 왜 심문을 받고 있는 줄 아십니까?"

23:6 바울이 — **외쳐 이르되**
/여러분 형제들아!
나는 —┬— 바리새인이요
또　　└— 바리새인의 아들이라
내가 — 심문을 받노라
/죽은 자의 소망 곧 부활로 말미암아

(4) "여러분, 제가 지금 왜 재판을 받고 있는 줄 아십니까? 그것은 죽은 자의 소망, 곧 부활을 전하고 있기 때문입니다." 바리새파와 사두개파 사이의 주요한 차이점 중의 하나는 부활 문제였다. 바울이 전하는 복음의 핵심적인 교리는 부활이었다.[2)] 이런 말을 하자마자 바리새인과 사두개인 사이에 분쟁이 일어났다. 따라서 무리가 서로 갈라지고 말았다(7절). 왜냐하면 "사두개인은 부활도 없고 천사도 없고 영도 없다 하고 바리새인은 다 있다"고 주장하고 있기 때문이었다(8절). 이 세 가지는 바리새인과 사두개인의 가장 중요한 교리 차이점이다.

1) 물론 정확히 알 수 없지만 대제사장이 정복을 갖춰입지 않고 앉아 있어서 못 알아볼수도 있었겠고, 또 아나니아를 직접 만나보지 못했을 것이고 아니면 바울의 시력이 약해서(?) 일수도 있다. 어쨌든 바울은 "그가 대제사장인 줄 알지 못했다"고 사과했다. 또 말씀에 "너의 백성의 관리를 비방하지 말라"(출22:28)라고 쓰여 있는 것도잘 알고 있었다고 했다.

2) 행 5:34-39에서도 이런 문제로 율법교사인 가말리엘이 일어나 문제를 해결하기도 했다.

(5) 공회 장내는 크게 시끄러워졌다. 바리새인의 목소리가 더 컸던 것 같다. 그들은 완고한 고집쟁이들이었다. 바리새인 편에서 몇 명의 서기관이 일어났다.

23:9 크게 떠들새
바리새인 편에서 몇 서기관이 **일어나 다투어 이르되**
/우리가 —— 이 사람을 보니
/악한 것이 없도다
혹 영이나 혹 천사가 그에게 말하였으면
어찌 하겠느냐? (하여)

- 다투어(διεμάχοντο 미완료중간태) - '최후까지 싸우다'라는 의미로 격렬한 싸움이 계속되었다는 뜻이다.
- 바리새인들은 "만약 천사가 그에게 말해주었으면 어찌하겠습니까?"하고 따졌다. 사두개인들은 소리친다. '천사가 어딨어?'

사두개파의 특징은?

(1) 이들의 귀족적 성격에 있다. 대제사장과 주요 사제들은 거의가 사두개파로 구성되어 있다. 그러나 평사제들은 바리새파가 많았다. 많은 사두개인들이 평귀족이었으므로 산헤드린 장로나 의원들이 되어 중요한 권력을 행사하고 있었다. 따라서 사두개파의 공통된 특징은 사제적 지위가 아니라 귀족적 위광(威光, 권위)이었다. 그러므로 백성들과는 단절된 상태에 있었다. (고위층의 사람들)

(2) 사두개파는 귀족들로 구성되어 있기에 그들의 지배적인 관심사는 정치일 수밖에 없었다. 어쨌든 사두개파는 같은 사람들끼리도 대인관계가 바리새파보다도 훨씬 좋지 못했다. 동료들 간에도 마치 외부인을 대하듯이 했다고 한다. 신약성경에도 사두개파의 점잖치 못하고 거친 모습이 나타나 있다(마 26:67이하; 행 23:2).

(3) 사두개인들은 스스로 조상의 '순수한 믿음'을 지키는 수호자로 자처했다.사두개파는 구두 율법의 몇 가지 규정에는 찬성하지만 이 구두 율법의 준수를 의무화 하는 것은 철저히 반대했다. 이들은 성문법(기록된 법)에 규정되어 있지 않은 문제에 대해서는 크게 반대했다. 이들은 율법을 해석하는 전통적인 제사 특권을 수호하려 했던 것 같다.

(4) 사두개파는 바리새파와 달리 죽은 자의 부활도 없고 내세의 기쁨과 슬픔까지도 없다고 주장함으로써 하나님과의 관련성을 제거해 버렸다(막 12:18이하; 행 23:8 참조). 요세푸스의 기록에 의하면 사두개파는 영혼은 육신과 함께 사멸하는 것으로 사후에 어떤 형벌도 받지 않는다고 믿었다(*Antiq*. XVIII. 1.4; *War* II). 당연히 그들에게서 메시야 대망 사상을 찾아볼 수 없다. 현세의 이익만을 추구했기 때문이다.

(5) 영혼 불멸과 부활 사상과 함께 사두개파는 천사나 악마의 존재도 부정했던 것 같다(행 23:7-8). 천사와 악마에 대한 영적 세계의 개념은 특히 신구약 중간기에 유행했는데 사두개파는 이러한 개념들을 모조리 배제했다. 사두개파는 오경에서조차 천사와 영적 세계가 나오는데도 이들은 자기 주장을 굽히지 않았다. 사두개인들에게는 모세오경만이 정경이었다.

2. 큰 분쟁으로 장내 분위기가 심상치 않자 천부장은 급히 사태를 수습해야겠다고 생각했다. 잘못하면 바울이 찢겨 죽을 판이었다. 천부장은 급히 부하들을 내려보내 무리 가운데서 바울을 빼내어 영내로 들어가라고 명령했다(10절). 그 날밤 주께서 바울에게 나타나 담대함을 가지라고 격려하셨다. 예루살렘에서 증언한 것처럼 로마에서도 증언해야 할 것이기 때문이다(11절).

바울을 죽이려는 음모(행 23:12-30)

1. 바울은 지금 천부장의 보호로 영내로 피신했고, 그날밤 주님께서 바울에게 나타나 격려해주셨다. 왜냐하면 로마까지 가서 복음을 증거해야 할 사명이 있기 때문이었다(11절).

(1) 문제는 유대인들이었다. 이들의 분노는 아직 수그러들지 않았다. "날이 새매 유대인들이 당을 지어 맹세하되 ***바울을 죽이기 전에는*** 먹지도 아니하고 마시지도 아니하겠다"고 결단한 무리들이 사십여 명이나 되었다고 했다(12-13절). 대중적인 소동을 일으켜서도, 또 법적인 절차를 밟아 바울을 제거하려 했으나 불발로 그치자, 이번에는 최후 수단으로 그를 암살하겠다는 것이었다. 그들은 대제사장들과 장로들에게 달려갔다. "우리가 바울을 죽이기 전에는 아무 것도 먹지 않기로 굳게 맹세하였으니" 15절*처럼만 해달라는 것이었다. 즉 백부장에게 가서 바울에 대해 더 자세히 물어볼 것이 있다고 구실을 붙여 그를 이리로 데려오면 매복했다가 죽이겠다는 것이었다.

(2) 그러나 이런 계획이 바울의 생질(조카)에 의해 탄로가 났다. 바울의 생질이 이 소식을 듣고 와서 영내에 들어가 바울에게 알렸다(16절). 그래서 바울은 백부장 한 사람을 불러 '무슨 할 말이 있다고 하니 이 청년을 천부장에게로 데려다 주기를' 부탁했다. 이 청년은 천부장 앞에 인도되었고, 그는 유대인의 공모를 모두 일러바쳤다(18-22절).

2. 이 음모 소식을 받은 천부장은 백부장 둘을 불러 이르되 밤 제 삼 시에 가이사랴까지 갈 보병 이백 명과 기병 칠십 명과 창병 이백 명을 준비하라고 명령했다(23-24절을 자세히 읽어보자). 470명의 군인이 이 한 사람을 안전하게 호송하기 위해 동원되었다.

그리고 천부장 글라우디오 루시아는 총독 벨릭스(Felix)에게 편지까지 썼다.

27 "이 사람이 유대인들에게 잡혀 죽게 된 것을 내가 로마 사람인 줄 들어 알고 군대를 거느리고 가서 구원하여다가 28유대인들이 무슨 일로 그를 고발하는지 알고자 하여 그들의 공회로 데리고 내려갔더니 29고발하는 것이 그들의 율법 문제에 관한 것뿐이요 한 가지도 죽이거나 결박할 사유가 없음을 발견하였나이다 30그러나 이 사람을 해하려는 간계가 있다고 누가 내게 알려 주기로 곧 당신께로 보내며 또 고발하는 사람들도 당신 앞에서 그에 대하여 말하라 하였나이다."

- 행 23:15 "이제 너희는 그의 사실을 더 자세히 물어보려는 척하면서 공회와 함께 천부장에게 청하여 바울을 너희에게로 데리고 내려오게 하라 우리는 그가 가까이 오기 전에 죽이기로 준비하였노라 하더니"

유대에 파견된 총독들

- 코포니우스(AD 6-9년)
- 마르쿠스 암비불루스(AD 9-12년)
- 안니우스 루푸스(AD 12-15년)
- 벨레리우스 그라투스(AD 15-26년)
- 본디오 빌라도(AD 26-36년)
- 마르켈루스(AD 37년)
- 마룰루스(AD 37-41년)

마룰루스 총독에 이어 유대는 로마의 총독이 아닌 유대 왕 헤롯 아그립바 1세가 통치권을 행사하게 되었다(41-44년까지).

- 파두스(Fadus)(AD 44-?년) 44년에 다시금 로마 총독 파두스가 임명되었다. 파두스의 통치 아래 유대인들의 로마에 대한 반항이 거세졌다.

- **벨릭스(Felix)** - AD 52-59년 - 이 때 바울이 체포되어 재판에 회부되었다.

바울을 벨릭스 앞에 세우다(행 23:31-35)

1. 군인들은 명령대로 바울을 데리고 그날 밤으로 (예루살렘에서 64km나 떨어진) 안디바드리(Antipatris)[1]까지 갔다. 그리고 이튿날 기병으로 바울을 호송하게 하고 그들은 영내로 돌아왔다.

(1) 기병들은 가이사랴(Caesarea)에 이르러 총독에게 편지를 전하고 바울을 그 앞에 세웠다. 가이사랴는 헤롯 대왕이 건설한 곳으로 예루살렘에서는 북서쪽 104km 지점, 해안가에 위치해 있다. 이곳은 로마 행정 장관들의 거주지였다. 바울은 이곳에서 2년간의 감금생활을 하게 된다(행 24:27).

(2) 벨릭스는 A.D. 52년에 글라우디오 황제에 의해 총독으로 임명되었다. 벨릭스는 잔혹하고 부도덕한 총독으로 알려졌다. 그러나 그는 바울의 변론에 감동받아(행 24:10-21) 다음 심문이 있을 때까지 상당한 자유를 주도록 명령했다(행 24:23). 이곳에서 바울은 존경을 받았고 방문객도 맞을 수 있는 자유가 주어졌다. 총독은 천부장 루시아가 보낸 편지를 읽고[2] 재판 관할 지역을 결정하기 위해 질문을 했고, 바울이 길리기아 출신임을 알고 결국 자신이 이 사건을 담당하기로 했다. "이르되 너를 고발하는 사람들이 오거든 네 말을 들으리라 하고 헤롯 궁에 그를 지키라 명하니라."(35절).

1) 안드리바드리(안티파트리스)는 블레셋 성읍이었던 아벡(삼상 4:1)의 폐허 위에 주전 9년에 헤롯 대왕이 건설한 도시이다. 아버지 안티파테르를 기념하여 안티파트리스로 명명했다.

2) 편지내용은 유대인들이 고발하는 내용이 그들의 율법에 관한 것이며, 죽이거나 결박할 사유가 없음을 발견했다는 내용이었다.

가이사랴(Caesarea)

아우구스투스를 경외하는 뜻에서 '가이사랴'라고 했다. 이곳은 로마 행정 장관들의 거주지요 상업의 중심지로 주민들은 대부분 헬라인들이었다.

화면 캡처

가이샤라는 헤롯 대왕에 의해 신전은 물론 원형 극장, 시장, 주택들이 계획적으로 건설된 도시로 건설하는데 12년이 걸렸다고 한다.

이곳은 주전 13년경부터 유대를 통치하는 로마제국의 총독과 군대의 주둔지가 되었다. 빌라도 뿐만 아니라 벨릭스도 이곳에 거주했다.

바울을 고발하다(24:1–9)

지금 바울은 로마의 유대 총독인 마르코스 안토니우스 벨릭스(Marcus Antonius Felix)의 관저가 있는 가이사랴로 옮겨져서 송사가 끝날 때까지 기다려야 했다. "닷새 후에(언제부터 5일 후에인가?)[1] 대제사장 아나니아가 어떤 장로들과 한 변호사 더둘로와 함께 내려와서 총독 앞에서 바울을 고발하니라." 지난 번에 사두개인들과 바리새인의 논쟁 때문에(행 23:7) 바울을 변호하는데 앞장 선 것은 대제사장 아나니아였다. 그는 이번에 더둘로(Tertullus, Τέρτυλλος 테르튈로스)라는 변호사(법관)를 고용했다. 이 사람은 헬라계 유대인이었을 것이다.

1) 예루살렘을 떠난 후부터 닷새 후인가, 아니면 가이사랴에 도착한 후부터인가 분명치 않다. 11절을 보면 예루살렘에서 출발한 날부터일 것이다.

1. 변호사(법관) 더둘로가 바울을 고발한 내용을 보자.

• 바울의 죄목을 들어보십시오. 유대인들을 선동하고, 성전도 더럽히고...

그의 말을 직접 들으시면 잘 아실 것입니다. ▶

24:3 벨릭스 각하여!
우리가 – 크게 감사하나이다
/(우리가) —— 당신을 힘입어 태평을 누리고
또 이 민족이 — 여러 가지로 개선된 것을
/당신의 선견으로 말미암아
/우리가 어느 모양으로나 어느 곳에서나

4 [우리가] — 들으시기를 원하나이다
/우리가 대강 여짜옵나니 관용하여
//(목적: ἵνα, that...may)
[내가] — 당신을 더 괴롭게 아니하려 하여

//(이유: γάρ, for)
5 우리가 — 보니
/이 사람은(을)
/전염병 같은 자라 천하에 흩어진 유대인을 다 소요하게 하는 자요
나사렛 이단의 우두머리라
6 /그가 — 또 성전을 더럽게 하려 하므로
//(계속되는 이유)
우리가 — 잡았사오니[1]

8 당신이 — 이 모든 일을 아실 수 있나이다 하니
/우리가 고발하는
/친히 그를 심문하시면

• 더둘러는 벨릭스 총독을 한껏 추켜세운다. 벨렉스는 잔혹하고 부도덕한 총독인데도 말이다.

• "각하에게 폐가 되지 않도록 아주 간단하게 말씀 드리겠습니다."

• "우리가 알아보니 이 자는 몹쓸 전염병 같은 놈입니다. 유다인을 선동하고 있습니다."

• "게다가 성전까지 더럽히려고 했습니다. 이 자를 친히 신문하시면 우리가 왜 고소하려는가를 아시게 될 것입니다."

告發

고발

1) (6하반~8상반 없음)
어떤 사본에는 24:6 하반절~8절 상반절에 다음 내용이 더 있다.

"그래서 우리의 율법대로 재판하려고 했으나 [7]천부장 루시아가 와서 그를 우리 손에서 강제로 빼앗아 갔나이다 [8]그리고는 그를 고발하는 사람들에게 각하께 가라고 명하였나이다."

2. 더둘로의 소송이 끝나자[1)] 유대인들도 이에 참가하여 이 말이 옳다 주장했다.

당시 유대인들에게 기독교는 이단에 불과했다. 더둘로가 주장하는 것은 바울은 ① 염병(전염병) 같은 놈이다, ② 이 사람은 유대인을 선동하여 반란을 일으키는 자이다. 곧 ③ 나사렛 이단의 괴수라는 것이다. 바울은 고소를 당했지만 그는 로마 시민이었다. 따라서 벨릭스도 함부로 대하지는 아니했을 것이다. "총독은 바울에게 머리로 표시하여(눈짓을 하여, 머리를 끄덕여) 말하라 하니"(10절).

1) 더둘로는 벨릭스를 향해 호감을 얻기 위해 유대를 개혁시킨 총독이라고 칭찬의 말을 했지만 실제로 벨릭스는 통치를 잘못한다는 이유로 로마에 소환되기도 했다. 타키투스의 「연대기」에는 벨릭스가 은밀히 강도떼를 부추겨 그 약탈물을 함께 분배하다 유대인들이 네로 황제에게 탄원함으로써 로마로 소환되었다고 한다(59년).

辯明
변명

24:10 그가 — **대답하되**
/내가 — 알고
/당신이 — 여러 해 전부터 이 민족의 재판장 된 것을
• 7년 동안 총독의 지위에 있었으며
— 변명하나이다
/내 사건에 대하여 기꺼이
11 /당신이 — 아실 수 있는 바와 같이
/내가 예루살렘에 예배하러 올라간 지 열이틀밖에 안 되었고
• 바울은 순례하러 예루살렘에 온지 12일 밖에 되지 않았는데 언제 유대인들이 주장하는 것과 같은 일을 했겠습니까?
12 /그들은 — 보지 못하였으니
/내가 성전에서 누구와 변론하는 것이나 회당 또는 시중에서 무리를 소동하게 하는 것을
• 따라서 바울은 회당이나 거리에서 어느 누구와도 무리를 선동하는 일을 하지 않았음을 증거한다.
13 /그들이 — 능히 당신 앞에 내세울 것이 없나이다
/이제 나를 고발하는 모든 일에 대하여
• 저들은 저를 고소하고 있지만 증거는 대지 못할 것입니다.
14 /그러나
[내가] — 이것을 당신께 고백하리이다
/나는 — 그들이 이단이라 하는 도를 따라 조상의 하나님을 섬기고 율법과 선지자들의 글에 기록된 것을 다 믿으며
• 한가지 확실히 시인하는 것은 (그들이 이단이라고 말하는 기독교를 따라) 우리 조상의 하나님을 섬기고 있습니다. 그리고 율법과 선지서에 기록된 것을 다 믿습니다.
/나도 가졌으니
15 /그들이 기다리는 바 하나님께 향한 소망을 곧 의인과 악인의 부활이 있으리라 함이니이다
• 그리고 저도 하나님께 대한 소망을 갖고 있습니다. 그러니까 저도 의인과 악인이 부활하리라는 것을 믿습니다.
16 /나도 — 힘쓰나이다
/하나님과 사람에 대하여 항상 양심에 거리낌이 없기를
/이것으로 말미암아
• 그래서 저 자신도 하나님과 사람 앞에서 거리낌 없는 양심을 가지려고 늘 힘쓰고 있습니다.
17 /내가 — 가지고 와서
/여러 해 만에
/내 민족을 구제할 것과 제물을
• 바울은 유대인들이 자기를 박해함에도 불구하고 예루살렘의 가난한 유대인 성도들을 위한 구제금과 하나님께 바칠 제물을 가지고 왔음을 말한다(고전 16:1-4; 고후 8, 9장; 롬 15:26).

• "그 제물을 드리는 중에 제가 소동을 일으킨 것이 아닙니다. 오히려 유대인들이 소동을 일으킨 것입니다"(행 21:30).

18 /그들이 — 보았나이다
/드리는 중에
/내가 — 결례를 행하였고 모임도 없고
— 성전에 있는 것을
/소동도 없이

• "그 자리에는 오히려 아시아로부터 온 유대인들이 있었습니다. 그때 유대인들이 내가 한 일을 고소할 일이 있으면 그 사람들이 직접 총독님께 고소했어야 할 것입니다"(19절).

/그러나
아시아로부터 온 어떤 유대인들이 — 있었으니

• "만약 그것이 아니라면 제가 의회 앞에 끌려 가서 섰을 때에 이 사람들이 내게서 무슨 잘못을 찾아냈는지 말해 보라고 하십시오"(20절).

19 /그들이 만일 — 나를 반대할 사건이 있으면
— 마땅히 당신 앞에 와서 고발하였을 것이요

20 /그렇지 않으면
이 사람들이 — 내가 공회 앞에 섰을 때에
— 무슨 옳지 않은 것을 보았는가 말하라 하소서

• 다만 제가 그들 앞에서 한 말은 부활에 관한 문제뿐입니다. "죽은 자의 부활의 문제로 여러분에게 재판을 받고 있는 것입니다."라고 말했을 뿐입니다.

21 /오직
내가 — 그들 가운데 서서 외치기를
/내가 죽은 자의 부활에 대하여 오늘 너희 앞에 심문을 받는다고 한 이 한 소리만 있을 따름이니이다 하니

3. 여기까지 듣고 있던 벨릭스는 재판을 휴정했다. 벨릭스는 그의 아내(유대 여자 드루실라)로부터 그 도에 대해서 잘 알고 있었던 것 같다.

(1) 천부장도 죄를 발견하지 못했고, 의회도 마찬가지였다. 더둘로 역시 그의 고소 내용을 입증할 증거가 없었다. "천부장 루시아가 내려오거든 너희 일을 처결하리라"하고 "백부장에게 명하여 바울을 지키되 자유를 주고 그의 친구들이 그를 돌보아 주는 것을 금하지 말라"고 명령했다.

(2) 며칠 후에 벨릭스가 그 아내 유대 여자 드루실라(Drusilla)와 함께 와서 바울을 불러 그리스도 예수 믿는 도를 들었다(24절). **바울은 그에게 의와 절제와 장차 오는 심판을 강론했다.** 이를 듣고 벨릭스는 크게 두려워했다(25절). "지금은 가라 내가 틈이 있으면 너를 부르리라." 그러나 벨릭스는 바울을 즉시 석방하지 않았다. 벨릭스는 "바울에게서 돈을 받을까 바라는 고로 더 자주 불러 같이 이야기했다"고 했다(26절). 로마 시민으로서의 바울은 이에 상응하는 대우를 간수로부터 받을 수 있었고 어느 정도 자유와 동료들의 정기적 방문이 허용되었다. 어떻게 바울이 2년을 가이사랴에서 보냈는지 알려진 것은 거의 없다. 주후 59년에 총독 직책은 벨릭스에서 베스도(Porcius Festus)로 교체되었다.

1) 하지만 예루살렘 성도들이 그의 석방을 위해 어떤 노력을 했는지는 우리에게 전해지지 않았다. 예루살렘의 유대 기독교인들은 바울이 없으면 이웃 유대인들과 서로 적절한 선에서 관습을 따르며 큰 무리 없이 살 수 있었을 것이고 바울 때문에 생기는 어려움의 재발도 방지할 수 있었을 것이다.

• 제자들이 성령의 감동으로 바울의 예루살렘 행을 만류한다.
아가보(Agabus)라 하는 선지자가 바울이 예루살렘에서
고난 당할 것을 예언한다.
주위에 모든 사람들이 예루살렘을 가지 말 것을 강력하게 권고했다.

• 이들 역시 성령의 감동으로 예언한 것이다. 어떻게 할까? 복잡한 생각들.
그러나 그는 예루살렘을 거쳐 결국은 로마에 가야 한다는
소명과 확신을 갖고 있었고, 이 일 역시 하나님의 뜻이었다.
하나님의 뜻에 대한 결심이 인간의 충고로 무너져내릴 수도 있다.
이 상황에서 바울은 어떤 선택을 했을까?

• 하나님의 뜻대로 한 결정 다음에는 대체로 장애물이 나타난다. 그 일을 못하게 막으려는 사탄의 계략이 있기 때문이다. 그 장애물을 핑게로 뒤로 물러섰을 때 큰 일을 망친 경우가 허다하다. 뜻을 세웠다면 분명한 각오로 끝을 내야 한다(눅 14:27-30).

• 바울은 자신의 결심이 결코 흔들릴 수 없음을 분명히 했다.
그는 결박뿐만 아니라 죽음까지도 각오했다.
무엇이 더 중요한 선택일까?
오히려 그들의 인간적인 행동을 책망하고
예수님의 이름을 위하여 결박받을 뿐 아니라 죽음도 각오한다.
주변에서의 충고가 항상 도움이 되는 것은 아니다.
때로는 사람의 충고가 하나님을 복종하는데 방해가 되기도 한다.
무엇보다 하나님의 뜻을 아는 것이 중요하고
그리고 그 일이 하나님의 뜻이라고 확정되었다면
거기에 목숨을 건 순종이 따라야 한다.
바울은 그 길을 선택한 것이다.

• 예루살렘에 올라간 바울은 제자들이 만류한 것처럼
체포되었고 이리떼와 같은 무리들에게 끌려가 몰매를 맞는다.
그러나 체포된 순간에도, 성 밖으로 끌려가면서도 복음을 전했다.
군중들은 바울을 죽이려고 했다.

• 바울의 변론(행 22:1-29), 설교 도중에 돌발 상황이 벌어졌다.
"이러한 자는 세상에서 없애 버리자 살려 둘 자가 아니라"(22절).
이들은 미친듯이 고함을 지르며 극도의 분노를 표시했다.

• 바울은 유대 총독인 벨릭스(Felix)의 관저가 있는
가이사랴로 옮겨져서 송사가 끝날 때까지 기다려야 했다.
천부장도 바울에게서 죄를 발견하지 못했고,
의회도 마찬가지였다.
더둘로 역시 그의 고소 내용을 입증할 증거가 없었다.
바울은 2년을 가이사랴 감옥에서 보내게 된다.

• 왜 2년씩이나 이곳에서 지체하게 하셨을까?
분명한 것은 이 모든 과정을 주님은 알고 계셨다는 것이다.

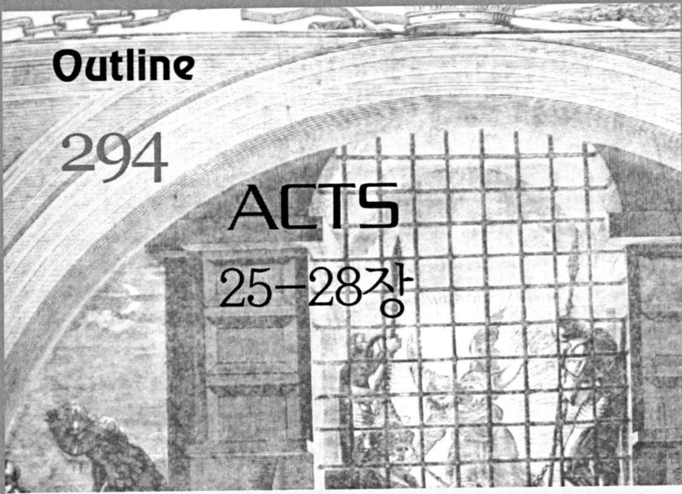

Outline

294

ACTS

25–28장

로마에 가다, 복음을 듣고

벨릭스 총독에 이어 베스도 총독이 취임했다.
베스도는 전임 총독보다 더 유연했다고는 하지만
바울은 유대인들의 끈질긴 고소에
재판석에 서야만 했다.
베스도는 아그립바 왕에게 바울의 재판에 대한
조언을 구했고 바울은 결국 가이사에게 상소한다.

바울은 아그립바 2세 앞에서 변론한다.
바울은 왕 앞에서도 전혀 비굴하지 않았다.
변론이 끝나고 베스도는 이렇게 소리친다.
"바울아, 너의 많은 학문이 너를 미치게 하는구나."

아그립바 2세 - "적은 말로 나를 권하여 그리스도인이 되게 하는도다."

바울은 로마를 향해 항해하기 시작한다.
가이사라에서 출발, 그리고 시돈,
시돈에서 출발 항해하다가 역풍을 만났다.
겨우 루기아의 무라(Myra) 항구에 도착,
날씨 때문에 배가 묶여 여러 날이 지체된다.
뵈닉스에 가서 겨울을 지내자, 아니다. 신랑이를 하다가
남풍이 순하게 불어오자 환호가 일어난다.

그러나 얼마 안 되어
섬 가운데로부터 유라굴로라는 광풍을 만난다.
풍랑으로 배가 깨어진다.
그리고 멜리데 섬, 그러나 결국 로마에 도착한다.
로마에서 두 해 동안 셋집에서
가택 연금 상태로 지낸다.
자세한 내용은 누가가 침묵한다.

바울이 가이사에게 상소하다(25:1-12)

(1) 총독 베스도가 부임한 지 삼 일이 지났다. 그는 가이사랴에서 예루살렘으로 올라갔다. 예루살렘을 처음 방문하는 총독에게 관심을 끌려는 높은 사람들이 바울을 고소했다(2절).

(2) 가이사랴에서 예루살렘으로 오는 길목에 사람들을 매복시켰다가 그를 죽일 생각이었다. 베스도 총독은 이런 간청을 어떻게 받아들였을까? (5절을 읽어보자).

아그립바 왕과 베니게 앞에 서다(25:13-27)

(1) 베스도의 판결이 있은지 며칠 뒤에 아그립바 왕과 베니게가 베스도에게 문안하러 가이사랴에 와서 여러 날을 머물렀다. 총독 베스도는 아그립바 왕에게 현재 가이사랴에 구금되어 있는 바울에 대해 유대인들이 그를 어떻게 고소했는가에 대해 설명했다. 베스도의 말을 들은 아그립바는 자신도 이 사람의 말을 듣고자 한다고 했다. 베스도는 바로 내일 들을 수 있다고 했다.

(2) 그래서 다음날 바울은 재판석으로 나와 그들 앞에 섰다(행 25:23). 예루살렘과 가이사랴에 사는 유대인들이 내게 고소했으나 "내가 살피건대 죽일 죄를 범한 일이 없습니다." "그렇지만 바울이 황제에게 상소했으므로 나는 그를 황제에게 보내기로 작정했습니다"(25절).

바울의 변론(행 26:1-23)

(1) 베스도 총독은 바울에 대한 고소 내용을 조사해 보았지만 어떠한 증거도 없음을 확신했다. 아그립바 왕은 베스도의 설명을 듣고 바울에게 변론할 수 있는 기회를 허락했다. 이에 바울이 손을 들어 변명하되 비록 왕 앞에 있지만 결코 주눅들지 않았다.

바울이 로마로 압송되다(행 27:1-26)

(1) 아그립바는 베스도에게 바울이 만일 가이사에게 상소하지 아니하였더라면 석방될 수 있을 뻔하였다(26:32)고 했다. 바울은 가이사에게 항소했으므로 가이사에게 가야만 했다.

(2) 가이사랴에서 2년간의 감옥 생활을 끝내고, 베

바울, 가이사에게 상소 · 바울을 로마로 압송

스도 총독은 바울 일행을 배에 태워서 로마로 보내기로 결정했다. 바울과 죄수 몇 사람을 율리오(Julius)라는 백부장에게 넘겨주었다.

(3) 가이사랴에서 출발, 그 이튿날 시돈에 닿았다. 시돈을 출발 항해하다가 역풍을 만났다. 그래서 맞바람을 피하여 구브로 섬을 왼쪽으로 끼고 항해하여(4절) 길리기아와 밤빌리아 바다를 건너 루기아의 무라(Myra) 항구에 도착했다(5절).

(4) 날씨 때문에 배가 묶여 여러 날이 지체되었다. 그러다보니 금식하는 절기가 이미 지났다. 유대인의 대속죄일은 보통 9월말경에 해당한다. 이 시기가 지나면 항해하기가 위태롭다고 한다. 그래서 바울이 그들에게 지금 출항하면 어려움을 있을 것이라고 그들에게 권했다(10절).

(4) 아무쪼록 뵈닉스에 가서 겨울을 지내자 하는 자가 더 많아 배는 뵈닉스로 향했다. 그런데 때마침 남풍이 순하게 불어왔다. 그러자 "그들이 뜻을 이룬 줄 알고 닻을 감아(올리고) 그레데 해변을 끼고 항해하기" 시작했다(13절). 그러나 "얼마 안 되어 섬 가운데로부터 유라굴로(Euraquilo, 북동풍)라는 광풍이 크게 일어났다.

풍랑으로 배가 깨어지다(행 27:27-44)

(1) 미항을 출발한지 열나흘째 되는 날 밤 배는 아드리아 바다에서 표류하고 있었다. 한밤중에 선원들은 어떤 육지에 가까이 온 줄로 생각했다. 그래서 고물(배 뒤편)에서 닻을 내리고 날이 밝기만을 기다렸다(29절).

(2) 배에 있는 무리의 수는 전부 **이백칠십육 명**이었다. 이 숫자에는 선원들, 군사들, 죄수들이 모두 포함된 숫자였다. 거기다가 곡물까지 싣고 항해했음을 볼 때 매우 큰 배였을 것이다.

멜리데 섬에 오르다(행 28:1-10)

(1) 마침내 사람들이 다 육지로 올라와 구조되었다. 육지에 무사히 올라 알아보니 그 곳이 멜리데라는 섬인 것을 알았다. 멜리데, 메마른 작은 바위 섬, 겨울철 광풍에 떠밀려 두 주일 동안 표류한 후에 이 섬에 가까스로 상륙했다.

(2) 멜리데 섬 사람들은 이들을 매우 친절하게 대했다. 때마침 비가 내리고 날씨가 추워졌기 때문에 불을 피워 영접했다. "바울이 나무 한 묶음을 거두어 불에 넣으니 뜨거움으로 말미암아 독사가 나와 그 손을 물고 있었다"(3절). "원주민들이 이 짐승이 그 손에 매달려 있음(물고 있음을)을 보고 진실로 이 사람은 살인한 자로다."라고 수군거렸다.

(3) 그러나 바울은 그 짐승(θηρίον 데리온)을 불에 떨어 버렸다. 물론 조금도 상함이 없었다(5절). 섬 원주민들은 당연히 바울이 붓든지 혹은 갑자기 쓰러져 죽을 줄로 알고 기다렸다(미완료로, 계속 기대하고 있었다는 의미). 그러나 아무리 오래 기다려도 그에게 아무 이상이 없음을 보고 놀랐다. 그들은 자신을 돌아보며 생각(마음)을 바꾸었다. "이 사람은 신이다."

(4) 멜리데 섬의 최고 행정장관의 부친이 열병과 이질에 걸려 누워 있었는데 바울이 기도하여 안수하여 낫게 했다(8절). 이 일로 인해 섬 가운데 다른 병든 사람들이 왔는데 그들도 모두 고쳐주었다(9절). 이 섬에서 3개월 동안 머물렀다. 섬 사람들은 후한 예로 바울 일행을 대접하고 떠날 때에 쓸 것을 배에 실어주었다.

바울이 로마로 가다(행 28:11-15)

(1) 로마로 가는 (또 다른 선박인) 알렉산드리아 배를 타고 떠났다. 이들은 "**수라구사**에 대고 사흘을 있다가(12절) 거기서 둘러가서 **레기온**에 이르러 하루를 지낸 후 남풍이 일어나므로 이튿날 **보디올**에 이르렀다.

(2) 로마에 있는 성도들이 바울 일행의 소식을 듣고 압비오 광장과 트레이스 타베르네라(세 여관, 三館)는 동내까지 맞으러 나왔다.

바울이 가이사에게 상소하다(25:1–12)

베스도 총독 (Festus)

주후 59년에 총독은 벨릭스(AD 52-59년)에서 베스도(Porcius Festus)로 교체되었다. 베스도는 (네로 황제에 의해) 벨릭스의 뒤를 이어 유대의 총독으로 임명되었으며, 헤롯이 지은 재판장(행 23:35)에서 업무를 처리하였다. 베스도는 바울의 변론을 듣고, 바울의 무죄를 확신하였지만 바울에게 산헤드린 앞에서 심문받도록 예루살렘으로 갈 것을 제안하였다. 그러나 바울은 가이사 앞에서 심문받기 위해 로마로 보내 줄 것을 요청한다.

• 베스도(Festus, AD 59-62년) - 행 25, 26장 - 유대인과 로마인들 사이에 적의가 심했음을 본다. 베스도는 유대인의 비위를 맞추려고 노력하기도 했다(행 25:9). 그는 62년에 죽었으나 짧은 통치 기간 동안 유대인으로 하여금 주의 형제 야고보를 기소하여 죽음에 처하게 하는 기회를 제공해 주었다. 베스도는 벨릭스보다는 더 공정하게 유대를 다스린 것으로 평가받고 있다.

1. 총독 베스도가 부임한지 삼 일이 지났다. 그는 가이사랴에서 예루살렘으로 올라갔다. 예루살렘을 처음 방문하는 총독에게 관심을 끌려는 높은 사람들이 바울을 고소했다(2절). 또한 이들은 새로 부임한 총독에게 존경을 표하려고 했을 것이다. 높은 사람들(대제사장들 외의 지도적 인물들)은 총독에게 무엇을 간청했나?

(1) 이들은 새로 부임한 베스도에게 호의를 사면서까지 바울을 예루살렘으로 옮겨주기를 청했다. 물론 바울에게 호의를 베풀어달라는 것이 아니다. 자신들에게 호의를 베풀어 달라는 것이다. 이는(ὅπως[호프스]), 가이사랴에서 예루살렘으로 오는 길목에 사람들을 매복시켰다가 바울을 죽일 생각이었다. 베스도 총독은 이런 간청을 어떻게 받아들였을까?

(2) 그러나(But, then, μὲν οὖν) 베스도는 이렇게 대답한다. 베스도는 이들의 의도에 의심을 품은 것 같다. "베스도가 대답하여 바울이 가이사랴에 구류된 것과 자기도 멀지 않아 떠나갈 것(=나도 곧 그리로 갈터이니)"이라고 했다(4절), 그리고 "만일(εἴ) 그 사람에게 무슨 잘못이 있다면, 여러분 중에서 유력한 사람들이(당국자들이) 나와 함께 내려가서 그를 고소하도록 하시오"라고 했다(5절).

2. 베스도가 예루살렘에서 팔 일 혹은 십 일을 지낸 후 가이사랴로 내려간다. 그리고 이튿날 재판석에 앉았고 바울을 재판정으로 데려오라고 명했다(6절).

(1) 물론 유대인들도 예루살렘에서 바울을 고소하기 위해 내려왔다. 그리고 재판정에 참여해 바울을 고소했다. "유대인들이 둘러서서 여러 가지 중대한 사건으로 고발하되 능히 증거를 대지 못한지라."

• 아폴로게오마이(ἀπολογέομαι) - '자기의 변호를 위해 말하다' 라는 의미이다.

25:8 바울이 — 변명하여 이르되(...하니)(while)
/내가 — 도무지[1] 죄를 범하지 아니하였노라
/유대인의 율법이나
성전이나
가이사에게나

• 이 마지막 항목(=가이사에게나)은 베스도의 관심을 불러일으킬 문제였다. 이 항목에 걸려 들었다면 바울은 물론 반역죄로 처형될 것이다.

1) 도무지(티스, τίς) any thing at all - KJV

(2) 바울은 완벽하게 자신이 반역죄를 저지른 일이 없음을 명확히 했다. 그러나 베스도는 유대인의 마음을 얻고자 했다. 새로 부임한 베스도에게는 여느 총독들처럼 지역 유지들과 좋은 관계를 갖는 것도 매우 필요했기 때문이다. "바울더러 묻되 네가 예루살렘에 올라가서 이 사건에 대하여 내 앞에서 심문을 받으려느냐?"

(3) 물론 바울의 대답은 No였다. "나는 지금 가이사의 재판 자리 앞에 섰으니 마땅히 여기서 재판을 받을 것입니다. 각하께서도 잘 아시는 바와 같이 내가 유대인들에게 불의를 행한 일이 없나이다(조금도 잘못한 것이 없습니다)." 바울의 변론을 들은 베스도는 바울이 죄가 없다는 것을 확신한다. 그러나 그 역시 벨릭스처럼 용감하지 못했다. 그래서 바울에게 산헤드린 앞에서 심문받도록 예루살렘으로 갈 것을 제안한다. 그러나 바울은 가이사 앞에서 재판받기 위해 로마로 보내 줄 것을 요청하였다.

25:11 만일 내가 ——— 불의를 행하여 무슨 죽을 죄를 지었으면(if)
[내가] ——— 죽기를 사양하지 아니할 것이나
만일 이 사람들이 — 나를 고발하는 것이 다 사실이 아니면(if)
아무도 ——— 나를 그들에게 내줄 수 없나이다
내가 ——— 가이사께 상소하노라 (한대)

• 바울은 지금 유대인으로서 베스도 앞에 있는 것이 아니라는 점을 강조한다. 그는 로마 시민권을 가진 사람이기에 함부로 유대인의 법정에 넘겨줄 권리가 없다. 물론 베스도도 이런 사실을 잘 알고 있었다. 그래서 그는 바울에게 강제적인 명령을 내리지 않는다.

• 이런 결정을 내리기까지 바울은 적지 않은 갈등이 있었다(행 28:19을 읽어보자). 원래 로마의 시민권을 가진 사람들은 사형에 해당하는 범죄에 대해서만 황제에게 상소할 수 있었다. 그러나 바울은 오랫 동안 로마에 가고자 하는 열망이 있었다(롬 15:22-28; 행 19:21). 주님도 그렇게 약속하셨다(행 23:11). 따라서 이 재판이 자신에게 유리하게 돌아감을 감지할 수 있었으리라. "내가 가이사에게 상소합니다" (I appeal to Caesar).

(4) 바울의 대답을 들은 베스도는 어떤 표정을 지었을까? 결국 베스도는 거기 참석한 사람들과 상의하지 않을 수 없었다. 그래서 판결을 내린다.

12절 네가 ─┬ 가이사에게 상소하였으니
　　　　　└ 가이사에게 갈 것이라

"나는 아그립바 2세의 여동생이야." "나, 우리 오빠 좋아한다.." "왜냐고?" "묻지마~"

아그립바 2세 왕과 버니게 앞에 서다(25:13-27)

1. 베스도의 판결이 있은지 며칠 뒤에 아그립바 왕과 버니게(=베레니스)가 베스도에게 문안하러 가이사랴에 와서 여러 날을 머물렀다. 이들은 누구인가?

(1) 옆의 설명을 통해서 본문에 나오는 아그립바 왕과 버니게(=베레니스)가 누구인가 알아보자. 바울이 베스도 앞에서 가이사에게 청원을 올린 뒤에, 아그립바와 그의 누이 **베레니스(Bernice, 버니게 - 옆의 도표 설명 참조)**가 가이사랴에 도착했다. 이들이 여러 날을 지내는 가운데 총독 베스도는 아그립바 2세 왕에게 바울의 일을 상의했다. 정치적인 문제가 아니라 종교적인 문제였기 때문이다. "벨릭스가 한 사람을 구류하여 두었는데..."(14절).

(2) 총독 베스도는 아그립바 2세 왕에게 현재 가이사랴에 구금되어 있는 바울에 대해 유대인들이 그를 어떻게 고소했는가에 대해 설명했다. 베스도는 대제사장의 일관되지 못한 주장을 듣는 것보다 아그립바의 의견을 더 듣기 원했다. 옆의 기록된 구절을 자세히 읽어보고 상황을 설명해 보자.

2. 베스도의 말을 들은 아그립바는 자신도 이 사람의 말을 듣고자 한다고 했다. 베스도는 바로 내일 들을 수 있다고 했다.

(1) 그래서 다음날 바울은 재판석으로 나와 그들 앞에 섰다(행 25:23).

25:23 이튿날 아그립바와
버니게가 ── 와서(when)
/크게 위엄을 갖추고
── **들어오고**
/천부장들과 시중의 높은 사람들과 함께 접견 장소에
── 바울을 **데려오니**
/베스도의 명으로

• 베스도는 아그립바를 최대한 추켜세운다.
• 천부장들 - 당시 가이사랴에서는 5개의 보병대가 있었다.
• 이렇게 위엄을 갖춘 사람들이 모인 가운데 베스도는 바울을 데려오라고 명령한다.

(2) 베스도는 참석한 사람들에게 이 재판을 하게된 경위를 자세히 설명한다.

24절 아그립바 왕과 여기 같이 있는 여러분이여!

• 행 25:14 여러 날을 있더니 베스도가 바울의 일로 왕에게 고하여 이르되 벨릭스가 한 사람을 구류하여 두었는데
15 내가 예루살렘에 있을 때에 유대인의 대제사장들과 장로들이 그를 고소하여 정죄하기를 청하기에
16 내가 대답하되 무릇 피고가 원고들 앞에서 고소 사건에 대하여 변명할 기회가 있기 전에 내주는 것은 로마 사람의 법이 아니라 하였노라
17 그러므로 그들이 나와 함께 여기 오매 내가 지체하지 아니하고 이튿날 **재판 자리에 앉아 명하여 그 사람을 데려왔으나**
18 원고들이 서서 내가 짐작하던 것 같은 악행의 혐의는 하나도 제시하지 아니하고
19 **오직 자기들의 종교와 또는 예수라 하는 이가 죽은 것을 살아 있다고 바울이 주장하는 그 일에 관한 문제로 고발하는 것뿐이라**
20 내가 이 일에 대하여 어떻게 심리할는지 몰라서 바울에게 묻되 예루살렘에 올라가서 이 일에 심문을 받으려느냐 한즉
21 **바울은 황제의 판결을 받도록 자기를 지켜 주기를 호소하므로** 내가 그를 가이사에게 보내기까지 지켜 두라 명하였노라 하니

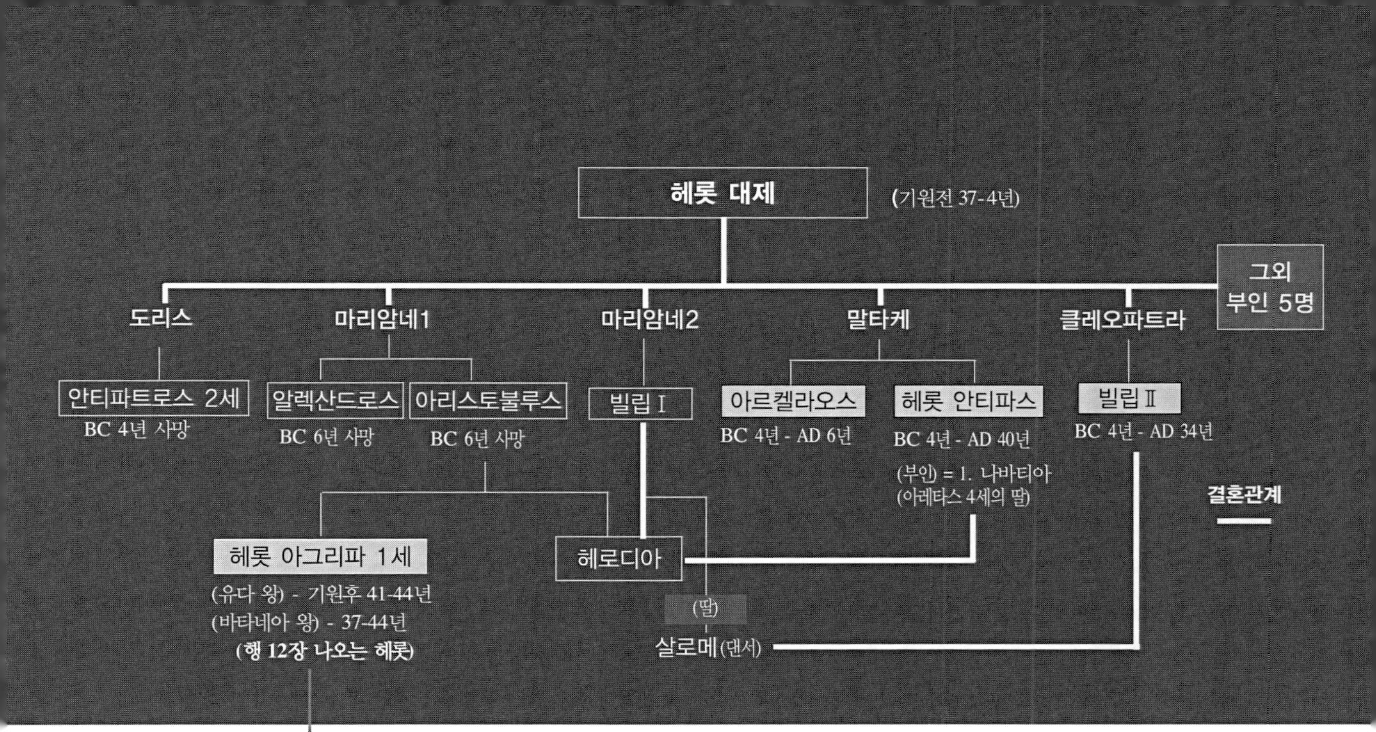

(1) 헤롯 아그리파 1세의 죽음은 폭동을 유발시켰다. 로마 황제 **클라우디스**(41-54년)는 아그리파 1세의 아들 아그리파 2세에게 왕국을 주려 했다. 그런데 나이가 겨우 열일곱 살이었다. 결국 황제는 로마의 행정장관에 의한 직접 통치를 부활시켰다.

(2) 그래서 죽은 아그리파1 세의 동생, 칼키스(Chalcis - 레바논에 있는 땅)의 헤롯 왕을 대제사장으로 임명하고 성전을 관리할 권한을 부여했다. 그후 예루살렘은 25년 동안 로마 행정관과 헤롯 가문 왕 사이의 모호한 공동 지배체제로 운영되었다. 이때 유대계 그리스도인들, 즉 예수님의 동생 야고보와 소위 장로들이 이끄는 나사렛 사람들이 계속 예루살렘에 살고 있었다.

(4) 예루살렘에 소요는 계속되었다. 넘치는 예언자들에 대한 대응도 빌라도 때와 마찬가지로 살해했다. 몇년 후 유대인과 사마리아인 사이에 전쟁이 터졌다. 이때 로마에서 교육받은 젊은 아그리파는 실세인 클라우디우스의 아내 율리아와 아그리피나를 설득했다. 황제는 유대인들을 지지했다. 행정장관은 소환당해 처형당했다. 아그리파 2세는 네로와도 친했다. 삼촌인 칼키스의 헤롯이 죽자 **아그리파 2세는 예루살렘 성전을 관장할 수 있는 특별 권한을 가진 레바논 일대의 왕이 되었다.**

(5) 새로운 황제 10대의 네로는 아그리파 2세에게 시리아, 레바논에 걸친 더 많은 영토를 하사했다. 네로의 행정관들은 부패했고 무능했다. 그중의 최악은 안토니우스 벨릭스(A.D 52-59년)였다. 역사가 타키투스는 그를 가리켜 "탐욕스럽고 온갖 종류의 잔인한 짓을 저질렀으며 노예의 본능으로 왕의 권력을 휘둘렀다"고 했다.

(6) 아그리파 2세의 말썽 많은 누이들은 지도자 부패의 전형이었다. 아름다움에 있어 모든 여자들을 능가하는 누이는 드르실라였다. 이 여자는 아랍 왕과 결혼했다. 그러나 벨릭스가 이 여자에게 연정을 품었다. 드루실라는 만족하지 못했고, 자매인 베레니스에게 넘기려 했다.

버니게(Bernice, 베레니스)

(1) 그녀의 첫번째 남편, 말쿠스가 죽은 후에 그녀의 삼촌 왕 아그립바 1세의 형제인 칼키스의 헤롯(Herod of Chalcis)과 결혼하였다. 그러나 이 남편도 A.D. 48년에 사망하였다. 그런 후에 그녀의 남편의 왕국을 인수받은 오빠(헤롯 아그립바 2세)와 함께 오랫동안 부정한 관계 속에 살았다. 근친상간설이 나돌았다. 그래서 그녀는 시실리아의 폴레몬(Polemon) 왕과 또다시 재혼했으나 그를 버리고 오빠에게 다시 돌아왔다. 이들은 부부처럼 행세하며 새로 부임한 총독 베스도에게 인사하러 가이사랴로 와서 재판석에 앉게 되었던 것이다(A.D. 60).

(2) A.D. 79년 티투스가 황제가 되었을 때 그녀는 황제의 아내가 되려는 희망을 가지고 로마로 갔으나 그에게 거절을 당했다(그때 그녀는 티투스보다 15년이나 연상이었다). 그래서 그녀는 팔레스틴으로 돌아와 역사의 뒤안길로 사라졌다.

• 청원하였으나(ἐνέτυχόν 부정과거) - 여기서 청원했다는 의미는 '고소했다'라는 의미이다.

당신들이 — 보는(=본다)
/이 사람은
/유대의 모든 무리가 — 내게 청원하였으나
/예루살렘에서와 여기서도
/크게 외치되(βοῶντες 분사)
/살려 두지 못할 사람이라고 하여

• 크게 외치되(loudly) : 큰 소리로 소리를 지르고 요구하여라는 말이다.

(3) 예루살렘과 가이사랴에 사는 유대인들이 내게 고소했으나[1] "내가 살피건대 죽일 죄를 범한 일이 없습니다." 즉 자신이 자세히 조사해보니 황제께 보고할만한 자료가 없다는 것이다. "그렇지만 그가(=바울이) 황제에게 상소했으므로 나는 그를 황제에게 보내기로 작정(결정)했습니다"(25절).

1) 그들이 고소하면서 바울을 더 살려두어서는 안 된다고 주장했다는 것이다.

25:26 [내가] — **아뢸 것이 없으므로**
/그에 대하여
/황제께[2] 확실한 사실을
[그러므로]
[내가] ——그를 **내세웠나이다**
/당신들 앞
/특히 아그립바 왕 당신 앞에
//(목적: ὅπως, so that...may)
심문한 후
상소할 자료가 있을까 하여
27 //이유: γάρ, for)
죄수를 보내는 것이 — 무리한 일인 줄 아나이다
/그 죄목도 밝히지 아니하고

• 당시 황제는 누구? 베스도 총독은 네로(Nero)에 의해 총독으로 임명받고 A.D 60년에 부임했던 것 같다.

• 아그립바 2세는 헤롯 대왕의 손자이다.

2) 바울은 가이사의 재판 자리에 서는 것이 마땅하다고 주장했다. 여기서 가이사(Caesar)라는 말은 황제라는 명칭으로 사용되었다.

Caius Julius Caesar
Caius는 이름이고
Julius는 성이고
Caesar는 별명이다. 신약에서 이 용어는 로마 황제의 정치적 권위를 나타내는 말이다.

아그립바 왕

베스도는 아그립바 왕과 버니게를 비롯한 천부장, 그리고 가이사랴의 고위 관리들이 참석한 가운데 바울이 처한 경위를 설명한다. 그가 보기에는 바울에게 어떤 상소할 명목을 찾을 수 없었다는 것이다. 그러므로 가이사에게 특별히 보고할 내용이 필요하다는 것이다. 죄목도 정하지 않고 황제에게 보낸다는 것은 합당하지 않다는 것이었다. "그 죄목도 밝히지 아니하고 죄수를 보내는 것이 '무리한 일인 줄'(알로고스, ἄλογος, 이성없는, 불합리한) 아나이다 하였더라."(27절). 베스도의 설명을 듣고 아그립바는 바울에게 말할 것을 허락하였다. 그래서 26장에서 바울은 자신을 위해 변호한다.

24 바울이 이같이 변명하매 베스도가 크게 소리 내
어 이르되 바울아 네가 미쳤도다 네 많은 학문
이 너를 미치게 한다 하니
25 바울이 이르되 베스도 각하여 내가 미친 것이
아니요 참되고 온전한 말을 하나이다
26 왕께서는 이 일을 아시기로 내가 왕께 담대히
말하노니 이 일에 하나라도 아시지 못함이 없
는 줄 믿나이다 이 일은 한쪽 구석에서 행한
것이 아니니이다
27 아그립바 왕이여 선지자를 믿으시나이까 믿으시
는 줄 아나이다
28 아그립바가 바울에게 이르되 네가 적은 말로 나
를 권하여 그리스도인이 되게 하려 하는도다
29 바울이 이르되 말이 적으나 많으나 당신뿐만 아
니라 오늘 내 말을 듣는 모든 사람도 다 이렇
게 결박된 것 외에는 나와 같이 되기를 하나님
께 원하나이다 하니라
30 왕과 총독과 버니게와 그 함께 앉은 사람들이
다 일어나서
31 물러가 서로 말하되 이 사람은 사형이나 결박을
당할 만한 행위가 없다 하더라

새로운 황제 10대의 네로는 아그리파 2세에게 시리아, 레바논에 걸친 더 많은 영토를 하사했다. 네로의 행정관들은 부패했고 무능했다. 그중의 최악은 안토니우스 벨릭스(A.D 52-59년)였다. 역사가 타키투스는 그를 가리켜 "탐욕스럽고 온갖 종류의 잔인한 짓을 저질렀으며 노예의 본능으로 왕의 권력을 휘둘렀다"고 했다. 아그리파 왕의 말썽 많은 누이들은 지도자 부패의 전형이었다. 아름다움에 있어 모든 여자들을 능가하는 누이는 드루실라였다. 드루실라는 아랍 왕과 결혼했다. 그러나 벨릭스가 이 여자에게 연정을 품었다. 드루실라는 만족하지 못했고, 자매인 베레니스에게 넘기려 했다. (본문 설명)

아그립바 왕 앞에서 바울의 변론(행 26:1–23)

辯論

변론

베스도 총독은 바울에 대한 고소 내용을 조사해 보았지만 어떠한 증거도 없음을 확신했다. 아그립바 왕은 베스도의 설명을 듣고 바울에게 변론할 수 있는 기회를 허락했다. "아그립바가 바울에게 이르되 너를 위하여 말하기를 네게 허락하노라."(1절)

1. "이에 바울이 손을 들어 변명하되" – 바울은 비록 왕 앞에 섰지만 결코 주눅들지 않았다.

바울은 대중 앞에서 말을 할 때 종종 체스쳐를 취했다(행 12:17, 13:16, 21:40, 26:1). 오늘은 왕에게 존경의 표시로 손을 들은 것 같다. 그는 왕 앞에 예의를 갖춘다. "아그립바 왕이여 유대인이 고발하는 모든 일을 오늘 당신 앞에서 변명하게 된 것을 다행히 여기나이다"(2절). 이는 단순한 아부가 아니다. "특히 당신이 유대인의 모든 풍속과 문제를 아심이니이다."(3절) 아그립바는 유대인이었기에 유대인들의 관습을 잘 알고 그들이 문제 삼는 핵심이 무엇인가를 잘 알고 있으니 다행이라는 것이다. 그러므로 자신의 변명이 길어지더라도 너그러이 경청해주시기를 바란다는 것이다.

바울의 변론

• 5절 - 유대인들은 바울의 과거를 너무나 잘 알고 있다. 바울은 기독교인을 고소하려고 앞장 서 핍박했던 장본인이었다. 바울은 젊었을 때부터 예루살렘에서 살아왔고, 또 가장 엄한 파를 따라 바리새인의 삶을 살아왔다.

만일, 유대인들이 진실을 말할 생각이 있다면 자신이 얼마나 철저한 바리새인었다는 사실을 증언했어야 한다는 것이다.

26:4 유대인이 ——— 다 아는 바라
/내가 처음부터 내 민족과 더불어
예루살렘에서 젊었을 때 생활한 상황을
5 //(이유: since, 분사)
일찍부터 나를 알았으니

출신 배경 설명

[만일]
그들이 ——— 증언하려 하면
<그들이> ——— <[증거]할 것이라>
/내가 —바리새인의 생활을 하였다고
/우리 종교의 가장 엄한 파를 따라
6 [내가] ——— 이제도 여기 서서 심문 받는 것은
//(이유: because)
바라는 까닭이니
/하나님이 —우리 조상에게 **약속하신 것을**
7 /**이 약속은** 우리 열두 지파가 밤낮으로 간절히 하나님을 받들어 섬김으로 얻기를 바라는 바인데

심문 받는 이유

• 바울이 심문 받는 이유는 무엇인가?

• 우리 조상에게 약속하신 것은 열두 지파가 밤낮으로 이루어지기를 바라는 것이었다.

유대인에게 고소 당하는 이유

아그립바 왕이여
내가 ——— 고소를 당하는 것이니이다
/이 소망으로 말미암아
/유대인들에게

• 바울이 심문 받는 이유를 설명한다. 즉 **우리 조상들에게 약속하셨던 하나님의 약속이 이제 예수 그리스도 안에서 성취되었다**고 하는 주장 때문에 고소를 당하고 있다는 것이다.

8 [그것이] —— 어찌하여 여기나이까
/못 믿을 것으로
당신들은
하나님이 —— 죽은 사람을 살리심을

• 만약 하나님의 약속이 그리스도 안에서 성취된 것이 사실이라면, 부활은 반드시 전제되어야 한다는 것이다. 물론 바리새인을 포함한 유대인들도 부활을 믿었다. 그러나 그 부활은 세상 종말 때에 일어날 일이었다. 그런데 바울은 그 부활이 예수에게서 일어났다고 주장하고 있는 것이다. 유대인들은 바울이 전하는 이런 사실을 받아들일 수 없었다.

9 나도 ——— 스스로 생각하고
/나사렛 예수의 이름을 대적하여
많은 일을 행하여야 될 줄

• 이제 바울은 회심 이전의 자신의 모습을 보여주려 한다. 그래서 다메섹 도상의 체험을 진술한다.

10 [내가] —— 예루살렘에서 행하여
/이런 일을
/대제사장들에게서 권한을 받아 가지고
많은 성도를 옥에 가두며
또 죽일 때에
내가 — 찬성 투표를 하였고

• 바울은 자신이 예루살렘에서 자행했던 핍박을 언급한다. 이는 유대인 모두가 잘 알고 있는 일이었다. 많은 성도를 옥에 가두는데 앞장 섰던 자였기 때문이다.

11 또
[내가] ——— 강제로 모독하는 말을 하게 하고
/모든 회당에서 여러 번 형벌하여
박해하였고
/그들에 대하여 심히 격분하여
/외국 성에까지 가서

• 바울은 과거에 회당마다 찾아다니면서 그들에게 형벌을 주어 강제로 신앙을 부인하게 하려고 했다. 그들에 대한 분노가 얼마나 극에 달했는지(심히 격분하여, being furiously enraged) 이방 도시까지 원정 가서 박해했다는 것이다. 그의 이런 열정은 여기서 그치지 않고 대제사장에게서 권한을 위임을 받아가지고 다메섹까지 갔다.

12 [내가] —— 다메섹으로 갔나이다
/그 일로
/대제사장들의 권한과 위임을 받고

13 왕이여!
[내가] ——— 정오가 되어 길에서 보니
/하늘로부터 해보다 더 밝은 빛이 나와
내 동행들을 둘러 비추는지라

다메섹까지 핍박 원정

• 그런데 바울의 삶 전반을 바꾸어놓는 결정적인 사건이 발생했다는 것이다. 이른바 다메섹 도상의 회심 사건이다. 사도행전에는 이 일을 세 번이나 언급하고 있다(행 9:3-19, 22:6-16, 26:13-18).

14 우리가 다 땅에 엎드러지매(when)
내가 ——— 소리를 들으니
/히브리 말로 이르되
/사울아 사울아!
/네가 – 어찌하여 나를 박해하느냐
/가시채를 뒷발질하기가 —— 네게 고생이니라

• 사울아 사울아! 여기서 바울은 예수님께서 자신에게 직접 하신 말씀과 아나니아를 통해 하신 말씀(9:15)을 혼합하여 말하고 있다.

• 당시 자주 사용했던 격언이다. 종종 신에 대항하여 싸우는 것을 의미한다.

方向轉換 방향전환

15 내가 — 대답하되
/주님 — 누구시니이까
주께서 —이르시되
/나는 — 네가 박해하는 예수라

나는 네가 박해하는 예수라

• 바울의 반항적인 행위는 마치 가시채를 발로 차다가 심한 상처를 입은 소와 같다는 것이다. 계속 차면 찰수록 상처만 더욱 심해질 것이다. 바울은 지금 가시채를 계속 차는 소와 같은 행위를 하고 있다는 것이다.

16 /[너는] — 일어나 너의 발로 서라
//곧(이유: γὰρ)
내가 — 네게 나타난 것은
//(목적: 부정사)
네가 나를 본 일과 장차 내가 네게 나타날 일에 너로 종과 증인을 삼으려 함이니

• 바울은 주를 믿는 성도들을 박해하고 있는 중이지만 이는 실로 주님을 박해하는 일이 된다는 것을 몰랐다. 그런데 땅에 묻혀 있다고 생각한 그 예수가 그의 앞에서 살아 있는 음성으로 말씀하시는 것이 아닌가! 왜 그에게 나타나셨을까?

17 /내가 —너를 구원하여
/이스라엘과 이방인들에게서
그들에게 보내어

• 바울을 증인으로 삼기 위해서 부르셨다(16절).

• 바울은 복음을 이방에 전하기 위해 부른 "택한 그릇"이다(행 9:15).

18 //(목적: 부정사)
① 그 눈을 뜨게 하여
② 돌아오게 하고
/어둠에서 빛으로,
/사탄의 권세에서 하나님께로
③ 기업을 얻게 하리라(하더이다)
/죄 사함과 나를 믿어 거룩하게 된 무리 가운데서

바울을 부르신 목적은?

• 이스라엘 백성으로 하여금 사탄의 권세에서 하나님께로 돌아오게(ἐπιστρέφω)하려고. 이 단어는 방향 전환(행 9:40; 16:18)과 더불어 하나님께로 돌이킴(행 3:19; 9:35; 11:21; 14:15; 15:19; 26:18, 20; 28:27)을 의미한다.

• "죄 사함과 나를 믿어 거룩하게 된 무리에게" 복음을 전하라는 하나님의 명령에 바울은 순종하였다.

19 아그립바 왕이여
그러므로
내가 —거스르지 아니하고
/하늘에서 보이신 것을
20 —전하므로
/먼저 다메섹과 예루살렘에 있는 사람과
유대 온 땅과 이방인에게까지
회개하고((μετανοέω) 하나님께로 돌아와서
회개(μετάνοια)에 합당한 일을 하라

• 바울은 자신이 하나님의 명령에 순종하여 명령을 받은 사람들에게, 즉 유대인이나 이방인을 막론하고 하나님께 돌아가 다 회개와 회개에 합당한 삶을 살라고 가르쳤다. 그 이유 때문에 유대인들이 자신을 성전에서 체포하여 죽이려했다는 것을 자세히 증언했다. 그러나 바울은 자신이 전한 내용은 선지자들과 모세가 예언한 것 외에는 없다고 변론했다.

• 유대인이나 이방인 모두에게 회개하고 돌아오라는 것이다.

21 유대인들이 — 성전에서 나를 잡아 죽이고자 하였으나

22 내가 — 오늘까지 서서
/하나님의 도우심을 받아
말한 것밖에 없으니
/높고 낮은 사람 앞에서 증언하는 것은
선지자들과 모세가 반드시 되리라고
/●

• 바울이 증언한 내용은 선지자들과 모세가 예언한 것이 예수 그리스도 안에서 성취되었다는 것이었다.

• 눅 16:29 참조

선지자들과 모세가 예언한 내용

23 곧 그리스도가 ①고난을 받으실 것과 ② 죽은 자 가운데서 먼저 다시 살아나사 이스라엘과 이방인들에게 빛을 전하시리라 함이니이다 하니라

2. 바울의 변론이 끝이 났다. 물론 본문의 기록보다 더 자세하게 변론했을 것이다. 변론을 다 들은 베스도가 큰 소리로 이렇게 외쳤다.

26:24 바울이 이같이 변명하매(while)
베스도가 — 크게 소리 내어 **이르되**
/바울아 — 네가 미쳤도다
네 많은 학문이 —너를 미치게 한다 하니
25 바울이 — **이르되**
/베스도 각하여!
내가 ┬ 미친 것이 아니요
└ 참되고 '온전한' 말을 하나이다
26 //(이유: γάρ, for)
왕께서는 이 일을 아시기로 내가 왕께 담대히 말하노니
//(이유: γάρ, for)
[내가] — 믿나이다
/이 일에 하나라도 아시지 못함이 없는 줄
이 일은 — 행한 것이 아니니이다
/한쪽 구석에서

• 베스도 총독은 큰 소리로 외친다. "바울아, 네가 제 정신이 아니구나. 네 많은 학문이 너를 미쳐버리게 만들었구나!!"

• 그러나 바울은 자신이 미친 것이 아님을 분명하게 말했다. '온전한'(σωφροσύνη)이란 '자제, 평정'이라는 의미이다.

• σωφροσύνης ῥήματα ἀποφθέγγομαι
[온전한 말을 하나이다.] 당당하고도 큰 소리로 강론하였다는 것을 의미한다. 바울은 베스도의 흥분된 방해에도 결코 화를 내지 않았다. 그는 완전한 예의를 갖추면서 대답한다. "저는 지금 맑은 정신으로 진실을 말씀드리고 있습니다."

• 그리고 바울은 머리를 돌려 아그립바 왕에게 이렇게 말한다.

(1) "왕께서도 이 일을 잘 알고 계시므로 거리낌없이 말하고 있는 것입니다. 이것은 어느 한 구석에서 일어난 일이 아니니 그 어느 사실 하나라도 모르실 리가 없습니다."

(2) 아그립바가 바울에게 말하게 하자 바울은;
"아그립바 왕이여 선지자를 믿으시나이까
믿으시는 줄 아나이다."

• 바울의 이런 유도적 질문에 왕은 순간적으로 당황했을 것이다. 왕은 성전을 관장하는 유대인으로서 선지자를 믿는다는 고백을 하지 않을 수 없다. 그런데 바울은 예수를 선지자들의 예언의 성취라고 말하고 있다. 만약 "그렇다"고 대답하면 바울의 손에 덜미를 잡히게 된다. 반대로 '아니라'고 대답하면 선지자를 믿지 않는 꼴이 된다.

(3) 아그립바가 바울에게 무엇이라고 대답했을까?
"이르되 네가 적은 말로 나를 권하여 그리스도인이 되게 하려 하는도다."

이런 대답은 바울의 정곡을 찌르는 질문에 회피성 대답이었다. 이에 대한 바울의 대답은 "말이 적으나 많으나 당신뿐만 아니라 오늘 내 말을 듣는 모든 사람도 다 이렇게 결박된 것 외에는 나와 같이 되기를 하나님께 원하나이다." 바울의 재빠른 대꾸였다. 결국 재판관들의 반응은 바울이 사형이나 결박 당할 일을 저지른 일이 없다는 결론이었다(30-31절).

• 행 26:30 "왕과 총독과 버니게와 그 함께 앉은 사람들이 다 일어나서 31물러가 서로 말하되 이 사람은 사형이나 결박을 당할 만한 행위가 없다 하더라."

바울이 로마로 압송되다(행 27:1-26)

아그립바는 베스도에게 바울이 만일 가이사에게 상소하지 아니하였더라면 석방될 수 있을 뻔하였다(26:32)고 했다. 바울은 가이사에게 항소했으므로 가이사에게 가야만 했다. 그곳으로 가는 방법은 배를 타고 가는 길 뿐이다. 그는 로마로 호송되어 가는 것이다. 이 항해에는 동행하는 사람들이 많이 있었다. 물론 가이사랴의 백부장 율리오와 그의 인솔 하에 있는 죄수들도 함께 가게 되었다. 이 마지막 여행에는 사도행전의 저자 누가도 동행한 것 같다.

1. 가이사랴에서 2년간의 감옥 생활을 끝내고, 베스도 총독은 바울 일행을 배에 태워서 이탈리아로 보내기로 결정했다.

(1) 바울과 죄수 몇 사람을 율리오(Julius)라는 백부장에게 넘겨주었다. 그때 마침 아시아 해변(연안)의 여러 항구로 가려하는 아드라뭇데노(Adramyttian)[1] 항만 소속의 배 한 척이 출발하려 했다. 바울 일행은 그 배를 타고 항해를 했다. 그때 데살로니가 출신인 마게도냐 사람 아리다고(Aristarchus)도 함께 동행했다(2절). 이 배는 아시아의 해안을 따라 로마에 가도록 연결해 주는 아드라뭇데노로 가는 배였다. 겨울을 지내기 위해 여러 곳에서 멈추었다가 배의 원적지(原籍地)로 돌아가는 선박이었을 것이다.

1) Adramyttian 'Αδραμυττηνός 아드라뭇데노는 소아시아에 있던 무시아(Mysia)의 고대 항구로 드로아의 남동쪽 아소의 동쪽에 위치했다. 바울은 이 항구 도시에서 온 배를 타고 루기아의 무라까지 와서 로마로 가는 큰 배에 옮겨 탔다.

(2) 가이사랴에서 출발, 그 이튿날 시돈에 닿았다. 시돈은 가이사랴로부터 107km의 거리였다. 이때 백부장 율리오는 바울에게 친절을 베풀어 친구들에게 가서 대접 받기를 허락했다(3절). 그 후에도 율리오는 바울의 신변 안전에 개인적인 관심을 가지고 친절하게 대해 주었다(행 27:43, 28:16). 누가도 바울의 의사 자격으로 동행이 허락되었을 것이다. 그리고 시돈을 출발 항해하다가 역풍을 만났다. 그래서 맞바람을 피하여 구브로 섬을 왼쪽으로 끼고 항해하여(4절) 길리기아와 밤빌리아 바다를 건너 루기아의 무라(Myra)[2] 항구에 도착했다(5절).

2) 무라(Myra)는 루기아(Lycia 소아시아 남서쪽의 한 지방) 연안에 있는 한 도시이다. 무라는 루기아의 "가장 훌륭하고 찬란한 도시였다"고 한다. 로마로 갈 배들이 즐겨 정박하는 곳이었다.

2. 무라 항구에서 머무는 동안 백부장이 이달리야로 가려 하는 알렉산드리아 배를 만나 바울 일행을 태웠다.

(1) 이 배는 알렉산드리아 소속으로 로마로 가는 곡물선이었다. 이런 곡물선도 여행자들을 실어 날랐다. 배가 속도를 내지 못했다. 그래서 여러 날 만에 간신히 니도(Cnidus, Κνίδος크니도스) 맞은편에 이르렀으나 역풍 때문에(풍세가

바울의 로마행(행 27:1-28:31)

더 허락하지 아니하므로) ❹살모네(Salmone) 앞을 지나 그레데 해안을 바람막이로 항해하여 간신히 그 연안을 지나 ❺미항(美港, Καλοὺς λιμένας칼루스 리메나스, Fair Havens)[1]이라는 곳에 이르렀다. 미항은 라새아 시에서 가까운 곳이었다. 라새아(Lasea)는 그레데 섬의 한 도시이다. 미항(美港)에서 동쪽으로 5마일 거리에 있다.

(2) 날씨 때문에 배가 묶여 여러 날이 지체되었다. 그러다보니 금식하는 절기가 이미 지났다. 유대인의 대속죄일은 보통 9월말경에 해당한다(레 16:29이하). 이 시기가 지나면 항해하기가 위태롭다고 한다. 고대인들은 지중해는 10월 초부터 3월 중순까지는 항해는 안전하지 못하다고 생각했다.

(3) 그래서 바울이 그들에게 지금 출항하면 어려움을 겪게 될 것이라고 출항을 만류했다. "여러분이여 내가 보니 이번 항해가 하물과 배만 아니라 우리 생명에도 타격[2]과 많은 손해를 끼치리라"(10절).

물론 백부장은 선장(船長)과 선주(船主)의 말을 바울의 말보다 더 믿었다(11절). 백부장은 군 장교로서 군사들과 죄수들과 곡물 운송의 책임을 지고 있었다. 날씨가 순조롭지 못하지만 그의 위치와 로마시에 곡물을 제때에 수송할 책임도 있었기에 더 이상 지체할 수 없다고 생각했다. 또 오랫 동안 항해에 익숙한 선장의 말에 더 신뢰가 갔을 것이다.

1) 미항 : 이곳은 그 이름에서 알 수 있듯이 아름답기는 했지만 겨울을 나기에는 적합하지 않은 곳이었다.

2) 휘브리스(ὕβρις) - 여기서는 자연현상에 의해 야기된 고생, 손상, 그리고 재난을 의미한다.

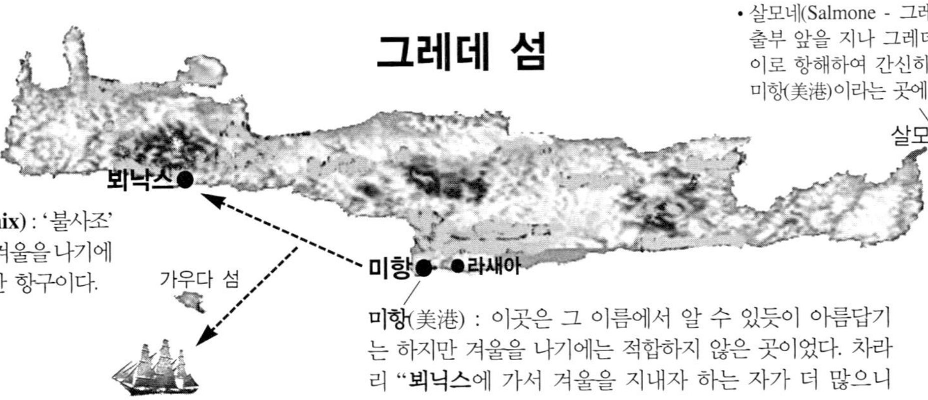

• 살모네(Salmone - 그레데 섬의 동쪽 돌출부 앞을 지나 그레데 해안을 바람막이로 항해하여 간신히 그 연안을 지나 미항(美港)이라는 곳에 이르렀다.

뵈닉스(Phoenix) : '불사조'를 의미한다. 겨울을 나기에 적합한 유일한 항구이다.

미항(美港) : 이곳은 그 이름에서 알 수 있듯이 아름답기는 하지만 겨울을 나기에는 적합하지 않은 곳이었다. 차라리 "**뵈닉스**에 가서 겨울을 지내자 하는 자가 더 많으니 뵈닉스는 그레데 항구라."

(4) 그러면 아무쪼록 뵈닉스(Phoenix)에 가서 겨울을 지내자 하는 자가 더 많았다. 그렇게 결정하고 뵈닉스로 향했다. 그런데 때마침 남풍이 순하게 불어왔다. 지금까지 역풍(逆風)으로 인해 고생을 하며 여기까지 왔는데, 남풍(south wind, νότος 노토스)이 부드럽게(순하게) 불어왔다. 그러자 "그들이 뜻을 이룬 줄 알고 닻을 감아(올리고) 그레데 해변을 끼고 항해하기" 시작했다(13절).

1) 유라굴로(εὐρακύδων) - 유라퀼론(북동풍)

(5) 그러나 "얼마 안 되어 섬 가운데로부터 유라굴로(Euraquilo, 북동풍)[1]라는 광풍이 크게 일어났다. 아마 뵈닉스로 가는 도중에 광풍이 일어난 것 같다. 배가 밀리기 시작했고 바람이 부는대로 배를 맞길 수밖에 없었다. 그들은 돛도 걷어 내렸다. 즉 표류하기 시작했다. 그러다가 가우다(Clauda)라는 작은 섬 아래로 지나갈 때, 그 섬이 어느 정도 바람막이가 되어 주었으므로 끌고 가던 거룻배(스카페 - 작은 구명선)를 떠내려 가지 않도록 간신히 바로 잡을 수 있었다(16절). 그리고 그 거룻배를 끌어올렸다(17절*). 그리고 배가 부서지지 않게 선체(船體)와 함께 밧줄로 동여맸다.

• 행 27:17 "끌어 올리고 줄을 가지고 선체를 둘러 감고 스르디스에 걸릴까 두려워하여 연장을 내리고 그냥 쫓겨가더니"

(6) 그리고 그대로 가다가는 해안의 모래언덕인 스르디스(Syrtis)[2]에 걸려 좌초될까 두려워서 돛을 내리고 바람부는 대로 계속 표류했다. 이 모래언덕은 북아프리카를 따라 카르타고(Carthage)와 퀴래나이카(Cyrenaica) 사이의 두 유사(流砂, 바람이나 물에 의해 아래로 흘러내리는 모래, 사람이 늪에 빠진 것처럼 헤어나오지 못함)를 가리키는 곳이다. 만약 특별한 조치를 하지 않으면 배는 바람에 밀려 스르디스에 걸려 좌초될 수 있다. 그래서 닻(또는 돛)을 내리고 바람부는 대로 밀려 다녔다.

2) Syrtis(스르디스) - 스르디스는 지중해의 선원들이 두려워한 아프리카 해안에서 떨어져 있는 표사(漂砂) 모래톱이다. 시드라 만(Gulf of Sidra)은 시실리(Sicilly)의 맞은 편 북 아프리카 해안의 크게 침하된 동편을 따라 234마일가량 뻗어 있다. 배들은 자주 표사(漂砂)에 빨려 들어가는 위협을 만났다.

(7) 폭풍으로 인해 몹시 시달리다 못해(심히 애쓰다가) 이튿날에는 사공들이 짐을 바닷속으로 집어 던지기 시작했다(18절). 사흘째 되는 날에는 배의 기구를

그들의 손으로 내던졌다(19절). "여러 날 동안 해도 별도 보이지 아니하고 큰 풍랑이 그대로 있으매(폭풍만이 심하게 불어닥쳤으므로) 구원의(살아 돌아갈) 여망마저 없어졌더라"(20절). 물론 사람들은 오랫 동안 아무것도 먹지 못했다. 그때 바울이 일어섰다.

27:21 바울이—가운데 **서서 말하되**
/여러분이여
/[너희는] ── 내 말을 듣고
── 그레데에서 떠나지 아니하여
── 면하였더라면 좋을 뻔하였느니라
/이 타격과 손상을

22 내가 ──너희를 **권하노니**
/이제는 안심하라

//(이유: γάρ, for)
너희 중 아무도 생명에는 아무런 손상이 없겠고
오직 배뿐이리라

23 //(이유: γάρ, for)
하나님의 사자가 ── 어제 밤에 내 곁에 서서 말하되
/내가 속한 바 곧 내가 섬기는 24 /바울아 두려워하지 말라
네가 가이사 앞에 서야 하겠고
또 하나님께서 너와 함께 항해하는 자를 다 네게
주셨다 하였으니

• 모든 사람이 먹지 못하고(적어도 열흘 이상은 먹지 못했다) 배에 여기 저기 쓰러져 있었을 것이다. 이런 가운데 바울이 일어서서 격려하고 있는 것이다. 아마 잠깐 폭풍이 멎었으리라.

"이제는 안심하라."(22절) 왜?

• 미항에서 출발하지 않았더라면 이런 위험에 처하지 않았을 것이라고 했다. 물론 비난의 뜻으로 이런 말을 한 것은 아니다. 이 상황에서 사람들은 바울의 말을 신임할 수 있었으리라.

• "여러분 제발 기운을 차리십시오. 배는 잃겠지만 여러분의 목숨만은 하나도 잃지 않을 것입니다."

δεῖ παραστῆναι(부정사 과거)
δεῖ, must
παρίστημι(파리스테미)
가이사 앞에 ***반드시*** 서게 될 것이다.

• 이런 권면의 말은 단순한 바울의 격려가 아니다. "어제 밤에 **하나님의 사자가 나타나서** 바울아, ① 두려워 하지 말라고 하며, 내가 반드시 ② 황제 앞에 서게 할 것이며, 나와 그리고 함께 타고 가는 ③ 여러분의 안전을 이미 모두 나에게 맡겨주셨다고 말씀하셨습니다."

27:25 그러므로 여러분이여
[너희는] ──── **안심하라**

//(이유: γάρ, for)
나는 ── 하나님을 믿노라
/내게 말씀하신 그대로 되리라고

26 그런즉(δέ)[1)]
우리가 ── 반드시(δεῖ, must) 한 섬에 걸리리라(ἐκπεσεῖν)

• 안심하라(εὐθυμεῖτε 현재 명령법) - εὐθυμέω(유뒤메오) - 이는 하나님의 명령이요 약속이다. 이 말씀만으로도 충분하다.

1) (But -NASB)
(Nevertheless - NIV)
(Howbeit - KJV)

• 바울의 확신에 찬 태도를 보라. 이런 어려운 상황 속에서도 그는 계속 기도했을 것이고, 그래서 확신 속에서 절망 가운데 있는 자들을 격려할 수 있었다.

310

풍랑으로 배가 깨어지다(행 27:27–44)

여기 본문에서 풍랑이 일어난 아드리아 바다는 이탈리아와 일루리곤 본토 사이의 사이를 말한 것이 아니라 그보다 아래쪽의 지중해를 말한다.

"열나흘째 되는 날 밤에 우리가 아드리아 바다(Adriatic Sea)에서 이리 저리 쫓겨가다가 자정쯤 되어 사공들이 어느 육지에 가까워지는 줄을 짐작하고(27절) 물을 재어 보니 스무 길이 되고 조금 가다가 다시 재니 열다섯 길이라(28절). 암초에 걸릴까 하여 고물로 닻 넷을 내리고 날이 새기를 고대하니라(29절)."

1. 미항을 출발한지 열나흘째 되는 날 밤 배는 아드리아(Adria) 바다에서 표류하고 있었다.

(1) 한밤중에 선원들은 어떤 육지에 가까이 온 줄로 생각했다. 그래서 바다 수심을 재어보니 그 깊이가 스무 길이었다. '길'(fathom, 깊이의 단위, ὀργυιά오르귀아)은 양팔을 쭉 뻗었을 때의 길이를 가리킨다(약 1.8m). 그러므로 스무 길은 약 37미터이다. 그래서 조금 가다가 다시 재니 열다섯 길(약 28m)이라고 했다. 제일 무서운 것은 혹 배가 암초에 걸리지 않을까 하는 것이었다. 그래서 고물(배 뒤편)에서 네 개의 닻을 내리고 날이 밝기만을 기다렸다(29절).

(2) 그러나 이 상황에서도 사공(선원)들은 도망하고자 하여 뱃 머리(이물)에서 닻을 내리는 체하면서 거룻배(작은 구명선)를 바다에 내려 놓고 있었다. 이때 바울이 백부장과 군인들에게 말했다. "이 사람들이 배에 있지 아니하면 여러분은 구조될 수 없습니다"(31절). 그러자 군인들이 매어 있던 밧줄을 끊어 거룻배를 배에서 떨어져 나가게 했다. 따라서 선원들의 탈출 의도를 꺾어버렸다. 이를 제지하지 못했다면 엄청난 생명의 손실을 가져올 뻔 했다. 사공들이 없으면 배가 온전히 해변에 닿을 수 없기 때문이다.

• 행 27:33 "이르되 너희가 기다리고 기다리며 먹지 못하고 주린 지가 오늘까지 열나흘인즉 34 음식 먹기를 권하노니 이것이 너희의 구원을 위하는 것이요 너희 중 머리카락 하나도 잃을 자가 없으리라 하고"

276명

(3) 그러는사이 날이 밝아왔다. 바울은 모든 사람에게 음식을 먹으라고 권하였다(33-34절). "너희가 기다리고 기다리며 먹지 못하고 주린 지가 오늘까지 열나흘"이나 되었다(33절). 그래서 "떡을 가져다가 모든 사람 앞에서 하나님께 축사하고 떼어 먹기를 시작하매 36그들도 다 안심하고 받아 먹으니 37배에 있는 무리의 수는 전부 **이백칠십육 명**이더라." 이 숫자는 선원들, 군사들, 죄수들이 모두 포함된 숫자였다. 거기다가 곡물까지 싣고 항해했음을 볼 때 매우 큰 배였을 것이다. 이들 모두가 "배부르게 먹고 (나머지) 밀을 바다에 버려 배를 가볍게" 하였다.

27:22 내가 너희를 권하노니 이제는 안심하라 너희 중 아무도 생명에는 아무런 손상이 없겠고 오직 배뿐이리라
23 내가 속한 바 곧 내가 섬기는 하나님의 사자가 어제 밤에 내 곁에 서서 말하되 24 **바울아 두려
워하지 말라 네가 가이사 앞에 서야 하겠고** 또 하나님께서 너와 함께 항해하는 자를 다
네게 주셨다 하였으니 25 그러므로 여러분이여 안심하라 나는 내게 말씀하신 그대로 되리라고 하나님을
믿노라 26 그런즉 우리가 반드시 한 섬에 걸리리라 하더라

2. 그리고 날이 밝아왔다. 어딘지 모르나 경사진 해안으로 된 항만이 눈에 띄었다. 배를 거기에 댈 수 있는가 의논했다(39절).

(1) 뭍에 상륙하기 위해서는 신중하게 배를 조정해야 했다. 그래서 먼저 닻을 끊어버렸다. 그리고 키(rudder, 배의 조종 장치)를 묶었던 밧줄들을 늦추었다. 그리고 앞 돛을 올려서 바람을 타고 해안 쪽으로 배를 몰았다. 그러나 배는 두 물살이 만나는 곳으로 말려들어가 모래 언덕에 얹히면서 앞머리는 움직일 수 없게 되었고 배 뒷머리는 큰 물결에 깨어져버렸다.

(2) 순식간에 벌어진 일이라 모두 당황했다. 이 기회를 틈타 죄수가 도망갈 수 있는 상황이었다. 군인들은 죄수가 헤엄쳐서 도망할까 하여 그들을 죽이는 것이 좋다고 했다. 그러나 백부장이 바울을 구하려고 군인들의 생각을 막고 헤엄칠 줄 아는 사람들을 명하여 물에 뛰어내려 먼저 육지에 나가게 했다.

(3) 그 남은 사람들은 널빤지나 혹은 배 물건에 의지하여 나가라고 명령했다. 이렇게하여 마침내 사람들이 다 육지로 올라와 구조되었다. 죄수로 끌려가던 바울은 이 항해와 파선 사건을 통해 영웅이 되었다. 육지에 무사히 올라 알아보니 그 섬이 **멜리데**라는 섬인 것을 알았다.

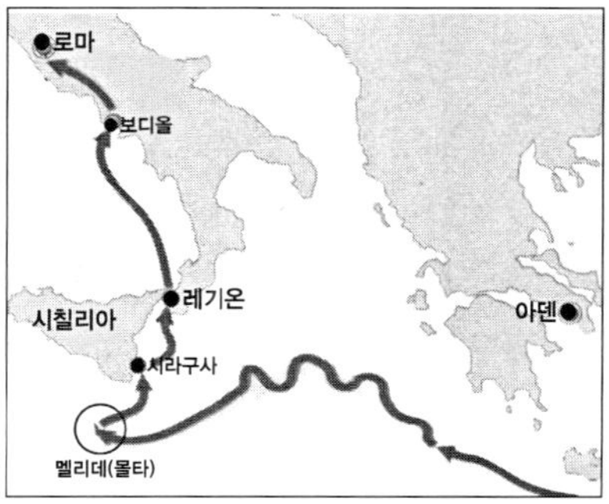

시칠리아 섬에서 남쪽으로 약 96km 지점에 위치한 섬이다. 현재의 지명은 몰타이다.

멜리데 섬에 오르다(행 28:1-10)

멜리데, 메마른 작은 바위 섬, 겨울철 광풍에 떠밀려 두 주일 동안 표류한 후에 이 섬에 가까스로 상륙했다. 이들은 구조된 후에 이 섬이 멜리데라는 것을 알았다. 이들은 이 섬에서 석달 동안 머무르게 된다. 다행히 이곳에 사는 주민은 겨울의 추위와 비 속에서 일행들을 환대해 주었다.

1. 멜리데 섬 사람들은 이들을 매우 친절하게 대했다. 때마침 비가 내리고 날씨가 추워졌기 때문에 불을 피워 영접했다.

(1) 원주민(βάρβαρος바르바로스)[1] : 토착어를 말하는 자, 즉 헬라인이 아닌 사람들을 뜻한다. 외국민족(foreign folk)이라는 의미로 쓰였다. 오히려 특별한(각별한) 친절(φιλανθρωπία필란드로피아)을 베풀었다. 그러니까 매일 일어나는 종류의 친절이 아니라는 말이다. 이 원주민들은 난파선을 보고 약탈하는 자들이 아니었다는 것을 알았다. 동정(친절)을 '하여'(παρέχω파레코)라는 말은 '보여주다, 제공하다'라는 의미로 미완료과거(παρεῖχον)이다. 계속 친철을 보여주었다는 말이다.

(2) 날이 춥기 때문에 불을 피웠다. "바울이 나무 한 묶음을 거두어 불에 넣으니 뜨거움으로 말미암아 독사(viper, ἔχιδνα에키드나)가 나와 그 손을 물고 있었다"(3절). '에키드나'는 독 있는 뱀, 곧 살무사나 독사를 말한다. "원주민들이 이 짐승이 그 손에 매달려 있음(물고 있음을)을 보고 진실로 이 사람은 살인한 자로다."라고 수군거렸다. 이 사람은 "바다에서는 구조를 받았으나 공의(δίκη디케, 정의의 여신)[3]가 그를 살지 못하게 함이로다 하더니" 난파를 당한 것도 그가 죄인임을 입증한다는 것이었다.

(3) 그러나 바울은 그 짐승(θηρίον데리온)[4]을 불에 떨어 버렸다(=흔들어 떨어버리다). 물론 조금도 상함이 없었다(5절). 섬 원주민들은 당연히 바울이 붓든지 혹은 갑자기 쓰러져 죽을 줄로 알고 기다렸다(미완료로, 계속 기대하고 있었다는 의미). 그러나 아무리 오래 기다려도 그에게 아무 이상이 없음을 보고 놀랐다. 그들은 자신을 돌아보며 생각(마음)을 바꾸었다(they changed their minds). "이 사람은 신이다(he was a god. αὐτὸν εἶναι θεόν)."

2. 섬 사람들의 마음 가짐이 달라졌다. 신이 오셨기 때문이다. 이 섬에서 가장 높은 사람 보블리오라 하는 이가 찾아왔다.

1) the natives - NASB
the barbarous people - KJV

2) 필로스(φίλος 가장 사랑하는, 친절한) + 안드로포스(ἄνθρωπος 사람) 인류에 대한 사랑, 친절, 박애를 말한다.

3) 응보적 공의로 쓰였다. 원주민들은Δίκη디케를 여신과 같은 존재로 말하고 있다. 바울이 뱀에 물린 것을 보면 그가 살인자이므로 디케(공의)가 '살지 못하게' 하는 것이라고 생각했다.

4) 야생동물, 들짐승. 데리온은 일찍부터 은유적으로 불손함을 나타내는 용어로 짐승과 같은 자에 대해 사용되었다.

(1) 보블리오(Publius)는 그 근처에 토지를 갖고 있는데 그가 이들을 영접하여 사흘이나 친절히 머물게 했다. 포블리오스(Πόπλιος)는 로마식 이름이다. 그에 대해서는 아무것도 알려진 것이 없다. 그는 멜리데 섬의 최고 행정장관이었다. 그는 아마도 로마 시민권을 받았을 것이다.

(2) 그런데 그의 부친이 열병(fever)과 이질(dysentery)[1]에 걸려 누워 있었다고 했다. 그런데 바울이 들어가서 기도하고 그에게 안수하여 낫게 했다(8절). 이 일로 인해 섬 가운데 다른 병든 사람들이 많이 몰려왔는데 그들도 모두 고쳐주었다(9절). 이런 의료 사역은 이 섬에서 머무는 3개월 동안 계속 되었을 것이다. 따라서 섬 사람들은 후한 예로 바울 일행을 대접하고 떠날 때에 쓸 것을 배에 실어주었다.

1) 변(便)에 곱이 섞여 나와 뒤가 잦은 증상을 보이는 전염병

바울이 로마로 가다(행 28:11–15)

1. 멜리데 섬에 3개월을 있었다. 그곳에서 겨울을 보내고 알렉산드리아 배를 타고 떠났다.

2) 디오스크로이(Διοσκούροι) - 쓰스(Zeus)의 쌍둥이 아들을 가리킨다.

배의 머리 장식이 디오스구로(Twin Brothers)[2]라 하는 (로마로 가는 또 다른 선박인) 알렉산드리아 배를 타고 떠났다. 디오스구로는 이 배의 이름으로, 이들은 자신을 보호해 주리라고 믿는 신의 이름을 따서 명명되었다. 신격화된 제우스의 아들로서 쌍둥이 영웅으로 (배를 지키는 신으로) 신성시된 이름이었다. 이들은 "**수라구사**에 대고 사흘을 있다가(12절) 거기서 둘러가서 **레기온**에 이르러 하루를 지낸 후 남풍이 일어나므로 이튿날 **보디올**에 이르렀다.

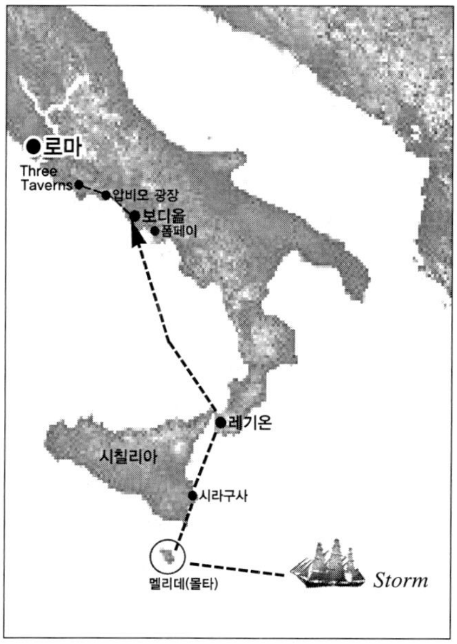

"보디올에서 형제들을 만나 그들의 청함을 받아 이레를 함께 머무니라 그래서 우리는 이와 같이 로마로 가니라."(14절)

"그 곳 형제들이 우리 소식을 듣고
압비오 광장과
트레이스(셋, three) 타베르네(=여인숙, 상점)까지 맞으러 오니
바울이 그들을 보고 하나님께 감사하고
담대한 마음을 얻으니라."

바울이 로마에서 전도하다(행 28:16–31)

1. 로마에 있는 성도들이 바울 일행의 소식을 듣고 압비오 광장과 트레이스 타베르네(세 여관, 三館)라는 동네까지 맞으러 나왔다. 로마에 들어가니 바울에게는 자기를 지키는 군인과 함께 따로 있게 허락했다(16절).

(1) 사흘이 지난 뒤에 바울은 유대인 중 높은 사람들을 청하여 그들이 모인 후에 이렇게 말하였다.

그래서 바울은 심한 폭풍과 멜리데(Malta) 해안에서의 파선에서도 살아남았다. 누가는 이 사실을 상세하게 기술해 놓았다(행 27:1-44). 이때 바울은 다른 죄수들뿐만 아니라, 누가와 데살로니가에서 온 아리스다고를 포함하여 몇 명의 동료들과 동행했다. 멜리데 섬에서 겨울을 보낸 후, 마침내 바울 일행은 60년 봄에 이탈리아 로마에 도착했다.

당시 로마에는 다수의 회당이 있었다. 그렇다고 죄수의 몸으로서 이곳을 방문할 수 없었다. 따라서 바울은 유대인들 중 높은 사람을 청하여 현재의 이곳에 오게 된 상황을 알렸다.

28:17 여러분 형제들아!
내가 ─┬ 배척한 일이 없는데
　　　│　/이스라엘 백성이나 우리 조상의 관습을
　　　└ 죄수로 내준 바 되었으니
　　　　　/예루살렘에서 로마인의 손에
18 로마인은 ─ 나를 심문하여(when)
　　　　　석방하려 하였으나
　　//(이유: δία + 목적격, because)
　　죽일 죄목이 없으므로
19 유대인들이 반대하기로(when)
　내가 ──── 마지 못하여
　　　　　/가이사에게 상소함이요(=상소하기를)
　　　　내 민족을 고발하려는 것이 아니니라
20 이러므로
　[우리가] ── 청하였으니
　　//(목적: to)
　　너희를 보고 함께 이야기하려고
　　//(이유: for)
　　내가 ── 이 쇠사슬에 매인 바 되었노라
　　　　　/이스라엘의 소망으로 말미암아

• 내가 왜 죄수의 몸으로 이곳에 오게 되었는가?
"이스라엘 사람들이 소망해 온 그리스도 때문입니다."

(2) 청함을 받은 유대인들은 이 말을 듣고 당황한 것 같다. 왜냐하면 자신들은 "유대에서 바울에 대한 편지도 받은 일이 없고 또 형제 중 누가 와서 바울에 대하여 좋지 못한 것을 전하든지 이야기한 일도 없었기" 때문이다(21절). 어쨌든 로마의 유대인들은 바울이 전하는 사상이 어떠한가 듣고자 한다는 것이었다(22절). 왜냐하면 바울의 전하는 내용에 대하여는 어디서든지 반대

하는 소리가 높다는 것을 알고 있었기 때문이었다. 그래서 회집 날짜를 정하고 바울이 유숙하는 집에 많은 사람이 왔다. 바울은 아침부터 저녁까지 하나님의 나라를 증언하고 모세의 율법과 선지자의 말을 가지고 예수에 대하여 설득하려고 노력했다(23절).

(3) 어떤 반응이 있었을까? "그 말을 믿는 사람도 있고 믿지 아니하는 사람도 있었다"고 했다(24절).

28:25 서로 맞지 아니하여 흩어질 때에(when)
바울이 — 한 말로 **이르되**
/성령이 너희 조상들에게 말씀하신 것이 — 옳도다
/선지자 이사야를 통하여

26-27절은 이사야 6:9, 10에서의 인용이다. 예수님도 이 구절을 인용하셨다(마 13:14, 15; 막 4:12; 눅 8:10).

from 동교재, 이사야 6장

6:9 여호와께서 **이르시되**
/[너는] — 가서(לֵךְ) - 칼 동사 명령법
— '이 백성'에게 이르기를
/너희가 듣기는 들어도 '깨닫지' 못할 것이요
/보기는 보아도 알지 못하리라 하여

6:10 /[너는] — 이 백성의 마음을 둔하게 하며(הַשְׁמֵן)[1]
— 그들의 귀가 막히고 - 히필 동사 명령법 / 막히게 하라
— 그들의 눈이 감기게 하라 - 히필 동사 명령법

염려하건대(lest, פֶּן)
그들이 눈으로 보고 귀로 듣고 마음으로 깨닫고
다시 돌아와 고침(라파, רָפָא)을 받을까 하노라

이사야 6:9, 10

• '이 백성' - 1:3, 2:6, 3:12, 15, 5:13, 25에 이미
된 대상이다. 언약 백성을 가리키는 말로 이스라
지칭한다. '나의 백성'(암미)이라 하지 않고, '이
이라는 표현 속에서 하나님의 불쾌함이 드러난다.

1) 샤만(שָׁמַן)의 히필 동사 명령법 / 기름지다, 살이 찌다, 살찌우다 / 히필(사역 능동)형에서는 '살찌게 하다'라는 의미이다.

(4) 위의 구절만 따로 떼어서 읽는다면 얼른 이해가 안 되는 명령이다(원문에는 명령형으로 되어 있다). 이는 명령문으로 되어 있지만 풍자적이다. 다음과 같은 내용으로 풀어 쓸 수 있다.[2] "너희는 계속해서 들으나 결코 이해하지 못한다(שִׁמְעוּ שָׁמוֹעַ[3] וְאַל־תָּבִינוּ). 너희는 계속해서 보지만 결코 깨닫지 못한다."

2) R. B. Chisholm Jr. 강성열 역, 「예언서개론」(서울 : 크리스찬다이제스트), 31.

(5) 즉, 이사야가 그의 사역을 시작했을 때 하나님은 사람들이 그의 메시지를 깨닫지 못할 것이라고 하셨다. 그러면 당연히 영적으로 둔감해 질 것이다. 그래서 고침을 받지 못할 것이라는 것이다. 하나님은 이 백성을 당분간은

3) 칼 부정사 절대형 / 계속해서 들어라! 그러나 깨닫지 못할 것이다

1) R. B. Chisholm Jr., 「예언서개론」, 32.

영적 흑암 가운데 두시겠다는 것이다. 그래서 회개할 기회조차 막으시겠다는 것이다. 그만큼 하나님의 심판의 엄격함을 보여주신다. 하늘 궁정회의에서는 심판하기로 이미 결정되었기 때문이다. 이 백성들의 죄악을 적당히 눈감지 않으시겠다는 것이다. 심판은 이미 확정된 것이다.

(3) 10절의 말씀과 같이 정말로 하나님은 자기 백성의 깨달음과 회개와 치유를 막으려 하셨을까? 10b절은 분명하게 풍자와 반어법적인 요소를 가지고 있다. 지금까지 살펴본 바와 같이 백성들은 회개할 준비가 되어 있지 않거나 그럴 의사가 거의 없었다. 그러므로 10절은 이런 뜻으로 풀어 설명할 수 있다. "…그렇지 않으면 그들이 눈으로 보고 귀로 듣고 마음으로 깨닫고 회개함으로 회복함을 얻을 것이다. 그러나 그들에게는 그렇게 하려는 의사가 없음이 분명하다. 그렇지 않은가?"[1)]

2) 이사야가 오래 전에 예언하였던 이 예언은 메시야를 거부한 유대인들의 운명에 대한 엄숙한 조가(弔歌)이다.

2. 위의 이사야의 예언과 같이 "하나님의 이 구원이 이방인에게로 보내어진 줄 알라 그들은 그것을 들으리라."[2)]

(1) 29절 (없음) 어떤 사본에, "그가 이 말을 마칠 때에 유대인들이 서로 큰 쟁론을 하며 물러가더라"가 있음.

> "바울이 온 이태를 자기 셋집에 머물면서 자기에게 오는 사람을 다 영접하고 하나님의 나라를 전파하며 주 예수 그리스도에 관한 모든 것을 담대하게 거침없이 가르치더라."(30-31절)

(2) 로마에 있는 바울은 2년 동안 셋집에서 가택 연금 상태로 지냈다(행 28:30). 셋집이란 말을 보아 값을 주고 빌렸을 것이다. 천막 제작자로서의 일은 할 수 없었고 다른 사람들의 후원에 의존할 수밖에 없었을 것이다(행 28:16). 그는 가벼운 보호 관리하에서 그 지역 기독교인들과의 접촉이 허용되었다. 오는 사람들을 시시때대로 다 영접하였다는 의미이다. 로마인들은 신앙의 자유를 막지 않았기에 바울은 자신을 감시하는 자들과 계속 신앙을 나눌 수 있었다(몬 1:13).

(3) 사도행전은 여기까지 서술하고 있기 때문에 이 후에 바울이 어떻게 됐는지는 정확히 모른다. 아마도 바울의 판결은 천천히 진행되다가 결국 석방되었을 것이다. 왜냐하면 사법상의 어떤 단계에서도 로마법상 범죄자로 정죄되지는 않았기 때문이다. **[본문 끝]**

부 록

Close-up

1. 로마의 셋집에서, 가택 연금 상태 2년
2. 바울의 선교적인 노력과 초기 기독교 신앙의 확장
3. 바울의 변화, 바울의 율법에 대한 평가
4. 예수 운동은 본질적으로 주로 가난한 사람?
5. 주후 60년대와 그 이후의 예루살렘은?

Close-up ①

로마의 셋집에서, 가택 연금 상태 2년

1. 바울은 주후 60년 2월 초쯤 로마에 도착했을 것이다. "바울이 온 이태를 자기 셋집에 머물면서 자기에게 오는 사람을 다 영접하고 하나님의 나라를 전파하며"(행 28:30) 지냈다.

(1) 바울은 2년 동안 연금상태에 있었다. 재판을 받기 위해서였다. 그 기간 동안 상당한 자유가 허용된 것 같다. 따라서 바울은 찾아오는 사람들을 자유롭게 만날 수 있었다(행 28:30-31). 그는 "주 예수 그리스도에 관한 모든 것을 담대하게(with all openness)[1] 거침없이(unhindered)[2] 가르치더라."고 했다. 그 두 해 동안에도 **핵심적인 사역은 하나님의 나라를 전파하는 것**이었다.

(2) 그렇다면, 62년 이후부터는 자유의 몸이 되었다는 말이 된다. 바울은 이후 어떤 활동을 했을까?

(2) 빌레몬서를 보면 바울이 로마에 있는 동안 동방 선교 여행에 좀 더 집중했을 것이라는 것이 암시되어 있다(몬 1:22*). 동시에 1세기 후반의 증거는 바울이 계획했던 것처럼(롬 15:23-24, 28*), 또 후대의 자료들에 의하면, 바울이 석방되자 선교 사역을 계속 확장해 간 것 같다. 그의 사역이 이루어진 곳이 지중해의 동방 끝인지 아니면 서방 끝인지 혹은 둘 다인지도 분명하지 않다. 바울은 로마 감옥에서 출감한 후에 에베소, 마게도냐 등의 지역을 방문하였던 것으로 보인다.

> "소위 "목회서신들"인 디모데전후서와 디도서를 보면, 바울은 적어도 소아시아에서 여름을 보냈고, 그레데(Crete), 그리스(Greece), 그리고 마게도니아(Macedonia)에서 여름과 겨울을 보냈다. 디모데는 에베소에 있는 성도들 공동체의 책임자로 묘사되어 있다(딤전 1:3). 그리고 디도는 바울 자신이 선교를 수행해왔던 그레데에서 책임을 맡았다(딛 1:5*). 디도는 또한 그리스에서 바울을 만나도록 부름을 받았고, 달마디아(Dalmatia, 딤후 4:10)로 갔다. 디모데서가 먼저 마게도니아에서 기록된 것 같고, 디도서는 그리스에서 기록된 것 같다."[3]

(3) 어떤 상황을 언급하고 있는 지 확실히 알 수 없으나 바울은 마게도냐로 가면서 디모데에게 에베소교회를 돌보도록 지시한다(딤전 1:3 "내가 마게도냐로 갈 때에 너를 권하여 에베소에 머물라 한 것은 어떤 사람들을 명하여 다른 교훈

---

1) παρρησία - 팔레시아
팔레시아 - 개방, 밝히 드러냄, 대담함 / 이 담대함은 인간이 자제하면서 소유하는 것이 아니라 그것은 계속하여 구해야 하는 성령의 열매이다(행 4:29 참조).

2) 아콜뤼토스(ἀκωλύτως) - 방해 없이 자유로이

• 몬 1:22 "오직 너는 나를 위하여 숙소를 마련하라 너희 기도로 내가 너희에게 나아갈 수 있기를 바라노라."

• 롬 15:22 "그러므로 또한 내가 너희에게 가려하던 것이 여러 번 막혔더니 23이제는 이 지방에 일할 곳이 없고 또 여러 해 전부터 언제든지 서바나로 갈 때에 너희에게 가기를 바라고 있었으니 24이는 지나가는 길에 너희를 보고 먼저 너희와 사귐으로 얼마간 기쁨을 가진 후에 너희가 그리로 보내주기를 바람이라... 28그러므로 내가 이 일을 마치고 이 열매를 그들에게 확증한 후에 너희에게 들렀다가 서바나로 가리라."

3) 아이보르 J. 데이빗슨, 교회의 탄생

을 가르치지 말며"). 그는 에베소에 오래 머물 수 없었기 때문에 젊은 디모데에게 에베소교회의 책임을 맡기고 떠난 것으로 보인다(딤전 1:3).

(4) **목회서신에 언급된 사건들은 사도행전에 28장 이후에 나오는 사건들은 일어난 사건들이다.** 바울은 첫 번째 투옥에서 풀려나 상당히 자유로운 시간을 가졌던 것으로 보인다. 그러나 그는 재차 투옥되어 사형선고를 받고 순교한다. 이러한 역사적 이해는 목회서신의 여행에 관한 자료와 잘 부합한다. 바울은 첫 번째 투옥에서 풀려나 두 번째 투옥을 당하기 전까지 디모데전서와 디도서를 썼고(딛 1:4-5*) 두 번째 투옥된 후 순교 당하기 직전에 디모데후서를 쓴 것으로 보인다(딤후 4:10*).

- 딛 1:5 "내가 너를 그레데에 남겨 둔 이유는 남은 일을 정리하고 내가 명한 대로 각 성에 장로들을 세우게 하려 함이니"
- 딤후 4:10 "데마는 이 세상을 사랑하여 나를 버리고 데살로니가로 갔고 그레스게는 갈라디아로, 디도는 달마디아르 갔고"

(5) 바울은 자기의 생애 마지막 무렵에 디모데에게 속히 로마로 와 달라고 부탁한다(딤후 4:9, 2). 무슨 연유인지는 모르나 디모데도 후에는 감옥에 갇혔다가 풀려나기도 하였다(참조. 히 13:23, "우리 형제 디모데가 놓인 것을 너희가 알라 그가 속히 오면 내가 그와 함께 가서 너희를 보리라.").

(6) 로마감옥에서 석방된 후에 바울은 디도와 함께 그레데에서 잠시 동역하며 복음을 전했음을 본다(딛 1:5*, "내가 너를 그레데에 남겨 둔 이유는 남은 일을 정리하고..."). 그 후 바울은 다른 지역으로 옮겨 갔으나, 그레데에 남아 있는 디도와 그곳의 성도들에 대한 생각을 멈출 수 없었다. 그래서 바울은 **디도서를 기록하여** 그레데 여행 때 동행했던 세나와 아볼로 편에 발송하였다(딛 3:13). 바울은 디도에게 자기를 대신하여 그레데의 회심자들에게 필요한 일들을 완수하라고 명령한다(딛 1:5*; 2:15*; 3:12-13*).

- 딛 2:15 "너는 이것을 말하고 권면하며 모든 권위로 책망하여 누구에게서든지 업신여김을 받지 말라."
- 딛 3:12 "내가 아데마나 두기고를 네게 보내리니 그 때에 네가 급히 니고볼리로 내게 오라 내가 거기서 겨울을 지내기로 작정하였노라 13 율법교사 세나와 및 아볼로를 급히 먼저 보내어 그들로 부족함이 없게 하고"

2. 어쨌든, 후대의 자료들에 의하면, 바울은 로마감옥에서 석방되자, 선교 사역을 계속 확장해 간 것 같다. 그런데 다수의 현대 학자들은 목회 서신들의 바울 저작권을 부인한다. 전부가 아니라면 적어도 대부분은 바울이 기록한 것이 아니라고 믿고 있다.

> "그 서신들은 바울이 사후 얼마 안 되어서 한 동역자가 작성했는데 기록은 동역자가 했지만 바울이 남겨놓은 원고와 교훈들에 의존하였을 것이다. 누가가 가능성 있는 대표적인 인물로서 거론되어져 왔지만 정확한 신원은 확인되지 않는다. 그 서신들의 신학적인 문맥과 특별히 에베소에서의 바울의 성도들(Pauline believers)과 비바울 성도들(non-Pauline belivers) 사이에 존재할 수 있었던 관계들은 다양하게 해석되기 쉽다. 이 문제들에 있어서 주장이 무엇이든지 간에, 바울의 지리적인 활동에 대한 언급들이 모두 위조

original atlas - NIV Bible

바울의 4차 전도여행

바울이 감옥에서 풀려난 후 방문했던 장소들은 초기 작품과 목회서신들 속에 암시되어 있다. 그의 여행 경로와 순서에 대해서는 확신하게 단정지을 수 없지만 위 지도에서 볼 수 있듯이 오른쪽에서 왼쪽으로 돌았을 것으로 추정한다.

1. 로마 - A.D 62년 감옥에서 풀려남
2. 서바나 - 62-64년(롬 15: 24, 28)
3. 그레데 - 64-65년(딛 1:5)
4. 밀레도 - 65년(딤후 4:20)
5. 골로새 - 66년(몬 1:22)
6. 에베소 - 66년(딤전 1:3)
7. 빌립보 - 66년(빌2:23; 딤전1:3)
8. 니고볼리 - 66-67년 (딛 3:12)
9. 로마 67년
10. 순교 - 67/68년

된 것이 아니라면, 그 서신에는 바울이 로마에 있는 동안 그리도 바랐던 동방 선교 여행에 좀 더 집중했을 것이라는 것이 암시되어 있다(몬 1:22 "오직 너는 나를 위하여 숙소를 마련하라 너희 기도로 내가 너희에게 나아갈 수 있기를 바라노라"). 동시에 1세기 후반의 증거는 바울이 계획했던 것처럼(롬 15:23-24, 28), 서쪽으로 여행을 해서 스페인까지 멀리 복음을 전했다는 것을 보여 주고 있다. 어쩌면 이 두 가지 사건이 다 일어났을 수도 있는데 우리가 확인할 길은 없다."(아이보르 J. 데이빗슨, 교회의 탄생, 제 3장)

당시, 로마는 어떤 상황이 벌어지고 있었을까?

1. 바울이 로마에 압송되어 갔을 때에는 네로 황제(A.D. 54-68)가 통치하고 있었다. 그는 악명 높은 폭군으로 역사에 남아 있다. 그러나 그의 통치 첫 5년인 54년에서 59년까지는 매우 평화롭고 번영했었다. 바울이 세상 권세자들을 존중할 것을 권고했던 때가(롬 13:1-7) 바로 이 기간이었다.

(1) 바울은 베스도의 법정으로부터 가이사에게 가서 심문받을 수 있기를 호소했는데(행 25:11, "만일 내가 불의를 행하여 무슨 죽을 죄를 지었으면 죽기를 사양하지 아니할 것이나 만일 이 사람들이 나를 고발하는 것이 다 사실이 아니면 아무도 나를 그들에게 내줄 수 없나이다 **내가 가이사께 상소하노라** 한대"), 이때가 네로 통치 초기였다. 그러나 상황이 달라져 이 젊은 황제는 그의 자문관들에게 의존하기보다는 친정(親政)을 강화하여 직접 정치적 통치력을 발휘하기 시작하였다.

(2) 아들 네로를 왕좌에 앉히려는 아그리피나에 의해 클라우디스가 독살되었으나(A.D 54년) 아무런 소요도 일어나지 않았고 통치권이 이양되는데 성공한다. 네로는 너무 어려서 왕좌에 앉았기에 처음에는 친위대의 장관들과 로마에서 가장 부유하고 영향력 있는 사람들 중의 하나인 세네카에 의하여 직무가 대행되었다. 따라서 처음 섭정 기간에는 오히려 정치가 안정되었다. 그러나 네로가 스스로 통치하게 되면서 상황이 달라지기 시작했다. 그는 스스로 예술가임을 자처하기를 좋아했고 희랍 문화의 친구요, 후원자로 처신한다. 그래서 신 같은 광채로서 그의 통치의 고귀함을 나타내려 했다. 네로는 이 일에 방해되는 모든 자들을 처단했다.

(3) 그런데 64년 7월 19일, 대규모 화재가 로마에서 일어났다. 화재는 6일 낮과 7일 밤에 걸쳐 지속되었으며 도시의 세 부분을 전소(全燒)시킴으로써, 수천 명이 집을 잃게 되었다. 로마 역사가 타키투스(Tacitus)에 의하면, 네로는 그 화재 책임과 관련하여 자신에게 쏟아지는 비난을 "대중들이 기독교인이라 부르며 증오했던 한 집단"에게로 돌렸다고 한다. 그로 인해 증거도 없이 "엄청난 무리"가 체포되었고 "마치 인류의 증오를 받아야 마땅한 방화범으로서" 정죄되어 극단적인 고문을 통해 사형에 처해졌다. "온갖 종류의 조롱이 그들의 죽음에 더해졌으니, 짐승의 가죽을 뒤집어 씌워서, 개들에게 찢겨지고, 십자가에 달리고 불에 태워졌다"고 한다.[1)]

3. 바울은 언제 순교 당했을까? 네로의 박해는 사도 베드로와 바울이 순교를 당했던 배경이었을 것이며 후기 저술가들에 의해서 기록된 바이기도 하다.

(1) 바울은 [네로] 황제가 그 얼마 전에 있었던 로마 대화재의 책임을 기독교인들에게 떠넘길 때 체포된 것으로 보인다. 바울은 64-65년경에 로마로 돌아간 것이 거의 확실하다.[2)] 이 때 바울의 구금상태는 매우 엄중했고 이런 바울의 상태를 디모데후서에는 바울이 옥에 갇힐 때 죽은 자처럼 보였다고 기록하고 있다(딤후 1:8*, 12*, 16, 2:8-10, 4:6-8). 상당히 지연된 재판 끝에 바울은 사형을 언도받았고, 65-69년 사이에 형이 집행되었다.

(2) 로마 시민인 바울은 십자가에 잔혹하게 못 박히는 것과 산 채로 불에 태워지거나 사나운 짐승에게 던져지는(다른 성도들에게 닥쳤던 최후) 것은 면제받았을 것이고 전설은 그 같은 사실을 확증하고 있다. 그는 아마도 목 베임을 당했을 것이다. (*)

1) 타키투스의 전언(傳言)에 의하면, 네로 황제가 그 대화재를 발발케 한 장본인으로 의심받았다고 한다. 아마도 네로는 도시를 재건하기 위한 프로젝트 공간으로 만들려 했던 한 지구(district)를 일소하라고 명했는데, 예상치 못한 강한 바람으로 인해 그만 화재가 통제 범위를 넘어버린 것 같다.

2) 유세비우스는 그의 저서에서 "이 사도는 자신을 변호한 후 다시 복음 전파사역에 나섰으며 그 후 같은 도시[로마]에 다시 와서 네로에 의해 순교당했다."고 기록하고 있다(*Ecclesiastical History* ii. 22).

• 딤후 1:8 "그러므로 너는 내가 우리 주를 증언함과 또는 **주를 위하여 갇힌 자 된 나를 부끄러워하지 말고** 오직 하나님의 능력을 따라 복음과 함께 고난을 받으라."

• 딤후 1:12 "이로 말미암아 **내가 또 이 고난을 받되 부끄러워하지 아니함은** 내가 믿는 자를 내가 알고 또한 내가 의탁한 것을 그 날까지 그가 능히 지키실 줄을 확신함이라."

Close-up ②

바울의 선교적인 노력과 초기 기독교 신앙의 확장

[아이브로 J. 데이빗슨, 「교회의 탄생」을 중심으로]

1. 우리가 사도행전에서 이미 살펴본 것처럼 바울의 선교적인 노력이 초기 기독교 신앙의 확장에 있어서 중심적인 요소였다는 것을 볼 수 있다.

(1) 물론 그렇다고 모든 것이 바울의 사역의 결과라고 말할 수 없다. 그 외에도 수많은 성도들이 다양하게 열정적으로 복음을 증거했기 때문이다. 특별히 안디옥, 로마, 에베소를 비롯한 여러 곳에 세워진 교회는 바울 외에도 많은 복음 전파자들(동역자로 섬겼던 많은 남자와 여자들)의 선포를 통해서였다.[1] 아볼로, 브리스길라와 아굴라와 같은 전략적 복음 증거자들을 인도해서 예수 신앙을 고백하게 한 것은 바울이 아니었다. 바울만 초기 예수 운동에서 열정적인 복음 전파자요 교사요, 자기가 확신하는 것을 위해 생명까지 내어줄 각오가 되어 있었던 유일한 사람이었다고 생각한다면 크게 잘못된 것이다.

1) 바울에게는 중요한 동역자로 섬겼던 많은 남자와 여자들이 있었다. 전체적인 초기 신앙의 정황에서, 수많은 다른 선구자들 또한 있었다. 베드로, 야고보, 요한 그리고 여타의 기독교의 첫 세대 지도자들(그 시대의 익명의 제자들은 말할 것도 없고)의 사역이 바울보다 헌신적이지 못한 것이 아니다.

(2) 그럼에도 불구하고, 갈릴리와 유대에서 시작된 예수 운동이 이방 세계로의 현저한 확장, 즉 시리아, (소)아시아 그리고 동부 지중해뿐만 아니라, 마케도니아, 그리스, 그리고 이탈리아를 거쳐서 유럽으로 확산된 것은 다른 누구보다도 바울 때문이라는 것은 의심할 여지가 없다.

2. 젊어서 나사렛파의 신앙을 억압하려 했던 사람이 어떻게 예수 운동의 가장 위대한 변호자요, 지칠 줄 모르는 전달자로 변화되었을까?

(1) 바울의 삶은 다메섹 사건 전과 후가 큰 대조를 보여준다. 바울은 자신을 유대인으로 생각하며 살다가 죽었다. 그의 사상은 기본적으로 유대적 논리와 가정에 의해 형성되었기 때문이다.

(2) 그랬던 그가 이렇게 급진적인 변화를 가져온 것은 다메섹 도상에서 발생한 사건 때문이었다. 바울은 틀림없이 대단한 열정의 사람이었다. 다메섹 도상에서 그가 만났던 그리스도는 모든 것을 굴복시키는 실재(an all-compelling reality)이셨다.[2] 자신을 히브리인들 중에 히브리인이라고 생각했던 그는 복음을 이방인들에게 전파하되 유대교에 관한 해석은 다른 사람들의 해석과 전혀 다른 것이었다.

2) 바울의 **바리새인으로서의 종교적 생활**을 이해하는 것이 그의 회심의 경험과 그가 전하는 교훈들의 신학적 내용을 이해하는데 필수적이다.

3. 바리새인으로서의 바울의 종교적 생활[1)]

(1) 바울은 유대인 가정에서 태어났다(예수님보다 8-9년 뒤인 주후 4-5년경).

- 나는 유대인으로 길리기아 다소에서 났고(만 12살까지 고향에서 자랐고)
- 이 성에서(=예루살렘에서) 자라(12살 이후)
- 가말리엘의 문하에서(가장 뛰어난 학생이었고, 율법에 정통했다)
  우리 조상들의 율법의 엄한 교훈을 받았고
  (갈 1:14, "내가 내 동족 중 여러 연갑자보다 **유대교를 지나치게 믿어 내 조상의 전통에 대하여 더욱 열심이 있었으나**")
- 오늘 너희 모든 사람처럼 하나님께 대하여
  (훨씬) 열심(more exceedingly zealous)[2)]이 있는 자라(행 22:3)

(2) 그는 선조들의 전통에 충실했다. 그는 구약 전체를 높이 평가했다. 바리새인들의 교훈을 충실하게 따랐고, 위선에는 물들지 않은 사람이었다. 구약, 특히 모세 율법이야말로 그의 신앙과 삶의 기준이었다. 그는 하나님의 구원하시는 은혜의 필요성을 느끼지 못했다. 율법의 제사제도를 통하여 그는 아무런 영적인 의미나 상징을 발견하지 못했다.[3)]

(3) 그에게는 율법을 완전히 순종하는 것이 곧 의롭게 되기 위한 모든 것이었다. 죄란 단지 법규를 어기는 것을 의미할 뿐이었다. 따라서 그에게는 죄악적인 본성에 대한 의식이 없었다. 그는 스스로 율법을 완전히 지킬 수 있다는 자신감이 넘치고 있었다(빌 3:6*).[4)]

4. 그런데 이런 바울에게 변화를 가져오게 된 것이 바울의 다메섹 도상에서 일어난 사건이다. 갑자기 하늘로부터 태양보다 더 밝은 빛이 바울을 향하여 비추어 내려왔다.

(1) 바울은 그리스도의 음성을 들었다. 그리고 응답했다. 주께서 환상 가운데 나타나신 것이다. 또 직접 주님을 보았다. 이 경험은 아나니아의 사역을 통해 바울이 다시 시력을 회복하고 성령으로 충만하여졌

---

1) **회심 이전의 바울의 종교생활을 언급한 곳**

행 22:3, 23:6, 26:4, 5, 9-11, 14; 롬 7:4-25; 고전 15:9; 갈 1:13, 14, 3:10, 5:3; 빌 3:4-7; 딤전 1:13.

2) ζηλωτής(젤로테스) : 열심당원의 정치적 열심이 아니라 민수기 25:1-18에 언급된 비느하스적 열심을 가리킨다. 그 열심 때문에 믿는 자들을 더욱 핍박하는데 앞장섰다.

3) 체스터 K. 레만, 성경신학(II), 크리스찬다이세제스트), 350.

4) 빌 3:6 "율법의 의로는 흠이 없는 자라."

- 흠이 없는(아멤프토스, ἄμεμπτος) -
  비난할 여지가 없는, 비난받을 것이 없는, 잘못이나 결점이 없는.

이 열심이 결국 그리스도인을 강하게 박해하는 것으로 나타났다.

回心

회심

을 때 그 절정에 이르게 된다. 이것이 바로 그의 회심의 표시였으며, 그가 세례 받은 사건은 곧 예수 그리스도를 자신의 구주이자 주님으로서 모시기를 약속하는 인침이었다.

(2) 이 사건이 바울에게 매우 중요한 것은 바울이 전하는 복음이 바로 이러한 예수 그리스도의 계시를 통하여 왔다는 사실 때문이다. 이제 바울은 주께서 직접 말씀하셨던 구약의 선지자들과 동일한 차원에 서게 된다. 이때 이후로 바울은 과거의 자신의 삶이 죄의 노예였음을 깨닫게 된다. 이때가 A.D. 32년 경으로 본다.[1)]

4. 바울이 다메섹 체험 이후 이해한 복음 : 그리스도의 계시에 굳게 뿌리 박고 있다.

(1) 바울은 살아계신 주님을 만났다. 그의 상식으로는 예수님은 무덤 속에 계셔야 할 분이었다. 그런데 하나님은 바울에게 그리스도께서 죽음에서 다시 살아나셨음을 친히 보여주셨다. 예수님의 승천은 곧 그가 이제 왕으로서 하나님의 오른 편에 앉으시게 됨을 의미하는 것이었다. 즉 나사렛 예수는 메시야이시며, 하나님의 아들이시며, 동시에 하늘로부터 오신 주님이신 것이다.[2)]

(2) 이런 영광의 주님을 만나보았을 때, 바울이 지금까지 가지고 있던 구약에 대한 이해가 완전하고 혁명적으로 변화하게 되었다. 율법에 대한 이해가 바리새인들의 율법주의적 이해를 훨씬 뛰어넘게 되었다. 이를 얻는 것은 율법을 완전하게 준수함을 통해서 얻어지는 것이 아니요, 하나님을 향한 믿음의 기초 위에서 하나님에 의하여 의롭게 인정 받는 것임을 깨닫게 되었다. 그는, 그 동안 기독교인을 박해했던 행동이 얼마나 악한 것이었던가를 깨닫는다(체스터 K. 레만, 성경신학 II).

5. 바울은 어떤 기질의 소유자였을까? 바울의 성격을 체계화하려는 시도는 결국 무리한 일이다.

(1) 바울 시대에 웅변은 매우 효과적인 전달 수단이었다. 바울의 웅변은 상당히 미약했다고 알려졌지만 그의 설교는 매우 효과적이었다.[3)] 그래서 바울은 이 과정을 촉진시킬 많은 종류의 수사학적인 특질들을 서신에 사용하였다. 바울은 다국어를 구사할 수 있었고 다문화적인 사람이었다. 그러나 그의 구변(口辯)과 설득의 은사는 유대인 성경에 집중되었다.

1) 바울은 바리새적 열심을 하나님에 대한 신앙이라고 생각했다. 그가 생각한 메시야는 유대인 누구나 그랬던 것처럼 이스라엘 민족을 정치적으로 해방시킬 메시야에 대한 신앙이었다. 율법 준수가 유대인의 정체성의 보존 및 의에 이를 수 있는 수단이라는 율법주의적 신앙이었다. 또한 유대인만이 하나님의 선택된 백성이며 이방인은 죄인이라는 선만 사상을 갖고 있었다. 그래서 유대종교(특히 성전, 율법)에 도전하거나 부정하는 기독교 신자들에게 강한 증오심을 갖게 되었다. (장종현 · 최갑종, 「사도 바울」 천안대학교출판부, 1999).

2) 롬 1:4, 6:4, 8:11; 고전 15:15; 고후1:20; 빌2:8이하; 골 2:12; 살전 1:10.

3) 바울의 서신들은 격렬한 언어와 복잡한 구조를 가졌다. 그는 자신의 서신들이 수신자들에게 어떻게 감동과 영감을 잘 전할 것인지를 매우 잘 알고 있었다. 이런 면에서 바울은 언어구사력과 전달력에 아주 능숙하고 명민한 의사 전달자였다.

구전 문화시대였던 당시 대부분 대필자의 도움으로 씌어진 서신들은 전형적으로 소리 내어서 읽혀졌을 것이고, 혹은 구전으로 "시연되었을" 것이다.

(2) 바울은 신학적인 견지에서 혁신주의자였고 윤리적인 가르침은 급진적인 영향을 미칠 정도로 잠재력을 갖고 있었다. 하지만 그 자신은 정치적 급진주의를 주장하지 않았고 노예제도와 같은 사회에 존재하는 수많은 풍습에 직접적으로 도전하지 않았다(아이브로 J. 데이빗슨, 「교회의 탄생」).

(3) 바울은 기본적으로 열성적 기질을 갖고 있었다. 그래서 자신에게나 다른 사람에게나 어중간하게 대하는 것을 좋아하지 않았다. 또한 바울은 자기 권위가 도전받는 것을 좋아하지 않았다.

바울은 천성적으로 충동적이고,
논쟁적이고, 예민하고,
때때로 자화자찬하고 방어적인 기질의 사람이었는가 하면
대단히 온정적이었고,
부드러웠고, 동료들에게 성실한 사람이었다.[1)]

1) 자신의 사역으로 개종한 사람들에 대해 깊은 관심을 가졌던 사람이었다. 그러니 가는 곳마다 긍정적이든 부정적이든 강한 반응을 불러일으켰던 것은 이상한 일이 아니다.

6. 바울의 서신들을 통해 그가 전달하고자 했던 주 내용은 무엇인가?

(1) 바울의 서신들은 수신자들을 설득하는 데 목적이 있지 않았다. 서신의 저자는 진술된 감정과 열망이 그의 독자들을 감동시키고 설득하기 위해 몰두하는 신중하고 능숙한 인물이다. 우선 사도행전 9-13장을 다시 한번 살펴보자. 이 부분은 바울이 그의 서신들을 쓰기 전에 행해진 것들이다.

(2) 행 9:20, 22, 29을 읽어보자. 바울이 다메섹에서 전한 내용이다. 그 중심 내용이 무엇인가? 이는 **바울이 전하는 복음의 가장 기본적인 내용**이다.

- 20절 - 예수가 하나님의 아들이다.
- 22절 - 예수를 그리스도라 증언한다. - 그래서 다메섹에 사는 유대인들이 바울의 급진적인 변화를 보고 당혹했다.
- 29절 - 주 예수의 이름으로 담대히 말했다. 그는 헬라파 유대인들과 변론했다. 변론의 내용을 듣고 바울을 죽이려고 했다.

예수가 하나님의 아들이다.

예수가 그리스도이시다.

326

비시디아 안디옥에서 행한 바울의 설교(행 13:16-47)

(1) 여기서 설교한 주 내용은 무엇인가? 우선, 유대인 청중들의 이스라엘 대한 역사 이해가 부족했다. 바울은 조상 아브라함으로부터 시작해서 지금까지의 이스라엘 과거 역사를 언급하고(행 13:17-23), 이스라엘을 선택하신 하나님의 구속사적 의미를 설명한다. 물론 그의 청중들은 그 메시야적인 중요성을 이전에는 전혀 이해하지 못하고 있었음이 분명하다. **바울은 "누가 역사를 주관하시는가"를 설명해 간다.**[1)]

(2) 바울의 설교의 요지는 이스라엘의 왕은 이방인의 왕과는 달라야 한다는 것이다. 하나님은 어떤 왕을 원하실까? 사울 왕이 버림을 받은 중요한 이유는 무엇인가? 결국 하나님은 사울 왕을 폐하시고 **다윗**을 왕으로 세우셨다.[2)] 유대인들은 자신들이 하님의 백성임을 깨달았고, 택하신 백성으로 하나님의 인도하심을 받았음을 알았으나 다윗 왕권이 가지는 위대한 예언의 중요성을 미쳐 깨닫지 못했다.

행 13:23 **하나님이 약속하신 대로** 이 사람(=다윗)의 후손에서 이스라엘을 위하여 **구주를 세우셨으니 곧 예수라**

(3) 바울은 예수님이 육체로는 다윗의 후손이라는 점을 강조했다.[3)] 그러나 왕 혹은 메시야라는 칭호는 사용하지 않았다. 그는 대신에 '구주'(Savior)라는 칭호를 사용했다. 바울은 예루살렘의 유대인들이 예수님을 자기의 구세주로서 믿기를 거부하고, 그를 십자가에 못 박아 죽였다는 것이다. 그러나 하나님은 그를 죽음으로부터 살리셨음을 증언했다. 이 예수님의 부활은 모두 구약에서 이미 예언된 약속의 말씀임을 논증했다(시 2:7 - 내가 영을 전하노라 여호와께서 내게 이르시되 **너는 내 아들이라 오늘날 내가 너를 낳았도다**;[4)] 사 55:3; 시 16:10). 바울은 이렇게 설교의 결론을 내린다(행 13:30, 31).

30 하나님이 죽은 자 가운데서 그를 살리신지라
31 갈릴리로부터 예루살렘에 함께 올라간 사람들에게
여러 날 보이셨으니 그들이 이제 백성 앞에서 그의 증인이라

(4) 위에서 잠깐 살펴본 대로 바울의 신앙은 바리새인들의 좁은 신관으로부터 창조주이자 완전히 성경적인 하나님의 대한 이해로 옮겨갔음을 볼 수 있다.

---

1) 누가 역사를 주관하셨는가?

- 이스라엘 백성의 하나님께서 인도하셨다는 점을 강조한다.
- 그 자신을 위해 선택하셨다는 뜻이다.
- 사사시대 시작을 말한다.
- 사무엘은 마지막 사사요, 첫 번째 왕 사울을 선택한 첫 번째 선지자였다.

2) "내가 이새의 아들 다윗을 만나니 내 마음에 맞는 사람이라 내 뜻을 다 이루리라"(삼상 13:14; 시 89:20) 하시더니

3) 삼하 7:2; 시 132:11; 사 11:1, 10; 렘 23:5이하; 슥 3:8을 읽어보자.

4) **시편 2편은 다윗 언약(삼하 7장)의 핵을 담고 있다.** 시편 2편에는 다윗이란 말도 또한 언약이란 말도 나타나지 않지만 다윗 언약의 진수가 들어 있다.

또 바울은 이사야 55:3의 말씀도 예수님의 부활을 예언한 것이라고 보았다. 이 말씀이 어떻게 부활과 연관될까?

사 55:34 "또 하나님께서 죽은 자 가운데서 그를 일으키사 다시 썩음을 당하지 않게 하실 것을 가르쳐 이르시되"

바울은 여호와의 종에 관한 성경 구절을 인용 설명한다(사 49:6).

아덴에서 행한 바울의 설교(행 17:16–34)

(1) 바울은 아덴(아테네)에서도 이와 유사한 방법으로 접근했다. 그는 아덴 사람들에게 하나님은 여러 신들 가운데 하나로서가 아니라 하늘과 땅의 주재이신 하나님임을 믿도록 인도했다.

(2) 바울은 하나님께서는 이제까지는 인간의 무지와 무식을 허물하지 않으셨으나 이제는 앞으로 올 심판의 날을 인하여 모든 인간들에게 회개를 명하신다고 선포했다. 이 심판 날에 죽음으로부터 다시 살아나신 그리스도께서 공의로 모든 인간들을 다 심판하실 것이다(행 17:16-31).[1] 아덴에서의 바울의 노력은 눈에 보이는 결과를 거의 얻지 못했으나 실패한 것은 아니다.

> "그들이 죽은 자의 부활을 듣고 어떤 사람은 조롱도 하고 어떤 사람은 이 일에 대하여 네 말을 다시 듣겠다 하니 이에 바울이 그들 가운데서 떠나매 몇 사람이 그를 가까이하여 믿으니 그 중에는 아레오바고 관리 디오누시오와 다마리라 하는 여자와 또 다른 사람들도 있었더라."(행 17:34)

(3) 바울은 벨릭스 총독 앞에서도, 또 그의 후임 베스도 총독 앞에서도 결코 주늑들지 않고 예수님의 부활을 증거했고, 벨릭스 자신도 심판의 대상이 되어야 함을 깨닫을 수 있도록 증거했다. 바울은 아그립바 왕 앞에서도 죽은 자의 부활 문제를 언급했다. 그는 왕 앞에서 설교의 결론을 잘 요약하여 설명하며 자신의 입장을 피력했다(행 26:22, 23*).

7. 바울은 이 복음을 전하기 위해 안락한 삶과 보장된 종교적인 지위까지도 포기했다.

(1) 위에서 축약하여 살펴본 것이 바울이 전한 복음의 핵심 내용이었다. 바울은 이 믿음 때문에 그는 더 많은 복음을 들어야 할 자들에게 이 예수의 가르침을 전하는 일을 위해 안락한 삶과 보장된 종교적인 지위를 포기했다.

(2) 복음을 위하여 바울은 수천 km를 육로와 해로를 통해서 선교 여행을 하였고, 여러 상황에서 살았으며 그리고 (자유가 박탈된 채로 여러 해를 지내왔던 것을 포함하여) 많은 불편함과 모욕과 박해를 당해야 했다.

(3) 바울에게 있어서 복음은 예수가 바로 하나님께서 그 안에서 만물을 새롭게

1) 하나님에 대한 충분한 지식이 예수 그리스도 안에서 나타나기 전까지는 인간의 죄를 간과하셨으나, 이제는 회개하지 않으면 심판을 받을 수밖에 없다. (행전 17:24이하)

• "왕께서도 이 일을 잘 알고 계시므로 거리낌없이 말하고 있는 것입니다. 이것은 아느 한 구석에서 일어난 일이 아니니 그 어느 사실 하나라도 모르실 리가 없습니다."(행 26:26)

• 아그립바가 바울에게 말하게 하자 바울은;

"아그립바 왕이여 선지자를 믿으시나이까 믿으시는줄 아나이다."(행 26: 27) 아그립바가 바울에게 무엇이라고 대답했을까? "이르되 네가 적은 말로 나를 권하여 그리스도인이 되게 하려 하는도다." 이런 대답은 바울의 정곡을 찌르는 질문에 회피성 대답이었다.

하시는 하나님의 그리스도시라는 것이다. 로마의 십자가 위에서 예수의 수치스러운 죽음이 있고 몇 년 후에 바울은 복음으로 그의 시대를 설득하기 위해 유대인들과 이방인들 모두에게 여러 모양이 되는 데(고전 9:22)에 모든 에너지를 쏟고 있었다.

8. 그렇다고 이 사실은 바울이 기독교의 실제적인 설립자로서 간주되어야 할까?

(1) 기독교인의 기원에 대한 학문적인 문헌과 대중적인 재평가 모두에 있어서, 바울과 예수와의 사이에는 큰 간격이 있고, 기독교가 된 그 종교 안으로 예수의 메시지를 들임으로써 바울은 사실 예수의 메시지를 재창안(再創案)했노라고 자주 제안되었다. 그러나 면밀한 분석을 하면 위와 같은 주장은 설득력이 없다. 예수와 바울에 대해 주의 깊게 평가해 보면 양자 사이에는 고도의 일치가 있다는 것을 알 수 있다.[1)]

(2) 바울 서신에는 복음서에 있는 예수님의 생애, 그의 사역이나 말씀이 거의 나타나지 않는다. 바울 서신에서는 예수님의 십자가의 죽음과 부활에 대한 언급 외에는 역사적 예수의 언급이나 암시는 아주 적게 나타날 뿐이다.[2)] 바울 서신에는 공관복음서에 나타나 있는 예수님의 중심적인 메시지인 하나님의 나라에 관한 말씀과 이적들에 관한 기사가 거의 나타나지 않는다. 그렇지만 바울은 바울은 가끔 그의 서신에서 '하나님의 나라'라는 말을 설명 없이 사용하고 있다(롬 14:17; 고전 4:20, 6:9-10, 15:50; 갈 5:21; 살전 2:12; 살후 1:5).

(3) 바울 서신에서 복음서에 나타난 예수님의 생애와 교훈이 직접 나타나지 않는다고 해서 바울이 예수님의 생애나 교훈에 대하여 관심이 없었다고 말할 수 없다. 바울의 모든 서신들은 이미 예수님의 인격과 그의 사역을 잘 알고 있는 믿음의 공동체인 교회나 바울 자신의 후계자들이나 가까운 사람들에게 전해진 편지이기 때문이다. 누가 역시 누가복음을 쓸 때에는 예수님의 사역과 교훈에 대하여 썼지만, 같은 저자인 누가가 사도행전을 쓸 때에는 사도행전 1장을 제외하고는 예수님의 사역과 교훈을 거의 언급하지 않는 것과 같다. 바울은 예수님의 말씀 전승들을 이미 잘 알고 있었음이 분명하다(고전 7:10-11; 9:14; 살전 4:15-17; 롬 14:14상; 롬 8:15; 갈 4:6 참조해 읽어보면).

(4) 바울은 예수님을 어떤 분으로 이해하고 있었을까?[3)]

9. 바울은 다메섹 사건 이후로부터 전 생애에 걸쳐 자기 주인의 삶과 죽음과 부

1) 물론 바울은 예수보다 절충주의이고, 도시풍이며 국제적인 사람으로 살았기에 자연히 메시지를 전파하는 데 다른 기술들을 채택하였다. 바울의 언어와 지적인 체계와 문체는 독특할 수밖에 없었다.

2) 갈4:4 - 여인의 후손에서 태어나셨다는 것; 롬 1:3-4, 예수님이 다윗의 후손에서 태어나셨다는 것; 고전 9:5; 갈 1:19; 갈 1:19에서 야고보가 예수님의 친동생이라는 것; 고후 10:1, 빌 1:8애서 예수님이 겸손하고, 온유하고 동정심이 많으셨다는 것; 고전11:23-26에서 예수님이 처형당하시 전날 밤에 성만찬을 제정하셨다는 정도 밖에 알 수 없다. (장종현 · 최갑종, 「사도 바울」, 388)

3) ① 예수 그리스도(메시야) ② 부활하신 주(主) ③ 하나님의 아들 ④ 먼저 나신자(The Preexistent One) - 자세한 것은 장종현 · 최갑종, 「사도 바울」, 제12장 바울과 예수(천안대학교출판부, 1999) 참조해 보라.

활의 함축적인 의미를 드러내고 선포하는 데 헌신을 다했다.

(1) 바울은 예수께서 선포하신 하나님 나라의 메시지를 그대로 반복하지 않았고 예수께서 행하셨던 놀라운 행사들을 그대로 모방하려고 하지 않았다. 이런 노력들은 바울에게 무익했을 것이다. 그는 자신을 그리스도 예수의 종으로 여겼다(롬 1:1, "예수 그리스도의 종 바울은 사도로 부르심을 받아 하나님의 복음을 위하여 택정함을 입었으니").

(2) 바울에게 있어서 예수의 사망과 부활은 이 모든 것이 진실이라는 증거가 되었다. 선택(Election)은 하나님이 택한 이스라엘 민족만이 아니라 온 세상의 죄인들이 크신 은혜로 그리스도 "안으로" 부르심을 입어서 하나님의 백성이 되는 것을 의미한다.

(3) 칭의(Justification)는 하나님의 언약 안에서 살아가고, 율법에 헌신하였기에 자신들은 특별한 신분이라고 주장하는 유대인에게만 주어진 것이 아니라 자신들(이방인들)의 죄가 하나님의 뜻대로 용서함 받고, 입장이 변호됨으로 인해 하나님 앞에서 의롭다고 선언된 이방인에게도 주어진 것이다.[1]

(4) 성전 역시 유대인의 신앙과 뗄 수 없는 중요한 것으로 남아 있다고 할지라도 단지 제한된 상징적 지위를 가지고 있을 뿐이다. 성령을 통하여 제자들과 함께 나타나신 부활 예수의 임재는 하나님께서 메시야의 제자들이 당신의 이름으로 모이는 곳은 어디든지 만나주신다는 것을 의미했다.

예수께서는 이 모든 것을 가능하게 하셨다.
바울은 나가서 예수께서 가능하게 하신 일을 세상에 전하는 것을
자신의 사명으로 여겼다.
그리고 이 확신과 소망 중에서
결국 그는 자기 생명마저도 내어 놓았다.

1) 이것은 율법의 역할이 상대화되었다는 것을 의미할 수밖에 없다. 이방인들은 할례를 받을 필요가 없었고 그들이 성도라는 것을 보여주기 위해서 음식 규례들과 같은 문제들에 있어서 율법의 세부적인 규정들을 따를 필요가 없었다. 그들이 필요로 하는 것은 율법이 가르치는 진리와 정의와 거룩함과 사랑의 규범을 따르고 도덕적인 헌신이 있는 삶을 살아가는 것이다.

Close-up ③

바울의 변화, 바울의 율법에 대한 평가

• 갈 1:13 "내가 이전에 유대교에 있을 때에 행한 일을 너희가 들었거니와 하나님의 교회를 심히 박해하여 멸하고."

• 고전 15:9 "나는 사도 중에 가장 작은 자라 나는 **하나님의 교회를 박해하였으므로** 사도라 칭함 받기를 감당하지 못할 자니라."

1. 바울이 어떤 형태로든지 스데반을 죽이는 일에 열심이었던 이유는 무엇인가?

(1) 바리새인들에게 율법은 모든 것이었다. 따라서 예수님의 사역은 이들에게 큰 도전이 아닐 수 없었다. 따라서 유대인들에게 그리스도인들의 모든 행위는 허위였다. 그것이 기독교인을 핍박하는 근거였다. 바울 역시 이런 입장에서 기독교인을 가혹하게 핍박했다(갈 1:13*, 고전 15:9, 빌 3:6).

(2) 바울은 하나님의 교회를 심히(καθ' ὑπερβολὴν) '박해하여 멸했다'(how I used to *persecute* the church of God beyond measure, and tried to *destroy* it)고 했다(갈 1:13). '심히'(beyond measure), 즉 아주 과도하게, 철저하게 박해했다는 것이다. '멸하다'라는 말 포르테오(πορθέω)는 '파멸시키다, 뒤엎다'라는 의미로 아주 없애버리려고 발버둥을 쳤다는 말이다.

2) 바울의 성장 배경

• 길리기아 다소 출신, 엄격한 유대 관습을 따라 성정했다(빌 3:5)
• 유대적인 유산에 대한 긍지를 가졌다(롬 9:3, 11:1).
• 율법을 흠없이 지키는 유대인으로 살았다(빌 3:6, 고후 11:22).
• 바리새파 유전에 더욱 열심이었다(갈 1:14).

• 다소 출신으로 조상들의 엄한 율법 교훈을 받았다(행 22:3).
• 가말리엘 학파에서 훈련(랍비로 안수받았는지는 확실치 않다) - 그러나 유대교 랍비처럼 생각하고 주장한 사실들이 그의 서신에서 발견된다.

(3) 유대인들이 바라고 기다렸던 메시야관은 어떤 메시야였나? 신구약중간기에 나타난 「솔로몬의 시편」에는 "이방 나라들을 굴복시키고 그이 멍애 아래서 그를 섬기게 할 것이며, 예루살렘을 정결케 하여 그곳을 옛날 같이 거룩하게 만들 것이다."(17:32)라는 말이 나온다. "그리고 그는 거룩한 백성을 모아 그들을 의로운 가운데로 인도할 것이다."(17:28)라고 예언되었다. 따라서 예수님은 이들의 눈에 메시야가 아니었다. 만약 그리스도인들의 행동을 묵과한다면 율법의 종교로서 유대교의 전 기초는 무용지물이 된다. 그러므로 교회의 존재 자체는 유대교에 대한 대단한 위협으로 보았다.

2. 유대인으로서의 바울[2)] 그가 가지고 있던 유대적인 요소는 무엇인가?

(1) 바울은 율법의 중심성을 믿는 유대적인 신앙을 가지고 있었다.

예 : 타협할 줄 모르는 유일신론자(갈 3:20, 롬 3:30)
이방종교, 우상 숭배, 부도덕한 행실(롬 1:26이하) 등을 단호하게 거절했다. 그는 구약을 성경(롬 1:2, 4:3)을 영감된 하나님의 말씀으로 생각했다(딤후 3:16). 구약을 해석하는 바울의 방법은 그를 랍비적인 유대교의 전통을 따랐다고 생각한다.

(2) 그러면 바울의 율법에 대한 태도는 어떠했을까?

1) 율법은 신령하다(롬 7:14), 거룩하고 의로우며 선하다(롬 7:12)고 했다.

2) 유대교의 율법에 대한 이해 : 유대교의 계시의 교리는 모든 신(神) 지식과 그의 뜻을 율법 속에 집중시켰다. 성령은 최후의 예언자들과 함께 떠나버렸고, 더 이상 하나님의 말씀이 필요하지 않았다고 생각했다. 모든 것은 율법 속에 포함되어 있다고 보았다.[1] 하나님은 더 이상 역사적인 사건들 속에서 활동하지 않으신다고 생각했다. **하나님께서 원수들을 멸하시고 이스라엘을 구속하여 온전한 통치의 시대는 미래에 남아 있었다.**

1) 유대인들에 의하면 구전(口傳)은 기록된 율법 뿐만 아니라 모세 자신에게로 소급된다. 계시는 토라 속에서 최종적이며 완전하였다. 점진적인 계시는 필요치도 않았고 불가능하였다.

(3) 바울이 그리스도인을 미워한 근본 이유 역시 이런 율법에 대한 그의 열심 때문이었다. 예수님 역시 정죄를 받으셨다. 누구로부터? 부도덕적인 사람들? 아니면 경건한 유대인들? 예수님은 불신앙적이며 부도덕한 사람들에게 정죄를 받은 것이 아니라 하나님의 율법을 철저하게 믿었던 양심 바르며 경건한 유대인들에게 정죄를 받으셨다. 유대인들은 율법을 의의 방편으로 이해함으로써 분명히 잘못을 범했다.

(4) 바울은 율법에 열심을 가진 바리새인으로서 긍지가 대단하였다. 그는 그의 의를 자랑하였다. 그는 율법을 무시하는 부정한 유대인들을 연민과 역겨움으로 바라보았다. 이방인들의 우상숭배와 부도덕한 생활을 미워했다. 바울은 예수를 단지 유대교적인 안목으로만 보고 교회를 핍박했다.

• 빌 3:4 "그러나 나도 육체를 신뢰할 만하며 만일 누구든지 다른 이가 육체를 신뢰할 것이 있는 줄로 생각하면 나는 더욱 그러하리니 5 나는 팔일 만에 할례를 받고 이스라엘 족속이요 베냐민 지파요 히브리인 중의 히브리인이요 율법으로는 바리새인이요 6 열심으로는 교회를 박해하고 율법의 의로는 흠이 없는 자라 7 그러나 무엇이든지 **내게 유익하던 것을 내가 그리스도를 위하여 다 해로 여길뿐더러**"

3. 이런 바울을 완전히 바꾸어 놓은 중대한 사건은 앞에서도 이미 살펴보았지만 다메섹 사건이다.

(1) 스데반의 순교적인 행위는 더욱 바울을 동요시켰다. 다메섹 사건으로 인해 바울의 상황은 크게 변했다. 그의 회심의 요소가 심리적인 요인 때문이었는가? 이에 대한 바울이 반박은 무엇인가? (빌 3:4, 7*, 롬 2:13, 23)

(2) 무엇이 바울이 전에 가지고 있던 모든 자기 이해를 포기하고 그의 존재를 새롭게 하는 결단을 내리게 되었는가? 바울은 다메섹 경험을 부활한 영광의 주께서 그에 나타난 사건으로 설명하고 있다(고전 15:8, 9:1). 바울은 예수의 계시를 받았다고 주장한다(갈 1:12).

(3) 부활한 예수의 현현(맨 나중에 만식되지 못하여 난 자 같은 자에게... 고전 15:8) / 이 말은 그리스도께서 가장 늦은 시기에 최종적으로 나타난 사건이라는 의

• 롬 10:4 "그리스도는 모든 믿는 자에게 의를 이루기 위하여 **율법의 마침**이 되시니라." 마침(텔로스, τέλος) - 율법은 그리스도의 대속으로 말미암아 모든 요구가 충족되었으므로 그리스도께서는 율법의 마침이 되신다. 예수님은 율법의 요구를 다 이루시고 은혜로써 율법에 끝이라고 하셨다(롬 8:14, 9:31; 엡 2:15; 골 2:14). 그리스도는 율법의 목표, 목적이 되시며(갈 3:24), 완성자가 되신다(롬 13:10; 딤전 1:5).

미이다. 또한 바울은 "말할 수 없는 말"을 들었다(고후 12:4)고 했다.

(4) 바울의 회심은 다른 종교로의 회심을 의미한 것이 아니다. 그는 기독교를 진정한 유대교로 보았기 때문이다. (이는 자신의 의로운 행위에서 ⇨ 믿음으로 말미암는 의로의 회심이었다.)

4. 예수가 진정한 메시야라는 인식은 율법에 대한 바울의 평가에 어떤 변화를 가져왔을까?

(1) 바울은 유다, 헬라, 기독교에 걸쳐 산 사람이기 때문에 그의 사상을 형성시킨 영향들을 분석하는 일은 쉽지 않다. 바울은 그리스도가 의의 방편으로서 율법의 마침이 되었다고 확신했다(롬 10:4*).

(2) 바울 신학의 본질들 : (메시야 되신 예수, 이방인을 위한 복음, 율법의 행위가 아니라 믿음으로 말미암는 칭의) - 이는 그의 다메섹 도상의 경험 속에 포함된다.

5. 다메섹 사건 이후 바울의 사명은 무엇이었나?

(1) 교회를 희랍-로마 세계 전역에 확장시키는 역할을 했다(복음은 헬레니즘 문화와 양립할 수 없었다.).

(2) 그러므로 바울의 회심은 그에게 있어서 종말론적이 사건들이 역사 속에서 현실적으로 – 이 악한 세대 속에서 – 실현되기 시작하였음을 의미하였다. 메시야의 통치는 이미 시작되었고 부활은 이미 시작되었다. 그리스도의 영이 종말론적인 선물로 주어졌다. 그러나 아직도 종말론적인 구원은 소망의 대상으로 남아 있다. 예수의 부활과 더불어 초자연적인 세계는 이미 시작되었다. 그러나 그 세계는 아직 완전하게 나타나지 아니했다.[1)]

(3) 바울의 구속사에 대한 새로운 이해는 고후 5:16-17에 요약되어 있다.

5:16-17 "그러므로 우리가 이제부터는 아무 사람도 육체대로 알지 아니하노라 비록 우리가 그리스도도 육체대로 알았으나 이제부터는 이같이 알지 아니하노라 [17]**그런즉 누구든지 그리스도 안에 있으면 새로운 피조물이라 이전 것은 지나갔으니 보라 새것이 되었도다.**"

1) 바울은 '이 세상'을 '악과 사망'의 때라고 지칭했다.

• 이 세상 지혜는 사람들을 하나님께로 인도하지 못하며(고전 2:6; 1:20), 구원의 방편으로서는 포기해야 한다.

• 타락한 세대는 하나님의 뜻을 순종하기 보다는 자기 만족의 생활로 - 이런 상태를 '허물과 죄로 죽은 상태'라고 했다.

• 살아계신 하나님께 반항하고 하나님의 구속사역을 알지 못하는 이 세대는 '이 세상 신'(고후 4:4)인 사탄에게 종속된 것으로 묘사했다.

Close-up ④

예수 운동은 본질적으로 주로 가난한 사람?

-기독교는 단지 약자들과 야만인들과 무식한 자들의 단체인가?-

◀ [아이브로 J. 데이빗슨, 「교회의 탄생」(그리심), 제4장에서 정리]

1. 예수 운동이 본질적으로 주로 가난한 사람, 소유권이 박탈된 사람, 약한 사람들로 구성된 무산계급적(Proletarian - 노동계급, 무산계급)이었을까?

(1) 기독교가 단지 약자들과 야만인들과 무식자들(혹은 "여자들, 아이들, 노예들) 에게만 매력이 있었다는 비난은 보통 2세기 이후의 이교도들이 한 것이다.[1)] 물론 아주 잘못된 생각이다. 여러 증거를 보면 사실은 그 반대였다.

(2) 예수님과 제자들은 본래 팔레스타인의 시골 문화권에서 살았다. 그러나 예수의 죽음과 부활 후 십 년이 못 되어 복음은 예루살렘 밖으로 확장되어가면서 여러 도시로 전파되었다.[2)] 도시에는 늘 수많은 과부와 고아, 가난한 자들이 살고 있었다. 이러한 많은 사람들에게 복음(예수의 이야기)은 영적 위로와 소망이 되었을 것이다.

1) 현대에도 수많은 지지자들이 있는데 특히 사회학적으로 마르크스적 방법론 영향을 받은 학자들 사이에서 그렇다.

2) 도시는 사상이 빠른 속도로 전파할 수도 있었다. 그러나 대다수의 도시 거주자들이 집단으로 거주했던 매우 열악한 상황을 감안하면, 비위생적인 것과 질병, 그리고 죽음은 계속되는 현실적인 문제였다.

2. 나사렛파는 처음에는 로마의 대지주 귀족들이나 원로원 계급, 부유한 기사계급 등 고대의 소수 상류 계층에게는 주목을 끌지 못했다.

(1) 예수 운동은 비숙련 육체노동자와 고용된 하인들과 인부들에게 호소력이 있었다. 배급이 필요한 가난한 성도들도 많았다(고전 16:1-4; 고후 8:1-9:15). 바울의 서신은 종들에 대한 교훈을 담고 있다(엡 6:5-8; 골 3:22-25; 고전 7:20-24).

(2) 그러나 복음은 약한 사람들에게만 호소력이 있는 것이 아니었다. 실제로는 사회적으로 최하위 계층의 개종자보다 중산층이나 중하층 계급의 개종자들에 대한 기독교적 영향력에 대한 증거가 훨씬 더 많았다. 그래서 사회의 변방에 있는 자들이 기독교 추종자들의 핵심 세력이었다고 생각하는 것은 잘못이다. 고린도에는 성도들 중에 "많지 않은" 사람들이 육체를 따라 즉 "인간의 표준에 따라 지혜로웠고", 혹은 "능하였고" 혹은 "문벌이 좋았다"(고전 1:26)고 언급한다.[3)]

(4) 고린도교회에서는 왜 많은 문제들이 일어났을까? 이는 서로 다른 사회적 계층의 사람들 사이의 긴장관계가 그 원인이었다. 상류층 사람들의 태도가 일부 하위계층의 사람들로 하여금 분개하게 했던 것이다.

3) 유대 회당장으로서(행 18: 8) 그리스보는 바울의 공동체의 어느 정도 위치에 있는 사람이었고, 가이오는 분명히 바울에게뿐만 아니라, 고린도의 모든 성도들에게도 환대를 베풀 수 있을 정도로(롬 16:23) 상당한 부자였음에 틀림없다.

시의 공적 사무 지휘자(재무관), 즉 재정적인 계획을 감당할 수 있는 재력가였던 에라스도(Erastus) 또한 분명히 고린도 교인이었다(롬 16:23).

(5) 사도행전에서 군대, 정계, 경제계의 엘리트를 광범위하게 대표하는 많은 인물들이 복음에 공감한 것을 볼 수 있다.[1)]

- 에디오피아의 국고성을 맡은 자(행 8:26-39),
- 백부장 고넬료(행 10:1-48)
- "분봉왕 헤롯의 젖동생" 마나엔(Manaen 행 13:1),
- 구브로의 총독 서기오 바울(Sergius Paulus),
- 베뢰아의 헬라 귀부인들과 남자들(행 17:12).

3. 가난한 사람들이나 무식한 사람들이 본질적으로 종교를 잘 받아들일까?

(1) 이런 가정이 항상 맞는 것이 아니라는 것이 최근 사회과학 연구 결과이다. 그러므로 예수 신앙도 새로운 삶의 방식을 스스로 검토하고 수용할 수 있을 정도로 사회 경제적으로 특권을 가진 사람들 중에 뿌리를 두고 있었을 것이다. 물론 특권이라는 것은 상대적일 수 있다.

(2) 초기 기독교가 정처 없이 다니는 무산계급의 사람들(proletariat)이나 사회적 소속감이 없는 사람들에 의해서 선도된 운동이었다면 분명히 초기에 로마 당국에 의해 정치적인 위협 세력이라는 이유로 분쇄되었을 것이다. 그렇지 않다는 사실은 초기 기독교가 광범위한 사회적 계층에서 그 개종자들을 이끌어 냈다는 것을 암시한다.

(3) 종합적으로 정리하자면;

- 전형적인 신자들은 실제로 사회적 피라미드의 최저층이나 최상층 출신이 아닌 기술공(장인), 소규모의 상인, 또는 숙련된 노동자였을 것이다.
- 또한 천막 제조업자였던 브리스길라와 아굴라처럼 적당히 재산을 가진 사람들이었다.
- 브리스길라와 아굴라[2)]는 이 도시에서 저 도시로 이동을 할 수 있었고 지역의 성도들과 순회하는 전도자들의 후원자 역할을 했다(롬 16:3-4, 고전 16:19).
- 유럽 최초 개종자인 루디아(Lydia)는 두아디라(Thyatira)의 상인으로 고급스런 자주 옷감을 팔고 있었으며 바울과 실라와 그들의 동료들을 후원해 줄 만큼 충분한 재력이 있었다(행 16:13-15).

1) 사도행전 19:31에 보면 아시아의 관리들은 바울의 메시지에 설득되지는 못했다 할지라도 친구로 묘사되었다(행 24:24-26, 26:1-31). 예수 운동에 참여한 사회적 저명인사가 다수는 아니었다 할지라도 아주 없는 것은 아니었다.

2) 브리스길라 - 아굴라의 아내이다. / 아굴라는 A.D. 49에 클라우디스 황제가 유대인들에게 로마에서 떠나라는 칙령이 선포되자 아내 브리스길라와 함께 고린도에 와서 살았다. 그의 직업은 사도 바울과 같이 천막을 만드는 직업이었다. 바울은 아굴라의 집에서 큰 부담없이 복음을 전할 수 있었다(행 18:2이하), 고전 16:19에 보면 아굴라의 집이 교회가 된 것을 볼 수 있다.

4. 대다수의 신자들은 그리 부자가 아니었을 것이다.

(1) 소규모의 무역상인들, 소매업자들 그리고 상인들 - 이런 부류의 신자들은 기근이나 다소의 경제적인 재난들에 대비해가며 정당한 삶을 영위할 수 있을 정도로 적당한 재산과 자유자(自由者) 지위를 갖고 있었다.[1]

(2) 로마의 식민지인 고린도와 빌립보와 같은 도시에서 상당한 사회적인 변동이 있었다는 것은, 이 도시가 다른 지역보다 부유한 신자가 많았다는 것을 의미할 수 있다.

빌립보는 유럽대륙에서 그리스도교 복음을 받은 첫번째 도시였다. 빌립보의 여자 상인인 루디아는 유럽에서 최초로 복음을 받아들인 사람이다(행 16:14). 빌립보 사람들은 유럽에서 최초의 그리스도교 교회의 시작에 호의적인 정치적 분위기를 마련해 주었으며, 바울에게 많은 따뜻한 친구들을 만들어 주었다. 바울은 "많은 권면을 한" 후에(행 20:2) 마게도냐를 방문하였으며 빌립보에서 형제들과 함께 유월절을 보냈다(행 20:6). 빌립보 교회는 바울의 여행 중에 선물을 보냈다(빌 4:16; 고후 11:9).[2]

(3) 빌립보 교회에서는 여자들이 중요한 역할을 했다(행 16장). 세속의 기록들도 마게도냐의 이 지역에서 여자들이 고대 세계의 다른 지역에서는 볼 수 없는 우월한 지위를 누렸음을 보여준다. 바울이 그의 서신에서 이 지극히 사랑한 사람들에게 한 유일한 책망은 한 마음을 가지지 못한 두 여인에 대한 것이었다(빌 4:2이하).

(4) 또한 동방의 헬라화된 도시에는 종종 상당수의 성공한 유대인 개종자들이 있었다. 알렉산드리아의 지식층 유대인인 아볼로[3]와 같은 인물은 독립적으로 선교여행을 다닐 수 있었다(행 18:24-28).

(5) 레위 지파인 바울의 동료 바나바도 고향인 구브로(Cyprus)에 재산을 소유하고 있었다(행 4:36-37). 바나바는 다른 신자들처럼(행 4:34) 밭을 팔아서 사도들에게 헌납했고 바울처럼 선교사역 중에는 자급자족하기 위해 육체적인 일에 종사했다(고전 9:6).

이렇게 초대교회의 재정적 지원이 어디서 오든 간에 예수 운동은 가난이 장애가 되지는 않았다.

1) 소규모의 무역상인들, 소매업자들 그리고 상인들이 주종을 이루었으나 사회 저명인사들이 다수는 아니었다.

2) 빌립보는 로마와 아시아를 잇는 대 동서 에그나티아 대로에 있는 동부 마게도냐의 한 도시이다. B.C. 42년 빌립보 아래의 평원에서 옥타비누스와 안토니의 병력이 로마 공화정의 병력을 패배시켰다. 이 승리를 기념하여 이 도시에 특별한 시민권 특전이 주어졌고 중동에서 작은 로마로 포고되었다. 빌립보 주민들은 항상 로마 시민으로서 특권을 자랑으로 여겼다(행 16:21).

3) 아볼로는 학문이 많고 성경에 능한 알렉산드리아의 유대인이다. 일찍 주의 도를 배워 열심으로 예수님에 관한 것을 가르쳤다. 그러나 그의 가르침은 불완전했다. 요한의 세례만 알고 있었기 때문이다. 아볼로는 아마도 요단 거너편 베다니에서 행한 요한의 전도에 대하여 직접으로, 아니면 다른 사람으로부터 들었을 것이다.

Close-up ⑤

주후 60년대와 그 이후의 예루살렘은?

사도 바울 죽음 이후 예루살렘은?

바울은 로마에서 상당히 지연된 재판 끝에 사형을 언도받았고, 65-69년 사이에 형이 집행되었다.

베드로와 사도 바울은 로마에서 순교를 당했다. 그즈음 예루살렘의 정세는 어떻게 돌아가고 있었을까? 주후 62년, 예수의 동생이며 예루살렘 공동체의 리더였던 야고보가 사형을 당했다. 그는 깊은 경건 생활과 신중한 리더십을 가진 헌신된 인물이었다. 이십년 이상 새로운 신앙으로 많은 사람에게 권면해 왔던 야고보의 죽음은 예루살렘 공동체에 있어서 큰 타격이었다.

1. 메시야되신 예수를 부인하지 않았기 때문에 야고보는 죽임을 당했다. 많은 유대인들은 이 사건으로 충격을 받았다.

(1) 그러나 야고보를 없애버림으로써 정세를 유리하게 하고자 했던 산헤드린의 의도는 처참하게 실패했다. 왜냐하면 야고보의 자리는 예수의 사촌인 글로바(Clopas)의 아들 시므온에 의해서 계승되었고, 나사렛파는 예루살렘과 유대에 더욱 확산되었기 때문이었다.[1)]

1) 갈릴리에서는 예수의 다른 형제들이 여러 해 동안 선교 여행을 다니면서 적극적으로 사역했다(고전9:5 참조). [아이브로 J. 데이빗슨, 「교회의 탄생」

(2) 주후 66년에 이르러 예루살렘에서는 열심당원(the Zealots)으로 지칭되는 급진파들이 차츰 우세를 점유했다. 그러자 유대의 로마 총독, 플로루스(Gessius Florus, 64-66)에 의해 더욱 강압적인 통치가 시작되었고, 마침내 무장 봉기가 일어나게 되었다. 처음에는 그 봉기가 성공했다. 예루살렘의 로마 군대는 결정적인 타격을 받았고 로마군대는 네게브 동쪽, 갈릴리 그리고 트랜스요르단 지역에 대한 통제권을 상실했다. 그러나 지휘권을 계승한 베스파니안(Vespasian)과 그의 아들 디도(Titus)가 예루살렘을 포위하고 약탈했다. 결국 성전은 불타고 파괴되어버렸다.[2)]

2) 항전파 유대인들의 저항은 사해의 서쪽 해안에 있는 맛사다(Masada) 요새로 옮겨져 3년 이상 계속되었다. 그러나 이들은 자결로 최후를 마감했다.

성전 없는 유대교(Judaism without the Temple)

1. 성전은 유대인들에게 하나님이 임재하시는 곳이었다. 그런데 그 성전이 파괴되었다. 이는 희생제사 시스템의 종말을 의미한다.[3)]

3) 다음의 내용은 동교재, 요한복음에 실려 있던 것을 가져왔다.

(1) 이제 산헤드린, 즉 로마의 정치적인 세력과 동맹을 강화함으로 자신들의 종교적인 권위를 유지하고자 했던 엘리트 집단은 더 이상 존속할 수 없었다. 로마는 봉기에 대해 심각한 형벌의 조치를 계속하지는 않았다. 이 전쟁을 본질적으로 민족적인 것이 아닌 지역적인 봉기로 여겼기 때문이다.

(2) 바리새인들의 주장처럼 예루살렘에 닥친 재앙은 도덕적으로 다시 범죄한 이스라엘에 대한 하나님의 심판이었다. 그러나 때가 되면, 회개와 개혁을 통해서 성전은 신앙의 심장부로서의 합법적인 장(場)으로 회복될 것이라는 소망이 이들 중에 확산되어 있었다.

로마군대의 예루살렘 성 공격 ▲

(3) 성전 파괴는 모든 유대인들로 하여금 자신들의 정체성에 엄청난 충격을 가져왔다. 그 종교적 혼란은 상상을 초월했다. 이때 유대인의 지도적 역할을 한 사람은 랍비 요하난 벤 자카이(Johanan ben Zacchai)였다. 아직 유대인과 기독교인들 사이에 명확한 분리가 일어나지 아니했다. 유대교 지도자들은 기독교에 대해 관심을 가질 여력이 없었다.

아직 유대인과 기독교인들 사이에 명확한 분리가 일어나지 아니했다

3. 그러면 나사렛파들은 이 상황 속에서 어떻게 활동하고 있었을까?

(1) 반란이 격렬했을 때, 예수를 따르던 자들 중에 얼마는 분명히 66년에 예루살렘을 떠나서 트랜스 요르단, 주로 데가볼리의 펠라(Pella)로 도피했을 것이다. 또 다른 이들은 훨씬 멀리 소아시아와 그 외의 지역으로 옮겨갔다.[1)]

(2) 다른 유대인들만큼이나 예루살렘과 갈릴리의 예수 추종자들에 있어서도 성전의 파괴는 심각한 질문들을 불러일으켰다. 성전 예배의 거룩한 상징과 의식은 예수의 본성과 그가 이룬 성취에 관한 이해를 형성해 가는 데 중요한 역할을 했다.

(3) **성전이 파괴된 후에는** 그의 백성들 가운데 부활하신 예수의 현존에 대한 질문들을 새로운 수준에서 설명할 필요가 생겼다. 하나님의 임재가 물리적인 건물을 통하여 더 이상 현현되지 않는다고 한다면, **성전의 파괴가 의미하는 것은** 성전과 하나님은 무관하다는 확증이 아니고 무엇이겠는가? 예수께서는 직접 성전이 무너질 것이라고 예언을 하셨다. 그리고 이제 그 사건이 일어났다.

1) 갔던 곳이 어느 곳이든 간에 그들은 자신들의 신앙을 가지고 갔고 예수에 관한 메시지는 더욱 확산되어 갔다. 전쟁 중에도 예루살렘에서 나사렛파는 어떤 식으로든 존속되었을 것으로 보인다. 상당수의 도피자들은 결코 돌아오지 않았으나 반란 이후에 핵심 신자들이 다시 모여들었고, 이전처럼 글로바의 아들 시므온(Symeon)의 지도하에 있었다.

4. 새로운 유대인의 학습과 교육의 중심부가 서서히 출현하기 시작한다.

(1) 예루살렘 몰락이 가져온 가장 중요한 결과는 모든 유대인들로 하여금 자신들의 정체성에 관하여 생각하도록 자극하였다는 것이다. 새로운 유대인의 학습과 교육의 중심부가 서서히 출현하기 시작하였는데 예루살렘에 기반을 둔 것이 아니라 좀 더 서쪽에 있는 욥바(Joppa)의 남쪽 얌니아(Jamnia, Yavneh =

야브네)에 있었다.[1])

(2) **얌니아에서 형성된 집단은** 처음에는 작은 규모로서 제한된 영향력을 가지고 있었지만 시간이 지남에 따라, 그 가르침과 결정은 유대교에 중요한 역할을 발휘하게 되었다. 얌니아의 랍비들은 성경의 가르침과 올바른 율법 해석에 관한 주제들을 정통성 있는 일정한 형식으로 발전시켜 나갔다. 이들은 전도서와 아가서와 같은 책들의 권위에 대해서도 논의하였는데 이로 인해 이 두 책은 당시 수용된 히브리 성경의 모음집에서 논란이 되는 위치에 있게 된 것이다. 이들은 자신들을 유대 신앙의 기준을 제공하는 영적 산헤드린의 임시적 형태로 여겼다.

(3) 랍비들의 지위가 확장되었다는 것은 유대교로 받아들일 수 없는 형식들이나 유대 신앙의 경계를 넘어선 것들에 대해 둔감해졌다는 것을 의미한다. 랍비적 유대교가 풍부하고 다채로운 전통으로서 만개된 것은 그 후로 수세기에 걸쳐서 이루어진 것이다. 1세기 후반의 팔레스타인 유대인들은 얌니아의 초기 사역을 성전의 재건 때까지의 임시방편적인 것으로 생각했지만 실제로 유대교의 "규범적인" 형태의 윤곽에 대한 랍비적 성찰이 시작된 것은 70년 사태의 결정적인 결과이다. **그들은 자신들의 방식으로 유대교와 기독교의 분리(divergence)를 심화시킨 것이다.**

확실치는 않으나 전쟁 중에도 예루살렘에서 나사렛파는 존속되었을 것으로 보인다.

5. 나사렛파는 반란이 격렬했을 때, 그로부터(유대교와) 스스로 거리를 두고 있었다.

(1) 다른 유대인들만큼이나 예루살렘과 갈릴리의 예수 추종자들에 있어서도 성전의 파괴는 심각한 질문들을 불러일으켰다. 성전 예배의 거룩한 상징과 의식은 예수의 본성과 그가 이룬 성취에 관한 이해를 형성해 가는 데 중요한 역할을 했으며 성전의 전통들은 예수의 권위에 대한 다양한 예전 의식 또한 발전시켜 나가는 기반이었다. 그런가 하면 이방인 사역의 초기로부터 유대인의 핵심적인 관습 중 몇몇을 행하지 않은 채 유대인 메시야를 받아들인다는 것이 무엇을 의미하는지에 관한 논쟁이 있었다.

(2) 그런데 예수께 예배하는 자들이 왜 이 성전이 회복될 필요가 있으며 이를 기대해야 하는가? 하나님께서 이스라엘에 관해서 뿐만 아니라, 예수를 믿는 신앙과 유대의 경건한 전통적인 상징들 간의 관계에 관한 옛 사고방식에 대한 결정적인 심판을 보여 주시지 않았는가?

1) 이 운동의 지도적 역할을 한 사람은 랍비 요하난 벤 자카이(Johanan ben Zacchai)였다. 전설에 따르면, 이 선구적인 지도자는 예루살렘성이 포위를 당하자 관속에 들어가 성을 몰래 빠져나갔고 결국에 가서는 율법 해석을 위한 아카데미의 설립 허가를 로마 당국자들로부터 받아냈다고 한다.

유대교와 기독교, 기로(岐路)에 서다

1. 복음은 더욱 빠른 속도로 확산되어 가고 있었다. 기독교인들도 처음에는 회당이나 성전을 찾아가기도 했다.

(1) 그런데 유대교의 수장이 요하난 벤 자카이에서 가말리엘 2세 (가말리엘의 손자)로 바뀌자 상황이 급변하기 시작했다. 예루살렘을 제외한 팔레스타인의 여러 곳에서는 유대주의에서 이탈한 모습들에 대항하여 참된 유대주의 신앙을 정립하려는 랍비적 전통 운동이 활발해지기 시작했다. 예수를 경배하는 자들에 대한 적대감이 점점 커지기 시작했다.

(2) 랍비들은 팔레스타인의 유대교를 장악하는 과정에서 나사렛파를 제일의 경쟁자로 간주했다. **나사렛파들은 예수에 관한 수용할 수 없는 견해들을 가졌을 뿐만 아니라 성전이 재건되기를 바라는 그 어떤 태도도 보여주지 않았기 때문이다.** 그래서 그들 주위에 있는 유대교의 많은 사람들과 점점 뚜렷하게 구별되고 있었다.

(3) 따라서 새로운 유대인의 학습과 교육의 중심부가 서서히 출현하기 시작하였는데 예루살렘에 기반을 둔 것이 아니라 좀더 서쪽에 있는 욥바(Joppa)의 남쪽 얍니아(Jamnia, Yavneh =야브네)에 있었다. 얍니아에서 형성된 집단은 처음에는 작은 규모로서 제한된 영향력을 가지고 있었지만 시간이 지남에 따라, 그 가르침과 결정은 유대교에 중요한 역할을 발휘하게 되었다.

(4) 유대인들은 회당에서 예배드릴 때, '18기도문'이라는 것을 외웠는데, 가말리엘 2세가 12번째 기도문에 '이단'(minim)에 대한 저주를 삽입해 놓았다. 물론 **그 당시 이단은 기독교인을 뜻했고, 이로써 기독교인은 점차 회당예배에 참석할 수 없게 되었다.** 즉 "이단"으로서 저주를 받게 된 사람들 가운데, 노츠림(Notzrim), 즉 "나사렛파들"이 있었다.

(5) 이러한 저주들은 아마도 유대인 됨에 대한 충성도의 시험(test)으로서 한동안 존재했을 것이다(행 26:11, 고전 12:3, 16:22 참조). 거기에는 회당(synagogue)의 교제에서 거짓 신자들을 배제함으로써 진정한 유대인 공동체의 통일성과 순수성을 강화하는 데 목적이 있었을 것이다.

성전 파괴는 유대인들의 정체성을 흔들어 놓았다.

- 물리적인 건물을 통하여 이제 더 이상 하나님의 임재가 현현되지 않는다면, 성전과 하나님은 무관하다는 확증이 아니겠는가? 그러나 유대인들은 성전 재건의 희망을 걸고 있었다. 이에 비해 예수님께 예배하는 기독교인들은 성전의 회복의 필요성이 없었다. 왜냐하면 성전이 의미하는 바 그 실체가 이미 오셔서 예언을 성취하셨기 때문이다. 따라서 점차 유대교인들과 기독교인들 사이에는 간격이 벌어지기 시작했다.

- 또 유대인 개종자들의 증가도 계속되었다. 그들은 대체로 디아스포라의 헬라화된 유대주의로부터 개종한 사람들이었다. 디아스포라의 유대인들은 66-73년이나 132-135년의 팔레스타인에 일어난 전쟁에 거의 참여하지 않았기 때문에 성전 파괴로 인한 심각한 심리적 타격은 있었지만 전쟁의 결과에 거의 영향을 받지 않았다.

- 따라서 기독교인이 된 많은 디아스포라 유대인들은 팔레스타인의 기독교인들보다 훨씬 융통성 있는 신앙을 표출하였고, 유대인 전통의 유지에도 관심이 적었으며 특별히 이방인 형제자매들의 모임에서 그런 경향들이 나타났다.

2. 이렇게 유대교와 기독교가 결별하기 시작했고, 이들 사이에는 치열한 논쟁이 이어졌다.

(1) 이들은 모두 구약성경을 자신들의 경전으로 삼았다. 이들은 서로 자신들이 구약의 정통성을 계승한 적자(嫡子)라고 주장했다.

(2) 요한복음서는 이러한 태도들이 이미 확산된 상태에서 기록되었다는 것을 알 수 있다. 예수를 그리스도라고 고백함으로 인해서 회당으로부터 출교를 당한 사람들에 대하여 요한이 암시하는 구절들을 본다(요 9:22, 12:42, 16:2).[1)]

- 그러므로 오늘날 우리가 알고 있는 유대교는 헤롯 성전이 파괴된 후에 확립된 것으로 보아야 한다. 역사적 정황상 예수님 당시 유대교가 확립된 것이 아니다. 실제 유대교의 시작은 얌니아 공회(주후 90년) 이후라고 보는 것이 정설이다. 그 이전은 '구약 종교'와 '유대교'가 혼합된 상태였다고 볼 수 있다.

1) 그러므로 요한복음에는 유대교에 대항하여 기독교를 변론하는 상징과 내용들이 많이 등장한다. 그 중 대표적인 것이 성령에 관한 묘사들이다. 예수와 상관없이 기적을 펼치는 유대인들의 기적은 성령의 역사가 아니라는 것이다. 또한 성전 문제도 있었다. 예루살렘 성전은 유대교의 상징이었다. 그런데 요한은 예수께서 그것을 완전히 파괴시켜버리라고 명령하신 것을 기록하고 있다. 이 외에도 교회 공동체에는 이방인 신자들이 계속 증가하기 시작했다.

따라서 요한은 유대인뿐만 아니라 이방인에게도 쉽게 이해될 수 있도록 복음을 소개해야만 했을 것이다(두란노, How주석).

[구약]
1-1 창세기(상)
1-2 창세기(하)
2 출애굽기
3 레위기
4 민수기
5 신명기
6 여호수아
7 사사기
8 룻기
9 사무엘상
10 사무엘하
11 열왕기상
12 열왕기하
13 역대상 · 하
14 에스라 · 느헤미야
15 욥기
16-1 시편(상)
16-2 시편(중)
16-3 시편(하)
17 잠언
18 전도서
19 아가서 · 에스더
20 이사야
21 예레미야
22 에스겔
23 다니엘
24 호세아
25 요엘 · 아모스
26 오바댜 · 요나 · 미가
27 나훔 · 하박국 · 스바냐
28 학개 · 스가랴
29 말라기

[신약]
01 마태복음
02 마가복음
03 누가복음
04 요한복음
05 사도행전

▶ 2023년 5월 현재 고딕은 출간

▶ 출간 순서와 번호가 바뀔 수 있습니다.

백투더바이블(사도행전)

2023년 5월 6일 초판 인쇄
2023년 5월 10일 초판 발행

저 자 • 장 종 길
발행인 • 조 경 혜
발행처 • 도서출판 그리심
07030 서울시 동작구 사당로 2길 72 인정 B동(B01호)
등록번호 • 제 7-258호(1998. 4. 23)
출 판 사 • 전화 523-7589 팩스 523-7590
전자우편 • grisimcho@hanmail.net
홈페이지 • grisim.net
• grisim.biz

ISBN 978-89-5799-485-6 94230
ISBN 978-89-88291-07-8 94230(세트)